suhrkamp taschenbuch 778

Max Schur, geboren 1897 in Stanislau, gestorben 1969 in New York, studierte Medizin an der Universität Wien. Als junger Medizinstudent hörte er 1915–1916 Freuds berühmte *Vorlesungen zur Einführung in die Psychoanalyse*. 1925–1930 absolvierte er eine psychoanalytische Ausbildung. 1928 hatte Freud, schon seit Jahren unheilbar an Krebs erkrankt, Schur zu seinem persönlichen Arzt bestimmt. Diese Beziehung bewährte sich bis zum Tode Freuds 1939 in London. Max Schur hat eine Fülle bedeutender internistischer, psychoanalytischer und auch psychosomatischer Schriften veröffentlicht, zumeist in Zeitschriften.

Dieses aufsehenerregende Buch über Leben und Sterben Sigmund Freuds hat allen bisherigen Freudbiographien etwas ganz Entscheidendes voraus: die Einblicke und Kenntnisse, die nur der Hausarzt aus dem jahrelangen gemeinsamen Kampf gegen die tödliche Krankheit gewinnen konnte. Als Max Schur, der mit Freud zusammen nach London emigriert war, nach dessen Tod 1939 in die USA auswanderte, wurde er von Verlegern und Filmproduzenten bestürmt, die mit sensationellen Enthüllungen über das Intimleben des Vaters der Psychoanalyse Geschäfte zu machen hofften. Max Schur schwieg und veröffentlichte erst 1969, kurz bevor er selber starb, sein Buch über Leben und Sterben Sigmund Freuds.

Für jeden, der sich mit der Jahrhundertfigur Freud beschäftigt, wird dieses Buch unentbehrlich werden.

»Schur ist literarisch (und in gewisser Hinsicht auch psychoanalytisch) naiv. Gerade darin kommt er bis an die Grenze eines Dokumentarverfahrens, das nicht romanhaft ausschmückt oder versucht, in Fiktion umzusetzen, sondern den Stoff selbst benutzt, das Authentische, das allein Auskunft geben kann über das, was Einsicht zu vermitteln vermag.« *Helmut Heißenbüttel*

Max Schur
Sigmund Freud
Leben
und Sterben

Suhrkamp

Titel der Originalausgabe:
Freud: Living and Dying
Aus dem Englischen von Gert Müller

suhrkamp taschenbuch 778
Erste Auflage 1982

Suhrkamp Taschenbuch Verlag

Druck: Ebner Ulm · Printed in Germany
Umschlag nach Entwürfen von
Willy Fleckhaus und Rolf Staudt

Der Erdgeist:
In Lebensfluten, im Tatensturm
Wall ich auf und ab,
Webe hin und her!
Geburt und Grab,
Ein ewiges Meer,
Ein wechselnd Weben,
Ein glühend Leben,
So schaff' ich am sausenden Webstuhl der Zeit
Und wirke der Gottheit lebendiges Kleid.

Goethe, *Faust*

Zur Dokumentation

1. Alle Briefe von Wilhelm Fließ, die der Ausgabe *Aus den Anfängen der Psychoanalyse, Briefe an W. Fließ,* London 1950, entnommen sind, sind mit »B« und Nummer gekennzeichnet.
   Der Text aller unveröffentlichten Briefe an Fließ findet sich in den gesammelten Anmerkungen des Anhangs. Nummern in eckigen Klammern beziehen sich auf diese Anmerkungen.
2. Briefe, die der Ausgabe *Sigmund Freud, Briefe, 1873–1939,* herausgegeben von Ernst L. Freud, Frankfurt a. M. 1960, entnommen sind, sind mit »B*« und Seitenzahl gekennzeichnet.
3. Bei allen anderen Briefen ist, soweit sie nicht anderweitig gekennzeichnet sind, Adressat und Datum angegeben. Die verschiedenen Sammlungen der Korrespondenz von Freud sind in der Bibliographie aufgeführt.
4. Alles bisher unveröffentlichte Material ist im Anhang zusammengefaßt. Ich habe Freuds veraltete Rechtschreibung beibehalten, gelegentlich jedoch zur Erleichterung der Lektüre Satzzeichen hinzugefügt, sowie abgekürzte Wörter ausgeschrieben.

Einleitung

Ein Buch zu schreiben, das nicht nur allgemein den Lebensgang, sondern auch und vor allem das Problem des Todes und des Sterbens eines bestimmten einzelnen Menschen behandelt, ist notwendigerweise ein außerordentlich heikles Unterfangen. Wenn ein Arzt ein solches Buch über einen seiner Patienten schreibt, einen Menschen, den er zudem geliebt und verehrt hat, so steht er vor noch größeren Schwierigkeiten. Und wenn dieser Patient ein Mann wie Freud war, dann ist die Aufgabe überwältigend schwer. Um zu erklären, warum ich es nicht nur für notwendig, sondern für meine Pflicht halte, mich an eine solche Aufgabe zu wagen, muß ich zuerst die Entstehung des Buches kurz schildern.

Die Geschichte dieses Buches

Die Psychoanalyse hat uns gelehrt, daß menschliche Geschehnisse weniger häufig vom Zufall bestimmt werden, als man allgemein annimmt. Und doch hat auch der Zufall seinen Platz in unserem Leben. Es war Zufall, daß im Herbst des Jahres 1915, als ich gerade mein Medizinstudium aufgenommen hatte, eine reizende Cousine von mir, die bei Claparède in Genf Psychologie studiert hatte und nun infolge des Krieges in Wien gestrandet war, mir vorschlug, ich solle mit ihr zusammen Freuds Vorlesungen besuchen, die später unter dem Titel *Vorlesungen zur Einführung in die Psychoanalyse* erschienen.

Nur einige wenige Medizinstudenten besuchten diese Vorlesungen. Die Zuhörerschaft setzte sich zum größten Teil aus Freuds Schülern, aus Intellektuellen und Neugierigen zusammen. Die teilnehmenden Medizinstudenten mußten dem Dozenten ihr Studienbuch zur Unterschrift vorlegen, in dem alle besuchten Vorlesungen eingetragen waren. Freud machte es sich zur Regel, jeden Studenten kennenzulernen, einige Worte mit ihm zu wechseln und ihm die Hand zu geben. Der forschende Blick, der den Händedruck begleitete, war außerordentlich eindrucksvoll. Damals ließ ich mir nicht träumen, daß ich dreizehn Jahre später Freuds persönlicher Arzt werden sollte.

In diesem und dem folgenden Jahr besuchte ich alle seine Vorlesungen. Es ist nicht leicht zu erklären, warum das ein so einzigartiges, unvergeßliches Erlebnis war, und hier ist auch nicht der richtige Ort dazu. Mit achtzehn war ich sicherlich nicht in der Lage, den Inhalt der Vorlesungen ganz aufzunehmen. Wahrscheinlich war es die vollkommene Harmonie von Inhalt und Vortrag, die diesen starken Eindruck hervorrief. Jeder Übersetzer von Freuds Werken, einschließlich Strachey (und natürlich auch ich selber), hat die Erfahrung machen müssen, daß diese Aufgabe ähnlich schwierig war wie die Übersetzung von Gedichten.

Es konnte nicht ausbleiben, daß der Besuch der Vorlesungen lebhaftes Interesse für die Psychoanalyse in mir weckte. Ich entschloß mich zwar aus verschiedenen Gründen, mich auf innere Medizin zu spezialisieren, begann jedoch 1924 meine persönliche Analyse.

Dann griff noch einmal der Zufall ein. Im Jahre 1927 schickte mich ein älterer Kollege und väterlicher Freund, den Marie Bonaparte[1] konsultiert hatte, zu ihr, um eine Blutprobe zu nehmen. Wir unterhielten uns eine Weile, und sie war angenehm überrascht, einem psychoanalytisch orientierten Internisten zu begegnen. Im Jahre 1928 erkrankte sie während eines ihrer wiederholten Aufenthalte in Wien schwer, und ich behandelte sie viele Wochen hindurch.[2] Sie war es dann, die Freud dazu bewog, mich zu seinem Leibarzt zu ernennen. In dieser Rolle fungierte ich bis zu seinem Tod im Jahre 1939.

So lernte ich Freud als Lehrer, als Wissenschaftler und als *pater familias* im Kreise seiner Familie kennen. Ich behandelte seine Familie, viele seiner Patienten und mußte oft ausführlich mit ihm über sie sprechen. Ich sah ihn Schmerz und Kummer erleiden. Ich sah ihn gegenüber Brutalität und Dummheit Verachtung und Spott an den Tag legen, aber auch, wie er zärtliche Liebe und Sorge für die ihm Nahestehenden zeigte. Er war stets ein zutiefst humaner und edler Mensch im vollsten Sinn des Wortes. Und ich sah, wie er dem Sterben und dem Tod mit der gleichen Würde begegnete, mit der er dem Leben begegnet war.

Nach Freuds Tod kam ich in die Vereinigten Staaten, wo viele Freunde, Kollegen, Zeitschriftenverleger und Buchverleger, ja so-

1 Marie Bonaparte, eine Patientin und Schülerin Freuds, wurde später selbst eine bekannte Analytikerin.

2 Ich blieb bis zu ihrem Tod ihr Arzt oder zumindest ihr ärztlicher Ratgeber und Freund.

gar Filmproduzenten sich erkundigten, nicht *ob*, sondern *wann* ich das Publikum an meinen Erlebnissen mit Freud teilnehmen lassen würde. Ich wehrte mich viele Jahre lang gegen diese Idee, nicht nur, weil die Respektierung des Privaten ein Teil des Freudschen Vermächtnisses ist, das es in Ehren zu halten gilt, sondern auch, weil ich wußte, daß ich einen gewissen Abstand gewinnen mußte, um die notwendige Objektivität zu erlangen. Ich würde den Gegenstand so behandeln müssen, daß auch Freud selbst damit einverstanden gewesen wäre.

Im Jahre 1950 erschien *Aus den Anfängen der Psychoanalyse.* Es ist überflüssig, die enorme Bedeutung dieses Ereignisses noch einmal zu betonen. Die Erhaltung und teilweise Veröffentlichung von Freuds Korrespondenz mit Wilhelm Fließ und die beigefügten Manuskripte, insbesondere der »Entwurf einer Psychologie«, hat unser Verständnis der Entfaltung von Freuds Persönlichkeit und Werk wesentlich gefördert. Ernst Kris in seiner Einleitung zu den *Anfängen,* Ernest Jones in *Das Leben und Werk von Sigmund Freud* und andere Autoren haben das überzeugend dargetan. Durch *Aus den Anfängen der Psychoanalyse* haben wir ein sehr genaues Bild der Entwicklung und der Arbeitsweise eines Genies gewonnen. Wir sehen, daß Freud zu seinen Einsichten nicht nur durch blitzartige, glänzende Intuitionen gelangte, sondern ebenso durch ständiges Probieren und Nachprüfen und durch nie nachlassende Aufrichtigkeit, Entschlossenheit und Mut.

Jedem, der sich in psychoanalytischer Forschung versucht und deshalb mit Freuds Schriften gründlich beschäftigt hat, fällt immer wieder auf, daß viele Konzeptionen, die Freud in seinen späteren Lebensperioden formuliert hat, in seinen frühen Schriften angedeutet oder sogar schon klar erkennbar sind. Aus diesem Grund ist das systematische Studium der Schriften Freuds auch heute noch ein wesentlicher Bestandteil von Lehre und Forschung in der Psychoanalyse. Selbst in so frühen Werken wie dem »Entwurf« (1895) und vor allem in *Die Traumdeutung* (1900) finden wir zumindest die Grundelemente der meisten Ideen, die später nicht nur von Freud, sondern auch von den nachfolgenden Generationen der Psychoanalytiker entwickelt worden sind.

Die Einleitung und die Fußnoten von Ernst Kris zu der publizierten Korrespondenz mit Fließ haben speziell zum Ziel, die Ideenentwicklung, die in diesen Briefen ihren Niederschlag gefunden hat, mit jener zu vergleichen, die in Freuds veröffentlichten

Werken während der gleichen Periode zu Tage tritt. Darüberhinaus bemüht sich Kris auch, die in den Briefen an Fließ geäußerten Ideen bis zu den viel späteren Formulierungen in Freuds Werken weiterzuverfolgen. Andere Ideen ruhten, bis Freud das zu ihrer Bestätigung notwendige Beweismaterial gesammelt hatte, das sich erst aus Jahrzehnten der Selbstanalyse und der Analyse von Patienten ergab. Einschlägige Beispiele sind die Konzeptionen des Ich und des Über-Ich oder die Neuformulierung der Theorie der Angst.

Ich habe die Respektierung des Privaten als eine Barriere gegen die Veröffentlichung intimer biographischer Einzelheiten erwähnt. Freud selbst jedoch hat dieses Verlangen nach Privatheit überwunden, wenn er es der Wissenschaft wegen für notwendig erachtete. In *Die Traumdeutung* und *Zur Psychopathologie des Alltagslebens* zögerte er nicht, mit äußerster Offenheit sehr intime Einzelheiten seines Lebens, Gedanken und Phantasien zu erörtern, die er nur durch seine Selbstanalyse ans Licht gebracht hatte. Natürlich machte Freud, als er *Die Traumdeutung* schrieb, vom Recht der Auswahl, einer gewissen Zensur, Gebrauch – in der Korrespondenz mit Fließ dagegen nicht. Freud selber sagt in einem seiner Briefe an Fließ, die schrankenlose Offenheit und Mitteilung von Gedanken machten diesen Briefwechsel für ihn so wertvoll. Es überrascht nicht, daß die Möglichkeit einer Veröffentlichung dieser Briefe, als sie unerwartet von Marie Bonaparte erworben wurden, Freud tief beunruhigte. So schrieb Marie Bonaparte an Freud (siehe Schur, 1965, S. 14, 16):

> Vielleicht erkennen Sie selbst nicht ... Ihre ganze Größe. Sie gehören der Geschichte des menschlichen Denkens wie, sagen wir, Plato oder Goethe. Was für ein Verlust wäre es für uns, ihre arme Nachwelt, wenn Goethes Gespräche mit Eckermann oder die Dialoge von Plato vernichtet worden wären.

Freud antwortete darauf:

> Daß meine Briefe an Fließ noch nicht bei Ihnen, sondern in Berlin sind, ist eine Enttäuschung ... Ihre Auffassungen und Vergleiche, die Sie anstellen, kann ich nicht leicht annehmen. Ich sage mir nur, daß in 80 oder 100 Jahren das Interesse für den Inhalt der Korrespondenz wesentlich geringer sein wird als heute.

Die Herausgeber der Korrespondenz mit Fließ waren sich dieses Konfliktes wohl bewußt und sprachen in ihrer Einleitung darüber. Trotzdem wurde die Korrespondenz veröffentlicht, wenn auch nur ein Teil davon.

Die Veröffentlichung der Korrespondenz mit Fließ hat nicht nur neue Perspektiven auf die Entfaltung von Freuds wissenschaftlichen Konzepten eröffnet, sondern auch eine unschätzbare Quelle biographischen Materials zugänglich gemacht, und sie erlaubt uns wenigstens einen kleinen Einblick in Freuds erstaunlichste Leistung: seine Selbstanalyse.

Der Briefwechsel mit Fließ hat bei allen, die Freud kannten, mich eingeschlossen, einen sehr starken Eindruck hinterlassen. Den Freud, den ich aus den Vorlesungen zur Einführung in die Psychoanalyse und aus dem persönlichen Kontakt während seiner letzten elf Lebensjahre kannte, mit jenem Freud zu vergleichen, der in dem Briefwechsel so lebendig hervortritt, war ein ebenso aufschlußreiches wie ergreifendes Erlebnis. Darüber hinaus war in dieser Korrespondenz ein Punkt für mich von speziellem Interesse. Aus meiner persönlichen Erfahrung mit Freud und aus der Lektüre seiner Werke war ich mit seiner Einstellung zum Leben, zu Krankheit und Tod vertraut. Ich kannte sein Verhalten während der Jahre seines schwersten Leidens und als im Sterben liegender Patient. Freud hatte mir, ohne nähere Angaben zu machen, gesagt, daß er einige Herzkrankheitssymptome gehabt hatte, bevor er vierzig war. In einigen wissenschaftlichen und autobiographischen Werken Freuds fanden sich verstreute Hinweise darauf. Es gab ferner ein paar Hinweise, daß ihn bestimmte Daten als mögliche Todesdaten beschäftigten – eine Beschäftigung, die einen leicht abergläubisch-zwanghaften Charakter hatte. Ich wußte jedoch nicht, daß diese Herzepisode ernsthafter Natur gewesen war und daß Freud tatsächlich mindestens zwei Jahre lang mit der Möglichkeit eines frühen Herztodes gerechnet hatte. Diese Episode wird in Kapitel 2 ausführlich erörtert.

Die veröffentlichte Korrespondenz mit Fließ erstreckt sich auf den Zeitraum von 1887 bis 1902. Von dieser Periode waren die Jahre 1893 bis 1900 in vieler Hinsicht die dramatischsten in Freuds Leben. Im Jahre 1893 veröffentlichten Breuer und Freud ihre vorläufigen Mitteilungen »Über den psychischen Mechanismus hysterischer Phänomene«. Und im gleichen Jahr hatte Freud auch seine ersten Symptome von Angina pectoris; im Jahre 1900 veröffentlichte Freud *Die Traumdeutung*.

Wir erfuhren sehr viel aus der teilweisen Veröffentlichung der

Korrespondenz mit Fließ, viele Fragen blieben jedoch unbeantwortet. Ich kam zu dem Schluß, daß meine eigenen Daten, die hauptsächlich die letzten 10½ Jahre im Leben Freuds betrafen, irgendwann publiziert werden müßten. Ich erstellte einen Rohentwurf meines Materials; der größte Teil dieses Materials wurde von Dr. K. R. Eissler in das Sigmund-Freud-Archiv aufgenommen.

Zu dieser Zeit bereitete Ernest Jones seine Freudbiographie vor. Die Familie Freud unterstützte diese Arbeiten in jeder Weise. Jones erhielt Zugang zu einem großen Teil von Freuds ausgedehnter Korrespondenz, sogar unter Einschluß seiner Briefe aus der Verlobungszeit, die seine Familie ungelesen aufbewahrt hatte.

Mit Erlaubnis der Familie Freud entschloß ich mich deshalb, Jones mein gesamtes eigenes Material zugänglich zu machen, ebenso die Notizen, die sich der verstorbene Professor Dr. Hans Pichler gemacht hatte, der Kieferchirurg, der Freud von 1923 bis 1938 behandelte. Diese Notizen (auf 80 eng getippten Seiten) erfaßten jeden einzelnen Besuch und enthielten eine detaillierte Beschreibung von mehr als 30 chirurgischen Eingriffen[3], Pathologie- und Röntgenberichte und so fort. Ich stellte auch Kopien aller Briefe, die Freud an mich geschrieben hatte, zur Verfügung. Es war meine Absicht, Jones dieses gesamte Material zu übergeben, bevor er den letzten Band seiner Biographie begann. Ich tat das, weil ich einen Beitrag zur wissenschaftlichen Biographie leisten wollte und – auf einer persönlicheren Ebene – um einem Mann meine Mitarbeit zu leihen, der mir und meiner Familie ein englisches Visum verschafft und mir erlaubt hatte, als Freuds Hausarzt zu fungieren, noch bevor ich die notwendigen Prüfungen abgelegt hatte.

Im Jahre 1953 erschien Band 1 der Biographie von Jones. Dieser enthielt eine große Menge von bisher unbekanntem Material, einschließlich zum Beispiel einer Auswahl von Freuds Briefen aus der Verlobungszeit. Die hohe Qualität und die Vorzüge von Jones' Werk haben reiche Anerkennung gefunden. Alle drei Bände werden eine unschätzbare Fundgrube für spätere Historiker und Biographen bleiben. Sie haben mir auch bewiesen, daß Zeitgenossen, die in engem Kontakt mit Freud standen, ihre Beiträge zu seiner Biographie leisten müssen.

3 Ich bin Professor Dr. Hans Pichler jun. dankbar dafür, daß er mir dieses Material überlassen hat.

Jedoch beunruhigten mich verschiedene Punkte in Band 1. In erster Linie war ich mit Jones' Bewertung von Freuds physischen Symptomen nicht einverstanden. Jones hatte Freuds Herzepisode einfach als Angsthysterie bezeichnet. Er sprach auch von Freuds häufigen Anfällen von *Todesangst*, wofür ich keinerlei Beweis in der veröffentlichten Korrespondenz mit Fließ gefunden hatte. Auch konnte ich mit Jones' etwas schematischer Deutung gewisser Aspekte von Freuds Beziehung zu Fließ nicht übereinstimmen, die er als hauptsächlich aus infantiler Sexualität, insbesondere dem Ödipuskonflikt herrührend sah. Diese Darstellung würdigte all die verwickelten Elemente dieser einzigartigen Beziehung nicht in genügendem Maße.

Damals hatte ich bereits erkannt, daß jede Untersuchung von Freuds sich wandelnder Einstellung gegenüber Krankheit und Tod abhängig war von der Bewertung sowohl seiner physischen Symptome als auch deren Verflechtung mit seiner Selbstanalyse und seiner Beziehung zu Fließ.

Nach dem Erscheinen von Band 1, der die Zeit bis 1902 behandelte, schrieb ich deshalb meinen Essay, wie Jones meine Darlegungen später nannte, noch einmal um und nahm einige meiner abweichenden Ansichten auf, insbesondere jene, die Jones' Bewertung von Freuds physischen Symptomen betrafen.

Bevor ich das Manuskript an Jones schickte, legte ich es 1954 Anna Freud mit der Bitte um Billigung vor, die ich dann in einem Brief erhielt, der mehr sagte, als ich je zu hoffen gewagt hätte: Der Patient selbst hätte Sie sehr gelobt, wennn er es lesen könnte. Ich entschloß mich, Jones das Manuskript zu schicken, als er im Begriff war, die Arbeit an Band 3 zu beginnen.

In der Zwischenzeit hatte ich mit ihm eine ausgedehnte Korrespondenz über viele Einzelheiten seiner Arbeit geführt. Wir kamen dann überein, daß mein Essay unter meinem eigenen Namen als letztes Kapitel des biographischen Teils von Band 3, mit dem Titel »Das letzte Kapitel«, veröffentlicht werden sollte. Jones änderte diesen Plan aus einer Reihe von Gründen und fügte bestimmte Teile meines Materials in den Text seiner Arbeit ein, wobei er mich selbstverständlich als Quelle angab. Trotzdem blieb sehr vieles ungesagt. Letzten Endes war ich jedoch über diese Änderung froh. Ich erkannte, daß Freuds Einstellung zum Tod als biologisches, physiologisches und psychologisches Problem einen integralen Bestandteil seines Werkes darstellte; daß sie ihre eigene Entwicklung hatte, die parallel zu der Entwicklung der von ihm geschaffenen Wissenschaft verlief; daß diese Entwicklung ein untrennbarer Bestandteil seiner Selbstanalyse war, die während seines ganzen Lebens weiterging. Nachdem ich zu diesem Schluß gekommen war, erkannte ich, daß viel mehr nötig war als »das letzte Kapitel«. Man mußte versuchen, den Weg zurückzuverfolgen, der zu diesem Kapitel geführt hatte.

Ich habe weiter oben von meiner anfänglichen Abneigung gesprochen, eine biographische Studie Freuds zu schreiben, und als einen der Gründe dafür angegeben, daß die Respektierung des Privaten ein Teil des Freudschen Vermächtnisses ist.

Eine gewisse Erklärung dieser Feststellung ist notwendig. Ich habe darauf hingewiesen, daß Freud in *Die Traumdeutung* und anderen Werken intime Einzelheiten seines Privatlebens enthüllte. Er hat das so schonungslos getan, weil das für das Verständnis der Träume und der »Psychopathologie des Alltagslebens« notwendig war.

Freud war sein ganzes Leben hindurch sehr freimütig bei der Erörterung seiner privaten Gedanken in seiner Korrespondenz, vor allem mit Fließ, aber auch mit vielen Freunden und Gefährten. Aber in allen diesen Fällen war er es, der die Grenzen der Enthüllung bestimmte. Ferner nahm er nicht an, jedenfalls nicht bewußt, daß all dieses Material von künftigen Biographen verwendet würde. Deshalb, im Jahre 1936, sein anfängliches Zurückschrecken bei der Nachricht, daß Marie Bonaparte die Korrespondenz mit Fließ erworben hatte.

Als Freud um die Jahrhundertwende aus seiner teilweise selbstauferlegten Isolierung heraustrat und allmählich zu einem international berühmten Mann wurde, verabscheute er Publizität und Presseinterviews.

Es ist bekannt, daß Freud seit der Zeit seines einzigen Besuches in den Vereinigten Staaten im Jahre 1909 eine gewisse Voreingenommenheit gegen dieses Land hegte. Einer der Gründe dafür war wahrscheinlich die zwanglose Vertraulichkeit zwischen flüchtigen Bekannten und Berufskollegen, die unter den Amerikanern so häufig ist. Es gab nur sehr wenige Freunde, mit denen Freud in Gespräch oder Briefwechsel auf Du und Du verkehrte, als Ausdruck persönlicher Vertrautheit.

Welche Einstellung hatte Freud gegenüber biographischen Untersuchungen? Wir müssen hier unterscheiden zwischen Freuds Einstellung gegenüber biographischen Studien anderer und gegenüber solchen, deren Gegenstand er selber war. Freud selber zögerte nicht, psychoanalytische Interpretationen auf Kunstwerke und auch auf deren Schöpfer anzuwenden. Man könnte eine lange Liste solcher Beispiele aufstellen: *König Ödipus, Hamlet, Lear,* die Romane von Conrad Ferdinand Meyer, Jensens *Gradiva* und der Moses von Michelangelo, unter anderen. Er schrieb biographische Essays über Goethe, Dostojewski und Leonardo da Vinci.

Ein Brief vom 12. September 1926, den Freud an Havelock Ellis schrieb, als er dessen Autobiographie erhalten hatte, zeigt, daß er sich des Gegensatzes bewußt war, der hier zu seiner eigenen Abneigung, entsprechende Informationen mitzuteilen, bestand. Freud drückte das wie folgt aus:

> Auch darin sehe ich ein Zeichen Ihrer Menschenfreundlichkeit, daß Sie sich bereit gefunden haben, einem Biographen so viel von Ihrer Person zur Verfügung zu stellen. Dazu fehlten mir alle Motive. (B* 368)

Freud reagierte in unterschiedlicher Weise auf die über ihn selber geschriebenen biographischen Studien von F. Wittels (1924) und Stefan Zweig (1931, 1933).

Er erhielt das Vorausexemplar der deutschen Ausgabe von Wittels' Buch im Dezember 1923, kurz nach seiner zweiten radikalen Krebsoperation (siehe Kapitel 13). Freuds schriftliche Reaktion verband scharfe Kritik mit der Anerkennung einiger positiver Punkte. Er stellte zum Beispiel fest:

> Ich hätte natürlich ein solches Buch nie gewünscht und gefördert. Es scheint mir, daß die Öffentlichkeit kein Anrecht an meine Person hat und auch nicht an mir lernen kann, so lange mein Fall – aus mannigfachen Gründen – nicht voll durchsichtig gemacht werden kann. (B* 345)

Einer der hauptsächlichen kritischen Einwände Freuds war, daß Wittels als Schüler von Stekel nicht in der Lage sein konnte, die Gründe für Freuds Bruch mit dem letzteren[4] mit der notwendigen Objektivität darzustellen (siehe Jones, Bd. 2, Kapitel 5).

Freud fügte außerdem eine Liste von Unrichtigkeiten bei, in der Erwartung, daß Wittels sie in einer späteren Auflage berichtigen werde. Er beendete den Brief mit dem folgenden Satz:

4 Siehe Anmerkung zur Dokumentation.

Sehen Sie in diesen Mitteilungen ein Anzeichen dafür, daß ich Ihre Arbeit, die ich nicht billigen kann, doch keineswegs gering schätze. (B* 346)

Die veröffentlichte Version dieses Briefes enthält einen Absatz, in dem Freud auf eine Interpretation von Wittels mit der Feststellung »Die Wahrscheinlichkeit ist nicht immer die Wahrheit« antwortet (Jones, Bd. 3, S. 58).

Nach Erhalt der englischen Übersetzung von Wittels' Buch, die offenbar nur einen Teil der von Freud gewünschten Änderungen enthielt, schrieb Freud am 15. August 1924:

Ich bleibe dabei, daß jemand, der so wenig von einem weiß, wie Sie von mir, kein Recht hat, eine Biographie über den Betreffenden zu schreiben. Man wartet, bis er gestorben ist, dann muß er alles über sich ergehen lassen, und es ist ihm zum Glück auch gleichgültig. (B* 350)

Freud protestierte speziell gegen Wittels' unrichtige Darstellung der Kokainepisode (siehe Kapitel 1), mehr aber noch gegen seine Deutung des endgültigen Bruches mit Fließ (B* 351).

Trotzdem gab Freud im folgenden Jahr seine Zustimmung, daß Wittels wieder in die Wiener Psychoanalytische Gesellschaft aufgenommen wurde.

Wir sehen, daß Freud in diesen Briefen seiner grundsätzlichen Abneigung gegen biographische Studien über ihn selber Ausdruck gab und daß er hauptsächlich von ihnen verlangte, daß sie sich strikt an die Wahrheit hielten. Daß die Wahrscheinlichkeit nicht immer die Wahrheit ist, gilt natürlich für viele Hypothesen und Interpretationen. Trotz seiner grundsätzlichen Ablehnung gab er aber sogar diesem sehr kritischen Biographen Ratschläge und Korrekturen.

Auf eine biographische Studie Stefan Zweigs über ihn reagierte Freud sehr viel positiver. Er sagte:

Daß einem das eigene Portrait nicht gefällt, oder daß man sich in ihm nicht erkennt, ist eine gemeine und altbekannte Tatsache. Darum eile ich, meiner Befriedigung Ausdruck zu geben, daß Sie das Wichtigste an meinem Fall richtig erkannt haben. Nämlich, daß soweit Leistung in Betracht kommt, diese nicht so sehr Sache des Intellekts als des Charakters war. Das ist der Kern Ihrer Auffassung, und das glaube ich auch selbst ... der Kerl ist doch etwas komplizierter; zu Ihrer Schilderung stimmt nicht, daß ich doch meine Kopfschmerzen und Müdigkeiten gehabt habe, wie ein anderer, daß ich leidenschaftlicher Raucher war (ich wollt ich war es noch), der der Zigarre den größten Anteil an seiner Selbstbeherrschung und Ausdauer in der Arbeit zugestand, daß ich bei aller gerühmten Anspruchslosigkeit viel Opfer für meine Sammlung griechischer, römischer und ägyptischer Antiquitäten gebracht und eigentlich mehr Archäologie als Psychologie gelesen habe, daß ich bis zum Krieg und einmal nachher wenigstens einmal im Jahr für Tage oder Wochen in Rom sein mußte, und dergleichen.

(B* 398-399)

Am unmittelbarsten befaßt sich Freud mit den Problemen des Schreibens über große Männer in seiner Dankadresse anläßlich der Verleihung des Goethepreises im Jahre 1930. Dort heißt es:

Ich bin auf den Vorwurf vorbereitet, wir Analytiker hätten das Recht verwirkt, uns unter die Patronanz Goethes zu stellen, weil wir die ihm schuldige Ehrfurcht verletzt haben, indem wir die Analyse auf ihn selbst anzuwenden versuchten, den großen Mann zum Objekt der analytischen Forschung erniedrigten. Ich aber bestreite zunächst, daß dies eine Erniedrigung beabsichtigt oder bedeutet.

Wir alle, die wir Goethe verehren, lassen uns doch ohne viel Sträuben die Bemühungen der Biographen gefallen, die sein Leben aus den vorhandenen Berichten und Aufzeichnungen wiederherstellen wollen. Was aber sollen uns diese Biographien leisten? Auch die beste und vollständigste könnte die beiden Fragen nicht beantworten, die allein wissenswert scheinen.

Sie würde das Rätsel der wunderbaren Begabung nicht aufklären, die den Künstler macht, und sie könnte uns nicht helfen, den Wert und die Wirkung seiner Werke besser zu erfassen. Und doch ist es unzweifelhaft, daß eine solche Biographie ein starkes Bedürfnis bei uns befriedigt. Wir verspüren dies so deutlich, wenn die Ungunst der historischen Überlieferung diesem Bedürfnis die Befriedigung versagt hat, z. B. im Falle *Shakespeares* ... Wie rechtfertigt sich aber ein solches Bedürfnis, von den Lebensumständen eines Mannes Kunde zu erhalten, wenn dessen Werke für uns so bedeutungsvoll geworden sind? Man sagt allgemein, es sei das Verlangen, uns einen solchen Mann auch menschlich näherzubringen. Lassen wir das gelten ...

Immerhin wollen wir zugestehen, daß noch ein anderes Motiv

im Spiele ist. Die Rechtfertigung des Biographen enthält auch ein Bekenntnis. Nicht herabsetzen zwar will der Biograph den Heros, sondern ihn uns näherbringen. Aber das heißt doch die Distanz, die uns von ihm trennt, verringern, wirkt doch in der Richtung einer Erniedrigung. Und es ist unvermeidlich, wenn wir vom Leben eines Großen mehr erfahren, werden wir auch von Gelegenheiten hören, in denen er es wirklich nicht besser gemacht hat als wir, uns menschlich wirklich nahe gekommen ist. Dennoch meine ich, wir erklären die Bemühungen der Biographik für legitim. Unsere Einstellung zu Vätern und Lehrern ist nun einmal eine ambivalente, denn unsere Verehrung für sie deckt regelmäßig eine Komponente von feindseliger Auflehnung. Das ist ein psychologisches Verhängnis, läßt sich ohne gewaltsame Unterdrückung der Wahrheit nicht ändern und muß sich auf unser Verhältnis zu den großen Männern, deren Lebensgeschichte wir erforschen wollen, fortsetzen.

(1930 a, S. 549-550)

Diese Passagen geben ein deutliches Bild der Konflikte und Grenzen, denen jeder Biograph gegenübersteht. Sie zu erkennen, ist seine Pflicht. Dennoch erklärte Freud – widerstrebend – »die Bemühungen der Biographik für legitim« (1930 a, S. 550). Kein Psychoanalytiker, der eine biographische Studie schreibt, kann darauf verzichten, die Werkzeuge der Psychoanalyse auf seinen Gegenstand anzuwenden. Deshalb ist die Biographik zu einem der Gebiete geworden, die man allgemein angewandte Psychoanalyse nennt.

Freud befaßte sich mit diesem Problem noch in einem anderen Zusammenhang. Arnold Zweig, mit dem Freud in seinem letzten Lebensjahrzehnt in intensivem Briefwechsel stand (siehe Kapitel 20–27), hatte sich seit 1930 mit der Idee getragen, eine Studie zu schreiben, in der Werk und Persönlichkeit von Freud und Nietzsche miteinander verglichen und kontrastiert werden sollten.

Im Jahre 1934 übersandte Arnold Zweig an Freud den Vorentwurf eines Romans, wie er es nannte, in dessen Mittelpunkt Nietzsches geistige Umnachtung stand. In einer Reihe von Briefen legte er dann Freud die Umrisse seines Planes dar, der eigentlich auf eine romancierte Biographie hinauslief.[5]

5 Zweig beschäftigte sich damals hauptsächlich damit, dem verhängnisvollen Einfluß der Ideen Nietzsches auf die Entstehung des nazistischen Deutschland nachzugehen.

Freud antwortete mit einem gedankenvollen Brief, in dem er das Problem der dichterischen Freiheit gegen die historische Realität erörterte. Freud räumte ein, daß in allen Fällen, wo zwischen Geschichte und Biographie eine hoffnungslose Lücke klafft, der Dichter berechtigt ist, diese Lücke mit seiner Phantasie zu überbrücken. Als Beispiele nannte Freud Shakespeares Macbeth, Schillers Don Carlos und Goethes Egmont. Er forderte jedoch, daß (wie bei einem Porträt) im Falle einer Persönlichkeit wie Nietzsche, die immer noch einen starken Einfluß auf unsere Zeit ausübt, der Autor einer biographischen Studie hauptsächlich auf ein Höchstmaß an Ähnlichkeit zielen müsse (Briefwechsel Freud/Zweig, Brief vom 12. Mai 1934). In einem späteren Brief machte Freud Zweig auf zwei Hindernisse aufmerksam, denen ein Biograph im Falle Nietzsches gegenübersteht. Einmal sei über seine Sexualkonstitution verhältnismäßig wenig bekannt. Wichtiger noch sei, daß Nietzsche in den letzten zwölf Jahren seines Lebens an progressiver Paralyse litt, und daß wir nicht wissen können, wann die verheerende Krankheit begonnen hatte. Freud warf die Frage auf, ob es dem Dichter gestattet sei, »die groben Tatsachen der Pathologie umzuphantasieren« (15. Juli 1934).

Freud bemerkte auch, daß er nicht einmal die Hälfte des Lobes glauben könne, das ihm Zweig in seinem Buch *Bilanz der deutschen Judenheit: ein Versuch* (1934) gezollt hatte.

Trotz seiner Einwendungen gegen Zweigs Plan fragte Freud bei Lou Andreas-Salomé (eine der wichtigen Frauen in Nietzsches Leben) an, ob sie bereit sei, Zweig einige Auskünfte über Nietzsche zu geben. Sie lehnte resolut ab, etwas mit einer solchen Studie zu tun zu haben. Wir sehen, daß Freuds Haupteinwand gegen Zweigs Plan das Fehlen verläßlicher Informationen war.[6]

In seiner Goethepreis-Ansprache finden wir Freuds objektivste, wissenschaftliche Äußerung über die Anwendung der Psychoanalyse in der Biographie:

> Wenn die Psychoanalyse sich in den Dienst der Biographik begibt, hat sie natürlich das Recht, nicht härter behandelt zu werden als diese selbst. Die Psychoanalyse kann manche Aufschlüsse bringen, die auf anderen Wegen nicht zu erhalten sind, uns so neue Zusammenhänge aufzeigen in dem »Webermeister-

6 Zweig veröffentlichte dann, anläßlich des 80. Geburtstages Freuds, einen viel weniger anspruchsvollen Aufsatz unter dem Titel »Apollon bewältigt Dionysos« (1936).

stück«[7], das sich zwischen den Triebanlagen, den Erlebnissen und den Werken eines Künstlers ausbreitet. (1930 a, S. 550)

Diese Feststellung gilt auch für jede biographische Untersuchung über Freud, die sich der psychoanalytischen Methode bedient. Ich werde deshalb im allgemeinen davon absehen, irgendwelche Interpretationen vorzunehmen, die nicht durch Freuds eigene Offenbarungen bestätigt werden – in seinen Briefen, seinen persönlichen Mitteilungen, der Deutung seiner Träume, seinen autobiographischen Schriften, seinen Werken – oder durch anderes biographisches Material, wie zum Beispiel die kürzlich veröffentlichten Daten aus amtlichen Registern (siehe Kapitel 1). Um Freuds Feststellung in dem weiter oben zitierten Brief an Wittels abzuwandeln: die Wahrscheinlichkeit ist nicht *immer* die Wahrheit, aber sie kann die Wahrheit sein. Dies ist sorgfältig abzuwägen.

Bei der Abfassung meiner eigenen Studie mußte ich noch eine weitere Frage überlegen, vielleicht die schwierigste: Ich war Freuds Arzt, und in meinem Buch lege ich auch Freuds medizinische Krankengeschichte vor. Die Frage, ob das erlaubt sei, hatte ich dem Grundsatz nach bereits beantwortet, als ich Jones für seine Biographie mein gesamtes Material zur Verfügung stellte. Ich habe oben schon meine Gründe dafür angegeben. In diesem Buch jedoch werde ich die Krankengeschichte *in toto* vorlegen. Es war Freud, der »den Schlaf der Welt störte« (siehe Kapitel 11), indem er den furchteinflößenden Aspekt unseres Trieblebens offenlegte, die Illusion enthüllte, die wir über die Unsterblichkeit hegen, und unsere Unfähigkeit darlegte, den Gedanken an unseren eigenen Tod zu ergründen (siehe Kapitel 5, 10, 11, 14, 18). Ich glaubte deshalb im Geiste Freuds zu handeln – der stets bemüht war, die ganze Wahrheit zu erfahren, wie schmerzhaft sie auch sein mochte –, wenn ich von den tragischen Einzelheiten seines langen Leidens und Sterbens nichts zurückhielt.

7 Ein Zitat aus Mephistos Beschreibung der »Gedanken-Fabrik«, *Faust*, 1. Teil, 4. Szene.

Mehrere Arbeiten Freuds sind unmittelbar autobiographisch, so zum Beispiel »Über Deckerinnerungen« (1899) und »Selbstdarstellung« (1925 b). Ein 1936 geschriebener Aufsatz (»Eine Erinnerungsstörung auf der Akropolis«) ist im Grunde ein Teil von Freuds Selbstanalyse und läßt sich leicht auf Vorgänge in den Jahren 1899 und 1904 und auf einige von Freuds Träumen zurückverfolgen (siehe Kapitel 5, 7, 12 und 14). Andere Arbeiten sind indirekt autobiographisch, wie etwa *Die Traumdeutung* (1900) und *Zur Psychopathologie des Alltagslebens* (1901 b); in ihnen teilt Freud ziemlich viel persönliches Material mit und gibt uns bedeutsame Rekonstruktionen seiner frühesten Kindheit. Einschlägiges neues Material über diese frühe Periode hat kürzlich Sajner (1968) zutage gefördert. Diese Fakten erhellen in bedeutsamer Weise Freuds Rekonstruktionen und einige seiner umstrittensten Hypothesen.

Besonders wichtig waren für mich Freuds Briefe. Die Korrespondenz mit Fließ hat gezeigt, daß in vielen Fällen Freuds Briefe aufschlußreicher als seine Werke sind. Im Jahre 1956, ein Jahr vor dem Erscheinen des dritten Bandes von Jones, veröffentlichte Binswanger die *Erinnerungen an Sigmund Freud*. Viele der in diesem schönen kleinen Buch veröffentlichten Briefe Freuds waren für mein Thema in hohem Maße relevant. Viele andere wichtige Briefe waren an den verschiedensten Stellen in den drei Bänden von Jones zu finden, zusammen mit vielen anderen wertvollen Informationen.

Im Jahre 1960 veröffentlichte Ernst L. Freud eine umfangreiche Auswahl von Freudbriefen. Im Jahre 1961 erlaubte mir Marie Bonaparte, ihre ausgedehnte Korrespondenz mit Freud zu studieren, die sie zur Aufbewahrung bei der Familie Freud in London deponiert hatte.

Jones hat aus allen verfügbaren Quellen eine Menge Informationen zusammengetragen. Freuds Briefe aus der Verlobungszeit, von denen 93 in der Briefauswahl von 1960 publiziert wurden, füllen gleichfalls eine große Lücke in den Jahren von 1901 an, denn wir besitzen kein Quellenmaterial, das mit der Fließ-Korrespondenz vergleichbar wäre. Die Zahl der Empfänger von Briefen Freuds stieg jedoch ständig. Dr. Michael Balint und Herr Ernst L. Freud waren dabei, Freuds Korrespondenz mit Ferenczi, die be-

sonders reich an Informationen ist, zur Veröffentlichung vorzubereiten.[8] Ich schulde Dr. Michael Balint Dank, daß er mir Kopien dieser Briefe zur Verfügung gestellt hat. Freuds eigene Veröffentlichungen während dieser nächsten drei Jahrzehnte enthalten viel einschlägiges Material (siehe Kapitel 8-14).
Außer Jones hat eine Reihe von Freuds Schüler-Patienten – Lou Andreas-Salomé, Binswanger, H. D., H. Sachs, F. Wittels, S. Zweig und Freuds Sohn Martin, um nur die wichtigsten zu nennen – und andere Zeitgenossen von ihm gleichfalls biographische Studien oder Erinnerungen veröffentlicht; jede dieser Veröffentlichungen hat unsere Kenntnis der vielen Facetten von Freuds Persönlichkeit bereichert. Für die Jahre 1928-1939 können meine eigenen Augenzeugenberichte dem Quellenmaterial hinzugefügt werden.
Glücklicherweise war Freud ein überaus fruchtbarer Briefschreiber, und der größte Teil seiner Korrespondenz blieb erhalten. Im Jahre 1963 begab ich mich nach London, wo ich Zugang zu der gesamten Korrespondenz und dem Material der Freud Copyright, Ltd. erhielt; darunter befindet sich unter anderem Freuds Korrespondenz mit Abraham, Lou Andreas-Salomé, Eitingon, Jones, Jung, Arnold Zweig und Stefan Zweig.[9] Im Jahre 1964 erhielt ich Kopien der gesamten Fließ-Korrespondenz.[10] Für all das schulde ich Ernst L. Freud und Anna Freud ganz besonderen Dank.

Auswahl des Inhalts

Als ich 1964 die vierzehnte Freud-Gedenk-Vorlesung der New York Psychoanalytic Society unter dem Titel *The Problem of Death in Freud's Writing and His Life* hielt, konnte ich den Gegenstand nur in sehr komprimierter Form behandeln. Die Vorlesung wurde gehalten, bevor ich den gesamten Eindruck der ungekürzten Fließ-Korrespondenz voll verarbeiten konnte. Schon damals versuchte ich, mein Thema durch den Vergleich und die Korrelierung der folgenden drei Kreise anzugeben: Freuds Ver-

8 *Anmerkung des Übersetzers:* Seit dies geschrieben wurde, sind Dr. Balint und Ernst L. Freud gestorben.

9 Inzwischen ist Freuds Korrespondenz mit Abraham, Lou Andreas-Salomé und Arnold Zweig erschienen.

10 Eine ungekürzte Ausgabe der Korrespondenz mit Fließ ist in Vorbereitung.

halten im täglichen Leben, seine Briefe und sein Werk. Diese Methode habe ich beibehalten, jedoch das Thema meines Buches weiter gefaßt.

In Anna Freuds Brief an mich, den ich oben erwähnte, bemerkte sie, mein erster Essay sei viel mehr als eine Falldarstellung, er sei in Wirklichkeit ein Stück Biographie. Ich erkannte nun, daß der Titel meiner Freud-Gedenk-Vorlesung, den ich ursprünglich auch für dieses Buch verwenden wollte, ein zu enges Gebiet umschrieb. Die Probleme von Leben und Tod lassen sich nicht trennen. Der Wunsch, zu leben, und all die Elemente, die ihn aufrechterhalten, die Furcht vor dem Tod, die sich allmählich zur Annahme, ja sogar zum Sterbenwollen wandeln kann, der Konflikt und das wechselnde Gleichgewicht dieser entgegengesetzten Wünsche: sie sind alle Teil der menschlichen Existenz. Mein Buch wird deshalb, wie der Titel angibt, versuchen, alle diese Elemente, wie sie sich im Leben eines Mannes spiegeln, zu behandeln. Die Auswahl des Materials ist jedoch in hohem Maße selektiv und viele Werke Freuds und Ereignisse in seinem Leben werden nicht erörtert.

In der Erörterung werde ich auf die sogenannte Fließ-Periode (siehe Jones, Bd. 1, Kap. 13) näher eingehen, weil sie die Periode der *Anfänge der Psychoanalyse* war, während der Freud als Ergebnis seiner Selbstanalyse ganz entscheidende Wandlungen durchmachte. Vor allem war es die Periode, über die wir aus Freuds eigenen Schriften am meisten wissen. Ich werde mich sehr ausführlich mit dem Material befassen, das uns die Korrespondenz liefert, auf die Gefahr hin, daß man mir vorwirft, ich treibe Exegese; das erfordert zwangsläufig auch ausgedehnte wörtliche Zitate.

Ich werde die vielerlei Faktoren im einzelnen untersuchen, die zu der Entwicklung von Freuds Ideen über Leben und Sterben beitrugen: seine physischen Beschwerden, in erster Linie die Herzbeschwerden; seine Nikotinsucht; seine prekäre wirtschaftliche Lage; sein prometheischer Kampf um Einblick in die unerschlossene Region des Unbewußten; seine Neigung, zwischen einer allgemein depressiven Stimmung mit einem gewissen Nachlassen der Schaffenskraft und einem fieberhaften Beschäftigungsdelirium hin und her zu schwanken. Ich werde einige phobische und zwanghafte Mechanismen erörtern und vor allem Freuds Selbstanalyse, die zusammen mit der komplexen Beziehung zu Fließ nicht nur Gedanken über den Tod erzeugte, sondern auch eine Präokkupation (zwanghaftes Beschäftigen) mit spezifischen Aspekten des Lebensendes. Alle diese Faktoren spielten in so verwickelter Weise ineinander, daß keiner von ihnen ganz für sich allein untersucht werden kann und ein Überlappen dieser Einzelthemen in der folgenden Erörterung unvermeidlich ist.

Mit Hilfe der ungekürzten Fließ-Korrespondenz und ihrer Korrelierung mit einigen von Freuds Träumen und ihren Deutungen, wie sie in *Die Traumdeutung* mitgeteilt werden, werde ich einigen Aspekten von Freuds Selbstanalyse nachgehen, die in seinem späteren Leben von Bedeutung waren. Ich werde die mannigfaltigen spezifischen Determinanten von Freuds zwanghafter Beschäftigung mit den Terminen seines Lebens skizzieren und das Fortdauern dieser Präokkupation, obgleich er sich allmählich einer objektiven Einbeziehung des Todesproblems in sein wissenschaftliches Werk und in sein Credo einer wissenschaftlichen Weltanschauung zuwandte, die sich in seiner persönlichen Haltung größter Gelassenheit und Tapferkeit, ohne jede Illusion und Verleugnung, niederschlug. Daß eine derartige Wandlung nicht geradlinig verlief, vielmehr aus einem unaufhörlichen Kampf zwischen widersprüchlichen Tendenzen hervorging, war zu erwarten. Obwohl ich viele von Freuds Schriften in ihrer Beziehung zu diesem Thema untersuchen werde, werde ich einige spätere Arbeiten, wie zum Beispiel *Jenseits des Lustprinzips* (1920), wo er zum ersten Mal die Theorie des Todestriebes formulierte, und einige seiner metapsychologischen Konzeptionen über den Tod, die in »Das Ich und das Es« (1923) und »Hemmung, Symptom und Angst« (1926a) entwickelt wurden, unter einer anderen Perspektive erörtern.

Aufbau des Buches

Freud wandte die Psychoanalyse auf so verschiedenartige Gebiete wie Erziehung, Anthropologie, Literatur und Soziologie an, um nur einige wenige zu nennen. Diese Anwendung psychoanalytischer Konzepte hat sich im letzten Jahrzehnt vervielfacht, vor allem in den Vereinigten Staaten, wo sie auf alle Zweige der Geisteswissenschaften ausgedehnt wurde. Infolgedessen wendet sich dieses Buch nicht nur an Leser, die mit den Verhaltenswissenschaften befaßt sind, sondern an alle, die sich für die oben genannten Gebiete interessieren; dies wiederum hat zu gewissen Schwierigkeiten beim Aufbau des Buches geführt.

Bei seiner Abfassung mußte ich mich entscheiden, ob ich die Methode von Jones übernehmen sollte, der das biographische Material von der Erörterung der Schriften Freuds bei jeder einzelnen Periode trennt, oder ob ich mich im wesentlichen einer chronologischen Darstellung bedienen sollte. Ich wählte das letztere Vorgehen aus vielen Gründen, hauptsächlich weil, soweit es mein Thema angeht, Freuds Leben und seine Werke so eng miteinander verknüpft sind.

Bei der Korrelierung der Ereignisse im Leben Freuds mit seinen Briefen und Werken war es notwendig, auch einiges fachtechnisches Material einzubeziehen, das für Leser, die mit der psychoanalytischen Theorie nicht vertraut sind, nicht leicht zu verstehen ist. Das gilt beispielsweise ganz besonders für meine kritische Erörterung von Freuds Theorie des Todestriebes.

Eine weitere Schwierigkeit ergab sich daraus, daß mein Buch zwar eine biographische Studie, aber *keine vollständige Biographie* ist. Der nicht fachlich vorgebildete Leser ist vielleicht mit den relevantesten Fakten von Freuds Leben nicht vertraut. Deshalb werde ich auf das verfügbare Quellenmaterial verweisen und die wesentlichsten biographischen Daten mit aufnehmen.

Die drei Teile des Buches entsprechen den drei Phasen in der Entwicklung von Freuds Einstellung zu den Problemen der Krankheit, des Sterbens und des Todes, und der Art und Weise, in der er diese Einstellung auf sein Leben und sein Werk bezog.

Teil I

Per aspera ad astra

1. Kapitel

Herkunft

Biographische Studien sind selten endgültig. Bei der intensiven Bemühung, zu einem umfassenderen Verständnis zu gelangen, tauchen fortwährend neue Fakten auf. So wurden erst vor ganz kurzem Informationen bekannt (Sajner 1968), die neues Licht auf wichtige Erlebnisse in den ersten, für die Persönlichkeitsbildung wichtigsten Lebensjahren Freuds werfen. Mit ihnen will ich mich zunächst etwas ausführlicher befassen.

Früheste Kindheit, die ersten Jahre in Freiberg

Freuds Vater, Jakob, wurde im Jahre 1815 in Tysmenica in Ostgalizien geboren. Dieses Städtchen hatte ungefähr 6000 Einwohner, zu etwa gleichen Teilen Polen, Juden und Ukrainer.[1] Jakob Freud war Wollhändler. Sein Geschäft bestand im Austausch aller Arten von Textilwaren zwischen Galizien und Mähren[2], Provinzen des österreich-ungarischen Reiches. Da das Leben in Tysmenica aus vielen Gründen ziemlich schwierig war, verlegte die Familie den Hauptsitz ihres Geschäftes nach Freiberg.[3] Auffallende Unterschiede bestehen zwischen den von Jones[4] angegebenen Daten über Freuds Vater und seine Familie und den standesamtlichen Daten, die Sajner mitteilt. Nach Jones[5] heiratete

1 Galizien insgesamt hatte eine polnische Mehrheit, der östliche Teil jedoch hatte eine starke ukrainische Minderheit. Tysmenica war der polnische Name der kleinen Stadt. Ihr deutscher Name, der in den meisten Quellen erscheint, ist Tysmenitz.

2 Es war ein unheimlicher Zufall, in den von Sajner angeführten Daten zu entdecken, daß Jakob Freud Vertreter eines Kaufmannes in Stanislawow, meinem Geburtsort, war, der niemand anderer als mein Urgroßvater ist.

3 Nach R. Gicklhorn (1969) ließ sich Jakob Freud im Jahre 1844 in Freiberg nieder, nicht im Jahr 1840, wie Sajner (1968) angibt.

4 Die Hauptauskunftsperson von Jones war Freuds jüngerer Bruder Alexander (1868–1943).

5 Ich beziehe mich hier auf die deutsche Übersetzung seiner Biographie, deren erster Band 1960 erschien, während der erste Band der Originalausgabe 1953 veröffentlicht wurde. Die deutsche Ausgabe enthält einige zusätzliche Einzelheiten über die Wanderung der Familie Freud (1960, S. 18 f.).

Freuds Vater im Alter von 16 Jahren ein Mädchen namens Sally Kanner. Sie hatten zwei Söhne, Emanuel, geboren 1832, und Philipp, geboren 1836. Nach Sallys Tod im Jahre 1852 reiste Jakob Freud ungefähr ein Jahr lang in Deutschland umher und kam dann nach Wien, wo er am 29. Juli 1855 Freuds Mutter, Amalia, geboren am 18. August 1835, heiratete.

Weder Jones noch Alexander Freud verfügten über die Daten, die Sajner angeführt hat, der die amtlichen Register der Geburten, Heiraten, Reisen und Todesfälle genauestens studierte. Sajner liefert uns auch eine detaillierte Beschreibung der Wohnung, in der Freud die ersten drei Jahre seines Lebens verbrachte.

Die Fakten, die sich aus den verfügbaren Quellen ergeben, sind die folgenden: Jakob und seine Söhne Philipp und Emanuel[6] ließen sich 1840 in Freiberg nieder und hatten dort ihren ständigen Wohnsitz bis Ende 1859 oder Anfang 1860. Es wird jedoch nichts darüber erwähnt, daß Jakob Freuds erste Frau Sally in Freiberg gewesen wäre. Eine Eintragung über Sallys Tod ist nicht vorhanden. Es gibt keinen Hinweis auf den genauen Zeitpunkt ihres Todes.[7]

In dem Verzeichnis der jüdischen Einwohner für das Jahr 1852 sind die folgenden Familienmitglieder aufgeführt: Jakob Freud, 38 Jahre alt; *seine Frau Rebekka,* 32 Jahre alt; sein Sohn Emanuel, 21 Jahre alt; und Jakobs Sohn Philipp, 16 Jahre alt. Diese Eintragung beweist, daß Rebekka nicht Jakobs erste Frau gewesen sein kann; das heißt also, Rebekka und Sally waren nicht ein und dieselbe Person, denn Rebekka war nicht alt genug, um Emanuels Mutter zu sein. In dem Verzeichnis der ortsfremden jüdischen Einwohner, die im Jahre 1854 in Freiberg wohnten, ist Rebekka nicht mehr aufgeführt. Offenbar war also im Jahre 1854 Rebekka ebenfalls schon verstorben, es sei denn, die Ehe hätte durch Scheidung geendet.

Das Haus, in dem Sigmund Freud geboren wurde, war seit vier Generationen im Besitz der gleichen Familie, von der alle Männer Schlosser waren. Die Werkstatt befand sich im Untergeschoß. Das

6 Die Geburtsurkunde von Emanuel Freuds Tochter Bertha (geboren am 22. Februar 1859) beweist, daß Emanuel der Sohn von Jakob Freud und Sally, geborene Kanner, war.

7 Wir wissen nicht, wer Jones die Auskunft gab, sie sei im Jahr 1852 gestorben. In einem Stammbaum, den mir Herr Harry Freud, der Sohn von Alexander Freud, gab, ist nur das Jahr der Verheiratung mit Jakob – 1831 – eingetragen.

Obergeschoß hatte nur zwei Zimmer. In dem einen wohnte der Eigentümer mit seiner Familie.[8] Im zweiten Raum zusammengedrängt wohnte die Familie Freud, Jakob, Amalia und die Kinder: Sigmund, geboren 6. Mai 1856; Julius, der gegen Ende 1857 geboren wurde und am 15. April 1858 starb, und Anna, geboren am 31. Dezember 1858. Die älteren Söhne wohnten in der Nähe, Philipp gegenüber. Emanuel mit Frau und Kindern (Johannes, geboren 1854 oder 1855, Pauline, geboren 1856, Bertha, geboren am 22 Februar 1859) wohnten in einer anderen Straße. Die weiblichen Mitglieder der Familie Freud arbeiteten häufig im Lager des Familiengeschäftes, wo sie Waren verpackten, während sämtliche Kinder von einem Dienstmädchen versorgt wurden.

Die von Sajner ausgegrabenen Informationen sind hochbedeutsam. Sie helfen uns nicht nur, etwas von den frühen Umwelteinflüssen auf die Entwicklung Freuds zu erfassen, sondern zeigen uns auch die Diskrepanzen zwischen dem Familienroman und der aktenkundigen Wahrheit.[9] Diskrepanzen zwischen einem Familienroman und der aktenkundigen Geschichte können entweder durch Verzerrung oder durch die völlige Auslöschung bestimmter Fakten entstehen. So unterlag beispielsweise die Existenz von Jakob Freuds zweiter Frau offenbar einem solchen Auslöschungsmechanismus.

Daraus ergeben sich naheliegende Fragen: wer *muß* von der Ehe gewußt haben und wer wußte *wahrscheinlich* davon? Außer Jakob Freud selber müssen seine beiden Söhne Philipp und Emanuel und Emanuels Frau davon gewußt haben. Es ist möglich, aber nicht wahrscheinlich, daß Freuds Mutter, Jakobs dritte Frau, von der zweiten Ehe überhaupt nichts wußte. Es bestand keine Veranlassung, ihr über die vorangegangene Ehe nichts zu sagen, es sei denn, es hätte besondere Gründe gegeben, sie geheimzuhal-

8 Laut Sajner war der Eigentümer ein Herr Johann Zajíc (1850–1924), dessen Tochter die obigen Auskünfte lieferte. Nach ihrer Aussage erinnerte sich ihr Vater an Freud als an einen lebhaften Jungen, der gern in der Werkstatt spielte und aus Metallabfällen kleine Spielzeuge machte. Herr Zajíc besuchte angeblich Freud jedesmal, wenn er nach Wien kam.

9 Freud und seine Schüler (z. B. Rank) versuchten später, die Beziehung zwischen Mythen, Legenden und Geschichtsschreibung zu entwirren. Freud versuchte schließlich auch, den Kern an historischer Wahrheit in Mythen und Legenden aufzuspüren, zum Beispiel in *Totem und Tabu* (1913b) und in seinem letzten Werk *Der Mann Moses und die monotheistische Religion* (1939).

ten. Wir wissen jedoch, daß es sehr schwierig ist, in einer Familie und in einer kleinen Gemeinschaft solche Tatsachen geheimzuhalten. Selbst wenn ein solches Geheimnis erfolgreich gewahrt wird, ist so gut wie immer eine Atmosphäre des Geheimnisvollen vorhanden.

Wußte Freud von der zweiten Frau seines Vaters? Bewußt höchstwahrscheinlich nicht. Die Tatsache dieses Geheimnisses ist jedoch wichtig genug, um Freuds Mitteilungen über seine Selbstanalyse, seine Briefe, Rekonstruktionen und Träume sorgfältig daraufhin zu durchforschen. Sie rechtfertigt auch die Untersuchung seiner theoretischen Formulierungen über die Bedeutung des Todes für kleine Kinder und die Auswirkungen von in der frühen Kindheit erlebten Todesfällen, um eventuelle Spuren dieses Geheimnisses zu entdecken, die möglicherweise sein Denken mitbestimmt haben.

Eine andere, wichtigere Diskrepanz zwischen Legende und Wirklichkeit betrifft die Wohnverhältnisse von Freuds Familie in Freiberg. Die aktenmäßigen Daten weisen auch auf gewisse Ungenauigkeiten in Freuds Rekonstruktionen früher Kindheitserinnerungen, die er in der Hauptsache aus den Deutungen seiner eigenen Träume während seiner Selbstanalyse ableitete. Diese Diskrepanzen, die Fragen, die dadurch aufgeworfen wurden, und die Antworten, die sie erlauben, werde ich in den Kapiteln 4, 5 und 9 dieses Buches ausführlich behandeln.

Bemerkungen von Freud über seine ersten Lebensjahre in Freiberg finden sich nicht nur in seinen autobiographischen Schriften (1899, 1925 b), sondern auch in der Korrespondenz mit Fließ, in der er über viele seiner Rekonstruktionen berichtet, in *Die Traumdeutung* (1900) und in *Zur Psychopathologie des Alltagslebens* (1901). In späteren Jahren dachte er manchmal mit Wehmut an diese frühen Tage in Freiberg zurück. Er vermißte die natürliche Umgebung, die Spaziergänge durch die Wiesen und Wälder, und der Verlust seiner ersten Spielkameraden ging ihm offensichtlich nah. Im Alter von 16 Jahren kam er auf einer kurzen Ferienreise noch einmal nach Freiberg, ein Besuch, den er in seinem Aufsatz »Über Deckerinnerungen« (1899) ausführlich geschildert hat.

Bevor Freud vier Jahre alt war, entschloß sich sein Vater, Freiberg zu verlassen (wahrscheinlich gegen Ende 1859; der genaue Zeitpunkt ist unbekannt). Jakob Freud versuchte wahrscheinlich zuerst, sich in Deutschland niederzulassen, aber schließlich ließ er sich im Jahre 1860 in Wien nieder.

Wir wissen nicht, welche Art von Geschäft er betrieb, es ist jedoch wahrscheinlich, daß er versuchte, weiter als Wollhändler zu arbeiten. Aus viel späteren Bemerkungen in Freuds Briefen an seine Verlobte (1882-1886) wissen wir jedenfalls, daß Jakob in späteren Jahren sich oft auf etwas unrealistische Unternehmungen einließ, die sämtlich nicht sehr erfolgreich waren. Es war nicht leicht, für sieben Kinder zu sorgen, zwei Söhne und fünf Töchter, die zwischen 1856 und 1866 geboren waren (Julius nicht mitgerechnet, der 1857 geboren wurde und 1858 starb). Irgendwie schaffte es die Familie, sich über Wasser zu halten. Es ist wahrscheinlich, daß Emanuel und Philipp, die nach Manchester gezogen waren und es dort zu einem gewissen Wohlstand gebracht hatten, mit aushalfen. Die Familie lebte also ständig in bedrängten Verhältnissen, gelegentlich ging es ihr sogar ausgesprochen schlecht.

Der ostjüdische Hintergrund und sein Einfluss auf Freud

Jones war der Meinung, der Antisemitismus sei einer der Gründe dafür gewesen, daß Jakob Freud aus Freiberg wegzog. Dafür haben wir jedoch keinerlei dokumentarischen Beweis. Bernfeld und Bernfeld (1944) schrieben diesen Wegzug hauptsächlich wirtschaftlichen Gründen zu, und Sajner (1968) pflichtet dieser Meinung nachdrücklich bei. Jedoch war die gesamte Situation des Jüdischseins mit den damit zusammenhängenden Problemen ein Umweltfaktor, der für die Entwicklungen Freuds eine wichtige Rolle spielte.

Ich habe bereits erwähnt, daß Tysmenica, der Geburtsort Jakob Freuds, einen hohen Prozentsatz jüdischer Einwohner hatte. Juden, die in einem so kleinen Ort lebten, waren gewöhnlich das, was man strenggläubig nennt: ihre Umgangssprache untereinander war Jiddisch, aber die meisten Juden sprachen und schrieben auch deutsch. Sie mußten auch etwas Polnisch können. Alle Juden lernten hebräisch, und die meisten intelligenten und nicht allzu armen Kinder brachten es darin so weit, daß sie einige Teile der Bibel in hebräisch lesen und verstehen konnten. Damals trugen auch die meisten Juden den traditionellen Kaftan.

In Mähren war die orthodoxe Einstellung weniger allgemein akzeptiert und verbreitet. Jakob Freud war ein liberaler, aufgeklärter Mann, der auf sein Judentum stolz blieb, ohne sich streng an die Regeln[10] zu halten. Freud selber war immer stolz auf sein Judentum und gab dem auch Ausdruck, wie die folgenden beiden Beispiele zeigen werden. In seiner Vorrede zur hebräischen Ausgabe von *Totem und Tabu* (1913 b, S. XV) sagt Freud:

> Keiner der Leser dieses Buches wird sich so leicht in die Gefühlslage des Autors versetzen können, der die heilige Sprache nicht versteht, der väterlichen Religion – wie jeder anderen – völlig entfremdet ist, an nationalistischen Idealen nicht teilnehmen kann und doch die Zugehörigkeit zu seinem Volk nie verleugnet hat, seine Eigenart als jüdisch empfindet und sie nicht anders wünscht. Fragte man ihn: Was ist an dir noch jüdisch, wenn du alle diese Gemeinsamkeiten mit deinen Volksgenossen aufgegeben hast?, so würde er antworten: Noch sehr viel, wahrscheinlich die Hauptsache. Aber dieses Wesentliche könnte er gegenwärtig nicht in klare Worte fassen. Es wird sicherlich später einmal wissenschaftlicher Einsicht zugänglich sein.
>
> Für einen solchen Autor ist es also ein Erlebnis ganz besonderer Art, wenn sein Buch in die hebräische Sprache übertragen und Lesern in die Hand gegeben wird, denen dies historische Idiom eine lebende »Zunge« bedeutet. Ein Buch überdies, das den Ursprung von Religion und Sittlichkeit behandelt, aber keinen jüdischen Standpunkt kennt, keine Einschränkung zugunsten des Judentums macht. Aber der Autor hofft, sich mit seinen Lesern in der Überzeugung zu treffen, daß die voraussetzungslose Wissenschaft dem Geist des neuen Judentums nicht fremd bleiben kann.

Fast 20 Jahre später, am 8. Mai 1932, schrieb Freud an Arnold Zweig, der sich gerade in Palästina, wie es damals noch genannt wurde, niedergelassen hatte: »Und wir stammen von dort . . ., unsere Vorfahren haben dort vielleicht durch ein halbes Jahrtausend, vielleicht ein ganzes, gelebt . . ., und es ist nicht zu sagen, was wir vom Leben in diesem Land als Erbschaft in Blut und Nerven (wie man fehlerhaft sagt) mitgenommen haben.« (B* 404-405)

10 Ich spreche von Regeln, nicht von Dogma, weil Dogma in seiner strikten Bedeutung im Judaismus eine geringere Rolle spielt als beispielsweise im Katholizismus.

Nichts kann Jakob Freuds Einstellung besser ausdrücken, als die Widmung in einer Bibel, die er seinem Sohn Sigmund zu seinem 35. Geburtstag schenkte:

Mein geliebter Sohn,

Es war in deinem siebenten Lebensjahr, daß der Geist des Allmächtigen dich überkam und dich drängte zu lernen.

Der Geist des Allmächtigen spricht zu dir und sagt: ›Lies in Meinem Buch; wenn du so tust, so eröffnen sich dir die Quellen des Wissens und Verstehens.‹ Es ist das Buch der Bücher; es ist der Brunnen, den die Weisen gegraben haben, aus dem die Gesetzgeber das Wasser ihrer Weisheit schöpfen.

Du hast in diesem Buch deinen ersten Blick auf das Bild des Allmächtigen geworfen. Du hast seine Lehre willig angehört und hast dein Bestes getan, dich auf den Flügeln seines Geistes in die Höhe tragen zu lassen. Heute, an deinem 35. Geburtstag, hole ich diese Bibel wieder ans Licht und schicke sie dir als einen Beweis der Liebe von deinem alten Vater.

(Jones, Bd. I, S. 38–39)

Diese Widmung sagt uns etwas über Vater und Sohn. Auch der Vater muß mit dieser Überzeugung aufgewachsen sein, die allein das Überleben des jüdischen Volkes durch Jahrhunderte des Exils, des Umherziehens und der Verfolgung erklärte, der Überzeugung nämlich, daß die Juden das Volk des *Buches* waren.

Der Unterschied zwischen den Gelehrten – und Lernen war buchstäblich synonym mit dem Studium der Bibel und der Bibelkommentare – und denen, die nicht wußten, bildete vielleicht den wichtigsten Klassenunterschied in vielen Generationen von Juden. Der Mann, der diese Widmung schrieb, muß den Wunsch so vieler jüdischer Väter geteilt haben, daß ihre Söhne zu den Gelehrten gehören möchten, auch wenn sie selber nicht zu ihnen gehörten. Dieser väterliche Wunsch fand in Freud seine Erfüllung, der wirklich ein Mann des *Buches* wurde, ein Wahrheitssucher.

In einem Zusatz von 1935 zu seiner »Selbstdarstellung« sagt Freud: »Frühzeitige Vertiefung in die biblische Geschichte, kaum daß ich die Kunst des Lesens erlernt hatte, hat, wie ich viel später erkannte, die Richtung meines Interesses nachhaltig bestimmt.« (1925 b, S. 40)

Wir dürfen hinzufügen, daß ein Mann, der seinem Sohn eine solche Botschaft schreiben konnte, ein Mann von »tiefer Weisheit« war, wie Freud es nach dem Tod seines Vaters ausgedrückt hat.

In diesem Bereich konnte Freud in seinem Vater ein Objekt der Identifikation und der Ichideal-Bildung finden. Dieser Mechanismus lieferte eine überzeugendere Erklärung für einige charakteristische Eigenschaften Freuds als seine visionäre Äußerung, er trage die Erbschaft des alten Landes in »Blut und Nerven«.

Einige andere Aspekte von Freuds Herkunft aus dem osteuropäischen Judentum jedoch sind relevant. Jede Kultur hat ihre eigene idiomatische Sprache, die in solchen Dingen wie Witzen und bestimmten Aberglauben Ausdruck findet. Freud machte ausgiebigen Gebrauch von jüdischen Witzen wie auch von literarischen Zitaten, um bestimmte wissenschaftliche Einzelfragen, die er behandelte, zu illustrieren.

Einige der in dieser kulturellen Umwelt allgemein verbreiteten Aberglauben hingen mit der Bibel zusammen oder mit der Benutzung des hebräischen Alphabets als eines orthographischen und numerischen Systems. Ein Beispiel eines mit der Bibel zusammenhängenden Aberglaubens ist die Unterscheidung zwischen guten und schlechten Wochentagen. Montag, der zweite Tag der Woche, wurde als ein schlechter Tag betrachtet, weil Gott nach der Schilderung des zweiten Schöpfungstages nicht sagte, er war gut. Im Gegensatz dazu sagte Gott nach der Erschaffung des Menschen am sechsten Tag: er war sehr gut. Der Freitag war daher ein sehr guter Tag. Zu diesem Aberglauben gehörte es beispielsweise, daß man an einem Montag keine Reise antreten oder keine wichtige Entscheidung treffen sollte.

Es gab typische Aberglauben in bezug auf bestimmte Zahlen, die man mit Wörtern in Zusammenhang brachte, die dadurch gebildet wurden, daß man an die Stelle von Buchstaben Wörter setzte. Zum Beispiel konnte die Zahl 18 als das hebräische Wort für *Leben* begriffen werden und war deshalb eine sehr gute Zahl. Die Zahl 17 konnte begriffen werden als das hebräische Wort für gut. Jones (Bd. 3, S. 379) erwähnt als Beispiel für Freuds Aberglauben, daß er seiner Braut mitteilte, als Knabe habe er die Zahl 17 in einer Lotterie gewählt, die angeblich seinen Charakter enthüllen würde, und heraus sei das Wort *Beständigkeit* gekommen; die Verlobung fand dann an einem Siebzehnten statt. Durch Jahre hindurch feierten sie diesen Tag (siehe auch Jones, 1962). Ich vermute, daß in erster Linie der alte jüdische Aberglaube hinter der Tatsache steckte, daß Freud die Zahl 17 wählte.

Die Zahl 52 konnte als das hebräische Wort für Hund gelesen

werden und war deshalb eine schlechte Zahl – und der 52. Geburtstag galt als ein kritischer Tag, besonders für Männer (siehe auch Kap. 7).

Wurde jemand nach dem Alter eines Familienangehörigen gefragt, so fügte er nach der Angabe des Alters hinzu »bis 120«, womit er der Hoffnung Ausdruck gab, daß die in Frage stehende Person dieses Alter erreichen möge.

Eine weitere wichtige Zahl war 36, die der Kombination der hebräischen Buchstaben *Lamed* und *Vov* entsprach. Nach einer chassidischen Legende müssen immer 36 gerechte (heilige) Menschen auf der Erde leben. Wenn einer von ihnen stirbt, wählt Gott als Nachfolger einen anderen aus – gewöhnlich einen armen jungen Burschen aus einfachen Verhältnissen. Das Vorhandensein dieser 36 heiligen Männer bewahrt die Menschheit vor der Vernichtung wegen ihrer Sündigkeit. War einer ein ganz besonders tugendhafter und gelehrter Mann, nannte man ihn *Lamedvovnik,* was eine Personifizierung der beiden Buchstaben *Lamed* und *Vov* bedeutete, welche für die Zahl 36 standen. Die 36 Männer blieben anonym. Sechsunddreißig ist natürlich zwei mal 18, welche Zahl, wie schon erwähnt, für *Leben* stand.

Es kann angenommen werden, daß eine Familie, die aus Tysmenica stammte, mit dieser Art von Wissen wohlvertraut war, denn Tysmenica war der Sitz einer von mehreren Dynastien chassidischer Rabbis.

Es wird nötig sein, Freuds fast zwanghafte Beschäftigung mit möglichen oder voraussichtlichen Daten seines Todes ausführlich zu erörtern, und es erscheint wahrscheinlich, daß solcher kultureller Aberglauben zu den vielen Determinanten dieser Präokkupation gehörte. In einem Brief, der eine Episode intensiver Präokkupation dieser Art schildert, bemerkte Freud selbst: »Sie werden ... die spezifisch jüdische Natur meiner Mystik bestätigt finden«[11] (siehe Kapitel 5).

11 Bakan (1958) hat dem Einfluß der jüdischen mystischen Überlieferung auf Freud eine Studie gewidmet. Im Rahmen dieses Buches kann ich Bakans Annahmen nicht näher behandeln. Es ist jedoch für meine Erörterung der kulturellen Ursprünge von Freuds Beschäftigung mit Zahlen interessant, daß Bakan eine spezifische Beziehung zwischen der kabbalistischen Gematrie, welche die kryptographe Bedeutung von Wörtern behandelt, und Freuds Numerologie herstellt. Es ist vielleicht auch bedeutsam, daß Freud eben diesen Brief an Jung, in dem er auf die spezifisch jüdische Natur seiner Mystik anspielt, mit der Bemerkung beginnt, er habe Jung zu seinem Nachfolger »gesalbt«.

In diesem Zusammenhang ist die Erinnerung an einen Vorfall bedeutsam, den Freud in *Die Traumdeutung* mitteilt. Ich zitiere hier nur den einschlägigen Teil des Traumes und Freuds Assoziation dazu:

> Ich gehe in eine Küche, um mir Mehlspeise geben zu lassen. Dort stehen drei Frauen, von denen eine die Wirtin ist und etwas in der Hand dreht, als ob sie Knödel machen würde. Sie antwortet, daß ich warten soll, bis sie fertig ist... Ich werde ungeduldig und gehe beleidigt weg... In der Analyse dieses Traums fällt mir ganz unerwartet der erste Roman ein, den ich, vielleicht dreizehnjährig, gelesen, d.h. mit dem Ende des ersten Bandes begonnen habe... Der Schluß ist mir nur in lebhafter Erinnerung. Der Held... ruft beständig die drei Frauennamen, die ihm im Leben das größte Glück und das Unheil bedeutet haben... Da tauchen zu den drei Frauen die drei Parzen auf, die das Geschick des Menschen spinnen, und ich weiß, daß eine der Frauen, die Wirtin im Traum, die Mutter ist, die das Leben gibt, mitunter auch, wie bei mir, dem Lebenden die erste Nahrung. An der Frauenbrust treffen sich Liebe und Hunger ... – Die eine der Parzen also reibt die Handflächen aneinander, als ob sie Knödel machen würde. Eine sonderbare Beschäftigung für eine Parze, welche dringend der Aufklärung bedarf! Diese kommt nun aus einer anderen und früheren Kindererinnerung. Als ich sechs Jahre alt war und den ersten Unterricht bei meiner Mutter genoß, sollte ich glauben, daß wir aus Erde gemacht sind und darum zur Erde zurückkehren müssen. Es behagte mir aber nicht, und ich zweifelte die Lehre an! Da rieb die Mutter die Handflächen aneinander – ganz ähnlich wie beim Knödelmachen, nur daß sich kein Teig zwischen ihnen befindet – und zeigte mir die schwärzlichen Epidermisschuppen, die sich dabei abreiben, als eine Probe der Erde, aus der wir gemacht sind, vor. Mein Erstaunen über diese Demonstration ad oculos war grenzenlos und ich ergab mich in das, was ich später in den Worten ausgedrückt hören sollte: Du bist der Natur einen Tod schuldig.[12]

12 Wir werden sehen, daß Freud dasselbe Zitat (mit demselben Fehler) in einigen seiner Briefe benützt hat.
Strachey fügte folgende Fußnote an: »›Du bist der Natur einen Tod schuldig.‹ Offensichtlich eine Reminiszenz an Prinz Hal's Bemerkung zu Falstaff in Henry IV, V. 1: ›Thou owest God a death‹« (S. 205 n).

So sind es also wirklich Parzen, zu denen ich in die Küche gehe, wie so oft in den Kinderjahren, wenn ich hungrig war, und die Mutter beim Herd mich mahnte zu warten, bis das Mittagessen fertig sei. (S. 210)

Angesichts der oben zitierten Äußerung Freuds in seiner *Selbstdarstellung* können wir annehmen, daß er die Zeilen aus der Genesis: »Denn du bist Erde und sollst zu Erde werden« kannte, bevor er Shakespeare las. Die Unausweichlichkeit des Todes wurde also Freud schon früh klargemacht – und das durch seine Mutter.

Und das Thema der drei Parzen taucht in Freuds Schriften immer wieder auf.

Die voranalytische Periode

Wir wissen sehr wenig über Freuds Leben zwischen 1860 und 1873, dem Jahr, in dem er das Gymnasium abschloß. Er war ein ausgezeichneter Schüler, in den meisten Jahren Klassenprimus. Freud erwähnt in seiner *Selbstdarstellung* (1925 b), daß er in den ersten Jahren im Gymnasium, unter dem Einfluß eines älteren Freundes[13], daran dachte, Rechtswissenschaft zu studieren und sich politisch zu betätigen. Er führte es auf den Einfluß von Darwins Werken und Goethes Aufsatz »Die Natur« zurück, daß er statt dessen Medizin studierte.

Sein Medizinstudium folgte nicht dem üblichen Ablauf. Schon in seinem ersten Studienjahr hörte er eine Vorlesung über Biologie und Darwinismus bei dem Zoologen Carl Claus, einem Anhänger Haeckels, der einer der ersten und begeistertsten Verfechter der Darwinschen Entwicklungslehre war. Haeckel war es, der das biogenetische Grundgesetz aufstellte, daß die Ontogenese die Phylogenese wiederholt, eine Konzeption, die später in Freuds genetischem Denken eine große Rolle spielte.

Freud brauchte 8 Jahre, anstatt der üblichen 5 oder $5^{1}/_{2}$ Jahre, um sein Medizinstudium abzuschließen, weil er schon als Student mit Forschungsarbeiten begann, zuerst am Institut für vergleichende Anatomie bei Claus und dann – von 1876 an – an dem von Brücke geleiteten Physiologischen Institut. Im Institut von Claus

13 Viktor Adler, der spätere Führer der Sozialdemokratischen Partei Österreichs.

schrieb er seine ersten wissenschaftlichen Aufsätze (siehe Bernfeld, 1949), und im Physiologischen Institut entstanden wichtige Beziehungen zu Brücke und dessen Mitarbeiter Fleischl. Dort traf er auch mit Josef Breuer zusammen.
Bei seinen Arbeiten in Brückes Institut kam Freud der Entdekkung ganz nahe, daß das Neuron die anatomische und funktionelle Einheit des Nervensystems bildet, eine Entdeckung, durch die später Waldeyer (1891) zu Weltruhm gelangte.
Freud erhielt seinen medizinischen Doktorgrad am 31. März 1881, blieb aber noch ein weiteres Jahr am Institut Brückes. Schließlich mußte er das Institut verlassen, aus dem einfachen Grund, weil es dort für einen jungen Arzt, der nicht über privates Vermögen verfügte und dazu noch Jude war, keine Zukunftsaussichten gab. Eine akademische Laufbahn war aus den gleichen Gründen hoffnungslos. Brücke machte ihm das in aller Deutlichkeit klar. So hätte er also die Geborgenheit des Instituts verlassen müssen, wo er sich ganz daheim fühlte, auch wenn er sich nicht in die junge Martha Bernays verliebt und mit ihr am 17. Juni 1882 verlobt hätte.
Freuds Verlobung und Brückes schonungslose Darlegung der Tatsachen zwangen Freud jetzt, andere Pläne für die Zukunft zu machen. Er begann nun eine Assistenzarzttätigkeit im Allgemeinen Krankenhaus, wo er in den verschiedensten Abteilungen arbeitete; am 1. Januar 1884 wurde er planmäßiger Assistent in der neurologischen Abteilung. Gleichzeitig arbeitete er im Laboratorium von Meynert, dem bekannten Neurologen. Sein Ziel war jetzt, Privatdozent der Neuropathologie zu werden und eine Privatpraxis aufzubauen.
Der Titel »Privatdozent« bedeutete in Wien sehr viel. Damit war man als Spezialist und beratender Facharzt etabliert, der höhere Honorare verlangen konnte. Freud erreichte dieses Ziel im Jahre 1885 und erhielt im selben Jahr ein Stipendium für einen sechsmonatigen Aufenthalt in Paris an der berühmten Saltpêtrière, dem Krankenhaus, dessen Direktor Charcot war, der berühmteste europäische Neuropsychiater jener Zeit.
Einige Aufsätze, die Freud in dieser Zeit schrieb, verraten einen scharfen Intellekt, die Fähigkeit, aus einem einfachen Detail umfassendere Folgerungen zu ziehen, sowie Gründlichkeit und Beharrlichkeit. Freud beschäftigte sich außerdem mit einem wissenschaftlichen Vorhaben, das weit abseits seines hauptsächlichen

Interessengebietes lag. Es handelte sich um eine Untersuchung der pharmakologischen Eigenschaften des Kokains.
Er entdeckte schon bald dessen analgetische Möglichkeiten, seine Fähigkeit, die allgemeine Stimmungslage zu beeinflussen, und seine anästhetischen Eigenschaften. Die ersten beiden Eigenschaften interessierten ihn mehr als die letzteren. Er setzte große Hoffnungen darauf, daß sich seine Verwendbarkeit für eine große Zahl der verschiedensten Beschwerden erweisen werde wie zum Beispiel Magenverstimmung, Seekrankheit, Neurasthenie – ein damals häufig diagnostizierter Zustand mit Symptomen wie Mattigkeit, Erschöpfung und leichter Depression –, Trigeminusneuralgie, Ischias etc. Freud hoffte auch, daß Kokain die Morphiumsucht beeinflussen könnte, und probierte es an seinem bewunderten Freund Fleischl aus, dem schon erwähnten Mitarbeiter Brückes. Freud wußte noch nicht, daß auch Kokain süchtig machen konnte, und zwar mit sogar noch gefährlicheren Folgen als Morphium.
Da er selber sich für die anästhetischen Eigenschaften von Kokain nicht interessierte, sprach er mit zwei befreundeten Ophthalmologen, Königstein und Koller, über die Droge. Koller war es dann, der Kokain zum ersten Mal als Anästhetikum anwandte und so zum »Vater« der Lokalanästhesie wurde.
Freud sah sich in der Folge heftigen Angriffen wegen der Einführung einer gefährlichen Droge ausgesetzt und leugnete eine Zeitlang hartnäckig, daß sie süchtig machen könne. Ein paar Jahre lang nahm er selbst gelegentlich Kokain. Später benutzte er es zur lokalen Anwendung bei Nebenhöhlenentzündungen. Freud nahm zu Recht an, daß nur ein Mensch mit bestimmten psychischen Eigenschaften kokainsüchtig würde, und diese Eigenschaften hatte er glücklicherweise nicht.[14]
Waren bei Freud in diesem Stadium seines Lebens und seiner Laufbahn schon Anzeichen dafür zu erkennen, daß er innerhalb eines Jahrzehnts zu einem Manne würde, der den Lauf der menschlichen Entwicklung veränderte? Hatte er damals das Gefühl, daß es sein Schicksal sei, nach den Sternen zu greifen? Seine wissenschaftliche Arbeit zeigt noch keine solchen Anzeichen, aber in seinen Briefen können wir gewisse Andeutungen erkennen. Einer der in der Sammlung von 1960 veröffentlichten Briefe, den Freud

14 Über diesen Gegenstand wird später im Zusammenhang mit Freuds Nikotinsucht noch zu sprechen sein.

an einen Jugendfreund schrieb, als er siebzehn war, gerade zwischen der schriftlichen und der mündlichen Reifeprüfung, zeigt bereits deutlich die Fähigkeit Freuds zur Selbstbeobachtung:

> Meine »Besorgnisse für die Zukunft« nehmen Sie zu leicht. Wer sich nur vor Mittelmäßigkeit fürchtet, ist schon geborgen, trösten Sie mich. Wovor geborgen, muß ich fragen? ... Wohl wahr, daß auch stärkere Geister vom Zweifel an sich selbst ergriffen werden; ist darum jeder, der sein Verdienst in Zweifel zieht, ein starker Geist? Er kann ein Schwächling an Geist sein, nur ein ehrlicher Mann dabei, aus Erziehung, Gewohnheit oder gar aus Selbstqual. Ich will Sie nicht auffordern, wenn Sie in irgendwelche zweifelnde Lage kommen, Ihre Empfindungen unbarmherzig zu zergliedern, aber wenn Sie es tun, werden Sie sehen, wie wenig Sie sicher an sich haben. Die Großartigkeit der Welt beruht ja auf dieser Mannigfaltigkeit der Möglichkeiten, nur ist's leider kein fester Grund für unsere Selbsterkenntnis. (B* 7)

Der zweite Brief sagt uns, daß Freud schon als Medizinstudent wußte, daß er nicht nur ein Mann des *Buches*, sondern auch der Feder sein würde. Er schickte einem Freund zwei Neudrucke seiner ersten Veröffentlichungen und schrieb dazu:

> Ich überschicke Dir auch meine gesammelten Werke, nicht meine sämtlichen, wie ich Grund habe zu vermuten, denn von einer dritten [Arbeit] erwarte ich eben die Korrektur, und eine vierte und fünfte zeigt sich meinem ahnenden Geiste, der darob erschrickt wie Macbeth vor den englischen Königsgespenstern: »Es wird kein Ende nehmen, fürcht ich, bis zum jüngsten Tag.« (B* 9)

Die Jahre von 1882 bis 1886 waren unter anderem auch die Zeit, in der Freud verlobt war. Zur Verzweiflung der Liebenden, aber zum Entzücken künftiger Biographen und Kritiker, waren Freud und seine geliebte Martha während dieser Zeit meistens getrennt. Freud schrieb ihr so gut wie täglich.[15] Man hat diese Briefe Perlen der Kunst des Briefschreibens genannt; für viele seiner anderen Briefe gilt das gleiche. Freud, der zu seinen Lebzeiten nicht viele öffentliche Ehrungen erfuhr, wurde 1930 mit dem

15 Freuds Frau Martha hatte sie alle aufbewahrt und nahm sie mit, als Freud 1938 zum Verlassen Wiens gezwungen war. Jones hat in Band 1 seiner Freudbiographie viele Auszüge veröffentlicht, und 93 Briefe wurden in der oben erwähnten Sammlung (1960 a) abgedruckt.

Goethepreis für Literatur ausgezeichnet. Einige dieser Briefe sind Beispiele für Freuds schriftstellerisches Talent, mit wenigen Sätzen Menschen lebendig werden zu lassen. Andere wieder geben dem Biographen die faszinierende Möglichkeit, die Kontinuität der Entwicklung zu verfolgen und Ideen zu entdecken, die erst Jahrzehnte später vollständig formuliert wurden.

Damals war Freud hauptsächlich mit seiner Forschungsarbeit beschäftigt, der er sich mit äußerster Beharrlichkeit widmete. Und doch erwog er auch die Möglichkeit, sich in einer kleineren Stadt als praktischer Arzt niederzulassen, um früher heiraten zu können, denn er war fortwährend in ernsthafter wirtschaftlicher Bedrängnis. Glücklicherweise fand er Freunde, die gern bereit waren, ihn finanziell zu unterstützen: Breuer, sein alter Religionslehrer im Gymnasium, Hammerschlag, und seine Kollegen und Freunde Paneth und Fleischl.

Wenn er Martha gegenüber derartige Pläne erwähnte, drängte sie ihn, lieber zu warten als seine wissenschaftliche Laufbahn zu opfern. Solche Konflikte kommen zum Beispiel in den folgenden (im April 1884 geschriebenen) Briefstellen zum Ausdruck:

> Du darfst gewiß ernst nehmen, was ich gesagt habe und sollst nicht glauben, daß ich Dir irgendwelche Opfer bringe, an die Du nicht mit freiem Herzen denken magst. Glaube mir, es ist nur natürlich, daß ich das überlange Warten weniger mag als Du; ich vertrage es schlechter, es ist allgemein so, daß die Bräute glücklicher sind als die Bräutigame. Also mehr meinetwegen gebe ich meiner Karriere einen so kurzen Termin ... Ich habe es zu nichts Besonderem gebracht und in den zwei Jahren, die noch zu erwarten sind, wird nichts Entscheidendes vor sich gehen. Eine Schattierung von Rang in der Gesellschaft mehr oder weniger. Es wird mich gar keine Überwindung kosten ... Dazu kommt, ... daß ich auf einem Felde der Wissenschaft selbständig genug bin, um ohne weiteren Verkehr und Anleitung Beiträge zu liefern, ich meine in der Kenntnis des Nervensystems ... So werden die Leute immer noch meinen Namen nicht vergessen dürfen. Aber ich bin so wenig ehrgeizig. Ich weiß, daß ich was bin, ohne der Anerkennung zu bedürfen.
>
> Unter einer deutschen Gegend[16] dachte ich mir natürlich Niederösterreich, Mähren oder Schlesien.

16 Im Hinblick auf die Möglichkeit, dort eine Praxis zu eröffnen.

Zunächst bin ich ja noch sehr kampflustig und denke gar nicht daran, die Werbung um die Zukunft in Wien aufzugeben. Der »Kampf ums Dasein« heißt für mich noch ein Kampf ums »Dableiben«. Diese Woche zwar kam es mir wie fern entrückt vor, daß ich im Winter Dozent werden will.

(B* 103–104)

Solche Stimmungsumschwünge innerhalb desselben Briefes waren später ganz häufig, als Freud mit der Darstellung und Formulierung seiner neuen Entdeckungen rang, und hauptsächlich während seiner Selbstanalyse. Freud bestritt, ehrgeizig zu sein, machte aber klar, daß ihm niemand zu sagen brauchte, daß er jemand war, solange er selber das wußte. Wahrer Ehrgeiz bedeutete für ihn, den eigenen, hohen Forderungen an sich selbst gerecht zu werden.

Ein Jahr später hatte er die Chance, eine etwas gehobenere und sicherere Stellung in dem Krankenhaus zu bekommen, in dem er arbeitete; aber er hatte auch die Möglichkeit, das Stipendium zu erhalten, um das er sich beworben hatte, um in Charcots Klinik in Paris zu arbeiten. Das würde bedeuten, die »sichere« Stellung aufzugeben. Er schrieb: »Viele Leute würden sagen, es ist eine Dummheit, daß ich das ablehne, um was ich mich vor vier Wochen beworben habe. Aber des Menschen Dämon ist das Beste an ihm, ist er selber. Wofür man nicht mit ganzer Liebe einsteht, das soll man nicht unternehmen« (B* 134). In späteren Jahren sprach er oft von seinem inneren Dämon.

Es gab auch Krankheit und Sorgen während dieser Zeit. Im Jahre 1882 machte Freud angeblich eine leichte Typhuserkrankung durch.[17] Im Jahre 1884 litt er einige Wochen lang an Ischias. Man hatte ihm einige Wochen Bettruhe verordnet, aber er bekam das bald satt und beschloß, kein Ischias mehr zu haben. Im Hinblick auf spätere Behauptungen, Freud sei ziemlich hypochondrisch gewesen, ist Freuds Schilderung dieser Episode von Interesse:

Prinzeßchen geruhen, mich aus dem Plüsch anzuschauen, als ob Sie wieder ahnen würden, was ich heute gemacht habe. Nun ich wette, Sie haben es doch nicht erraten. Machen Sie sich auf das Unerhörteste gefaßt. Vormittags lag ich in zuwide-

17 Damals gab es keine bakteriologischen und serologischen Untersuchungsmöglichkeiten zur Feststellung von Typhus, und viele fiebrige Magen-Darm-Erkrankungen wurden als leichter Typhus diagnostiziert.

ren Schmerzen da und sah mich in dem Spiegel, bis mir vor meinem wilden Bart graute. Die Wut stieg und stieg und endlich schäumte sie über. Ich beschloß keine Ischias mehr zu haben, wieder Mensch zu sein und den Luxus einer Erkrankung aufzulassen. Flugs war ich angekleidet, saß beim Barbier, atmete förmlich auf, als ich wieder aussah wie eine gut gepflegte Gartenhecke, das Wetter war zu wunderschön, ich ging ein wenig im Hof spazieren. Es ging immer besser und besser, nach einem warmen Bad ging's sogar gut, ich sprang ins Laboratorium hinauf, sammelte Vorsätze, die Arbeit wieder aufzunehmen, nachmittags spielte ich Schach im Kaffeehaus, und als ich einen kurzen Besuch von Professor Hammerschlag bekam, beschloß ich, ihn am Abend zu erwidern. Das habe ich getan, sie waren freilich alle sehr besorgt und haben mich bald wieder hinausgeworfen, aber da sitze ich jetzt wieder sattelfest, habe gar keine Schmerzen, trotz des langen Tages, bloß Müdigkeitsgefühle, die verzeihlich sind, kann wieder arbeiten und freue mich unendlich, unendlich, daß ich's durch einen Entschluß überwunden habe. Ich kann mir's eigentlich gar nicht recht erklären, aber es steht fest, so ist's. Ich glaube natürlich nicht, daß die Schmerzen und Gehbeschwerden morgen wie weggeblasen sein werden, aber wenn sie nicht stärker sind als heute nach dem Wagstück, kann ich arbeiten und dann bin ich's auch bald los.

Gute Nacht, mein Prinzeßchen, also kein Wort mehr von meiner Ischias . . . (B* 99)

Im April 1885 hatte Freud angeblich[18] eine leichte Pockenerkrankung. Er schilderte sie folgendermaßen:

Samstag 25. April 1885

Mein geliebtes Marthchen

Lustgarten, mein Arzt, hat einen Modus ausfindig gemacht, wie ich Dir schreiben kann. Dieser Brief samt Couvert wird für einige Stunden in einen Trockenkasten von 120° C gelegt wer-

18 Auch hier sage ich wieder »angeblich«. Pockenfälle waren damals häufiger und konnten ohne Spezialuntersuchungen klinisch diagnostiziert werden. Es ist jedoch sehr selten, daß selbst leichte Fälle keine Narben (Pockennarben) hinterlassen. Freuds Beschreibung würde nur auf eine von vielen verschiedenen Infekten passen, die von Hautschäden begleitet sind, oder auf eine sehr gemilderte Pockenerkrankung bei einer Person, die geimpft worden ist, aber nicht in den richtigen Abständen, die vollen Schutz gewähren.

den, in dem er all seiner gefährlichen Eigenschaften verlustig gehen soll. Nicht wahr, die Art Censur wird uns nicht schaden? ...

Ich habe wol die echten Blattern, aber nicht die rechten, weißt Du, nicht wie Du Dir's nach der Jugenderinnerung vorstellen wolltest. Ich habe keine einzige Pustel, vielleicht fünf charakteristische »Wimmerl« – es giebt kein deutsches Wort dafür – und ein Dutzend kleinerer Knötchen; von Entstellung, Narben, Fieber u. dgl. ist gar keine Rede. Ich war auch nie zu Bette. Aber ich bin doch krank, zu Zeiten außerordentlich schwach, das Essen schmeckt mir gar nicht u. ich kann nur am Vormittag was lesen. Der Nachmittag wird mir qualvoll, weil ich matt, arbeitsunfähig u. ruhelos bin, abends stellt sich's wieder her. Meine Bedienerin ist sehr brav, aufmerksam u. intelligent; u. ich bin im Ganzen doch noch recht froh, erstens daß meine vorgängige Erschöpfung keine psychologische, sondern die Folge einer Krankheit war, u. zweitens daß die böse Krankheit, mit der ich mich als Arzt doch auseinandersetzen muß, mich so gütig behandelt hat. [1]

Nach dieser Episode mußte Freud eine Art von Quarantäne durchmachen. Vielleicht war das der Grund, der ihn veranlaßte, alle seine Notizen und Manuskripte zu vernichten. Am 28. April 1885 schrieb Freud:

Das war ein schlechter, unfruchtbarer Monat. Wie froh bin ich, daß er so bald zu Ende geht. Ich mache den ganzen Tag gar nichts, blättere manchmal in – russischer Geschichte, und nur hie und da quäle ich die beiden Kaninchen, die im kleinen Zimmer Rüben fressen und den Boden beschmutzen. Ein Vorhaben habe ich allerdings fast ausgeführt, welches eine Reihe von noch nicht geborenen, aber zum Unglück geborenen Leuten schwer empfinden wird. Da Du doch nicht erraten wirst, was für Leute ich meine, so verrate ich Dir's gleich: es sind meine Biographen. Ich habe alle meine Aufzeichnungen seit vierzehn Jahren und Briefe, wissenschaftliche Exzerpte und Manuskripte meiner Arbeit vernichtet. Von Briefen sind nur die Familienbriefe verschont geblieben, Deine, Liebchen, waren nie in Gefahr. ... ich kann nicht reifen und nicht sterben ohne die Sorge, wer mir in die alten Papiere kommt. Überdies alles, was hinter dem großen Einschnitt in meinem Leben zu liegen fällt, hinter unserer Liebe und meiner Berufswahl, ist lang tot und soll ihm ein ehrliches Begräbnis nicht vorenthalten sein. Die Biographen aber sollen sich plagen, wir wollen's ihnen nicht zu leicht machen. Jeder soll mit seinen Ansichten über die ›Entwicklung des Helden‹ recht behalten, ich freue mich schon, wie die sich irren werden. (B*135–136)

Klingt das nicht, als ob Freud irgendwie wußte, daß er irgendwann in der Zukunft der Gegenstand vieler Biographen sein würde? Unglücklicherweise wiederholte Freud dieses Autodafé noch mehrere Male in seinem Leben: Im Jahre 1915 verbrannte er eine Anzahl seiner metapsychologischen Manuskripte, und im Jahre 1938 vernichtete er, bevor er Wien verließ, viele Briefe und Manuskripte.

Während dieser Zeit begegneten Freud auch Tod und Selbstmord; in seinen Briefen schreibt er darüber. Marthas Schwester Minna war mit einem Freund Freuds, Schönberg, verlobt, der an Tuberkulose erkrankte.[19] Im Juni 1885 erkannte Freud, daß Schönberg unheilbar war – die Tuberkulose hatte bereits den Kehlkopf erfaßt, der Beginn des letzten Stadiums. Er hatte Minna zum letzten Mal besucht, und auch Martha erkannte, daß Schönberg nicht mehr zu retten war. In seinem Brief an Martha vom 23. Juni 1885 schrieb Freud:

Ich erhalte eben Deinen lang erwarteten Brief mit den vorausgesehenen traurigen Nachrichten. Ich kann Deine Auffassung nicht ganz teilen, aber weit auseinander dürften wir auch nicht sein. Er [Schönberg] kann sie jetzt nicht heiraten, das ist aus allen möglichen Ursachen klar; er wird sie nicht heiraten können, wenn er an seinem Leiden stirbt, und er soll sie als keines anderen Frau sehen, wenn er am Leben bleibt. Nicht wahr, da ist nichts weiter zu entscheiden? Das entscheidet sich von selbst. Ein Verhältnis jetzt mit Rücksicht auf die Wahrscheinlichkeit von Ereignissen zu lösen, die man selbst abwarten kann – das ist doch nicht nötig. Minna wird ja auch nichts anderes wollen, als bei Schönberg aushalten, so lange es einen gibt. Und Du auch nichts anderes, Du würdest mich nicht verlassen, ehe ich gestorben bin, wenn ich voraussichtlich sterben sollte. Und ich würde nicht bei lebendigem Leib mein Bestes hergeben. (B*150)

19 Wie offenbar auch Freuds Freund und Wohltäter Paneth. Die Tuberkulose war in Wien sehr verbreitet. Noch als ich studierte, nannte man sie *Morbus Vindobonensis*. Es war *die* gefürchtete Krankheit.

Mehrere Wochen später schrieb Freud:

> Du hast ihn [Schönberg] vor kurzem gesehen, also will ich ihn Dir nicht beschreiben, wie er jetzt ist, ohne Blut und Fleisch, ohne Stimme und Atem. Die eine Lungenhälfte ist ganz ruiniert, und die andere wohl überall von Krankheitsprodukten durchsetzt. Ich halte ihn für einen verlorenen Mann, wie schnell oder wie langsam der arme Rest sich ausbrennt, weiß ich nicht, in Wien wahrscheinlich in drei Monaten, was sich durch besseres Klima, Pflege und Ruhe erzielen läßt, wollen wir sehen.
>
> Für uns ist er jedenfalls verloren. Die arme Seele ist müde, die Begeisterung für ein Ziel, die Leidenschaft, der Glorienschein, mit dem man die Geliebte der eigenen Wahl umgeben, wären Leistungen der Gesundheit. Wenn der Atem kurz wird, verengt sich das Interesse, verzichtet das Herz auf alle Wünsche, es bleibt ein müder, resignierter Philosoph ... vor allem der Ruhe bedürftig ... Er sagte: Du bist doch einverstanden, daß ich das Verhältnis gelöst habe? ... Mir war plötzlich klar, daß ich unrecht hatte, daß seine Liebe früher gestorben war als er. Was ihn dazu gebracht hatte, auf alles zu verzichten, das er so lange festgehalten – Arbeit und Stellung, Unabhängigkeit vom Bruder und Eigenwille – weiß ich nicht. Ob das das Ende langen schweren Ringens oder ein Symptom der einschlafenden Psyche ist? (B* 161–162)

Schönberg hatte dann eine kurze Phase der Euphorie, wie sie manchmal im Endstadium der Tuberkulose vorkommt. Er sprach von seiner Hoffnung, daß Minna ihn vergessen werde, und meinte: »Glaubst Du nicht, daß die psychische Last einer solchen Beziehung zu schwer für mich ist? Mein Egoismus beginnt die Oberhand zu gewinnen. Alles, was ich wirklich will, ist bloß noch ein paar Jahre durchzuhalten.« Freud bemerkte dazu:

> Die endliche Prognose über ihn bleibt dieselbe, trotz gegenwärtiger Besserung.
>
> Eins dachte ich mir doch am Abend: daß wir beide es anders machen würden, wenn schwere Krankheit unsere Vereinigung unmöglich machen sollte. Ich betrachte Dich schon lange als mein Eigen und würde Dich nie freigeben, zufrieden sein, daß Du mit mir leidest, und um mich leidest, Du wohl auch nicht anders, Weibchen. Der Mensch ist so armselig, wenn er nichts will, als am Leben bleiben. (B* 165)

Nach Schönbergs Tod Anfang 1886 schrieb Freud an Minna:

Dein armer Roman ist zu Ende, und wenn ich alles überlege, kann ich es nicht ungünstig finden, daß Dich die Nachricht von Schönbergs Tod nach einer so langen Erkältung und Entwöhnung trifft...

Ich halte das für das Schrecklichste einer solchen Krankheit, daß sie einen zerstört, während und ehe sie einen leiden macht. Kannst Du Dir die Veränderung denn lebhaft vorstellen, die mit ihm vorgegangen sein muß, bis er sein Elend so verkennen konnte wie in seinen letzten Monaten? Sichere Hoffnung, in allernächster Zeit gesund zu werden, die haben alle diese Kranken. Im Spital haben wir immer gewußt, daß einer nur noch vierundzwanzig Stunden zu leben hat, wenn er seine Entlassung verlangt hat, weil er sich so wohl fühle. Die Natur ist nicht immer so barmherzig gegen ihre Opfer. (B*199)

Die Natur war nicht so barmherzig gegen Freud, als seine Stunde kam, aber er hätte dann auch diese Barmherzigkeit nicht mehr gewollt.

Während wir einerseits in diesen Briefen den Freud der späteren Jahre erkennen, verraten andere Briefe wieder ständige Gefühle der Unsicherheit. Freud erzählt, wie er Charcots Aufmerksamkeit dadurch erregte, daß er sich mit dessen Veröffentlichungen vertraut zeigte. Charcot forderte dann einen seiner Assistenten auf, einen Fall mit Freud zusammen zu untersuchen. Freud fährt fort:

der Assistent war wie umgewandelt ... Der Abschluß der Beobachtung wurde auf den Nachmittag vier Uhr verschoben, und der Assistent lud mich ein!! in der Salle des Internes mit ihm und den anderen Ärzten des Hauses zu déjeunieren, wo man mich natürlich als Gast behandelte. Und das alles auf einen Wink des Meisters! Wie schwer ist mir aber diese kleine Eroberung geworden, und wie leicht war sie Ricchetti! Ich glaube, es ist ein schweres Unglück für mich, daß die Natur mir nicht jenes unbestimmte Etwas gegeben hat, was die Menschen anzieht. Denke ich an mein Leben zurück, so hat mir kaum mehr als das gefehlt, um mir die Existenz rosig zu machen. Meine Freunde habe ich so langsam erworben, um mein teures Mädchen mich so lange raufen müssen, und jedesmal wenn ich mit wem zusammenkomme, merke ich, daß der Neue von einem Antrieb, den er gar nicht zu analysieren braucht, zunächst veranlaßt wird, mich zu unterschätzen. Das ist eine Sache des Blicks oder der Gefühlsbildung oder sonst ein Naturgeheimnis, von dem man aber schwer betroffen wird. Was mich in Gedanken dafür entschädigt, ist die Innigkeit, mit der alle, die mir Freund geworden sind, dann an mir hängen. (B*193)

Martha muß dagegen protestiert haben, daß er zu wenig von sich selbst halte, und Freud antwortete darauf mit einer sehr viel genaueren Analyse der eigenen Persönlichkeit:

Du schreibst so reizend und vernünftig, und jedesmal bin ich beruhigt, wenn Du Dich über etwas ausgesprochen hast. Ich weiß Dir gar nicht zu danken; ...

Ich schreibe weiter und gehe auf Deine Kritik über meine arme Person ein. Weißt Du, wie seltsam der Mensch zusammengesetzt ist, seine Tugenden oft den Keim zu seinem Verderben bringen und seine Fehler sein Glück machen? ...

Aber wer mich fragt, wie es mir gegangen ist, wenn meine Erlebnisse heute abschließen sollten, wird von mir hören, daß ich trotz alledem – Armut, langsame Erfolge, wenig Gunst bei Menschen, übergroße Empfindlichkeit, Nervosität und Sorgen – doch glücklich war, durch die bloße Erwartung, Dich zu besitzen und durch die Gewißheit, daß Du mich liebhast. Ich war immer aufrichtig gegen Dich, nicht wahr? Ich habe nicht einmal von der Erlaubnis Gebrauch gemacht, die man gegen eine Person des anderen Geschlechts im allgemeinen hat, sich von seiner besten Seite darzustellen ...

Glaubst Du wirklich, daß ich von außen so sympathisch bin? Schau, ich zweifle sehr daran. Ich glaube, man merkt mir was Fremdartiges an, und das hat seinen letzten Grund darin, daß ich in der Jugend nicht jung war und jetzt, wo das reife Alter beginnt, nicht recht altern kann. Es gab eine Zeit, in der ich nichts anderes als wißbegierig und ehrgeizig war und mich Tag für Tag gekränkt habe, daß mir die Natur nicht in gütiger Laune den Gesichtsstempel des Genies, den sie manchmal verschenkt, aufgedrückt hat. Seitdem weiß ich längst, daß ich kein Genie bin und verstehe nicht mehr, wie ich es zu sein wünschen konnte. Ich bin nicht einmal sehr begabt, meine ganze Befähigung zu Arbeit liegt wahrscheinlich in meinen Charaktereigenschaften und in dem Mangel hervorragender intellektueller Schwächen. Ich weiß aber, daß diese Mischung eine für den langsamen Erfolg sehr günstige ist, daß ich unter günstigen Bedingungen ... vielleicht Charcot erreichen könnte. Damit ist nicht gesagt, daß ich's werde, denn diese günstigen Bedingungen finde ich nicht mehr, und das Genie, die Kraft, sie zu erzwingen, besitze ich nicht. Aber wie ich schwätze! Ich wollte was ganz anderes sagen. Nämlich erklären, woher meine Unzugänglichkeit und Schroffheit gegen Fremde, die Du anführst, kommt. Sie ist nur die Folge des Mißtrauens, nachdem ich oft erfahren habe, daß mich gewöhnliche oder schlechte Menschen schlecht behandeln, und wird in dem Maße schwinden, als ich nichts von ihnen zu befürchten brauche, als ich mächtiger und unabhängiger werde. Ich tröste mich immer damit, daß mir untergebene oder gleichgestellte Personen mich nie unangenehm empfunden haben, nur Vorgesetzte oder sonstwie Überlegene. Man würde es mir kaum ansehen, und doch war ich schon in der Schule immer ein kühner Oppositionsmann, war immer dort, wo es ein Extrem zu bekennen und in der Regel dafür zu büßen galt. Als ich dann eine bevorzugte Stellung als langjähriger Primus bekam, als man mir allgemein Vertrauen schenkte, hatte man sich auch nicht mehr über mich zu beklagen.

Weißt Du, was mir Breuer eines Abends gesagt hat? Ich war so ergriffen davon, daß ich ihm darauf das Geheimnis unserer Verlobung mitteilte. Er sagte, er hätte herausgefunden, daß in mir unter der Hülle der Schüchternheit ein maßlos kühner und furchtloser Mensch stecke. Ich habe es immer geglaubt, und mich nur nie getraut, es wem zu sagen. Mir war oft so, als hätte ich den ganzen Trotz und die ganze Leidenschaft unserer Ahnen, als sie ihren Tempel verteidigten, geerbt, als könnte ich für einen großen Moment mit Freude mein Leben hinwerfen. Und dabei war ich immer so ohnmächtig und konnte die glühenden Leidenschaften nicht einmal durch ein Wort oder ein Gedicht zum Ausdruck bringen. So habe ich mich immer unterdrückt, und das, glaube ich, muß man mir ansehen. (B*194 ff.)

Freud hat immer behauptet, daß er seinen Erfolg seiner Beharrlichkeit verdanke und seinem geistigen und moralischen Mut, keinem Hindernis aus dem Wege zu gehen.

In einem Brief an Fließ sagte er von sich, er habe das Temperament eines Konquistadors mit der nötigen Neugierde, Kühnheit und Hartnäckigkeit (siehe Kapitel 6).

Es könnte überraschend erscheinen, daß Freud damals von sich dachte, ihm fehlten die Eigenschaften, um anderen Menschen sympathisch zu sein. Noch überraschender ist, daß er auch noch viel später ähnlichen Gefühlen Ausdruck gab. In einem Brief an Jung von 1907 sagte er: »Ich habe immer gefunden, daß etwas an meiner Person, meinen Worten und Ideen die Menschen wie fremd abstößt, während ihnen die Herzen offen stehen« (B* 255). Es war nicht der Erfolg, sondern der unaufhörliche Prozeß der Selbstanalyse, der Freud von solchen Unsicherheitsgefühlen befreite.

Wir müssen noch einen weiteren Brief erwähnen. Im Jahre 1883 beging ein Kollege Freuds einen Monat nach seiner Heirat Selbstmord. Freud schilderte Martha den Vorfall ausführlich. Er faßte sein Urteil in den Worten zusammen: Dieser »maßlos eitle Mann... starb an der Summe seiner Eigenschaften, seiner krankhaft schlechten Selbstliebe, wie an seinen auf Edleres gerichteten Anforderungen« (B* 63). Ich zitiere diesen Brief, weil von einigen Seiten lange nach Freuds Tod die Meinung geäußert wurde, er könne an Selbstmord gedacht haben, als er Krebs bekam.

Freud heiratete im September 1886, und mit diesem Ereignis begann ein neues Kapitel in seinem Leben. Es folgte eine verhältnismäßig lange Periode der Konsolidierung und des Keimens und langsamen Reifens neuer Ideen. Freud selber hat diesen Übergangszustand in zweien seiner autobiographischen Darstellungen (1914 a, 1925 b) geschildert, und Jones (Bd. 1, S. 264-301) hat ihn ausführlich erörtert. Ich erwähne deshalb nur die Hauptfaktoren, die während dieser Periode wirksam waren.

Der wichtigste war der Einfluß von Josef Breuer, der zwischen 1880 und 1882 eine Behandlung durchführte, die man als die erste systematische Psychotherapie eines Falles von schwerer Hysterie bezeichnen kann. (Heute würde man diesen Patienten wahrscheinlich als einen Grenzfall diagnostizieren.) Jones stellte fest, Freud habe sicherlich die Bedeutung Breuers für seine eigene Arbeit überschätzt.

Wir wissen nicht, ob Freud Breuers Bedeutung wirklich *überschätzte*, aber vielleicht hat er sie aufgrund seines tief eingewurzelten Sinnes für Fairneß *übertrieben.* Wahrscheinlich hat Jones Breuers Beitrag unterschätzt. Breuer war es, der Freud die Konzeption des psychischen Determinismus in der Ätiologie der Hysterie vermittelt hat, wie auch die Tatsache, daß das auslösende Trauma unbewußt war. Breuer hat Freud viel über den Fall erzählt und ihm seine ausführlichen Notizen zu lesen gegeben.

Daß sich aus diesem Samen die psychologische Revolution entwickelte, ist natürlich Freuds Genius und seinem unerschütterlichen Mut und seiner Entschlossenheit zu verdanken.
Von Charcot lernte Freud, daß man die Hysterie ernst nehmen muß, daß sie etwas ganz anderes ist als Krankspielen und daß ihre Symptome in der Hypnose reproduziert werden konnten. Er lernte auch, daß es nichts Unschickliches ist, sich ernsthaft mit Hypnose zu beschäftigen. Es war Zeichen seiner beharrlichen Entschlossenheit, und vielleicht auch seines Protestes gegen die fest verschanzte Autorität des ärztlichen Establishments in Wien und Deutschland, daß er 1889 nach Nancy ging und mehrere Wochen bei Bernheim Hypnose und Hypnotisieren studierte – eine Entscheidung, die damals, da Freud gerade anfing, sich aus der ärgsten wirtschaftlichen Bedrängnis zu befreien, ein schweres finanzielles Opfer bedeutete. Dort verbesserte er nicht nur seine Hypnosetechnik, sondern empfing auch »die stärksten Eindrücke von der Möglichkeit mächtiger seelischer Vorgänge, die doch dem Bewußtsein des Menschen verhüllt bleiben« (1925 b). Freud praktizierte zuerst hypnotische Suggestion, folgte jedoch bald Breuers Beispiel und brachte seine Patienten dazu, in der hypnotischen Trance über ihre Vergangenheit zu sprechen.
Geduldig sammelte er Material, doch erschienen während dieser Periode auch mehrere Publikationen Freuds: seine Übersetzung der Werke von Bernheim (1888-1889 und 1892); seine wichtige Monographie *Zur Auffassung der Aphasien* (1891), die erst viel später in ihrer Bedeutung wirklich gewürdigt wurde; und schließlich eine mit O. Rie gemeinsam verfaßte Monographie über Cerebrallähmung (1891). Erst nachdem er genügend klinisches Material gesammelt hatte, trat er an Breuer heran und überredete ihn zur gemeinsamen Veröffentlichung der *Studien über Hysterie* (1893-1895).
Mit diesem Buch hatte die Psychoanalyse als Wissenschaft begonnen. Als Behandlungstechnik begann sie, als Freud die Hypnose aufgab und die freie Assoziation einführte. Die folgenden acht Jahre sollten eine Zeit dramatischer Fortschritte sein, die nicht ohne quälende Zweifel erreicht wurden.

2. Kapitel

Die Episode der Herzbeschwerden: Der Kampf gegen die Nikotinsucht

Es ist eines der Ziele dieser Studie, die allmähliche Ausbildung verschiedener Reaktionen zu verfolgen, mit deren Hilfe Freud verhinderte, daß Situationen schwerer Belastung und Gefahr traumatisch wurden, und die Wege zu entdecken, die er einschlug, um solche Situationen ohne Verleugnung meistern zu können.

In meiner Einleitung habe ich auf die Korrespondenz Freuds mit Fließ Bezug genommen und ihre Bedeutung für unser Verständnis der Psychoanalyse als Wissenschaft und der Persönlichkeit Freuds unterstrichen. Ich habe ferner die besondere Bedeutung von Freuds Selbstanalyse in den Jahren 1892 bis 1902 betont.

Freuds Beziehung zu Fließ, wie sie sich in seiner Korrespondenz widerspiegelt, war sehr komplex und intensiv und spielte eine große Rolle in Freuds Selbstanalyse; und wir können annehmen, daß Freuds höchst intimer Briefwechsel mit Fließ während dieser Periode oft der freien Assoziation in einer analytischen Sitzung sehr nahe kam.[1]

Die Entwicklung jeder Beziehung hat viele Variablen: wir haben von Freud gelernt, daß sie ihre genetischen Wurzeln in der frühen Kindheit hat und daß frühe Kindheitserlebnisse allen späteren Freundschaften ihren Stempel aufdrücken. Menschliche Beziehungen hängen auch von der Lebenssituation ab, die im Zeitpunkt der Begegnung zweier Menschen gegeben ist, und natürlich von den spezifischen Eigentümlichkeiten der Personen.[2]

Noch ein weiterer Faktor jedoch lenkte diese Beziehung zu Fließ in eine bestimmte Richtung. In einer Zeit ernster physischer Krankheit, als Freud mit Recht im Zweifel war, wie es ausgehen würde, wurde Fließ sein Arzt, dem er volles Vertrauen schenkte.

1 Vergleiche Freuds Brief vom 10. Januar 1937 an Marie Bonaparte bezüglich der Erhaltung der Fließ-Korrespondenz (Schur, 1965).

2 Die meisten dieser Faktoren wurden mit großem Scharfsinn von Ernst Kris in seiner Einleitung zu der Fließ-Korrespondenz (1950), sowie von Jones in seiner Freudbiographie erörtert.

Diese Periode ernster physischer Krankheit ist natürlich für mein Hauptthema besonders wichtig.[3]

In vielen seiner Briefe an Fließ sprach Freud von zahlreichen physischen Beschwerden: Kopfschmerzen, die er als »Migräneattacken« beschrieb (ein Leiden, das er mit Fließ gemeinsam hatte); Nasenbeschwerden, die möglicherweise auf einen chronischen Nebenhöhleninfekt zurückzuführen waren; gewisse, ziemlich unbestimmte Beschwerden im Magen-Darm-Bereich. Bei weitem am wichtigsten waren jedoch seine Herzbeschwerden. Ich fand Freuds erste Anspielung auf seine Herzbeschwerden in einem unveröffentlichten Brief, der vom 18. Oktober 1893 datiert ist; aus ihm geht hervor, daß er mit Fließ bei einer ihrer letzten Begegnungen über diese Beschwerden gesprochen haben muß. Dieser und spätere Briefe lassen erkennen, daß Fließ anfänglich entweder Freuds Beschwerden ausschließlich auf sein Rauchen zurückführte oder aber zumindest glaubte, daß sie durch das Nikotin erheblich verschärft wurden. Wie er nun auch darüber dachte: offenbar bestand Fließ energisch darauf, Freud müsse das Rauchen aufgeben. Das führte zu einer endlosen Reihe von Versuchen Freuds, dem Nikotin zu entsagen. Wie wir sehen werden, wurden diese Versuche fast immer durch die Häufigkeit oder Schwere seiner Herzbeschwerden ausgelöst. Freud schrieb:

> Ich hätte viel über Nase und Sexual. (2 Themata) zu schreiben. Daß Du wenig von der Art siehst, zeugt doch von einer vorherigen Auslese des Materials. Ich habe jetzt keinen großen Andrang und doch die schönsten Fälle, bin auch ein Stück weiter. Eine Beobachtung von Flimmermigraine bei Onanisten werde ich Dir nächstens mittheilen, leider *ohne* Nasenbefund . . .
>
> Mit meinem Herzbefinden denke ich Dir keineswegs durchzugehen. Es ist jetzt viel besser, nicht durch mein Verdienst, denn ich rauche arg in Folge der Aufregungen der letzten Zeiten, die reich daran waren.[4] Ich glaube, es wird nächstens arg wiederkommen. Im Rauchen werde ich einer Vorschrift von Dir pein-

3 Kris, dessen Einleitung zu der Fließ-Korrespondenz sich hauptsächlich mit dem wissenschaftlichen Hintergrund befaßte, hat diesen Aspekt nicht behandelt, und Jones, der diese Krankheit erörtert hat, sah sie weitgehend als eine Manifestation von Freuds Neurose.

4 In anderen Briefen desselben Monats findet sich kein Hinweis auf die Ursache dieser Aufregungen, abgesehen von gewissen Andeutungen über Freuds Schwierigkeiten mit Breuer.

lich folgen, ich habe es schon einmal getan als Du Dich (Bahnhof-Wartezeit) darüber äußertest. Es fehlte mir freilich sehr. Ein arg akuter Schnupfen hat die Sache nicht verschlimmert. [1]

Diese wenigen Sätze sagen uns eine Menge über Freuds Einstellung zu Fließ und zum Rauchen: er versprach, nicht zu rauchen, benützte jedoch das Wort »peinlich« mit seiner doppelten Bedeutung von »genauestens« und »Pein verursachend«. Er versprach, Fließ nicht »durchzugehen«, drohte aber gleichzeitig eine demnächst bevorstehende Verschlimmerung seines Herzbefindens an (eine Erwartung, die sich erfüllen sollte). Das war vielleicht ein Gedanke ans Sterben, aber auch daran, Fließ nicht zu gehorchen und dessen Überzeugung nicht zu akzeptieren, daß zwischen den Herzbeschwerden und dem Rauchen ein Zusammenhang bestehe. Tatsächlich weist Freud darauf hin, daß er sich *trotz* starken Rauchens besser fühle. Eine derartige Ambivalenz hatte offensichtlich viele Determinanten.

Das Thema Rauchen tauchte im nächsten Brief (vom 17. November 1893) wieder auf. Diesmal kam ein neues Motiv hinzu, das immer wieder auftauchte, als die Frage, ob er rauchen solle oder nicht, keine akademische Frage mehr war. Es drückte eine bestimmte Stimmung aus, aber auch einen sehr quälenden Konflikt.

Deinem Rauchverbot folge ich nicht; hältst Du es denn für ein großes Glück, sehr lange Jahre elend zu leben? [2]

Dieses Thema tauchte in einem etwas anderen Zusammenhang einige Monate später wieder auf, als Freud am 7. Februar 1894 schrieb (B 16):

Hier ist jetzt Billroths[5] Tod Tagesereignis. Beneidenswert, sich nicht überlebt zu haben.

Freuds Voraussage, die Herzbeschwerden würden verstärkt wiederkehren, wurde bestätigt. Am 19. April 1894 (B 17) schrieb er:

Dein lieber Brief macht meiner Zurückhaltung und Schonung ein Ende. Ich fühle mich berechtigt, Dir von meinem Befinden zu schreiben. Die wissenschaftlichen und persönlichen Nachrichten folgen dann hinterher.

Da jeder Mensch irgendwen haben muß, von dem er sich suggerieren läßt, um sich von seiner Kritik auszuruhen, habe ich tatsächlich von damals an (es sind heute drei Wochen) nichts

5 Theodor Billroth, berühmter Chirurg und ausgezeichneter Musiker; einer der engsten Freunde von Brahms. Freud bewunderte ihn wegen seiner vielseitigen Talente und Interessen.

Warmes mehr zwischen den Lippen gehabt und kann heute bereits andere ohne Neid rauchen sehen, mir auch wieder Leben und Arbeit ohne diesen Beitrag vorstellen. Lange ist es nicht her, daß ich so weit bin, auch war das Elend der Abstinenz von einer ungeahnten Größe, aber das ist ja selbstverständlich.
Minder selbstverständlich ist vielleicht mein sonstiges Befinden. Bald nach der Entziehung kamen leidliche Tage, in denen ich auch anfing, den Stand der Neurosenfrage für Dich niederzuschreiben; da kam plötzlich ein großes Herzelend, größer als je beim Rauchen. Tollste Arrhythmie, beständige Herzspannung – Pressung – Brennung, heißes Laufen in den linken Arm, etwas Dyspnoe von verdächtig organischer Mäßigung, das alles eigentlich in Anfällen, d. h. über 2/3 des Tages in continuo erstreckt und dabei ein Druck auf die Stimmung, der sich in Ersatz der gangbaren Beschäftigungsdelirien durch Toten- und Abschiedsmalereien äußerte. Die Organbeschwerden sind seit zwei Tagen gemildert, die hypomanische Stimmung besteht fort, ist nur so freundlich (wie gestern abend und heute Mittag) plötzlich zu weichen und einen Menschen zurückzulassen, der sich wieder langes Leben und unverringerte Rauchlust zutraut.
Es ist ja peinlich für den Medicus, der sich alle Stunden des Tages mit dem Verständnis der Neurosen quält, nicht zu wissen, ob er an einer logischen oder an einer hypochondrischen Verstimmung leidet. Man muß ihm dabei helfen. Ich habe mich auch wirklich gestern abend an X. gewendet und ihm gesagt, nach meiner Idee stimmten die Herzbeschwerden nicht mit einer Nikotinvergiftung, sondern ich hätte wohl eine chronische Myocarditis, die das Rauchen nicht verträgt. Ich erinnere mich auch sehr gut, daß die Arrhythmie ziemlich plötzlich 1889 nach meinem Influenzaanfall aufgetreten ist. Ich hatte die Genugtuung, daß er erwiderte, das könnte so oder auch so sein, und ich sollte mich nächstens untersuchen lassen. Ich versprach, weiß aber, daß man dabei meist nichts findet. Ich weiß nicht, inwieweit die Unterscheidung beider Dinge überhaupt möglich ist, denke mir aber, es müßte aus subjektiven Symptomen und Verlauf wohl gehen und Ihr wüßtet wohl, was davon zu halten. Speziell Du bist mir diesmal verdächtig, denn meine Herzangelegenheit ist die einzige, in der ich widersprechende Äußerungen von Dir gehört habe. Das vorige Mal erklärtest Du es für nasal und sagtest, es fehle der perkutorische Befund des

Nikotinherzens, heute zeigst Du eigentlich große Unruhe um mich, versagst mir das Rauchen. Ich kann das nur verstehen, wenn ich annehme, Du wolltest mir den eigentlichen Stand der Sache verdecken, und bitte Dich, es nicht zu tun. Wenn Du etwas Sicheres sagen kannst, teile es mir nur mit. Ich habe weder von meiner Verantwortlichkeit noch von meiner Unentbehrlichkeit eine übergroße Meinung und werde die Unsicherheit und die Lebensabkürzung, die mit der Diagnose der Myocarditis verbunden ist, sehr würdevoll ertragen, vielleicht im Gegenteil für die weitere Einrichtung meines Lebens Vorteil daraus ziehen und mich über alles sehr freuen, was mir verbleibt.

Es gibt kaum einen Satz in diesem Brief, der nicht für mein Thema relevant ist. Er zeigt eine typische Haltung Freuds: mit persönlichen Beschwerden darf man einem anderen nur unter ganz besonderen Umständen zur Last fallen; er mußte sich dafür entschuldigen und des weiteren dafür, daß die wissenschaftlichen Mitteilungen bis zum Ende des Briefes zurückgestellt wurden. Der Brief gibt dem Gedanken Ausdruck, die Selbstkritik, oder vielmehr die Selbsteinschätzung, müsse gelegentlich der Suggestion weichen, und er spricht von dem Kampf mit der Sucht und von der Unterwerfung unter die Anweisungen Fließ', aber ohne innere Überzeugung. Freud schildert ferner sehr lebendig seine Herzanfälle und seine Reaktion darauf und stellt fest, diesmal sei sein Herzelend viel schlimmer gewesen als jemals aufgrund des Rauchens.

Freud litt offensichtlich an Anfällen von Tachykardie mit »tollster« Arrhythmie (*delirium cordis*), Brustschmerzen, die in den linken Arm ausstrahlten, und Dyspnoe. Diese Anfälle waren heftig und häufig und dauerten jedesmal mehrere Tage. Ohne für den Augenblick die ätiologischen Möglichkeiten zu erörtern, können wir nach Freuds Schilderung annehmen, daß er an Anfällen paroxysmaler Tachykardie litt, wahrscheinlich mit aurikulärem Flimmern und Anzeichen von Koronarinsuffizienz wie anginösen Schmerzen und Dyspnoe.

Freuds *Reaktionen* auf diese Anfälle waren mannigfacher Art. Er selber beschrieb seine depressiven Stimmungen, die von Visionen von Tod und Abschiednehmen begleitet waren.

Wir können jedoch im gleichen Absatz des Briefes vom 19. April gewisse andere – nicht bewußte – Manifestationen von Freuds

Reaktionen entdecken. Jeder, der mit Freuds meisterhafter und eleganter Beherrschung der deutschen Sprache vertraut ist, wird ohne weiteres erkennen, daß der Satz, in dem er seine Beschwerden schildert, verzerrte oder zumindest ganz ungewöhnliche Fassungen verschiedener Wörter enthält, die an Neologismen erinnern, und daß die Satzkonstruktion unbeholfen ist.

Die Worte »Pressung« und »Brennung« gibt es tatsächlich gar nicht. Gemeint ist offenbar »Druck« oder »Beklemmung«. Vielleicht hatte Freud die Absicht, die etwas ungewöhnliche Substantivierung des Verbums »pressen« zu benutzen. Er griff auf das Wort nur noch einmal bei anderer Gelegenheit zurück, aber auch im Zusammenhang mit seinen Symptomen. Mit »Brennung« sind wohl intensive Ausstrahlungen in den linken Arm gemeint. Auch die Formulierung »Dyspnoe von verdächtiger organischer Mäßigung« ist keineswegs klar. Es ist kein Grund ersichtlich, warum eine gewisse Dyspnoe auf eine organische Ursache hinweisen müßte. Die Formulierung »über $^{2}/_{3}$ des Tages in continuo erstreckt« ist Teil der erwähnten unbeholfenen Satzbildung.

Solche Satzentstellung bei einem Schriftsteller vom Range Freuds kann nur als Ausdruck intensiver innerer Belastung verstanden werden, für die Freud das Wort »traumatisch« verwendet haben könnte.

Aufschlußreich ist ferner die Tatsache, daß dieser Abschnitt mehrere Fehlleistungen enthält (was in Freuds Briefen und handgeschriebenen Manuskripten sehr selten vorkommt). Nach der lebendigen Schilderung seines Leidens und der depressiven – vielleicht sogar verzweifelten – »Todten- und Abschiedsmalereien« schreibt Freud: »... die hypomanische Stimmung besteht fort, ist nur so freundlich ... plötzlich zu weichen ...« Indem er »depressiv« in sein Gegenteil »hypomanisch« verkehrte, machte Freud von der Methode der Leugnung Gebrauch.[6] Außer der Leugnung der depressiven Stimmung drückt diese Fehlleistung jedoch auch die Vorwegnahme des Weichens der Depression aus – und damit der Wiederaufnahme des Rauchens (»... einen Menschen zurückzulassen, der sich wieder langes Leben und unverringerte Rauchlust

6 Ein Mechanismus, der viel später als für »Hypomanie« charakteristisch beschrieben wurde (Lewin, B. D., 1934; H. Deutsch, 1933).

zutraut«): Die Leugnung hatte deshalb eine gewisse adaptive Qualität.[7]

Eine weitere Fehlleistung findet sich am Ende dieses Absatzes.[8] Freud wollte offensichtlich sagen, daß er einem langen Leben und unverringerter *Rauchlust* entgegensah. Tatsächlich schrieb er jedoch *Rauflust*. Die Bedeutung dieses Verschreibens ist nicht schwer zu verstehen. Mit dem Aufhören der Depression war Freud nicht mehr mutlos und war jetzt bereit, für sein Recht zum Rauchen zu *kämpfen* (wie sich aus dem Rest des Briefes ergibt).

Dieser Absatz gibt uns also in konzentrierter Form eine Beschreibung von Freuds Krankheit, seiner Reaktion auf eine traumatische Situation und der Art und Weise, wie er diese Situation meisterte. Deshalb habe ich ihn einer Untersuchung unterzogen, die wie eine talmudische Exegese wirken könnte, obwohl ja die genaue Beobachtung von Einzelheiten durchaus in der psychoanalytischen Tradition ist.[9]

Der nächste Absatz zeigt uns bereits die Richtung dieser Entwicklung. Freud wollte die Wahrheit wissen, vor allem, ob diese Depression (»Verstimmung«) – und seine Angstgefühle, wie wir hinzufügen könnten – die Reaktion auf eine organische Krankheit oder ein Zeichen einer Hypochondrie sei. Er wollte wissen, ob er an Nikotinvergiftung litt oder an einer chronischen Myocarditis, die das Rauchen nicht vertrug. Dies war auf der einen Seite eine feine diagnostische Unterscheidung und auf der anderen Seite das Eingeständnis der schmerzlichen Erkenntnis, daß das Rauchen eindeutig nicht gut für sein Herz war.

7 Es ist auch sehr auffällig, daß dieser Satz, der die Fehlleistung enthält, welche die hypomanische Reaktion *antizipiert*, wieder in Freuds meisterhaftem Deutsch geschrieben ist, in deutlichem Gegensatz zu dem verstümmelten Satz, der die traumatische Situation beschreibt. Daß diese adaptive Wiedergewinnung der Meisterschaft sowohl Verleugnung, als auch eine Fehlleistung erforderte, zeigt die Schwere des Konflikts. Fast 45 Jahre später sollte Freud einen letzten, verzweifelten Versuch der Leugnung in einer anderen Fehlleistung ausdrücken (siehe Brief an Arnold Zweig vom 5. März 1939).

8 Es ist beachtenswert, daß trotz der Leserlichkeit dieses handgeschriebenen Briefes die maschinengeschriebene Abschrift und der veröffentlichte deutsche Text einige irreführende Fehler in diesem Absatz enthalten (zum Beispiel: »über zwei zu drei des Tages« anstatt »2/3 des Tages«), wie auch am Ende des dritten Absatzes (wo eine Fehlleistung korrigiert wurde), während andere, viel schwerer zu entziffernde Briefe richtig wiedergegeben wurden.

9 Siehe K. R. Eisslers (1958) ausgezeichnete Erörterung der Funktion von Details bei der Interpretation literarischer Werke.

Da er nicht überzeugt war, daß Breuer (der X der veröffentlichten Briefe) ihm die Wahrheit sagen würde, und da er befürchtete, daß sogar Fließ die Diagnose vor ihm verbergen wolle, appellierte Freud an letzteren, offen ihm gegenüber zu sein.[10] In diesem Zustand der Ungewißheit suchte er nach eigenen diagnostischen Hinweisen und erinnerte sich an Attacken von Arrhythmie nach einem Influenzaanfall im Jahre 1889, was für unsere Rekonstruktion der diagnostischen Möglichkeiten von Bedeutung sein kann.

Von Patienten hören wir häufig die Behauptung, sie könnten die Mitteilung, daß sie eine ernste oder sogar tödliche Krankheit hätten, völlig gefaßt hinnehmen; wir stellen jedoch fest, daß sie in Wirklichkeit die Wahrheit *nicht* wissen wollen, ja möglicherweise an ihr zerbrechen. Freud hingegen meinte, was er sagte, wie er später beweisen sollte.

So sehen wir in diesem Brief den gesamten Konflikt im Gange. Ein Teil von Freud mußte noch Verleugnung üben. Aber die Vorherrschaft des Ich – Freuds Lebensziel und auch das Hauptziel der Therapie – begann sich durchzusetzen.[11]

Wie vollständig Freud während der Niederschrift dieses Briefes seine Gelassenheit wiederzugewinnen vermochte, zeigt sich in dem leichten, witzigen, zuweilen sogar ein bißchen frivolen Ton einiger unveröffentlichter Passagen:

> Deine Bemerkung über Tagebuch[12] werde ich mir merken. Du hast Recht.
>
> Frau Dr. Fr. hat mir auch nicht besonders gefallen. Vielleicht tue ich ihr unrecht wenn ich sie als Fleischspeise »Gans« und als Gemüse »Z'widerwurzen«[13] klassificiere. Daß ihr die Analyse unangenehm war, glaube ich gerne, damit hat sie nur den Gedanken der Abwehr bestätigt, sie ist mir auch das dritte Mal ausgekniffen ...

10 Die tragischen Ereignisse des Jahres 1923 (siehe Kapitel 13) sollten Freuds Unbehagen über diesen Mangel an Aufrichtigkeit bestätigen. Siehe auch B 104 an Fließ vom 6. Februar 1899.

11 Hier äußerte Freud bereits ähnliche Gedanken wie die, die er zwanzig Jahre später in seinem Aufsatz über »Vergänglichkeit« (1916a) so schön ausgedrückt hat: »Der Vergänglichkeitswert ist ein Seltenheitswert« (siehe Kapitel 11).

12 Fließ hatte Freud offenbar geraten, ein Tagebuch seiner Symptome zu führen.

13 Wiener Dialektwort, das eine widerwärtige Person bedeutet. Nur die Endung »-wurzen«, die an *Wurzel* erinnert, erlaubt die scherzhafte Assoziation mit einem Gemüse.

Den vielen Neuigkeiten, die Du ankündigst entspricht wol endlich fast ungestörtes Wohlbefinden bei Dir. Über die Ätiologie Deines zweiten Kopfschmerzes habe ich nachgedacht. Ich glaube nicht recht daran. Willst Du Dich nicht lieber an die Siebbeinzellen halten?[14]

Fratzen und Frau sind wol, letztere ist nicht die Vertraute meiner Sterbedelirien. Wol für alle Fälle überflüssig.[15] [3]

So ähnelt der gesamte Brief sehr stark der Nachschrift einer analytischen Sitzung, während der die Produktionen des Analysanden die gesamte Skala der Gefühle durchlaufen und vielerlei Ich-Zustände ausdrücken. Dies sollte der charakteristische Ton eines großen Teils der Korrespondenz Freuds mit Fließ sein.

Dieser Brief vom 19. April 1894 läßt auch das quälende Problem erkennen, das fortan wie ein roter Faden Freuds Leben durchzieht und in vielen seiner Briefe seinen Niederschlag findet: seine Nikotinsucht. Obwohl die traumatische Situation bewältigt war, blieben Freuds Herzbeschwerden, seine Zweifel über die Diagnose und sein Konflikt wegen des Rauchens viele Jahre lang das Leitmotiv seiner Korrespondenz mit Fließ.

Fließ muß bei seiner Überzeugung geblieben sein, daß das Nikotin der Hauptschuldige war, nicht eine Myocarditis, denn Freud schrieb:

Mein lieber Freund,

Du hast so liebenswürdig geschrieben, daß ich Dich nicht war-

14 Dies ist eine Anspielung auf Fließ' sehr häufige Kopfwehanfälle, die er einer nasalen Pathologie und später auch den »Gesetzen der Periodizität« zuschrieb. Fließ unterzog sich in den nächsten paar Jahren einer Reihe größerer chirurgischer Eingriffe. Wie wir sehen werden, waren diese wiederholten Attacken Gegenstand vieler Briefe. Sie waren eine große Belastung für Freuds sich entfaltende Beziehung vollkommenen Vertrauens, die verlangte, daß Fließ ausgeglichen, stark und gesund sei. Die Tatsache, daß Freud an diesem Punkt Fließ' Rat mit eigenen Ratschlägen erwidern konnte, zeigt auch, daß er die traumatische Situation überwunden hatte.

15 Dieser letzte Satz ist schon ein Anzeichen der Haltung, die Freud in seinem Kampf gegen den Krebs viele Jahre später einnehmen sollte. Er wollte den Menschen seiner Umgebung nicht dadurch zur Last fallen, daß er sich sein Leiden anmerken ließ (siehe Brief an Eitingon vom 1. April 1925, zitiert in Kapitel 15). Die Worte »für alle Fälle« bedeuteten offensichtlich: Wenn meine Sorge unbegründet ist, warum meine Frau daran teilnehmen lassen? Wenn ich wirklich an einer unheilbaren Krankheit leide, warum ihr Jahre vorher Kummer bereiten?

ten lassen kann, bis ich etwas zu sagen habe[16]; sondern aus der Alltäglichkeit heraus Nachricht geben muß.

Ich halte Dich für sicherlich competenter für Differentialdiagnose in diesen heikeln Dingen als wen anderen und habe mich also in der Auffassung meiner Affektion wieder irre machen lassen. Breuer z. B. hat die nicht toxische Herzaffektion ruhig gelten lassen.[17] Eine Dilatation soll ich nicht haben, gespaltene Töne, Arrythmie udgl. dauern fort trotz Abstinenz.[18] Die Libido ist längst überwunden. 1 Gramm Digitalis in 2 Tagen[19] hat die subjectiven Beschwerden sehr herabgesetzt und soll auch die Arrythmie beeinflußt haben, die ich zwar immer spüre so oft ich für meinen Puls eine Resonanz finde. Meine Verstimmung, Mattigkeit, Arbeitsunfähigkeit und das bischen Dyspnoe sind eher ärger geworden.

Dies der *Status idem.* Daß ich diese schöne Welt nicht verlasse, ohne Dich zum persönlichen Abschied hieherzucitiren steht mir schon seit Beginn meines Krankheitsgefühles fest. Ich glaube auch nicht, daß ich demnächst in die Lage kommen werde von dieser Deiner Erlaubniss Gebrauch zu machen, aber die Quälerei und das nutzlose Verstreichen der Gegenwart gehen mir mehr zu Leide als was etwa an der Prognose unbefriedigend ist.

In wenigen Tagen schicke ich Dir ein paar Seiten Rohmaterial, eine rasch aufgezeichnete Analyse, in der man bis auf den Grund der Neurose sehen kann. Zu der Zusammenstellung[20] für Dich konnte ich mich noch immer nicht haben, ärgere mich sehr darüber. Das war doch sonst anders. Die

16 Diese Einleitung ist für Freud charakteristisch; nur über sich selber schreiben, ist nicht, etwas zu sagen haben, das der Mühe wert wäre.

17 Siehe den vorhergehenden Brief. Breuer muß in der Zwischenzeit Freud untersucht haben. Die Tatsache, daß Freuds Beziehung zu Breuer damals schon nicht mehr so eng wie vordem war (siehe Jones, Bd. 1, S. 264–315), machte Freud während dieser Monate schwerer Belastung doppelt abhängig von Fließ' Rat und Unterstützung.

18 Wir sehen hier Freuds Konflikt: von der Prognose her war Fließ' Annahme einer Nikotinvergiftung offensichtlich akzeptabler als Breuers stillschweigendes Zugeben der Möglichkeit einer Myocarditis, aber das hätte mehr Abstinenz bedeutet.

19 Eine kräftige Dosis.

20 Vielleicht eine Anspielung auf eine provisorische Zusammenstellung (siehe B 18) und das Manuskript D (ebda., S. 97–98).

sociale und wissenschaftliche Windstille[21] macht mir allerlei Sorgen. Wenn ich in der alltäglichen Arbeit bin, geht es mir am Besten.

Ich hoffe Du bist wenigstens wol. Ich glaube eine Stunde lang habe ich mich in diesen Tagen doch über meine Krankheit gefreut. Das muß gewesen sein, als ich Deinen Brief bekam.

Ich grüße Dich und Deine liebe Ida herzlich und die Meinigen stimmen ein.

Dein Dr. Sigm. Freud [4]

Nur wenige Tage später kehrten die Zweifel über die Diagnose zurück. Am 6. Mai 1894, seinem 38. Geburtstag, schrieb Freud:

Den Leitfaden der Neurosen konnte ich noch nicht fertig machen. Es geht mir besser, zeitweise selbst viel besser, aber noch kein halber Tag war frei von Beschwerden und Stimmung und Leistungsfähigkeit sind recht darnieder. Ich halte es doch nicht für Nikotin, habe zuf[ällig] in letzter Woche *viel ähnliches* in [der] Praxis gesehen, glaube es ist rheumatische Myocarditis und man wird es nicht recht los. Rheumatische Muskelschwielen an anderen Körperstellen habe ich in letzten Jahren wiederholt gehabt.

Im Sommer möchte ich ein wenig zur Anatomie zurückkehren[22], es ist doch das einzig befriedigende. [5]

Dieser letzte Satz ist bezeichnend für das Zusammenspiel der vielen Faktoren, die Freuds Stimmung beeinflußten: seine Krankheit, Abstinenz, Isolierung, der einsame Kampf, der mit seinem Versuch, die Wurzeln der Neurose aufzudecken, begonnen hatte und ihn allmählich zu der Erkenntnis führte, daß er in Wirklichkeit versuchte, das Arbeiten des menschlichen Geistes zu enträtseln. Während er damals gerade damit beschäftigt war, seinen Beitrag zu den *Studien über Hysterie* nochmals durchzusehen, war er sozusagen sich selber schon weit voraus. Er sollte schon bald erkennen, daß jeder Patient ihn mit neuen Entdeckungen konfrontierte und daß diese Entdeckungen nur bestätigt und verstanden werden konnten, wenn er sie dadurch, daß er sein eigener Patient wurde, ein zweites Mal machte.

Der Kampf verlangte wenigstens ein Minimum an physischem

21 Das bezieht sich wahrscheinlich einerseits auf die gesellschaftliche und wissenschaftliche Isolierung, in der sich Freud damals befand, und andererseits auf die zeitweilige Unterbrechung seiner schöpferischen Produktivität.

22 Freud schrieb erst »zurückfahren« und verbesserte dann in »zurückkehren«.

Wohlbefinden, und abgesehen von seinen Herzbeschwerden nahm ihm die Abstinenz vom Rauchen das einzige äußere Stimulans, das sein ganzes Leben hindurch für ihn unerläßlich blieb.

Es überrascht deshalb nicht, daß Freud der Sehnsucht Ausdruck gab – wenigstens in einem Brief –, in den sicheren Hafen der Anatomie zurückzukehren, ins Laboratorium, zum Mikroskop, und daß er wenigstens *eine* Resonanz, vor allem an seinem Geburtstag, so bitter nötig hatte. Dieser Aspekt seiner äußersten Einsamkeit schlägt sich im nächsten Brief nieder, der teilweise bereits veröffentlicht ist (B 18, 21. Mai 1894). Aus dem unveröffentlichten Teil zitiere ich nur einige wenige Absätze.

Liebster Freund,

Liebster, im Ernst, denn ich finde es rührend daß Du Dich so eingehend mit meinen Zuständen zu einer Zeit beschäftigst, da Du entweder sehr beschäftigt oder nicht sehr wol oder vielleicht beides bist. Es war eine Lücke in Deinen Briefen, die mir bereits unheimlich vorkam ...

Dann kam Dein Brief mit der sorgfältigen Widerlegung aller meiner internistisch-dilettantischen Phantasien, aber ohne ein Wort über Dein Befinden. Ich habe lange schon gemerket, daß Du Leiden besser und würdiger erträgst als ich, der in der Stimmung ewig flackernde.

Ich verspreche Dir einen ausführlichen Krankenbericht nächstens; es geht mir besser, aber weit von gut, wenigstens arbeite ich wieder. Heute will ich mir eine gute Stunde machen und nur Wissenschaft mit Dir plaudern. Es ist eben keine besondere Gunst des Schicksals, daß ich ungefähr 5 Stunden im Jahr für Gedankenaustausch mit Dir habe, wo ich den Anderen kaum entbehren kann und Du der einzige Andere, der *Alter*, bist.[23]

Morgen schicke ich die Henne mit den fünf Küchlein nach Reichenau[24], und in der traurigen Einsamkeit nachher ... werde ich öfter den Vorsatz ausführen, Dir wenigstens zu schreiben ...

M. D.[25] war doch eine Perle? Sie kommt nicht in die Samm-

23 Der Brief zeigt deutlich, daß Freud damals in einer Verfassung war, die wir heute die analytische Situation nennen, und Fließ als eine übertragungsähnliche Figur benutzte und sich und dem Anderen, dem *alter ego*, eine gute analytische Stunde versprach.

24 Ein Luftkurort 60 km von Wien.

25 Einer von Freuds Fällen, mit dem Fließ vertraut gewesen sein muß.

lung mit Breuer, weil das zweite Stockwerk, das des sexuellen Momentes, dort nicht enthüllt werden soll. Die Krankengeschichte, die ich jetzt schreibe – eine Heilung – gehört zu meinen schwersten Arbeiten.[26] Du wirst sie vor Breuer bekommen, wenn Du sie rasch zurücksenden willst.

Unter den trüben Gedanken der letzten Monate kam der, die sexuelle These nicht mehr erweisen zu können, an zweiter Stelle, gleich nach Weib und Kindern. Man möchte doch nicht gleich und nicht ganz sterben. [6]

Der Anfang des nächsten Absatzes enthält den Kern der Situation Freuds:

Ich bin hier ziemlich allein mit der Aufklärung der Neurosen. Sie betrachten mich so ziemlich als einen Monomanen, und ich habe die deutliche Empfindung, an eines der großen Geheimnisse der Natur gerührt zu haben.

Dies ist eine der seltenen Äußerungen (siehe auch B 137), in denen Freud die Größe seiner Entdeckungen zugibt. Es dauerte einen weiteren Monat, bevor der versprochene Krankenbericht fertig war. Am 22. Juni 1894 schrieb Freud an Fließ.[27] Er sagte eingangs, er werde einen langen Brief über »Theorie und Leben« schreiben, und fuhr dann fort:

Die letzte Krankengeschichte schicke ich Dir heute, am Stil wirst Du merken, daß ich krank war. Zwischen die 4. und 5. Seite fällt das Geständniß meiner lange verheimlichten Beschwerden. Die Sache selbst ist wol sehr lehrreich, war für mich entscheidend.

Der Sommer soll mir willkommen sein, wenn er bringt, wonach ich mich seit Jahren sehne, ein paar Tage mit Dir ohne arge Störung ... Das Leben kommt mir meistens so unsicher vor, daß ich geneigter bin, lange verhaltene Wünsche nicht mehr aufzuschieben. Andere Reisen werden daneben zurücktreten müssen, denn dies Jahr war ein combiniert schlechtes, hat außer der Krankheit auch materiellen Ausfall gebracht. Auf ein paar Tage könnte ich natürlich doch kommen; auf das Steigen habe ich »mit schwerem Herzen« – wie sinnreich der

26 Wahrscheinlich die Falldarstellung von Elisabeth von R., der letzte der klinischen Beiträge Freuds zu den *Studien über Hysterie*.

27 Von diesem Brief wurden nur die ersten beiden Absätze und der letzte in die veröffentlichte Version aufgenommen.

Sprachgebrauch ist – verzichtet. Wenn Du mir's also richten kannst, daß ich nicht sehr weit zu reisen habe und dann mit Dir (dabei denke ich immer Deine Frau mit ...) wirklich allein bin, dann sehen wir uns heuer Dank meiner Unlust zu weiterem Aufschub.[28]

Nun folgt meine Krankengeschichte in ungeschminkter Wahrheit mit allen Details, auf die ein elender Patient Werth legt und die es wahrscheinlich nicht verdienen.

Vom Tage Deines Verbots an habe ich 7 Wochen nicht geraucht. Es ging mir, wie erwartet zuerst unerlaubt schlecht, Herzbeschwerden mit Verstimmung und dabei das gräuliche Elend der Abstinenz. Letztere ging nach etwa 3 Wochen vorüber, erstere ermäßigten sich nach etwa 6 Wochen, aber ich blieb complet arbeitsunfähig[29], ein geschlagener Mann. Nach 7 Wochen begann ich – gegen mein Versprechen an Dich – wieder zu rauchen und dabei hat folgendes mitgewirkt.

1. Gleichzeitig sah ich Kranke mit fast identischen Zuständen in denselben Jahren, die entweder nicht geraucht hatten (2 Frauen) oder das Rauchen aufgegeben hatten. Breuer dem ich wiederholt sagte, ich halte die Affektion nicht für Intoxicatio nicot, gab es endlich zu, verwies auch auf die Frauen und so wurde mir das Motiv entzogen, das Du so treffend in einem früheren Brief bezeichnet hast: Man kann dem nur entsagen, wenn man die feste Überzeugung hat, es sei die Ursache des Leidens.

2. Von den ersten Cigarren an war ich arbeitsfähig und Herr meiner Stimmung, früher war die Existenz unerträglich.[30] Auch habe ich nicht bemerkt, daß die Beschwerden sich nach 1 Cigarre gesteigert hätten.

Ich rauche jetzt mäßig, bin langsam bis zu 3 *pro die*[31] gestiegen, es geht mir sehr viel besser als früher, eigentlich progressiv besser, nicht gut natürlich. Ich will den Zustand schildern.

Etwas Arrythmie scheint immer zu sein, aber Steigerungen zu

28 Die Begegnung fand Mitte August 1894 statt.

29 Das steht im Widerspruch zu dem Bericht, den Freud in den vorangehenden Briefen über seine Tätigkeit gab.

30 Man beachte den Widerspruch zu dem vorhergehenden Absatz, in dem Freud behauptete, er habe das Elend der Abstinenz nach drei Wochen überwunden, sei aber völlig arbeitsunfähig geblieben.

31 Die übliche lateinische Bezeichnung auf Rezepten.

einem Delirium cordis[32] mit Beklemmungsgefühl kommen nur in Anfällen, die jetzt keine Stunde dauern, fast regelmäßig nach dem Mittagessen. Die mäßige Dyspnoe beim Stiegensteigen ist weg, der linke Arm ist seit Wochen schmerzfrei, die Brustwand noch recht empfindlich, Stufe [nicht deutlich lesbar]. Druckgefühl, Brennen fehlen keinen Tag. Objektiv soll nichts nachweisbar sein, ich weiß es ja nicht. Schlaf und alle anderen Funktionen ungestört, Stimmung beherrsche ich sehr gut, fühle mich allerdings gealtert, schwerfällig, nicht gesund. Digit[alis] hat mir ausgezeichnet gethan ...[33]

Was mich quält ist die Unsicherheit, wie die Geschichte zu nehmen ist. Mir wäre es [ein gestrichenes Wort] peinlich Hypochondr[ische] Beurtheilung zu verrathen, ich habe aber keine Anhaltspunkte es zu entscheiden. Mit meiner Behandlung hier bin ich sehr unzufrieden. Breuer ist voll scheinbarer Widersprüche. Wenn ich sage, es geht mir besser, kommt die Antwort: Sie wissen gar nicht, *wie* gern ich das höre. Das sollte auf eine ernste Affektion schließen lassen. Frage ich ein andermal, was es eigentlich ist, so kommt die Antwort: Nichts, jedenfalls etwas was vorüber ist. Übrigens kümmert er sich um mich gar nicht, sieht mich 2 Wochen lang nicht, ich weiß nicht, ist das Politik oder wirkliche Gleichgiltigkeit oder vollberechtigt. Im Ganzen bemerke ich, daß ich behandelt werde wie ein Kranker mit Ausweichen und Beschwindeln, anstatt daß man mich zur Ruhe brächte, indem man mir alles sagt, was über dergleichen zu sagen ist, das heißt, was man weiß.

Es wäre mir die größte Erleichterung, könnte ich Deine Auffassung getheilt haben oder noch theilen, selbst eine neue Abgewöhnung würde mir jetzt minder schwer fallen, aber es kommt mir als *sacrifizio d'intelletto* vor, ich bin zum ersten Mal in irgend etwas anderer Meinung als Du. Bei Breuer habe ich's leichter, der sagt gar keine Meinung.

Das Beispiel von *Kundt* hat mich weniger geschreckt, wer mir die 13 Jahre bis 51 garantieren könnte, der würde mir die Ci-

32 Die damals gebräuchliche lateinische Bezeichnung für das, was man heute paroxysmale Tachykardie mit aurikularem Flimmern nennt.

33 Die diagnostische Bedeutung dieser Bemerkung wird am Ende dieses Kapitels besprochen.

garre nicht verleidet haben.[34] Meine Compromißansicht, für die ich keine wissenschaftliche Begründigung habe, ist die, daß ich noch 4-5-8 Jahre an wechselnden Beschwerden mit guten und schlechten Zeiten leiden und dann zwischen 40 u. 50 an einer Herzruptur schön plötzlich verenden werde; wenn es nicht zu nahe an 40 ist, ist es gar nicht so schlecht.

Du wirst mich nur unendlich verpflichten, wenn Du mich definitiv aufklärst, ich glaube nämlich im Geheimen, daß Du sehr genau weißt, was es ist und das Rauchverbot, das ja relative Berechtigung hat, nur in gewohnter Strenge und wegen der erziehlichen und beruhigenden Verwerthbarkeit, so absolut erlassen hast.

Also jetzt genug, es ist sehr traurig sich soviel mit sich abgeben zu müssen, wenn man über soviel Interessanteres schreiben könnte.

Zwischen Deinen Zeilen lese ich, daß Du mit Deinen Kopfschmerzen nicht sehr zufrieden bist und ärgere mich über unsere Unwissenheit. Von den Arbeiten schreibst Du nichts, offenbar hat es den Anschein, als zeigte ich für sie kein Interesse, ich bitte Dich nur anzunehmen, daß ich bloß kein Urtheil über die doch thatsächlich begründeten Dinge habe. [7]

Der letzte Absatz des veröffentlichten Teils dieses Briefes ist im Gesamtzusammenhang relevant:

Eigentlich denke ich doch den ganzen Tag nur an die Neurosen, aber ich bin, seit der wissenschaftliche Verkehr mit Breuer

34 Dies ist die erste Erwähnung der Zahl 51 als eines antizipierten und gefürchteten Endtermins von Freuds Leben. In diesem Brief findet sich keine Anspielung an Fließ' Periodizitätstheorie, mit der jedoch diese Zahl verknüpft war (die Kombination der »femininen« und der »maskulinen« Perioden 28 und 23). Statt dessen nimmt Freud Bezug auf das Beispiel des berühmten deutschen Physikers Kundt, des Nachfolgers von Helmholtz auf dem Lehrstuhl für Experimentalphysik an der Universität Berlin, dessen Schüler Brücke war, Freuds früherer Vorgesetzter. Kundt war am 21. Mai 1894 gestorben, wenige Wochen, bevor dieser Brief geschrieben wurde. Wir können annehmen, daß Fließ über dieses Ereignis an Freud geschrieben hatte. Der Zusammenhang, in dem Freud davon schreibt, läßt vermuten, daß Fließ wahrscheinlich Kundts frühen Tod mit seinem starken Rauchen in Verbindung gebracht hatte.
Merkwürdig ist jedoch, daß Freud Kundts Tod mit dem gefürchteten Termin von 51 in Verbindung brachte, obwohl Kundt tatsächlich 54½ Jahre alt war, als er starb. Eine Erörterung dieses Punktes in einem etwas anderen Zusammenhang findet man in Kapitel 5.

aufgehört hat, auf mich allein angewiesen und darum geht es so langsam. (B 19)

Fließ antwortete auf diesen Brief offensichtlich mit einer Anordnung weiterer Abstinenz vom Rauchen, worauf Freud am 14. Juli 1894 erwiderte:

Liebster Freund,

Nektar und Ambrosia ist mir Dein Lob, da mir sicher bekannt ist, wie schwer Du es vergibst, nein richtiger, wie ernst Du es empfindest, wenn Du es vergibst. Seither habe ich, mit Abstinenz beschäftigt, wenig geleistet; eine andere Darstellung der Angstneurose, die ich aber Breuer gegeben. Fräulein Elisabeth v. R. hat sich inzwischen verlobt.

Mein Zustand, ich fühle mich jetzt verpflichtet, nicht den Verdacht zu erwecken, als wollte ich zurückhalten, [ist] folgender. Von Deinem Brief am Donnerstag vor 14 Tagen Abstinenz, die 8 Tage gehalten hat, am nächsten Donnerstag, in einem unbeschreiblich öden Moment eine Cigarre, dann wieder 8 Tage Abstinenz, nächsten Donnerstag wieder eine, seither wieder Ruhe. Kurz es bildet sich eine Institution, eine Cigarre in der Woche zur Erinnerungsfeier Deines Briefes, der mich des Tabaksgenusses von Neuem beraubt. Praktisch dürfte sich das von der Abstinenz nicht erheblich unterscheiden ...

Befinden unverändert, Ende voriger Woche mußte ich [mich] wieder zu Digitalis entschließen. Der Puls war wieder deliriös ... Unter Digitalis geht es dann gut, aber nicht behaglich. Soll ich Digitalis oft nehmen oder selten? Ich verspreche zu folgen ...

Dein Kopfschmerz verursacht mir ohnmächtige Kränkung ...

Herzlichsten Gruß ... Sigm. Freud [8]

Dieser Brief löste offensichtlich einen noch strengeren Befehl von Fließ aus, das Rauchen einzustellen, worauf Freud mit einem undatierten Brief (ein seltenes Vorkommnis) antwortete, in dem er widerwillig eine weitere, begrenzte Zeit der Abstinenz akzeptierte.

Lieber Wilhelm,

Ich verstehe ja viel zu wenig davon um Deine so sichere Entgegnung beurtheilen zu können, aber das indicium sagt mir, daß ich physiologische Gründe genug habe, Deinen Anordnungen nachzukommen und so beginne ich heute eine zweite Abstinenzperiode, die hoffentlich andauern wird, bis wir uns im August wiedersehen. Herzl. Gruß Dein S. [9]

Diese Briefe markierten das Ende einer Krise, zumindest für eine gewisse Zeit. Obwohl Freud während des ganzen Jahres 1895 gelegentlich Beschwerden hatte, begegnen wir in einem Brief, den er nach der Rückkehr von einer Zusammenkunft mit Fließ im August 1894 schrieb, einer optimistischen Einstellung. Am 18. August 1894 schrieb Freud:

> Nach Hause zurückgekehrt, nach einem reizenden Empfang von der ganzen blühenden Schar von Fratzen, mit dem Nachgeschmack der schönen Münchner Tage im Sinn – gibt es wieder einen Moment, in dem das Leben einem gefallen darf. (B 20)

und weiter:

> Ich werde von jetzt ab nur Gutes prophezeien und Recht damit behalten wie mit der letzten bösen Vorhersage.[35] [10]

Ein längerer Brief vom 23. August 1894 bringt weitere Einzelheiten über die Besserung von Freuds Herzbeschwerden:

> Am Donnerstag nach unserer Trennung[36] hatte ich notgedrungen einen 4 stündigen Marsch von Weißenbach nach Ischl, Nacht, Einsamkeit, strömender Regen, Eile – ich habe es sehr gut vertragen. [11]

Eine kritische Betrachtung dieser Krise und der Reaktion Freuds darauf ist aus vielen Gründen angebracht, insbesondere unter dem Gesichtspunkt der Entwicklung von Freuds Einstellung zu Krankheit und Tod, die sich, als sie schließlich voll ausgebildet war, während der letzten 25 Jahre seines Lebens behauptete.

Bei dem Versuch, die medizinischen Aspekte dieser Episode einzuschätzen, bin ich mir natürlich dessen bewußt, wie schwierig es ist, rund 75 Jahre nach dem Geschehen zu einer gültigen Differentialdiagnose zu gelangen. Wir können eine solche Diagnose auf die folgenden Fakten stützen: 1. Freuds sehr detaillierte Beschreibung seiner Symptome in den oben zitierten Briefen an Fließ; 2. Freuds spätere – ziemlich spärlichen – Bemerkungen über diese Episoden, die er mir gegenüber in der Zeit machte, als ich sein Arzt war (1928-1939) und die ich anschließend mit seinen

35 Diese Äußerung ist in Wirklichkeit höchst zweideutig. Einerseits spielt Freud auf seine Vorahnung an, daß er bald krank werde, die sich als richtig herausstellte. Andererseits hatte er auch prophezeit, er werde in wenigen Jahren an einem Herzschlag sterben, und diese Prophezeiung annullierte er nun durch gute Vorahnungen.

36 Auf seinem Rückweg von der Zusammenkunft mit Fließ, die in Salzburg stattgefunden hatte, machte Freud Halt, um seine Eltern zu besuchen, die in Ischl Ferien machten. Das war zwei Jahre vor dem Tod von Freuds Vater.

Schilderungen in der Korrespondenz mit Fließ vergleichen konnte; 3. Freuds späterer Herzzustand; 4. Freuds Berichte über die Befunde Breuers; 5. Freuds günstige Reaktion auf Digitalis; und natürlich 6. unsere allgemeinen Kenntnisse von der Pathologie des Herzens, ihrer Ätiologie und ihrer Symptome.

Wir erfahren aus Freuds Briefen, daß er Arrhythmie zuerst nach einer fiebrigen Erkrankung, vermutlich Influenza, im Jahre 1889 bemerkte. Offenbar litt Freud subjektiv darunter nicht und schenkte dem auch keine besondere Beachtung. Er erinnerte sich lediglich daran, als seine Beschwerden im April 1894 ihren Höhepunkt erreichten.

Bis zum Herbst 1893 werden Herzbeschwerden nicht mehr erwähnt. Im Sommer 1891 hatte Freud den Dachstein bestiegen (der fast 3000 m hoch ist und hohe körperliche Anforderungen an den Bergsteiger stellt). Irgendwann vor dem 18. Oktober 1893 müssen sich bei Freud Herzbeschwerden eingestellt haben und muß ihm Fließ den Rat gegeben haben, sein starkes Zigarrenrauchen aufzugeben. Dieser Brief sagt uns nichts über die Natur von Freuds Beschwerden, aber wir erhalten einen ersten Einblick in Freuds Kampf gegen seine Nikotinsucht. Seine Ambivalenz bezüglich des Rauchverbots ist eindeutig.

Im Frühling des Jahres 1894 wurden die Herzbeschwerden akut. Die Briefe Freuds vom 19. und 25. April, vom 6. Mai und vom 22. Juni 1894 sagen uns über die Natur seiner Beschwerden viel mehr als was bisher bekannt war. Offenbar hatte er wochenlang häufige tägliche Anfälle schwerer Arrhythmie und Tachykardie (*delirium cordis*) mit Herzbeklemmung und Dyspnoe, die seine physische Leistungsfähigkeit erheblich reduzierten. Wir können nach Freuds Schilderung annehmen, daß Freud während der heftigsten Anfälle an paroxysmaler Tachykardie litt, wahrscheinlich mit aurikulärem Flimmern.

Freud, Breuer und Fließ sahen zwei Hauptmöglichkeiten: eine chronische Myocarditis und eine Nikotinvergiftung oder -überempfindlichkeit. Breuer, ein ausgezeichneter, erfahrener Kliniker, neigte wahrscheinlich zu der ersten Hypothese; Fließ gab beharrlich dem Nikotin die Schuld. Freud war, wie wir aus seinen Briefen gesehen haben, abwechselnd geneigt, dem einen oder dem anderen zuzustimmen. Subjektive Gründe machten es ihm außerordentlich schwer, zu einer objektiven Einschätzung zu gelangen: Fließ zuzustimmen, bedeutete eine sehr viel günstigere Prognose, machte jedoch Abstinenz notwendig, mit all dem Elend, die sie im Gefolge hatte. Die Annahme dessen, was er für die Diagnose Breuers hielt, eine organische Krankheit, machte die Prognose ziemlich ungünstig. Was die Abstinenz betraf, so wußte Freud und wies darauf auch in seinen Briefen hin, daß selbst bei einer Myocarditis starkes Rauchen ein mitwirkender Faktor sein *könnte*, aber völlige Abstinenz wäre in diesem Fall weniger unerläßlich, insbesondere im Lichte der möglichen Rationalisierung: wenn man an einer unheilbaren Krankheit leidet, warum soll man dann nicht das Leben genießen, solange es währt?

Noch weitere diagnostische Möglichkeiten sind in Betracht zu ziehen: die Diagnose chronische Myocarditis ist äußerst unbestimmt. Sie ist bezeichnend für das Fehlen von diagnostischen Hilfsmitteln wie EKG, Röntgenstrahlen etc. Die Zeitgenossen Freuds kannten die Symptomatologie von Angina pectoris; Nothnagel, der Inhaber des Lehrstuhls für innere Medizin und einer der wenigen in der Wiener Medizinischen Fakultät, die Freuds Karriere unterstützten, hatte nicht nur ihre Symptome studiert, sondern lieferte später auch ein Anschauungsbeispiel, indem er seinen eigenen tödlichen Anfall bis zu dem Augenblick, als er das Bewußtsein verlor, beschrieb. Aber die Häufigkeit der Koronarthrombose, ihre unterschiedliche Symptomatologie und vor allem ihr Auftreten bei jüngeren Menschen waren noch unbekannt. Jeder, der Freuds Schilderung seiner Beschwerden im Frühjahr 1894 liest, muß zumindest die Möglichkeit in Betracht ziehen, daß Freud damals eine Koronarthrombose erlitt.

Freuds Erwähnung von rheumatischen Muskelschwielen rechtfertigt nicht die Annahme, daß er an Gelenkrheumatismus mit Beteiligung des Herzens litt. Nichts in seinem späteren Herzzustand rechtfertigt einen solchen Schluß. Jedoch ist eine akute postinfektiöse Myocarditis unspezifischen Ursprungs eine weitere (ziemlich entfernte) Möglichkeit, die in Erwägung zu ziehen ist.

Das Syndrom der paroxysmalen Tachykardie mit oder ohne Aurikularflimmern ist wohl bekannt. Sie kann *ohne* jedes wahrnehmbare Anzeichen einer organischen Läsion auftreten. Ihre Symptomatologie ist der von Freud beschriebenen nicht unähnlich. Herzbeklemmung und Dyspnoe lassen sich durch eine als Folge der längerdauernden Anfälle entstandene Koronarinsuffizienz erklären.

Es ist jedoch für paroxysmale Tachykardie typisch, daß sie über ein Leben lang in unregelmäßigen Abständen auftritt. Wir hören kaum je von einem Patienten, der alt genug wird, daß er solche Anfälle nur während einer bestimmten Zahl von Wochen oder Monaten hatte, ohne daß sie im späteren Alter wieder auftraten. Die einzelnen Anfälle können durch verschiedene Ursachen ausgelöst werden, wie zum Beispiel durch eine schwere Mahlzeit oder durch eine starke Anstrengung. Ein Kollege von mir bekam jedesmal einen solchen Anfall, wenn er seekrank wurde. Wir wissen, daß Anfälle gelegentlich durch sehr starke Angst ausgelöst werden können (siehe Schur, 1953), und diese werden dann als Angstäquivalente betrachtet.

Während des Jahres 1895 brachte Fließ, der inzwischen den Bereich seiner Spekulationen über nasale Reflexneurosen erweitert hatte, eine neue Hypothese vor: Freuds Herzbeschwerden seien alle nasalen Ursprungs. Diese Hypothese hat zwei Aspekte, die beide nicht haltbar sind: 1) die Idee des »nasalen Reflexes« und 2) die Idee, daß ein Herdinfekt generalisierte ernste Störungen hervorrufe.

Was die erste Idee betrifft, so wissen wir, daß bei Patienten, die zu »vasovagalen Reflexen« neigen, viele Arten von Zirkulationsstörungen durch eine Vielzahl sensorischer Reize und durch seelische Belastung ausgelöst werden können. Die verbreitetsten Symptome solchen Ursprungs sind Erröten, Schweißausbrüche, Ohnmachtsanfälle, und – weniger häufig – verschiedene Formen von Arrhythmie wie z. B. Extrasystolen. Bei Personen, die zu idiopathischer paroxysmaler Tachykardie neigen, können solche Anfälle durch Reflexe dieser Art ausgelöst werden. Bei einem Patienten, der an Angina pectoris leidet, kann ein Anginaanfall durch einen solchen »Reflex« ausgelöst werden.

Abgesehen von Kreislaufbeschwerden begegnen wir Reaktionen wie Übelkeit, Erbrechen, Diarrhöe oder Zeichen eines spastischen oder gereizten Dickdarms, einschließlich schleimiger Entzündung. Wir wissen, daß Freud mehrmals in seinem Leben Ohnmachtsanfälle hatte, und ich werde diese Vorfälle und ihre Determinanten im einzelnen besprechen. Freud hatte auch ein reizbares, spastisches Kolon.

Es ist jedoch für solche »Reflex«-symptome charakteristisch, daß es *akute* Erscheinungen sind. Fließ' Vorstellung, daß eine große Zahl funktionaler und organischer Syndrome durch einen lokalen Prozeß in der Nasenschleimhaut im Bereich der Nasenmuschel verursacht würden und durch lokale Kokainanwendung und/oder chirurgische Eingriffe an der Nasenmuschel mit Erfolg behandelt werden könnten, ist inzwischen einer kritischen Untersuchung durch weitgehend neutrale Kontrollen unterworfen und als vollständig unbegründet bewiesen worden (siehe auch Ernst Kris' Einleitung und Fußnoten zu Freud, 1950).[37]

Freuds Ohnmachtsanfälle (wir wissen von vier oder fünf) ereigneten sich stets in einer Situation akuter Belastung. Während der Jahre, als Freud in meiner Behandlung stand, wurden seine Attacken von Reizbarkeit und Krampfbereitschaft des Dickdarms und seine kurzen Perioden häufiger Extrasystolen vorwiegend durch übermäßiges Rauchen ausgelöst und eine kleine Dosis Belladonna (ein Anticholinergikum) im Verein mit der Einschränkung des Rauchens bewirkte prompt eine Linderung.

Aus der Korrespondenz mit Fließ wird nicht ganz klar, ob Fließ und Freud bei der Einschätzung von Freuds Herzbeschwerden auch die Herdinfekttheorie heranzogen. Das ist fraglich, weil die Hypothese, daß viele Krankheiten, insbesondere verschiedene Formen von Polyarthritis, Neuritis, Bronchialasthma etc. auf Herdinfektionen zurückzuführen seien, vor allem solche der Zähne, Mandeln, Nebenhöhlen und des Blinddarm, erst in den ersten Jahrzehnten des zwanzigsten Jahrhunderts in Mode kam, als zahllose unschuldige Organe aufgrund dieser Annahme verstümmelt wurden. Für Freuds anfängliche ernste Herzbeschwerden konnte sicherlich eine Herdinfektion nicht verantwortlich gewesen sein.

Welche von all den oben angegebenen möglichen Diagnosen ist die wahrscheinlichste? Daß Freuds Zustand *ausschließlich* auf eine akute Nikotinvergiftung ohne organische Veränderungen oder auf eine Überempfindlichkeit gegen Nikotin zurückzuführen war, ist nicht allzu wahrscheinlich. Akute Nikotinvergiftung kann auch kardiovaskuläre Symptome hervorrufen, aber wenn keine organischen Veränderungen vorhanden sind, hören derartige Beschwerden innerhalb von Tagen oder Wochen auf, wenn der Patient das Rauchen einstellt. Während Freud in seiner Abstinenz nicht allzu konsequent war, verschwanden seine Be-

37 Fließ blieb bei diesem Aspekt seiner Spekulationen nicht stehen. Er kam weiter zu dem Schluß, daß die nasale Pathologie mit allen ihren Folgen ihrerseits durch sogenannte »kritische Perioden« bestimmt werde.

schwerden weder während der Wochen der Enthaltsamkeit, noch wurden sie in jedem Fall schlimmer, wenn er das Rauchen wieder aufnahm.

Die Annahme einer speziellen Überempfindlichkeit gegen Nikotin bei Fehlen einer organischen Läsion ist eine noch weniger überzeugende Erklärung für Freuds langdauernde Beschwerden. Wäre das der Fall, so wären die heftigen Attacken mehr oder weniger regelmäßig mit der Wiederaufnahme starken Rauchens zusammengefallen, und schwere kardiovaskuläre Reaktionen wären während seines ganzen weiteren Lebens häufig wiederaufgetreten, denn Freud blieb ein ständiger starker Raucher.

Und wie steht es mit der Diagnose einer idiopathischen paroxysmalen Tachykardie? Die vorhin erwähnte Tatsache, daß solche Attacken gewöhnlich in unregelmäßigen Abständen während des ganzen Lebens auftreten, spricht dagegen. Freud lebte noch weitere 45 Jahre und hatte nie wieder eine Attacke von paroxysmaler Tachykardie mit aurikulärem Flimmern.

Wir müssen nun noch eine weitere Möglichkeit erwägen, die von Jones vorgebracht wurde, der in seiner Freudbiographie äußert, Freud habe an einer »ausgesprochenen Psychoneurose« gelitten (Jones, Bd. 1, S. 356), deren schwere Phase nach Jones in der zweiten Hälfte der 1890er Jahre lag. Jones schreibt: »Es scheinen keine körperlichen ›Konversions‹-Symptome aufgetreten zu sein, und er hätte später sein Leiden zweifellos als Angsthysterie klassifiziert« (S. 357). Er zitiert Freuds Schilderung seiner Anfälle und kommt dann zu folgendem Schluß:

> Rückblickend würde man sagen, daß alle diese Störungen in der Hauptsache verschiedene, vielleicht durch den Einfluß von Nikotin leicht lokalisierte Aspekte von Freuds Psychoneurose darstellten. Es war bestimmt keine Myokarditis ... In der Folge sollte es sich zeigen, daß Freud ein ungewöhnlich gesundes Herz hatte und auch, daß er beträchtliche Mengen Nikotin vertrug. (S. 346)

Jones gibt keine weiteren Erklärungen zu dieser Feststellung. Wenn nach seiner Annahme keine »körperlichen ›Konversions‹-Symptome« vorlagen, wie erklärt er dann den psychoneurotischen Charakter aller dieser Störungen? Nimmt er an, daß es sich um eine »Organneurose« handelte, eine Somatisierung von Konflikten und/oder von Angst, um etwas, was wir heute einen psychosomatischen Zustand nennen würden? Oder glaubte er, es sei eine bloße hypochondrische Ausarbeitung gelegentlich auftretender Extrasystolen gewesen?

Jones stützte seine Deutung in der Hauptsache auf die Korrespondenz mit Fließ. In den von mir zitierten Beispielen (weitere folgen noch) findet sich vieles, was man als neurotisch bezeichnen kann.[38] Neurotische *Angst* jedoch war bei Freud viel weniger ausgeprägt als extreme Stimmungsumschwünge, die in ihrem Tiefpunkt eine ausgesprochen depressive Qualität hatten. Eine zwanghafte Beschäftigung nicht nur mit dem Tod allgemein, sondern mit dem Sterben in einem ganz bestimmten Lebensalter kehrt häufig wieder. Diese Präokkupation, mit der wir uns noch ausführlich beschäftigen werden, hielt während langer Zeiträume und mit wechselndem Intensitätsgrad Freuds ganzes Leben hindurch an. Aber nur zweimal in der gesamten veröffentlichten und unveröffentlichten Korrespondenz mit Fließ äußerte Freud Todesangst: einmal in seinem Brief vom 19. April 1894, wo er seine heftigsten Anfälle schilderte und sagte, »Todes- und Abschiedsmalereien« ersetzten die »gangbaren Beschäftigungsdelirien«; einmal erwähnte er ausdrücklich Anfälle von Todesangst, die der Tod des Bildhauers Tilgner an Herzschlag ausgelöst hatte (siehe Brief vom 16. April 1896 und die anschließende Erörterung, Kapitel 4). All solche Erscheinungen, insbesondere die depressive Stimmung, waren auf dem Höhepunkt seiner Herzbeschwerden sehr ausgeprägt. Wenn jedoch ein Mensch während einer Periode schwerer kardiovaskulärer Bedrängnis pessimistischen Meinungen Ausdruck gibt, so beweist das in keiner Weise, daß diese Beschwerden die Somatisierung eines unbewußten Konfliktes oder extremer, unkontrollierter Angst darstellen.[39]

Die Korrespondenz mit Fließ gibt uns auch keine Hinweise darauf, daß Freud in den Monaten, als seine Herzbeschwerden ihren Höhepunkt erreicht hatten, größeren Belastungen als sonst ausgesetzt gewesen wäre. Er zeigte auch während dieser Perioden

38 Ein Beispiel eines lokalisierten neurotischen Symptoms wäre Freuds leichte Reisephobie, die ihn jedoch nie wirklich am Reisen hinderte.

39 Solche logisch unbegründeten Annahmen werden bei der Bewertung somatischer Beschwerden häufig vorgenommen, vor allem in der Analyse. Es ist oft sehr schwierig, sorgfältig zu unterscheiden zwischen der Somatisierung von Reaktionen, die zu struktureller Pathologie führen, und sekundären Reaktionen auf einen organischen, strukturellen Prozeß, vor allem, wenn diese übertrieben sind und das somatische Symptom verstärken. Die Verfehlung dieser Unterscheidung hat nur allzuoft tragische Folgen.

nicht mehr Anzeichen einer Neurose als in den Monaten nach dem Tod seines Vaters (Oktober 1896) oder zu Beginn seiner systematischen Selbstanalyse im Frühjahr 1897. Für diese späteren Jahre gilt, daß seine Herzbeschwerden leicht, vorübergehend, atypisch waren und ihr Zusammenhang mit stärkerer Belastung und Konflikten überzeugender ist.

Ist es möglich, daß Freud ein organisches Herzleiden hatte, genauer, eine Koronarthrombose in einer kleinen Arterie? Die Beschwerden, die Freud so lebendig schildert, sind typisch für Anfälle von Angina pectoris: der heftige Schmerz, der in den linken Arm ausstrahlt, das Beklemmungsgefühl. Anfälle von Tachykardie und Arrhythmie kommen bei diesem Leiden häufig vor. Während dieser Periode waren bei Freud auch Anzeichen eines leichten linksseitigen Herzkammerversagens zu bemerken, wie Kurzatmigkeit oder was er später als »motorische Insuffizienz« beschrieb (siehe Brief vom 8. März 1895, Kapitel 3). Die Tatsache, daß Freud auf wiederholte Serien von Digitalisgaben, die sich in unterschiedlichen Abständen über mehr als ein Jahr erstreckten, günstig reagierte, deutet wahrscheinlich auf eine organische Veränderung mit zeitweiligem linksseitigen Herzkammerversagen.

Es ist allgemein bekannt, daß Koronarthrombose in verhältnismäßig jungem Alter auftreten kann (Freud war 1894 38 Jahre alt). Wenn eine solche Thrombose in einer kleinen Arterie auftritt, ohne daß das übrige Arteriensystem in Mitleidenschaft gezogen wird, ist es ferner durchaus möglich, daß der Patient jahrzehntelang frei von anginösen Beschwerden ist und ein normal funktionierendes Herz behält. Ich habe persönlich viele Patienten gekannt, die nach solchen koronaren Zwischenfällen wieder Bergsteigen, Skifahren und andere sportliche Betätigungen aufnahmen.

Während der Manifestation jeder organischen Herzschädigung kann die Nikotinempfindlichkeit erhöht sein. Das beobachtete ich bei Freud in späteren Jahren mit großer Regelmäßigkeit.

Es war Freuds Behauptung, die er auf seine eigene Erfahrung stützte, die ich später nur bestätigen konnte, daß er in Perioden schöpferischen Schreibens oder bei der Vorbereitung auf eine solche Tätigkeit Nikotin brauchte. Und wann befand sich Freud nicht in einem solchen Stadium? Wie das für jede Sucht gilt, ist es äußerst schwer zu entscheiden, ob Freud ohne Nikotin die Konzentration hätte aufbringen können, die für das Lösen sehr schwieriger Probleme notwendig ist, sei es, daß die Folgen der Entziehung seine Fähigkeit zu langdauernder gespannter Aufmerksamkeit beeinträchtigt hätten, sei es, daß zumindest in Freuds Fall die spezifische pharmakologische Wirkung des Nikotins anscheinend eine optimale Leistungsfähigkeit begünstigte.

Wer vielleicht nicht damit einverstanden ist, daß ich im Zusammenhang mit Freuds Nikotingenuß den Begriff »Sucht« benütze, braucht bloß Freuds Briefe zu lesen; seine Behandlung dieses Themas ist ein leuchtendes Beispiel für seine unerschütterlich aufrichtige Selbsterforschung:

> Es ist mir die Einsicht aufgegangen, daß die Masturbation die einzige große Gewohnheit, die »Ursucht« ist, als deren Ersatz und Ablösung erst die anderen Süchte nach Alkohol, Morphin, Tabak etc. ins Leben treten. Die Rolle dieser Sucht ist in der Hysterie ganz ungeheuer, vielleicht ist hier mein noch ausstehendes großes Hindernis ganz oder teilweise zu finden. Natürlich regt sich dabei der Zweifel, ob solche Sucht heilbar ist oder ob Analyse und Therapie hier Halt machen und sich begnügen müssen, eine Hysterie in eine Neurasthenie zu verwandeln.
>
> (22. Dez. 1897, B 79)

Der folgende Brief gibt die beste Zusammenfassung von Freuds lebenslanger Einstellung zum Rauchen.[40] Er ist nicht nur für die Fakten bezüglich Freuds Rauchgewohnheiten aufschlußreich, sondern zeigt auch, daß Freud bei seiner Überzeugung blieb, daß die von mir besprochene Episode der Herzstörungen auf organische Ursachen zurückging; er weist auch auf Freuds Identifizierung mit dieser Gewohnheit (oder Laster, wie er es nannte) seines Vaters hin. Wie wir sehen werden, sollte das Alter von 81½ Jahren, in dem sein Vater starb, eine wichtige Rolle in Freuds zwanghaft-abergläubischer Beschäftigung mit dem voraussichtlichen Zeitpunkt seines Todes spielen.

> 12. Februar 1929
>
> Ich begann mit 24 Jahren zu rauchen, zuerst Cigaretten, bald aber ausschließlich Cigarren, rauche auch noch heute (72½ J.) und schränke mich in diesem Genuß sehr ungern ein. Zwischen 30 und 40 Jahren mußte ich das Rauchen durch 1½ Jahre auf-

40 Ich schulde der Arents Collection der New York Public Library für die Erlaubnis Dank, diesen Brief zu veröffentlichen; er wurde als Antwort auf einen

geben wegen Herzstörungen die vielleicht Nikotinwirkung, wahrscheinlich aber Folge einer Influenza waren. Seither bin ich meiner Gewohnheit oder meinem Laster treu geblieben und meine, daß ich der Cigarre eine große Steigerung meiner Arbeitsfähigkeit und eine Erleichterung meiner Selbstbeherrschung zu danken habe. Vorbild war mir mein Vater, der ein starker Raucher war und bis in sein 81stes Lebensjahr blieb.

Sigm. Freud [12]

Fassen wir zusammen: Wir haben keinen überzeugenden Grund, uns Jones' Theorie anzuschließen, »daß all diese Störungen ... leicht lokalisierte Aspekte seiner Neurose darstellten« (Bd. 1, S. 364). Ich neige zu der Meinung, daß Freud zwischen Ende 1893 und 1896 an Anfällen paroxysmaler Tachykardie mit anginalen Schmerzen und Anzeichen linksseitigen Herzkammerversagens litt; daß diese Anfälle im April 1894 ihren Höhepunkt erreichten und daß er damals eine organische Myokardschädigung erlitt, wahrscheinlich eine Koronarthrombose in einer kleinen Arterie, oder vielleicht eine postinfektuöse Myokarditis mit zeitweiliger erhöhter Nikotinempfindlichkeit.

Fragebogen geschrieben, der an viele bekannte Persönlichkeiten verschickt wurde und worin nach ihren Rauchgewohnheiten gefragt wurde. Ich bin ferner Dr. A. Grinstein, Detroit, Dank schuldig, weil er mich auf diesen Brief aufmerksam gemacht hat.

3. Kapitel

Die Freundschaft mit Fließ: Die erste Phase

Zu der Zeit, als Freuds Herzbeschwerden heftiger wurden, war er noch nicht 38 Jahre alt. Er hatte für seine Frau und fünf Kinder zu sorgen, von denen das älteste 1887, das jüngste 1892 geboren war. Er mußte darüber hinaus noch andere Mitglieder seiner Familie unterstützen. Seine Praxis stand noch keineswegs auf festen Füßen, und er hatte deshalb große Schwierigkeiten, mit seinen Einkünften auszukommen. Er mußte noch alte Schulden aus seiner Studentenzeit, wo er bitter arm gewesen war, abzahlen und hatte keine Ersparnisse. Wer in späterer Zeit Freuds Großzügigkeit und seinen Stolz kennengelernt hat, kann verstehen, welche Demütigung es für ihn gewesen sein muß, Schulden machen zu müssen. Freud bemerkte wiederholt, wie schwer es für einen Menschen sei, eine gewisse Grundunsicherheit zu überwinden, wenn er einmal gezwungen war, sich wirklich um das tägliche Brot zu sorgen. So schrieb er an Fließ am 21. September 1899:

> Von dem Erwerb hängt meine Stimmung auch sehr ab ... Aus meiner Jugend weiß ich, daß die wilden Pferde in den Pampas, die einmal mit dem Lasso gefangen worden sind, ihr Leben über etwas Ängstliches behalten. So habe ich die hilflose Armut kennengelernt und fürchte mich beständig vor ihr. (B 119)

Isolierung – Ein Genie auf der Suche nach einer Aufgabe

Als Freud die Neurosenbehandlung unter ausschließlicher Anwendung seiner neuen Methode aufnahm, brach er die Brücken hinter sich ab. Er setzte sich nicht nur der Ächtung aus, sondern gefährdete auch die finanzielle Sicherheit seiner Familie.

Unter diesen Umständen wäre die Aussicht auf Krankheit und möglichen Tod für jeden eine schwere Belastung gewesen, um so mehr aber für einen Arzt, der die diagnostischen Möglichkeiten und die unsichere Prognose in seinem Fall genau kannte. Am meisten quälte ihn jedoch, wie wir aus seinen Briefen erfahren, die Erkenntnis, daß er an der Schwelle zu gewaltigen Entdeckungen stand und daß es keine Möglichkeiten gab, diese Entdeckungen schnell voranzutreiben. Bei der Art seiner Forschungen war die Zeit ein wesentlicher Faktor. Er mußte warten, bis seine Patienten – zu denen er jetzt auch sich selbst mit seinen Träumen, Phobien und Stimmungsschwankungen zählen mußte – ihm die Antworten lieferten. Nur er selbst hatte den Schlüssel. Würden ihm die kostbaren Jahre beschieden sein, die er brauchte?

Freud verhielt sich unter diesen Umständen so wie auch später wieder in den tragischen Jahren von 1923 an: er lehnte es ab, seine Familie mit seinen Schmerzen und Sorgen zu belasten. Wie so viele Mediziner kannte er keinen Arzt, zu dem er uneingeschränktes Vertrauen hatte, bei dem er auf fachliches Können, auf Bereitschaft, die Wahrheit zu sagen, und auf die Fähigkeit, sein Urteil nicht durch persönliche Faktoren trüben zu lassen, zählen zu können glaubte. Freud hatte völliges Vertrauen zu seinem Freund, Dr. Oskar Rie, aber der war Kinderarzt und kein Herzspezialist.

Freud wandte sich daher an Breuer, der über die nötigen Kenntnisse und Erfahrungen verfügte. Unglücklicherweise begannen gerade zu diesem Zeitpunkt ihre Wege sich zu trennen. Aus der Fließkorrespondenz erfahren wir, daß Breuer während der kritischsten Wochen und Monate der Herzepisode Freud nur selten und in unregelmäßigen Abständen sah. Wir können nicht wissen, inwieweit das Freuds Schuld war, vielleicht weil er so ungern klagte. Aber in seinen Briefen sprach Freud von Breuers widersprüchlichen Äußerungen, daß er sich nicht um ihn gekümmert habe und so fort.

Der Arzt seines Vertrauens wurde dann Fließ, »der Heilkünstler«, der »Magier« (siehe Briefe vom 20. und 26. April 1895, die weiter unten in diesem Kapitel zitiert werden). Fließ war Facharzt für Hals-, Nasen- und Ohrenkrankheiten, beschränkte sich jedoch in seiner Praxis nicht auf sein Spezialgebiet, sondern verfolgte seine weit ausgreifenden Interessen und Hypothesen. Freuds Briefe zeigen, daß Fließ die Sache in die Hand nahm und mit voller Autorität behauptete, Freud habe keine Myokarditis, sondern leide lediglich an einer Überempfindlichkeit gegen Nikotin. Mit diesem Urteil gab er Freud neue Lebenszuversicht. Jahre später hat Freud anerkannt, was Fließ damals für ihn getan hatte.

Als ihre Freundschaft zu Ende ging, schrieb Freud in einem Brief (9. Juni 1901), der so etwas wie ein Lebewohl war:

> Du hast mich an die schöne u. schwere Zeit erinnert, da ich mich dem Ende des Lebens sehr nahe glauben mußte u. Deine Zuversicht mich gehalten hat. (Schur, 1966 a, S. 71)

Jede enge Patient-Arzt-Beziehung hat Aspekte, deren Wurzeln und Erscheinungen denen der Übertragungsbeziehung in der psychoanalytischen Situation ähnlich sind. In diesen schwierigen Monaten war Fließ' Unterstützung für Freud von entscheidender Bedeutung. Trotz der durch die Nikotinabstinenz hervorgerufenen quälenden Beschwerden und obwohl Freud die logischen Fehler in den Folgerungen von Fließ erkannte – es gab keine direkte Beziehung zwischen der Intensität von Freuds Beschwerden und seinem Rauchen oder Nichtrauchen –, wurde Freud in seinem Vertrauen und Glauben an Fließ als seinem Heiler nicht wankend. Es war eindeutig, daß sein Herzzustand sich besserte und daß er nicht das fortschreitende Herzleiden hatte, das Breuers Diagnose einer Myokarditis impliziert hätte.

Während dieses gleichen Zeitraums wurde Freuds Beziehung zu Breuer gespannt. Daß Breuer nicht in der Lage war, seinen Entdeckungen voll beizupflichten, verletzte Freud um so mehr, als er selber stets anerkannt hatte, daß Breuers frühere Arbeiten über Hysterie einen entscheidenden Beitrag zur Entwicklung der Psychoanalyse geleistet hatten. Freud hatte auch nicht vergessen, daß Breuer ihn finanziell unterstützt hatte, als er wirklich in Not war. Breuer seinerseits zweifelte nie an Freuds genialer Begabung. In einem Brief an Fließ vom Sommer 1895 sagte Breuer: »Freud ist in vollstem Schwung seines Intellekts. Ich sehe ihm schon nach, wie die Henne dem Falken« (siehe Kris, 1960, S. 18, Nr. 1). Aber Breuer konnte, wie so viele nach ihm, seinen inneren Widerstand gegen die Entdeckungen Freuds nicht überwinden, der seinerseits von Breuer nichts als Animosität oder bestenfalls Skepsis erwarten konnte.

Ernst Kris (1950) und Jones haben mehrere Faktoren erörtert, die in Freuds Beziehung zu Fließ eine Rolle spielten. Beide Autoren sehen einen Zusammenhang zwischen der Entwicklung dieser Beziehung und der zunehmenden Entfremdung zwischen Freud und Breuer und ihren wachsenden Meinungsverschiedenheiten (siehe auch Wittels, 1924).

Freud selber jedoch brachte später die positiven wie die negativen feindseligen Aspekte seiner Beziehung zu Fließ – mit all der Ambivalenz, die diese in ihm erzeugten – mit seinen frühen Kindheitserlebnissen in Zusammenhang. Die Gültigkeit solcher genetischen Verknüpfungen ist eine der Grundbehauptungen der Psychoanalyse. Wir wissen jedoch, obwohl das gelegentlich übersehen wird, selbst von Freud, daß neue Beziehungen und Konflikte zwar den kindlichen Erlebnissen folgen, aber nie genaue Wiederholungen von ihnen sind. Sie haben ihr eigenes Leben, das durch das äußerst verwickelte Ineinanderspiel von inneren Bedingungen und Umweltbedingungen entsteht.

Aus der Korrespondenz mit Fließ erfahren wir, welch tiefen Eindruck Fließ vom Augenblick ihrer ersten Begegnung an auf Freud gemacht hat. Im ersten Absatz seines ersten veröffentlichten Briefes an Fließ schrieb Freud:

> Mein heutiger Brief hat zwar einen geschäftlichen Anlaß; ich muß ihn aber mit dem Bekenntnis einleiten, daß ich mir Hoffnung auf Fortsetzung des Verkehrs mit Ihnen mache, und daß Sie mir einen tiefen Eindruck zurückgelassen haben, der mich leicht dazu führen könnte, Ihnen frei heraus zu sagen, in welche Rangordnung von Männern ich Sie stellen muß. (B 1)

Das war im November 1887, lange bevor es zur Entfremdung zwischen Freud und Breuer gekommen war und bevor Freud begann, die Methode Breuers auf die Behandlung der Hysterie anzuwenden, ja sogar noch bevor er mit der Hypnosebehandlung begonnen hatte.

Kris war der Meinung, ein weiterer wichtiger Faktor für die Entwicklung der Freundschaft zwischen Freud und Fließ sei die Ähnlichkeit ihrer geistigen Grundeinstellung und ihr gemeinsames Interesse an Forschung und Literatur gewesen. Das würde den in dem oben zitierten Brief erwähnten tiefen Eindruck nicht erklären. Man kann diesen Eindruck auch nicht ausschließlich den genetischen Wurzeln von Freuds Bereitschaft zuschreiben, gerade zu diesem Zeitpunkt Freundschaften zu schließen und enthusiastisch zu reagieren. Wir müssen annehmen, daß darüber hinaus die Persönlichkeit Fließ' etwas hatte, das eine derartige Reaktion sehr erleichterte (oder möglicherweise herausforderte) und auch den ungehemmten Ausdruck dieser Reaktion gestattete. Fließ muß etwas Faszinierendes, Sprühendes gehabt haben. In einem Brief (der in einer Situation geschrieben wurde, die wir später erörtern werden) sagt Freud: »... für mich bleibst Du der Arzt, der Typus des Mannes, dem man vertrauensvoll sein Leben u. das der Seinigen in die Hände legt« (20. April 1895). [5]

Freud war nicht der einzige, der so empfand. Innerhalb relativ kurzer Zeit hatte Fließ eine ausgedehnte ärztliche Praxis aufgebaut, die nicht auf sein Spezialgebiet (Hals-, Nasen-, Ohrenkrankheiten) beschränkt blieb. Darüber hinaus entwickelte Fließ eine hochoriginelle Hypothese, die eine große Zahl der verschiedensten Symptome miteinander verknüpfte.[1] Da Fließ an seine Behauptungen fest glaubte, da die Patienten, die er mit seiner Methode behandelte, häufig tatsächlich an Psychoneurosen der verschiedenen Art litten, und da Fließ eine »magnetische« Persönlichkeit war, war er offenbar in der Lage, seinen Patienten

1 Nach Fließ' Hypothese von der »nasalen Reflexneurose« waren Schwellungen der Nasenschleimhäute und pathologische Zustände der Nasenmuschel und der Nebenhöhlen für so unterschiedliche Beschwerden verantwortlich wie: Schmerzen in den meisten Teilen des Körpers, Migräne und andere Formen von Kopfschmerzen, neuralgische Beschwerden in Kopf, Brust, Bauch, Extremitäten etc., funktionelle Störungen des Herzens, der Atmungsorgane (vor allem mit Bronchialasthma als Folgeerscheinung), des Magen-Darm-Trakts, und schließlich der weiblichen Genitalien, die Dismenorrhöe, Fehlgeburten etc. verursachten.
Anfänglich gab Fließ strukturellen pathologischen Veränderungen im Nasenbereich die Schuld, obwohl diese in manchen Fällen unbedeutend waren: später glaubte er, daß »funktionelle, rein vasomotorische Störungen« dieselben Folgen haben könnten. Hier machte Fließ einen logischen »Sprung«, wenn er behauptete, »daß die Beschwerden der Neurasthenie, also der Neurosen mit sexueller Ätiologie, so häufig die Form der nasalen Reflexneurose annehmen« (siehe Kris 1950, S. 9).
Soweit Fließ' weit übertriebenen Behauptungen objektive Gültigkeit zukam, beruhte diese auf den folgenden Tatsachen:
a) Fließ hatte recht mit der Behauptung, daß zwischen dem corpus cavernosum der Nase und dem corpus cavernosum des Penis eine gewisse strukturelle Ähnlichkeit vorhanden ist.
b) Das Auftreten von Nasenbluten gleichzeitig mit oder an Stelle der Menstruation (»vikariierendes Menstrualbluten«) ist eine feststehende Tatsache.
c) Es ist allgemein bekannt (siehe zum Beispiel Travell und Bigelow, 1947), daß die lokalanästhetische Behandlung bestimmter Auslösepunkte in den Muskeln neuralgische Schmerzen in einem größeren Bereich des Nervennetzes beheben kann.
d) Nebenhöhleninfektionen können für verschiedene Arten von Kopfschmerzen verantwortlich sein und eine Reihe von allgemeinen Beschwerden verursachen, wie andere lokale Infekte auch.
e) Schließlich ist unbehindertes Atmen durch die Nase aus einer ganzen Reihe von Gründen für Patienten mit Bronchialasthma wichtig.
Offensichtlich können diese Tatsachen nur einen *sehr kleinen* Prozentsatz der Behauptungen Fließ' stützen.

sehr zu helfen, was ihn wiederum in seiner festen Überzeugung bestärkte, daß seine Hypothese richtig sei.

Daß Fließ die Gabe hatte, seine Freunde und Patienten durch sein umfassendes biologisches Wissen, seine weit ausgreifende Phantasie und seinen unerschütterlichen Glauben an seine therapeutischen Fähigkeiten zu beeindrucken, läßt sich aus der starken Anhänglichkeit seiner Patienten schließen, die in Freuds Korrespondenz mit ihm sichtbar wird. Selbst eine Patientin, bei der, wie wir sehen werden, ein schweres »Versehen« von Fließ gefährliche Folgen hatte, blieb ihm für den Rest seines Lebens treu.[2] Es ist besonders eindrucksvoll, daß selbst ein so exakt denkender und nüchterner Wissenschaftler wie Karl Abraham während der Endphase seiner Krankheit im Jahre 1925 der Faszination Fließ' erlag (siehe Kapitel 16).

Die Biographien von Genies zeigen eine breite Skala der Altersstufen, in denen ihre bedeutenden Arbeiten begannen oder zumindest deutliche Anzeichen ihrer späteren Leistung sichtbar wurden. Bei vielen Komponisten und Malern – zum Beispiel bei Mozart und Leonardo – zeigte sich die schöpferische Kraft sehr früh. Goethe bewies schon in seinen frühen zwanziger Jahren seine Meisterschaft (siehe Eissler, 1963). Einstein formulierte seine Relativitätstheorie mit 26 Jahren. Anders lag der Fall bei Darwin, dessen *Notebooks* und *Diary of the Voyage of the Beagle* uns erzählen, daß er irgendwo in seinem Geist Ideen fand, die er erst Jahre später, im Alter von 50 Jahren, voll entwickelte und publizierte. Es erscheint sehr unwahrscheinlich, daß ein Mensch erst im vorgerückten Alter zum Genie werden könnte. Aber bestimmte Menschen, die in diese Kategorie fallen, exemplifizieren das, was Goethe und Freud *Daimon Kai Tyche* nannten, die Wechselwirkung zwischen Angeborenem und Erworbenem. Diese Situation traf wahrscheinlich auf Freud mehr zu als auf die meisten außerordentlichen Menschen.

Dann gibt es noch andere Menschen mit ungewöhnlicher Begabung, die nie der *Tyche* begegnen, die für die volle Entfaltung ihrer Gaben notwendig wäre.

Als Freud im Jahre 1887, mit 31 Jahren, Fließ begegnete, war er ein Genie auf der Suche nach einer Aufgabe. Keine von Freuds wissenschaftlichen Leistungen, die ich in Kapitel 1 geschildert

2 Persönliche Mitteilung.

habe, war gleichbedeutend mit der Lösung eines der großen Welträtsel.

Da Freud ein Rebell war, hatte er nur Geringschätzung übrig für die alte Garde der medizinischen Fakultät der Universität Wien, die *Hofräte*, die Ehrentitel erhalten hatten, weil sie Dekane waren oder aufgrund einer speziellen Leistung bekannt waren oder bloß eine gewisse Seniorität erreicht hatten und die richtigen Leute kannten.

Nachdem Freud seine Arbeit im Laboratorium Brückes aufgegeben hatte, wurde er mehr oder weniger zum Außenseiter. Charcot, der Meister der Saltpêtrière, und Bernheim, der die Hypnose gesellschaftsfähig gemacht hatte, lagen dem brillanten jungen Rebellen mehr als seine alten Professoren.

Aus Freuds autobiographischen Aufsätzen und den Schriften von Kris, Jones, Bernfeld und anderen wissen wir, welches Entwicklungsstadium Freud erreicht hatte, als er Fließ begegnete. Breuer, Freuds älterer Kollege und Freund, der gleichfalls die akademische Laufbahn aufgegeben hatte und ein außerordentlich erfolgreicher Internist geworden war, hatte Freud von der erfolgreichen Behandlung von Anna O. erzählt, die in den *Studien über Hysterie* beschrieben ist (siehe Chertok, 1968). Freud plante, Charcots Aufmerksamkeit auf diese neue Methode zu lenken, aber Charcot zeigte sich nicht daran interessiert. Freud war zu dieser Zeit sowohl heftig in seine Braut Martha verliebt als auch von Charcot und seinen Lehren fasziniert, so daß er Breuers Idee nicht weiterverfolgte.

Nach seiner Rückkehr aus Paris erstattete Freud 1886 der Wiener Medizinischen Gesellschaft einen Bericht über Charcots Arbeiten über Hysterie, wobei er besonders das Vorkommen von Hysterie bei Männern hervorhob. Als diese Auffassung angezweifelt wurde, präsentierte Freud einen Fall männlicher Hysterie, erregte damit den heftigen Widerspruch Meynerts, des Leiters des Neurologischen Instituts, und verlor dadurch seinen letzten Stützpunkt in einem akademischen Institut.

Da Freud in seiner neurologischen Praxis mehr Psychoneurosen als organischen Krankheiten begegnete, begann er, Hypnosebehandlung anzuwenden und erinnerte sich schließlich an Breuers Fall. Obwohl er anfänglich diese neu entdeckte Methode bei der Behandlung von Hysterie anwandte, erkannte Freud auch ihre große Bedeutung für die Behandlung und das Verständnis anderer

Formen von Psychoneurosen. Wir könnten sagen – wie das für viele Entdeckungen gilt –, daß Freud zufällig auf die große Bedeutung der Sexualität in der Ätiologie der Neurosen stieß. Aber sobald dieser erste Schritt getan war, begegnete Freud seinem wirklichen Schicksal. Er fand sich in einem völlig unerforschten Gebiet, wo sein Lehrer und Freund Breuer ihm weder den Weg zeigen noch ihm folgen konnte.

Nun also fand sein Genie seine Aufgabe und sein Schicksal, obwohl Freud noch nicht wußte, wohin es ihn führen würde. Und zu diesem Zeitpunkt begegnete er auch Fließ.

Hier war noch so ein unabhängiger, einsamer Rebell, der den Mut gehabt hatte, allein aufgrund von Ahnungen und klinischer Beobachtung eine Reihe von Hypothesen aufzustellen, die etwas phantastisch klangen, aber doch schon durch ihre Kühnheit sehr beeindruckten. Seine Hypothesen und Freuds langsam heranreifende Ideen über die Hysterie und andere Psychoneurosen trafen in jener unbestimmten Region zusammen, wo der Geist dem Körper »begegnet«.

Es mag Freud auch gefallen haben, daß Fließ seine ganze Hypothese auf die therapeutische Wirkung der lokalen Anwendung von Kokain stützte, dessen anästhetische Wirksamkeit Freud entdeckt hatte. Wir erfahren auch aus einem Brief vom 10. Juli 1893, daß Fließ einige Jahre vorher ein »Schüler« Freuds gewesen war; er hatte an einer Vorlesung Freuds über hysterische Paralysen teilgenommen. Dieser hochbegabte, faszinierende Mann war bereit, Freud als Freund anzunehmen und ihn anzuhören, und erwartete seinerseits, daß dieser ihn anhörte. Fließ lebte außerdem in einer anderen Stadt, so daß die lästigen Kleinigkeiten des Alltags ihre Beziehung nicht belasteten, während ihre Treffen (»Kongresse«, wie Freud sie nannte) an speziell ausgewählten Orten stattfanden, in der Regel nur zwei oder drei Tage dauerten und offenbar in einer Atmosphäre höchster geistiger Konzentration verliefen, wobei beide Männer dem Strom ihrer Ideen freien Lauf ließen.

Nachdem Freud seine Aufgabe gefunden hatte, die ihn so sehr beherrschte, daß er sie in einem Brief (15. Februar 1899; siehe Kapitel 5) sein Neoplasma nannte, wurde der Briefwechsel zwischen den beiden Männern intensiver und vertrauter. Freud strömte von Ideen über, die er in schriftlichen Entwürfen, welche er Fließ übersandte, immer wieder neu formulierte. Er ermutigte auch Fließ, einen vorläufigen Bericht über seine Konzeption der nasalen Reflexneurosen zu veröffentlichen, las das Manuskript, regte Änderungen an und schlug sogar die Veröffentlichung eines gemeinsamen Artikels vor.

Es war unausweichlich, daß Freud damals vor seinen eigenen Entdeckungen zunächst erschrak; deshalb war es außerordentlich wichtig für ihn, einen Mann wie Fließ zu finden, der ihm zuhörte und ihm Lob spendete, wahrscheinlich zum Teil, weil er selber ein Auditorium für seine noch kühneren Hypothesen brauchte.

Freud war damals durch die Gleichgültigkeit und Feindseligkeit seiner Berufskollegen sehr isoliert. Einige der schon zitierten Briefe spiegeln diese Situation. Sein Brief vom 25. April 1894 sprach von der »socialen und wissenschaftlichen Windstille«, die ihn umgab; der Brief vom 21. Mai 1894 stellte fest: »Ich bin ziemlich allein mit der Aufklärung der Neurosen. Sie betrachten mich so ziemlich als einen Monomanen.« Am 22. Juni 1894 bemerkte Freud: »Ich bin seit der wissenschaftliche Verkehr mit Breuer aufgehört hat, auf mich allein angewiesen und darum geht es so langsam.« Freuds Briefwechsel und Begegnungen mit Fließ durchbrachen die Isolierung und gaben ihm Ermutigung und Ansporn (siehe Brief vom 14. Juli 1894).

Leider sind die Briefe, die Fließ an Freud schrieb, nicht erhalten. Als Fließ Witwe von Freud ihre Rückgabe verlangte, konnte er sie nicht finden. Freud nimmt darauf in einem Brief Bezug, den er 1937 an Marie Bonaparte schrieb, als sie gerade Freuds Briefe an Fließ von einem Händler erworben hatte, der sie aus Deutschland herausgeschmuggelt hatte. Er sagt dort: »Ob ich sie vernichtet oder bloß kunstvoll versteckt, weiß ich noch heute nicht... Unsere Korrespondenz war die intimste, die Sie sich denken können« (Schur, 1965, S. 12). Wir wissen somit nicht, wieweit Fließ in der Lage war, Freuds Ideen zu folgen, aber wir können aus Freuds eigenen Briefen – vor allem jenen, die er während seiner intensiven Arbeit an *Die Traumdeutung* schrieb – schließen, daß Fließ nicht nur ein interessierter, sondern auch bis zu einem gewissen Grad ein verständnisvoller – wenngleich kritischer – Zuhörer und Leser war. Wenn dieses Verständnis auch seine Grenzen hatte, war Fließ' Lob doch sehr wichtig für Freud, der zwischen Zweifeln und Überzeugung vom Wert seiner Arbeit hin und her schwankte.[3]

3 Fließ' verständnisvolle Einstellung wandelte sich zu völliger Ablehnung, als er erkannte, daß es nicht möglich war, gleichzeitig an psychische Determination

Ich werde später besprechen, wann, warum und wie Fließ' und Freuds Standpunkte zwangsläufig zusammenprallen mußten. Während dieser Periode jedoch sehen wir, wie Freuds Beziehung zu Fließ intensiver und seine lobenden Äußerungen gegenüber Fließ überschwenglicher wurden, während sein Einblick in die verwickelten Zusammenhänge der Neurosen wuchs und er die Allgemeingültigkeit bestimmter psychischer Mechanismen zu verstehen begann.

Freud war Stimmungsumschwüngen unterworfen, Zeiten der Begeisterung und konzentriertester Arbeit wechselten mit Perioden der Niedergeschlagenheit, wie dies schon in den Briefen an seine Braut erkennbar ist, die deutlich jene Pendelausschläge zeigen, die Goethe als charakteristisch für den Zustand der Verliebtheit schilderte:

Himmelhoch jauchzend,
zum Tode betrübt.[4]

Solche Stimmungsschwankungen findet man jedoch häufig bei schöpferisch hochbegabten Menschen, die manche ihrer besten Werke in Ausbrüchen höchster, konzentrierter Anstrengung von relativ kurzer Dauer schaffen. Freuds schöpferische Tätigkeit war durch Perioden dieser Art charakterisiert. Werke von höchster Komplexität – um nur den »Entwurf einer Psychologie« (1895), Kapitel VII der *Traumdeutung* (1900) und den größten Teil seiner Arbeit über Metapsychologie (1915 a, 1915 b, 1915 c) zu nennen – wurden in wenigen Wochen geschrieben. Einer solchen schöpferischen Anspannung folgte häufig eine Zeit der Niedergeschlagenheit, die manchmal eine Unterschätzung seiner Leistung mit sich brachte.

Während der Fließ-Periode jedoch waren die Determinanten solcher Stimmungsumschwünge viel komplizierter. Sie waren zum Teil von Freuds körperlichem Befinden abhängig (das ich in Kapitel 2 besprochen habe). Seine schöpferische Kraft und seine Fähigkeit zu intensiver, konzentrierter Arbeit waren in der Zeit seiner

und an die absolute Vorherrschaft einer geheimnisvollen inneren Uhr zu glauben. Trotzdem wissen wir aus Quellen wie der Korrespondenz zwischen Freud und Abraham und aus den persönlichen Mitteilungen von Dr. Marianne Kris, der Tochter von Dr. Oskar Rie, daß Fließ bis zuletzt Interesse an der Psychoanalyse bewahrte, Freuds Publikationen las und Patienten zu psychoanalytischer Behandlung überwies.

4 Goethe, *Egmont*, 3, 2.

quälendsten Herzbeschwerden offensichtlich beeinträchtigt. Es ist eine wohlbekannte Erscheinung, daß Angina pectoris und Anfälle von paroxysmaler Tachykardie fast immer von einem mehr oder weniger starken Angstgefühl begleitet sind; diese Erscheinung tritt so regelmäßig auf, daß man, bevor die Hilfsmittel für die Herzdiagnose bis zu ihrem heutigen Stand verfeinert wurden, Angst als ein diagnostisch wichtiges Zeichen betrachtete.[5]

Die Angst ist in diesen Fällen teilweise auf jenes eigentümliche Beklemmungsgefühl zurückzuführen, das Freud in seinem Brief vom 19. April 1894 so lebendig schildert, teilweise auf die Plötzlichkeit und Nichtvoraussehbarkeit des Beginns der Attacke. Deshalb trifft das, was Freud später als den Kern der traumatischen Situation beschrieb – die völlige Hilflosigkeit des Ich gegenüber überwältigender Gefahr (1926 a, S. 199) – auf dieses Leiden zu. Bei einem Arzt stellt sein Wissen um die Bedeutung dieser Symptome in seinem eigenen Fall eine zusätzliche Determinante der Angst dar.

Was Freud jedoch im Zusammenhang mit seinen Anfällen schilderte, war weniger die dabei auftretende Angst. Wie schon weiter oben dargelegt, erwähnte er in seinen Briefen nur einmal einen Anfall von Todesangst (siehe Kapitel 4). Wir dürfen annehmen, daß angesichts der völligen Offenheit und Intimität seiner Briefe Freud solche Gefühle eingestanden, wenn er sie gehabt hätte. Ohne deshalb zu behaupten, Freud hätte den Tod nicht gefürchtet oder die Beunruhigung über erneute Anfälle sei bei ihm nicht mit der Angst verbunden gewesen, daß einer von ihnen das Ende bedeuten könnte, können wir doch sagen, daß Freuds Hauptreaktion eine depressive Stimmung war, die zwanghafte Gedanken darüber, wie lange er wohl noch zu leben hätte, im Gefolge hatte. Diese Reaktion, die in seinen Briefen ungehemmten Ausdruck fand, war untrennbar mit Fragen verknüpft, die man etwa folgendermaßen formulieren könnte: War die Aufgabe, die ich unternommen habe, zu groß? Habe ich zuviel gewagt? Werde ich lang genug leben, um wenigstens in Sicht des Verheißenen Landes

5 Viele Patienten, die an Angina pectoris leiden, beschreiben sie als einen eisernen Ring, der ihren Brustkorb einschnürt, so daß sie Erstickungsanfälle haben, selbst wenn keine wirkliche Dyspnoe vorliegt. Reflexschockerscheinungen wie kalter Schweiß etc. verstärken das Angstgefühl, das seinerseits zu der realen Gefahr des Anfalles erheblich beitragen kann.

zu kommen? (Er gab später diesem Gedanken in einem seiner letzten Briefe an Fließ Ausdruck; siehe Kapitel 6). Die depressive Stimmung, die seinen Anfällen folgte, behinderte den Fortgang seiner Arbeit, wodurch diese Fragen noch drängender wurden. Aber mehr noch als das: es ist undenkbar, daß Freud, wenn er niedergedrückt war und bei der Behandlung seiner Patienten nur langsame Fortschritte machte, nicht von Zweifeln über die Stichhaltigkeit seiner Entdeckungen geplagt war.

Der Beginn der Selbstanalyse

Freuds innere Konflikte waren damals noch weit von einer Lösung entfernt. Er mußte noch durch seine Selbstanalyse die überragende Bedeutung der frühen Kindheitserlebnisse entdecken, den ödipalen Konflikt, die vielen Determinanten von Ambivalenz und Schuldgefühlen etc. Bestimmte phobische Symptome wie seine Reisephobie und die Beschäftigung mit dem Altern und der Erwartung, daß sein eigener Tod in einem ganz bestimmten Alter eintreten werde, sind Manifestationen solcher Konflikte.

Freud stand auf der Schwelle zu gewaltigen Entdeckungen. Was als eine Methode der Hysteriebehandlung begonnen hatte, verwickelte ihn in eine Suche, bei der er allmählich erkannte, daß er eines der großen Geheimnisse der Natur berührt hatte. Je näher er der Lösung des Rätsels kam, um so größer wurden die Hindernisse. Er kam nur quälend langsam voran und nur durch immer neues Ausprobieren, Prüfen und Verwerfen. Er war von der Produktion seiner Patienten abhängig, mußte aber erkennen, daß etwas in seinem eigenen Inneren ihm nicht erlaubte, sich der Lösungsmethoden zu bedienen, die er im Laboratorium gelernt hatte. Die Korrespondenz mit Fließ zeigt, daß Freuds *systematische* Selbstanalyse erst 1897 begann.

Wir müssen unterscheiden zwischen den *Motivationen* für die Selbstanalyse und dem Beweis, daß Freud damit begonnen hatte. Die Motivationen waren mannigfaltiger Art. Freud hatte erkannt, daß auch er nicht frei von neurotischen Symptomen oder Hysterien war, wie er sie in seinen Briefen an Fließ nannte. Er wurde sich immer deutlicher dessen bewußt, daß gewisse Erscheinungen, die er an seinen Patienten bemerkte, möglicherweise nur Verzerrungen und Übertreibungen von Erscheinungen waren, wie sie für das psychische Funktionieren aller Menschen charakteristisch sind. Was konnte für einen Mann von Freuds Redlichkeit näher liegen als sich selbst zu beobachten, um festzustellen, ob seine Hypothesen über die Arbeitsweise des Geistes wirklich begründet und auch auf andere, nicht nur auf seine Patienten, anwendbar waren? Eine Erscheinung gab es allerdings, die ubiquitär war: das Träumen. Freuds Patienten hatten angefangen, ihm von ihren Träumen zu erzählen, und es war ihm klar geworden, daß diese bedeutsam waren. Es war deshalb für Freud ein logischer Schritt, seine eigenen Träume zu untersuchen.

Es gab noch ein weiteres Motiv. Im Lauf der fortwährenden, sehr konzentrierten Untersuchung der psychischen Manifestationen seiner Patienten erkannte Freud, daß er jedesmal, wenn er glaubte, den Schlüssel zur Entwicklung ihrer Symptome gefunden zu haben, feststellen mußte, daß es noch eine weitere Ebene gab, die im Verborgenen blieb. Seine Korrespondenz mit Fließ – insbesondere die den Briefen beigefügten theoretischen Entwürfe – enthüllt den fortwährenden Wechsel seiner Formulierungen und seine Erkenntnis, daß die traumatischen Erlebnisse seiner Patienten immer früher in ihrem Leben gesucht werden mußten. Ganz allmählich begann er, die mächtige Wirkung von Verdrängung und Widerstand zu würdigen, lange bevor er diese Begriffe prägte. Und so dämmerte ihm, daß er vielleicht selber den gleichen Erscheinungen unterworfen war.

Ich kehre nun zu Freuds Interesse für Träume zurück. Wir wissen das Datum des Traums von »Irmas Injektion« – dem »Mustertraum der Psychoanalyse« (23./24. Juli 1895) –, über den Freud später in einem Brief an Fließ vom 12. Juni 1900 schrieb: »Glaubst Du eigentlich, daß an dem Haus dereinst auf einer Marmortafel zu lesen sein wird: ›Hier enthüllte sich am 24. Juli 1895 dem Dr. Sigm. Freud das Geheimnis des Traumes‹?« Diese Deutung war vielleicht Freuds erste *systematische* Traumanalyse in dem Sinne, daß er die Assoziationen zu *jedem* Bestandteil des Traumes niederlegte, sie sorgfältig miteinander verglich und auf diese Art die Operationsweisen der Traumarbeit, wie er es später nannte, entdeckte. Einem solchen systematischen Vorgehen muß jedoch eine lange Reihe von Analyse von Freuds eigenen Träumen und denen seiner Patienten vorangegangen sein. In einem Brief an Fließ vom 4. März 1895 (mehr als dreieinhalb Monate *vor* dem Irma-Traum) erwähnte Freud den Traum von

Rudi Kaufmann[6], einem jungen Arzt, der ungern früh aufstand und deshalb einen halluzinatorischen Traum hatte, in dem er sich selbst im Krankenhaus sah (siehe B 22 und 1900, S. 130). Dieser Brief zeigt nicht nur, daß Freud bereits die wunscherfüllende Funktion der Träume erfaßt hatte, sondern auch, daß Freunde und Kollegen von Freuds Interesse für Träume gewußt haben müssen und für ihn Beispielsfälle sammelten.

Ich nehme an, daß analog der allmählichen Entwicklung der Traumanalyse, die schließlich in der Anwendung einer spezifischen Technik gipfelte, Freuds systematische Selbstanalyse ebenfalls eine, sogar noch längere, einleitende Phase durchlief, bevor er sie geplant aufnahm. Es ist wichtig, daß die Analyse von Freuds eigenen Träumen darin eine hervorragende Rolle spielte. Ich nehme ferner an, daß einige Aspekte dieser Vorphase schon 1893 begannen.

Wir betrachten zu Recht Freuds Selbstanalyse als eine einzigartige, unübertreffliche Tat. Diese Feststellung bedarf für jene einer Erklärung, die nicht mit den Hindernissen vertraut sind, die jeder überwinden muß, der eine Analyse beginnt. (Wir dürfen jedoch nicht außer acht lassen, daß eine solche Analyse von einem Experten durchgeführt wird, der selber in seiner Lehranalyse denselben Vorgang durchgemacht hat.) Die Hindernisse erheben sich in Gestalt von Widerständen gegen die Aufdeckung mannigfaltiger Konflikte, die wir alle in den Jahren durchlaufen, in denen sich unsere Persönlichkeit bildet; gegen die Wiedererlangung peinlicher Erinnerungen an die Vergangenheit; gegen die Erkenntnis, daß wir alle Gedanken und Wünsche hegen, die als böse, niedrig, gefährlich gelten; und durch das Widerstreben dagegen, tief eingewurzelte Charakterzüge zu ändern, ja sogar dagegen, schmerzhafte Symptome aufzugeben. Die Widerstände sind ferner von gleicher Stärke wie die Abwehrmechanismen, mit deren Hilfe wir mehr oder weniger erfolgreich mit unseren Konflikten fertiggeworden sind. Die Widerstände sind ebensosehr ein Teil der Naturgeheimnisse, die Freud entdeckt hatte, wie die Kräfte, gegen die die Widerstände und Abwehrmechanismen gerichtet sind.

Stellen wir dem nun Freuds Aufgabe der Selbstanalyse gegenüber.

6 Rudolf Kaufmann, später einer der führenden Kardiologen Wiens. Er war ein Neffe Breuers.

Sie läßt sich mit der Situation eines Entdeckungsreisenden vergleichen, der sich zu einer Reise aufmacht, ohne sein Ziel zu kennen, der keine Landkarten und keinen Kompaß hat und nicht weiß, welche Werkzeuge er benötigen wird, wenn er die Reise angetreten hat.[7]
Wir wissen, daß ein wichtiger Bestandteil jeder Analyse die Übertragung ist. Der Analysand entwickelt eine ganz besondere Beziehung zu dem Analytiker, in der alle seine intensiven Beziehungen zu wichtigen Figuren der Vergangenheit, wie z. B. Eltern und Geschwister, sich widerspiegeln. Eine Übertragungsbeziehung ist also wesentlich eine Wiederholung der Vergangenheit, sie reflektiert aber auch die wechselvollen Schicksale solcher Beziehungen unter dem Einfluß der Forderungen des Lebens. Die Analyse der Übertragungserscheinungen ergibt wichtige Aufschlüsse für das Verständnis der Triebe, Phantasien, Konflikte und auch tatsächlicher Ereignisse der Vergangenheit. Wir unterscheiden zwischen positiven und negativen Übertragungserscheinungen. Der Analysand kann sehr intensive positive Gefühle gegenüber seinem Analytiker entwickeln, die sich über die gesamte Skala von Vertrauen, Verliebtheit, sexuellen Phantasien, unrealistischer Überschätzung seiner Qualitäten, ebenso unrealistischen, magischen Erwartungen bezüglich des Resultats der Analyse etc. erstrecken. Andererseits durchläuft der Analysand Phasen intensiven Grolls und Hasses, von Todeswünschen und Enttäuschung.
Die intensive sexuelle Übertragung, die Breuers erster Patient entwickelte, ließ ihn von der weiteren Verfolgung dieser therapeutischen Methode zurückschrecken. Freud erkannte, daß die positive Übertragung – wenn man sie richtig handhabt – ein wichtiges Mittel zur Ausbildung einer vertrauensvollen Beziehung ist. Er erkannte auch, daß es von wesentlicher Bedeutung ist, diese positive Übertragung zu analysieren. Viel länger dauerte es, bis Freud erkannte, daß die Entwicklung der negativen Übertragung nicht nur ein Widerstand ist, sondern eine wesentliche Wiederholung der Vergangenheit. Kurz, die Übertragung ist ein wesentlicher Teil der Analyse.
Wie läßt sich dieser Aspekt einer Analyse, die Entwicklung einer Übertragung, auf Freud anwenden? Freud war sein *eigener* Ana-

7 Ich benütze hier absichtlich eine ähnliche Metapher wie Freud in einem Brief an Fließ, in dem er ihm seinen Plan, *Die Traumdeutung* zu schreiben, schildert (B. 114).

lytiker, und doch trat das Bedürfnis nach einem Übertragungsobjekt (das zu einem heftigen Verlangen wird) sogar in seiner Selbstanalyse zutage und zeigte sich in seiner Beziehung zu Fließ. Es wäre nutzlose Spekulation, zu fragen, ob Freud seine Selbstanalyse auch ohne ein solches Objekt hätte durchführen können. Mit Sicherheit feststellen können wir lediglich, daß die Selbstanalyse für die Lösung seiner eigenen Konflikte *und* für die Entwicklung seiner wissenschaftlichen Konzeptionen von entscheidender Bedeutung war. Aus diesem Grund ist es für uns wichtig, Freuds Selbstanalyse so weitgehend wie möglich zu verstehen und zu untersuchen, wie sie sich auf seine Beziehung zu Fließ auswirkte und wie sie durch diese beeinflußt wurde.

Eine gewisse persönliche Distanz zwischen Analysand und Analytiker ist eine wichtige Bedingung für die Entwicklung einer typischen Übertragung in einer regulären Analyse. Bei letzterer liefert selbstverständlich der Analytiker die Deutungen, einschließlich derer aller Übertragungserscheinungen, und beeinflußt damit in subtiler Weise den Verlauf der Analyse. In Freuds Fall war das größtenteils anders. Er mußte selbst die Deutungen beibringen – Interpretationen unbekannter psychologischer Mechanismen, die er erst im Verlauf dieses Prozesses selbst entdeckte. Kein Wunder, daß er gelegentlich in eine Sackgasse geriet. So schrieb er zum Beispiel am 14. November 1897: »Meine Selbstanalyse bleibt unterbrochen. Ich kann mich nur selbst analysieren mit den objektiv gewonnenen Kenntnissen (wie ein Fremder); eigentliche Selbstanalyse ist unmöglich, sonst gäbe es keine Krankheit.« Freud fügte nicht hinzu, daß er *die* Ausnahme war, und er gab nicht auf.

Nichts kann die Wechselwirkung zwischen Freuds Selbstanalyse und seiner Beziehung zu Fließ besser deutlich machen als seine eigenen Worte. Als er von Marie Bonaparte erfuhr, daß sie im Begriff war, die Fließ-Korrespondenz zu erwerben, schrieb er ihr:

> Bei der so intimen Natur unseres Verkehrs verbreiten sich diese Briefe natürlich über alles Mögliche, Sachliches wie Persönliches und das Sachliche, das alle Ahnungen und Irrwege der keimenden Analyse betrifft, ist in diesem Falle auch recht persönlich . . . Darum wäre es mir so erwünscht, den Stoff in Ihren Händen zu wissen. (Schur 1965, S. 15-16)

Ich habe bereits mehrere Faktoren erörtert, die möglicherweise zur Entwicklung von Freuds Beziehung zu Fließ beigetragen haben. Ich will sie nun rekapitulieren, wobei ich noch einige bisher nicht besprochene Faktoren hinzufüge:

Die in Freuds frühkindlichen Beziehungen wurzelnden genetischen Bindeglieder, die in seiner Beziehung zu Breuer und Charcot zutage traten; Freuds zunehmende Entfremdung von Breuer.

Seine mehr oder weniger vollständige soziale und geistige Isolierung; die zunehmende Erkenntnis, daß er nicht bloß eine neue Behandlungsmethode der Hysterie entdeckt hatte, sondern im Begriff stand, einen Schlüssel zu den Geheimnissen des menschlichen Geistes zu finden; das dringende Bedürfnis nach einem teilnehmenden *alter ego*, das ihm mit Einfühlung und Verständnis zuhören würde; all die spezifischen Eigenschaften der Fließschen Persönlichkeit, seine Interessen und die Kühnheit seiner Hypothesen.

Freuds langdauernde Periode der Herzbeschwerden, während deren Fließ allmählich die Rolle des Arztes, dem er voll vertraute, übernahm, des Schiedsrichters über Leben und Tod, des strengen Verweigerers, des Erzwingers der Abstinenz. Zweifellos trug das nicht nur dazu bei, daß ihre Beziehung sehr schnell an Intensität gewann, sondern auch zu dem stürmischen Verlauf dieser Beziehung.

Die wiederholten, von Fließ vorgenommenen chirurgischen Eingriffe an Freuds Nase und Nebenhöhlen.

Die Reaktion von Fließ, die offenbar die Entwicklung einer bestimmten Art von Beziehung nicht nur erlaubte, sondern herausforderte und beförderte.

Welche Aspekte der Beziehung Freuds zu Fließ waren einer Übertragungsbeziehung in der analytischen Situation vergleichbar? Einmal die extreme Überschätzung des Objekts, welche die kritische Bewertung von dessen Qualitäten, Arbeit, wissenschaftlichen Leistungen etc. beeinträchtigt; dann ein übertriebenes Verlangen nach Zustimmung und Lob; die Neigung, alle negativen Gefühle zu verleugnen (siehe Kapitel 4 und 5); das Hin- und Herschwanken zwischen Unterordnung und Trotz, das die Ambivalenz anzeigt, die in jeder regulären Analyse unvermeidbar ist.

Plötzliche Ausbrüche von Feindseligkeit, die sich in Fehlleistungen, Träumen und sogar in kaum verhüllten verschobenen Schuldgefühlen oder in Symptombildung äußern kann (siehe Kapitel 4, 5, 6 und 7); die Sexualisierung der Beziehung. Diesen Aspekt hat

Freud erst später erkannt, oder jedenfalls anerkannt (siehe Kapitel 5, 6 und 9).

Um die Unterscheidung zwischen einer Übertragung in einer regulären Analyse und den Erscheinungen während Freuds Selbstanalyse, die an Übertragung erinnern, nicht zu verwischen, spreche ich im folgenden von »übertragungsähnlichen Erscheinungen« und von einer »übertragungsähnlichen Beziehung«. Diese Faktoren begannen im Lauf des Jahres 1893 sich bemerkbar zu machen.

Für das Bedürfnis, ein exaltiertes Bild von dem Analytiker zu bewahren, ist es charakteristisch, daß jedes Anzeichen von Schwäche übelgenommen und gefürchtet wird. Das gilt auch für eine physische Krankheit des Analytikers, und jede solche Krankheit – vor allem, wenn deren Einzelheiten dem Analysanden bekannt sind – führt in der Regel zu einer Spannung in der Übertragungsbeziehung.

Dieses Element war während der längeren einleitenden Phase von Freuds Selbstanalyse recht ausgeprägt. Wenn wir auch keine unmittelbaren Informationen über Fließ' Krankheiten besitzen, so enthalten doch Freuds Briefe eine Fülle einschlägiger Auskünfte. Fließ litt offenbar an sehr schweren Kopfschmerzen. Er schrieb sie einerseits einem krankhaften Zustand der Nase und der Nebenhöhlen zu; andererseits verknüpfte er sie, nachdem er seine Periodizitätstheorie aufgestellt hatte, mit den »kritischen Perioden«, in denen solche Kopfschmerzen mit oder ohne das Wiederauftreten eines krankhaften Zustandes im Nasenbereich wiederkehren konnten. Zur Diagnose und Behandlung dieser Beschwerden konsultierte Fließ viele Spezialisten auf diesem Gebiet und unterzog sich einer ganzen Reihe von Operationen, von denen einige größeren Umfangs und – angesichts der damaligen Häufigkeit schwerer postoperativer Komplikationen – mit einigem Risiko verbunden waren.

Fließ' Beschwerden beschäftigten Freud sehr, und seine anfängliche Reaktion war Besorgnis und Teilnahme. In einem Brief vom 7. Februar 1894 schrieb Freud:

> Über Deinen Kopfschmerz bin ich ruhiger, seitdem ich eine Äußerung von Scheffer in Bremen [ein H.N.O.-Spezialist, der Fließ in Bremen behandelt hatte] erhalten habe, die volle Genesung verspricht. Ich war so unverschämt, mich direkt an ihn zu wenden. [1]

In dem Brief vom 19. April 1894, in dem Freud seine schwerste Herzattacke schilderte (weshalb man auch hätte erwarten können, daß er in dem Brief seinem tiefsten Bedürfnis nach Fließ Ausdruck gegeben hätte), äußerte er auch zum ersten Mal seine Zweifel über den Ursprung der Kopfschmerzen seines Freundes (siehe Kapitel 2). Bei ihrem Zusammentreffen im August 1894 muß Fließ, der sich früher in diesem Sommer einem chirurgischen Eingriff unterzogen hatte, seine Kopfschmerzen mit Freud besprochen haben. In dem schon früher zitierten Brief vom 23. August 1894 trat der Konflikt, den Fließ' Beschwerden in Freud erweckt hatten, zutage:

Liebster Freund,

Du hast starke Kopfschmerzen und rechnest mit einer Nachoperation; das klinge mir trüb und verdrießlich, wenn ich nicht so ganz Deine Hoffnung theilen würde, daß Du auf dem eingeschlagenen Weg frei von *Deinen* Kopfschmerzen wirst. Nur versprich mir gleich Eines, den Faktor nicht zu vergessen, der unmittelbar vor dem Knoten »Kopfschmerz« steht und der rein nervöser Natur ist. Mit andern und mal auch klareren Worten, daß Du mir versprichst, diesmal Monate über die Narben vergehen zu lassen, ehe Du an die Arbeit in Berlin gehst.

Wir schreiben oder reden noch darüber. [2]

Der Konflikt wird in der unveröffentlichten Passage des am 29. August 1894 geschriebenen Briefes 21 noch deutlicher sichtbar:

Liebster Freund,

Das ist doch nicht mehr schön, gehst Du mir denn ganz im Eiter auf? Wieder und wieder operieren; zum Teufel, nur werd einmal fertig, da hat die alte Frau[8], der Deine Kopfschmerzen vor Jahren nicht gefallen haben, und die mir jenen merkwürdigen Brief geschrieben hat, eigentlich sehr im Rechte. Aber was soll ich dazu? Ich wollt' ich wäre ein »Doktor«, wie die Leute sagen, ein Arzt und Heilkünstler, um dergleichen zu verstehen und Dich in solchen Lagen keiner fremden Hand überlassen zu müssen. Leider bin ich es nicht, Du weißt es. Ich muß mich auf Dich verlassen, hierin wie in allem Übrigen, ich muß hoffen, daß Du auch *Dich* zu behandeln verstehst und auch bei *Dir* denselben Erfolg haben kannst, wie bei andern (mich eingeschlossen).

8 Auf wen sich das bezieht, ist nicht feststellbar.

Daß dabei unser Wiedersehen entzwei geht, ist auch nicht schön. Eine zeitweilige Hoffnung hinterläßt mir einen unerfüllten Anspruch. [3]

Die einander widerstreitenden Gefühle, die in diesem Brief Ausdruck finden, sind leicht zu erkennen: Zorn, Enttäuschung, Schmerz, eine deutlich kritische Einstellung, gefolgt von der Erklärung absoluten Vertrauens. Andere Teile dieses Briefes sind Ausdruck noch schmerzlicherer Konflikte, die in den kommenden Jahren wiederkehren sollten und in einigen Träumen Freuds eine sehr wichtige Rolle spielten. Dazu gehörte, daß Freud im Begriff war, mit seiner Frau eine Reise anzutreten; sollte er seine Pläne aufgeben und ans Krankenbett seines Freundes eilen? Er entschied sich für die Reise, die sehr vergnüglich war; und als er erfuhr, daß Fließ sich in München einem chirurgischen Eingriff unterzogen hatte, äußerte er in seinen Briefen Schuldgefühle und machte halbherzige Angebote, zu einem Besuch nach München zu eilen.

Kein Wunder, daß seine Beziehung zu Fließ manchmal sehr gespannt war und einen kritschen Punkt erreichte. Jede dieser Krisen wurde durch eine Kombination von Faktoren ausgelöst, die ihren Ursprung sowohl in Fließ' Handlungen, Verhalten und Auffassungen hatten, als auch in Freuds Einblick in die Funktionsweise des Geistes, den er aus einer eigenen Analyse und der seiner Patienten gewann.

In einer normalen Analyse werden die positiven und die negativen Übertragungserscheinungen einer ständigen Überprüfung unterzogen. Damals wurde sich Freud schon der Bedeutung einer erotisierten Übertragung bewußt, die Komplexität der positiven und negativen Übertragungsphänomene hatte er jedoch noch nicht erkannt. Es überrascht deshalb nicht, daß Freud noch mehrere Jahre lang die Existenz – ganz zu schweigen von der Intensität – des Ambivalenzkonfliktes in seiner Beziehung zu Fließ nicht bemerkte.

Die Emma-Episode

Diese Ambivalenz trat besonders deutlich während einer Episode hervor, die ihre Korrespondenz während der Monate März und April 1895 beherrschte und den manifesten Inhalt, die Assoziationen und die Deutung von Freuds »Mustertraum« beeinflußte, der in der Nacht vom 23. auf den 24. Juli stattfand. Diese Episode betraf den Fall Emma (siehe Schur, 1966a, wo man eine vollständige Darstellung und die meisten Freudbriefe findet, die sich auf diesen Vorgang beziehen).

Freud behandelte eine Patientin mit Namen Emma wegen Hysterie. Er hatte Fließ gebeten (wie er das auch im Falle vieler anderer Patienten getan hatte), sie wegen eines etwaigen krankhaften Zustands der Nasenmuschel und der Nebenhöhlen zu untersuchen, der möglicherweise ein mitwirkender Faktor bei ihren hysterischen abdominalen Symptomen sein könnte. Fließ diagnostizierte einen etwas pathologischen Befund und schlug einen chirurgischen Eingriff vor. Auf Freuds Drängen, der, wie er sagte, nur das Beste für seine Patientin wollte, kam Fließ im Februar 1895 von Berlin, um Emma zu operieren, konnte aber nicht lang genug in Wien bleiben, um die Nachbehandlung zu übernehmen.

Im Anschluß an den chirurgischen Eingriff hatte Freuds Patientin anhaltende Schmerzen, übelriechende Sekretionen und kleinere Blutungen. Freud schrieb ihre Beschwerden anfänglich ihrer Hysterie zu, machte sich aber allmählich ernsthafte Sorgen über ihre Symptome. Nach einigen Versuchen, die Drainage der Wunde zu verbessern, wurde ein Hals-Nasen-Ohren-Spezialist zugezogen, der feststellte, daß Fließ versehentlich einen halbmeterlangen Streifen Jodoformgaze in dem Hohlraum zurückgelassen hatte (der offensichtlich durch die Entfernung des unteren Nasenmuschelknochens und die Eröffnung einer Nebenhöhle entstanden war). Nach der Entfernung der Gaze hatte die Patientin eine schwere Blutung und befand sich einige Sekunden lang im Schock, bis es gelang, durch Kompression den Blutstrom zu stillen. Freud, der dabei war, wurde es übel und er mußte den Raum verlassen; er erholte sich wieder, nachdem er ein wenig Cognac getrunken hatte.

Anschließend mußte die Patientin ein weiteres Mal operiert werden und hatte mehrere Blutungen, von denen eine so schwer war, daß erwogen wurde, die Halsschlagader abzubinden. Sie mußte lange einen Kompressionsverband tragen, und während dieser Zeit bestand ständig die Gefahr einer Infektion. Es dauerte viele Wochen, bis sie außer Gefahr war.

Nach der Entdeckung, daß Fließ eine nicht allzu seltene chirurgische »Fehlleistung« begangen und dadurch unvorhersehbare Komplikationen verursacht hatte, zögerte Freud einen Tag lang, bevor er Fließ die Nachricht mitteilte, und sandte ihm dann einen langen Brief, der mit einer sehr lebendigen Schilderung des *dénouement* begann – der Entdeckung der Jodoformgaze, der Ursache des üblen Geruchs, der Schmerzen, Blutungen etc. Dann folgte eine feierliche Beteuerung, daß Freuds Vertrauen in Fließ unerschüttert sei, und die Versicherung, niemand könne oder werde Fließ wegen des Geschehenen einen Vorwurf machen, schließlich das Geständnis, daß Freud sich schäme, vorübergehend gezögert zu haben, diesen Brief zu schreiben, sei er doch überzeugt, Fließ werde mit dieser Nachricht mühelos fertig etc. Freud schrieb seinen Schwächeanfall nach der Blutung nicht dem Geruch und dem Anblick des Blutes zu, sondern den Gefühlen, die ihn überflutet hatten, als er blitzartig an alle diese Aspekte der Situation dachte. Schon zehn Minuten später war er in der Lage, zu erkennen, daß der H.N.O.-Mann an der Blutung schuld war. Der Grund, oder vielmehr die Rationalisierung, für die Verschiebung des Vorwurfs war, daß die Gaze in der Wohnung der Patientin entfernt worden war und nicht in einem Krankenhaus, wo man die Wunde hätte erweitern können (wie das später geschah), bevor die Gaze entfernt wurde.

In einem späteren Stadium seiner analytischen Arbeit erkannte Freud die Bedeutung von Fehlleistungen, und daß Beteuerungen und Leugnungen wie die seinen stets ihr Gegenteil ausdrücken. Wir können deshalb mit Sicherheit sagen, daß Freud unbewußt sich sehr wohl darüber im klaren war, daß Fließ für die lebensbedrohlichen Komplikationen verantwortlich war, und daß er sie ihm zum Vorwurf machte, so daß sein Vertrauen in Fließ zutiefst erschüttert war.

All das kam in späteren Briefen, zu einem Zeitpunkt, als Emmas Zustand wirklich kritisch war, deutlich zum Ausdruck, und zwar in einer Reihe von subtil getarnten Vorwürfen, deren Formulierung Freuds Einstellung kaum verbarg. Bewußt jedoch war Freud offenbar dieser Einstellung nicht gewahr. Die Erklärung liegt auf der Hand. Zu diesem Zeitpunkt konnte Freud es sich nicht leisten, seine positive Beziehung aufzugeben; sie mußte durch Verleugnung und durch eine Verschiebung der Anklage geschützt werden. Zwischen der Verurteilung von Fließ und der Tatsache, daß er ihn brauchte, hinundhergerissen, waren Freuds Handlungen während der ganzen Zeit der Krise außerordentlich aufschlußreich. Freud brauchte Fließ, weil er mitten in gewaltigen Entdeckungen steckte und entscheiden mußte, in welcher Richtung er seine Arbeit vorantreiben sollte. Darüber hinaus war er sich seiner eigenen Gesundheit noch nicht ganz sicher.

Die Korrespondenz während dieser ganzen Zeit, vom Beginn der Emma-Episode im Februar 1895 bis zu dem Tag des Irma-Traumes (23./24. Juli), dokumentiert eine Veränderung nicht nur in Freuds physischen Beschwerden, sondern auch in seiner Reaktion darauf – einen Wandel, der eine genaue Parallele in der Veränderung seiner Beziehung zu Fließ hatte.

Fließ beurteilte Freuds Herzbeschwerden jetzt offensichtlich anders und schrieb nun einem krankhaften Zustand des Nasenraums eine wichtige Rolle zu, ohne jedoch sein Rauchverbot aufzuheben. Im Winter 1895 hatte Freud eine seiner häufigen Erkältungen gehabt und wahrscheinlich einen chronischen Nebenhöhleninfekt. Als Fließ nach Wien kam, um Ende Februar die Operation an Emma auszuführen, kam er häufig mit Freud zusammen und behandelte ihn nach einer oder mehrerer der Methoden, die er oft bei anderen »Kongressen« anwandte – lokale Behandlung der Nase mit Kokain und Kauterisation (später nahm er bei zumindest einer Gelegenheit einen chirurgischen Eingriff an der Nasenmuschel vor.)

Es ist schwer zu beurteilen, ob die Tatsache, daß Fließ Freuds nasale Pathologie zum Hauptgrund seiner Herzbeschwerden erklärte, auf die Ausweitung seiner Vorstellungen über die nasale Reflexneurose zurückzuführen ist, oder ob es sich dabei um einen neuen und anderen Versuch handelte, Freuds Besorgnisse wegen seines Herzens zu zerstreuen. Möglicherweise spielte auch Fließ' ständige Beschäftigung mit seinen eigenen »nasalen« Symptomen dabei eine Rolle.

Fließ unterzog sich einem weiteren chirurgischen Eingriff gegen Ende März oder Anfang April. Freud reagierte mit gemischten Gefühlen, wie schon 1894. Am 11. April 1895 schrieb er an Fließ:

> Die Wissenschaft geht halbwegs, d. h. nichts Neues, kein Einfall und keine Beobachtung. Mit der Psychologie habe ich mich gründlich überarbeitet und lasse sie jetzt stehen. Nur das Buch mit Breuer [*Studien über Hysterie*] geht vorwärts, wird in etwa 3 Wochen fertig vorliegen.
>
> So war von Dir noch gar nicht die Rede. Ich entnehme, daß Du gerade begonnen hast, Dich wieder zu fühlen. Halt jetzt

einmal recht lange aus! Dein Kopf ist doch gut. *Das* wäre erreicht! das darf ich jetzt doch glauben? [4]

In diesen letzten Sätzen gab Freud seinen Hoffnungen (und seinen Zweifeln) Ausdruck über den Enderfolg von Fließ' verschiedenen Operationen an Nase und Nebenhöhlen. Wie wir sehen werden, hat sich diese Hoffnung, die für Freuds positive Gefühle für Fließ wesentlich war, insbesondere zu dem Zeitpunkt, als er diesen Brief schrieb, nicht erfüllt.

Ein am 20. April 1895 geschriebener Brief zeigt deutlich die Verknüpfung der Emma-Affäre mit Freuds eigenen gesundheitlichen Problemen und mit den komplexen Manifestationen seines Ambivalenzkonfliktes in bezug auf Fließ (siehe auch Schur, 1966 a, S. 65 f.). Einmal, als Emmas Zustand sehr kritisch war, hatte Freud Fließ wissen lassen, daß einer der vielen H.N.O.-Spezialisten, die man zur Behandlung Emmas zugezogen hatte, ihre wiederholten Blutungen in Zusammenhang mit etwas brachte, was Fließ während der ersten Operation getan hatte. Dieses Thema des »Verpetzens« sollte wie ein roter Faden viele Träume Freuds durchziehen; ich werde es später noch ausführlich behandeln.

Fließ reagierte offenbar sehr empört und verlangte eine Art Widerruf. Freud antwortete am 20. April:

> Schreiber dieses ist noch sehr miserabel, ist aber auch beleidigt, daß Du ein Zeugnis von G. für notwendig zur Rehabilitierung erachtest. Für mich bleibst Du der Arzt, der Typus des Mannes, dem man vertrauensvoll sein Leben und das der Seinigen in die Hände legt, auch wenn G. von deiner Kunst dasselbe meinen würde wie Weil. Ich hab Dir was vorjammern und vielleicht Rath für die Emma von Dir haben wollen, nicht Dir etwas vorwerfen. Es wäre dumm, unberechtigt und in hellem Widerspruch mit all meinem Gefühl. (Schur, 1966 a, S. 66–67)

Im selben Brief sprach Freud über seine Gesundheit, insbesondere über Fließ' Annahmen über den nasalen Ursprung seiner Herzbeschwerden.

> In Betreff meines Leidens möchte ich, daß Du Recht behieltest, daß der Anteil der Nase ein großer, der des Cor ein kleiner sein möge. Nur ein sehr strenger Richter wird mir verübeln, daß ich bei dem Puls und der Insufficienz oft das Gegentheil glaube. Deinen Vorschlag *jetzt* nach Berlin zu kommen, kann ich nicht annehmen, ich bin nicht in den Verhältnissen, mir

Fl. 1000-1500 für eigene Gesundheit, oder auch nur die Hälfte davon zu gestatten, und nicht demoralisiert genug, auf Deine Andeutung den Verlust zu ersparen einzugehen.[9] Ich denke ich muß es auch nicht. Wenn das Empyem die Hauptsache ist, so entfällt der Gesichtspunkt der Gefahr und die Beschwerden durch einige Monate fortgesetzt, werden mich nicht umbringen. Wenn aber eine Herzaffektion das Wesen ausmacht, dann kannst Du mir ja nur Beschwerden beseitigen und ich sehe der Gefahr dann warnungslos entgegen, was ich nicht mag.

Heute kann ich schreiben, weil ich bessere Hoffnung habe; ich habe mir aus einem elenden Anfall mit einer Cocainpinselung herausgeholfen. Nicht verbürgen kann ich, daß ich nicht über 1-2 Tage für eine Ätzung oder Galvanisierung komme, aber auch das gienge momentan nicht. Am Liebsten wäre mir, Du giengest darauf ein über das Thema Herz nichts mehr wissen zu wollen.

Ich freue mich jetzt Anspruch zu haben, wieder viel und von Dir zu hören . . .

Herzlichst, Dein Sigm. [5]

Dieser letzte Brief ist besonders aufschlußreich. Freud machte sich offenbar seines Herzens wegen immer weniger Sorgen. Trotz der fortdauernden Vertrautheit und Herzlichkeit seiner Beziehung zu Fließ zeigte er jetzt auch viel mehr Selbständigkeit: er weigerte sich zu Recht, sich irgendwelchen radikalen Eingriffen zu unterziehen, vielleicht, weil er an die Komplikationen im Falle Emmas dachte. Seine Besorgnis wegen der eventuellen finanziellen Belastung durch eine nicht unbedingt notwendige Reise nach Berlin hing wahrscheinlich zum Teil mit der Schwangerschaft seiner Frau zusammen.

Am 26. April 1895 schrieb Freud wieder:

Es ist mir komischerweise nicht unerfreulich ergangen. Den letzten grauslichen Anfall habe ich durch Cocain merklich zu Ende gemacht, seither ist es gut und es kommt massenhafter Eiter. Ich habe offenbar noch L[inks] ein Keilbeinempyem, mit dem ich natürlich sehr glücklich bin.[10] Auch ihr, meinem und Deinem Quälgeist, scheint es jetzt gut zu gehen . . . [6]

9 Fließ bot wahrscheinlich finanzielle Hilfe für diese Reise an.

10 Freud war offensichtlich deshalb glücklich, weil er, je deutlicher ein nasaler Befund vorlag, desto mehr geneigt war, an Fließ' Theorie einer »Nasalreflex«-Ätiologie seiner Herzbeschwerden zu glauben. Es ist natürlich viel wahrschein-

Und am 27. April:

(1) Ich befinde mich wol, (2) entleere reichlichen Eiter, (3) ich befinde mich *sehr* wol. Ich will also gar keine Herzaffektion mehr haben, nur die »Behandlung« durch das Nicotin.[11] Wirklich ich habe viel ausgestanden und ich kann doch nicht jetzt abkommen, bei der harmloseren Diagnose viel eher nicht als bei der schwereren. Aber ich komme und lasse mir von Dir helfen. [7]

Am 25. Mai schließlich schrieb Freud:

Nun zu meinem Nasenleiden. Ich habe überaus reichlich geeitert und dabei gieng es mir glänzend. Jetzt ist die Eiterung fast versiegt und es geht mir noch immer sehr gut... [8]

Der erste Triumph

Während dieser ganzen dramatischen Zeit, als Freud hin und her gerissen war zwischen tiefgefühlter Teilnahme für seine Patientin Emma, die er liebgewonnen hatte, und Schuldgefühl wegen des ihr durch Fließ Zugefügten, der ja auf sein Verlangen zugezogen worden war, war er mit der Niederschrift seiner Beiträge zu den *Studien über Hysterie* beschäftigt, was lediglich bedeutete, daß er zu Papier brachte, was er vor zwei Jahren entdeckt hatte. Daneben arbeitete Freud an einem Aufsatz über Angstneurose. Beide Arbeiten stellten jedoch nicht das Hauptgebiet seiner Bemühungen dar, das er in zwei, einen Monat auseinander liegenden Briefen schilderte. Der erste wurde am 27. April geschrieben, einen Tag nach dem oben zitierten Brief; der zweite, aufschlußreichere ist vom 25. Mai 1895.[12] In diesen Briefen können wir die Entwicklung eines ganzen Komplexes von entscheidend wichtigen Ideen sehen, sowie den Konflikt und die Seelenqual, die sie hervorriefen. Freud unternahm einen ersten Versuch, zu einer allgemeinen Psychologie zu gelangen, die er in dem ersten der beiden Briefe noch bescheiden eine »Psychologie für den Neurologen« nannte. Bei diesem Versuch war er hinundhergerissen zwischen

licher, daß er sich von einer leichten Koronarattacke erholte, die mit einer periodisch auftretenden Nebenhöhlenentzündung keinerlei Zusammenhang hatte.

11 D. h. durch Nikotinabstinenz.

12 Beide Briefe sind nur teilweise in *Die Ursprünge der Psychoanalyse* veröffentlicht.

der Versuchung, seine Hypothese innerhalb des Rahmens der Neurophysiologie zu formulieren, und der wachsenden Erkenntnis, daß er seine Konzeptionen im Rahmen eines rein psychologischen Systems entwickeln mußte. Die erste Gedankenlinie führte im Herbst 1895 zu dem »Entwurf einer Psychologie«; die zweite, nach weiteren vier Jahren des Probierens, Prüfens und Verwerfens, zu Kapitel VII von *Die Traumdeutung*.

Es stellten sich jedoch auch unmittelbarere Ergebnisse ein. Freud begann einzusehen, daß ein befriedigendes Verständnis der psychischen Pathologie nur auf der Grundlage eines wirklichen Begreifens der normalen psychischen Funktionsweise erreicht werden konnte. Andererseits sah er, daß ein besseres Verständnis des normalen psychischen Geschehens nur durch das Studium der Psychopathologie zu gewinnen war. Das Postulat, daß die Psychoanalyse ein integraler Bestandteil einer allgemeinen Psychologie sein müsse, war geboren.

Daß Freuds Selbstanalyse schon ein Teil dieser außerordentlich fruchtbaren Periode war, deutet die Schilderung seiner Arbeitsweise in dem Brief an Fließ vom 25. Mai 1895 an:

> Tatsächlich ist eine befriedigende Gesamtauffassung der neuropsychotischen Störungen unmöglich, wenn man nicht an klare Annahmen über die normalen psychischen Vorgänge anknüpfen kann. Solcher Arbeit habe ich in den letzten Wochen jede freie Minute gewidmet, die Nachtstunden von 11-2 mit solchem Phantasieren, Übersetzen und Erraten verbracht und immer erst aufgehört, wenn ich irgendwo auf ein Absurdum gestoßen war. (B 24)

Das war der geistige Zustand, den Freud in späteren Briefen als seine Selbstanalyse bezeichnete.

Offenbar stand er auch auf der Schwelle zur Entdeckung der Traumarbeit – jenes geistigen Phänomens, bei dem normale und pathologische Prozesse aufs engste verknüpft sind. Freud muß den Boden schon durch die Analyse von Träumen und auch durch die Ausbildung einer Technik vorbereitet haben, denn eine so systematische Analyse, wie er sie bei dem Irma-Traum anwandte, wird nicht in einem Tag geschaffen. Dieser Tag jedoch, der 24. Juli 1895, stellte einen Meilenstein in der Entwicklung der neuen Wissenschaft dar.

Freud verabsäumte nicht, die Hälfte seines Briefes vom 25. Mai (zum größten Teil unveröffentlicht) Fließ' eigener Arbeit zu widmen, und gab seiner Begeisterung über Fließ' mögliche »Lösung« des Problems der Empfängnis (oder vielmehr ihrer Verhinderung) Ausdruck, die wahrscheinlich mit der Annahme einer Periode erhöhter Fruchtbarkeit in einem bestimmten Zeitpunkt der Menarche zusammenhing.[13] In einer fast beiläufigen Bemerkung ließ Freud Fließ wissen, daß seine Frau schwanger war. Die Empfängnis hatte unmittelbar vor der Emma-Episode stattgefunden. (Vier Wochen nach diesem Brief erhielt Freud die Nachricht, daß auch Fließ' Frau schwanger war.

Trotz seinem rasenden Arbeitstempo und seiner Besorgnis über Emma war Freud in sehr guter, zuversichtlicher Stimmung. Am 12. Juni 1895 wurde er kühn und begann wieder zu rauchen. Er schrieb an Fließ:

> Ich habe Rauchen wieder begonnen, weil es mir immer gefehlt hat (nach 14monatlicher Abstinenz)[14] und weil ich den psychischen Kerl gut behandeln muß, sonst arbeitet er mir nichts. Ich verlange sehr viel von ihm. Die Plage ist meist übermenschlich.[15] (B 25)

Freud sprach anscheinend über seinen Entschluß, das Rauchen wieder aufzunehmen, mit seinem Freund Dr. Rie, der ihn in einem Brief »verpetzte«, der am gleichen Tag wie der Brief Freuds geschrieben wurde, nämlich am 12. Juni; dieser Brief blieb unter den Briefen Freuds an Fließ erhalten. Fließ bestand prompt auf weiterer Abstinenz, und Freud fügte sich widerwillig; aber selbst diese Versagung konnte sein Wohlbefinden nicht beeinträchtigen. Er begrüßte mit Begeisterung die Nachricht von Frau Fließ' erster Schwangerschaft, nicht ohne einen ironischen Kommentar zu Fließ' Entdeckungen über die Empfängnisverhütung.

13 Fließ hatte anscheinend eine ähnliche Idee, wie sie später von dem österreichischen Gynäkologen Knaus entwickelt und zur Grundlage der Empfängnisverhütung nach Knaus-Ogino wurde. Fließ kam darauf, als er seine Idee der Periodizität entwickelte, die ihn offenbar damals zu beschäftigen begann. Es ist interessant, daß Fließ offensichtlich diese zutreffende und biologisch fundierte Idee nicht weiterverfolgt hat.

14 Hier unterlief Freud ein Versehen: er hatte Fließ in seinem langen medizinischen Bericht vom 22. Juni 1894 – nicht ganz ein Jahr vorher – mitgeteilt, daß er wieder zu rauchen begonnen habe, und er hatte auch in Perioden der Abstinenz hin und wieder geraucht (z. B. die Donnerstagszigarre).

15 Als ich von Freuds ständigem Kampf mit seiner Nikotinsucht las, verstand ich besser, warum ich nicht mehr Erfolg hatte, als ich mehr als 30 Jahre später versuchte, ihn zum Aufgeben des Rauchens zu überreden.

Heil, teurer Wilhelm! Möge Deine liebe, gute und starke Frau, bei der bisher Hoffnung und Erfüllung immer zusammentrafen auch als Mutter der Liebling des Schicksals werden ...

Ich komme also Anfangs September. Wie ich es anfangen werde, Dich dann wieder zu entbehren, weiß ich nicht. Es geht mir mit dem Rauchen arg genug ...

Deine Entdeckung dann in Ehren. Du wärst der stärkste Mann, hältest die Zügel der Sexualität in der Hand, welche die Menschen regiert, könntest alles machen und alles verhüten. Darum glaube ich die zweite frohe Botschaft noch nicht[16], die erste glaube ich, es ist auch leichter ... [9]

Fließ antwortete eine Zeitlang nicht, und Freud schickte ihm schließlich am Tag nach seinem Irma-Traum einen Brief. In einer früheren Veröffentlichung (1966 a) habe ich ausführlich die auffallende Beziehung zwischen den Einzelheiten der Emma-Episode, dem manifesten Inhalt, den Assoziationen und den Deutungen des Irma-Traums, Freuds Selbstanalyse und dem übertragungsähnlichen Aspekt seiner Beziehung zu Fließ erörtert. Ich wiederhole deshalb hier nur einige der relevanten Daten.

Nach Freuds eigener Deutung (1900, S. 110-126, 298-301) war das Hauptthema des Irma-Traums sein Wunsch, sich von jeder Verantwortung für die fortdauernden Beschwerden seiner Patientin freizusprechen. Wenn sie noch Beschwerden hatte, so mußten sie auf eine organische Krankheit zurückzuführen sein. Die Entlastung verlangte von ihm den Beweis, daß sein ärztliches Gewissen tadelsfrei war. Um dies zu erreichen, verschob er alle Vorwürfe auf seinen Freund Otto (Dr. Oskar Rie), der offenbar in einer Unterhaltung mit Breuer seine Erfolge bei Irma in Zweifel gezogen hatte und der ferner, wie wir wissen, Freud in seinem Brief an Fließ vom 12. Juni »verpetzt« hatte. In dem Traum versetzte Freud außerdem M. (Breuer) in eine ziemlich peinliche Situation, die diesen in einem schlechten Licht erscheinen ließ. Freuds Assoziationen erstreckten sich auch auf Fließ, und er unterschied zwei Personengruppen, denen er entgegengesetzte Ideenkomplexe zusprach. Die eine Gruppe waren die, die nichts verstanden; die törichte Diagnosen stellten; die, wie Otto, Injektionen mit unsauberen Spritzen verabreichten; die miserablen Likör schenkten; die, wie M., bei der Untersuchung des Patienten

16 Fließ' Entdeckungen zur Geburtenkontrolle.

dumme Bemerkungen machten. Die zweite Gruppe bestand in Wirklichkeit nur aus einer einzigen Person, der erhabenen Gestalt seines Freundes Fließ, an dessen Zustimmung sich Freud mit Befriedigung erinnerte, wennn er sich mit seinen Auffassungen isoliert fühlte; der Freud *wirklich* verstand und in seinem Leben eine so große Rolle spielte; der über spezielle Kenntnisse der Folgen von Affektionen der Nase und ihrer Nebenhöhlen verfügte; der Freud auf einige sehr bemerkenswerte Zusammenhänge zwischen der Nasenmuschel und den weiblichen Geschlechtsorganen aufmerksam gemacht hatte. Freuds Assoziationen erstreckten sich auf seine Sorge um Fließ, weil dieser an eitriger Nasenschleimhautentzündung litt, die Sepsis verursachen könnte. Freud erwähnte auch, daß er Fließ veranlaßt hatte, Irma zu untersuchen, um einen solchen nasalen Befund als mögliche Ursache ihrer Unterleibsbeschwerden auszuschließen. Alle diese Verknüpfungen mit der Emma-Episode weisen darauf hin, daß der Hauptwunsch hinter Freuds Irma-Traum nicht war, *sich selbst* zu entschuldigen, sondern Fließ. Es war der Wunsch, seine positive Beziehung zu Fließ nicht zu gefährden.

Am 24. Juli 1895 entdeckte Freud »das Rätsel des Traumes« (siehe B 137). An diesem Tag schrieb er an Fließ, erwähnte jedoch den Traum und seine Analyse nicht:

> *Daimonie* warum schreibst Du nicht? Wie geht es Dir? Kümmerst Du Dich gar nicht mehr, was ich treibe? Was macht die Nase, die Menstruation, der Wehenschmerz, die Neurosen, die liebe Frau und das keimende Kleine? Heuer bin ich nun krank und muß zu Dir kommen; was soll denn werden, wenn wir zufällig ein Jahr lang beide gesund sind? Sind wir nur Unglücksfreunde? Oder wollen wir auch die Erlebnisse ruhiger Zeiten mit einander theilen?
>
> Wohin geht Ihr jetzt im August? Wir leben auf dem Himmel sehr zufrieden.[17]
>
> Herzlichste Grüße.
>
> Dein Sigm. [10]

Freud, der später betonte, daß *daimon kai tyche* (Schicksal und Zufall) die Entwicklung aller Individuen bestimmen, redet hier Fließ als seinen *Dämon* an – jene Kraft, die uns nach ihrem eigenen Gesetz vorwärts treibt und der wir nicht entrinnen kön-

17 Das *Bellevue*, wo Freud und seine Familie den Sommer verbrachten, lag in der Himmelstraße, einer steil ansteigenden Straße in einer Wiener Vorstadt.

nen.[18] Und doch – ich wiederhole – schrieb er diesen Brief an dem Tag, den er später triumphierend zum Tag seiner großen Entdeckung erklärte.

Mit der Deutung des Irma-Traums und dem Schreiben dieses Briefes ging ein Kapitel in Freuds Leben zuende. Freud hatte es als ein glänzend begabter, wißbegieriger, sorgenerfüllter Mann begonnen. Von diesem Tag an wußte er, daß er – welches Ungemach auch die Zukunft bringen mochte – die Deutung und damit bis zu einem gewissen Grad auch den Verlauf des menschlichen Geschehens grundlegend verändert hatte. Sooft ihn Zweifel befielen, konnte er auf die Traumanalyse zurückgreifen, die ständig aufs neue seine Entdeckungen bestätigte, obwohl es noch weitere vier Jahre dauerte, bevor er in *Die Traumdeutung* seine Konzeptionen voll ausformulierte.

Freud stellte dies wiederholt fest, zum Beispiel in einem Brief an Jung vom 2. September 1907:

> Ich möchte Ihnen von meinen langen Jahren ehrenvoller, aber schmerzlicher Einsamkeit erzählen, die für mich begannen, nachdem ich den ersten Blick in die neue Welt getan, von der Teilnamlosigkeit und Verständnislosigkeit der nächsten Freunde, von den bangen Episoden, in denen ich selbst meinte, geirrt zu haben und erwog, wie man ein verfahrenes Leben zugunsten der Seinigen noch nützlich machen könnte, von der allmählich sich befestigenden Überzeugung, die sich immer wieder an die Traumdeutung wie an einen Fels in der Brandung klammern konnte, und von der ruhigen Sicherheit, die mich endlich in Besitz nahm ... (B* 225)

Im Jahre 1895 hatte Freud diese »ruhige Sicherheit« offensichtlich noch nicht erlangt.

Die Deutung des ersten Traumes war nicht nur ein Meilenstein in der Entwicklung der Psychoanalyse, sondern wurde auch zu dem entscheidend wichtigen Vehikel in Freuds Selbstanalyse und damit in seiner persönlichen Entwicklung. Wenn der Irma-Traum es Freud für den Augenblick auch ermöglicht hatte, alle feindseligen, anklagenden Gefühle gegen Fließ und jeden Zweifel an dessen Größe zu verleugnen, hatten doch derartige Gefühle in Freuds Unbewußtem Wurzeln geschlagen. Von diesem Punkt an erkannte ein Teil von Freud, daß er es war, der sich den Weg zu

18 Vgl. Goethe, *Urworte, Orphisch.*

einigen der großen Welträtsel bahnte, während Fließ im Begriff war, sich in immer phantastischeren Spekulationen zu verlieren. Das sichere Wissen, daß er jetzt ein so mächtiges Werkzeug für künftige Forschungen besaß, war für Freud der große Ansporn, seine Selbstanalyse fortzusetzen, um zu einem tieferen Verständnis des psychischen Geschehens zu gelangen. Die unvermeidliche Auflösung des übertragungsähnlichen Elements in seiner Beziehung sollte ein langsamer und schwieriger Prozeß werden. Was diesen letzten Aspekt seiner Bemühung so schmerzhaft machte und so lang anhaltende Rückwirkungen zur Folge hatte, war die Tatsache, daß diese Auflösung, im Gegensatz zu dem normalen Prozeß einer Analyse, durch äußere Ereignisse zugleich gesteigert und kompliziert wurde und deshalb schließlich zu einem totalen Bruch führte.

Die Rolle, die der Irma-Traum in Freuds persönlichem Leben spielte, tut seiner Bedeutung für die Geschichte der Psychoanalyse keinerlei Abbruch. Hier erkannte Freud zum ersten Mal, daß jeder Bestandteil des manifesten Trauminhaltes eine Bedeutung hatte und daß der latente Trauminhalt durch freies Assoziieren zu jedem dieser Bestandteile entschlüsselt werden konnte. In Zusammenhang mit diesem Traum entdeckte und beschrieb Freud auch die Wirkungsweise der Traumarbeit; sie schloß Verdichtungs- und Verschiebungsmechanismen ein, die er später als typisch für die geistigen Vorgänge beschrieb, die im Unbewußten oder dem Es vonstatten gehen.

Was Freud noch nicht erkannt hatte, war der Übertragungsaspekt des Traumes, insbesondere die negative Übertragung und die Abwehrmechanismen, die ihr bei der Traumbildung entgegenwirken.

Freud erwähnte seine bedeutsame Entdeckung der Traumarbeit in dem Brief vom 24. Juli 1895 nicht; in einem Brief vom 6. August 1895 deutete er sie lediglich an. Er sparte die Mitteilung für ihren »Kongreß« auf, in der Hoffnung, daß die Behandlung seiner Nase durch Fließ ihm genug Energie belassen würde, über all das zu sprechen.

Wie gewöhnlich nach einer gewaltigen schöpferischen Anstrengung gab es ein Absacken, doch gelang es Freud, damit fertig zu werden, ohne in eine Depression zu verfallen. Am 16. August schrieb er: »Kegelschieben und Schwämmesuchen ist jedenfalls viel gesünder [als Psychologie]« (B 27).

Dieser Brief vom 16. August enthielt ein Leitmotiv, das später deutlicher wiederkehrte. Es war eine Kombination des Bildes von Jakob, der mit dem Engel ringt, und des Bildes von Moses, der das Gelobte Land nur von ferne, vom Gipfel eines hohen Berges, sieht:

> Kurze Zeit, nachdem der eine Vorgipfel erstiegen war, habe ich mich vor neuen Schwierigkeiten gesehen und meinen Atem nicht ausreichend für die neue Arbeit gefunden. (B 27)

Während der Kontext deutlich erkennen läßt, daß Freud sich auf seine Arbeit am »Entwurf einer Psychologie« bezieht, war das wahrscheinlich auch eine Anspielung auf seine andauernde Kurzatmigkeit und seine Unfähigkeit zum Bergsteigen während dieser Periode.

Im September 1895 besuchte Freud Fließ in Berlin. Auf dem Rückweg nach Wien begann er im Zug die Niederschrift von »Entwurf einer Psychologie«, die er im Lauf weniger Wochen vollendete. Obwohl diese Arbeit ein Fragment blieb, beginnen wir erst jetzt, 70 Jahre später, alle ihre Implikationen für die bisherige und künftige Entwicklung der Psychoanalyse als einer allgemeinen Psychologie zu verstehen und sie mit neueren Entdeckungen in der Neurophysiologie in Beziehung zu setzen.

Unglücklicherweise hatte Fließ bei diesem Zusammentreffen wieder einen chirurgischen Eingriff an Freuds Siebbein vorgenommen. Kein Wunder, daß Freud in seinem Brief vom 23. September 1895 nicht nur über die Fortschritte des »Entwurfs« berichtet und weitere Bestätigungen seiner Entdeckungen über die Traumarbeit erwähnt, sondern auch darüber klagt, daß er sich seit der Rückkehr von seinem Besuch bei Fließ fortlaufend elender fühle.

Außer der Schilderung der enormen Schwierigkeiten, auf die er bei dem Versuch, den »Entwurf« zu beenden, stieß, spiegeln Freuds Briefe aus dieser Zeit auch den inneren Tumult, den seine Selbstanalyse und die Flut neuer Ideen über die Neurosenentstehung ausgelöst hatten, und das parallel dazu verlaufende Aufwallen neuer positiver Gefühle für Fließ, die offensichtlich durch ihre Begegnung im September an Intensität gewannen.

Am 8. Oktober 1895 schrieb Freud an Fließ:

> Liebster Wilhelm,
>
> Eine Nachricht von Dir war mir bereits Bedürfnis, denn ich hatte bereits den selben irrenden Schluß gezogen, daß Dein Schweigen – Kopfschmerz bedeutet. Es wurde mir wieder

behaglicher, als ich – nach langer Zeit – wieder ein Stück wissenschaftliches Material von Dir in Händen hielt. Ich habe erst nur hineingeblickt und fürchte an dem Respekt vor so viel ehrlichen und feinsinnigen Material wird meine theoretische Phantasie zu Schande werden.

Freud gab dann seiner heftigen Sehnsucht nach Fließ Ausdruck, die diesmal erst nach seiner fieberhaften Bemühung, den »Entwurf« zu schreiben, aufgekommen, dann aber in voller Stärke ausgebrochen war. Er beendete den Brief folgendermaßen:

Wie es mir herzwärts ergangen? Nicht besonders, aber nicht so arg wie in den ersten 14 Tagen. *Meine Aufmerksamkeit war diesmal gar nicht dabei.* [Kursiv des Verfassers] [11]

Dieser letzte Satz zeigt wieder, daß Freud zumindest für eine gewisse Zeit die Fähigkeit gewonnen hatte, physischem Unbehagen keine übergroße Aufmerksamkeit zu schenken. Während der kommenden Jahre entwickelte er diese Fähigkeit bis zur Meisterschaft. Im Jahre 1895 aber hatte er diese Meisterschaft noch nicht erlangt. Nur acht Tage später (am 16. Oktober 1895) klagte Freud wiederum über sein elendes körperliches Befinden. Er kämpfte mit der Formulierung seines »Entwurfs«, und die endgültigen Antworten wollten sich nicht fassen lassen. Bittend schrieb er an Fließ: »Wenn ich ... Dir noch ein paar Seiten philosophischen Gestammels schicke (nicht gerade, was ich für gelungen halte), hoffe ich, Dich wieder versöhnlich gestimmt zu haben« (B 31). Versuchte Freud ein paar Sätze weiter Fließ zu beschwichtigen, der stets darauf bestand, daß Freud das Rauchen ganz bleiben lasse, und der ihn wahrscheinlich bei ihrem Zusammentreffen in Berlin gescholten hatte?

Das Rauchen habe ich wieder ganz aufgegeben, um bei dem schlechten Puls mir nicht Vorwürfe machen zu müssen und um den elenden Kampf mit der Sucht nach der 4ten, 5ten [Zigarre] loszuwerden; kämpfe also lieber gleich um die erste. Wahrscheinlich ist die Abstinenz der psychischen Zufriedenheit auch nicht sehr förderlich. (B 31)

Freud konnte das Rauchen nur einige Wochen ganz sein lassen. Am 8. November 1895 mußte er gestehen:

Die komplette Abstinenz habe ich nicht durchführen können, bei meiner Belastung mit theoretischen und praktischen Sorgen war die Steigerung der psychischen Hyperästhesie nicht auszuhalten. (B 35)

Freuds Herzbeschwerden hielten nicht lange an, und von diesem Zeitpunkt an schienen sie sich allmählich zu legen, obwohl Freud in der intensivsten Periode seiner Selbstanalyse steckte. Das war zwei Jahre nach Beginn der Beschwerden und 20 Monate nach den heftigsten Anfällen anginaler Schmerzen und paroxysmaler Tachykardie, ein Zeitplan, der gut zu meiner Annahme paßt, daß Freud im Frühjahr 1894 eine leichte Koronarthrombose erlitten hatte.

Freud gab vorübergehend seine Arbeit an der theoretischen Formulierung einer allgemeinen Psychologie auf und widmete seine ganze Kraft seinen empirischen Beobachtungen. Er berichtete über körperliches Wohlbefinden und daß er imstande war, seine Arbeitskapazität auf höchster Höhe zu halten. Am 29. November 1895 schrieb er an Fließ:

> Teurer Wilhelm,
>
> Mir geht es ganz überraschend wol *wie seit Beginn der Geschichte nicht.* Ich habe auch keinen Eiter, sondern sehr viel schleimiges Sekret. Habe übrigens nie am Erfolg Deiner *kleinen* Eingriffe gezweifelt, mir also das Wohlbefinden verdient. [Kursiv des Verfassers] [12]

Von diesem Zeitpunkt an waren die in der Korrespondenz am häufigsten erwähnten physischen Beschwerden Kopfschmerzen, an denen sowohl Freud als auch Fließ litten, und die Fließ schon bald in seine Spekulationen über Periodizität einbezog.

Für Freud endete das Jahr mit einem günstigen Ausklang. Sein sechstes Kind kam am 3. Dezember 1895 zur Welt und »brachte Glück«, denn danach verdoppelte sich Freuds Praxis (»... das Kind, glauben wir gerne, hat eine Steigerung der ärztlichen Beschäftigung auf das Doppelte des gewöhnlichen Standes gebracht« [B 38]).

4. Kapitel

Selbstanalyse

Freud begann das neue Jahr (1896) mit einem langen Brief, der eine Art Zusammenfassung seiner letzten Versuche war, seine Entdeckungen in Begriffe zu fassen. Bis zu einem gewissen Grad markierte der Brief auch das Ende einer Periode. Von da an – mit gewissen Ausnahmen wie *Jenseits des Lustprinzips* (1920) und » Notiz über den ›Wunderblock‹« (1925 a) – gab Freud seine Bemühungen auf, seine Konzeptionen in der Terminologie der Neuroanatomie und der Neurophysiologie zu formulieren, und bediente sich bei der Darstellung hauptsächlich psychologischer Begriffe. Während dieser Zeit steckte Fließ offenbar bereits tief in seinen »Periodizitäts«-Hypothesen.

Beginn der Meinungsverschiedenheiten mit Fliess

Es ist bezeichnend und typisch für die bemerkenswerte Kontinuität in Freuds Werk, daß er in diesem Brief vom 1. Januar 1896 einen Gedanken äußerte, den er vierzig Jahre später in fast den gleichen Worten wiederholte (in der Nachschrift zur *Selbstdarstellung*, Bd. 16, S. 32):

> Ich sehe, wie Du auf dem Umwege über das Arztsein Dein erstes Ideal erreichst, den Menschen als Physiologe zu verstehen, wie ich im Geheimsten die Hoffnung nähre, über dieselben Wege zu meinem Anfangsziel der Philosophie zu kommen. Denn das wollte ich ursprünglich, als mir noch nicht klar war, wozu ich auf der Welt bin. (B 39)

Es folgte nun einer Periode intensiver Arbeit, in der sich seine Ideen und Entdeckungen festigten, während die Selbstanalyse schlummerte. In einem Brief vom 13. Februar 1896 benützte Freud den Ausdruck »Metapsychologie« zum ersten Mal im Zusammenhang mit seinem Versuch, eine allgemeine Tiefenpsychologie zu formulieren. Über seine Gesundheit schrieb er:

> Mein Befinden verdient nicht Gegenstand der Nachfrage zu sein. Die linksseitige Eiterung hat in letzter Woche recrudescirt,

Migrainen ziemlich häufig, die nothwendige Abstinenz thut mir kaum sehr wol. Ich bin rasch grau geworden. [1]

Während dieser Zeit können wir auch eine gewisse Verschiebung in Freuds Beziehung zu Fließ entdecken, weg von den bisher vorherrschenden übertragungsähnlichen Erscheinungen mit ihrer überschwenglichen Bewunderung und verborgenen, geleugneten Ambivalenz.

Eine Woche nach der Niederschrift des Briefes vom 13. Februar erhielt Freud das Manuskript von Fließ' Buch *Die Beziehungen zwischen Nase und weiblichen Geschlechtsorganen in ihren biologischen Bedeutungen dargestellt,* das 1897 erscheinen sollte. Dieses Manuskript enthielt schon viele der weit hergeholten Spekulationen Fließ' über Periodizität, die er in der Einleitung zu dem Buch folgendermaßen formulierte:

Die menstruelle Blutung des Weibes [ist der Ausdruck] eines Vorganges ..., welcher beiden Geschlechtern eignet und dessen Beginn nicht erst an die Pubertät geknüpft ist ...

Ein weiteres Moment zu betonen zwingen die uns vorliegenden Tatsachen. Sie lehren, daß außer dem Menstruationsprozeß mit dem 28tägigen Typus noch eine andere Gruppe periodischer Vorgänge von 23tägigem Zyklus besteht, denen ebenfalls jedes Alter und alle Geschlechter unterworfen sind.

Es hat sich diesen beiden Gruppen periodischer Vorgänge die Deutung unterlegen lassen, daß sie mit dem weiblichen und männlichen Geschlechtscharakter innere und feste Verbindungen haben. Und es entspricht nur unserer doppelgeschlechtlichen Anlage, wenn beide bei Mann *und* Weib – nur mit verschiedener Betonung – vorhanden sind.

Einmal im Besitz solcher Erkenntnis hat sich uns die weitere Einsicht ergeben, daß in diesen Sexualperioden sich der Aufbau unseres Organismus schubweise vollzieht, und daß durch sie der Tag unseres Todes ebenso bestimmt ist wie derjenige unserer Geburt. Krankhafte Störungen unterliegen den gleichen zeitlichen Gesetzen, denen die periodischen Vorgänge selbst unterworfen sind.

Die Mutter überträgt die Perioden auf ihr Kind, und durch den Charakter der zuerst übertragenen bestimmt sie sein Geschlecht. Dann schwingen die Perioden in dem Kinde fort und wandern in gleichem Rhythmus durch die Generationen. Sie können ebenso wenig neu entstehen, wie die Energie überhaupt und ihre

Zeitform erlischt nicht, so lange organisierte Wesen geschlechtlich sich fortpflanzen. Ihre Existenz ist sonach nicht auf den Menschen beschränkt, sondern geht ins Tierreich und wahrscheinlich durch die ganze organische Welt. Ja die wunderbare Genauigkeit, mit der die Zeit von 23, bezw. 28 ganzen Tagen innegehalten wird, läßt eine tiefere Beziehung astronomischer Verhältnisse zur Schöpfung der Organismen vermuten.

Freud hatte Fließ, in Erwiderung des Interesses und der Ermutigung, die er von diesem erhalten hatte, überschwengliche Bewunderung und Anerkennung seiner Arbeit gezollt. Er war bereit gewesen, weithergeholte Theorien anzunehmen – oder hatte zumindest versucht, sie zu akzeptieren. Er versuchte sogar, die Haupthypothesen von Fließ auf sein eigenes Wesen anzuwenden – zuerst die Theorie der nasalen Reflexneurose und später die der Periodizität biologischer Vorgänge.

Was Freud wahrscheinlich an der Hypothese der nasalen Reflexneurose gefiel, war die Tatsache, daß Fließ viele der vermuteterweise mit nasaler Pathologie zusammenhängenden Symptome mit vasomotorischen Störungen sexuellen Ursprungs verknüpfte, die er mit lokaler Anwendung von Kokain behandelte und zu heilen behauptete; eine Form der Therapie, die auf Freuds Kokainforschungen beruhte.

Schwieriger zu verstehen ist, was Freud bewogen hat, die Spekulationen von Fließ über die Periodizität biologischer Vorgänge zu akzeptieren. Wir können nur Vermutungen anstellen über die Gründe für Freuds, wenn auch zögernde Annahme dieses »Zahlenspiels«.[1] Jedenfalls spielten Fließ' Spekulationen über den Einfluß bestimmter Perioden auf die Daten von Krankheit und Tod in Freuds zwanghafte (dem Aberglauben so verwandte) Beschäftigung mit seinem eigenen Tod und dessen vermutlichem Datum hinein.

Freuds erste Reaktion auf die neue Arbeit von Fließ zeigte, daß er von dessen phantasievollem Gedankenflug stark beeindruckt war. Er versuchte jedoch trotzdem in seinem Brief vom 1. März 1896 (B 42), Fließ einige konstruktive, sorgfältig formulierte kritische Einwände nahezubringen und einige der Fließschen Spekulationen mit seiner eigenen Theorie der Neurose zu korrelieren. Freud glaubte ursprünglich, daß es einen Bereich gebe, in

1 Siehe jedoch meine Ausführungen über die Bedeutung der Zahlen in der kulturellen Überlieferung des Judentums (Kapitel 1).

dem Fließ' Periodizitäts-Hypothese eine Art organischer, physiologischer Grundlage für die Periodizität von Angstanfällen liefern könne, die bei Angstneurosen auftreten. Damals sah er nicht voraus, daß gerade dieser Punkt zu einem der kritischen Bezirke der Unvereinbarkeit zwischen Fließ' Theorien und seinen eigenen Beobachtungen werden würde. Fließ kam immer mehr zu der Ansicht, die »kritischen Perioden« seien der entscheidende ätiologische Faktor, während Freud die Bedeutung des psychischen Konflikts als auslösender Faktor der Neurose betonte.

Freuds Brief vom 1. März enthält eine unveröffentlichte Stelle, die in diesem Zusammenhang besonders bedeutsam ist. Zeigt sie an, daß Freud schon den schließlichen Bruch ihrer Freundschaft voraussah und wußte, warum dies eintreten würde? Nach einigen bitteren Bemerkungen über die wachsende Entfremdung zwischen ihm und Breuer schrieb er:

> Daß man Alles was man im Leben genossen hat, so theuer bezahlen muß, ist entschieden keine schöne Einrichtung. Wird es uns Beiden *auch so* ergehen? [2]

Im Laufe der folgenden Zeit wurde das Widerstreben Freuds immer stärker, Fließ' immer phantastischeren Hypothesen zu folgen, und die daraus resultierende Spannung in der Beziehung der beiden Männer führte schließlich zum Bruch zwischen ihnen. Damals jedoch fügte Freud, als Zeichen der Zusammenarbeit mit Fließ, dem Brief einige komplizierte Formeln bei, in denen die Periodizität auf persönliche Dinge angewandt wurde. Diese Zusammenarbeit setzte sich mit einigem Auf und Ab mehr als drei Jahre lang fort.

Fließ' letzte Hypothesen schufen eine neue Komplikation; Migräne und andere Formen von Kopfschmerz, an denen Fließ litt, wurden jetzt auf bestimmte »kritische« Daten projiziert und antizipiert, und natürlich stellten sie sich dann häufig wirklich ein. Bald mußten zu Freuds Bestürzung sogar die Daten ihrer »Kongresse« in »nichtkritische« Perioden gelegt werden. Im unveröffentlichten Teil seines Briefes vom 16. März 1896 äußert Freud seinen Ärger darüber ganz unverblümt:

> Die Depression über Deinen Kopfschmerz-Kalender habe ich eigentlich noch nicht überwunden. Ich kann mich etwa darüber freuen, daß Ostern weit weg von dem Termin fällt den Du als den kritischsten unterstrichen hast. Sonst ersehe ich ja leider, daß jeder dritte Tag für Dich Kopfweh bringt. Aber wie die

Kaiser einen unbezweifelten Einfluß auf das Wetter nehmen, so habe ich Deine Kopfschmerzen durch meine Gegenwart günstig stimmen können und hoffe darum auf schönes Wetter für unsere Zusammenkunft. [3]

Freud hat selten so deutlich zu verstehen gegeben, daß Fließ' fester Glaube an »kritische Perioden« allein schon ausreichte, um die Kopfschmerzen auszulösen.

Freud machte jetzt Pläne, eine Reihe von Büchern zu schreiben, die ihn auf Jahre hinaus beschäftigen würden. In dem oben zitierten Brief an Fließ (B 42) gab er Hinweise auf Art und Zielsetzung dieser Bücher. Seine wachsende Überzeugung von der Bedeutung seiner Leistungen äußerte sich in seinem Brief vom 2. April:

Wenn uns Beiden noch einige Jahre ruhiger Arbeit vergönnt sind, werden wir sicherlich etwas hinterlassen, was unsere Existenz rechtfertigen kann. In diesem Bewußtsein fühle ich mich stark gegen alle Sorgen und Mühen des Tages. Ich habe als junger Mensch keine andere Sehnsucht gekannt als die nach philosophischer Erkenntnis, und ich bin jetzt im Begriffe sie zu erfüllen, in dem ich von der Medizin zur Psychologie hinüberlenke. (B 44)

Selbst die Begegnung mit Fließ, die eine Woche nach diesem Brief stattfand und der anscheinend eine Wiederaufnahme der Selbstanalyse folgte, änderte im wesentlichen nichts an Freuds zunehmendem Selbstvertrauen und Unabhängigkeitsgefühl. Dies tritt in dem folgenden Brief vom 16. April 1896 zutage:

Liebster Wilhelm,

... den Kopf voll von Terminen und Summationsahnungen, stolz auf manche Anerkennung und mit einem frechen Gefühl von Selbständigkeit bin ich zu gutem Wohlbefinden zurückgekehrt und bin seither sehr faul gewesen, weil sich das zur intensiven Arbeit nöthige Mittelelend[2] nicht einstellen will. Nur einige wenige aus der täglichen Arbeit aufsteigende

2 *Mittelelend* ist wieder eine der ungewöhnlichen Wortschöpfungen Freuds. Auch *Mittelelend* ist ein Wortspiel, eine Anspielung auf *Mittelschmerz,* die Schmerzen, die bei vielen Frauen in der Zeit der Ovulation auftreten, die gewöhnlich in der Mitte eines Menstruationszyklus stattfindet. Das war ein Thema, das Fließ außerordentlich interessierte. Freud sprach wiederholt davon, daß er in Zeiten leichten körperlichen Unbehagens am produktivsten sei. Darauf war er zuerst durch Fließ aufmerksam gemacht worden. Ganz zutreffend war das jedoch nicht. Die von Freud hier geschilderte Stimmung war in Wirklichkeit charakteristisch

Ahnungen über das Zwischenreich[3] habe ich zu verzeichnen wie im Allgemeinen die Verstärkung des Eindrucks, daß *alles* so ist, wie ich es vermuthe und daß sich also alles klären wird. Darunter eine ganz überraschende Aufklärung über die Blutungen bei der Emma, mit denen Du Deine Freude haben wirst. Ich habe die Geschichte schon errathen, warte aber mit der Mittheilung bis die Patientin selbst nachgekommen ist.

Deiner Aufforderung gemäß habe ich die allseitige Isolirung in Angriff genommen und finde sie eine leichte Entbehrung. Von früher steht allerdings noch aus, daß ich Dienstag einen Vortrag im psychiatrischen Verein zu halten habe ...

Von mir notire ich Migraine, Nasensekretion und Anfälle von Todesangst wie heute, *woran aber Tilgner's Herztod mehr Schuld tragen mag, als der Termin.*[4] Die Tabakmäßigkeit hast Du mir sehr gefördert, wie ich überhaupt seit unserer Entrevue gefestigt und zusammengepaßt bin. Es that mir sehr wol und sehr noth. Wahrscheinlich überrasche ich Dich nächstens einmal mit einem psychologischen Fetzen, jetzt bin ich höchst schreibfaul. Jede Spur Alkohol macht mich übrigens ganz dumm. [4]

Dieser Brief ist wirklich bemerkenswert. Nur sehr selten findet man solche scheinbar widersprüchlichen Stimmungsäußerungen und Schilderungen von Freuds körperlichem Befinden in ein und demselben Brief. Derartige Widersprüche zeigen gewöhnlich einen Konflikt an. Sie manifestieren sich hauptsächlich in den folgenden Bereichen:

Im ersten Teil des Briefes erklärt Freud seine Selbständigkeit und bezeichnet sein Gefühl als »frech«. Dann gibt er seiner Überzeugung Ausdruck, daß *alle* seine Vermutungen sich allmählich bestätigen würden. Er macht auch einige verhüllte Anspielungen auf den verwirrenden Aspekt von Fließ' Manipulationen mit der Zeit. Gleichzeitig versichert er Fließ, daß er dessen Aufforderung

für Perioden des Wartens, bevor sich in seiner Arbeit oder in seiner Selbstanalyse neues Material ergab, wie der Rest des Briefes zeigt.

3 Freud prägte den Ausdruck *Zwischenreich*. Er bezieht sich wahrscheinlich auf das Unbewußte und auch auf seine Selbstanalyse. Er bezieht sich ferner auf das Geist-Körper-Problem, das sowohl Freud wie Fließ beschäftigte (siehe auch Stewart, 1967).

4 Kursiv des Verfassers. Tilgner war ein bekannter Wiener Bildhauer. Der nachfolgende Abschnitt dieses Kapitels bringt eine ausführliche Erörterung über den Tod Tilgners und Freuds Reaktion darauf.

gemäß alle gesellschaftlichen und wissenschaftlichen Kontakte abbreche. Auf der einen Seite ergibt sich aus einigen Briefen dieser Zeit, daß sich Freud über sich selber und seine Familien Notizen machte, um die Stichhaltigkeit der »Perioden« zu kontrollieren, und andererseits wertet er Fließ' Hypothesen erneut mit der Feststellung ab, daß seine Anfälle von Todesangst nichts mit ihrem »Termin« zu tun hätten, nur um im nächsten Satz zu erklären, wie sehr die Begegnung mit Fließ ihm genützt habe.

Dazu kommt noch der anscheinende Widerspruch zwischen der anfänglichen Feststellung körperlichen Wohlbefindens und der Aufzählung von Symptomen wie Migräne, Nasensekretion und Anfälle von Todesangst. Dieser scheinbare Widerspruch läßt sich jedoch leicht erklären: Zu diesem speziellen Zeitpunkt, da der Stolz auf seine Leistungen die beherrschende Stimmung war, wurde Freuds Gefühl allgemeinen körperlichen Wohlbefindens durch diese Beschwerden nicht beeinträchtigt. Auf der anderen Seite spielten, wie wir schon feststellten, Bemerkungen über Migräne eine wichtige Rolle in den Briefen der beiden Männer. Migräne und Nasensekretion waren Beschwerden, an denen beide litten und für deren Ätiologie sich beide interessierten.[5]

Fließ schrieb ursprünglich die Migräne hauptsächlich einer Pathologie der Nase und ihrer Nebenhöhlen zu. Später versuchte er auch, die Daten von Migräneanfällen mit seinen Berechnungen der Periodizitätsgesetze zu verbinden.

Freuds Vorstellungen über die Ursachen der Migräne und ihrer auslösenden Faktoren spiegelten seine eigene Entwicklung, insbesondere die Veränderungen seiner Beziehung zu Fließ, seine

5 Migräne ist ein komplexes Syndrom. Auch heute gibt es noch viele Theorien über ihre Ursachen, und dies ist nicht der Ort, diese Theorien ausführlich zu besprechen. Um nur einen Faktor zu erwähnen: Migräne kann durch Veränderungen des Luftdrucks und der Ionenkonzentration ausgelöst werden. Viele Leidenskameraden Freuds, die am Nord- oder Südhang der Alpen wohnten, in Wien oder Triest beispielsweise, bekamen ihre Migräneanfälle ausschließlich oder überwiegend vor oder nach einer plötzlichen Temperatur- oder Luftdruckänderung infolge eines Richtungswechsels der vorherrschenden Winde. Diese Winde heißen auf der Nordseite *Föhn* und im Süden *Schirokko*. Die an Migräne Leidenden waren häufig in der Lage, das Kommen eines Föhns – der mehrere Tage anhalten kann – mit größerer Genauigkeit vorauszusagen als ein Barometer. Während einer Föhnperiode – die im Frühjahr am häufigsten sind – erhöhten sich auch die Zahl und die Todesfälle der an Koronarthrombose Erkrankten, und die Häufigkeit von Lungenblutungen bei Tuberkulose war sehr stark erhöht.

Selbstanalyse mit der daraus resultierenden Lösung seiner neurotischen Konflikte und die Fortschritte in der begrifflichen Ausarbeitung seiner Ideen.

Während der neunziger Jahre erwähnte Freud häufig Migräneanfälle und Erkältungen. Er neigte dazu, seine Kopfschmerzen mit der Nase in Verbindung zu bringen, mit dem Ergebnis, daß er nicht nur häufig Kokain lokal anwandte, sondern auch Fließ erlaubte, im Laufe ihrer »Kongresse« mehrere Kauterisationen und vielleicht auch kleinere chirurgische Eingriffe an der Nasenmuschel vorzunehmen. Als Fließ anfing, Kalkulationen über die »Gesetze der Periodizität« anzustellen, versuchte Freud zumindest festzustellen, ob ein periodisches Auftreten seiner Migräne erkennbar war. Er begann jedoch gleichzeitig, den Zusammenhang zwischen Migräne und neurotischen Konflikten zu erkennen, und mehrere Manuskripte, die seine Briefe begleiteten, waren klinischen Beispielen und theoretischen Formulierungen über die Migräne gewidmet. Diese Formulierungen wandelten sich in Übereinstimmung mit seiner sich vertiefenden Einsicht. Während Freud dieses Symptom häufig in die Rubrik Hysterie einreihte, beschrieb er in Wirklichkeit das, was wir heute ein psychosomatisches Symptom nennen würden.

Aber hier geriet Freud in Konflikt mit seinen psychologischen Entdeckungen, den Hypothesen von Fließ und seinen persönlichen Gefühlen diesem gegenüber. Sollte er psychogenen Faktoren, nasaler Pathologie oder – womöglich! – Periodizitätsberechnungen mehr Bedeutung zusprechen? Eine Zeitlang schloß er Kompromisse; die Nase und, mehr und mehr widerstrebend, die »Perioden« wurden als Gegebenheiten anerkannt (die entweder genetischer Art oder durch nasale Infektionen erworben waren), und der neurotische Konflikt wurde als der auslösende Faktor betrachtet; letzterer jedoch gewann in Freuds Einschätzung eine immer größere Bedeutung, und nicht nur was die Migräne betraf. In seinem eigenen Fall – ein Musterbeispiel für die vielfältigen Determinanten eines somatischen Symptoms, das für sich allein weder besonders bedeutsam, noch besonders quälend war – können wir die wechselnden Faktoren durch Freuds physische und emotionale Entwicklung verfolgen.

Freud hatte häufig Schnupfen, möglicherweise eine chronisch wiederkehrende Sinusitis. Er war sehr empfindlich gegen Wetteränderungen, vor allem gegen Föhn und Schirokko. Aufgrund seiner Korrespondenz mit Fließ können wir annehmen, daß während des Jahrzehnts ihrer engen Verbundenheit viele Migräneanfälle Freuds in Wirklichkeit durch starke innere Belastung, insbesondere in seiner Selbstanalyse, ausgelöst wurden. Nachdem die Analyse ihn nicht nur von solchen offenkundigen Symptomen wie seiner Reisephobie befreit hatte, von seiner übertriebenen Beschäftigung mit dem – als nicht allzu fernliegend vermuteten – Termin seines eigenen Todes, und vor allem von seinen Übertragungskonflikten, waren die Migräneattacken nicht mehr sehr schwerwiegend, und infolgedessen ließ Freuds Interesse an der Migräne als einem psychosomatischen Symptom nach. In den Jahren, da ich sein Arzt war, hatte er jedoch an Föhntagen immer noch Migräne. Aber obwohl er nach seiner Radikaloperation im Jahre 1923 an chronischer Sinusitis litt, löste dieser Zustand nie einen Migräneanfall aus.

Schließlich müssen wir uns noch fragen, ob Freuds Anfälle während der Fließ-Periode das wahre Migränesyndrom zeigten, das gewöhnlich mit prodromalen Sehstörungen – Lidflattern, Skotomen etc. – beginnt und im allgemeinen einseitig ist. Freuds Korrespondenz mit Fließ enthält keine detaillierte Beschreibung seiner Kopfschmerzen. Fließ gegenüber sprach Freud gewöhnlich einfach von Kopfschmerzen.

Todesangst - Die Tilgner-Episode

In dem bemerkenswerten Brief vom 16. April 1896 hatte Freud auch Anfälle von Todesangst erwähnt. Bei diesem speziellen Anlaß *hatte er erkannt, daß sie neurotisch war, basierend auf einer neurotischen Identifizierung mit dem verstorbenen Bildhauer Tilgner.* Ich hatte das Glück, Material zu erhalten, das meine Ahnung bekräftigte.[6] Es ist für mein Thema so relevant, daß es wohl gerechtfertigt ist, wenn ich den chronologischen Ablauf hier unterbreche, um die Fakten und ihre Bedeutung für Freud zu untersuchen.

6 Ich bin Dr. K. R. Eissler zu großem Dank verpflichtet, daß er mir einen ausführlichen Nachruf auf Victor Tilgner beschafft hat, der am 16. und 17. April 1896 in der damals führenden Wiener Tageszeitung, der *Neuen Freien Presse*, erschien. Dieser Nachruf enthält die auf den folgenden Seiten angeführten biographischen Daten.

Victor Tilgner war ein Bildhauer, der in Wien sehr berühmt war. Sein Lebenslauf und gewisse Einzelheiten seiner letzten Lebenswochen waren in vielerlei Hinsicht für eine neurotische Identifizierung mit ihm wie geschaffen, so daß Freuds Reaktion auf die Nachricht von Tilgners Tod – die im wesentlichen darauf hinauslief: Das könnte ich sein, wäre Gott mir nicht gnädig gewesen! – nicht überraschend war.

Freud schrieb seine Briefe, so auch diesen an Fließ, gewöhnlich spät abends, so daß er schon von Tilgners Tod aus der Nachmittagsausgabe der *Neuen Freien Presse* wußte, die Freud jeden Abend sorgfältig las; sie enthielt einen langen Nachruf, der Tilgners Lebenslauf und viele Einzelheiten über seine letzten Wochen brachte, einschließlich einer ausführlichen Schilderung seines tödlichen Anfalls – einer typischen Koronarthrombose, die in vieler Hinsicht ein genaues Abbild von Freuds eigenen Anfällen war, wie er sie in seinem Brief vom 19. April 1894 beschrieb. Freud kannte möglicherweise schon viele Einzelheiten, die in diesem und einem folgenden Gedenkartikel enthalten waren, denn Tilgner war in den intellektuellen Kreisen Wiens eine bekannte Figur gewesen.

Um den Eindruck von Tilgners Tod auf Freud zu erfassen, müssen wir eine ganze Reihe von Faktoren von größerer und geringerer Bedeutung in Betracht ziehen.

Tilgners Vorname – Victor – war der gleiche wie der von Adler, einer der Gründer und Führer der Sozialdemokratischen Partei, der in Freuds Entwicklung in seiner Studentenzeit eine Rolle gespielt hatte. Freud hatte Adler bewundert, ihn aber bei einer philosophischen Diskussion heftig angegriffen; ein Vorfall, der dann in einem von Freuds Träumen eine Rolle spielte (siehe Freud, 1900, S. 218-219). Freud wohnte jetzt in Adlers früherer Wohnung in der Berggasse.

Victor Tilgners Leben und Werk wiesen einige Parallelen zu Leben und Werk Freuds auf. 1844 geboren (zwölf Jahre vor Freud), war er mit zwei Jahren nach Wien gekommen und hatte seine Kindheit in großer Armut verbracht. Er zeigte schon früh künstlerische Begabung und erhielt ein Stipendium zum Studium der Bildhauerei an der Wiener Akademie; obwohl er viele Preismedaillen erhielt, hatte er schwer zu kämpfen, um sich über Wasser zu halten. Schließlich verhalf ihm die Weltausstellung von 1874 in Wien zur Anerkennung, und er wurde bald zu einem der bekanntesten Bildhauer seiner Zeit, in seiner Heimat und im Ausland. Man wußte von ihm, daß ihn öffentliche Kritik zu keinem Abgehen von seinen künstlerischen Grundsätzen bringen konnte.

Während seiner gesamten Karriere betonte Tilgner immer wieder, wie viel er zwei Menschen verdanke – einem Bildhauer, in dessen Atelier er als junger Mann gearbeitet hatte, und einem Maler, der zu einer Zeit, als noch niemand sein Talent erkannt hatte, seinen Erfolg bei der Weltausstellung durchsetzte, obwohl die offiziellen Preisrichter von seiner neuartigen, realistischen Kunst keineswegs eingenommen waren.

Selbst als Tilgner schon einen gewissen Erfolg als Bildhauer erlangt hatte, wagte er sich noch nicht an die Denkmäler und Statuen, die zum Zeitpunkt seines Todes die Palais, Theater, Parkanlagen und Plätze Wiens bevölkern sollten. Er war überzeugt, daß er dazu zuerst Italien, das Land seiner Träume, besuchen müsse. Diese Reise wurde ihm durch das großzügige Geschenk eines reichen Industriellen ermöglicht, der nicht nur die nötigen Mittel bereitstellte, sondern dabei auch folgende Forderung erhob: Wenn Sie mich eines Tages zufällig auf der Straße sehen und keine Lust haben, mich zu grüßen, dann tun Sie's auch nicht. Das wird nur beweisen, daß Sie durch die Annahme des Geschenks nicht die geringste Verpflichtung eingegangen sind.

Freuds Briefe an Fließ wie auch seine Träume waren erfüllt von seiner Sehnsucht, Italien zu sehen, vor allem Rom. Es gelang ihm, noch vor 1897 die Toskana und Norditalien zu sehen, aber nach Rom kam er erst im Jahre 1901. In einem Brief an Fließ vom 31. August 1898 gab er einem witzigen, aber bedeutungsvollen Einfall Ausdruck:

> Die große Neuigkeit des Tages, das Manifest des Zaren, hat mich auch persönlich berührt. Ich habe vor Jahren schon die Diagnose gemacht, daß der junge Mann zum Glück für uns – an Zwangsvorstellungen leidet... Es könnte zwei Leuten geholfen werden, wenn man mich mit ihm zusammen brächte. Ich gehe auf 1 Jahr nach Rußland, nehme ihm soviel weg, daß er nicht leidet... Von da an halten wir drei Kongresse im Jahr, ausschließlich auf italienischem Boden, und ich behandle nur mehr gratis. (B 95)

Das Thema des Geplagtseins von finanziellen Verpflichtungen (dem Tilgner vermutlich entging) spielte in Freuds Leben ebenfalls eine Rolle. Im Jahre 1896 schuldete er immer noch einigen seiner Freunde, vor allem Breuer, Geld, und das quälte ihn außerordentlich. In späteren Jahren konnte er es nicht ertragen, irgend jemandem Geld zu schulden.

In seinen letzten Lebensjahren konzentrierte sich Tilgner mehr und mehr auf die Schaffung von Denkmälern. Als die Stadt Wien beschloß, eine große Statue Mozarts auf einem Platz zwischen der Oper und der Albertina aufzustellen, bewarb sich Tilgner um den Auftrag und erhielt ihn. Sein letztes Lebensjahr war weitgehend der Schaffung dieses Denkmals gewidmet, das sein *magnum opus* sein sollte. Als sich bei ihm Anzeichen von Angina pectoris bemerkbar machten, rieten ihm seine Ärzte, seine Tätigkeit drastisch einzuschränken. Trotzdem arbeitete er ohne Unterlaß weiter und erklärte sich erst mit einem kurzen Urlaub auf dem Semmering einverstanden, als sein Werk zum Abtransport von seinem Atelier zu seinem Aufstellungsort bereit stand. Angstvolle Zweifel und Vorahnungen befielen ihn; er äußerte: Ich werde erst dann völlig zufrieden sein, wenn ich die Statue frei und hüllenlos sehen kann. Darauf entgegnete er selbst: Es gibt natürlich nicht den geringsten Zweifel, daß ich es erleben werde, meinen Mozart frei, im hellen Tageslicht zu sehen. Nach einem kurzen Schweigen kam dann die Behauptung, wenn die Feierlichkeiten vorüber seien, werde er nach Italien fahren, anstatt in seinem Atelier zu sterben.

In seinen beiden Briefen an Fließ, die jenem vorangingen, in dem er von Tilgners Tod sprach, hatte Freud von den Werken gesprochen, die er schreiben wolle, wenn ihm noch ein paar Lebensjahre vergönnt seien. Seine angstvollen Fragen an Fließ: Werde ich lang genug leben – und genug verdienen –, um Rom zu sehen? sind der Frage vergleichbar: Werde ich das Gelobte Land sehen?, mit der er später auf die Vollendung *seines magnum opus* – des Traumbuches – anspielte. Freud fürchtete, er werde wie Moses im Angesicht seines Zieles sterben. Und eben das war Tilgner bestimmt. Die Enthüllung des Mozartdenkmals war auf den 21. April 1896 festgesetzt. Sie sollte in Anwesenheit des Kaisers stattfinden; ein Galakonzert mit Mozartmusik sollte sich anschließen. Am späten Nachmittag des 15. April gab Tilgner noch die Anweisung, in den Sockel des Denkmals einige Takte aus Mozart *Don Giovanni* einzumeißeln. Den Abend verbrachte er dann beim Tarok, Freuds bevorzugtem Kartenspiel und einer seiner wenigen

Entspannungen. Während der Nacht hatte Tilgner wiederholte Anfälle heftiger Schmerzen in der Herzgegend, die von Atemnot begleitet waren. Zuerst sprach er auf die Behandlung an, starb aber dann gegen Morgen bei einem weiteren Anfall.

Merkwürdigerweise hatte Freud, der alles andere als ein Musikliebhaber war, Mozarts Opern sehr gern, vor allem den *Don Giovanni*. Die Takte, die in den Sockel des Denkmals eingemeißelt werden sollten, waren der letzten Szene der Oper entnommen; der Szene, in der der Geist des Commandere, den Don Giovanni nach der Verführung seiner Tochter ermordet hatte, vor dem Schurken erscheint, der unter dem Eindruck der Erscheinung stirbt. Es war wohl kaum ein Zufall, daß Tilgner dieses Thema zu einem Zeitpunkt wählte, als er zwischen der Erwartung des höchsten künstlerischen Triumphes und Todesahnungen hinundhergerissen war. Ob nun Freud von diesem besonderen Umstand schon wußte oder nicht, als er seinen Angstanfall hatte: wir wissen jedenfalls, daß einige Determinanten solcher Zustände in den gleichen, allgegenwärtigen Konflikten wurzeln. Freud hatte noch nicht den Punkt erreicht, wo er der letzten, unergründlichen Realität mit völliger Gelassenheit gegenübertreten konnte. Darüber hinaus alterte sein eigener Vater sehr schnell und erkrankte nur wenige Monate später tödlich. Dazu kam noch, daß Freud der Entdeckung des Ödipuskonflikts immer näher kam. Vielleicht übt in der Oper Mozarts das Verbrechen der Verführung, das zur Bestrafung durch den rächenden Vater führt, deshalb eine so starke Wirkung auf uns aus, weil das Ödipusmotiv, durch seinen Ausdruck in der Musik noch gesteigert, über die Sinne auf uns eindringt.

Es ist nicht überraschend, daß die Lektüre all der Einzelheiten von Tilgners Leben und Tod bei Freud einen Anfall von Todesangst hervorrief. Ferner erkannte er seine Reaktion als neurotisch, und nach seiner Selbstanalyse traten keinerlei derartige Symptome mehr bei ihm auf.

Es ist ferner bezeichnend, daß Freud Tilgners Tod und seine eigene Reaktion darauf in einem Brief erwähnte, der seine starke Ambivalenz gegenüber Fließ widerspiegelte.[7] Freud erwähnt in diesem

7 Obwohl Jones die Hintergrundfaktoren nicht kannte, die einen Einblick in die Wirkung von Tilgners Tod auf Freud gewähren, nahm er diesen einzigen Brief der gesamten Fließ-Periode, in der Freud einen Anfall von Todesangst erwähnt, als Beweis dafür, daß Freud an einer typischen Angsthysterie litt.

Zusammenhang keine Herzbeschwerden, und es ist bemerkenswert, daß er in den vielen Schilderungen seiner Herzanfälle oft von seiner Depression und düsteren Vorahnungen sprach, nie jedoch von einer wirklichen Todesangst.

Aus diesem Grund konnte Freud zu diesem Zeitpunkt sagen, daß er sich wohl fühle, weil ihm seine Migräne und seine Nasensekretion keine Sorgen bereiteten und weil er in zunehmendem Maße imstande war, sich um kleinere physische Beschwerden weiter keine Gedanken zu machen. *Er konnte seine Todesangst beherrschen, solange er ihre Ursachen verstand.*

Wir können deshalb beide scheinbaren Widersprüche – den zwischen stolzer Unabhängigkeit von Fließ und dankbarer Unterordnung ihm gegenüber, und den Widerspruch zwischen körperlichem Wohlbefinden und allerlei körperlichen Beschwerden und neurotischen Befürchtungen – auf die Fortschritte in seiner Selbstanalyse zurückführen, auf die Freud nur andeutungsweise bezug nimmt, wenn er von neuen Vermutungen im »Zwischenreich« spricht.

Wie Freud in seinem Brief vom 16. April 1896 erwähnt, mußte er vor dem Rückzug in die vollständige Isolierung noch eine Verpflichtung erfüllen – einen Vortrag vor dem Psychiatrischen Verein. Dieses Erlebnis schildert er in einem Brief an Fließ, den er am 26. April begann und am 28. April fortsetzte:

> Ein Vortrag über Ätiologie der Hysterie im Psychiatrischen Verein fand bei den Eseln eine eisige Aufnahme und von Krafft-Ebing die seltsame Beurteilung: Es klingt wie ein wissenschaftliches Märchen. Und dies, nachdem man ihnen die Lösung eines mehrtausendjährigen Problems, ein caput Nili aufgezeigt hat. [5]

Krankheit und Tod von Freuds Vater

Freud hatte seinen vierzigsten Geburtstag hinter sich; noch vor zwei Jahren hatte er gezweifelt, ob er dieses Alter erreichen werde. In einem am 17. Mai geschriebenen Brief an Fließ spricht Freud davon, daß er ein kritisches Datum hinter sich habe, und fügt hinzu, er habe keine Lebenskraft mehr. Ein Teil von ihm hatte also die Spekulationen von Fließ angenommen. Und doch hatte Freud das Geheimnis des Traumes enthüllt. Er hatte entscheidende Fortschritte gemacht; nicht nur auf dem Weg zu einer neuen Behandlungsmethode bestimmter Psychoneurosen, sondern auch in der Entwicklung einer allgemeinen Psychologie. Seine Gesundheit hatte sich gebessert. Seine Beziehung zu Fließ war einerseits unabhängiger geworden und andererseits nun stärker von unbewußten Zweifeln und Konflikten durchsetzt. Das war der Punkt in seiner Entwicklung, den er erreicht hatte, als er Fließ am 30. Juni 1896 mitteilte, daß sein einundachtzigjähriger Vater sehr krank war, an Herzversagen, Blasenbeschwerden etc. litt. Er begann den Brief wie folgt:

> Mein Theurer Wilhelm,
>
> Du hast mich gelehrt, daß hinter allem Volkswahnwitz ein Stück Wahrheit lauert und ich kann Dir ein Beispiel dafür liefern. Gewisse Dinge soll man nicht einmal im Scherz sagen sonst werden sie zu Ernst. So schrieb ich Dir unlängst, es sei eigentlich kein Bedürfnis nach einem Congreß und heute habe ich Dir von einem ernsten Hindernis zu berichten, das sich dem nächsten – oder wenigstens der Zeitbestimmung für ihn – entgegenstellt. [6]

Das war eine der wenigen unmittelbaren Äußerungen von Aberglauben, die Freud je niedergeschrieben hat.

Zuvor war Freuds Vater in der Korrespondenz mit Fließ kaum je erwähnt worden. Jetzt schrieb Freud an Fließ, wie *verdüstert* er sich fühle, nicht – überraschenderweise –, wie sehr er ihn brauche.

> Ich freue mich auf den Kongreß wie auf die Befriedigung von Hunger und Durst. (B 48)

Die folgende Passage, insbesondere der letzte Absatz, illustriert nicht nur Freuds Reaktionen auf den bevorstehenden Tod seines Vaters, sondern auch seine Einstellung zu dem Vorgang des Sterbens.

> Mein Theurer Wilhelm,
>
> Eben Deinen Brief erhalten und mich sehr gefreut, was ich alles von Dir hören werde. Schade nur, daß ich nicht sicher weiß wann. Es liegt nämlich so: der Alte hat Blasen- und Mastdarmlähmung, läßt in der Ernährung nach und ist dabei geistig überfrisch und euphorisch. Ich glaube wirklich, daß es seine letzte Zeit ist, kenne aber nicht seinen Termin und getraue mich nicht weg, am wenigsten über 2 Tage und auf einen Genuß, dem ich ganz nachhängen möchte. Dich in Berlin tref-

fen, einige Stunden den neuen Zauber von Dir hören und dann plötzlich auf eine Nachricht Tag oder Nacht zurückreisen müssen, die doch dazu ein bloßer Schreckschuß gewesen sein kann – dem möchte ich gerne ausweichen und dieser Furcht opfere ich das brennende Bedürfnis wieder einmal ganz zu leben mit dem Kopf und dem Herzen zugleich, *Zoon Politikon* zu sein und zu alledem noch Dich zu sehen ...

Der Zustand des Alten deprimiert mich übrigens nicht. Ich gönne ihm die wolverdiente Ruhe, wie er sie selbst wünscht. Er war ein interessanter Mensch, innerlich sehr glücklich; er leidet jetzt sehr wenig, löscht mit Anstand und Würde aus. Ein langes Krankenlager wünsche ich ihm nicht, auch meiner ledigen Schwester nicht, die ihn pflegt und dabei leidet. [7]

Da der Zustand von Freuds Vater unverändert blieb, ging Freud dann doch in Urlaub. Zum ersten Mal seit seiner Herzerkrankung war er in der Lage, einen etwa 1500 m hohen Berg zu ersteigen, und er erklärte sich für geheilt. Freud und Fließ trafen sich im August 1896 kurz, und Freud machte sogar zusammen mit seinem Bruder Alexander eine kurze Reise nach Norditalien (siehe Jones, Bd. 1, S. 387). Am 29. September schrieb er an Fließ:

Theurer Wilhelm!

Ich hoffe Dich mit Weib und Sohn wieder auf's behaglichste in die schönen Räume von der Hstr. [Heydtstraße, Fließ' neue Adresse in Berlin] eingefügt und emsig an der Beobachtung und Berechnung neuer Perioden à 28 und 23 ... Ich schreibe Dir erst heute, weil eine Influenza mit Fieber, Eiter und Herzbeschwerden mein Wohlbefinden plötzlich gebrochen hat, so daß mir erst heute wieder etwas von möglicher Gesundheit ahnt. Ich möchte so gerne bis zur berühmten Altersgrenze circa: 51 aushalten[8], und ein Tag war dabei, der mir's nicht wahrscheinlich machte. Die Infektion erhaschte mich am letzten kritischen Termin 24/9, so daß ich am 25.[9] heiser und luftlos war, gleichzeitig legte sich Martin mit einer Angina. Jetzt aber athme ich wieder auf ...

Die Frau meines Freundes R.[10] habe ich in Cur genommen und

8 Siehe die Ausführungen über Freuds »kritisches« Alter (51 = 28 + 23) in Kapitel 5.

9 Freud verschrieb sich hier zweimal. Er begann mit »26/9«, korrigierte das in »24/9«, fuhr fort mit »23/9« und änderte das in »25«.

10 Ein Hals-Nasen-Ohrenarzt, der in der Emma-Episode eine Rolle spielte.

wieder gesehen, wie in der Hysterie Alles klappt und stimmt, daß es eine helle Freude ist. ... Mein Vater liegt wol auf dem letzten Bett, er ist zeitweise verworren und schrumpft stetig ein bis zu einer Pneumonie und einem großen Termin.

Mit allerherzlichstem Gruß

Dein Sigm. [8]

Der Brief reflektiert einen breiten Bereich widersprüchlicher Gefühle. Ein Teil von ihm brauchte Fließ immer noch, daher die Äußerungen von Liebe und Bewunderung, ja sogar die Akzeptierung der Fließschen Rechenkunststücke. Freud hatte gerade eine Krankheit durchgemacht und stand außerdem dem bevorstehenden Tod seines Vaters gegenüber. Wir sehen ein Wiederaufleben seiner Präokkupation, die zu verschiedenen Zeitpunkten in seinem Leben wiederkehrte, selbst als er in seiner Einstellung zum Tod zu völliger Gelassenheit gelangt war. So beschwor er in diesem speziellen Zeitpunkt sozusagen das Schicksal – und Fließ: Laß mich wenigstens bis zum 51. Jahr leben, da ich mit 40 nicht gestorben bin!

Doch verbirgt sich in diesem Brief auch eine feine Ironie, als ob ein anderer Teil von Freud sagte: Ich brauche dich, du bist mein Freund, mein *alter ego,* mein Resonanzboden. Mein Vater liegt im Sterben. Ich weiß, daß all diese Berechnungen geistige Akrobatenkunststücke sind, die keinen Sinn haben, aber ich weiß auch, daß ich mit der Zeit um die Wette laufe, ich bin auch nur ein Mensch.

Dieser Teil von Freud wollte nicht nur nicht jung sterben, er wollte auch beruhigende Versicherungen über den Termin: Ich will es wissen – aber es gibt Dinge, die man nicht wissen kann, du so wenig wie alle anderen. Und so ist nur ein »großer Termin« sicher – der, dem mein Vater sich jetzt »stetig schrumpfend« nähert.

Erst nach der Lektüre des letzten Satzes in dem Brief vom 29. September begann ich die volle Bedeutung einer der letzten Unterhaltungen zu verstehen, die ich rund 43 Jahre nach der Niederschrift dieses Briefes mit Freud hatte (siehe Kapitel 27).

Der Freud, der diesen Brief schrieb, hatte noch eine weitere Seite; das war jener Freud, der triumphierend verkündete, daß alles »klappt und stimmt«, und deshalb erklären konnte: »Gebt mir noch ein paar Jahre und diese Erde wird ein anderes Gesicht haben!«

Freuds Vater starb einen langsamen Tod, er dämmerte noch fast vier Wochen lang dahin, bis er verschied. Nur in der Geistesverfassung, die aus dieser Situation entstand, konnte Freud am 9. Oktober 1896 den folgenden Brief schreiben:

> Mein Befinden hat sich nicht mehr recht gehoben, gerade die Herzbeschwerden spielen nicht die große Rolle, ich habe keinen Anlaß Dich um sofortige Behandlung zu bitten...
> Der Zustand meines Alten wird meine Theilnahme wahrscheinlich auf das mindeste beschränken.
> Du weißt ich lache nicht über Phantasien wie die der historischen Perioden und zwar weil ich keinen Grund dazu sehe, an diesen Einfällen ist etwas, es ist die symbolische Vorahnung unbekannter Realitäten, mit denen sie etwas gemeinsam haben. Da dann nicht einmal die Organe dieselben sind, kann man sich der Anerkennung himmlischer Einflüsse nicht mehr entziehen. Ich beuge mich vor Dir als Ehren-Astrolog... [9]

Hier läßt Freud einmal der Spekulation die Zügel schießen – wir könnten sogar sagen, einer wilden Spekulation. In ähnlicher, wenn auch sehr viel zurückhaltenderer Weise spekulierte Freud über die Schaffung und Transformation von Organen durch die Macht unbewußter Vorstellungen über den eigenen Körper, als er eine mögliche Erklärung von Lamarcks Theorie von der Vererbung erworbener Eigenschaften versuchte (siehe Freuds Briefwechsel mit Abraham, Brief vom 11. November 1917; siehe ferner *Totem und Tabu*, 1912, und *Der Mann Moses und die monotheistische Religion*, 1939). In einem geringeren Maße spielen solche Spekulationen eine Rolle in Freuds Theorie vom Todestrieb und in den Aufsätzen über außersinnliche Wahrnehmung. Aber die zweideutige Versicherung über die Realität historischer Perioden, die er Fließ gab, und die Verleihung des Titels eines Ehren-Astrologen an seinen Freund haben etwas Ironisches – eine Ironie, die auch Selbstironie war.

Der Ton des Restes dieses Briefs steht in deutlichem Gegensatz zu dem der vorangehenden Sätze.

> Ich bin mit meinen Curen jetzt sehr zufrieden; noch 1-2 Jahre und ich kann die Sache in Formeln fassen, die jedem mitzutheilen sind. In vielen trüben Stunden hält mich diese Aussicht und die Befriedigung über das bereits Gewonnene hoch aufrecht. [9]

Im Effekt hieß die Mitteilung an Fließ: was ich der Welt sagen werde, wenn ich noch ein paar Jahre habe, wird etwas Solides sein, so daß jeder es verstehen kann, ohne daß es ausschweifender Phantasie bedarf.

In einem Brief vom 26. Oktober 1896 teilte Freud den Tod seines Vaters mit und schilderte das Fieber, die wiederholte Bewußtlosigkeit und den letzten Anfall von Lungenödem vor dem Ende. Er fügte hinzu: »Das Ganze fiel in meine kritische Zeit[11], ich bin auch recht hin davon« (B 49). Ein unveröffentlichter Schlußsatz lautet: »Daß Dein Geburtstag auf den 24. Oktober fällt, habe ich erst heuer erfahren [10].«

In seinem Vorwort zur zweiten Auflage von *Die Traumdeutung* sollte Freud schreiben:

> In den langen Jahren meiner Arbeit an den Neurosenproblemen bin ich wiederholt ins Schwanken geraten und an manchem irre geworden; dann war es immer wieder die »Traumdeutung«, in der ich meine Sicherheit wiederfand ... Für mich hat dieses Buch nämlich noch eine andere subjektive Bedeutung, die ich erst nach seiner Beendigung verstehen konnte. Es erwies sich mir als ein Stück meiner Selbstanalyse, als meine Reaktion auf den Tod meines Vaters, also auf das bedeutsamste Ereignis, den einschneidendsten Verlust im Leben eines Mannes. (1900, x)

Ein paar Tage nach der ersten Mitteilung schilderte Freud seine Gefühle in einem Brief vom 2. November 1896:

> Auf irgendeinem der dunklen Wege hinter dem offiziellen Bewußtsein hat mich der Tod des Alten sehr ergriffen. Ich hatte ihn sehr geschätzt, sehr genau verstanden und er hat viel in meinem Leben gemacht, mit der ihm eigenen Mischung von tiefer Weisheit und phantastisch leichtem Sinn. Er war lange ausgelebt, als er starb, aber im Innern ist wohl alles Frühere bei diesem Anlaß aufgewacht.
>
> Ich habe nun ein recht entwurzeltes Gefühl. (B 50)

Aber in dem selben Brief berichtet Freud, daß er sich beim Begräbnis verspätet hatte, weil er beim Friseur warten mußte! In einem relevanten Satz, der in der veröffentlichten Version des Briefes ausgelassen ist, schrieb Freud: »Mit Herz und Nase bin ich wieder zufrieden.« [11]

In diesem Brief können wir schon die ersten Zeichen von Freuds *systematischer* Selbstanalyse entdecken. Obwohl Freud *Die*

11 Freuds Vater starb am 23. Oktober, ungefähr zwei Wochen, bevor Freud das Alter von 40½ Jahren erreichte.

Traumdeutung ein Stück seiner Selbstanalyse, d. h. seiner Reaktion auf den Tod seines Vaters, nannte, war das nur zum Teil richtig, aber dieser Teil war wesentlich. Erst nach diesem Ereignis war Freud in der Lage, die Allgegenwärtigkeit der Ambivalenz in der Beziehung des Menschen zu geliebten und verehrten Eltern zu ermessen und schließlich den Ödipuskomplex und das »Schuldgefühl des Überlebenden« (siehe Kapitel 5) zu entdecken.

Freuds Vater taucht vor allem im Zusammenhang mit seiner letzten Krankheit und seinem Tod, häufig in den Träumen und Assoziationen auf, über die Freud in *Die Traumdeutung* berichtet. Wir erfahren von Freuds unterschiedlichen Reaktionen nicht nur auf den Tod seines Vaters, sondern auch auf gewisse Aspekte der letzten Krankheit wie z. B. die langdauernde Darmlähmung mit Inkontinenz von Urin und Stuhlgang (siehe Brief vom 15. Juli 1896). Freud mußte also die qualvolle Erfahrung durchmachen, jemanden dahinschwinden zu sehen – »schrumpfen«, wie er es ausgedrückt hatte –, so daß er »ausgelebt« war (»die Kerze ist herabgebrannt«), lange bevor er physiologisch tot war. Wahrscheinlich ist bei Freud damals der Wunsch entstanden, sein Leben, aber nicht seinen Tod zu verlängern. Wir werden sehen, daß dieses Thema in den folgenden Jahrzehnten in der verschiedensten Form immer von neuem wiederkehrt, bis hin zum bitteren Ende.

Am 22. November schrieb Freud an Fließ:

> Liebster Wilhelm,
>
> Als Erstem aus der neuen Behausung[12] schreibe ich Dir ... Die Arbeiten in der Hysterie gehen gut vorwärts, ich stehe wegen 4 neuer Curen in Unterhandlungen, die ein Resultat in keinem Fall ergeben dürften; es ist aber doch reichlicher zu thun. Stimmung und Lebensfreudigkeit geht mir ganz ab, dafür notire ich fleißig die Gelegenheiten, wann ich mich mit den Zuständen nach meinem Tod beschäftigen muß. Wieder ein Thema, das man nicht zu ausgiebig behandeln darf, wenn man seinen Freund und einzigen Correspondenten liebt ...
>
> Martha hat wieder Glänzendes geleistet, so daß ich keine Ordination zu versäumen brauchte.[13] Jetzt geht die Unordnung oben an. Die zweite Generation ist sehr zufriedenstellend ...
>
> [12]

12 Freud war in eine größere Wohnung im selben Haus umgezogen.

13 Freuds Frau – die »Frau Professor« – war eine musterhafte Hausfrau. Freuds

So wandte sich Freud nach dem Tod seines Vaters den »Zuständen« nach seinem eigenen Tod zu. Der Wortlaut des Briefes könnte bedeuten: Ich habe eine große Familie, die ich zu meinen Lebzeiten und für nachher versorgen muß. Aber der Ton des Briefes und die Stimmung, die er reflektiert, sagen mehr. Die große Frage, mit der er sich beschäftigen *mußte,* war das Nachher, das, was nach uns kommt.

Systematische Selbstanalyse

Nur wenige Tage später finden wir zwei Briefe, die innerhalb von 48 Stunden geschrieben wurden (4. und 6. Dezember 1896) und die von Ideen, Entdeckungen und Zukunftsplänen überquellen. Die folgenden, unser Thema betreffenden Worte sind im ersten Satz der veröffentlichten Version von B 51 ausgelassen:

> Meine böse Zeit ist typisch abgelaufen... und [ich] interessire mich gar nicht für das Leben nach dem Tode. [13]

Der erste Brief des neuen Jahres (vom 3. Januar 1897) begann in einer ähnlichen Stimmung:

> Wir werden nicht scheitern. Anstatt der Durchfahrt, die wir suchen, dürften wir Meere auffinden, deren genauere Durchforschung Späteren erübrigen wird...
> *Nous y arriverons* ... Gib mir noch zehn Jahre und ich mache die Neurosen und die neue Psychologie fertig... Trotz der Beschwerden, auf die Du anspielst, hat uns beide doch kein Neujahr so reich und so reif angetroffen. Wenn ich gerade keine Angst habe, nehme ich es noch immer mit allen Teufeln auf und Du kennst überhaupt noch keine Angst. (B 54)

Trotz des letzten Satzes zeigt die ganze Passage eine subtile, aber bedeutsame Veränderung in Freuds Einstellung an. Jetzt ist er es, der seinem Freund Mut zuspricht!

Freud hatte offensichtlich eine Phase erreicht, in der seine Selbstanalyse wie auch die Analysen seiner Patienten reichlich neues Material lieferten. Die optimistische Stimmung hielt weiter an.

Der Brief vom 24. Januar endet mit dem Satz: »Die Altersgrenze meine ich jetzt überschritten zu haben, mein Befinden ist soviel

Bedürfnisse, seinen Arbeitsstunden und Gewohnheiten angepaßt, hatten stets Vorrang, und alles lief so reibungslos wie möglich ab. Dies gilt ebenso für die frühen, mageren Jahre wie für die spätere Zeit des Ruhms und Wohlstands.

stabiler« (B 57). In einem am 8. Februar geschriebenen Brief vergleicht er Fließ Hilfe und Verständnis mit Breuers Kritik und stellt fest: »Daß ich der ›Niemand‹ in Wien bin, der Deine Reihen glaubt, weißt Du wol« [14].[14]

Die Briefe dieser Periode, die am 4. Dezember 1896 begann und das ganze Jahr 1897 hindurch anhielt (siehe B 51-80), sind voll von Hinweisen auf weitere Fortschritte wie auch auf Kämpfe.

Wenn auch ein großer Teil der materiellen Beiträge zu Freuds neuen Einsichten ihm von seinen Patienten geschenkt wurde, muß doch seine weitergehende Selbstanalyse ein sehr wichtiger Faktor gewesen sein. Zu jener Zeit im Jahre 1897 war Freud der Entwicklung der Technik der freien Assoziation schon sehr viel näher gekommen, einer Technik, die eine seiner hervorragendsten Leistungen darstellt. Er hatte die Hypnose vollständig aufgegeben und verlangte von seinen Patienten, daß sie nichts zurückhielten.

So entwickelten sich die psychoanalytischen Techniken Hand in Hand mit der psychoanalytischen Theorie und Praxis. Freuds Errungenschaften während dieser Periode hatten ihren Ursprung darin, daß er den Produktionen seiner Patienten mit der äußersten Aufmerksamkeit zuhörte. Bei diesem Prozeß genauen, kritischen Prüfens hatte er bereits erkannt, daß *alles*, was sie zu ihm sagten, bedeutsam war. In seinen Perioden rapiden Fortschrittes vereinigte er die Funktionen des Psychoanalytikers, des schöpferischen Denkers und des Patienten.[15]

Der Prozeß begann, wie ich schon sagte, lange bevor Freud von sich als seinem eigenen Patienten sprechen sollte.[16] Freud wußte nun schon, daß er nicht bloß auf die Produktionen seiner Patienten, sondern auch auf seine eigenen warten mußte. Und während solcher Perioden des Wartens brauchte er Fließ, manchmal sogar sehr nötig.

Im März 1897 verschärfte sich Freuds innerer Kampf durch seine

14 Jemand, wahrscheinlich Breuer, mußte erklärt haben, daß niemand in Wien an Fließ' Perioden glaube. Wieder das Thema des »Verpetzens«! Freud hatte Fließ schon mitgeteilt, daß der ganze Breuersche Kreis die Wiederkehr von 28 und 23 in verschiedenen Aspekten des menschlichen Lebens für bloßen Zufall hielt und daß zahlreiche Freunde Breuers sich damit beschäftigten, mathematische Formeln zur Widerlegung der Fließschen Theorie zu finden.

15 Dies ergänzt meine Bemerkungen über Freuds Selbstanalyse in Kapitel 5.

16 Hier bin ich anderer Meinung als Ernst Kris.

Sorge wegen seiner ältesten Tochter Mathilde, die schwer an Diphtherie erkrankt war.[17] Am 29. März schrieb er an Fließ:

Mein Theurer,

... Herzlichen Dank für Deinen Vortrag, er enthüllt eine unglaubliche Macht der Gedankencondensation, und führt in 20 Minuten durch's Weltall ... Ich lechze nach den Tagen von Prag ... [15][18]

In seinem Brief vom 16. Mai 1897 schrieb Freud an Fließ: »Es gärt und brodelt bei mir, es wird nur ein neuer Schub abgewartet.« In diesem Brief erwähnt er zum ersten Mal das Projekt des Traumbuches. Es war inzwischen unverkennbar geworden, wieviel mehr Freud von der Beziehung hatte als Fließ. In den ersten, unveröffentlichten Sätzen eines vom 2. Mai 1897 datierten Briefes, den er nach der Rückkehr von ihrem Kongreß schrieb, hatte Freud gesagt:

Karte und Telegramm unterdeß erhalten und bedauert daß der Kongreß Dir nicht gebracht was er mir hat, Vergnügung und Auffrischung. Ich bin seither in continuirlicher Euphorie und arbeite wie ein Jüngling. [16]

Jetzt, in dem Brief vom 16. Mai, machte Freud klar, wie sehr er Fließ als Publikum immer noch brauchte, indem er ganz offen bemerkt:

Die geistige Erfrischung habe ich Deinem Briefe selbst angemerkt. Ich hoffe, jetzt bist Du wieder für lange Zeit der Alte und läßt Dich auch von mir als wohlgeneigtes Publikum weiterhin mißbrauchen. Ohne solches kann ich eigentlich doch nicht arbeiten. (B 62)

Freuds Brief vom 31. Mai 1897 zeigte, daß er bereits die Bedeutung feindseliger Impulse gegen Eltern entdeckt und eine erste Ahnung von den Quellen der Tabus gegen den Inzest gewonnen hatte, bevor er bewußt und offiziell seine Selbstanalyse begann. Er mußte jedoch einen Preis dafür bezahlen, Fließ als Publikum für seine Entdeckungen zu haben, wie er am 22. Juni 1897 erken-

17 Obwohl Behring 1892 ein Antitoxin gegen Diphtherie entdeckt hatte, das bald danach in weitem Umfang angewandt wurde, weigerte sich der Facharzt, den man zugezogen hatte, es bei Mathilde anzuwenden, obwohl Freud das offenbar vorgeschlagen hatte. Diphtherie war damals noch eine der gefürchtetsten Kinderkrankheiten.

18 Der geplante Treffpunkt für ihren Osterkongreß, der dann nicht in Nürnberg stattfand. Der Kongreß hatte die gewünschte Wirkung auf Freud.

nen ließ.[19] Fließ hatte ihm über seine eigenen neuen Entdeckungen berichtet und erwartete eine günstige Antwort; Freud fiel es nicht leicht, sie zu liefern:

> Ich stand noch nie so erwartungsvoll blöde vor Deinen Mitteilungen, hoff aber, die Welt erfährt es nicht von mir und anstatt eines kurzen Artikels bescherst Du uns über Jahresfrist ein kleines Buch, das die organischen Geheimnisse in Reihen von 28 und 23 auflöst.

Dieses Vorgeben von Unwissenheit und Unverständnis mathematischer Formeln wurde Freuds Art von Widerstand. Aber je mehr Freud von seiner Selbstanalyse gefangengenommen wurde, desto mehr sehnte er sich nach einem neuen Kongreß. Am 18. Juni 1897 schrieb er:

> Ich sehne mich sehr nach dem Ende der Saison ... Allmählich wird man die Frage in Angriff nehmen dürfen, wann wir uns im Sommer sehen können. Ich brauche einen neuen Impuls von Dir, nach einer Weile geht er mir aus. Nürnberg hat mich für 2 Monate in Gang gebracht. [17]

Das Sommertreffen fand nicht statt. Die Selbstanalyse nahm alle Zeit und Kraft Freuds in Anspruch. Häufig erfuhr er etwas wie eine »Lähmung«, und unter all den zahllosen »starrenden Rätseln« schien ihm »die Traumaufklärung« das »Gefestigtste« (7. Juli 1897; B 66). Am 14. August äußerte Freud:

> Die Analyse ist schwerer als irgendeine andere. Sie ist es auch, die mir die psychische Kraft zur Darstellung und Mitteilung des bisher Gewonnenen lähmt. Doch glaube ich, es muß gemacht werden und es ist ein notwendiges Zwischenstück in meinen Arbeiten. (B 67)

Es ist verständlich, daß Freud nur an diesem Punkt von einer systematischen Selbstanalyse sprach; daß er später schrieb (in dem oben zitierten Vorwort zur zweiten Auflage von *Die Traumdeutung*), seine Selbstanalyse und sein Buch seien weitgehend durch den Tod seines Vaters ausgelöst worden; und daß er jetzt bewußt erkannte: »Irgend etwas aus den tiefsten Träumen meiner eigenen Neurose hat sich einem Fortschritt im Verständnis der Neurosen entgegengestellt und Du [Fließ] warst irgendwie mit hineingezogen.« (7. Juli 1897, B 66). Das war das erste von vielen

19 Irrtümlich datiert als 12. Juni (B 65). Das Datum des Briefes ist zwar im Original schwer zu entziffern, aber der Brief beginnt mit: »Dienstag, ...« Der 12. Juni war ein Samstag, während der 22. Juni ein Dienstag war.

Malen, wo Freud solche Gedanken Fließ gegenüber offen aussprach.

Freud verhielt sich hier so, wie wir das von einem Patienten in der Analyse erwarten würden. Er zögerte nicht, seinem Analytiker alle Gedanken über diesen mitzuteilen, selbst feindselige, herabsetzende Gedanken. Vom Analytiker seinerseits wurde, wie in jeder Analyse, erwartet, daß er darauf vorbereitet war und es nicht persönlich nahm. Wir können uns jedoch fragen, wie Fließ wohl tatsächlich auf solche Bemerkungen reagierte, vor allem später, als Freud ihm weit feindseligere Gedanken mitteilte, die mit seinen Träumen verknüpft waren.

Freud näherte sich jetzt dem, was er später den Kern des neurotischen Konfliktes nannte. In rascher Aufeinanderfolge erfaßte er das Wesen infantiler Sexualphantasien und der Geschwisterrivalität, die in seinem Fall Todeswünsche gegen seinen jüngeren Bruder einschloß und dann zu einer bedeutsamen Quelle von Schuldgefühlen wurden. Er erkannte, daß die infantilen Wurzeln der Ambivalenz die Grundlage seiner Ambivalenz gegenüber seinen Freunden, unter Einschluß von Fließ, bildeten (B 50, 3. Oktober 1897). Schließlich gewann er Einblick in den Ödipuskomplex als eines universellen Phänomens der menschlichen Entwicklung (B 71, 15. Oktober 1897). Während dieser ganzen Monate war Freud heftigen Stimmungsumschwüngen und Perioden angespannten Wartens auf neues Material ausgesetzt; er sprach davon als »komische Zustände, die dem Bewußtsein nicht faßbar sind. Dämmergedanken, Schleierzweifel, kaum hie und da ein Lichtstrahl (B 65).«

Eines der ersten wichtigen Resultate der Selbstanalyse war die Erkenntnis, daß die Verführungen durch Verwandte in den ersten Kinderjahren, von denen Patienten berichteten, in den meisten Fällen Phantasien waren. Am 21. September 1897 (B 69) teilte er das Fließ vergnügt mit. Viel später, im Jahre 1914, schilderte Freud seine Entdeckung wie folgt:

> Unter dem Einfluß der an *Charcot* anknüpfenden traumatischen Theorie der Hysterie war man leicht geneigt, Berichte der Kranken für real und ätiologisch bedeutsam zu halten, welche ihre Symptome auf passive sexuelle Erlebnisse in den ersten Kinderjahren, also grob ausgedrückt: auf Verführung zurückleiteten. Als diese Ätiologie an ihrer eigenen Unwahrscheinlichkeit und an dem Widerspruche gegen sicher festzu-

stellende Verhältnisse zusammenbrach, war ein Stadium völliger Ratlosigkeit das nächste Ergebnis. Die Analyse hatte auf korrektem Wege bis zu solchen infantilen Sexualtraumen geführt, und doch waren diese unwahr. Man hatte also den Boden der Realität verloren. Damals hätte ich gerne die ganze Arbeit im Stiche gelassen, ähnlich wie mein verehrter Vorgänger *Breuer* bei seiner unerwünschten Entdeckung. Vielleicht harrte ich nur aus, weil ich keine Wahl mehr hatte, etwas anderes zu beginnen. Endlich kam die Besinnung, daß man ja kein Recht zum Verzagen habe, wenn man nur in seinen Erwartungen getäuscht worden sei, sondern diese Erwartungen revidieren müsse. Wenn die Hysteriker ihre Symptome auf erfundene Traumen zurückführen, so ist eben die neue Tatsache die, daß sie solche Szenen phantasieren, und die psychische Realität verlangt neben der praktischen Realität gewürdigt zu werden.

(1914, S. 55–56)

Mit dem obenerwähnten Brief vom 21. September 1897 begann die vielleicht dramatischste Periode in Freuds Leben. Innerhalb von drei Monaten deckte seine Selbstanalyse Erinnerungen aus der frühesten Kindheit auf und führte zu den Entdeckungen, die einen fundamentalen Einfluß auf die Zukunft des menschlichen Denkens hatten (B 69–79).

Nach der Entdeckung, daß »man ... den Boden der Realität verloren« hatte, die einen Mann von geringerem Format wohl hätte abhalten können, seine Arbeit fortzusetzen, war Freuds gesamte Verführungstheorie der Hysterie zusammengebrochen. Und doch konnte er erklären, daß er stolz sei, weil die Entdeckung das Ergebnis intensiver geistiger Anstrengung war und weil er die Fähigkeit zur ernsthaften Selbstkritik besaß. Er vermutete, diese Episode könne einen Fortschritt auf dem Weg zu tieferem Verständnis darstellen, wie es ja auch der Fall war. Die Erkenntnis, daß die Phantasien seiner Patienten eine »psychische Realität« darstellten, wie er es später nannte, bahnte den Weg zur schließlichen Entdeckung der infantilen Sexualität und der entscheidenden Bedeutung der ersten Lebensjahre für die normale und die abnorme Entwicklung.

Ein paar Tage später, Ende September, kamen Freud und Fließ in Berlin zusammen. Die dieser Begegnung folgenden Wochen brachten einen wirklichen Durchbruch in Freuds Selbstanalyse. Drei im Oktober 1897 geschriebene Briefe (B 70, 71, 72) enthalten die wesentlichen Elemente vieler der grundlegenden Entdeckungen der Psychoanalyse.

Während dieses Kongresses hatte Freud nicht nur berichten dürfen; er mußte auch zuhören. Es wurde jedoch immer deutlicher, daß Freud den neuen Phantasieflügen von Fließ nicht folgen konnte. Er brachte respektvolle Unkenntnis vor; der erste Brief nach seiner Rückkehr beginnt folgendermaßen:

> Mein Besuch hat den Vorteil gebracht, daß Du mir wieder Einzelheiten mitteilen kannst, seitdem ich den Rahmen des gegenwärtigen Ganzen kenne. Nicht auf Alles darfst Du Antwort erwarten und bei manchen Antworten wirst Du, hoff ich, meine eigene Fremdheit und Urteilsschwäche in Deinen Dingen nicht außer Rechnung lassen ... (B 70)

War Fließ in der Lage, diese Berufung auf Unkenntnis in einem Brief zu akzeptieren, in dem Freud, wie wir sehen werden, eine Rekonstruktion mitteilte, die direkt auf den neurotischen Aspekt seiner Beziehung zu Fließ Bezug nimmt? Der nächste Absatz drückte Freuds Zweifel direkter aus:

> Doch danke ich Dir jedesmal für jedes kleine Stückchen, das Du so uneigennützig zu mir gelangen läßt, z. B., die Bemerkung über den Zusammenhang von Infektion und Conception bei Mutter und Tochter sind mir höchst bedeutsam erschienen, weil diese ja nur durch eine Bedingung im ewigen Leben des Keimplasmas, nicht durch eine solche im Einzelleben erklärt werden können.[20] Weil sie also von der absoluten Zeit, nicht von der Lebenszeit abhängen müssen. Es ist mir dann eingefallen, daß dies doch nicht notwendig ist, wenn die Infektion bei der Mutter durch eine Zeiterfüllung von der Formel a. 28 + b. 23 gegeben ist und die Conception bei der Tochter durch einen ähnlichen Ausdruck, so muß auch die Differenz beider wieder eine ähnliche Formel ergeben, ohne daß zwischen Infektion hier und Conception dort eine besondere Beziehung zu bestehen

20 Hier führte Freud eine Idee ein, die er dann sehr ausführlich in *Jenseits des Lustprinzips* (1920, S. 46–66) behandelt hat.

brauchte. Ob dies ein Unsinn ist, kann ich nicht übersehen. Ich müßte dazu Deine »zeitliche Disposition« schon kennen. [18]

Diese Stelle enthüllt das ganze Ausmaß des Ambivalenzkonflikts; überschwenglicher Dank für das Teilnehmenlassen an Informationen, Hochachtung vor Fließ' Gedankenflug; einige Zweifel, die sich jedoch nicht auf die Beobachtungsdaten oder die Hypothese der »Periodizität« als solche erstreckten, nur ihre Anwendung in einem gegebenen Zusammenhang wird infrage gestellt.[21] Was Freuds vorgebliche Urteilsschwäche in Zahlendingen angeht, so hat er hier sicherlich Fließ im Zahlenspiel übertroffen!

Offenbar hielt es Freud für selbstverständlich, daß Fließ die Berufung auf seine Unkenntnis in bezug auf die Arbeit seines Freundes akzeptieren würde, denn er fuhr fort, in diesem und in seinen nächsten Briefen die verblüffenden Ergebnisse seiner Selbstanalyse zu schildern. Zum Beispiel berichtete er triumphierend über die Rekonstruktion eines Ereignisses, das stattgefunden hatte, als er zweieinhalb Jahre alt war, und das seine Mutter bestätigt hatte. Am Ende des Briefes (vom 15. Oktober 1897) erinnerte er sich daran, an wen er schrieb, und versprach, zu einem späteren Zeitpunkt Fließ' Hypothese zu untersuchen, daß die Verdrängung stets vom Männlichen ausgehe und sich gegen das Weibliche richte.

Eine so lange Einleitung zeigt auch eine Eigenschaft, die für Freuds Korrespondenz charakteristisch war. Angesichts des Hauptteils des Briefes kann man sich leicht vorstellen, wie begierig Freud war, Fließ mitzuteilen, was er entdeckt hatte. Und doch besaß Freud die Fähigkeit, dieses Verlangen zu zügeln und zuerst über Fließ' Theorien zu sprechen.

Die Rekonstruktionen, über die Freud berichtete, waren in der Hauptsache die Ergebnisse der Deutung seiner Träume. Er wies in diesem Brief darauf hin, daß er bisher immer gewußt habe, wo die nächste Traumnacht fortsetzen wird. Offenbar schickte er deshalb diesen Brief erst am folgenden Tag ab und fügte die Träume dieser Nacht hinzu.

Einige weitere Faktoren sind für die Einschätzung dieser Rekonstruktionen wesentlich. Sie müssen mit den Archivdaten korreliert

21 Es ist nicht leicht, aus Freuds Briefen eine präzise Formulierung der Fließschen Hypothesen zu rekonstruieren, die eine zeitlich-periodische Verbindung zwischen gewissen Infektionen der Mutter und der Konzeption bei der Tochter herstellen; aber was uns hier interessiert, sind Freuds Reaktionen.

werden, die ich in Kapitel 1 mitgeteilt habe. Einige wenige Bemerkungen über frühe Erinnerungen und ihre Entwicklung sind notwendig. Wir wissen, daß normalerweise die meisten Erinnerungen, die sich auf Ereignisse vor dem fünften Lebensjahr beziehen, von der »infantilen Amnesie«, wie Freud sie nannte, zugedeckt werden. Gewöhnlich ragen gewisse isolierte Erinnerungsreste wie winzige Inseln heraus. Es ist nicht leicht zu entscheiden, ob solche Erinnerungen wirklich Erinnerungen an reale Ereignisse sind oder aber Erinnerungen der Familienlegende, die von den Eltern oder anderen älteren Familienmitgliedern lebendig gehalten und häufig ausgeschmückt und verzerrt werden und die man dem Kind in einem späteren Alter erzählt. Solche spontanen frühen Erinnerungen sind gewöhnlich Deckerinnerungen, das heißt Verdichtungen einer Reihe von Erinnerungen, die wie übereinander kopierte Photographien aufbewahrt wurden. Freud erkannte erst später, daß die in der Analyse rekonstruierten Erinnerungen in den meisten Fällen Deckerinnerungen darstellen, die untereinander durch assoziative Bindeglieder verknüpft sind.
Unser Verständnis der Deckerinnerungen hängt eng mit unserem Verständnis der Entwicklung und des Funktionierens des Gedächtnisses zusammen. Während der Analyse eines seiner Patienten gelangte Freud zu der Hypothese, daß die Erinnerung an eine Wahrnehmung und/oder ein Erlebnis zu einer Zeit aufgezeichnet werden kann, wo das kleine Kind den Sinn dieses Erlebnisses nicht zu erfassen vermag. Ein solcher Erinnerungsrest kann zu einem späteren Zeitpunkt durch eine ähnliche Wahrnehmung oder Erfahrung wiederbelebt werden und dann eine große, ja sogar dramatische Wirkung haben. Freud kam zu diesem Schluß, als er einem Traum gegenüberstand, der anzeigte, daß der Patient im Alter von eineinhalb Jahren Geschlechtsverkehr der Eltern beobachtet hatte (Freud, 1918).
Es kann kein Zweifel bestehen, daß eine Menge von Erinnerungsresten vor der Reifung jener Strukturen niedergelegt werden, die schließlich den Erwerb der Sprache möglich machen. Präverbales Denken, Affekte und Kommunikation wurden gegenwärtig in breitem Umfang durch Langzeitbeobachtung von Kindern untersucht.
Bis jetzt sind nur einige wenige faktische Beobachtungen bekannt geworden, die diese Feststellung Freuds bestätigen. Eine solche Beobachtung (siehe Schur, 1966) zeigt schlüssig, daß eine Wahr-

nehmung, die im Alter von 18 Monaten aufgezeichnet wurde, zu einem Zeitpunkt also, als die Sprachentwicklung begrenzt war und die Konzeption von Farbe und anderen Abstraktionen noch nicht zum Repertoire des Kindes gehörte, ein Jahr später im Rahmen einer höheren Abstraktionsebene als der für den ursprünglichen Erinnerungsrest charakteristischen zurückgerufen und ausgedrückt wurde. Die Schlußfolgerung konnte nur sein, daß Erinnerungsreste früher Wahrnehmungen sich in der Wirkung späterer Erlebnisse und Lernerfahrungen niederschlagen.

Ich wende mich nun dem Vergleich der Freudschen Rekonstruktionen mit den archivalischen Daten zu; die Untersuchung zeigt, daß die ersteren teilweise Deckerinnerungen waren, die irgendwann durch Informationen aus seiner Umgebung ergänzt wurden, und daß frühe Wahrnehmungen, die Erinnerungsreste hinterlassen haben müssen, Transformationen der oben erwähnten Art erfuhren. In seinem Aufsatz über Deckerinnerungen, der einige äußerst subtile Formulierungen über das verwickelte Ineinanderspielen von Erinnerung und Phantasie, von wahren Erinnerungen und ihren Verzerrungen enthält, weist Freud (1899) deutlich darauf hin, daß eine frühe Erinnerung auch vorwiegend als Abschirmung gegen ein späteres Ereignis benützt werden kann, im Gegensatz zu der allgemeinen Annahme, daß ein früheres Ereignis durch eine spätere Erinnerung abgeschirmt wird.[22] In diesem Aufsatz schreibt Freud:

> Ich verfüge über eine ziemliche Anzahl von frühen Kindheitserinnerungen, die ich mit großer Sicherheit datieren kann. Im Alter von voll drei Jahren habe ich nämlich meinen kleinen Geburtsort verlassen, um in eine große Stadt zu übersiedeln; meine Erinnerungen spielen nun sämtlich in dem Orte, wo ich geboren bin, fallen also in das zweite bis dritte Jahr. Es sind meist kurze Szenen, aber sehr gut erhalten und mit allen Details der Sinneswahrnehmung gestaltet, so recht im Gegensatz zu meinen Erinnerungsbildern aus reifen Jahren, denen das visuelle Element völlig abgeht. Vom dritten Jahr an werden die Erinnerungen spärlicher und weniger deutlich; ... erst vom sechsten oder siebenten Jahre an, glaube ich, wird der Strom der Erinnerung kontinuierlich. (1899, S. 539)

22 Siehe auch Stracheys Einleitung zu diesem Aufsatz, in der er eine Aufstellung gibt, wo in Freuds veröffentlichten Schriften man Hinweise auf die in diesem Aufsatz geschilderten Fakten findet.

Freud unterscheidet dann drei Arten von Erinnerungen aus den ersten drei Lebensjahren: 1) Szenen, die ihm wiederholt von seinen Eltern beschrieben wurden; 2) Szenen, die man ihm nicht beschrieben hatte (dieser Erinnerungstypus kommt hauptsächlich in seinen Rekonstruktionen vor); und 3) eigentliche Deckerinnerungen.[23]

> Ich bin das Kind von ursprünglich wohlhabenden Leuten, die, wie ich glaube, in jenem kleinen Provinznest behaglich genug gelebt hatten. Als ich ungefähr drei Jahre alt war, trat eine Katastrophe in dem Industriezweig ein, mit dem sich der Vater beschäftigte. Er verlor sein Vermögen, und wir verließen den Ort notgedrungen, um in eine große Stadt zu übersiedeln. Dann kamen lange harte Jahre; ich glaube, sie waren nicht wert, sich etwas daraus zu merken. In der Stadt fühlte ich mich nie recht behaglich; ich meine jetzt, die Sehnsucht nach den schönen Wäldern der Heimat, in denen ich schon, kaum daß ich gehen konnte, dem Vater zu entlaufen pflegte, wie eine von damals erhaltene Erinnerung bezeugt, hat mich nie verlassen. (S. 542)

Angesichts der archivalischen Fakten war Freuds Behauptung, sein Vater sei ursprünglich wohlhabend gewesen und habe »behaglich genug« gelebt, eine Ausschmückung der goldenen Vergangenheit. Freud schränkt diese Behauptung auch ein, indem er hinzufügt, »wie ich glaube«.

Die beengte Behausung der Familie, wo nach Freud noch zwei Kinder geboren wurden, muß bedeutet haben, daß Freud in diesen drei formenden Jahren Wahrnehmungen jener Art ausgesetzt war, die er später als traumatisch bezeichnete. Die Situation und ein Vergleich von Freuds Rekonstruktionen mit den Archivdaten lassen auch vermuten, daß die Zeitbestimmung einiger der in Freuds Selbstanalyse wiedergewonnenen Erinnerungen unzutreffend war und daß diese Erinnerungen die oben erörterte komplexe Reifungsentwicklung widerspiegelten.

Über die folgenden Gruppen von Erinnerungen berichtete Freud in seinen Oktoberbriefen an Fließ; sie wurden dann noch ergänzt und näher ausgeführt, hauptsächlich in *Die Traumdeutung* (1900), aber auch in anderen Werken (1899, 1901 b).[24]

23 Es ist interessant, daß Freud den Ausdruck *Szene* benützte, als er in dem unveröffentlichten Teil eines Briefes an Fließ vom 4. Mai 1896 auf die Phantasien einer seiner Patienten Bezug nahm (B 45; und Schur, 1966 a).

24 Ich werde angeben, welche von diesen Erinnerungen primär das Ergebnis von

In dem Brief vom 3. Oktober 1897 (B 70) behauptete Freud, er habe die Geburt seines jüngeren Bruders (Julius, der 1857 geboren wurde und am 15. April 1858 starb, dem selben Jahr, in dem Fließ geboren wurde) »mit bösen Wünschen und echter Kindereifersucht« begrüßt, und Julius' Tod nach wenigen Monaten habe einen »Keim zu Vorwürfen« in ihm hinterlassen. Diese Erinnerung hatte weitreichende Rückwirkungen in Freuds Leben; wir werden im Laufe dieses Buches wiederholt darauf zurückkommen.

Im selben Brief sprach Freud von seinem Spielkameraden, seinem Neffen und »Genossen meiner Untat zwischen 1-2 Jahren«, und von seiner Nichte, die sie »grausam« behandelten. Er schrieb dann: »Mein Neffe und jüngerer Bruder bestimmen nun das Neurotische, aber auch das Intensive an allen meinen Freundschaften«.« Der Neffe war John (1854 oder 1855 geboren) und die Nichte Pauline (geboren 1856), beides Kinder von Freuds Halbbruder Emanuel. Beide diese Erinnerungen waren Rekonstruktionen.

Im selben Brief sagte Freud, daß seine Libido gegen seine Mutter zwischen zwei und zweieinhalb Jahren erwacht sei, »und zwar aus Anlaß der Reise mit ihr von Leipzig nach Wien, auf welcher ein gemeinsames Übernachten und Gelegenheit sie nudam zu sehen, vorgefallen sein muß« (B 70, S. 233). Auch das war eine Rekonstruktion. Freud brachte dann seine (leichte) Reiseangst mit diesem Vorfall in Verbindung.

Der Vergleich dieser rekonstruierten Erinnerung mit den Archivdaten zeigt sofort eine Diskrepanz in der Zeitangabe. Freuds Reise von Leipzig nach Wien fand 1860 statt, als Freud ungefähr vier Jahre alt war. Es ist also höchst unwahrscheinlich, daß Freud angesichts der beengten Wohnverhältnisse der Familie Freud nicht schon viel früher seine Mutter nackt gesehen hatte und anderen visuellen und auditiven sexuellen Reizen ausgesetzt war.

Der Irrtum in der zeitlichen Festlegung der Rekonstruktion stellt jedoch eine sehr relevante teleskopische Verdichtung von Erinnerungen dar. Einerseits weist die Zeitangabe auf sexuelle Stimulationen hin, die vor der Reise von Leipzig nach Wien vorgefallen sein müssen. Andererseits ist es völlig einleuchtend, daß die Reaktion eines fast vier Jahre alten Jungen nach Qualität und

Rekonstruktionen in seiner Selbstanalyse sind und welche aus einer Kombination von Rekonstruktion und zusätzlichen Informationen resultieren.

Quantität anders gewesen war als die eines Jungen von zwei oder zweieinhalb. Die Datierung der Erinnerung an die Spiele mit John und Pauline, die beide in Freuds Werken wiederholt auftauchen (1899; 1900, 427 ff; 487–490), war etwas anders als in seinen Berichten in *Die Traumdeutung* (S. 427), wo es heißt: »Bis zu meinem vollendeten dritten Jahre waren wir unzertrennlich gewesen.«

Eine komplexe Gruppe von Erinnerungen bezieht sich auf eine Kinderfrau, die Freud in Freiberg betreute. Nach Freuds Rekonstruktion nahm sie ihn wiederholt zu Messen in katholischen Kirchen mit und redete mit ihm über Himmel und Hölle, war aber auch seine »Lehrerin in sexuellen Dingen und hat geschimpft, weil ich ungeschickt war ...«. Angeblich wusch sie ihn auch in »rötlichem Wasser«, in dem sie sich vorher gewaschen hatte (siehe unten), und ermunterte ihn, Geld für sie zu stehlen. Zuerst datierte Freud alle diese Erinnerungen auf die Zeit, bevor er zwei Jahre alt war (bevor er seine Mutter nackt gesehen hatte).

Über diese Erinnerung bezüglich der Kinderfrau befragte Freud seine Mutter; darüber berichtete er Fließ in seinem nächsten Brief vom 15. Oktober 1897. Seine Mutter hatte ihm mitgeteilt, daß man die fragliche Bediente wirklich als Diebin erwischt hatte, man hatte seine gesparten kleinen Münzen in ihrem Besitz gefunden. Sein Halbbruder Philipp hatte die Polizei gerufen und sie kam ins Gefängnis.

Freud fiel dann plötzlich eine Erinnerung ein, die ihn seit seiner Kindheit verfolgt hatte:

> Wenn mir die Alte so plötzlich entschwunden ist, so muß sich der Eindruck davon bei mir nachweisen lassen. Wo ist er nun? Da fiel mir eine Szene ein, die seit 29 Jahren gelegentlich in meiner bewußten Erinnerung auftaucht, ohne daß ich sie verstünde. Die Mutter ist nicht zu finden, ich heule wie verzweifelt. Bruder Philipp (20 Jahre älter als ich) sperrt mir einen Kasten auf, und nachdem ich die Mutter auch hierin nicht gefunden, weine ich noch mehr, bis sie schlank und schön zur Türe hereinkommt. Was soll das bedeuten? Wozu sperrt mir der Bruder den Kasten auf, der doch weiß, daß die Mutter nicht drin ist, mich also nicht beruhigen kann? Jetzt verstehe ich's plötzlich. Ich habe es von ihm verlangt. Als ich die Mutter vermißte, habe ich gefürchtet, sie werde mir ebenso verschwunden sein wie kurz vorher die Alte. Ich muß nun gehört

> haben, die Alte sei eingesperrt und darum geglaubt haben, die Mutter sei es auch, oder besser, sie sei »eingekastelt«, denn solche scherzhafte Ausdrucksweise beliebt Bruder Philipp ... noch bis auf den heutigen Tag. Daß ich mich gerade an ihn gewendet, beweist, daß mir sein Anteil am Verschwinden der Kinderfrau wohl bekannt war. (B 71)

Freud gab zwei Versionen dieser Erinnerung und drei Deutungen. Der Vergleich dieser Versionen untereinander und auch mit den dokumentarisch belegten Fakten ist wichtig einerseits für das Verständnis der Rolle von Erinnerungen und ihrer Rekonstruktion und andererseits für die Erhellung des Todesproblems. Die erste Version und eine kurze Deutung finden sich im selben Brief.

Freud kehrte zu dieser Erinnerung, die er jetzt als eine Deckerinnerung klassifizierte, in *Zur Psychopathologie des Alltagslebens* zurück. Diese zweite Version enthält zusätzliches Material, und ihre Deutung ist sehr viel ausführlicher.

> Als ich in meinem dreiundvierzigsten Jahr begann, mein Interesse den Resten der Erinnerung an die eigene Kindheit zuzuwenden, fiel mir eine Szene auf, die mir seit langem – wie ich meinte, seit jeher – von Zeit zu Zeit zum Bewußtsein gekommen war, und die nach guten Merkzeichen vor das vollendete dritte Lebensjahr verlegt werden durfte. Ich sah mich fordernd und heulend vor einem Kasten stehen, dessen Tür mein um zwanzig Jahre älterer Halbbruder geöffnet hielt, und dann trat plötzlich meine Mutter, schön und schlank, wie von der Straße zurückkehrend, ins Zimmer. In diese Worte hatte ich die plastisch gesehene Szene gefaßt, mit der ich sonst nichts anzufangen wußte. Ob mein Bruder den Kasten – in der ersten Übersetzung des Bildes hieß es »Schrank« – öffnen oder schließen wollte, warum ich dabei weinte, und was die Ankunft der Mutter damit zu tun habe, das alles war mir dunkel; ich war versucht, mir die Erklärung zu geben, daß es sich um die Erinnerung an eine Hänselei des älteren Bruders handle, die durch die Mutter unterbrochen wurde. Solche Mißverständnisse einer im Gedächtnis bewahrten Kindheitsszene sind nichts Seltenes; man erinnert sich einer Situation, aber dieselbe ist nicht zentriert, man weiß nicht, auf welches Element derselben der psychische Akzent zu setzen ist. Analytische Bemühung führte mich zu einer ganz unerwarteten Auffassung des Bildes. Ich hatte die Mutter vermißt, war auf den Verdacht gekommen, daß sie in

diesem Schrank oder Kasten eingesperrt sei, und forderte darum den Bruder auf, den Kasten aufzusperren. Als er mir willfahrte und ich mich überzeugte, die Mutter sei nicht im Kasten, fing ich zu schreien an; dies ist der von der Erinnerung festgehaltene Moment, auf den alsbald das meine Sorge oder Sehnsucht beschwichtigende Erscheinen der Mutter folgte. Wie kam aber das Kind zu der Idee, die abwesende Mutter im Kasten zu suchen? Gleichzeitige Träume wiesen dunkel auf eine Kinderfrau hin, von welcher noch andere Reminiszenzen erhalten waren, wie z. B. daß sie mich gewissenhaft anzuhalten pflegte, ihr die kleinen Münzen abzuliefern, die ich als Geschenke erhalten hatte, ein Detail, das selbst wieder auf den Wert einer Deckerinnerung für Späteres Anspruch machen kann. So beschloß ich denn, mir diesmal die Deutungsaufgabe zu erleichtern, und meine jetzt alte Mutter nach jener Kinderfrau zu befragen. Ich erfuhr allerlei, darunter, daß die kluge, aber unredliche Person während des Wochenbettes der Mutter große Hausdiebstähle verübt hatte und auf Betreiben meines Halbbruders dem Gerichte übergeben worden war. Diese Auskunft gab mir das Verständnis der Kinderszene wie durch eine Art von Erleuchtung. Das plötzliche Verschwinden der Kinderfrau war mir nicht gleichgültig gewesen; ich hatte mich gerade an diesen Bruder mit der Frage gewendet, wo sie sei, wahrscheinlich, weil ich gemerkt hatte, daß ihm eine Rolle bei ihrem Verschwinden zukomme, und er hatte ausweichend und wortspielerisch, wie seine Art immer war, geantwortet: sie ist »eingekastelt«. Diese Antwort verstand ich nun nach kindlicher Weise, ließ aber zu fragen ab, weil nichts mehr zu erfahren war. Als mir nun kurze Zeit darauf die Mutter abging, argwöhnte ich, der schlimme Bruder habe mit ihr dasselbe angestellt wie mit der Kinderfrau, und nötigte ihn, mir den Kasten zu öffnen. Ich verstehe nun auch, warum in der Übersetzung der visuellen Kinderszene die Schlankheit der Mutter betont ist, die mir als neu wiederhergestellt aufgefallen sein muß. Ich bin zweieinhalb Jahre älter als die damals geborene Schwester, und als ich drei Jahre alt wurde, fand das Zusammenleben mit dem Halbbruder ein Ende. (1901 b, S. 58 ff.)

In einer 1924 angefügten Fußnote gab Freud seine endgültige Deutung:

Wer sich für das Seelenleben dieser Kinderjahre interessiert, wird leicht die tiefere Bedingtheit der an den großen Bruder gestellten Anforderung erraten. Das noch nicht dreijährige Kind hat verstanden, daß das letzthin angekommene Schwesterchen im Leib der Mutter gewachsen ist. Es ist gar nicht einverstanden mit diesem Zuwachs und mißtrauisch besorgt, daß der Mutterleib noch weitere Kinder bergen könnte. Der Schrank oder Kasten ist ihm ein Symbol des Mutterleibes. Es verlangt also in diesen Kasten zu schauen und wendet sich hiefür an den großen Bruder, der, wie aus anderem Material hervorgeht, an Stelle des Vaters zum Rivalen des Kleinen geworden ist. Gegen diesen Bruder richtet sich außer dem begründeten Verdacht, daß er die vermißte Kinderfrau »einkasteln« ließ, auch noch der andere, daß er irgendwie das kürzlich geborene Kind in den Mutterleib hineinpraktiziert hat. Der Affekt der Enttäuschung, wie der Kasten leer gefunden wird, geht nun von der oberflächlichen Motivierung des kindlichen Verlangens aus. Für die tiefere Strebung steht er an falscher Stelle. Dagegen ist die hohe Befriedigung über die Schlankheit der rückkehrenden Mutter erst aus dieser tieferen Schicht voll verständlich. (S. 60)

Wie ich weiter oben bemerkte, versetzte Freud die Verführung durch die Kinderfrau und ihre Diebstähle zuerst in eine Zeit, als er unter zwei war. Nach Auskunft seiner Mutter jedoch ereigneten sich diese Vorfälle zur Zeit der Entbindung ihres dritten Kindes, Anna, am 31. Dezember 1858, als Freud über zweieinhalb Jahre alt war. Der Einfluß dieser Geburt wurde damals nicht rekonstruiert, während er seine Reaktion auf die Geburt und den Tod seines Bruders Julius, die sich früher ereignet hatten, rekonstruierte. (Julius wurde geboren, als Freud ungefähr eineinhalb Jahre alt war, und starb, als Freud noch nicht ganz zwei war.) Freud erwähnte auch nie die Tatsache, daß kurz nach der Geburt Annas Emanuel und Maria Freuds Tochter Bertha zur Welt kam, nämlich am 22. Februar 1859. Angesichts der engen Beziehung zwischen den beiden Familien und der Tatsache, daß sie sich in das Dienstmädchen teilten (dokumentarisch bewiesen durch ein Verzeichnis der für jüdische Familien arbeitenden Dienstmädchen), ist diese Auslassung signifikant. Erst in einem viel späteren Aufsatz (1917a) befaßte sich Freud mit der Möglichkeit, daß gelegentlich Erinnerungen an Rivalität und Todeswünsche, die sich gegen ein jüngeres Geschwister richten, das starb, als das ältere

Geschwister noch sehr klein war, in Wirklichkeit Erinnerungen sind, die gegen Gefühle gegenüber einem anderen Geschwister abschirmen, das kurz nach dem Tod des ersten Geschwisters starb.
Der Affekt, der in diesen Rekonstruktionen am deutlichsten zutage tritt, ist die verzweifelte Angst, die Mutter zu verlieren, etwas, das heute allgemein unter dem Begriff »Trennungsangst« subsumiert wird. So wurden das Verschwinden der »Kinderfrau« (die in Wirklichkeit ein einfaches Dienstmädchen war) und einige sehr kurze Trennungen von seiner Mutter in diesen Erinnerungen verdichtet. Außerdem ereigneten sich diese Vorfälle während der Zeit des Auftauchens und Verschwindens seines Bruders und des Auftauchens seiner Schwester Anna und seiner Nichte Bertha. Wir müssen außerdem hinsichtlich der Geburt von Anna und Bertha im Auge behalten, daß damals alle Entbindungen zu Hause erfolgten[25], so daß es keine lange Trennung gab, außer daß der Junge vielleicht für ein oder zwei Tage in die Wohnung seines Halbbruders geschickt wurde.
Betrachten wir nun die Diskrepanz zwischen der ersten und der zweiten Deutung Freuds. In dem Brief, den er am 15. Oktober 1897 unter dem unmittelbaren Einfluß seiner Träume, seiner Rekonstruktion und der Konfrontation mit seiner Mutter an Fließ schrieb, spricht Freud von einer Erinnerung, die »in den letzten neunundzwanzig Jahren« – also seit er 12 Jahre alt war – immer von neuem wiederkehrte, während er im Jahre 1901 von einer Szene spricht, »die mir seit langem – wie ich meinte, seit jeher – von Zeit zu Zeit zum Bewußtsein gekommen war« (1901 b, S. 58).
Wir müssen uns daran erinnern, daß nur wenige Monate nach diesen Ereignissen des Auftauchens und Verschwindens Freuds Vater und seine nächsten Familienangehörigen Freiberg verließen und nach einer nicht genau feststehenden Zeit des Reisens durch verschiedene Teile Deutschlands in Wien ankamen. Zu gleicher Zeit siedelten die Familien von Emanuel und Philipp nach Manchester in England über; so verschwanden also nicht nur Freuds Spielgefährten, sondern auch seine Heimat und die Wiesen und Wälder der ländlichen Umgebung. All diese Fälle von Verschwinden wurden wahrscheinlich in dieser Deckerinnerung verdichtet.
Daß Kinder dieses Alters auf plötzliche Veränderungen ihrer

25 Sogar Freuds sechs Kinder kamen zu Hause auf die Welt.

Umwelt mit Angst reagieren, ist normal. In *Die Traumdeutung*, geschrieben im Jahre 1899, spricht Freud darüber, daß für Kinder die Vorstellungen von Tod und Verschwinden untrennbar sind. Wir werden sehen, daß die Folgen der in der frühen Kindheit miterlebten Todesfälle eine erhebliche Rolle in Freuds erster Entwicklung, wie auch in seinen späteren Konzeptionen spielten (siehe Kapitel 5 und 9).[26]

Freuds Rekonstruktionen bezüglich seiner »häßlichen«, aber klugen Kinderfrau bestanden aus mehreren Gruppen: der Rekonstruktion ihrer Dieberei und ihres Verschwindens, das seinerseits mit anderen Ursachen seiner Trennungsangst verschmolz. Ich habe schon darauf hingewiesen, daß Freuds Datierung dieses Vorfalls irrig war. Daß die Frau Freud und Emanuels Kinder in die Kirche mitnahm und ihnen von Gott und der Hölle erzählte (wie Freud in dem selben Brief vom 3. Oktober 1897 behauptet), klingt plausibel.

Einige andere Einzelheiten dieser Rekonstruktion dagegen wirken zum Teil widersprüchlich und erinnern an die »Deduktionen«, die Freud von seinen hysterischen Patienten als wirkliche Erinnerungen mitgeteilt wurden. Wir müssen daran denken, daß Freud nur zwei Wochen vorher über die Erkenntnis berichtet hatte, daß seine Patienten offensichtlich Erinnerungen mit Phantasien verwechselten. Die Erkenntnis der grundlegenden Bedeutung der Phantasien und ihres universellen Charakters gewann in Freuds Denken erst allmählich Gestalt. Es ist deshalb durchaus einleuchtend, daß *er* einer der ersten Patienten war, die ihm das Material für diese Unterscheidung lieferten.

In seinem Brief vom 3. Oktober sprach Freud von der »Urheberin«. Freud wollte damit ausdrücken, daß sie die Verführerin war, nicht sein Vater, zu welcher Annahme er früher, in Analogie zu seinen hysterischen Patienten, geneigt hatte. Freud sagte:

> Von den Szenen selbst, die der Geschichte zu Grunde liegen, habe ich noch nichts erfaßt. Kommen die auch und gelingt mir die Lösung der eigenen Hysterie, so werde ich dem Andenken des alten Weibes dankbar sein, das mir in so früher Lebenszeit die Mittel zum Leben und Weiterleben vorbereitet hat. Du siehst, die alte Neigung schlägt heute wieder durch. Von der

26 Eine rein spekulative Annahme über eine zusätzliche Determinante dieser Deckerinnerung findet man in Kapitel 5.

intellektuellen Schönheit der Arbeit kann ich Dir eine Vorstellung nicht verschaffen. (B 70)

Freud behauptete auch, die Frau habe ihm »eine hohe Meinung von meinen eigenen Fähigkeiten beigebracht«.

Während dieser Zeit waren Freuds Träume wahrscheinlich eine tägliche Fortsetzung seiner Selbstanalyse. Viele Einzelheiten über die Rekonstruktionen, die sich auf diese Kinderfrau beziehen, sind in einem vom 4. Oktober datierten Postskriptum enthalten, wo er schrieb:

Sie war meine Lehrerin in sexuellen Dingen und hat geschimpft, weil ich ungeschickt war, nichts gekonnt habe (die neurotische Impotenz geht immer so zu; die Angst vor dem Nichtkönnen in der Schule bekommt auf diese Weise ihren sexuellen Untergrund) ... Außerdem hat sie mich mit rötlichem Wasser gewaschen, in dem sie sich früher gewaschen hatte (Deutung nicht schwer; ich finde in meiner Erinnerungskette nichts ähnliches, halte dies also für einen echten alten Fund); ...

Ein harter Kritiker könnte auf alles sagen, es sei nach rückwärts phantasiert, anstatt nach vorne bedingt. Die experimenta crucis müßten gegen ihn entscheiden. Das rötliche Wasser scheint von solcher Art zu sein. Woher bei allen Patienten die entsetzlichen perversen Details, die oft ihrem Erleben ebenso ferne sind wie ihrer Kenntnis? (B 70)

Weit weniger hypothetische Anmerkungen sind zu Freuds Rekonstruktion bezüglich seiner Kinderfrau zu machen. Nach der Datierung Freuds hatte die Verführung durch diese Frau stattgefunden, bevor er zwei Jahre alt war. Nun verführen zwar Kindermädchen kleine Kinder häufig dadurch, daß sie sie hätscheln und auf allerlei Weise stimulieren; es ist aber höchst unwahrscheinlich, daß die Frau ihm einerseits eine hohe Meinung von seinen Fähigkeiten beibrachte und ihn andererseits wegen seiner Ungeschicklichkeit in sexuellen Dingen ausschimpfte.

Hierfür ist interessant, daß Freud in *Die Traumdeutung* von dieser Frau in einem viel einleuchtenderen Zusammenhang spricht. In einer Erörterung eines seiner Träume schreibt er:

Nun liegt jenen anderen einschließenden Träumen die Erinnerung an eine Kinderfrau zugrunde, die mich von irgendeinem Termin der Säuglingszeit bis zum Alter von zweieinhalb Jahren betreut hat, von der mir auch eine dunkle Erinnerung im Bewußtsein geblieben ist. Nach den Auskünften, die ich unlängst von meiner Mutter eingeholt habe, war sie alt und häßlich, aber sehr klug und tüchtig; nach den Schlüssen, die ich aus meinen Träumen ziehen darf, hat sie mir nicht immer die liebevollste Behandlung angedeihen und mich harte Worte hören lassen, wenn ich der Erziehung zur Reinlichkeit kein genügendes Verständnis entgegenbrachte. (S. 253)

Wir können vermuten, daß die Frau auf Reinlichkeitsverstöße des kleinen Jungen nicht nur mit harten Worten reagierte, sondern auch damit, daß sie ihn verprügelte.

In der ersten Rekonstruktion schwankte Freud noch zwischen der Akzeptierung der anfänglichen Verführungstheorie und der Konzeption frühkindlicher Phantasien. Als Freud *Die Traumdeutung* schrieb, hatte er offenbar seine ursprüngliche Deutung neu überdacht. Was Freud bei dieser Deutung vorbrachte, war (höchstwahrscheinlich) ein weiteres Beispiel für eine rückwärts projizierte Deckerinnerung. Wir wissen, daß spätere Konflikte über sexuelle Unzulänglichkeiten (die z. B. dadurch entstehen, daß ein kleiner Junge seine Genitalien mit denen des Vaters vergleicht) mit früherem Versagen bei der Reinlichkeitsgewöhnung zusammenhängen.

Die Rekonstruktion, daß er mit rötlichem Wasser gewaschen wurde, in dem sich die Frau zuvor selber gewaschen hatte, klingt noch mehr wie eine Verschiebung und Verdichtung. Selbst wenn wir annehmen, daß Freud nicht die Geburt seiner Geschwister miterlebt hat, muß er doch in seinen ersten Jahren Zeichen von Menstruationsblutungen gesehen haben.

Unter den Rekonstruktionen früher Erinnerungen war auch die eines Unfalls, der Freud nach seiner Angabe zwischen zwei und drei Jahren zugestoßen war. Es war eine Verletzung unterhalb der linken Seite seines Kinns, die genäht werden mußte. Bei der Deutung eines seiner Träume schloß Freud zutreffend, daß der Arzt, der die Verletzung behandelte, auf einem Auge blind war. Dies wurde von Sajner (1968) bestätigt, der auch den Namen des Arztes, Dr. Josef Pur[27], ausgegraben hat.

Es ist ferner bedeutsam, daß Freud die Konzeption des ubiquitären Vorkommens des Ödipuskomplexes in dem gleichen Brief zuerst erwähnt, in dem er von der Rekonstruktion seiner Verletzung und der Erinnerung an den einäugigen Arzt berichtet. Das muß

27 Der Name Josef sollte eine wichtige Rolle in Freuds Leben spielen.

ein erschreckendes Erlebnis gewesen sein, bei dem Blut floß und abgewaschen wurde.

Aus allen diesen Gründen muß diese Rekonstruktion, daß er mit rötlichem Wasser gewaschen wurde, eine Verdichtung[28] vieler Erinnerungen gewesen sein, wie uns das in Träumen so häufig begegnet.

Ich habe bereits darauf hingewiesen, daß Freud in seinen ersten Lebensjahren in Freiberg dem Anblick der Nacktheit und anderen audiovisuellen Reizen ausgesetzt gewesen sein muß. Nach Freud nimmt die Beobachtung sexueller Betätigung von Erwachsenen – insbesondere der Eltern – unter den potentiell traumatischen Ereignissen der frühen Kindheit einen besonderen Platz ein. Freud kam schon relativ früh zu dem Schluß, daß derartige Beobachtungen nicht selten sind. Die wahrscheinlich erste Anspielung auf diese Tatsache findet sich in einem Brief vom 30. Mai 1893, wo er schreibt:

> Die Angstneurosen jugendlicher Personen, die man für virginal ansehen muß, die nicht dem Mißbrauch unterworfen waren, glaube ich zu verstehen. Ich habe zwei solcher Fälle analysiert, es war das ahnungsvolle Grausen vor der Sexualität, dahinter Dinge, die sie gesehen oder gehört und halb verstanden hatten. (B12)

In den *Studien über Hysterie* schrieb Freud:

> Angst bei jungen Mädchen hatte ich so oft als Folge des Grausens erkannt, das ein virginales Gemüt befällt, wenn sich zuerst die Welt der Sexualität vor ihm auftut.

Hier fügte Freud die folgende Fußnote an:

> Ich will den Fall hier anführen, in welchem ich dies kausale Verhältnis zuerst erkannte. Ich behandelte eine junge Frau an einer komplizierten Neurose die wieder einmal nicht zugeben wollte, daß sie sich ihr Leiden in ihrem ehelichen Leben geholt hatte. Sie wandte ein, daß sie schon als Mädchen an Anfällen von Angst gelitten habe, die in Ohnmacht ausgingen. Ich blieb standhaft. Als wir besser bekannt geworden waren, sagte sie mir plötzlich eines Tages: »Jetzt will ich Ihnen auch berichten, woher meine Angstzustände als junges Mädchen gekommen sind. Ich habe damals in einem Zimmer neben dem meiner Eltern geschlafen, die Tür war offen und ein Nachtlicht brannte auf

28 Der Begriff der »Verdichtung« wird später in diesem Kapitel besprochen.

dem Tische. Da habe ich dann einige Male gesehen, wie der Vater zur Mutter ins Bett gegangen ist, und habe etwas gehört, was mich sehr aufgeregt hat. Darauf bekam ich dann meine Anfälle.« (1893–1895, S. 186)

In einem seiner Versuche, die Ätiologie der Neurosen mit traumatischen Erlebnissen und bestimmten Altersperioden in Verbindung zu setzen, nannte Freud die Zeit bis zu vier Jahren die »Zeit I a« und benützte den Ausdruck »Sexualszene« für die traumatischen Erlebnisse dieser Periode (30. Mai 1896, B 46). Der Ausdruck »Urszene« erscheint zuerst in einem Brief vom 2. Mai 1897 in folgendem Zusammenhang:

> Ziel scheint mir die Erreichung der Urszenen zu sein. Diese gelingt bei einigen direkt, bei anderen erst auf Umwegen über Phantasien. Die Phantasien sind nämlich psychische Vorbauten, die aufgeführt werden, um den Zugang zu diesen Erinnerungen zu sperren. (B 61, Manuskript L.)

Sehr interessant ist eine spätere Äußerung vom 3. Oktober 1898:

> Biologisch scheint mir das Traumleben durchwegs von den Resten der prähistorischen Lebenszeit (1–3 Jahre) auszugehen, derselben Zeit, welche die Quelle des Unbewußten ist und die Ätiologie aller Psychoneurosen allein erhält, der Zeit, für welche normaler Weise eine der Hysterie analoge Amnesie besteht. (B 84)

Ich glaube, daß Freuds Verwendung des Ausdrucks »prähistorische Lebenszeit« für das Alter von 1 bis 3 Jahren besonders bedeutsam ist.

In späteren Werken sind zahlreiche einschlägige Hinweise zu finden; in dem Fall Dora zum Beispiel bezeichnet Freud das Mitanhören des elterlichen Geschlechtsverkehrs als den Ursprung der hysterischen Atemnot seiner Patientin. In zwei berühmten Krankengeschichten, »Der kleine Hans« und »Der Rattenmann« behauptet Freud, daß die Beobachtung elterlichen Geschlechtsverkehrs eine wichtige Rolle in der Genese der Neurosen seiner Patienten gespielt habe. Er benützt jedoch in diesen Aufsätzen nie den Ausdruck »Urszene«.

In beiden Arbeiten, vor allem in der letzteren, erörtert Freud sehr ausführlich die fast unüberwindliche Schwierigkeit der Unterscheidung zwischen den Fakten, auf denen die Erzählungen vom Prähistorischen beruhen, und Phantasien, die zum Teil auf Geschichten beruhen, die von Personen aus der Umgebung des Kindes erzählt wurden. Freud stellt fest, daß die Kindheitserinnerungen der Menschen erst später, gewöhnlich im Pubertätsalter, ihre endgültige Gestalt erhalten; und daß das einen komplizierten Umformungsprozeß impliziert, der in jeder Hinsicht dem Vorgang entspricht, durch den eine Nation Legenden über ihre frühe Geschichte konstruiert (1909 b, S. 427 ff.). In einer seiner letzten Schriften jedoch – *Der Mann Moses und die monotheistische Religion* (1939) – betont Freud, daß hinter Mythen und Legenden stets ein Stück historischer Wahrheit stecke (siehe Kapitel 23).

Der Ausdruck »Urszene« zur Bezeichnung der Beobachtung elterlichen Geschlechtsverkehrs wurde endgültig etabliert, als Freud in seiner berühmtesten Krankengeschichte vom »Wolfsmann« (1918) zu dem Schluß kam, daß eine solche Beobachtung stattgefunden hatte, als der Patient eineinhalb Jahre alt war, und daß sie bei der Entstehung seiner sehr schweren Neurose eine zentrale Rolle gespielt hatte. Freud gab zu, daß ein Kind mit eineinhalb Jahren noch nicht die volle Bedeutung des von ihm Beobachteten erkennen konnte; andererseits zeigte ein Traum, den das Kind später, mit vier Jahren, hatte, daß es auf diese frühe Beobachtung mit all ihren Implikationen reagiert hatte. Es ist schwierig, in wenigen Worten all das überzeugende Beweismaterial mitzuteilen, das Freud für diese Deutung beibrachte.

Er nahm an, daß sein Patient zwischen der Beobachtung und dem Traum irgendeine Information erlangt hatte (z. B. durch die Beobachtung der Paarung von Hunden), die es ihm ermöglichte, die alte Wahrnehmung zu verstehen und sie in ihrem richtigen Zusammenhang zu erleben. Freuds Überlegungen wurden jedoch durch den folgenden Umstand kompliziert: die Erinnerungen und Assoziationen dieses speziellen Patienten ließen die Möglichkeit offen, daß die »Urszene« sich nicht ereignet hatte, als er 18 Monate, sondern als er erst sechs Monate alt war. Freud stand nun folgenden Fragen gegenüber: konnte das Kind etwas dem instinktiven Wissen der Tiere Vergleichbares besitzen, das schon zu einer Zeit funktioniert, bevor der psychische Apparat des Kindes genügend gereift ist?

Freud rang sein ganzes Leben lang mit dieser Idee der »Ur«-Phantasien, des phylogenetisch ererbten Wissens. Er behandelte diese Idee nicht nur in seiner Arbeit von 1918, sondern auch in Werken wie *Totem und Tabu* (1913 b), *Vorlesungen zur Einfüh-*

rung in die Psychoanalyse (1916–1917), »Der Untergang des Ödipuskomplexes« (1924 b) und *Der Mann Moses und die monotheistische Religion* (1939), um nur die wichtigsten zu nennen.

Freuds Anwendung dieser Konzeption auf die Wirkung der Urszene läßt sich aus den folgenden beiden Auszügen ersehen:

> Ich möchte selbst gerne wissen, ob die Urszene bei meinem Patienten Phantasie oder reales Erlebnis war ... Die Szenen von Beobachtung des elterlichen Sexualverkehrs, von Verführung in der Kindheit und von Kastrationsandrohung sind unzweifelhafter ererbter Besitz, phylogenetische Erbschaft, aber sie können ebensowohl Erwerb persönlichen Erlebens sein. Bei meinem Patienten war die Verführung durch die ältere Schwester eine unbestreitbare Realität; warum nicht auch die Beobachtung des elterlichen Koitus?
>
> Wir sehen nur in der Urgeschichte der Neurose, daß das Kind zu diesem phylogenetischen Erleben greift, wo sein eigenes Erleben nicht ausreicht. Es füllt die Lücken der individuellen Wahrheit mit prähistorischer Wahrheit aus, setzt die Erfahrung der Vorahnen an die Stelle der eigenen Erfahrung ein. In der Anerkennung dieser phylogenetischen Erbschaft stimme ich mit *Jung* ... völlig zusammen; aber ich halte es für methodisch unrichtig, zur Erklärung aus der Phylogenese zu greifen, ehe man die Möglichkeiten der Ontogenese erschöpft hat; ich sehe nicht ein, warum man der kindheitlichen Vorzeit hartnäckig eine Bedeutung bestreiten will, die man der Ahnenvorzeit bereitwillig zugesteht; ich kann nicht verkennen, daß die phylogenetischen Motive und Produktionen selbst der Aufklärung bedürftig sind, die ihnen in einer ganzen Reihe von Fällen aus der individuellen Kindheit zu teil werden kann, und zum Schlusse verwundere ich mich nicht darüber, wenn die Erhaltung der nämlichen Bedingungen beim einzelnen organisch wiedererstehen läßt, was diese einst in Vorzeiten geschaffen und als Disposition zum Wiedererwerb vererbt haben.
>
> (1918, S. 131)

Wenn man das Verhalten des vierjährigen Kindes gegen die reaktivierte Urszene in Betracht zieht, ja wenn man nur an die weit einfacheren Reaktionen des 1½jährigen Kindes beim Erleben dieser Szene denkt, kann man die Auffassung schwer von sich weisen, daß eine Art von schwer bestimmbarem Wissen, etwas wie eine Vorbereitung zum Verständnis, beim Kinde dabei mitwirkt. Worin dies bestehen mag, entzieht sich jeder Vorstellung; wir haben nur die eine ausgezeichnete Analogie mit dem weitgehenden instinktiven Wissen der Tiere zur Verfügung. (1918, S. 155-156)

Auf Grund der oben mitgeteilten Daten stellt sich folgende Frage: Freud hatte es im Falle seines Patienten mit einem einzigen Erlebnis zu tun; was aber, wenn ein Kind solchen Beobachtungen nicht nur einmal, sondern durch viele Jahre hindurch ausgesetzt ist?

Freuds Annahmen über die Vererbung erworbener Eigenschaften stehen im Widerspruch zu den Feststellungen der modernen Genetik.[29] Selbst wenn die neuesten Ergebnisse der Virusforschung eine solche Übermittlung als grundsätzlich möglich erscheinen lassen sollten, wäre das keine Rechtfertigung für Freuds Glauben an die Vererbung solch komplizierter psychischer Prozesse, wie es der Ödipuskomplex, Wissen über Geschlechtsverkehr, Schuldgefühl über den Vatermord oder die »Urhorde« etc. sind.

Könnte die von der infantilen Amnesie verdeckte Zeit, die Zeit, bevor die Sprache erworben wird, bevor die Verbindungen zwischen Wahrnehmungen und Wortrepräsentanz endgültig hergestellt sind – könnte diese Periode die Unterschicht sein, die Freud der phylogenetischen Erbschaft zuschrieb? Es ist in diesem Zusammenhang sehr interessant, daß Freud die Zeit »bis etwa zum vollendeten dritten Jahr« die »prähistorische Periode« nannte (B 84; 1900, S. 250; 1909 b, S. 428).

Der zentrale Punkt meiner Darlegungen über Freuds frühe Kindheit ist die Tatsache, daß er all den Intimitäten ausgesetzt war, die zwischen Erwachsenen stattfinden, die in einem einzigen Raum zusammenleben, in dem drei Kinder geboren werden; daß Geburt, Tod und Sexualität auf den »psychischen Apparat« (wie Freud es später nannte) des kleinen Jungen einwirkten. Nach dem zu urteilen, was wir über den reifen Freud wissen, muß dieser kleine Junge scharfsichtig und neugierig gewesen sein, begierig darauf, alles zu wissen und zu verstehen, was um ihn herum vorging. Ich werde später noch auf die potentielle Wirkung dieser frühen Eindrücke und auf die Frage zurückkommen, ob Freud von der Existenz der zweiten Frau seines Vaters wußte.

Ich kehre nun wieder zu Freuds Rekonstruktionen im Oktober

29 Siehe darüber L. Ritvo (1965) und Kapitel 23.

1897 zurück. In dem selben Brief (vom 15. Oktober), in dem Freud über die Verifizierung seiner Rekonstruktion bezüglich der Kinderfrau berichtete, teilte er auch die Entdeckung des Ödipuskomplexes und seiner Universalität mit. Seine Einführung dieser Konzeption ist eine der klassischen Untertreibungen, wie sie nur je von einem Entdecker ausgesprochen wurden:

> Wenn die Analyse hält, was ich von ihr erwarte, werde ich sie systematisch bearbeiten und Dir dann vorlegen. Ich habe nichts völlig Neues bis jetzt gefunden, alle Komplikationen, die ich bis jetzt gewohnt bin. Ganz leicht ist es nicht. Ganz ehrlich mit sich sein, ist eine gute Übung. Ein einziger Gedanke von allgemeinem Wert ist mir aufgegangen. Ich habe die Verliebtheit in die Mutter und die Eifersucht gegen den Vater auch bei mir gefunden und halte sie jetzt für ein allgemeines Ereignis früher Kindheit ... Wenn das so ist, so versteht man die packende Macht des König Ödipus trotz aller Einwendungen, die der Verstand gegen die Fatumsvoraussetzung erhebt, und versteht, warum das spätere Schicksalsdrama so elend scheitern mußte. ... Jeder der Hörer war einmal im Keime und in der Phantasie ein solcher Ödipus und vor der hier in die Realität gezogenen Traumerfüllung schaudert jeder zurück mit dem ganzen Betrag der Verdrängung, der seinen infantilen Zustand von seinem heutigen trennt.
>
> Flüchtig ist mir durch den Kopf gegangen, ob dasselbe nicht auch dem Hamlet zu Grunde liegen möchte. Ich denke nicht an Shakespeares bewußte Absicht, sondern glaube lieber, daß eine reale Begebenheit den Dichter zur Darstellung reizte, indem das Unbewußte in ihm das Unbewußte im Helden verstand. Wie rechtfertigt ... Hamlet sein Wort »So macht Gewissen Feige aus uns Allen«, wie erklärt er sein Zaudern, durch den Mord des Onkels den Vater zu rächen, derselbe, der unbedenklich seine Hofleute in den Tod schickt ...? Wie besser, als durch die Qual, welche ihm die dunkle Erinnerung bereitet, er habe sich mit derselben Tat gegen den Vater aus Leidenschaft zur Mutter getragen »und wenn wir nach Verdienst behandelt werden, wer würde dann dem Auspeitschen entgehen«. Sein Gewissen ist sein unbewußtes Schuldbewußtsein. (B 71)

So hat Freud innerhalb von zwei Wochen, in zwei Briefen, nicht nur die inzestuösen Wurzeln der sexuellen Phantasien der frühen Kindheit bloßgelegt, sondern auch die Ursprünge des universellen

Abscheus vor Brudermord und Vatermord, nämlich den Kain- und den Ödipuskomplex. Er erkannte auch, was er erst viele Jahre später in Begriffe fassen sollte: daß das Gewissen auf den unbewußten Schuldgefühlen beruht.

Fließ beantwortete offenbar Freuds Brief vom 15. Oktober nicht sofort. War Fließ von der Ödipus-Theorie überwältigt und schokkiert? In späteren Briefen wurde Freuds Deutung der beiden Dramen nicht erwähnt. Waren es die Zweifel, die Freud in seinem Brief vom 3. Oktober ausgedrückt hatte, oder sein Amüsieren über Fließ' Theorien, die diesen beleidigt hatten? Oder war es, was wahrscheinlicher ist, Freuds genetische Erklärung des neurotischen Aspekts aller seiner Freundschaften? Was auch der Grund war, am 27. Oktober 1897 schrieb Freud an Fließ:

> Du hast für Dein Stillschweigen sicherlich nicht die Erklärung, daß es Dich mit elementarer Gewalt in die Zeiten zurückwirbelt, in denen Lesen und Schreiben Dir eine lästige Aufgabe war, wie es mir am Sonntag ging, als ich Deinen noch nicht vierzigsten Geburtstag durch einen Brief feiern wollte, – aber hoffentlich eine ebenso harmlose. (B 72)

Wir wissen aus der späteren Korrespondenz, daß für Fließ ein 40. Geburtstag die »überkritische« Periode war. An den Geburtstag vor diesem hatte man sich also zu erinnern, und daß Freud dieses Ereignis vergaß, war besonders bedenklich.

Freud berichtete dann über seine neueste Entdeckung: die Beziehung zwischen dem Widerstand in der Analyse und der Verdrängung in der Kindheit. Der Widerstand macht den »edlen« Menschen »gemein, verlogen oder trotzig«.

Vier Tage später (am 31. Oktober 1897), nachdem er einen Brief von Fließ erhalten hatte, verbannte Freud nicht nur alle Gedanken an Vergeltung, sondern auch all die Zweifel, denen er drei Wochen vorher Ausdruck gegeben hatte. Er schrieb:

> Ich bin so froh wieder Nachricht von Dir zu haben (die Dritte seit Berlin), daß ich alle Vergeltungsideen verscheucht habe. Und daß etwas Ganzes bei Dir zusammenkommt und biologische Typen sich herausstellen wie Deine Parallele zwischen Geburt und Erwachsenerkrankung scheint mir entzückend und ein Versprechen für viel mehr in nächster Zukunft zu enthalten. [19]

Freud stellte während dieser Zeit sehr bezeichnenderweise fest: »Unter dem Einfluß der Analyse ersetzen sich meine Herzbe-

schwerden [die er über ein Jahr lang nicht erwähnt hatte] jetzt sehr häufig durch Magendarmbeschwerden« (B 73).
In Wirklichkeit waren Freuds Herzbeschwerden im Jahre 1896 mehr oder weniger verschwunden, lange bevor seine Selbstanalyse bis zu jenen tiefsitzenden Konflikten vorgedrungen sein konnte, die an der Wurzel von Herzbeschwerden liegen können, die man als Äquivalente von schwerer neurotischer Angst ansehen kann, von Konversionshysterie oder, wie Jones glaubte, von »Angsthysterie«. Das scheint meine Theorie zu bestätigen, daß Freud im Jahre 1894 eine leichte Koronarthrombose oder, weniger wahrscheinlich, eine Myocarditis gehabt hatte – mit anderen Worten, daß er eine organische Krankheit hatte, keine psychogene oder psychosomatische. Sein übermäßiges Rauchen war wahrscheinlich ein mitwirkender Faktor. Natürlich können die Symptome einer organischen Erkrankung einerseits durch emotionelle Belastung verschärft werden und andererseits eine ganze Reihe von psychologischen Auswirkungen haben. Dieser *circulus vitiosus* ist bei Herzerkrankungen besonders häufig.
Was Freuds Magendarmbeschwerden angeht, so gibt es später Beweise dafür, daß er einen empfindlichen Dickdarm hatte, was häufig der funktionelle Ausdruck eines psychischen Konfliktes ist.[30] In späteren Jahren vertrat Freud die Meinung, daß das Auftauchen analen Materials in der Analyse häufig von funktionellen oder sogar strukturellen pathologischen Veränderungen im Magendarmbereich begleitet wird oder daß ihm solche Veränderungen vorangehen. Es ist deshalb möglich (obwohl eine solche Hypothese rein spekulativ bleiben muß), daß Freuds Entdeckung gerade dieser Phase, über die er in den folgenden zwei Monaten berichtete, etwas mit jener Art von somatischen Beschwerden zu tun hatte, unter denen er während dieser Periode litt.
In seinem Brief vom 14. November 1897 trug Freud seine nächste hoch bedeutsame Entdeckung vor – die der Reifungsphasen der kindlichen Sexualität –, und zwar mit einer Parodie astrologischer Formeln, die in Wirklichkeit eine Verspottung der Fließschen Periodizitätshypothesen war. Es war, als ob Freud sagte: Du siehst – ich bin es, der nach den Sternen auf der psychischen Seite dieser Welt greift, und sie werden mir nicht entschlüpfen; du aber wirst ihnen nie sehr nahe kommen. Ohne dessen gewahr

30 Er ging jahrelang nach Karlsbad zur Kur.

zu sein, bereitete sich Freud auf den ersten offenen Bruch vor. Er war völlig von seiner Selbstanalyse gefangengenommen, erlebte quälende Perioden, wo er warten mußte, bis neues Material aus seinem Unbewußten auftauchte, bevor er seine Ideen konkretisieren konnte. »An solchen Tagen«, schrieb er, »ist es sehr still in mir, furchtbar einsam ... Ich muß warten, bis es sich in mir rührt und ich davon erfahre«.

Kein Wunder, daß zu solchen Zeiten, auf einer völlig anderen Ebene, die Sehnsucht nach Fließ wieder aufwallte. An solchen Tagen war Freud sogar bereit, Fließ' Zeitperioden zu akzeptieren, wie z. B. am 3. Dezember 1897:

> Gestern abends war Deine liebe Frau ... bei uns und hat uns die kurze Illusion eines erfreulichen Zusammenlebens gebracht und mit ihrem Verschwinden wieder mitgenommen. Solche Unterbrechungen der Einsamkeit wirken wolthätig, indem sie mahnen wie schwer der Verzicht eigentlich fällt, und wie unrecht man thut, sich an ihn zu gewöhnen. [20]

Er setzte seinen Brief vom 5. Dezember mit der Feststellung fort: »Ein kritischer Tag hat mich gehindert fortzufahren.« Einige Seiten später kommt der Ausruf: »Seitdem ich das Unbewußte studiere, bin ich mir selbst so interessant geworden.«

Freud und Fließ planten, irgendwann im Dezember 1897 in Breslau zusammenzukommen. Sie hatten sich im September getroffen, kurz nach Freuds entscheidender Entdeckung, daß seine Patienten oft Phantasien anstatt wahre Ereignisse schilderten. Aber Freud hatte inzwischen viel Neues zu berichten. Er sehnte sich deshalb nach dieser Begegnung. Am 12. Dezember 1897 schrieb er:

> So wie Du schreibt nur, wer sich im Besitze der Wahrheit weiß. Ich bin also furchtbar neugierig auf Breslau und werde mit allen Ohren horchen. Selber bringe ich nichts mit, ich bin auch durch eine öde und nebelige Zeit gegangen und leide jetzt selbst empfindlich unter [Nasen]Eiterungen und Verstopfungen, bin kaum jemals frisch. Wenn es sich nicht bessert, werde ich Dich bitten mir in Breslau eine Ätzung zu machen. [21]

Jeder, der sich einer Analyse unterzogen oder eine solche durchgeführt hat, kennt den mächtigen Widerstand, auf den man stößt, wenn die frühesten Konflikte, in deren Zentrum die tiefsten Schichten der Ambivalenz und inzestuöser Wünsche stehen, bloßgelegt werden. Aber *zum ersten Mal* die ubiquitäre Existenz von Todeswünschen gegen die eigenen Eltern und Geschwister, von Inzest und Bisexualität zu entdecken, muß ein noch erschrekkenderes, schaudernmachendes Erlebnis gewesen sein. Als Freud im Jahre 1917 die von der Psychoanalyse eingeleitete psychologische Revolution mit der durch Kopernikus und Galilei herbeigeführten astronomischen und der von Darwin und Wallace begonnenen biologischen Revolution verglich, waren seine Worte auf das Publikum abgestellt, zu dem er sprach. Was diese Umwälzung jedoch für ihn selber bedeutete, wußte er genau. Als er damals diese Entdeckungen machte, war er sich der Tatsache wohl bewußt, daß er in Gefahr war, sich Feindschaft und Spott so gut wie aller zuzuziehen, die von seiner Arbeit erfuhren. Es muß ein erschreckendes Gefühl gewesen sein, wie Schillers »Taucher« in Tiefen vorzudringen, wo noch keiner je gewesen war.[31] Es überrascht deshalb nicht, daß Freud von Zeit zu Zeit ein wenig Hilfe brauchte, Unterstützung, Ermutigung und das Recht zu klagen. Freud lernte es, mit dieser Schwäche fertig zu werden, aber wie er an einen anderen Freund fast dreißig Jahre später schrieb (siehe Kapitel 15 [3]): »Man wird dabei müde.«

Doch zeigt sich in dem selben Brief vom 12. Dezember, der so abgespannt begann, auch Freuds Elastizität:

> ... Es wird eine Erquickung für mich sein, harmlos mit Dir zu plaudern, nachdem ich wieder Monate lang die meschuggensten Sachen unausgeleert in meinem Kopf beherbergt habe und sonst keinen vernünftigen Menschen spreche. Wieder ein Schluck Punsch mit Lethe.[32] [21]

In der griechischen Mythologie sind Mnemosyne und Lethe – Erinnerung und Vergessen – zwei Quellen am Eingang zur Unterwelt. Freuds Wendung »ein Schluck Punsch mit Lethe« drückte also seine Sehnsucht nach einer Pause in der übermenschlichen Aufgabe, die er unternommen hatte, aus. Er hatte den Eingang zur Unterwelt erreicht, aus dem Quell Mnemosyne getrunken und hatte jetzt Verlangen nach einem Schluck Lethe. Aber das hielt nicht lange an. Das innere Gleichgewicht war schnell wie-

31 Es freue sich,
Wer da atmet im rosigen Licht!
Da unten aber ists fürchterlich,
Und der Mensch versuche die Götter nicht,
Und begehre nimmer und nimmer zu schauen,
Was sie gnädig bedecken mit Nacht und Grauen.

32 Dieser Ausdruck erscheint in Freuds Briefen ziemlich häufig.

derhergestellt. Der nächste Absatz dieses Briefes zeigt ihn schon nach neuen Ideen für spätere Arbeiten ausgreifen:

Kannst Du Dir denken, was »endopsychische Mythen« sind? Die neueste Ausgeburt meiner Denkarbeit. Die unklare innere Wahrnehmung des eigenen psychischen Apparates regt zu Denkillusionen an, die natürlich nach außen projiziert werden, und charakteristischer Weise in die Zukunft und in ein Jenseits. Die Unsterblichkeit, Vergeltung, das ganze Jenseits sind solche Darstellungen unseres psychischen Inneren. (B 78)

Dieser Brief ist charakteristisch für die Art und Weise, in der Freuds Ideen sich entwickelten. Ein Jahr vorher hatte er noch Gedanken geäußert, die das Ergebnis einer Stimmung zu sein schienen, des Trauerns nach dem Tod seines Vaters. Jetzt forschte er nach dem *Ursprung* solcher Vorstellungen wie Unsterblichkeit, Vergeltung, das »Jenseits«, Ideen, die dann schlummerten, um erst Jahre oder sogar Jahrzehnte später wieder aufgenommen zu werden, z. B. in »Der Wahn und die Träume in W. Jensens ›Gradiva‹« (1907 a), »Der Dichter und das Phantasieren« (1908), »Das Motiv der Kästchenwahl (1913 a), *Totem und Tabu* (1913 b), »Zeitgemäßes über Krieg und Tod« (1915 d), »Vergänglichkeit« (1916 a), *Jenseits des Lustprinzips* (1920), und *Die Zukunft einer Illusion* (1927 a). Bis zu seinem letzten Augenblick rang Freud mit diesem Problem des Jenseits, des Sinns des Todes, der Notwendigkeit zu sterben und des Wunsches zu leben – sowohl als theoretisches psychologisches Konzept, als auch als individuelles Schicksal jedes Menschen.

Im nächsten Brief (22. Dezember 1897) kehrte Freud wieder vom Himmel zur Erde zurück. Die Einleitung war wieder in einem leicht ironischen Ton geschrieben, der dem Lob etwas widersprach, das Freud den Spekulationen Fließ' zollte:

Ich bin wieder fidel und sehr gespannt auf Breslau, d. h. auf Dich und Deine schönen Neuigkeiten über das Leben und seine Abhängigkeit vom Weltenlauf. Ich war immer neugierig darauf, fand aber bisher keinen, der mir Antwort geben konnte. Wenn es jetzt zwei Leute gibt, von denen der eine sagen kann, was das Leben, der andere (beinahe), was die Seele ist, so ist es nur recht, daß sich die beiden öfter sehen und sprechen. Ich will nun rasch einige Neuigkeiten abwerfen, um selbst nicht erzählen zu müssen und ungestört lauschen zu können. (B 79)

Die Neuigkeiten waren Freuds neu erworbene Einsicht, daß Alkohol-, Morphium- und Tabaksucht nur Ersatz für die primäre Sucht – Masturbation – waren. Diese Erkenntnis ist charakteristisch für die nie versagende Ehrlichkeit von Freuds Selbstbeobachtung. Freud war nie imstande, seine eigene Nikotinsucht zu kurieren. Die somatischen Folgen dieses Scheiterns waren offensichtlich. Bis zu welchem Grad diese Sucht ein Hindernis für die Lösung bestimmter analytischer Probleme blieb, ist sehr viel schwieriger zu ermessen; Freud selbst äußerte in dem gleichen Brief gewisse Zweifel:

> Die Rolle dieser Sucht ist in der Hysterie ganz ungeheuer, vielleicht ist hier mein noch ausstehendes Hindernis ganz oder teilweise zu finden. Natürlich regt sich dabei der Zweifel, ob solche Sucht heilbar ist.

Kein Zweifel besteht jedoch, daß jeder Versuch, das Rauchen aufzugeben, eine Reihe schwerer Entziehungsbeschwerden auslöste.[33]

Auf Kollisionskurs

Das Zusammentreffen in Breslau, dem Freud so erwartungsvoll entgegenblickte, ließ gewisse unüberwindliche Schwierigkeiten in der Beziehung zwischen Fließ und Freud sichtbar werden. Während der Zeit, als er Fließ überschätzte, waren Freuds kritische Fähigkeiten geschwächt. Wenn wir annehmen, daß diese ganze Periode, also von 1893 bis 1901, ungefähr mit der Zeit von Freuds Selbstanalyse zusammenfällt, können wir mehrere Phasen in dieser übertragungsähnlichen Beziehung unterscheiden, wenn diese auch nicht scharf abgegrenzt sind und auch nicht in einem gradlinigen Ablauf aufeinander folgen.

Die erste Phase endete mit dem Irma-Traum (24. Juli 1895). Während dieser Phase spielte Fließ die Rolle des erhabenen Richters und Mentors, der während der Zeit der Herzbeschwerden auch noch zu seinem Arzt wurde, dem er uneingeschränkt vertraute, und zum Repräsentanten des Schicksals, der über die Länge der Freud noch bleibenden Lebensspanne entschied. Die oben geschilderte Emma-Episode, die dem Irma-Traum voranging, setzte das Bedürfnis, Fließ überzubewerten, einer schweren

33 Ein schlagendes Beispiel für Freuds Einstellung findet sich in seinem Brief an Ferenczi vom 6. November 1917 (Kapitel 11).

Belastung aus, die durch Mechanismen wie Verleugnung und Verschiebung bemäntelt werden mußte.

In dem Irma-Traum blieb die schwerwiegende Ambivalenz dieser Beziehung, die in einer regulären Analyse einer gründlichen Untersuchung unterworfen worden wäre, verborgen und getarnt. Freud hatte jedoch inzwischen das Werkzeug der systematischen Traumanalyse erworben, das er zum Verständnis seiner selbst und seiner Patienten immer besser handhaben lernte. Nachdem er einmal das Problem des Traumes gelöst hatte, wußte er, daß er auf dem richtigen Weg war. Ungefähr um die Zeit des Irma-Traumes hatten seine Herzbeschwerden nachgelassen und von da an hörten sie allmählich ganz auf.

Freud wurde deshalb immer weniger abhängig von Fließ' Billigung seiner Ideen und immer weniger verletzbar durch seine eigenen Zweifel und Enttäuschungen über unbefriedigende Fortschritte seiner Patienten. Ich will nicht den Eindruck erwecken, daß diese Zustimmung zu seinen Ideen eine Notwendigkeit gewesen wäre, ohne die Freud nicht in der Lage gewesen wäre, mit seinen Entdeckungen weiterzukommen. Ich beschreibe diese Entwicklung vielmehr hauptsächlich unter dem Aspekt des Fortschreitens von Freuds Selbstanalyse, die ein wesentliches Element in der Entwicklung der Psychoanalyse war und zugleich für Freuds eigene Einstellung zu allen Aspekten des Lebens und Sterbens von entscheidender Bedeutung war.

Mit dieser stärkeren Sicherheit nahm auch Freuds Bedürfnis ab, Fließ' eigene Hypothesen zu akzeptieren. Es war für Freud verhältnismäßig leicht, das Fließsche »Syndrom« der »nasalen Reflexneurose« zu akzeptieren, weil es wenigstens durch eine Reihe von klinischen Daten gestützt war und den Beweis für eine gewisse somatische Übereinstimmung zu liefern schien, nach der Freud suchte, bevor er die Reifungsphase der infantilen Sexualität entdeckte. Aber Fließ geriet immer tiefer in Spekulationen über »Periodizitätsgesetze«, denen Freud nicht folgen konnte, ohne gewisse Zweifel zu äußern. Darüber hinaus wurde sich Freud der Ambivalenz in Fließ' Akzeptierung seiner eigenen Entdeckungen bewußt; einerseits schien Fließ an die Psychogenese bestimmter neurotischer Symptome zu glauben; andererseits beharrte er darauf, daß das Auftreten aller Symptome und sogar organischer Krankheiten durch den Periodizitätsfaktor ausgelöst werde. Freuds Bemerkung (in seinem Brief vom 27. Oktober): »Du hast für Dein Stillschweigen sicherlich nicht die Erklärung, daß es Dich ... in die Zeiten zurückwirbelt, in denen Lesen und Schreiben Dir eine lästige Aufgabe war«, war deshalb ein Zeichen offener Herausforderung, das Fließ nicht entgangen sein konnte. Schließlich mußte Freuds absolute Offenheit, als er den Ursprung seiner Geschwisterrivalität und deren Einfluß auf alle seine Freundschaften bekannte, zwangsläufig Fließ treffen und eine negative Reaktion auslösen.

Freuds zunehmende Erkenntnis der Bedeutung der ersten Lebensjahre, die von einer Amnesie verhüllt sind; seine wachsende Beherrschung der Traumdeutung, die ihn die entscheidende Bedeutung der freien Assoziation gelehrt hatte; und seine Reaktion auf den Tod seines Vaters: all das hatte ihn, anscheinend im Frühjahr 1897, dazu geführt, seine systematische Selbstanalyse zu beginnen. Das markierte das Ende der zweiten Phase von Freuds übertragungsähnlicher Beziehung zu Fließ.

Während ihrer letzten Phase verlief die Beziehung auf zwei verschiedenen Ebenen. Das scheint auch bei Fließ der Fall gewesen zu sein. Kurz vor der Niederlage errang Freud doch noch den Sieg, als er die psychische Realität entdeckte, und zwar durch die Erkenntnis, daß die Phantasien seiner Patienten und nicht irgendwelche Verführungen in der Kindheit der häufigste ätiologische Faktor ihrer Hysterie waren; er deckte die ubiquitäre Rolle der infantilen Sexualität auf, insbesondere des Ödipuskonfliktes in der normalen wie in der abnormen Entwicklung. Er wußte jetzt, daß er eines der großen Rätsel der Natur gelöst hatte. Mit dieser Überzeugung erlangte er auch innere Selbständigkeit. Gleichzeitig setzte sich auch der kritische Teil in ihm in seiner Beziehung zu Fließ und dessen Hypothesen wieder durch, die zunehmend auf nicht verifizierbare Spekulationen zu beruhen schienen. Für Freud war es besonders schmerzlich zu sehen, daß gewisse Ideen, die er für brillant und fruchtbar gehalten hatte, durch Fließ' Neigung zu starrer Systematisierung zerstört wurden. Es ist auch nicht überraschend, daß der Konflikt zwischen Freud und Fließ zum ersten Mal offen ausbrach, als Fließ die Theorie der inhärenten, genetischen *Bisexualität* zu einer Theorie der *Bilateralität* umbog.[34] »Bisexualität« hatte entwicklungsgeschichtliche, embryo-

34 Freud setzte sich mit der Theorie der Bilateralität in den Briefen 80 und 81 auseinander. Siehe auch Kris (1950, S. 241, Anm.)

logische, biologische und psychologische Anklänge, während »Bilateralität« willkürlich und buchstäblich aus einer femininen (linken) und maskulinen (rechten) Hälfte bei jedem Menschen bestand.

Mit dem Fortschreiten einer Selbstanalyse begann Freud zu erkennen, daß er nicht nur Fließ überschätzt hatte, sondern daß dieser sich hoffnungslos in einer Sackgasse verrannte, während er selber »nach den Sternen griff«. Außerdem begann Fließ von Freud die bedingungslose Annahme seiner Hypothesen zu verlangen, selbst wenn das bedeutete, daß Freuds eigenen Feststellungen über die psychische Determiniertheit nur noch zweitrangige Bedeutung zukam. Es war deshalb unvermeidlich, daß die Beziehung zwischen Freud und Fließ auf einen schmerzhaften Bruch zusteuerte, anstatt mit einem Gefühl der Wertschätzung und gegenseitigen Respektes zu enden.

In dem ersten Brief nach der Begegnung in Breslau wollte Freud die positiven Aspekte des Kongresses herausstellen, aber die unveröffentlichten Teile des Briefes zeigen, daß er lieber der kritischen Frage der Bilateralität ausgewichen wäre. Er begann den Brief (vom 29. Dezember 1897) mit folgenden Sätzen:

> Zurück und wieder eingespannt, mit dem köstlichen Nachgeschmack unserer Breslauer Tage. Bi-Bi [Bisexualität-Bilateralität] tönt es mir in den Ohren; es geht mir noch zu gut um ernstlich zu arbeiten. [22]

Gegen Ende des Briefes steht eine besonders bedeutsame Passage:

> ... Mit meinem Femininen ein Wort zu reden habe ich noch nicht Zeit gefunden.
>
> Meine Nase ist brav und läßt sich bedanken. [22]

Aber zwischen diesen Absätzen behandelte Freud das Problem ernsthafter:

> Ich wünsche mir jetzt recht viel Material für die unbarmherzig strenge Nachprüfung der Linkshändigkeit. Nadel und Faden habe ich bereits. Übrigens ist die daran anschließende Frage die erste seit langer Zeit, in welcher unser beider Ahnungen und Neigungen nicht den gleichen Weg gehen. (B 80)

Fließ reagierte darauf wahrscheinlich sehr heftig, und in seinem nächsten, am 4. Januar 1898 geschriebenen Brief gab Freud zu, daß ihre Meinungsverschiedenheit schwerwiegend war, machte aber klar, daß es ihm in erster Linie um seine eigene Arbeit ging. Er sagte:

Ich schicke Dir heute No. 2 der *Drekkologischen*[35] Berichte, einer sehr interessanten von mir für einen einzigen Leser herausgegebenen Zeitschrift. Die zurückgebliebene No. 1 enthält wüste Träume, die Dich kaum interessieren dürften, zu meiner noch ganz im Dunkel tappenden Selbstanalyse. Um Rücksendung wird gebeten wegen späterer Einsicht, doch keineswegs in nächster Zeit. Wie immer war die nächste Woche nach unserer Aussprache für mich eine sehr fruchtbare. Dann folgten einige öde Tage mit lausiger Stimmung und in die Beine dislocirten Kopf-(oder Herz-)Schmerzen. Seit heute morgens volle Aufhellung. [23]

Diese Äußerung ist besonders wichtig, weil Freud hier seine somatischen Beschwerden eindeutig seinem Gefühlszustand zuschreibt. Freud substantiierte seine Zweifel an Fließ' Theorie der Bilateralität erst in den nächsten Absätzen und ließ es offen, ob er versuchen würde, weitere Beweise für dessen Hypothesen zu finden. Der Brief endet jedoch mit einem ziemlich schwülstigen Satz:

Auf meiner Seite im Tunnel ist es recht dunkel, Dir scheinen auch bei dieser Arbeit die Sonne und die Sterne. [23]

Solche Bemerkungen drücken die andere Seite von Freuds Beziehung zu Fließ aus. Der Zauber von Fließ' Persönlichkeit übte immer noch seinen Einfluß aus, wenn sie zusammen waren. Darüber hinaus begann Freud jetzt sein ehrgeizigstes und schwerwiegendstes Unternehmen, das Traumbuch, und konnte zu diesem Zeitpunkt nicht ohne Fließ' Hilfe auskommen.

Die Eingangssätze von Freuds nächstem Brief (vom 16. Januar 1898) klingen wie Spott.

Es thut mir leid, daß unsere Zustände diesmal nicht parallel geblieben sind. Ich war wol und fidel. Hoffentlich jetzt auch Du. Anbei die 3. Nr. der DR. [36] [24]

Die gehobene Stimmung nach dem Kongreß, mit ihrer Flut neuer Entdeckungen, konnte nicht allzu lange dauern. Die darauf folgende Ernüchterung war von einem Absinken der trotzigen, herausfordernden Haltung Freuds begleitet. In einem unveröffentlichten Brief vom 22. Januar 1898 bemerkt Freud zu dieser Stimmung folgendes:

35 Eine witzige Neuschöpfung, zum Teil entschuldigend, zum Teil ein Hinweis auf die Fülle analen Materials, das damals in seiner Selbstanalyse auftauchte. Das Wort *Dreck* ist in griechischen Buchstaben geschrieben.

36 Diese Abkürzung sollte von jetzt an für »Drekkologie« stehen.

Diese Unart meiner Organisation, mich plötzlich aller meiner geistigen Hilfsquellen zu berauben, ist mir das schwerst Erträgliche im Leben. [25]

Danach änderte Freud seinen Ton etwas und teilte Fließ mit, daß er auf dem Rückweg von Breslau im Zug bereits das Experiment des Aufknöpfens[37] durchgeführt und herausgefunden hatte, daß Fließ recht hatte. Diese Knopfgeschichte komme immer wieder zum Vorschein etc.

Trotz Fließ' späterer Behauptung, er habe zu diesem Zeitpunkt die Freundschaft abgebrochen, wurde die Korrespondenz zwischen den beiden Männern bald wieder intimer. Freud erriet aus einem Brief von Fließ, daß dessen Frau schwanger war, und begrüßte in einem unpublizierten Brief vom 30. Januar 1898 diese Nachricht mit Jubel. Er versprach: »Auf dem nächsten Congreß werde ich höchst andächtig zuhören, es wird doch mit jedem Mal lohnender.«

Wie Übertragungen das kritische Urteil trüben können, kann man aus den folgenden Sätzen ersehen:

Die Symmetriebahnen und die Zahlenverhältnisse der Geburtsrelationen machen natürlich großen Eindruck. Wenn das aus seiner Vereinzelung zum Gebäude zusammengesetzt ist, wird es viel Staunen der Wanderer erregen.

Der Güter Höchstes, kommt mir manchmal vor, ist entweder die Stimmung oder die geistige Klarheit. [26]

Die Erklärung für all das kam im nächsten Brief, geschrieben am 9. Februar 1898:

Im übrigen bin ich ohne jeden Grund glänzend aufgelegt und habe mein Tagesinteresse gefunden. Ich bin tief im Traumbuch.[38] [27]

Der Traum beherrschte Freuds Denken in den nächsten zwei Jahren völlig. Das wird in seinen Briefen an Fließ deutlich sichtbar, in denen er oft auf Träume Bezug nimmt, die später in *Die Traumdeutung* erscheinen. Ein Brief vom 15. März 1898 ist wegen des Ineinanderspielens einer Reihe von Themen aufschlußreich: Freuds Selbstanalyse, die Analyse seiner eigenen Träume, die Tatsache, daß er Fließ als Publikum und Übertragungsfigur brauchte. Freud begann mit der Versicherung, daß er die Bisexualität keines-

37 Offensichtlich, um Freuds latente Linkshändigkeit festzustellen.

38 Freud machte hier ein Wortspiel, indem er das Traumbuch sein *Tages*interesse nannte.

wegs unterschätze, »speziell seit jenem Moment am Breslauer Markt«. Er fährt dann mit einem Satz fort, der wie eine Projektion seiner eigenen Wünsche klingt: »Ich bin auf die Idee gekommen, Du wolltest die Traumarbeit lesen und seiest zu diskret, sie zu verlangen.« Nach dem Hinweis, er sei wieder in eine Sackgasse geraten, skizzierte Freud in Umrissen die Teile des Buches, die er bereits geschrieben hatte. Erst gegen Ende des Briefes dämmerte es Freud, daß er vielleicht Fließ zuviel zumutete, er wischte jedoch diesen Gedanken schnell weg: »Mein Bedenken, Dich in einer arbeitunlustigen Zeit zu beschweren, bekämpfe ich mit der Erwägung, daß das Ding bei seinem minimalen spekulativen Inhalt Dich wahrscheinlich nur harmlos amüsieren wird« (B 85).

Am 24. März 1898 bittet Freud: »Du solltest mir die Pflichten des ersten Publikums und obersten Richters nicht verweigern« (B 86).

Dieses Bedürfnis, Fließ als Publikum und obersten Richter zu haben, erklärt, warum die Krise, die zu Beginn des Jahres 1898 über das Problem der Bilateralität entstanden war, nicht nur zu keinem offenen Bruch führte, sondern von einem nochmaligen, letzten Aufwallen positiver, übertragungsähnlicher Manifestationen gefolgt wurde, das bis 1900 dauerte. Jedoch scheint die negative Seite in den Briefen immer wieder durch und tritt sehr viel direkter in einigen von Freuds Träumen hervor.

Gerade zu dieser Zeit, als Freud Fließ so notwendig brauchte, war ihre Beziehung wieder äußeren Belastungen ausgesetzt. Nicht nur machte Frau Fließ eine ziemlich stürmische Schwangerschaft durch, mit schweren physischen Beschwerden, deren Natur aus der Korrespondenz nicht erkennbar ist, sondern auch Fließ selber fühlte sich nicht wohl und hatte häufig »periodische« Kopfschmerzen. Wir sahen bereits, daß Freud schon vor Jahren (bis 1894 zurück) nicht allzuviel Geduld mit Fließ' ständigen Kopfschmerzen hatte, und er reagierte auch jetzt nicht mit mehr Teilnahme, vor allem, da Fließ' Zustand ihre Pläne für einen Osterkongreß zunichte gemacht hatte. Statt dessen machte Freud mit seinem Bruder Alexander eine kurze Reise nach Istrien, von der Freud eine reizende Schilderung gab (B 88), und die auch eine Rolle in seinen Träumen von »Das Schloß am Meere« spielte (1900, S. 466–469; 551–552).

Ein anderer Vorfall jedoch war wesentlich gravierender. Fließ (1897) hatte sein Buch über die Beziehung zwischen der Nase und den weiblichen Geschlechtsorganen veröffentlicht, in dem bereits die meisten seiner Ideen über die Periodizität angedeutet wurden, unter anderem mit folgender Äußerung:

> Die wunderbare Genauigkeit, mit der die Zeit von 23, bzw. 28 ganzen Tagen innegehalten wird, läßt eine tiefere Beziehung astronomischer Verhältnisse zur Schöpfung der Organismen vermuten. (Kris 1950, S. 12)

Eine vernichtende Kritik von Fließ' Buch erschien in der *Wiener Klinischen Rundschau*, zu deren Herausgebern Freud gehörte und deren Chefredakteur Dr. Paschkis ein Freund Freuds war. Die Besprechung, die mit »Ry.« signiert war, wurde in der Ausgabe vom 10. April 1898 publiziert (als Freud gerade seine Reise nach Istrien angetreten hatte) und enthielt Zitate aus dem Buch, die die Absurdität einiger der Fließschen Behauptungen und Deduktionen deutlich aufdeckten.[39] Als Freud von der Besprechung erfuhr, schrieb er einen scharfen Protestbrief an Paschkis. Da er keine zufriedenstellende Antwort erhielt, trat er als Mitherausgeber zurück, wie dann auch noch Dr. Oskar Rie, Freuds Freund und Fließ' Schwager.

Die Art und Weise, wie dieser Vorfall in der Korrespondenz mit Fließ zur Sprache kam, ist für Freuds Konflikt bezeichnend. Er schrieb am 14. April 1898 einen langen Brief an Fließ; der folgende Abschnitt daraus ist in B 88 nicht aufgenommen:

> Beiliegend ein Brief, der folgende Geschichte hat: In der letzten Nummer der *Wiener Klinischen Rundschau* war eine Kritik Deines Buches zu lesen von einem gewissen »Ry.«, ein Muster jener Art von Unverschämtheit, die der absoluten Ignoranz eigen ist.[40] Ich habe Paschkis einen unsanften Brief mit der Bitte um Aufklärung geschrieben. Hier die loyale aber sterile Antwort. Ich will nichts weiter thun ohne Dich gefragt zu haben. Was gedenkst Du thun zu lassen? Es gäbe mehrere Wege Genugtuung zu schaffen. [28]

Ohne eine Antwort von Fließ abzuwarten, schrieb Freud ihm noch einmal (27. April 1898):

> Ich war so ungeschickt warten zu wollen, bis die Sache mit

39 Eine neuere, vernichtende Bewertung der Theorien von Fließ findet man in dem Artikel »Mathematical Games« von Martin Gardner in *Scientific American*, Juli 1966.

40 Nur wenige Jahre später erlebte Freud selber die gehässigsten Angriffe auf sein Traumbuch, die er völlig zu ignorieren lernte.

Paschkis erledigt ist. Sie ist es jetzt dadurch, daß ich meine Beziehungen zur *Klinischen Rundschau* gelöst und meinen Namen von der Liste der Mitwirker auf ihrem Titel zurückgezogen habe. Es war Absicht, daß ich Dir die grausliche Kritik nicht geschickt habe. Ich glaube wir können die Geschichte jetzt fallen lassen. [29]

Diese Affäre wurde dann nur noch einmal erwähnt, als Freud schrieb, daß Dr. Rie sich angeschlossen und gleichfalls seinen Namen zurückgezogen hatte.

Das Verblüffende ist, daß Freud die Absurdität der Fließschen Hypothesen, und vor allem der klinischen Beispiele, nicht erkannte. Um nur ein Beispiel anzuführen: Fließ behauptete, daß das anfängliche Schielen bei kleinen Kindern in Schüben während der »kritischen Perioden« infolge Reifung der Augenmuskeln verschwinde. Infizierte Mandeln könnten diese periodische Reifung der Augenmuskeln hemmen. Einfaches Kratzen an einer kranken Mandel mit dem Fingernagel jedoch hatte angeblich das Schielen eines zweieinhalbjährigen Kindes innerhalb von wenigen Tagen geheilt, weil dadurch das periodische Stärkerwerden der Augenmuskeln wieder in Gang gesetzt worden sei.

Wir dürfen jedoch nicht vergessen, daß Freud tief in dem Traumbuch steckte – einer seltsamen neuen Welt. Konnte er es wagen zu kritisieren, während er selber ins Unbekannte vorstieß?

Wir sahen im Zusammenhang mit dem Irma-Traum, daß Freud der unmittelbar auf die Emma-Episode bezüglichen Tagesreste nicht gewahr war. Der Traum drückte deutlich sein verzweifeltes Bedürfnis aus, Fließ' Schuld zu verleugnen und ebenso seine Enttäuschung über seinen Freund und Analytiker und seine feindseligen Gefühle diesem gegenüber. Etwas Ähnliches geschah auch nach dieser Episode, mit dem Unterschied, daß Freud in seiner eigenen Entwicklung weitergekommen und seine Beziehung zu Fließ nicht mehr die gleiche war. Ferner war es nun, da Freuds Objektivität zugenommen hatte, für die Traumarbeit viel schwieriger geworden, seine unbewußte Erkenntnis – die er natürlich bewußt verleugnete – zu verzerren, daß Fließ' Theorien absurd waren.

Ein Traum, der die Zweifel Freuds über Fließ' Arbeit reflektierte, war der von »Goethes Angriff auf Herrn M.«, den Freud zuerst in *Die Traumdeutung* erörtert hat (1900, S. 332 ff.; 450 ff.) und später in dem kürzeren Aufsatz »Über den Traum« (1901 a, S. 675 ff.). Freud berichtet darüber folgendermaßen:

Einer meiner Bekannten, Herr M., ist von keinem Geringeren als von Goethe in einem Aufsatze angegriffen worden, wie wir alle meinen, mit ungerechtfertigt großer Heftigkeit. – Herr M. ist durch diesen Angriff natürlich vernichtet. Er beklagt sich darüber bitter bei einer Tischgesellschaft; seine Verehrung für Goethe hat aber unter dieser persönlichen Erfahrung nicht gelitten. Ich suche nun die zeitlichen Verhältnisse, die mir unwahrscheinlich vorkommen, ein wenig aufzuklären. Goethe ist 1832 gestorben. Da sein Angriff auf Herrn M. natürlich früher erfolgt sein muß, so war Herr M. damals ein ganz junger Mann. Es kommt mir plausibel vor, daß er 18 Jahre alt war. Ich weiß aber nicht sicher, welches Jahr wir gegenwärtig schreiben, und so versinkt die ganze Berechnung im Dunkel. Der Angriff ist übrigens in dem bekannten Aufsatz von Goethe ›Natur‹ enthalten. (1901 a, S. 675/676)

Freuds Deutung des Traumes umfaßte die folgenden Punkte:

Der Traum bezieht sein Material aus drei Quellen:

1. Herr M., den ich bei einer *Tischgesellschaft* kennen lernte, bat mich eines Tages, seinen älteren Bruder zu untersuchen, der Anzeichen von gestörter geistiger Tätigkeit erkennen lasse. Bei der Unterhaltung mit dem Kranken ereignete sich das Peinliche, daß dieser ohne jeden Anlaß den Bruder durch eine Anspielung auf dessen *Jugendstreiche* bloßstellte. Ich hatte den Kranken um sein *Geburtsjahr* gefragt (*Sterbe*jahr im Traum) und ihn zu verschiedenen Berechnungen veranlaßt, durch welche seine Gedächtnisschwäche erwiesen werden sollte.

2. Eine medizinische Zeitschrift, die sich auch meines Namens auf ihrem Titel rühmte, hatte von einem recht *jugendlichen* Referenten eine geradezu *»vernichtende«* Kritik über ein Buch meines Freundes F. in Berlin aufgenommen. Ich stellte den Redakteur darob zur Rede, der mir zwar sein Bedauern ausdrückte, aber eine Remedur nicht versprechen wollte. Daraufhin brach ich meine Beziehungen zur Zeitung ab und hob in meinem Absagebrief die Erwartung hervor, daß *unsere persönlichen Beziehungen unter diesem Vorfall nicht leiden würden.* Dies ist die eigentliche Quelle des Traumes. Die ablehnende Aufnahme der Schrift meines Freundes hatte mir einen tiefen Eindruck gemacht. Sie enthielt eine nach meiner Schätzung fundamentale biologische Entdeckung, die erst jetzt – nach vielen Jahren – den Fachgenossen zu gefallen beginnt.

3. Eine Patientin hatte mir kurz zuvor die Krankengeschichte ihres Bruders erzählt, der mit dem Ausrufe *»Natur, Natur«* in Tobsucht verfallen war. Die Ärzte hatten gemeint, der Ausruf stamme aus der Lektüre jenes schönen Aufsatzes von *Goethe* und deute auf die Überarbeitung des Erkrankten bei seinen Studien hin. Ich hatte geäußert, *es komme mir plausibler vor,* daß der Ausruf »Natur« in jenem sexuellen Sinn zu nehmen sei, den bei uns auch die Mindergebildeten kennen...

Im Trauminhalt verbirgt sich hinter dem Ich zunächst mein von der Kritik so übel behandelter Freund. *»Ich suche mir die zeitlichen Verhältnisse ein wenig aufzuklären.«* Das Buch meines Freundes beschäftigt sich nämlich mit den *zeitlichen* Verhältnissen des Lebens und führt unter anderem auch *Goethes* Lebensdauer auf ein Vielfaches einer für die Biologie bedeutsamen Zahl von Tagen zurück. Dieses Ich wird aber einem Paralytiker gleichgestellt. *(»Ich weiß nicht sicher, welches Jahr wir gegenwärtig schreiben«.)* Der Traum stellt also dar, daß mein Freund sich als Paralytiker benimmt, und schwelgt dabei in Absurdität. Die Traumgedanken aber lauten ironisch: »Natürlich, er ist ein Verrückter, ein Narr, und ihr seid die Genies, die es besser verstehen. Sollte es nicht doch *umgekehrt* sein?« – Diese *Umkehrung* ist nun ausgiebig im Trauminhalt vertreten...

Ich möchte behaupten, daß kein Traum von anderen als egoistischen Regungen eingegeben wird. Das Ich im Traum steht wirklich nicht bloß für meinen Freund, sondern auch für mich selbst. Ich identifiziere mich mit ihm, weil das Schicksal seiner Entdeckung mir vorbildlich für die Aufnahme meiner *eigenen* Funde erscheint. Wenn ich mit meiner Theorie hervortreten werde, welche in der Ätiologie psychoneurotischer Störungen die Sexualität hervorhebt (siehe die Anspielung auf den achtzehnjährigen Kranken *»Natur, Natur«*), werde ich die nämliche Kritik wiederfinden und bringe ihr schon jetzt den gleichen Spott entgegen.

Dieser Traum muß kurz nach dem Erscheinen der kritischen Besprechung von Fließ' Buch stattgefunden haben, und er behandelt offenkundig Fließ' »Berechnungen«. Wir dürfen annehmen, daß Freuds Assoziationen irgendwann eindeutig in die gleiche Richtung gingen wie Traumgedanken folgender Art: Er [mein Freund F.] ist es, der ein kompletter Narr ist; er leidet an einer progressiven Paralyse und hat sich hoffnungslos in seinen Berechnungen festgerannt. Mit einem schlauen Trick versuchte Freud, sich dadurch zu salvieren, daß er behauptete, das sei nur ein ironischer Ausdruck dessen, wie abwegig es sei, Fließ so einzuschätzen. Später würde Freud selber erkannt haben, daß, was hier zum Ausdruck kam, Freuds eigener Konflikt war. Freud hat uns sogar mitgeteilt, warum das so war; er sagte nämlich, daß er die gleiche scharfe Kritik an seiner eigenen Arbeit voraussah und sich darauf vorbereitete, ihr mit der gleichen Verachtung zu begegnen, mit der er angeblich Fließ' Kritiker überschüttete. Es ist bezeichnend, daß er sogar noch, als er 1900 den Essay »Über den Traum« schrieb und der Bruch mit Fließ schon eine vollendete Tatsache war, sich an die Fiktion klammern mußte, Fließ' Spekulationen über die Periodizität seien stichhaltig. Wir werden sehen, daß er diese Überzeugung noch über viele Jahrzehnte hinaus nicht völlig überwinden konnte – wenn er sie überhaupt je los wurde.

Was Freuds Befürchtungen über die Aufnahme seines Traumbuches angeht, so erwiesen sie sich als nur allzu realistisch. Das Werk wurde in einigen Kreisen mit Hohn und Spott begrüßt, in anderen wieder fast völlig mit Stillschweigen übergangen.

In dem Traum von Goethes Angriff auf Herrn M. können wir Freuds Dilemma erkennen. War Fließ verrückt oder ein Genie? Waren seine Spekulationen stichhaltig oder das Ergebnis eines zwanghaften, ja paranoiden Systems?

Die Traumarbeit konnte Freuds eigene Einschätzung von Fließ nur mühsam verhüllen. Der Brief vom 1. Mai exemplifiziert die Art und Weise, in der Freud seine Zweifel und negativen Gefühle verleugnete:

> Das mit den zwei Zeigern der Lebensuhr klingt wieder so vertraut und selbstverständlich, daß es eine unerhörte Neuigkeit und wunderschöne Wahrheit sein dürfte. Der Mai ist gekommen, also Ende Mai werde ich's hören. Ich bin wie verschmachtet, irgend ein Quell in mir trocknet ein und alles Empfinden wird so dürr. Ich will nicht zuviel beschreiben; es sähe sonst dem Klagen zu sehr gleich. Du wirst mir sagen, ob es das Alter[41], ob nur eine der vielen periodischen Schwankungen ist. Es macht mir den Eindruck, als ob Du das Geschlecht Deines nächsten Kindes bestimmt hättest, so, daß diesmal Paulinchen eine Wahrheit werden könnte.[42] [30]

41 Dieser Brief wurde fünf Tage vor Freuds 42. Geburtstag geschrieben.
42 Das nächste Kind war tatsächlich eine Tochter, die den Namen Pauline erhielt.

Wieder und wieder betonte Freud seine Dankbarkeit dafür, daß er Fließ als Publikum und Kritiker hatte:

> Ich bin so unendlich froh, daß Du mir einen Anderen schenkst. ... Ganz ohne Publikum kann ich nicht schreiben, kann mir aber ganz gut gefallen lassen, daß ich es nur für Dich schreibe. [31]

Am 9. Juni mußte Freud berichten, daß seine Arbeit am Traumbuch auf Schwierigkeiten gestoßen war. Er konnte das, was er »die neue Psychologie« des Traumes nannte, noch nicht vollständig begrifflich erfassen. Er schrieb:

> Es ist nämlich die neue Psychologie, soweit sie sich auf den Traum bezieht, hundeschwer darzustellen, von Natur aus Fragment, und alle die dunklen Partien, die ich mir bisher in Trägheit gelassen, verlangen nun nach Aufhellung. Ich brauche viel Geduld, frohe Laune und einige gute Einfälle. So stecke ich bei dem Verhältnis der zwei Denksysteme; ich muß Ernst mit ihnen machen. Eine Weile wird wieder mit mir nicht zu reden sein. Die Spannung der Unsicherheit ergibt einen niederträchtig unbehaglichen Zustand, den man fast leiblich verspürt. (B 90)

In *Die Traumdeutung* faßte Freud das, was er in diesem Brief »die zwei Denksysteme« nennt, in die Begriffe des Primärvorgangs und des Sekundärvorgangs des psychischen Geschehens. Diese Begriffe waren – und sind immer noch – grundlegend für die psychoanalytische Theorie.

Bei seinen Untersuchungen hysterischer Symptome hatte Freud bereits herausgefunden, daß wir, um ihre Bedeutung zu verstehen, nicht die regulären logischen Kriterien von Ursache und Wirkung anwenden können, daß vielmehr die Symptombildung ihre eigene Logik hat. Freud war jedoch erst dann in der Lage, die vielfältigen Determinanten und die genetischen Wurzeln der Symptome festzustellen, als er begonnen hatte, bei der Behandlung seiner Patienten die Methode des freien Assoziierens anzuwenden. Nachdem er einmal diese Methode eingeführt hatte, folgte Freud mit zäher Entschlossenheit der Regel, daß keine Assoziation unerheblich ist, auch wenn sie auf den ersten Blick so erscheint.

Als Freud sich zuerst für Träume zu interessieren begann, ging er von der einfachen Annahme aus, daß sie Manifestationen des psychischen Geschehens sind und deshalb bedeutungsvoll sein können. Als er später begann, die Methode freier Assoziationen auf *jedes einzelne* Element des manifesten Trauminhaltes anzuwenden, stand er einer scheinbar chaotischen, verwirrenden Fülle von Material gegenüber. Er mußte nun Methode in dem Irrsinn finden.

Der These von der Relevanz aller Assoziationen folgend, erkannte Freud, daß das, was er die »Traumgedanken« oder den »latenten Trauminhalt« nannte (im Gegensatz zum manifesten Trauminhalt, der unmittelbar nach dem Traum erinnert, berichtet oder niedergeschrieben wird), ein reiches Feld von Ideen umfaßte, von Erinnerungen aus der jüngsten Vergangenheit bis zu längst vergessenen Phantasien, Konflikten und tatsächlichen Ereignissen der frühen Kindheit. Es gab stets assoziative Bindeglieder zwischen der Vergangenheit und Erinnerungen aus der jüngsten Zeit, aber sie waren meistens lose und gut getarnt.

Freud benützte Begriffe wie »Verdichtung«, um die auffallenden Unterschiede zwischen den Traumgedanken und dem manifesten Trauminhalt zu veranschaulichen. Er sagte:

> Traumgedanken und Trauminhalt liegen vor uns wie zwei Darstellungen desselben Inhalts in zwei verschiedenen Sprachen, oder besser gesagt, der Trauminhalt erscheint uns als eine Übertragung der Traumgedanken in eine andere Ausdrucksweise, deren Zeichen und Fügungsgesetze wir durch die Vergleichung von Original und Übersetzung kennen lernen sollen. Die Traumgedanken sind uns ohne weiteres verständlich, sobald wir sie erfahren haben. Der Trauminhalt ist gleichsam in einer Bilderschrift gegeben, deren Zeichen einzeln in die Sprache der Traumgedanken zu übertragen sind. (1900, S. 283-284)

Der Begriff der Verdichtung sollte jedoch mehr als nur dies ausdrücken. Er galt nicht nur für die Traumarbeit, sondern auch, in einem seiner Hauptaspekte, für jenen erstaunlichen Vorgang, durch den einige, wenn nicht die meisten, Erinnerungsspuren im psychischen Apparat aufbewahrt werden. Der Vorgang ließe sich mit der Herstellung eines Ultra-Mikrofilmes vergleichen, der sein Material in einem bestimmten Code aufzeichnet, der allen Gesetzen der aristotelischen Logik ins Gesicht schlägt, aber gleichzeitig trotzdem gewissen Regeln folgt, so daß er mit Hilfe der durch die freie Assoziation gelieferten Schlüsselhinweise entziffert werden kann (siehe Schur, 1966 b, Kap. 7).

In dieser neuen Gedankenwelt seinen Weg zu planen und zu finden, war eine fast übermenschliche Aufgabe; ebenso der Versuch, diese neuen Ideen in Worten zu formulieren, die den Sinn der Ideen vermitteln konnten.

Freud hatte gelernt, daß der Quell neuer schöpferischer Ideen nicht auf Kommando sprudelte und daß auch neues Material in seiner Selbstanalyse nicht herbeibefohlen werden konnte – daß er vielmehr quälende Wartezeiten unterschiedlicher Dauer hinnehmen mußte. Es ist nicht überraschend, daß sich während solcher Perioden bei Freud physische Beschwerden einstellten, die er mit einem eher neutralen wissenschaftlichen Interesse beobachtete, das nicht ohne eine gewisse Ironie war, die sowohl gegen ihn selbst als auch gegen Fließ gerichtet war.

In einem unveröffentlichten Teil von B 91 (vom 20. Juni 1898) teilte Freud Fließ einige Beobachtungen über seine Familie mit, die sich auf Fließ' »Periode« von 28 bezogen, und fügte neckend hinzu, sein Kopf und Fließ' Kopf seien eben doch zwei sehr verschiedene Köpfe, auch wenn beide anfällig seien – denn sein Kopf fühle sich gegenwärtig sehr wohl. Er könne jedoch Kopfschmerzen oder Herzbeschwerden durch Rückenschmerzen ersetzen, die wie seine früheren Herzschmerzen die Neigung hätten, in verschiedene Hautzonen auszustrahlen. Freud erkannte hier offensichtlich, daß diese Beschwerden psychosomatischer Natur waren, wie wir heute sagen würden, und nahm sie nicht ernst.

Im Sommer 1898 füllte Freud eine solche Wartezeit mit der Lektüre der Werke von Conrad Ferdinand Meyer aus, der Fließ' Lieblingsautor war. Er las jedoch selten nur zu seinem Vergnügen, sondern suchte bei Dichtern und Schriftstellern nach einer Bestätigung seiner Theorien. Im Anschluß an seine ersten Rekonstruktionen im Oktober 1897 hatte er auf *König Ödipus* und *Hamlet* Bezug genommen. Brief 91 (vom 20. Juni 1898) enthielt das erste Beispiel der Anwendung der Analyse auf ein Kunstwerk. Er sah auch, daß einige Schriftsteller, Dichter und Maler – vielleicht sogar alle – in ihren Kunstwerken sehr vieles über ihre eigenen Konflikte enthüllten. In späteren Jahren hat Freud, wie allgemein bekannt, viele Kunstschöpfungen vom psychoanalytischen Standpunkt aus untersucht.

Das erste Werk von C. F. Meyer, das Freud analysierte, war *Die Richterin*. Angesichts der komplizierten Familienkonstellation, in der Freud seine ersten Lebensjahre in Freiberg verbrachte (siehe

Kapitel 1), ist es interessant, daß das erste Problem, mit dem Freud sich befaßte, der »Familienroman« war.[43]

> Alle Neurotiker bilden den sogenannten Familienroman . . ., der einerseits dem Größenbedürfnis dient, andererseits der Abwehr des Inzestes. Wenn die Schwester nicht das Kind der Mutter ist, so ist man ja des Vorwurfes ledig. (Ebenso wenn man selbst das Kind anderer Leute ist.) Woher nimmt man nun das Material von Untreue, illegitimem Kind u. dgl., um diesen Roman zu bilden? (B 91)

Im Laufe dieses Sommers las Freud andere Werke von C. F. Meyer und fuhr fort, sie zu kommentieren. Freud konzentrierte seine Aufmerksamkeit auf den inzestuösen Aspekt der in diesen Werken dargestellten Beziehungen, insbesondere der Beziehungen zwischen Bruder und Schwester. Meyer hat jedoch, vor allem in seinen historischen Romanen, auch äußerst realistisch eine Menge von grausamen und blutrünstigen Gewalttaten geschildert. Freud deutete diese Akte in der Hauptsache als Ereignisse, wie sie im Rivalenkampf und im inzestuösen Konflikt eben vorkommen. Die Entdeckung der Aggression als eines der »Urtriebe« kam erst zwei Jahrzehnte später.

Tod, Schuld und Vergeltung standen in allen diesen Romanen im Vordergrund. Daß Freud sich sehr intensiv mit Problemen beschäftigte, die mit diesen Aspekten zusammenhingen, zeigte sich in einer Reihe von Fehlleistungen (Vergessen von Namen, falsch geschriebenen Wörtern etc.), die mit diesem Thema verknüpft waren.[44]

Im Juli trafen sich Freud und Fließ für ein paar Tage. Diesmal hörte Freud den neuen Perspektiven zu, die ihm Fließ eröffnete. In einem nach dieser Begegnung geschriebenen Brief vom 30. Juli 1898 erhielt Fließ den Titel eines »Kepler der Biologie«.[45]

Im selben Brief schrieb Freud – ohne jedes Anzeichen, daß ihm das bedenklich vorgekommen wäre –, alles, was an die Natur-

43 Freud hatte diesen Ausdruck geprägt, um damit die häufig vorkommenden Phantasien des kleinen Kindes zu beschreiben, das oft behauptet, eine erhabene Figur sei sein Vater oder seine Mutter (in der Regel tritt diese Figur an die Stelle des Vaters), oder es sei das adoptierte (oder aufgefundene) Kind eines »Königs« oder eines »Helden«.

44 Siehe die Darlegungen bei Schur, 1968.

45 Es ist möglich, daß Fließ sich selber auf eine Stufe mit Kepler stellte. Das hat der deutsche Gynäkologe Riebold (1942) behauptet, der in einer kritischen Darstellung von Fließ' Werk davon spricht (siehe Kris, 1950, S. 13, N. 2).

wissenschaft erinnere, erscheine ihm wie in einer fernen Vergangenheit liegend. Aber er wies auch auf seine Fähigkeit hin, alles in etwas Wünschenswertes umzuwandeln; er betrachte deshalb diese Tatsache als ein Zeichen der Elastizität meiner Natur. Nach einer Darlegung seiner Urlaubspläne fuhr Freud mit folgender bemerkenswerten Passage fort:

> Laß Dich nicht abhalten mir von den Ellipsen[46] zu schreiben, wiewol ich eben ein so unvernünftiges Stück der meinigen passiere. Denn jeder soll geben was er hat, ohne Rücksicht auf den Anderen. Ich mache es auch so; die Zwanglosigkeit in der man sich fühlt, macht den Hauptreiz des Briefeschreibens aus.
>
> Ich möchte Dir so gerne geben, was *Du nicht* hast: den freien Kopf; aber Du weißt, das geht nicht. Das Unfertige in Deinen Funden stört mich gar nicht; Du weißt ich denke nicht nach, reagiere, genieße, staune und mache mir Erwartungen. Tragzeiten[47] sind bald um, das ist wol Dein Trost bei Ida's Befinden. Ferien leider auch. [32]

Dieser Brief läßt einen weiteren Fortschritt in Freuds Selbstanalyse erkennen. Er behandelte sich selbst mit der gleichen Objektivität, die ein Analytiker einem Patienten gegenüber an den Tag legt, der anscheinend kein neues, wichtiges Material produziert. Er verlor nicht sein Selbstvertrauen und sprach stolz von seiner inneren Elastizität. Freuds Betonung der Zwanglosigkeit in seiner Korrespondenz mit Fließ erklärt seine frühere und künftige Offenheit diesem gegenüber.

In dem selben Brief, in dem er seinen Freund den »Kepler der Biologie« nannte, gab er auch seiner Teilnahme und dem Bedauern Ausdruck, daß er Fließ nicht geben konnte, was diesem fehlte: »den freien Kopf«. Freud bezog sich hier auf Fließ' ständig wiederkehrende Kopfschmerzen, die bald einen neuen chirurgischen Eingriff notwendig machten; aber der Satz hatte auch noch eine andere Bedeutung, nämlich die: sich klares Denken zu bewahren.

In einem später, während seines Urlaubs, geschriebenen Brief berichtete Freud, er habe endlich eine »Kleinigkeit« erfaßt: die Bedeutung einer Fehlleistung und das Mittel zu ihrer Entschlüsselung durch die Methode der freien Assoziationen. So entdeckte er einen neuen Zugang zum Unbewußten, der zu *Zur Psychopatho-*

46 Freud und Fließ nannten offenbar die Perioden der Niedergeschlagenheit »Ellipsen«.

47 Bezieht sich offenbar auf die Schwangerschaft von Fließ' Frau.

logie des Alltagslebens führte. Die erste auf diese Weise analysierte Fehlleistung war das Vergessen des Namens des deutschen Dichters Julius Mosen. Julius war der Name von Freuds Bruder, der am 15. April 1858 gestorben war.

Die Periode von Juni 1898 bis zum Ende des Jahres war eine Zeit der Selbstanalyse, der Konsolidierung, aber auch neuer Entdekkungen (wie zum Beispiel die der psychischen Determination von Fehlleistungen).

Freuds Hauptinteresse konzentrierte sich weiter auf das Traumbuch. Die Arbeit daran verlief in schöpferischen Explosionen, zwischen denen lange Wartezeiten lagen. Am 6. Juni hatte er geäußert, er stecke fest wegen der Schwierigkeit, die Psychologie begrifflich zu erfassen. Aber nur zwei Wochen später berichtete er, sie sei fast vollendet, »wie im Traum komponiert«, aber »in der Form nicht zur Publikation geeignet, auch nicht dazu bestimmt«. Trotzdem schickte er nur zwei Wochen später Fließ einen Entwurf, der »ganz dem Unbewußten nachgeschrieben« (B 92) war.

Während des restlichen Jahres gab es nur noch geringe Fortschritte. Freud hatte auch Augenblicke des Zweifelns. Am 23. Oktober 1898 zum Beispiel schrieb er:

> Der Traum ruht, unveränderlich; ... die Lücke in der Psychologie sowie die andere, in der das zu Grunde analysierte Beispiel[48] gesteckt hat, sind Hindernisse für den Abschluß, die ich noch nicht überwinde ... Wenn die Feststellung so weniger Punkte, wie sie in der Auflösung der Neurosen gefordert wird, soviel Arbeit, Zeit und Irrtümer mit sich bringt, wie soll ich hoffen dürfen, was einst meine stolze Erwartung war, einen Einblick in das Ganze des psychischen Geschehens zu bekommen? (B 99)

Und doch war ein anderer Teil von Freud von seiner inneren Elastizität überzeugt, wie er in einem früheren Brief gesagt hatte. Ein Jahr später drückte er das mit den Worten aus: *»Fluctuat nec mergitur.«*

Als Freud diesen Brief schrieb, entwickelte sich in seiner Beziehung zu Fließ gerade eine neue Krise. Sie manifestierte sich zuerst in einem Traum, der einen Markstein in seiner Analyse und in seiner Beherrschung der Traumdeutung darstellte.

48 Dies bezieht sich auf einen Traum, den nicht zu veröffentlichen Fließ Freud nachdrücklich gebeten hatte (siehe Schur 1966 a, S. 73–76).

5. Kapitel

Träume und Tod

Das Schuldgefühl des Überlebenden: der non-vixit-Traum

Die Traumdeutung ist aus vielen Gründen eine wichtige Quelle biographischer Information: Freud berichtete darin über seine Träume und deutete sie; er hat uns mitgeteilt, daß das Buch ein wesentlicher Teil seiner Selbstanalyse war (1900, S. x).
Mit Hilfe der Fließ-Korrespondenz war es möglich, für viele Träume, die Freud in seinem Buch benützte, das Datum festzustellen. Wir können das verwickelte Wechselspiel erfolgreicher Traumdeutung verfolgen, der häufig nach quälenden Zeiten des Wartens ein Schub neuer Erinnerungen folgte, die zu neuen Einsichten führten, – den Vergleich neuer Entdeckungen mit dem von seinen Patienten produzierten Material, – erneute, tiefere Deutungen seiner eigenen Träume und so fort. Freud weist in *Die Traumdeutung* wiederholt darauf hin, daß die Selbstoffenbarung in der Rücksicht auf das Privatleben anderer ihre Grenzen finden muß; aus diesem Grund publizierte er nicht alle seine Deutungen. Aus der Fließ-Korrespondenz wissen wir, wieviel mehr Freud 1899 in einem Traum aufzuspüren vermochte als noch im Jahre 1895. Es ist deshalb deutlich erkennbar, daß 1899 Freud in der Lage war, in seinen Assoziationen zu seinen Träumen zu völlig vergessenen (verdrängten) Kindheitserinnerungen vorzudringen und sie mit kürzlichen Ereignissen, Konflikten und Wünschen zu verbinden, während er zur Zeit seiner ersten systematischen Traumdeutung im Jahre 1895 noch nicht über das Handwerkszeug für solche tief eindringenden Deutungen verfügte.
Als er dieses Buch schrieb, war er sich noch nicht aller Aspekte der zunehmenden Ambivalenz in seiner Beziehung zu Fließ bewußt. Diese Ambivalenz kam jedoch in seinen Träumen zum Vorschein, wo sie unter allerlei Verkleidungen gefahrlos ausgedrückt werden konnte, was es Freud erlaubte, die Intensität seines Konfliktes seinem Bewußtsein fernzuhalten.[1]

1 Siehe auch meine Erörterung der Emma-Episode und ihrer Beziehung zum Irma-Traum (Kapitel 3) und dem Goethe-Traum (Kapitel 4).

Ich werde im Laufe dieses Buches dokumentarisch zu belegen versuchen, daß die Tatsache, daß Freud sich dieser übertragungsähnlichen, aktuellen Konflikte, die ihrerseits wieder in seinen frühkindlichen Konflikten wurzelten, nicht völlig bewußt war und sie nicht durcharbeitete, für das ständige Wiederauftreten und die spezifischen Manifestationen von Freuds zwanghafter Beschäftigung mit dem Datum seines Todes verantwortlich war. Das Thema, das sich durch die in Frage stehenden Träume zieht, ist »das Schuldgefühl des Überlebenden«.

Ich unterbreche deshalb hier die chronologische Schilderung, um diese Gruppe von Träumen zu untersuchen. Manche von ihnen werden besser verständlich, wenn wir sie im Lichte der veröffentlichten und unveröffentlichten Korrespondenz mit Fließ noch einmal durchgehen.

Im Herbst 1898 hatte Freud den folgenden Traum, der als der *non-vixit*-Traum bekannt ist und von dem Freud uns eine sehr eindringliche Analyse gegeben hat. Er berichtet folgendermaßen über den Traum:

> Ich bin nachts ins Brückesche Laboratorium gegangen und öffne auf ein leises Klopfen an der Tür dem (verstorbenen) Professor Fleischl, der mit mehreren Fremden eintritt und sich nach einigen Worten an seinen Tisch setzt. Dann folgt ein zweiter Traum: Mein Freund Fl. ist im Juli unauffällig nach Wien gekommen; ich begegne ihm auf der Straße im Gespräch mit meinem (verstorbenen) Freunde P. und gehe mit ihnen irgendwohin, wo sie einander wie an einem kleinen Tisch gegenübersitzen, ich an der schmalen Seite des Tischchens vorne. Fl. erzählt von seiner Schwester und sagt: In dreiviertel Stunden war sie tot, und dann etwas wie: Das ist die Schwelle. Da P. ihn nicht versteht, wendet sich Fl. an mich und fragt mich, wieviel von seinen Dingen ich P. denn mitgeteilt habe. Darauf ich, von merkwürdigen Affekten ergriffen, Fl. mitteilen will, daß P. (ja gar nichts wissen kann, weil er) gar nicht am Leben ist. Ich sage aber, den Irrtum selbst bemerkend: Non vixit. Ich sehe dann P. durchdringend an, unter meinem Blicke wird er bleich, verschwommen, seine Augen werden krankhaft blau – und endlich löst er sich auf. Ich bin ungemein erfreut darüber, verstehe jetzt, daß auch Ernst Fleischl nur eine Erscheinung, ein Revenant war, und finde es ganz wohl möglich, daß eine solche Person nur so lange besteht, als man es mag,

und daß sie durch den Wunsch des anderen beseitigt werden kann. (1900, S. 424)

Es ist notwendig, alles, was wir über den Hintergrund des Traumes wissen, im einzelnen darzulegen und desgleichen die meisten von Freuds Assoziationen und die Schlüsse, die er aus ihnen zog. Freud hat diesen Traum in zwei verschiedenen Abschnitten der *Traumdeutung* behandelt, wobei der zweite Teil die Deutung der ersten ergänzt und erweitert. Wir wissen aus Freuds Briefen, daß die Deutung des *non-vixit*-Traumes erst im Laufe der Niederschrift des Traumbuches zu Ende gebracht wurde, höchstwahrscheinlich im Sommer 1899.

Während seiner Selbstanalyse und seiner Vorbereitung des Traumbuches bediente sich Freud häufig der folgenden Methode, die er wahrscheinlich auch bei der Deutung des *non-vixit*-Traumes anwandte:

> Daß die Träume ebensowenig vergessen werden wie andere seelische Akte, und daß sie auch in bezug auf ihr Haften im Gedächtnis den anderen seelischen Leistungen ungeschmälert gleichzustellen sind, zeigt mir eine Erfahrung, die ich bei der Abfassung dieses Manuskripts machen konnte. Ich hatte in meinen Notizen reichlich eigene Träume aufbewahrt, die ich damals aus irgendeinem Grunde nur sehr unvollständig oder auch überhaupt nicht der Deutung unterziehen konnte. Bei einigen derselben habe ich nun ein bis zwei Jahre später den Versuch, sie zu deuten, unternommen, in der Absicht, mir Material zur Illustration meiner Behauptungen zu schaffen. Dieser Versuch gelang mir ausnahmslos; ja ich möchte behaupten, die Deutung ging so lange Zeit später leichter vor sich als damals, so lange die Träume frische Erlebnisse waren, wofür ich als mögliche Erklärung angeben möchte, daß ich seither über manche Widerstände in meinem Inneren weggekommen bin, die mich damals störten. Ich habe bei solchen nachträglichen Deutungen die damaligen Ergebnisse an Traumgedanken mit den heutigen, meist viel reichhaltigeren, verglichen und das damalige unter dem heutigen unverändert wiedergefunden.
> (1900, S. 526)

Meine Erörterung folgt nicht genau dem Ablauf von Freuds Darstellung; ich werde vielmehr den Gesamtumrissen des Traumes und der Traumarbeit nachgehen und, wo notwendig, zusätzliches einschlägiges Material aus Freuds Briefen einfügen.

Freud berichtet über mehrere Gruppen von Tagesresten, wobei jede Gruppe durch Assoziationen mit allen anderen sowie mit Ereignissen der Vergangenheit verbunden ist. Die erste war die Enthüllung des Denkmals für Fleischl im Kreuzgang der Universität Wien, die am 16. Oktober 1898 stattfand.

Ernst Fleischl von Marxow, einer der Revenants des Traumes, war ein Mitarbeiter des Physiologen Ernst Brücke, in dessen Institut Freud seine wissenschaftliche Karriere begonnen hatte. Fleischl besaß all die Eigenschaften, ihn zu einem Objekt der Identifikation und der Bewunderung zu machen – wahrscheinlich auch des Neides. Außergewöhnlich klug, voll von schöpferischen wissenschaftlichen Ideen, gut aussehend und charmant, Angehöriger einer wohlhabenden und einflußreichen Adelsfamilie, war er für eine schnelle akademische Karriere bestimmt, die Freud aus vielen Gründen nicht erhoffen durfte. Freud fehlten die materiellen Voraussetzungen für eine solche Karriere, denn es dauerte viele Jahre, ja manchmal Jahrzehnte, bis ein Privatdozent oder ein Assistent oder außerordentlicher Professor in einer theoretischen Disziplin wie der Physiologie ein einigermaßen befriedigendes Einkommen erzielte. Als Jude hatte Freud wenig Aussichten, je einen höheren Rang als einen der genannten zu erreichen.

Bei einem Experiment verletzte Fleischl sich an der Hand, die Wunde infizierte sich, so daß mehrere Finger amputiert werden mußten. Er bekam dann ein Amputationsneurom (Kausalgie), ein Zustand, von dem bekannt ist, daß er unerträgliche Schmerzen verursacht. Mehrere chirurgische Eingriffe blieben ohne Erfolg; Fleischl begann seine Zuflucht zu Morphium zu nehmen und wurde süchtig. Freuds Untersuchungen über die anästhetischen Eigenschaften im Kokain hatten ihn zu dem Glauben geführt, es sei möglich, Morphiumsucht durch orale Verabreichung von Kokain zu heilen. Erst viel später wurden ihm die psychischen Faktoren klar, die allen Süchten zugrunde liegen (siehe B 79 vom 22. Dezember 1897). Er erkannte damals auch nicht, daß Kokain, auch wenn es nur oral eingenommen wird, gleichfalls süchtig machen kann. Anfänglich erschienen die Ergebnisse bei Fleischl wunderbar, und Freud war in gehobener Stimmung. Schon bald jedoch wurde Fleischl kokainsüchtig, und die Symptome dieser Sucht waren noch verheerender als die des Morphinismus. Den fortschreitenden physischen und geistigen Verfall seines bewunderten und geliebten Freundes mitansehen zu müssen, war für Freud im höchsten Maße quälend, nicht nur wegen des Mitgefühls für Fleischl, sondern auch wegen seiner Schuldgefühle, daß er überhaupt Kokain empfohlen hatte. In den Briefen Freuds an seine Braut finden wir eindrucksvolle Schilderungen, wie er qualvolle Nächte bei seinem Freund verbrachte und versuchte, seine Leiden zu lindern, bis Fleischl schließlich im Jahre 1891 starb.

Freuds »Schuldgefühl des Überlebenden« wurde noch dadurch verstärkt, daß er nicht nur Fleischl Kokain gegeben, sondern es auch, nachdem er seine stimulierende Wirkung entdeckt hatte, bei vielen Gelegenheiten selbst genommen hatte – zum Beispiel während seines Aufenthaltes in Paris. Er hatte es außerdem seiner Verlobten Martha und seiner Schwester verschrieben. Aber weder sie noch er selber waren kokainsüchtig geworden. Wir können nur Spekulationen darüber anstellen, warum sich bei Freud, der ja nikotinsüchtig war, keine Kokainsucht entwickelte.

Es ist offensichtlich, daß Freuds Schuldgefühle ihn zur Zeit des Irma-Traumes im Jahre 1895 noch nicht verlassen hatten, denn das Fleischl-Thema tritt auch bei diesem Traum, dessen Hauptmotiv Rechtfertigung war, deutlich hervor.

Freuds Assoziationen zu dem *non-vixit*-Traum zeigen eine zusätzliche Determinante für die Schuldgefühle, die er in bezug auf Fleischl empfand. Die Zahl der Planstellen in Brückes Institut war begrenzt, und Freud war sich gelegentlicher Todeswünsche bewußt, die sich gegen Fleischl richteten, dessen Leben ohnedies nur noch eine ständige Qual war.

Ferner wissen wir, daß der ziemlich vermögende Fleischl Freud verschiedene Male, als dieser buchstäblich mittellos war, in sehr großzügiger und taktvoller Weise Geld geliehen hatte. Ohne diese Unterstützung hätte Freud mit seinem knappen Stipendium nie in Paris bei Charcot studieren können.

Ein anderer Revenant des Traumes war Josef Paneth, den Freud mit dem Blick seiner Augen vernichtet hatte, wie er sich einmal von dem vorwufsvollen Ausdruck in den Augen seines Lehrers Brücke vernichtet gefühlt hatte. Freud teilt uns in Assoziationen mit, daß Paneth, der Freuds Stelle als »Demonstrator« in Brückes Institut übernahm, mit einer gewissen Ungeduld auf Fleischls Ableben wartete, um dessen Stelle zu bekommen. Tatsächlich starb Paneth ein Jahr vor Fleischl und bekam den Posten nie, den er so begehrt hatte.

Paneth war ein Jahr jünger als Freud und seit vielen Jahren mit ihm befreundet. Auch diesem Mann gegenüber empfand Freud ein Gefühl der Verpflichtung und der Schuld, da Paneth, der wie Fleischl aus einer wohlhabenden Familie kam, Freud gegenüber sogar noch freigebiger gewesen war als Fleischl. Angesichts der hoffnungslos langen Verlobungszeit Freuds hatte er eine Summe bereitgestellt, deren Zinsen es Freud gestatteten, seine Braut wenigstens von Zeit zu Zeit zu besuchen, während das Kapital die Heirat beschleunigt und mitgeholfen hatte, daß das junge Paar sich eine Wohnung einrichten konnte.

Freud gestand in seinen Assoziationen:

> Natürlich war bei mir einige Jahre vorher der nämliche Wunsch, eine freigewordene Stelle einzunehmen, noch viel lebhafter gewesen; wo immer es in der Welt Rangordnung und Beförderung gibt, ist ja der Weg für die Unterdrückung bedürftiger Wünsche eröffnet. Shakespeares Prinz Hal kann sich nicht einmal am Bett des kranken Vaters der Versuchung entziehen, einmal zu probieren, wie ihm die Krone steht. Aber der Traum straft, wie begreiflich, diesen rücksichtslosen Wunsch nicht an mir, sondern an ihm. (1900, S. 488)

Im zweiten Teil der Deutung erzählte Freud, was er für die *wesentliche* Veranlassung des Traumes hielt: eine Operation, der sich Fließ gerade unterzogen hatte, und die ersten beunruhigenden Mitteilungen über seinen Zustand.[2]

> Aus den Traumgedanken erfahre ich nun, daß ich für das Leben des teuren Freundes fürchtete. Seine einzige Schwester, die ich nie gekannt, war, wie ich wußte, in jungen Jahren nach kürzester Krankheit gestorben. (Im Traum: Fl. erzählt von seiner Schwester und sagt: in drei Viertel Stunden war sie tot.) Ich muß mir eingebildet haben, daß seine eigene Natur nicht viel resistenter sei, und mir vorgestellt, daß ich auf weit schlimmere Nachrichten nun doch endlich reise – und zu spät komme, worüber ich mir ewige Vorwürfe machen könnte.
>
> (1900, S. 484)
>
> [Fußnote 1:] Diese Phantasie aus den unbewußten Traumgedanken ist es, die gebieterisch non vivit anstatt non vixit ver-

2 Wir werden hier an eine ähnliche Situation erinnert, wo Freud im September 1894 mit seiner Frau zu einem netten Urlaub abgefahren war, während Fließ sich einer Operation unterzog. Dies hatte Schuldgefühle ausgelöst, die er dann in verhüllter Weise ausdrückte (siehe Kapitel 3).

langt. »Du bist zu spät gekommen, er lebt nicht mehr.«

(1900, S. 484-485)

Die in diesem Absatz erwähnte Schwester von Fließ hieß Pauline. So hieß auch Freuds Nichte, die Schwester seines Neffen John, der eine sehr wichtige Rolle in den Assoziationen zu diesem Traum spielte. Freud hatte diese Nichte in dem gleichen Brief an Fließ (3. Oktober 1897) erwähnt, in dem er über die Rekonstruktionen seiner Erinnerungen an diesen Neffen berichtete. Er schrieb dort: »Mit der um 1 Jahr jüngeren Nichte scheinen wir [John und Freud] beide gelegentlich grausam umgegangen zu sein« (B 70)[3]

Ich habe bereits Freuds Anspielung auf die Möglichkeit erwähnt, daß es in der Familie Fließ ein neues »Paulinchen« geben werde (Brief vom 1. Mai 1898), und das Kind, das Fließ in der letzten Augustwoche des Jahres 1898 geboren wurde, erhielt dann auch den Namen Pauline.

In einem Brief, der weniger als zwei Wochen vor dem *non-vixit*-Traum geschrieben wurde, nämlich am 9. Oktober 1898, sagte Freud:

> Das Behagen das aus Deinen Briefen hervorleuchtet thut wol und theilt sich mit. Merk auf, wie bald Paulinchen sich als die Reincarnation Deiner Schwester Dir enthüllen wird. [1]

Hier haben wir das Revenant-Thema des non vixit-*Traumes.*

In diesem Zusammenhang sind einige ergänzende Informationen notwendig. Einige Zeit nach diesem Brief muß Fließ in seinen Briefen von heftigen Kopfschmerzen gesprochen haben, worauf, wie wir wissen, Freud gewöhnlich mit einer Mischung von Anteilnahme und Ärger reagierte.

Wovon Freud in seiner Deutung nicht sprach, war, *daß am 24. Oktober (wenige Tage vor dem* non-vixit-*Traum) Fließ seinen vierzigsten Geburtstag gehabt hatte.*

Das Jahr zuvor hatte Freud vergessen, Fließ seine üblichen Geburtstagsglückwünsche zu schicken. Damals kannte er die Bedeutung solcher Fehlleistungen noch nicht, aber inzwischen hatte er sie entdeckt. Im Jahre 1898 vergaß Freud nicht, zu schreiben, sondern schickte am 23. Oktober, eine Woche nach der Enthüllung des Denkmals für Fleischl, einen Brief ab. Dieser Brief zeigte wenig von dem gewöhnlichen eleganten Stil Freuds.

3 Siehe auch Freuds Arbeit »Über Deckerinnerungen« (1899) und Kapitel 4.

Dieser Brief soll Dich an dem für Dich bedeutungsvollsten Datum treffen und Dir über die Entfernung hinweg meinen und der Meinigen Glückwunsch bringen, einen Wunsch der – wie es seine Natur und nicht der menschliche Mißbrauch verlangt – sich auf die Zukunft bezieht, und zum Inhalt hat: die Erhaltung und Entwicklung des gegenwärtigen Besitzes sowie die Erwerbung neuer Güter an Kindern und Erkenntnissen, endlich die Fernhaltung von jeder Spur mehr an Leid und Krankheit, als der Mensch dringend zur Anspannung seiner Kräfte und zur Vergleichung mit dem Guten bedarf. (B 99)

Ein kurzer unveröffentlichter Absatz dieses Briefes lautet folgendermaßen: »Meine Schwester Rosa hat am 18. October ein Mädchen geboren, beide sind wol.« [2]

Warum war der vierzigste Geburtstag für Fließ ein so wichtiges Datum? War er entscheidend wichtig *in* oder *für* Fließ' Leben?

Wir wissen von Freuds zwanghafter Beschäftigung mit Daten seines möglichen Todes, eine Präokkupation, die er im Gegensatz zu seiner Reisephobie, durch seine Selbstanalyse nie ganz selbst überwinden konnte. Diese Präokkupation konzentrierte sich zuerst auf die Zahlen 41 und 42, später noch stärker auf die Zahl 51. Im Jahre 1899 begann er sich mit den Zahlen 61 und 62 zu beschäftigen, und 1936 mit der Zahl 81½.

Fließ glaubte, er könne die »kritischen« Daten in den periodischen Zyklen feststellen, die Geburt, Krankheit und Tod vorherbestimmten. Für ihn stellte sein vierzigster Geburtstag offensichtlich eine »äußerst kritische« Periode dar, und wir haben hier einen weiteren Grund für die Annahme, daß Freuds Beschäftigung mit solchen Daten sich als eine teilweise Identifikation im Kontext seiner Beziehung zu Fließ entwickelte.

Wie es jedoch für eine phantastische Hypothese dieser Art charakteristisch ist, lieferte sie ein magisches Mittel für die Umgehung eines verhängnisvollen Datums, indem zum Beispiel eine tödliche Krankheit durch eine mehr oder weniger ernste ersetzt wurde. Und so wählte Fließ gerade diese »Periode« für seine Operation.

Dieser Brief zeigt auch, daß der *non-vixit*-Traum nach dem 23. Oktober gewesen sein muß – weil darin Fließ' Operation nicht erwähnt wird. Eine Woche später, am 30. Oktober, schrieb Freud wieder an Fließ:

Nachdem ich meinen letzten Glückwunschbrief abgeschickt,

machte ich mir Vorwürfe, darin von der traditionellen Formulierung, die Alles, was Leiden oder Krankheit bedeutet, bis auf die letzte Spur getilgt haben will, abgewiechen zu sein. Ich wollte rationell scheinen, und dem was doch nicht zu vermeiden ist, einen Platz und eine Funktion zum Guten einräumen. Es war ein Unsinn, denn das Wünschen wird durch keine solche Correctur vernünftig. Über Deine erste Andeutung, daß Du Dich neuen experimentellen Qualen aussetzen willst, las ich unaufmerksam hinweg und so war ich sehr überrascht, so bald nachher die Nachricht von der Operation zu hören. [3]

Die Selbstvorwürfe über die Art und Weise, in der er im vorhergehenden Brief seine Geburtstagswünsche ausgedrückt hatte, und das Eingeständnis, die frühere Andeutung, daß Fließ an einen chirurgischen Eingriff dachte, »übersehen« zu haben, reflektieren Freuds kaum verhüllte Ambivalenz.

In seinen Assoziationen zu dem Traum hatte Freud angegeben, daß er nicht ans Bett des Freundes eilen konnte, weil er »gerade zu jener Zeit mit einem schmerzhaften Leiden behaftet [war], das mir jede Bewegung zur Qual machte«. Die Korrespondenz vom August 1899 enthält jedoch eine Stelle, aus der hervorgeht, daß Freud sich irrte, als er behauptete, seine eigene schmerzhafte Krankheit (ein großes Furunkel an der raphe scrotis) sei zeitlich mit Fließ' Operation zusammengefallen, ein Irrtum, den Fließ später entdeckte, als er die Fahnen des Traumbuches las – zu Freuds großer Verlegenheit. Tatsächlich schrieb Freud erst eine Woche *nach* dem oben zitierten Brief, am 6. November, von einem großen Furunkel an seinem Skrotum, das mit der Lanzette geöffnet werden mußte. So schmerzhaft das war, unterbrach Freud doch die Behandlung seiner Patienten nicht, deren Zahl ständig stieg. Beim Bericht über seine Krankheit sprach er von ihr als Beweis einer »geheimen biologischen Sympathie« zwischen ihm und Fließ, die sie beide dazu gebracht habe, sich zu gleicher Zeit unters Messer des Chirurgen zu begeben.

Dieser Irrtum, der Freuds Wunsch ausdrückte, sich zu rechtfertigen, daß er nicht ans Krankenbett von Fließ geeilt war, war um so leichter möglich, als Freud diesen Teil der Deutung erst im Sommer 1899 ausarbeitete, als er die endgültige Fassung von *Die Traumdeutung* niederschrieb. Da wir nun wissen, daß Freud den *non-vixit*-Traum nicht gehabt haben kann, bevor er die Einzelheiten von Fließ' Krankheit erfuhr, die er in dem Brief vom

30. Oktober bestätigte, und wenn wir ferner annehmen, daß es einige Tage dauerte, bis das Furunkel sich entwickelte (das gleichfalls in einem von Freuds Träumen vorkam [1900, S. 235–238]), dann können wir jetzt das Datum des *non-vixit*-Traumes ziemlich genau bestimmen: kurz vor oder nach dem 30. Oktober. Dieses Datum hat eine ganz besondere Bedeutung: in der Nacht nach dem Begräbnis seines Vaters, am 26. Oktober 1898, fast auf den Tag genau zwei Jahre vor dem *non-vixit*-Traum, hatte Freud einen weiteren Traum, den er Fließ mitteilte:

Ich war in einem Lokal und las dort eine Tafel:

Es wird gebeten
die Augen zuzudrücken.

Das Lokal erkannte ich gleich als den Friseurladen, den ich täglich besuche. Am Tage des Begräbnisses mußte ich dort warten und kam darum etwas später ins Trauerhaus. Meine Familie war damals mit mir unzufrieden, weil ich das Leichenbegängnis still und einfach bestimmt hatte, was sie später als sehr berechtigt anerkannte. Sie nahmen mir auch die Verspätung etwas übel. Der Satz auf der Tafel ist doppelsinnig und heißt nach beiden Richtungen: Man soll seine Pflicht gegen den Toten erfüllen (Entschuldigung, als ob ich's nicht getan hätte und der Nachsicht brauchte – die Pflicht wörtlich genommen). *Der Traum ist also ein Ausfluß jener Neigung zum Selbstvorwurf, die sich regelmäßig bei den Überlebenden einstellt.* [Kursiv d. Verf.] (B 50; siehe auch Freud, 1900, S. 322)

Im Jahre 1899 hatte Freud die Bedeutsamkeit von Jahrestagsreaktionen noch nicht entdeckt, die sich nicht nur in Träumen manifestieren, sondern auch in symptomatischen Handlungen an Jahrestagen von entscheidend wichtigen Ereignissen der Vergangenheit, insbesondere an Jahrestagen von Todesfällen.

Ich kehre nun zu Freuds (1900) Assoziationen zu dem *non-vixit*-Traum zurück.

Bei den ungünstigen Nachrichten aus den ersten Tagen der Operation erhielt ich auch die Mahnung, von der ganzen Angelegenheit mit niemandem zu sprechen, die mich beleidigte, weil sie ein überflüssiges Mißtrauen in meine Verschwiegenheit zur Voraussetzung hatte. Ich wußte zwar, daß dieser Auftrag nicht von meinem Freunde ausging, sondern einer Ungeschicklichkeit oder Überängstlichkeit des vermittelnden Boten entsprach, aber ich wurde von dem versteckten Vorwurf sehr peinlich berührt, weil er nicht ganz unberechtigt war. Andere Vorwürfe als solche, an denen »etwas dran ist«, haften bekanntlich nicht, haben keine aufregende Kraft. Zwar nicht in der Sache meines Freundes, aber früher einmal in viel jüngeren Jahren hatte ich zwischen zwei Freunden, die beide auch mich zu meiner Ehrung so nennen wollten, überflüssigerweise etwas ausgeplaudert, was der eine über den anderen gesagt hatte. Auch die Vorwürfe, die ich damals zu hören bekam, habe ich nicht vergessen. Der eine der beiden Freunde, zwischen denen ich damals den Unfriedenstifter machte, war Professor Fleischl, der andere kann durch den Vornamen Josef, den auch mein im Traume auftretender Freund und Gegner P. führte, ersetzt werden.

(1900, S. 485–486)

Die Assoziationen ergeben viele Verbindungen zwischen den Fleischl-Paneth-Themen und dem Fließ-Thema, zwischen der Gegenwart, der nicht allzu fernen Vergangenheit und der frühen Kindheit. Die Bindeglieder waren Elemente wie Rivalität, Geschwätzigkeit, der Name Pauline, und Probleme wie Geburt, Krankheit, Tod, Liebe, Haß und Schuldgefühl.

Die Assoziationen ergänzten den Traum durch neue Gestalten: Breuer – der wie Paneth mit Vornamen Josef hieß, gleichfalls Mitarbeiter in Brückes Institut war und eine so wichtige Rolle in Freuds Leben gespielt hatte. Breuers Name rief außerdem die Erinnerung an einen Vorfall wach, wo Freud tatsächlich nicht verschwiegen gewesen war und dadurch Unfrieden zwischen Breuer und Fleischl gestiftet hatte.

Verschiedene Themen seiner Assoziationen führten Freud über die Rivalitäten und Konflikte der Brücke-Zeit hinaus bis tief in seine frühe Kindheit hinein zu Erinnerungen, die er während seiner Selbstanalyse zurückgewonnen hatte (vgl. B 70). Er dachte an seinen Neffen John, der ein Jahr älter als er selbst war, der Sohn seines ältesten Bruders Emanuel. John war »verschwunden«, als seine Familie im Jahre 1859 nach Manchester in England zog. Er »erschien« wieder und wurde damit zu einem »Revenant« (wie die Gestalten in den Träumen), als er und seine Familie 1870 Wien besuchten; Freud war damals vierzehn.

In beiden Kapiteln des Traumbuches, die den *non-vixit*-Traum behandelten, kam Freud auf das Thema John zurück und führte die Rekonstruktion dieses frühen Kindheitsereignisses (über das er Fließ in B 70 berichtet hatte) weiter. Freud und sein Neffe John waren laut Freud bis zu seinem dritten Lebensjahr unzertrennlich. Sei liebten einander und stritten miteinander. Freud berichtet in beiden Kapiteln, in fast genau den gleichen Sätzen, daß seine Beziehung zu John alle seine späteren Beziehungen zu Gleichaltrigen in entscheidender Weise beeinflußten:

> Alle meine Freunde sind in gewissem Sinne Inkarnationen dieser ersten Gestalt . . ., *Revenants.* Mein Neffe selbst kam in den Jünglingsjahren wieder, und damals führten wir Cäsar und Brutus miteinander auf. Ein intimer Freund und ein gehaßter Feind waren mir immer notwendige Erfordernisse meines Gefühlslebens; ich wußte beide mir immer von neuem zu verschaffen, und nicht selten stellte sich das Kindheitsideal so weit her, daß Freund und Feind in dieselbe Person zusammenfielen, natürlich nicht mehr gleichzeitig oder in mehrfach wiederholter Abwechslung, wie es in den ersten Kinderjahren der Fall gewesen sein mag . . .
>
> Nehmen wir für unsere Zwecke der Traumdeutung an, daß sich eine Kindererinnerung einstellt, oder eine solche phantastisch gebildet wird etwa folgenden Inhalts: Die beiden Kinder geraten in Streit miteinander um ein Objekt – . . . es kommt zur Schlägerei, Macht geht vor Recht; nach den Andeutungen des Traums könnte ich gewußt haben, daß ich im Unrecht bin (*den Irrtum selbst bemerkend*); ich bleibe aber diesmal der Stärkere, behaupte das Schlachtfeld, der Unterlegene eilt zum Vater, respektive Großvater, verklagt mich, und ich verteidige mich mit den mir durch die Erzählung des Vaters bekannten Worten: *Ich habe ihn gelagt, weil er mich gelagt hat* . . .
>
> Von hier aus fließen die Traumgedanken in folgenden Wegen: Es geschieht dir ganz recht, daß du mir den Platz hast räumen müssen; warum hast du mich vom Platze verdrängen wollen? Ich brauche dich nicht, ich werde mir schon einen anderen verschaffen, mit dem ich spiele usw. Dann eröffnen sich die Wege, auf denen diese Gedanken wieder in die Traumdarstellung einmünden. (1900, S. 487-488)

Freud beschrieb nicht nur den vielfach gewundenen Weg seiner Assoziationen, der ihn zu dem Thema Cäsar und Brutus und zu seiner Beziehung zu John führte, sondern schilderte auch aufs lebendigste seine gewaltige Anstrengung, um gewisse Hemmungen zu überwinden, die im Lauf der Deutungen entstanden.

Er suchte nach dem Ursprung des Satzes »non vixit« in dem

Traum. Der hohe Grad von Klarheit, den die Worte in dem Traum besaßen, deutete auf einen visuellen Eindruck. Freud erinnerte sich an eine Inschrift auf dem Sockel des Denkmals Josef II.[4], das vor der Kaiserlichen Bibliothek stand. Die Inschrift lautete:

Saluti publicae vixit
non diu sed totus.[5]

Freud mußte nun die Umwandlung im manifesten Trauminhalt von *non vixit* (er hat nicht gelebt) zu *non vivit* (er lebt nicht) aufspüren.

> Ein anderes Element der Traumgedanken muß dies durch seinen Beitrag ermöglicht haben. Es heißt mich nun etwas darauf achten, daß in der Traumszene eine feindselige und eine zärtliche Gedankenströmung gegen meinen Freund P. zusammentreffen, die erstere oberflächlich, die letztere verdeckt, und in den nämlichen Worten: Non vixit ihre Darstellung erreichen. Weil er sich um die Wissenschaft verdient gemacht hat, errichte ich ihm ein Denkmal; aber weil er sich eines bösen Wunsches schuldig gemacht hat (der am Ende des Traumes ausgedrückt ist), darum vernichte ich ihn. Ich habe da einen Satz von ganz besonderem Klang gebildet, bei dem mich ein Vorbild beeinflußt haben muß. Wo findet sich nur eine ähnliche Antithese, ein solches Nebeneinanderstellen zweier entgegengesetzter Reaktionen gegen dieselbe Person, die beide den Anspruch erheben, voll berechtigt zu sein, und doch einander nicht stören wollen? An einer einzigen Stelle, die sich aber dem Leser tief einprägt; in der Rechtfertigung des *Brutus in Shakespeares »Julius Cäsar«*. (1900, S. 426–427)

Auf diesem verschlungenen Weg gelangte Freud zu der Assoziation zu Julius Cäsar und seinem Neffen John. Freud erkannte, daß er in dem Traum die Rolle des Brutus gespielt hatte; er fährt fort:

> *Ich spiele also den Brutus im Traum.* Wenn ich nur von dieser überraschenden Kollateralverbindung noch eine andere bestätigende Spur im Trauminhalt auffinden könnte! ... Mein Freund Fl. ist im Monat *Juli* meines Wissens niemals in Wien gewesen.

4 Josef II., der Sohn Maria Theresias, war ein Vertreter der Aufklärung. Die Gestalt taucht in Freuds Schriften öfter auf.

5 Über ein Versehen in Freuds Zitat dieser Inschrift siehe Freud (1900, S. 425, N 1) und Wittels (1924, S. 87).

Aber der Monat *Juli* ist nach *Julius Cäsar* benannt und könnte darum sehr wohl die von mir gesuchte Anspielung auf den Zwischengedanken, daß ich den Brutus spiele, vertreten.

(1900, S. 427)

Der letzte Satz dieses Absatzes ist besonders relevant, und zwar aus folgenden Gründen:

a) Der zweite Teil der Deutung des *non-vixit*-Traumes begann mit der Veranlassung des Traumes, Fließ' Krankheit und Operation und der Warnung, nicht indiskret zu sein. Diese Themen führten über das Thema von Fließ' Schwester Pauline und dem Geschichtenerzählen direkt auf die kindliche Konstellation zwischen Freud, John und seiner Nichte Pauline und auf die Rivalität in der Hierarchie des Brückeschen Instituts – zu der damals noch ein weiterer Josef gehörte – Breuer.

b) Fließ kam im Juli nicht nach Wien, sondern Freud und Fließ trafen sich im Juli irgendwo in der Nähe von Salzburg (siehe Kapitel 4).

c) In Freuds Deutung gibt es eine sehr bezeichnende Auslassung. Ich habe schon darauf hingewiesen, daß Freud in seiner Selbstanalyse seine Erinnerung an John wiedergewonnen hatte und dies am 3. Oktober 1897 (B 70) Fließ mitteilte. Im selben Brief hatte Freud, bevor er John erwähnte, geschrieben: »Ich kann nur andeuten . . . daß ich meinen 1 Jahr jüngeren Bruder (der mit wenigen Monaten gestorben) mit bösen Wünschen und echter Kindereifersucht begrüßt hatte, und daß von seinem Tode der Keim zu Vorwürfen in mir geblieben ist.« Freud schloß: *»Dieser Neffe und dieser jüngere Bruder bestimmen nun das Neurotische, aber auch das Intensive an allen meinen Freundschaften.«* [Kursiv d. Verf.]

Dies war ein erstaunliches Geständnis Fließ gegenüber; implizierte es doch, daß Freuds Freundschaft mit Fließ neurotische Elemente enthielt. Nur *wenige Wochen* nach dieser Rekonstruktion (am 27. Oktober 1897) behauptete Freud, seine Selbstanalyse sei ein zureichender Grund dafür, daß er »vergaß«, Fließ zu seinem »noch nicht vierzigsten Geburtstag« zu gratulieren – am 24. Oktober, genau ein Jahr nach dem Tod von Freuds Vater.

Was Freud in seiner Analyse des *non-vixit*-Traumes *nicht* erwähnte, war sein Bruder Julius, obwohl er Julius Cäsar zu dem Element im manifesten Traum »Mein Freund Fl. kommt im *Juli* nach Wien« assoziierte. Insofern als Fließ 1858 geboren war, dem

Jahr, in dem Julius starb, war Fließ ein »Revenant« von Freuds jüngerem Bruder, so wie Fließ' Tochter Pauline ein »Revenant« von des letzteren toter Schwester war.

Nachdem Freud Julius Cäsar, Brutus und Prinz Hal assoziiert hatte, wandte er sich wieder seinem Freund Josef Paneth zu, der im Jahre 1857 geboren war, dem gleichen Jahr wie Freuds jüngerer Bruder Julius.

> »Weil er herrschsüchtig war, darum erschlug ich ihn.« Weil er nicht erwarten konnte, daß ihm der andere den Platz räume, darum ist er selbst hinweggeräumt worden. Diese Gedanken hege ich unmittelbar, nachdem ich in der Universität der Enthüllung des dem anderen gesetzten Denkmals beigewohnt habe. Ein Teil meiner im Traume verspürten Befriedigung deutet sich also: Gerechte Strafe; es ist dir recht geschehen.
>
> Bei dem Leichenbegängnis dieses Freundes [P] machte ein junger Mann die unpassend scheinende Bemerkung: Der Redner habe so gesprochen, als ob jetzt die Welt ohne den einen Menschen nicht mehr bestehen könne. Es regte sich in ihm die Auflehnung des wahrhaften Menschen, dem man den Schmerz durch Übertreibung stört. (1900, S. 488-489)

Erst jetzt stellte Freud eindeutig die Verbindung zwischen diesen Traumgedanken und Fließ her:

> Aber an diese Rede knüpfen sich die Traumgedanken an: Es ist wirklich niemand unersetzlich; wie viele habe ich schon zum Grabe geleitet; ich aber lebe noch, ich habe sie alle überlebt, ich behaupte den Platz. Ein solcher Gedanke im Moment, da ich fürchte, meinen Freund [Fl] nicht mehr unter den Lebenden anzutreffen, wenn ich zu ihm reise, läßt nur die weitere Entwicklung zu, daß ich mich freue, wieder jemanden zu überleben, daß nicht *ich* gestorben bin, sondern *er*, daß ich den Platz behaupte wie damals in der phantasierten Kinderszene. Diese aus dem Infantilen kommende Befriedigung darüber, daß ich den Platz behaupte, deckt den Hauptanteil des in den Traum aufgenommenen Affekts. Ich freue mich darüber, daß ich überlebe, ich äußere das mit dem naiven Egoismus der Anekdote zwischen Ehegatten: »Wenn eines von uns stirbt, übersiedle ich nach Paris.« Es ist für meine Erwartung so selbstverständlich, daß nicht ich der eine bin.
>
> Man kann sich's nicht verbergen, daß schwere Selbstüberwindung dazu gehört, seine Träume zu deuten und mitzuteilen.

Man muß sich als den einzigen Bösewicht enthüllen ... Die Revenants sind aber die aufeinanderfolgenden Inkarnationen meines Kindheitsfreundes [Fl]; ich bin also auch befriedigt darüber, daß ich mir diese Person immer wieder ersetzt habe, und auch für den, den ich jetzt zu verlieren im Begriffe bin, wird sich der Ersatz schon finden. Es ist niemand unersetzlich.

(1900, S. 489)

Bei Johns Besuch in Wien im Jahre 1870 spielten Freud und John die Rollen des Brutus und des Cäsar. Der Dialog stammte nicht aus dem Drama Shakespeares, sondern aus Schillers *Räubern* (IV, 5). Diese Tragödie Schillers dreht sich in der Hauptsache um die heftige Geschwisterrivalität zwischen einem jüngeren Bruder, der mißgestaltet und häßlich geboren ist, und einem älteren Bruder, einem geborenen Führer von glänzendem Aussehen, der die Zuneigung seines Vaters und die Liebe einer Base, einer Schwestergestalt, gewinnt. Das Stück endet mit dem Tod aller Hauptfiguren. Der Vater, von seinem bösen Sohn in ein Verlies gesperrt, wird von dem guten Sohn befreit – dem man vorher gesagt hatte, sein Vater sei tot. Der Vater stirbt jedoch kurze Zeit später an Erschöpfung. Der schurkische Sohn begeht Selbstmord, als sein Bruder zurückkehrt, um ihn für seine Verbrechen zu bestrafen, aber erst nachdem ihm ein Priester gesagt hat, daß Vatermord und Brudermord die Verbrechen sind, die nie vergeben werden können. Inzwischen ist der ältere Sohn ein Räuberhauptmann im Stil von Robin Hood geworden. Da er weiß, daß er für seine Verbrechen mit dem Leben zahlen muß, tötet er seine geliebte Base und begeht Selbstmord. All diese Tragödien sind das Resultat des mörderischen Ehrgeizes und der Intrigen des jüngeren Bruders, den das Schicksal (Daimon) zu allen seinen bösen Taten getrieben hat.[6]

In der Szene aus den *Räubern*, die Freud erwähnt, überläßt es der Dichter der Phantasie des Lesers, ob der gute Sohn ein Lied singt (er ist wach, während seine Bande schläft) oder eine Erscheinung sieht: in jedem Fall findet die Szene nach der Schlacht von Philippi statt. Brutus nähert sich der Grenze der Unterwelt, als Cäsars Geist erscheint. In dem dann folgenden Dialog nennt Cäsar Brutus seinen Sohn, der zum größten aller Römer würde, weil er

6 Am Tage seiner ersten systematischen Traumdeutung, am 24. Juli 1895, hatte Freud Fließ mit »Daimonie« (»Du Dämon«) angeredet. Vgl. S. 112.

sein Schwert in seines Vaters Brust stieß. Brutus erwidert, er kenne nur einen einzigen Mann, der dem großen Cäsar ebenbürtig wäre – der, den Cäsar seinen Sohn genannt hat, und endet mit den Worten: »Wo ein Brutus lebt, muß Cäsar sterben.«
So waren der Vater, Cäsar und Brutus, und Schillers Schauspiel ebenfalls Revenants.
Nachdem Freud der Freude Ausdruck gegeben hatte, Fließ überlebt zu haben, fragte er sich, was aus der Traumzensur geworden war. Warum erlaubte sie, daß dieser Gedankengang der rohesten Selbstsucht auftauchte, ohne schwere Unlust oder Angst hervorzurufen? Freud versuchte das folgendermaßen zu erklären:

> Ich meine, weil andere einwurfsfreie Gedankenzüge über die nämlichen Personen gleichfalls in Befriedigung ausgehen und mit ihrem Affekt jenen aus der verbotenen infantilen Quelle decken. In einer anderen Schicht von Gedanken habe ich mir bei jener feierlichen Denkmalenthüllung gesagt: Ich habe so viele teure Freunde verloren, die einen durch Tod, die anderen durch Auflösung der Freundschaft; es ist doch schön, daß sie sich mir ersetzt haben, daß ich den einen gewonnen habe, der mir mehr bedeutet, als die anderen konnten, und den ich jetzt in dem Alter, wo man nicht mehr leicht neue Freundschaften schließt, für immer festhalten werde. Die Befriedigung, daß ich diesen Ersatz für die verlorenen Freunde gefunden habe, darf ich ungestört in den Traum hinübernehmen, aber hinter ihr schleicht sich die feindselige Befriedigung aus infantiler Quelle mit ein. Die infantile Zärtlichkeit hilft sicherlich die heute berechtigte verstärken; aber auch der infantile Haß hat sich seinen Weg in die Darstellung gebahnt. (1900, S. 490)

Diese Erklärung klingt ebenso gezwungen wie jene, die Freud bei der Deutung des Goethe-Traumes gab, als er sich selber zu beweisen versuchte, nicht Fließ sei verrückt, sondern der Rezensent von Fließ' Buch.
In dem Traumbuch betonte Freud die entscheidende Bedeutung infantiler Konflikte für unsere Entwicklung. Das war eine der grundlegenden Entdeckungen der Psychoanalyse. Freud konnte ferner zeigen, daß so gut wie jeder Traum gewisse infantile Wünsche und die durch sie ausgelösten Konflikte ausdrückt. Darüber hinaus hatte Freud durch das Studium der Traumarbeit gelernt, daß kurz zurückliegende Ereignisse, unbedeutende oder wichtige, lustvolle oder konfliktgeladene, von der Traumarbeit benützt

werden, solchen verdrängten infantilen Wünschen und Phantasien (Es-Abkömmlingen) im manifesten und vor allem im latenten Trauminhalt Ausdruck zu verschaffen.

Was er damals noch nicht wußte – und das gilt für den Irma-Traum und den *non-vixit*-Traum –, war, daß kurz zurückliegende, stark konfliktgeladene, zum Teil unbewußte Gedanken und Wünsche Darstellung und Ausdruck gewinnen können auf dem Weg über Assoziationen mit altem infantilen Material, das vielleicht weniger ich-dystonisch ist als der mehr oberflächliche aktuelle Konflikt. Die Traumarbeit kann genetisch in zwei Richtungen operieren – von der Gegenwart in die Vergangenheit und umgekehrt.

Während der Niederschrift des Traumbuches war Freud aus vielen Gründen zutiefst mit der Rekonstruktion von frühem infantilen Material beschäftigt, die eine wichtige Rolle in seiner Selbstanalyse, der Behandlung seiner Patienten und der Entwicklung seines theoretischen Gerüsts spielte.

Aus allen diesen Gründen war es wahrscheinlich für Freud besonders schwierig, zu erkennen, daß gelegentlich das *In-den-Vordergrund-rücken infantilen Materials mit Erfolg als Abwehr gegen neuere Konflikte benützt werden kann, insbesondere gegen jene Konflikte, die in der Übertragungsbeziehung entstehen,* eine Erscheinung, die in jeder Analyse zutage tritt.

Die Beziehungen von Prinz Hal zu seinem Vater, Heinrich IV., und von Brutus zu Cäsar waren beides Musterbeispiele des ödipalen Konfliktes. Und doch hat Freud diese Beispiele in seinen Assoziationen als Konflikte der Rivalität und des Ehrgeizes dargestellt.

Die Tatsache, daß der *non-vixit*-Traum auch als eine Jahrestagreaktion auf den Tod von Freuds Vater gesehen werden kann oder auch als eine Ausgestaltung des Traums vom »Schuldgefühl des Überlebenden«, den er zwei Jahre früher Fließ mitgeteilt hatte, erklärt vielleicht die Auslassung des ödipalen Themas in Freuds Deutung. Daß Freud jedoch das Thema heftiger Rivalität nicht mit seinem »Kainsverbrechen« in Verbindung brachte, ist sehr viel bedeutsamer.

Wenn wir den *non-vixit*-Traum und die Auswirkungen der in ihm manifestierten Konflikte in Freuds späterem Leben ganz verstehen wollen, müssen wir diesen Traum im Kontext von Freuds höchst komplexer Beziehung zu Fließ begreifen. Freuds eigene Bemerkung, daß seine Beziehung zu seinem Neffen und die zu seinem jüngeren Bruder die neurotischen Elemente und die Intensität aller seiner Freundschaften als Erwachsener bestimmten, zeigt deutlich, daß er sich der Übertragungselemente in seiner Beziehung zu Fließ bewußt war.

Ich habe aus Freuds Briefen zahlreiche Bemerkungen angeführt, die zeigen, daß er Fließ' weitausgreifenden Spekulationen mehr als skeptisch gegenüberstand; und doch fühlte er sich immer wieder verpflichtet, die grundlegende Bedeutung von Fließ' Hypothesen zu verteidigen, und versuchte, sein Vertrauen zu Fließ und seinen Glauben an Fließ dadurch in sich selbst zu stärken, daß er all die Hohlköpfe von Professoren kritisierte und verspottete, die es wagten, Fließ' Entdeckungen nicht zu akzeptieren.

Als Freud *Die Traumdeutung* schrieb, war er zwar von der fundamentalen Wahrheit seiner Entdeckungen so fest überzeugt, wie man das nur sein kann; aber diese Entdeckungen waren doch so revolutionär, daß ein kleiner Rest von Zweifel geblieben sein muß und dazu ein Schaudern darüber, in einen Abgrund geblickt zu haben, der vielleicht für Menschenaugen verboten war. Deshalb brauchte Freud Fließ und mußte sein Urteil und seinen Verstand zum Schweigen bringen und den feindseligen Teil seiner Ambivalenz und seines Zweifels auf Fehlleistungen und Träume abdrängen.

Durch den Vergleich des *non-vixit*-Traumes mit dem Goethe-Traum und dem Irma-Traum können wir den wachsenden Konflikt zwischen Freud und Fließ erkennen.

Im Irma-Traum wurde die Feindseligkeit gegenüber Fließ durch Verschiebung auf andere kaschiert. Im Traum von Goethes Angriff auf Herrn M. wurde Freuds Übereinstimmung mit der vernichtenden Kritik von Fließ' Arbeit als höhnischer Angriff auf die Kritiker selbst verkleidet. Der Konflikt im *non-vixit*-Traum ging viel weiter, oder richtiger, tiefer. Er wurde in der elementarsten Form ausgedrückt: wer überlebt wen?

Im Jahre 1896 sprach Freud zum ersten Mal von dem universellen Schuldgefühl, das die Überlebenden nach dem Tod eines Elternteils erfahren. Das Schuldgefühl des Überlebenden manifestiert sich jedoch auch nach dem Tod von Geschwistern und Gleichrangigen. Im *non-vixit*-Traum spielte Freud nicht nur auf das Überleben im eigentlichen Sinn an, sondern auch auf das Überdauern derer, die beruflich am Wegrand liegen geblieben sind.

Im manifesten Traum vernichtete Freud Paneth und Fleischl, die in Wirklichkeit damals schon tot waren; er erklärte, alle seine Freunde seien Reinkarnationen, Revenants, einschließlich Breuer. Freud hat Breuers Rolle in der Entwicklung der Psychoanalyse stets anerkannt. Breuers Versuche einer kathartischen Behandlung der Hysterie waren der Katalysator, der zu Freuds Entdekkungen über die Arbeitsweise der Psyche führte.
Obwohl Breuer zur Zeit des Traumes lebte, war auch er am Wegrand liegen geblieben. Er hatte die Entfaltung von Freuds Ideen mit einer Mischung aus Skepsis und Bewunderung verfolgt. Er zollte ihm manchmal hohes Lob, äußerte aber hinter seinem Rücken Dritten gegenüber Kritik an Freud.
Wir kennen einige der Gründe, warum Breuer sich von Freuds späterem Werk distanzieren mußte (siehe Freud, 1914 a, 1925 b; Jones, Bd. 1; Pollock, 1968). Aus den unveröffentlichten Briefen an Fließ erfahren wir vieles über die Komplexität und Intensität von Freuds ambivalenter Beziehung zu Breuer (siehe Kapitel 6). In einem gewissen Sinne war also Breuer gleichfalls einer, den Freud in seine Feststellung *non vixit* oder *non vivit* einbeziehen konnte.
Es war ein Kennzeichen von Freuds Genialität, daß er imstande war, eine von anderen erhaltene Anregung zum Kern einer psychologischen Revolution zu machen. Er, der für so viele eine Quelle der Inspiration war, war bestimmten Menschen in seinem Leben gegenüber der Empfangende. Einer von ihnen war Breuer; ein zweiter war Fließ.
An diesem Punkt lassen sich mehrere Fragen stellen: Warum mußte Freud damals Fließ »beseitigen«? Warum mußte er alles Fließ gegenüber bekennen, einschließlich seiner früheren Indiskretion, und sich so dem Angriff aussetzen, den Fließ schließlich gegen ihn inszenierte (siehe Kapitel 7)? Und endlich, wie nahm Fließ dieses »Morden« auf?
Um vielleicht eine Antwort auf diese Fragen zu erhalten, können wir uns nur an Freud selbst halten.
Im September 1899 hatte Freud das Traumbuch beendet. Obwohl er manches an seinem Werk auszusetzen hatte, wußte er doch, daß es sein *magnum opus* war, daß von nun an die Welt nicht mehr die gleiche war. Nach seiner Rückkehr nach Wien schrieb er an Fließ: »Und jetzt ein Jahr weiter in dieses sonderbare Leben hinein, in dem die Stimmung wohl der einzige wirkliche Wert

ist. Die meine schwankt, aber ... wie es im Wappen unserer lieben Stadt Paris heißt: ›Fluctuat nec mergitur‹« (B 119).[7]
Er schickte Fließ weitere 60 Fahnen und verkündete triumphierend: »Das Hauptstück der Deutungsleistung kommt diesmal. Die absurden Träume. Es ist erstaunlich, wie oft Du vorkommst. In dem Traum ›non vixit‹ freue ich mich, Dich überlebt zu haben; ist es nicht arg, so etwas andeuten zu müssen?« (B 119)
Die Niederschrift dieses Buches hatte Vorrang vor jeder anderen Erwägung. Freud schonte sich nicht. Um seine Theorien verstehbar darzustellen, mußte er einige der intimsten Einzelheiten seines Lebens enthüllen, die man heute nur seinem Analytiker mitteilen würde. Das schloß auch die feindseligen Wünsche und Phantasien ein, die ein Analytiker ohne jeden Groll akzeptieren muß.
Während dieser ganzen Zeit ging Freuds Selbstanalyse weiter. Im Rahmen dieser einzigartigen analytischen Situation war es für Freud eine Notwendigkeit, seine Überbewertung von Fließ beizubehalten, der sein alter ego, sein Publikum und der Arzt seines Vertrauens war. Aber in einem noch unterdrückten Teil seiner selbst wußte Freud, daß Fließ' Theorien Phantasieprodukte waren. Freud wußte weiter, daß er schließlich die Unvereinbarkeit seiner eigenen Konzeptionen eines psychischen Determinismus mit Fließ' Konzeption der kosmischen Determiniertheit menschlicher Vorgänge würde einsehen müssen. Freud erwartete also, daß auch Fließ bald am Wegrand zurückbleiben und zum Revenant werden würde. In der Sprache infantiler Wünsche: Fließ würde umgebracht werden.
In Freuds Träumen und in seinem triumphierenden Gefühl, den Gipfel seiner Leistungen erreicht zu haben, waren seine Schuldgefühle verstummt. Es gelang ihm, bei seiner Traumdeutung die Gewichtigkeit seiner Todeswünsche in bezug auf Fließ durch den Trick des »Widerstandes nach unten«[8] zu leugnen, das heißt, er stellte bei der Deutung des *non-vixit*-Traumes in seinen Assoziationen eine Verbindung zu seinen frühkindlichen Konflikten mit seinem Neffen John her, während er jede Erwähnung seines toten Bruders Julius unterließ und so die Bedeutung seines aktuellen Konfliktes übersah.

7 Freud verwendete diesen Wappenspruch als Motto für die Arbeit »Zur Geschichte der psychoanalytischen Bewegung« (1914a).
8 Ein Begriff, den R. M. Loewenstein in einer persönlichen Mitteilung vorgeschlagen hat.

Das Eingeständnis früherer Indiskretionen, Rivalitäten und Todeswünsche dient oft als Manöver, um Schuldgefühle zum Verstummen zu bringen, doch bleiben sie selten lange stumm, Ferner wissen wir nicht, wie Fließ auf Freuds Bekenntnisse reagierte. Wir wissen nur (aus einem unveröffentlichten Brief, der am 30. November 1898 geschrieben wurde, ungefähr einen Monat nach dem *non-vixit*-Traum), wie Freud auf die Episode von Fließ' Operation reagierte, nämlich mit Ambivalenz. Freud berichtete von dem Phänomen, daß er sich offensichtlich über Fließ' schlechten Gesundheitszustand ärgere und an Fließ' Operation gern etwas ausgesetzt hätte. Er freue sich jedoch auf ein Wiedersehen um die Weihnachtszeit. Entschuldigend gab er zu, daß er die Sache mit seinem Furunkel aufgebauscht habe, um seinen Mitgefühlsäußerungen und Fließ' weiteren Erörterungen seiner Krankheit einen Dämpfer aufzusetzen.
Als Freud das Traumbuch entwarf, interessierte er sich in erster Linie für die Wirkungsweise der Traumarbeit und die infantilen Wurzeln des latenten Traums, da er mit den Ichaspekten und den Übertragungserscheinungen der Träume viel weniger vertraut war. Wir wissen zwar, daß sich Tagesreste an unterbewußtes, hauptsächlich frühkindliches Material heften, um psychische Repräsentanz zu erlangen, dürfen aber die dynamische Bedeutung aktueller Konflikte nicht vernachlässigen, selbst wenn diese im Zusammenhang mit verdrängten Phantasien (Es-Abkömmlingen) ausgedrückt werden. So konnte Freud 1899, als er an der Beendigung der *Traumdeutung* arbeitete, seinen Wunsch, Fließ zu überleben, bemänteln, der es notwendig machte, Fließ in der Phantasie umzubringen. Trotzdem hinterlassen solche Phantasien, vor allem, wenn ihnen später der Bruch einer Freundschaft nachfolgt, ihre Spuren in unserem psychischen Leben. Man kann das »Schuldgefühl des Überlebenden« noch einmal erleben, wie Freud im Zusammenhang mit Erinnerungen an den Streit mit seinem Neffen John in seiner Kindheit darlegte, wenn man im späteren Leben »das Schlachtfeld behauptet« hat (1900, S. 487).

Der Tod in Träumen

Wir träumen über unsere Hauptkonflikte, unsere Wünsche und Ängste bezüglich der Menschen, die wir lieben oder hassen, oder derer, die wir lieben *und* hassen; über unser eigenes Leben und unseren Tod und über Leben und Tod von anderen. Es blieb Freud vorbehalten zu entdecken, daß Todeswünsche gegen Eltern und Geschwister nicht die Ausnahme, sondern die Regel sind und daß sie ihren Ursprung in der frühen Kindheit haben. In *Die Traumdeutung* gab Freud Beispiele dafür, wie Todeswünsche gegen Geschwister in Träumen auftreten. Er schreibt dort:

> Den Traum vom Tod der Geschwister habe ich z. B. bei keiner meiner Patientinnen vermißt. Ich fand nur eine Ausnahme, die sich leicht in eine Bestätigung der Regel umdeuten ließ. Als ich einst einer Dame während einer Sitzung diesen Sachverhalt erklärte, der mir bei dem Symptom an der Tagesordnung in Betracht zu kommen schien, antwortete sie zu meinem Erstaunen, sie habe solche Träume nie gehabt. Ein anderer Traum fiel ihr aber ein, der angeblich damit nichts zu schaffen hatte, ein Traum, den sie mit vier Jahren zuerst, als damals Jüngste, und dann wiederholt geträumt hatte. *»Eine Menge Kinder, alle ihre Brüder, Schwestern, Cousins und Cousinen tummelten sich auf einer Wiese. Plötzlich bekamen sie Flügel, flogen auf und waren weg.«* Von der Bedeutung dieses Traumes hatte sie keine Ahnung; es wird uns nicht schwer fallen, einen Traum vom Tod aller Geschwister in seiner ursprünglichen, durch die Zensur wenig beeinflußten Form darin zu erkennen . . .

Vielleicht wirft nun jemand ein, die feindseligen Impulse der Kinder gegen ihre Geschwister seien wohl zuzugeben, aber wie käme das Kindergemüt zu der Höhe von Schlechtigkeit, dem Mitbewerber oder stärkeren Spielgenossen den Tod zu wünschen, als ob alle Vergehen nur durch die Todesstrafe zu sühnen seien? Wer so spricht, erwägt nicht, daß die Vorstellung des Kindes vom »Totsein« mit der unsrigen das Wort und dann nur noch wenig anderes gemein hat. Das Kind weiß nichts von den Greueln der Verwesung, vom Frieren im kalten Grab, vom Schrecken des endlosen Nichts, das der Erwachsene, wie alle Mythen vom Jenseits zeugen, in seiner Vorstellung so schlecht verträgt. Die Furcht vor dem Tode ist ihm fremd, darum spielt es mit dem gräßlichen Wort und droht einem anderen Kind: »Wenn du das noch einmal tust, wirst du sterben, wie der Franz gestorben ist«, wobei es die arme Mutter schaudernd überläuft, die vielleicht nicht daran vergessen kann, daß die größere Hälfte der erdgeborenen Menschen ihr Leben nicht über die Jahre der Kindheit bringt. Noch mit acht Jahren kann das

Kind, von einem Gang durch das Naturhistorische Museum heimgekehrt, seiner Mutter sagen: »Mama, ich habe dich so lieb; wenn du einmal stirbst, lasse ich dich ausstopfen und stelle dich hier im Zimmer auf, damit ich dich immer, immer sehen kann!« So wenig gleicht die kindliche Vorstellung vom Gestorbensein der unsrigen.

Im Jahre 1909 fügte Freud folgende Fußnote hinzu:

Von einem hochbegabten zehnjährigen Knaben hörte ich nach dem plötzlichen Tode seines Vaters zu meinem Erstaunen folgende Äußerung: Daß der Vater gestorben ist, verstehe ich, aber warum er nicht zum Nachtmahl nach Hause kommt, kann ich mir nicht erklären.

Gestorben sein heißt für das Kind, welchem ja überdies die Szenen des Leidens vor dem Tode zu sehen erspart wird, so viel als »fort sein«, die Überlebenden nicht mehr stören. Es unterscheidet nicht, auf welche Art diese Abwesenheit zustande kommt, ob durch Verreisen, Entlassung, Entfremdung oder Tod.

Fußnote Freuds von 1919:

Die Beobachtung eines psychoanalytisch geschulten Vaters erhascht auch den Moment, in dem sein geistig hochentwickeltes vierjähriges Töchterchen den Unterschied zwischen »fortsein« und »totsein« anerkennt. Das Kind machte Schwierigkeiten beim Essen und fühlte sich von einer der Aufwärterinnen in der Pension unfreundlich beobachtet. »Die Josefine soll tot sein.« äußerte sie darum gegen den Vater. »Warum gerade tot sein?« fragte der Vater beschwichtigend. »Ist es nicht genug, wenn sie weggeht?« »Nein,« antwortete das Kind, »dann kommt sie wieder.« Für die uneingeschränkte Eigenliebe (den Narzißmus) des Kindes ist jede Störung ein *crimen laesae majestatis,* und wie die drakonische Gesetzgebung setzt das Gefühl des Kindes auf alle solche Vergehen nur die eine nicht dosierbare Strafe.

(1900, S. 259 ff.)

Die Erkenntnis, daß Kinder die Bedeutung des Todes nicht wirklich verstehen, war die Grundlage für Freuds späteren Satz, daß wir in unserem Unbewußten nichts über den Tod im allgemeinen und von unserem eigenen Tod im besonderen wissen.

Ich habe bereits dargelegt (im Kapitel 1 und 4), daß das plötzliche Verschwinden von Menschen ein wichtiger Faktor in den ersten Lebensjahren Freuds war. Um zu rekapitulieren: die Menschen, die »verschwanden«, waren: sein Bruder Julius, der starb;

sein Kindermädchen, das ins Gefängnis kam; seine Spielgefährten John und Pauline; seine Halbbrüder Emanuel und Philipp und Emanuels Frau Maria; der Schmied und seine Familie; und – falls Freud etwas von ihrer Existenz wußte – die zweite Frau seines Vaters, Rebecca. Zu all dem hinzu kam noch das Verschwinden der ländlichen Umgebung, der Schmiedewerkstatt, der Wiesen und Wälder. Das Umherziehen durch fremde Städte und der schließliche Wohnsitz in einem wenig einladenden Viertel Wiens verstärkten noch den Einfluß all dieser Erinnerungen.

Daß sein Bruder Julius tatsächlich gestorben war, machte die Verbindung der beiden Vorstellungen Verschwinden und Tod noch enger.

Die vorangehenden Zitate aus *Die Traumdeutung* könnten vielleicht den Eindruck erwecken, Freud sei sich der späteren Folgen frühkindlicher Todeswünsche gegenüber Geschwistern und Eltern nicht bewußt gewesen. Freuds Rekonstruktion seiner eigenen Kindheit, die er 1897 vorgenommen hatte, beweist, daß ein solcher Eindruck irreführend wäre.

Was Freud zum Ausdruck bringen wollte, ist eine der vielen Komplexitäten unseres psychischen Lebens. Freud wußte aus seiner Selbstanalyse und aus der Analyse seiner Patienten, aber vor allem aus der Traumdeutung, daß völlig widersprüchliche Gedanken nebeneinander im Geist existieren können. So machen kleine Kinder scheinbar herzlose Bemerkungen, drücken offen ihre Todeswünsche gegen Geschwister, Gleichaltrige oder Eltern aus, weil für sie, wie Freud *damals* sagte, der Tod keine Bedeutung hat. Mit der Entwicklung des Gewissens jedoch werden solche Wünsche, die gewöhnlich verdrängt werden, zum Anreiz für die Bildung verschiedener normaler und abnormer Abwehrmechanismen und führen häufig zu Schuldgefühlen.

Wenn einmal in der frühen Kindheit die Verknüpfung zwischen Verschwinden und Tod hergestellt ist, kann sie sich im späteren Leben auch auf Rivalen oder Mitbewerber ausdehnen (siehe meine Erörterung des *non-vixit*-Traumes).

Die Traumdeutung enthält viele Träume Freuds, die seine Reaktion auf den Tod einer Reihe von Menschen, insbesondere auf den Tod seines eigenen Vaters zeigen. Andere Träume von ihm handeln von seinem eigenen Tod und seinen damit zusammenhängenden Ängsten. Dieses Thema wird in *Die Traumdeutung* mit einem Traum eingeführt, der mit den Worten endet: »Es heißt dann, daß ich jetzt gehen kann. Da finde ich meinen Hut nicht und kann doch nicht gehen« (S. 342). Bei der Verfolgung einer Assoziationskette zu diesen Sätzen erinnerte sich Freud an einen Satz aus Schillers *Fiesco* (III, 4): »Der Mohr hat seine *Schuldigkeit* getan, der Mohr *kann gehen.*« Freud benutzte hier das sprichwörtliche *Schuldigkeit* an Stelle von Schillers Wort *Arbeit*. Das Zitat ist, wie so viele Klassikerzitate, zum Sprichwort geworden, das bedeutet: Du hast deine Aufgabe erfüllt; du bist überflüssig; wir brauchen dich nicht mehr. Die Gestalt des Mohren ist hier relevant. Schillers Gestalt ist ein früherer Sträfling, der von Rebellen, die die Regierung von Genua stürzen wollen, dazu benützt wird, schmutzige Geschäfte für sie zu erledigen. Er wird von Fiesco, dem Anführer der Revolution, an den Galgen geschickt, weil er nach dem Sieg ein paar Häuser angezündet hat. Freud identifizierte den Wunsch, daß man ihn als ehrlichen Mann anerkennt und ihm sagt, daß ich jetzt gehen kann. (Vergleiche den Traum von Irmas Injektion mit seinem Thema der Rechtfertigung.) Aus seinen Assoziationen zu dem »Mohren« erkannte Freud, wie überdeterminiert die letzten Sätze des Traumes waren. Nach der Familienlegende kam Freud mit einem so dichten Gewirr schwarzer Haare zur Welt, daß seine Mutter erklärte, er sehe aus wie ein kleiner Mohr. Über die letzten Worte des Traumes »und [ich] kann doch nicht gehen« hatte Freud folgendes zu sagen:

> Auch die Ablehnung trauriger Todesgedanken verbirgt sich hinter diesem Traumende: Ich habe meine Schuldigkeit noch lange nicht getan; ich darf noch nicht gehen. – Geburt und Tod[9] wie in dem kurz vorher erfolgten Traum von Goethe und dem Paralytiker. (1900, S. 342)

Freud hatte recht, von »traurigen Todesgedanken« zu sprechen. Seine Assoziation war nicht: ich muß noch nicht sterben, sondern: Ich darf noch nicht gehen. Träume wie dieser reflektierten die Gefühle eines Mannes, der unter der Last einer übermenschlichen Bürde stöhnte, wie er in seinen Briefen an Fließ klar macht, wo er sich mit einem »Neoplasma« vergleicht oder mit Jakob, der mit dem Engel ringt. Vier Jahrzehnte später war Freud gezwungen, mit dem gleichen grausamen Dilemma zu kämpfen: Wie lange muß ich noch so unerträglich Schmerzen ertragen? Wann

9 Siehe das Motto meines Buches und Kapitel 6 und 22.

wird es mir erlaubt sein, »süßen Frieden« anzunehmen oder gar, ihn zu erbitten?

Die Deutung solcher Träume enthüllte Freud, daß Geburt und Tod in den Träumen durch die gleichen Symbole repräsentiert werden können (Reise, Schiffe, Züge, Meer, Fluß etc.), Symbole, die auch in den Mythen, religiösen Ritualen und Kunstwerken vieler Zivilisationen auftreten. Die Bezugnahme Freuds auf seinen weiter oben besprochenen Traum über Goethe und den Paralytiker, und die Verknüpfung mit dem Traum von Irmas Injektion und damit mit der Emma-Episode zeigen gleichfalls, wie eng Freuds Träume mit seiner Beziehung zu Fließ verwoben waren.[10]

Daß das Problem des Todes in Freuds Träumen so häufig auftaucht, ist nicht auf eine morbide Beschäftigung mit diesem Gegenstand zurückzuführen. Wir müssen im Auge behalten, daß Freuds Entdeckung des entscheidenden Einflusses frühkindlicher Konflikte mit Eltern und Geschwistern, vor allem des Ödipuskomplexes (siehe Kapitel 4), auf die normale wie auf die abnorme Entwicklung ein mächtiger Ansporn in seiner Selbstanalyse und in seiner Arbeit an seinem Werk über die *Traumdeutung* war; und daß der Tod von Freuds Vater eine bedeutende katalysierende Rolle bei der Herausbildung seiner Ideen spielte. Der Tod seines Vaters war deshalb ein häufiges Thema in Freuds Träumen und Assoziationen. Bei der Deutung solcher Träume erkannte Freud auch, daß Beunruhigung über den eigenen Tod sich in Träumen über einen geliebten Menschen, der bereits tot ist, verbergen kann.

> Die Träume von geliebten Toten stellen der Traumdeutung überhaupt schwierige Aufgaben, deren Lösung nicht immer befriedigend gelingt. Den Grund hierfür mag man in der besonders stark ausgeprägten Gefühlsambivalenz suchen, welche das Verhältnis des Träumers zum Toten beherrscht. Es ist sehr gewöhnlich, daß in solchen Träumen der Verstorbene zunächst als lebend behandelt wird, daß es dann plötzlich heißt, er sei tot, und daß er in der Fortsetzung des Traumes doch wieder

10 Freuds Bezugnahme auf den »Paralytiker«, dessen Krankheit mit dem irren Schrei »Natur, Natur!« begann, erinnerte an Ibsens Tragödie *Gespenster*, die mit den mehrmals wiederholten Worten »Die Sonne, die Sonne« des paralytischen jungen Oswald endet, der das Opfer einer angeborenen Syphilis ist. Damals stand Ibsens Stück auf dem Spielplan aller deutschen Theater, und die Rolle des Oswald, mit ihrer dramatischen letzten Szene, war bei den führenden Schauspielern so begehrt wie die des Hamlet.

lebt. Das wirkt verwirrend. Ich habe endlich erraten, daß dieser Wechsel von Tod und Leben die *Gleichgültigkeit* des Träumers darstellen soll (»Es ist mir dasselbe, ob er lebt oder gestorben ist«). Natürlich ist diese Gleichgültigkeit keine reale, sondern eine gewünschte, sie soll die sehr intensiven, oft gegensätzlichen Gefühlseinstellungen des Träumers verleugnen helfen, und wird so zur Traumdarstellung seiner *Ambivalenz*. Für andere Träume, in denen man mit Toten verkehrt, hat oft folgende Regel orientierend gewirkt: Wenn im Traume nicht daran gemahnt wird, daß der Tote – tot ist, so stellt sich der Träumer dem Toten gleich, er träumt von seinem eigenen Tod. Die plötzlich im Traume auftretende Besinnung oder Verwunderung: Aber, der ist ja längst gestorben, ist eine Verwahrung gegen diese Gemeinschaft und lehnt die Todesbedeutung für den Träumer ab. Aber ich gestehe den Eindruck zu, daß die Traumdeutung Träumen dieses Inhalts noch lange nicht alle ihre Geheimnisse entlockt hat. (1900, S. 433)

Während Freud nach dem Tod seines Vaters bereits erkannte, daß die Überlebenden nach dem Tod einer geliebten Person sehr häufig von Selbstvorwürfen heimgesucht werden, hatte er die Entdeckung der vollen Bedeutung und der metapsychologischen Implikationen der Identifizierung mit der toten Person im Vorgang des Trauerns und in der Melancholie noch vor sich (siehe Freud, 1917 a).

Freud, der schon immer ein großer Leser gewesen war, erkannte schon in frühem Lebensalter, daß Dichter und Schriftsteller in ihren Kunstwerken unsere tiefsten Probleme schildern. Als er die Rätsel des Unbewußten aufzudecken begann, las er solche Werke mit einem zweifachen Ziel: einerseits fand er in ihnen die Bestätigung seiner eigenen Theorien; andererseits – überzeugt, daß das Genie großer Künstler ihnen Zugang zu den geheimsten Winkeln unserer Seele verschafft – lernte er aus ihnen, manche seiner eigenen keimenden Ideen zu konkretisieren, die er dann in der Sprache des Wissenschaftlers formulierte. Die Fließ-Korrespondenz enthält zum Beispiel mehrere Analysen von Werken Conrad Ferdinand Meyers. Freuds Deutungen seiner eigenen Träume enthalten eine Fülle von Assoziationen zu Werken in verschiedenen Sprachen von Autoren vieler Nationalitäten. Die Beschäftigung mit dem Tod und der Unsterblichkeit ist natürlich ein sehr häufiges Thema in der Literatur, der Religion und der Mythologie.

Vielleicht das beste Beispiel dafür, wie solche Gedanken im latenten Trauminhalt dargestellt werden können, ist Freuds Analyse seines Traumes, in dem er sein eigenes Becken seziert. Ich behandle nur die Teile des Traumes und seiner Deutung, die für mein Thema relevant sind.

> In einem Traume, den ich bisher nur gestreift habe, wird eingangs die Verwunderung über das auftauchende Thema deutlich ausgesprochen.
>
> Der alte Brücke muß mir irgendeine Aufgabe gestellt haben; sonderbar genug bezieht sie sich auf Präparation meines eigenen Untergestells, Becken und Beine, das ich vor mir sehe wie im Seziersaal, doch ohne den Mangel am Körper zu spüren, auch ohne Spur von Grauen ... Dann war ich wieder im Besitz meiner Beine und machte einen Weg durch die Stadt, nahm aber (aus Müdigkeit) einen Wagen ... Schließlich wanderte ich mit einem alpinen Führer, der meine Sachen trug, durch wechselnde Landschaften. Auf einer Strecke trug er mich mit Rücksicht auf meine müden Beine. Der Boden war sumpfig; wir gingen am Rand hin; Leute saßen am Boden, ein Mädchen unter ihnen, wie Indianer oder Zigeuner ... Endlich kamen wir zu einem kleinen Holzhaus, das in ein offenes Fenster ausging. Dort setzte mich der Führer ab und legte zwei bereit stehende Holzbretter auf das Fensterbrett, um so den Abgrund zu überbrücken, der vom Fenster aus zu überschreiten war. Ich bekam jetzt wirklich Angst für meine Beine. Anstatt des erwarteten Überganges sah ich aber zwei erwachsene Männer auf Holzbänken liegen, die an den Wänden der Hütte waren, und wie zwei Kinder schlafend neben ihnen. Als ob nicht die Bretter, sondern die Kinder den Übergang ermöglichen sollten. Ich erwache mit Gedankenschreck. (1900, S. 455–456)

Freud wies darauf hin, daß es unmöglich sei, allen Assoziationen zu einem so komplexen und hoch verdichteten manifesten Traum nachzugehen. Während er diesen Traum als Beispiel für die psychischen Tätigkeiten in Träumen, d. h. der Urteilsfunktion, erörterte, gehen seine Assoziationen, so wie er sie mitteilt, hauptsächlich in Richtung einer Erklärung dafür, daß er kein Gefühl des *Grauens* empfand, wie nach dem manifesten Inhalt des Traumes zu erwarten gewesen wäre, und für den *Schrecken,* mit dem er aus dem Traum erwachte.

Die Assoziationen zu den Worten »sonderbar genug« schlossen

eine Unterhaltung ein, die Freud über zwei sonderbare Bücher »voll verborgener Bedeutung« gehabt hatte, die das »Ewig weibliche«[11], die »Unsterblichkeit unserer Gefühle« behandeln: Rider Haggards *She* und *Heart of the World*. Die Unterhaltung handelte auch von Freuds eigenem Werk und gab ihm einen Vorgeschmack der Reaktion, die es auslösen könnte. Sein Besucher hatte gefragt:

»Hast du nichts Eigenes?« – »Nein, meine eigenen unsterblichen Werke sind noch nicht geschrieben.« – »Also wann erscheinen denn deine sogenannten letzten Aufklärungen, die, wie du versprichst, auch für uns lesbar sein werden?« fragt sie etwas anzüglich. Ich merkte jetzt, daß mich ein anderer durch ihren Mund mahnen läßt und verstumme. Ich denke an die Überwindung, die es mich kostet, auch nur die Arbeit über den Traum, in der ich soviel vom eigenen intimen Wesen preisgeben muß, in die Öffentlichkeit zu schicken. »Das Beste, was du wissen kannst, darfst du den Buben doch nicht sagen.«[12]

(1900, S. 456)

In beiden Romanen ist eine Frau die Führerin, in beiden handelt es sich um gefährliche Wanderungen, in *»She«* um einen abenteuerlichen Weg ins Unentdeckte, kaum je Betretene. Die müden Beine sind nach einer Notiz, die ich bei dem Traume finde, reale Sensation jener Tage gewesen. Wahrscheinlich entsprach ihnen eine müde Stimmung und die zweifelnde Frage: Wie weit werden mich meine Beine noch tragen? In der »She« endet das Abenteuer damit, daß die Führerin, anstatt sich und den anderen die Unsterblichkeit zu holen, im geheimnisvollen Zentralfeuer den Tod findet. Eine solche Angst hat sich unver-

11 Dies ist eine Anspielung auf Fausts Tod und Errettung. Goethes Drama endet mit den Versen:

Alles Vergängliche
Ist nur ein Gleichnis;
Das Unzulängliche,
Hier wirds Ereignis;
Das Unbeschreibliche,
Hier ist's getan;
Das Ewig-Weibliche
Zieht uns hinan.

Das Faustthema, das in Freuds Erörterung dieses Traums auftaucht, kehrte in seinem Leben bis hin zum Ende immer wieder.

12 Mephisto zu Faust, Erster Teil, 4. Szene. Siehe auch Freud (B 77 und 83), und Freuds Ansprache bei der Verleihung des Goethepreises (1930 a).

kennbar in den Traumgedanken geregt. Das *»Holzhaus«* ist sicherlich auch der *Sarg*, also das Grab. Aber in der Darstellung dieses unerwünschtesten aller Gedanken durch eine Wunscherfüllung hat die Traumarbeit ihr Meisterstück geleistet. Ich war nämlich schon einmal in einem Grab, aber es war ein ausgeräumtes Etruskergrab bei *Orvieto*,[13] eine schmale Kammer mit zwei Steinbänken an den Wänden, auf denen die Skelette von zwei Erwachsenen gelagert waren. Genau so sieht das Innere des Holzhauses im Traum aus, nur ist Stein durch Holz ersetzt. Der Traum scheint zu sagen: »Wenn du schon im Grabe weilen sollst, so sei es das Etruskergrab,« und mit dieser Unterschiebung verwandelt er die traurigste Erwartung in eine recht erwünschte. Leider kann er, wie wir hören werden, nur die den Affekt begleitende Vorstellung in ihr Gegenteil verkehren, nicht immer auch den Affekt selbst. Wo wache ich denn mit »Gedankenschreck« auf, nachdem sich noch die Idee Darstellung erzwungen, daß vielleicht die Kinder erreichen werden, was dem Vater versagt geblieben, eine neuerliche Anspielung an den sonderbaren Roman, in dem die Identität einer Person durch eine Generationsreihe von zweitausend Jahren festgehalten wird. (1900, S. 457 ff., siehe auch Kapitel 8)

Freud kehrte später in seinem Buch zu diesem Traum zurück:

In dem Traume von der sonderbaren Aufgabe, die mir der alte *Brücke* stellt, mein eigenes Becken zu präparieren, *vermisse ich im Traume selbst das dazu gehörige Grauen.* Dies ist nun Wunscherfüllung in mehr als einem Sinne. Die Präparation bedeutet die Selbstanalyse, die ich gleichsam durch die Veröffentlichung des Traumbuches vollziehe, die mir in Wirklichkeit so peinlich war, daß ich den Druck des bereitliegenden Manuskripts um mehr als ein Jahr aufgeschoben habe. Es regt sich nun der Wunsch, daß ich mich über diese abhaltende Empfindung hinaussetzen möge, darum verspüre ich im Traume kein *Grauen.* Das *»Grauen«* im anderen Sinne möchte ich auch gerne vermissen; es graut bei mir schon ordentlich, und dies *Grau* der Haare mahnt mich gleichfalls, nicht länger zurückzuhalten. Wir wissen ja, daß am Schlusse des Traums der Ge-

13 Dieses Erlebnis war wahrscheinlich auch ein Teil des Hintergrundes zu Freuds Vergessen, als ihm der Name des Malers Luca Signorelli nicht mehr einfiel, dessen Altarbild Freud bei bei seinem Besuch in Orvieto gesehen und bewundert hatte (siehe Freud, 1901 b, S. 19; Rosen, 1969; und Kapitel 9 des vorliegenden Buches).

danke zur Darstellung durchdringt, ich würde es den Kindern überlassen müssen, in der schwierigen Wanderung ans Ziel zu kommen. (1900, S. 481)

Dieser Traum und seine Deutung geben ein Bild von den Qualen, die Freud in seiner Selbstanalyse durchmachte, die ihn, wie er sagte, müde und mit grauem Haar zurückließ. Der Traum enthüllt ein Gefühl des Gehetztseins, des Wettlaufs mit der Zeit, um die ungeheure Weite des Unbekannten zu erobern. Er zeigt auch, daß Freud glaubte, daß er für die Nachwelt arbeitete, aber nur Verleumdung und Hohn dafür erwartete.[14]

Nach einem Tag der Arbeit mit seinen Patienten, gefolgt von langen Stunden schöpferischer Arbeit und des Schreibens, in denen sich unvermeidbar Zweifel an seinen Entdeckungen und ein Grauen vor ihnen einstellten, war der Inhalt von Freuds Träumen von Tagesresten durchzogen, von alten Erinnerungen und Phantasien und von Gedanken an Tod und Unsterblichkeit. Freud bezeichnete das Traumelement, daß er sich in einem schönen Etruskergrab anstatt in einem hölzernen Sarg befand, als Wunscherfüllung, aber diese Verwandlung der traurigsten Erwartung in eine erwünschte war in Wirklichkeit nur der tapfere Versuch der Traumarbeit, zu leugnen, daß er eine angenehme Illusion schaffe, die jedoch nicht in der Lage war, die Entstehung eines schmerzlichen Affektes zu verhindern.[15]

Dieser Traum liefert einen bildhaften Ausdruck der vielen Ideen, einschließlich jener über den Tod, die während dieser Periode in Freud herankeimten; unter anderem stellte er fest, daß der Tod in Träumen durch eine Reihe von Symbolen, die mit Reisen zusammenhängen (Schiffe, Züge etc.), dargestellt werden kann.

14 Eine andere Deutung dieses Traumes findet man in einem Aufsatz von Peto (1969), der nach Abschluß dieses Buches erschien. Peto argumentiert, daß solche Verstümmelungsträume in den letzten Stadien der Analyse das Auftreten eines kritischen Konfliktes in der Übertragung anzeigen und seine Lösung vorantreiben, eine Argumentation, die ganz mit der in diesem Kapitel entwickelten übereinstimmt.

15 Es war für die Kontinuität von Freuds schöpferischem Denken charakteristisch, daß er den gleichen Gedanken fast dreißig Jahre später in *Die Zukunft einer Illusion* (1927, S. 352 ff.) wieder aufnahm. Das Thema, daß seine Kinder (später seine Schüler) vielleicht erreichen würden, was ihm versagt geblieben war, taucht gleichfalls in Freuds Arbeiten und Briefen immer wieder auf.
Die Vorstellung der durch das Keimplasma gewährleisteten Unsterblichkeit wurde in *Jenseits des Lustprinzips* (1920) weiter ausgeführt. Siehe auch Freuds Reaktion auf die Spekulationen von Fließ (Kapitel 4).

Die Fließ-Korrespondenz und viele Briefe an die Familie und an Freunde geben uns deutliche Hinweise darauf, wie sehr Freud das Reisen genoß. Während der Zeit seines qualvollen Ringens gehörten die Reisen, die Freud unternahm, obwohl sie oft kurz und anstrengend waren, zu seinen größten Freuden und waren ein wichtiger Quell der physischen und psychischen Entspannung.

Jahre hindurch blieb, zum Teil aus inneren Ursachen, eine Reise nach Rom ein unerreichbares Ziel (siehe dazu 1900, S. 199-202; Jones, Bd. 2, S. 30-34). Für Freud, der am Rande der Armut in einer Atmosphäre äußerster Kärglichkeit aufgewachsen war, war Reisen bis zu einem gewissen Grad ein verbotener Luxus, denn eine solche Verschwendung hatte sich sein Vater nicht leisten können.

In der zweiten Auflage von *Die Traumdeutung* (1909) wies Freud darauf hin, daß Träume über das Verpassen eines Zugs, wenn von Angst begleitet, in Wirklichkeit unter Umständen Todesangst ausdrücken, während sie zugleich auch indirekt als Leugnung des Todes dienen: der Zug ist ohne dich abgefahren; du wirst nicht fortgehen. Freud erläuterte, die Schwierigkeit, Träume dieser Art zu deuten, entstamme der Tatsache, daß die ihnen anhaftende Angst scheinbar ein Ausdruck des Trostes ist, nämlich der Tatsache des »Nichtfortgehens«.

Hier, wie in Freuds Traum vom Präparieren seines eigenen Beckens, war der Versuch, die Todesangst, oder genauer, *den Tod selbst* zu leugnen, gescheitert; daher der Angstaffekt.[16]

Freud wußte sehr gut, daß Angstträume, wie die vom Verpassen eines Zuges, überdeterminiert sind. Er selber litt an einer leichten »Zugphobie«, die ihn jedoch nicht vom Reisen abhielt. Die Korrespondenz mit Fließ enthüllt auch Freuds angstvolle Präokkupation mit der Gefahr eines Eisenbahnunglücks, wenn Angehörige seiner Familie, oder Fließ, eine Reise antraten (z. B. B 68).[17] Er hatte noch nicht erkannt, daß Ängste auch ein Ausdruck der Ambivalenz, der unbewußten Todeswünsche sind. In vielen Briefen

16 Erst 1919 erkannte Freud, in welchem Ausmaß das Ich selbst an der Konstruktion von Träumen beteiligt sein kann. Aber selbst dann stieß das Verständnis dieser Rolle des Ich auf viele Hindernisse (eine ausführliche Erörterung findet man in Kapitel 12).

17 Eine solche angstvolle Präokkupation kehrte zum Beispiel noch 1925 wieder in Gestalt einer Fehlleistung, die Freud in einem Brief an Ferenczi gedeutet hat (siehe Jones, Bd. 3, S. 138).

an Fließ schrieb Freud von den erschreckenden Gedanken, die ihn befielen, wenn nicht in regelmäßigen Abständen von Fließ Nachricht kam (z. B. Brief vom 1. Februar 1900, siehe Kapitel 6).

Ein Traum Freuds, in dem seine Todesangst mit höchst erfreulichen Erinnerungen an mehrere Reisen vermischt war, ist besonders interessant – der Traum vom Schloß am Meer. Aufgrund von Freuds Assoziationen und den Briefen an Fließ können wir diesen Traum auf Ende April 1898 datieren. Freud stand damals unter schwerer Belastung, da er gerade versuchte, den ersten Entwurf von *Die Traumdeutung* zu Papier zu bringen. Insbesondere schlug er sich mit dem schwierigen Abschnitt über Psychologie herum, der später Kapitel VII werden sollte. Diese Aufgabe hatte er vorübergehend liegenlassen müssen. Seine Beziehung zu Fließ war durch die Veröffentlichung von Fließ' Buch einer schweren Belastung ausgesetzt worden. Für Freud war es notwendig, seine positiven Gefühle für Fließ zu bewahren, um das Traumbuch vollenden zu können, wie aus einer Reihe von Briefen deutlich hervorgeht.

Eine Erkrankung von Fließ hatte ihr Zusammentreffen verhindert. Statt dessen unternahm Freud, wie schon früher erwähnt, eine sehr vergnügliche Reise mit seinem jüngeren Bruder Alexander. Der Brief, den Freud nach dieser Reise (am 14. April 1898) an Fließ schickte, ist aus vielen Gründen bemerkenswert. Er beginnt mit den folgenden Sätzen von etwas barschem Humor:

> Ich meine, es ist eine gute Regel für den Briefschreiber, das unerwähnt zu lassen, was der Empfänger schon weiß, ihm dafür lieber etwas Neues zu erzählen. Darum gehe ich darüber hinweg, daß ich gehört, Du hattest zu Ostern eine schlechte Zeit gehabt; das weißt Du ohnehin. Ich will Dir lieber von meiner Osterreise erzählen, die ich grantig zurückgelegt, von der ich aber erfrischt zurückgekommen bin. (B 88)

Darauf folgt eine längere reizende Schilderung der Reise (die das Hauptthema des obenerwähnten Traumes vom Schloß lieferte). Der Brief endete mit der unerfreulichen Nachricht (in der veröffentlichten Fassung des Briefes nicht enthalten) von der verleumderischen Kritik an Fließ' Buch.

Fließ war also krank, seine Entdeckungen hatte man das Werk eines Geisteskranken genannt, und Freud hatte eine genußreiche Reise gemacht. Darüber hinaus war Freud im Begriff, zu einer neuen Ebene des Verständnisses der Psyche vorzudringen, wie schon einmal, als er den Irma-Traum deutete. Er mußte dafür bezahlen, daß er sich mit einem toten Gouverneur identifizierte. Wenn wir diesen Hintergrund im Auge behalten, bedürfen die folgenden Ausschnitte aus dem Traum und aus Freuds Assoziationen keiner weiteren Erklärung:

Ein Schloß am Meere, später liegt es nicht direkt am Meer, sondern an einem schmalen Kanal, der ins Meer führt. Ein Herr P. ist der Gouverneur. Ich stehe mit ihm in einem großen dreifenstrigen Salon, [der an die Szenerie des Irma-Traumes erinnert] ... Ich bin etwa als freiwilliger Marineoffizier der Besatzung zugeteilt. Wir befürchten das Eintreffen von feindlichen Kriegsschiffen, da wir uns im Kriegszustand befinden. Herr P. hat die Absicht wegzugehen; er erteilt mir Instruktionen, was in dem befürchteten Falle zu geschehen hat. Seine kranke Frau befindet sich mit den Kindern im gefährdeten Schloß. Wenn das Bombardement beginnt, soll der große Saal geräumt werden. Er atmet schwer und will sich entfernen; ich halte ihn zurück und frage, auf welche Weise ich ihm nötigenfalls Nachricht zukommen lassen soll. Darauf sagt er noch etwas, sinkt aber gleich darauf tot um. Ich habe ihn wohl mit den Fragen überflüssigerweise angestrengt. Nach seinem Tode, der mir weiter keinen Eindruck macht, mache ich mir Gedanken, ob die Witwe im Schlosse bleiben wird, ob ich dem Oberkommando den Tod anzeigen und als der nächste im Befehl die Leitung des Schlosses übernehmen soll. Ich stehe nun am Fenster und mustere die vorbeifahrenden Schiffe; es sind Kauffahrer, die auf dem dunklen Wasser rapid vorbeisausen... Dann steht mein Bruder neben mir und wir schauen beide aus dem Fenster auf den Kanal. Bei einem Schiff erschrecken wir und rufen: Da kommt das Kriegsschiff. Es zeigt sich aber, daß nur dieselben Schiffe zurückkehren, die ich schon kenne. Nun kommt ein kleines Schiff, komisch abgeschnitten, so daß es mitten in seiner Breite endigt; auf Deck sieht man eigentümliche becher- oder dosenartige Dinge. Wir rufen wie aus einem Munde: Das ist das Frühstücksschiff.

Nach der Erzählung des Traumes fuhr Freud fort:

Die rasche Bewegung der Schiffe, das tiefdunkle Blau des Wassers, der braune Rauch der Kamine, das alles ergibt zusammen einen hochgespannten, düsteren Eindruck.

Die Örtlichkeiten in diesem Traume sind aus mehreren Reisen

an die *Adria* zusammengetragen (Miramare, Duino, Venedig, Aquileja). Eine kurze, aber genußreiche Osterfahrt nach *Aquileja* mit meinem Bruder, wenige Wochen vor dem Traume, war mir noch in frischer Erinnerung. Auch der *Seekrieg* zwischen Amerika und Spanien und an ihn geknüpfte Besorgnisse um das Schicksal meiner in Amerika lebenden Verwandten spielen mit hinein. An zwei Stellen dieses Traumes treten Affektwirkungen hervor. An der einen Stelle bleibt ein zu erwartender Affekt aus, es wird ausdrücklich hervorgehoben, daß mir der Tod des Gouverneurs keinen Eindruck macht; an einer anderen Stelle, wie ich das Kriegsschiff zu sehen glaube, *erschrecke* ich und verspüre im Schlaf alle Sensationen des Schreckens. Die Unterbringung der Affekte ist in diesem gut gebauten Traum so erfolgt, daß jeder auffällige Widerspruch vermieden ist. Es ist ja kein Grund, daß ich beim Tode des Gouverneurs erschrecken sollte, und es ist wohl angebracht, daß ich als Kommandant des Schlosses bei dem Anblicke des Kriegsschiffes erschrecke. Nun weist aber die Analyse nach, daß Herr P. nur ein Ersatzmann für mein eigenes Ich ist (im Traum bin ich sein Ersatzmann). Ich bin der Gouverneur, der plötzlich stirbt. Die Traumgedanken handeln von der Zukunft der Meinigen nach meinem vorzeitigen Tode. Kein anderer peinlicher Gedanke findet sich in den Traumgedanken. Der Schreck, der im Traume an den Anblick des Kriegsschiffes gelötet ist, muß von dort losgemacht und hierher gesetzt werden. Umgekehrt zeigt die Analyse, daß die Region der Traumgedanken, aus der das Kriegsschiff genommen ist, mit den heitersten Reminiszenzen erfüllt ist. Es war ein Jahr vorher in Venedig, wir standen an einem zauberhaft schönen Tag an den Fenstern unseres Zimmers auf der Riva Schiavoni und schauten auf die blaue Lagune, in der heute mehr Bewegung zu finden war als sonst. Es wurden englische Schiffe erwartet, die feierlich empfangen werden sollten, und plötzlich rief meine Frau heiter wie ein Kind: *»Da kommt das englische Kriegsschiff!«* Im Traume erschrecke ich bei den nämlichen Worten ... Ich verkehre also hier zwischen Traumgedanken und Trauminhalt Fröhlichkeit in Schreck und brauche nur anzudeuten, daß ich mit dieser Verwandlung selbst ein Stück des latenten Trauminhalts zum Ausdruck bringe. Das Beispiel beweist aber, daß es der Traumarbeit freisteht, den Affektanlaß aus seinen Verbindungen in den Traumgedanken zu lösen und beliebig anderswo im Trauminhalte einzufügen.

Ich ergreife die nebstbei sich bietende Gelegenheit, das *»Frühstücksschiff«*, dessen Erscheinen im Traume eine rationell festgehaltene Situation so unsinnig abschließt, einer näheren Analyse zu unterziehen. Wenn ich das Traumobjekt besser ins Auge fasse, so fällt mir nachträglich auf, daß es schwarz war und durch sein Abschneiden in seiner größten Breite an diesem Ende eine weitgehende Ähnlichkeit mit einem Gegenstand erzielte, der uns in den Museen etruskischer Städte interessant geworden war. Es war dies eine rechteckige Tasse aus schwarzem Ton, mit zwei Henkeln, auf der Dinge wie Kaffee- oder Teetassen standen, nicht ganz unähnlich einem unserer modernen Service für den *Frühstückstisch*. Auf Befragen erfuhren wir, das sei die Toilette einer etruskischen Dame mit den Schminke- und Puderbüchsen darauf; und wir sagten uns im Scherz, es wäre nicht übel, so ein Ding der Hausfrau mitzubringen. Das Traumobjekt bedeutet also – *schwarze Toilette*, Trauer, und spielt direkt auf einen Todesfall an. Mit dem anderen Ende mahnt das Traumobjekt an den »Nachen« vom Stamme νέκυς, wie mein sprachgelehrter Freund mir mitgeteilt, auf den in Vorzeiten die Leiche gelegt und dem Meer zur Bestattung überlassen wurde. Hieran reiht sich, warum im Traume die Schiffe zurückkehren.

»Still, auf gerettetem Boot, treibt in den Hafen der Greis.«

Es ist die Rückfahrt nach dem Schiffbruch, das Frühstücksschiff ist ja wie in seiner Breite abgebrochen. Woher aber der Name »Frühstücks«schiff? Hier kommt nun das »Englische« zur Verwendung, das wir bei den Kriegsschiffen erübrigt haben. Frühstück = breakfast, *Fastenbrecher*. Das *Brechen* gehört wieder zum Schiff*bruch*, das *Fasten* schließt sich der schwarzen Toilette an.

An diesem Frühstücksschiffe ist aber nur der Name vom Traume neugebildet. Das Ding hat existiert und mahnt mich an eine der heitersten Stunden der letzten Reise. Der Verpflegung in Aquileja mißtrauend, hatten wir uns von Görz Eßwaren mitgenommen; eine Flasche des vorzüglichen Istrianer Weins in Aquileja eingekauft, und während der kleine Postdampfer durch den Kanal delle Mee langsam in die öde Lagunenstrecke nach *Grado* fuhr, nahmen wir, die einzigen Passagiere, in heiterster Laune auf Deck das Frühstück ein, das uns schmeckte wie selten eines zuvor. Das war also das *»Frühstücksschiff«*, und gerade hinter dieser Reminiszenz frohesten Lebensgenusses verbirgt der Traum die betrübendsten Gedanken an eine unbekannte und unheimliche Zukunft.

(1900, S. 466-469)

Bei der Erörterung des *non-vixit*-Traumes sprach ich von Freuds tiefsitzendem Konflikt, den man als das »Schuldgefühl des Überlebenden« oder als das Problem der »Revenants« bezeichnen könnte. Der Traum von dem Schloß am Meer hat ein ähnliches Thema: Schuldgefühl wegen Glück und Erfolg, die, wie ein Teil des Träumers es empfindet, auf Kosten eines geliebten Freundes gewonnen wurden: Wer bin ich, daß ich zu gleichem Rang wie Kopernikus, Galilei und Darwin aufsteige, während der Mann, dessen Theorien ich so sehr bewunderte, als Geisteskranker angesehen wird? Werde ich Rom sehen, wo doch mein Vater es nie gesehen hat, wo Hannibal nur bis zum Trasimenischen See kam, wo Moses das Gelobte Land nur von ferne sah?

Ein paar Jahre später, während einer anderen Reise, flammte der Konflikt erneut auf (siehe Kapitel 7); er manifestierte sich in einer Reihe von Symptomen; das am deutlichsten hervortretende war ein Wiederaufleben der Präokkupation mit dem möglichen Bevorstehen des Todes an einem bestimmten Datum. Freud erwähnte das ominöse Alter von 51 zuerst in seinem Brief an Fließ vom 22. Juni 1894, im Zusammenhang mit dem Tod des Physikers Kundt. Wie ich schon in Kapitel 2 erwähnte, starb Kundt in Wirklichkeit im Alter von 54½ Jahren, nicht mit 51 Jahren. Der folgende Traum und einige von Freuds Assoziationen zu ihm, wie sie in *Die Traumdeutung* mitgeteilt werden, sind in diesem Zusammenhang bemerkenswert. Der Traum wird in dem Kapitel über »Absurde Träume« mitgeteilt, und seine Analyse wird in mehreren Teilen gegeben. Ich behandle zuerst die Punkte, die für die Bedeutung der Zahl 51 relevant sind.

Ich erhalte eine Zuschrift vom Gemeinderat meiner Geburtsstadt, betreffend die Zahlungskosten für eine Unterbringung im Spital im Jahre 1851, die wegen eines Anfalls bei mir notwendig war. Ich mache mich darüber lustig, denn erstens war ich 1851 noch nicht am Leben, zweitens ist mein Vater, auf den es sich beziehen kann, schon tot. Ich gehe zu ihm ins Nebenzimmer, wo er auf dem Bette liegt, und erzähle es ihm. Zu meiner Überraschung erinnert er sich, daß er damals 1851 einmal betrunken war und eingesperrt oder verwahrt werden mußte. Es war, als er für das Haus T... gearbeitet. Du hast also auch getrunken, frage ich. Bald darauf hast du geheiratet? Ich rechne, daß ich ja 1856 geboren bin, was mir als unmittelbar folgend vorkommt. (1900, S. 437)

Freud legte zuerst dar, daß die Gestalt seines Vaters, der im manifesten Trauminhalt lächerlich gemacht worden war, in Wirklichkeit zu einem Strohmann gemacht wurde, um einen anderen zu decken. Im Gegensatz zu seinem Vorgehen bei der früheren Deutung des *non-vixit*-Traumes, deutete Freud hier, indem er in erster Linie an aktuelle und kurz zurückliegende Konflikte, nicht an einen Kindheitskonflikt anknüpfte. Seine Assoziationen schlossen die überraschte und kritische Haltung eines älteren Kollegen (Breuer) gegenüber der Tatsache ein, daß ein Patient Freuds sein fünftes Behandlungsjahr begonnen hatte. Freuds Reaktion auf diese Kritik war: »Was sind vier oder fünf Jahre im Vergleich zu einem ganzen Leben?« Er fuhr dann fort:

Die gröbste und störendste Absurdität des Traumes liegt in der Behandlung der Jahreszahl 1851, die mir von 1856 gar nicht verschieden vorkommt, *als würde die Differenz von fünf Jahren gar nichts bedeuten.* Gerade das soll aber aus den Traumgedanken zum Ausdruck gebracht werden. *Vier bis fünf Jahre,* das ist der Zeitraum, während dessen ich die Unterstützung des eingangs erwähnten Kollegen genoß, aber auch die Zeit, während welcher ich meine Braut auf die Heirat warten ließ, und durch ein zufälliges, von den Traumgedanken gern ausgenützten Zusammentreffen auch die Zeit während welcher ich jetzt meinen vertrautesten Patienten auf die völlige Heilung warten lasse. *»Was sind fünf Jahre?«* fragen die Traumgedanken. *»Das ist für mich keine Zeit, das kommt nicht in Betracht.* Ich habe Zeit genug vor mir, und wie jenes endlich geworden ist, was Ihr auch nicht glauben wolltet, so werde ich auch dies zustande bringen.« Außerdem aber ist die Zahl 51, vom Jahrhundert abgelöst, noch anders, und zwar im gegensätzlichen Sinne determiniert; sie kommt darum auch mehrmals im Traume vor. 51 ist das Alter, in dem der Mann besonders gefährdet erscheint, in dem ich Kollegen plötzlich habe sterben sehen, darunter einen, der nach langem Harren einige Tage vorher zum Professor ernannt worden war. (1900, S. 440)

Hier wird das Alter von 51 Jahren wiederum mit dem plötzlichen Tod eines Kollegen mit 51 Jahren verknüpft, und im Kontext der Verwechslung eines Zeitraumes, die auch bezüglich des Lebensalters von Kundt bei seinem Tod auftrat. (Wir haben jedoch keinerlei Möglichkeit, festzustellen, ob Freud tatsächlich Kundts Geburtsdatum jemals erfuhr.) Freud kam zweimal auf die Deutung dieses Traumes zurück. An einer Stelle äußerte er, der Traum sei durch den Wunsch erregt worden, seine Hypothesen über die Ätiologie der Neurosen möchten sich nicht als absurd erweisen. Der gleiche Wunsch gilt natürlich für seine Traumtheorie. Freud zeigte, daß *er* die Absurdität des mathematischen Inhalts des Traums erkannt hatte.

> Es ist, als kämen in einer algebraischen Gleichung außer den Zahlen ein + und ein –, ein Potenz- und ein Wurzelzeichen vor, und jemand, der diese Gleichung abschreibt, ohne sie zu verstehen, nähme die Operationszeichen wie die Zahlen in seine Abschrift hinüber, würfe aber dann beiderlei durcheinander.
>
> (1900, S. 454)

Aber wer benützte komplizierte Formeln dieser Art?
In einem späteren Kapitel der *Traumdeutung* kam Freud auf den »absurden Traum« zurück und sagte:

> In dem scheinbar absurden Traum, der den Unterschied von 51 und 56 als quantité négligeable behandelt, war die Zahl 51 mehrmals erwähnt. Anstatt dies selbstverständlich und gleichgültig zu finden, haben wir daraus auf einen zweiten Gedankengang in dem latenten Trauminhalt geschlossen, der zur Zahl 51 hinführt, und die Spur, die wir weiter verfolgten, führte uns zu Befürchtungen, welche 51 Jahre als Lebensgrenze hinstellen, im schärfsten Gegensatz zu einem dominierenden Gedankenzug, der prahlerisch mit den Lebensjahren um sich wirft. In dem Traum »Non vixit« fand sich als unscheinbares Einschiebsel, das ich anfangs übersah, die Stelle: »Da P. ihn nicht versteht, fragt mich Fl.« usw. Als dann die Deutung stockte, griff ich auf diese Worte zurück, und fand von ihnen aus den Weg zu der Kinderphantasie, die in den Traumgedanken als intermediärer Knotenpunkt auftritt.
>
> (1900, S. 517-518)

Hier sprach Freud offen von seinen Befürchtungen im Zusammenhang mit dem Alter 51 und kehrte sofort zu dem *non-vixit*-Traum zurück, in dem P. für Paneth und Fl. für Fließ stand.

Während im Jahre 1894 die Grenze von 51 Jahren mit dem Tod von Kundt verknüpft wurde, hatte Freud im September 1896 gesagt: »Ich möchte so gerne bis zur berühmten Altersgrenze circa: 51 aushalten« (B 8, 29. 9. 1896).

Inzwischen war Fließ bei seiner Theorie der Periodizität angelangt, mit ihrer Formel von 28 und 23 als der weiblichen und der männlichen Periode, und hatte vorausgesagt, das Alter von 51 Jahren (28 + 23) werde entweder Freuds Lebensgrenze oder zumindest eine »kritische Periode« für ihn sein. Auf der Höhe von Freuds Herzepisode erschien das Alter von 40 oder 42 bis 43 Jahren noch ein erstrebenswertes Ziel, 51 eine weithergeholte Hoffnung. Mit der allmählichen Besserung der Herzbeschwerden verwandelte sich 51 aus einer Hoffnung zu einer Drohung. Obwohl Freud verstandesmäßig nicht an Fließ' Theorien glaubte, ließen sie ihn doch nicht ganz los. Er hatte viele Träume, die sich um komplizierte Berechnungen drehten, und die meisten von ihnen hatten auch irgendeinen Bezug auf Geburt und Tod (siehe zum Beispiel die Erörterung seines Traumes von Goethes Angriff auf Herrn M.).

Während die Zahlen, die bei den voraussichtlichen (und gefürchteten Daten seines Lebensendes eine Rolle spielten, mit den Fließschen Berechnungen zusammenhingen, waren sie doch offensichtlich überdeterminiert. Sie standen wahrscheinlich in Verbindung mit Fließ' eigenen »kritischen Perioden«, kamen zum Beispiel ein oder zwei Jahre später als diese. Im Zusammenhang mit dem *non-vixit*-Traum habe ich dargelegt, daß Fließ' »sehr kritisches« und »wichtiges Datum« sein 40. Geburtstag war. Freuds »kritische Periode« war dementsprechend 41 bis 42 Jahre. Das Alter von 51 (52) Jahren, das aus der Kombination der beiden kritischen Perioden 28 + 23 resultierte, war eine Fortsetzung des gleichen Themas, dem später 61 bis 62 folgen sollte.[18] Ich habe bereits auf den möglichen Zusammenhang zwischen dieser Spekulation, mit ihrer Abweichung von ein bis zwei Jahren von Fließ' »kritischen« Daten, und dem Geburts- und Todesdatum von Freuds jüngerem Bruder hingewiesen.

Freud hat stets betont, daß jedes Symptom viele Determinanten hat, die sich zu seinen spezifischen Manifestationen vereinigen und zu ihnen beisteuern. Dies gilt selbstverständlich auch für Freuds

18 Bezüglich der Determinanten dieses »kritischen« Alters siehe Kapitel 7.

Präokkupation mit voraussichtlichen Daten seines Todes. Die neuen Informationen über die Familie Freud, die Sajner ans Licht gebracht hat (siehe Kapitel 1), lassen es angezeigt erscheinen, diesen Traum erneut zu untersuchen, um eventuell solche zusätzlichen Determinanten zu entdecken.

Freud sagt bei der Behandlung dieses Traumes unter anderem folgendes:

> Die Aufdringlichkeit, mit welcher dieser Traum seine Absurditäten zur Schau trägt, werden wir nach den letzten Erörterungen nur als Zeichen einer besonders erbitterten und leidenschaftlichen Polemik in den Traumgedanken übersetzen. Mit um so größerer Verwunderung konstatieren wir aber, daß in diesem Traum die Polemik offen betrieben und der Vater als diejenige Person bezeichnet ist, die zum Ziele des Gespötts gemacht wird. Solche Offenheit scheint unseren Voraussetzungen über die Zensur bei der Traumarbeit zu widersprechen.
>
> (1900, S. 437-438)

Wir finden hier eine auffallende Übereinstimmung mit dem *non-vixit*-Traum, in dem Freud gleichfalls die Frage stellte, was mit der Traumzensur geschehen war, daß sie einen solch offenen Ausdruck der Befriedigung, Fließ überlebt zu haben, gestattete. Er erklärte dies etwas gewunden dadurch, daß er die Verstärkung seiner gegenwärtigen, berechtigten Zuneigung für Fließ infantiler Zuneigung zuschrieb, während er seine Todeswünsche gegen letzteren ausschließlich auf infantilen Haß gegen seinen Spielkameraden und Rivalen, seinen Neffen John, zurückführte.

Freuds Erklärung dafür, daß die Traumarbeit es nicht zensuriert hatte, daß sein Vater in dem fraglichen Traum der Lächerlichkeit preisgegeben wurde, war sehr viel komplizierter und gewundener.

Im manifesten Inhalt dieses »absurden« Traumes waren die Zahlen 1851 und 1856 besonders auffallend. In seiner Deutung wandelte Freud die tatsächliche Zeitspanne von 5 Jahren (zwischen 1851 und 1856) in vier bis fünf Jahre um. Er brachte diese Zeitspanne in Verbindung mit der Dauer seiner Verlobung und mit der Länge der psychoanalytischen Behandlung eines seiner Patienten. Freud brachte dann die erbitterte, leidenschaftliche Polemik in dem Traum in Verbindung mit Breuers kritischer Mißbilligung der langen Dauer dieser Behandlung und mit seinen eigenen herabsetzenden Bemerkungen über seinen Vater. Er stellte ferner eine Verbindung zu der Tatsache her, daß sein Lehrer, der Neurologe Meynert, der eine Zeitlang Freuds Vorstellungen über Hysterie heftig kritisierte und der sich ferner durch Einnahme von Chloroform zu berauschen pflegte, auf dem Totenbett Freud gestanden hatte, er selber sei einer der eindeutigsten Fälle von männlicher Hysterie.

Wie erklärte Freud die Rolle seines Vaters in dem Traum? Auf der einen Seite sagte Freud:

> ... der Satz: Ich gehe zu ihm ins Nebenzimmer ... reproduziert getreulich die Umstände, unter denen ich dem Vater meine eigenmächtige Verlobung mitgeteilt habe. Er will mich also an die vornehme Uneigennützigkeit mahnen, die der alte Mann damals bewies, und diese in Gegensatz zu dem Benehmen eines anderen, einer neuen Person bringen. (1900, S. 439)

Auf der anderen Seite sah Freud in dem Traum und der Traumarbeit ein Beispiel eines Urteilsprozesses.

> ... In dem absurden Traum ... frage ich: *Bald darauf hast du geheiratet? Ich rechne, daß ich ja 1856 geboren bin, was mir unmittelbar folgend vorkommt.* Das kleidet sich ganz in Form einer *Schlußfolge.* Der Vater hat bald nach dem Anfall im Jahre 1851 geheiratet; ich bin ja der Älteste, 1856 geboren; also das stimmt. Wir wissen, daß dieser Schluß durch die Wunscherfüllung verfälscht ist, daß der in den Traumgedanken herrschende Satz lautet: *vier oder fünf Jahre, das ist kein Zeitraum, das ist nicht zu rechnen.* Aber jedes Stück dieser Schlußfolge ist nach Inhalt wie nach Form aus den Traumgedanken anders zu determinieren: Es ist der Patient, über dessen Geduld der Kollege sich beschwert, der unmittelbar nach Beendigung der Kur zu heiraten gedenkt. (1900, S. 452)

Freud verglich dann die Art des Gesprächs mit seinem Vater in dem Traum mit einer an Studenten auf der Universität gestellten Frage, mit deren Hilfe der neugierige Professor aus dem Vornamen des Vaters des Studenten »Schlüsse ziehen« könnte (gemeint war die jüdische Abstammung eines Studenten):

> ... Somit wäre das *Schlußziehen* des Traumes nur die Wiederholung des *Schlußziehens,* das als ein Stück Material in den Traumgedanken auftritt. [Es folgt dann eine komplizierte und etwas kryptische Äußerung:] Wir erfahren hieraus etwas Neues. Wenn im Trauminhalte ein Schluß vorkommt, so kommt er ja sicherlich aus den Traumgedanken; in diesen mag er aber enthalten sein als ein Stück des erinnerten Materials oder er

kann als logisches Band eine Reihe von Traumgedanken miteinander verknüpfen. In jedem Fall stellt der Schluß im Traume einen Schluß aus den Traumgedanken dar.

(1900, S. 452-453)

Freuds Assoziationen kamen wiederholt auf das Thema »vier oder fünf Jahre, ... das ist nicht zu rechnen« zurück. Zu *einem* Element des manifesten Traumes jedoch gab er keinerlei direkte Assoziationen: daß das Jahr von Freuds Geburt, 1856, ihm »unmittelbar folgend« vorkam, nämlich dem Jahr 1851. In Wirklichkeit wurde Freud in dem Jahr nach Jakob Freuds Heirat mit seiner dritten und letzten Frau Amalia (29. Juli 1855) geboren.

Die ungefähre Zeit, in der Freud die Deutung dieses Traumes für das Traumbuch niederschrieb, können wir anhand eines Briefes feststellen, den er am 1. August 1899 (drei Tage nach dem Jahrestag der Hochzeit seiner Eltern) an Fließ schrieb. In diesem Brief schreibt er: »Der Ausfall des großen von Dir gestrichenen Traumes soll durch Einschiebung einer kleinen Traumsammlung (harmlose, absurde Träume, Rechnen und Reden im Traum, Affekte im Traum) wettgemacht werden« (B 113).

Eine weitere Assoziation Freuds sollte noch erwähnt werden, bevor wir einige Fragen stellen. Freud hatte zuerst eine algebraische Gleichung als Beispiel angeführt. Es heißt dort: »Es ist, als kämen in einer algebraischen Gleichung außer den Zahlen ein Plus und Minus, ein Potenz- und ein Wurzelzeichen vor, und jemand, der diese Gleichung abschreibt, ohne sie zu verstehen, nähme die Operationszeichen wie die Zahlen in seine Abschrift hinüber, würfe aber dann beiderlei durcheinander.« Etwas später schrieb er dann:

Die beiden Argumente lassen sich auf folgendes Material zurückführen. Es ist mir peinlich zu denken, daß manche der Voraussetzungen, die ich meiner psychologischen Auflösung der Psychoneurosen zugrunde lege, wenn sie erst bekannt geworden sind, Unglauben und Gelächter hervorrufen werden. So muß ich behaupten, daß bereits Eindrücke aus dem zweiten Lebensjahr, mitunter auch schon aus dem ersten, eine bleibende Spur im Gemütsleben der später Kranken zurücklassen und ... die erste und unterste Begründung für ein hysterisches Symptom abgeben können. Patienten, denen ich dies an passender Stelle auseinandersetze, pflegen die neugewonnene Aufklärung zu parodieren, indem sie sich bereit erklären, nach Erinnerungen aus der Zeit zu suchen, *da sie noch nicht am Leben waren.* (1900, S. 454)

Im Hinblick auf die Tatsache, daß Jakob Freud 1852, dem Jahr nach 1851, eine Frau geheiratet hatte, die nicht Freuds Mutter war, erscheint eine Reihe von Fragen berechtigt, die, wohlverstanden, nicht mehr als eine Spekulation ausdrücken: könnte es sein, daß Freud wirklich seinen Vater fragte, wen er kurz nach 1851 geheiratet hatte? Könnten die Schlüsse, die er zog, und die sich ständig wiederholende Suche nach der Wunscherfüllung, daß »vier bis fünf Jahre keine Rolle spielen«, ein Ausdruck des gleichen Themas sein? Könnte auch seine Assoziation über seine Patienten, die seine Behauptung von der Bedeutung früher Erinnerungen parodierten, indem sie sich bereit erklärten, »nach Erinnerungen aus der Zeit zu suchen, da sie noch nicht am Leben waren«, – könnte auch diese Assoziation sich auf diese unbekannte Frau seines Vaters beziehen, von der er vielleicht während seiner »prähistorischen« Zeit in Freiberg erfahren hatte? Schließlich: könnte dieses geheimnisvolle Datum 1851 auch zu Freuds Präokkupation mit dem kritischen Alter von 51 Jahren beigetragen haben?

Eine abschließende Antwort auf die Frage, ob Freud unbewußt der Existenz der zweiten Frau seines Vaters gewahr war, hat rein spekulativen Charakter. Freud beendete den Bericht über seine Erkenntnis, daß die Verführungstheorie der Neurosenentstehung ein Irrtum war, folgendermaßen:

> Nun setze ich meinen Brief fort ... Ich könnte mich ja sehr unzufrieden fühlen. Die Erwartung des ewigen Nachruhmes war so schön und des sicheren Reichtums, die volle Unabhängigkeit, das Reisen, die Hebung der Kinder über die schweren Sorgen, die mich um meine Jugend gebracht haben. Das hing alles daran, ob die Hysterie aufgeht oder nicht. Nun kann ich wieder still und bescheiden bleiben, sorgen, sparen und da fällt mir aus meiner Sammlung die kleine Geschichte ein: Rebekka zieh das Kleid aus, Du bist keine Kalle [Jiddisch für Braut] mehr. (B 69, 21. Sept. 1897)

Dies wurde weniger als zwei Wochen vor dem Rekonstruktionsbrief vom 3. Oktober geschrieben. Die Bedeutung dieses jüdischen Witzes liegt auf der Hand: Du warst einmal eine stolze Braut, aber du hast Pech gehabt, die Heirat ist abgeblasen – zieh dein Brautkleid aus!

Warum gerade dieser Witz zu diesem Zeitpunkt? Warum ein Witz, in dem Freud sich mit einer entehrten Frau identifiziert? Und ein Witz, dessen Pointe den Namen dieser geheimnisvollen zweiten Frau seines Vaters enthält?

Die Beendigung der »Traumdeutung«

Ich kehre jetzt von der Betrachtung von Freuds Träumen wieder zum Briefwechsel zwischen Freud und Fließ in den letzten Jahren ihrer Freundschaft zurück. Während dieser ganzen Zeit verschärfte sich der Konflikt zwischen den positiven und negativen Aspekten dieser Beziehung immer mehr. Die nachlassende Bereitschaft Freuds, die Hypothesen von Fließ anzuerkennen, der daraus resultierende Groll von Fließ, Freuds Fortschritte in seiner Selbstanalyse und seine immer tiefer reichenden Einblicke in die Arbeitsweise der menschlichen Psyche: das alles führte unausweichlich zu einem schmerzhaften Bruch. Zuerst aber mußte *Die Traumdeutung* vollendet werden.

Fließ hatte sich nicht wohlgefühlt, als Freud am 5. Dezember 1898 schrieb:

> Infolge Deines Krankseins habe ich, wie Du gemerkt, auch auf den Gedankenverkehr mit Dir verzichtet, in den soviel hineingegangen ist; ein neues Stück Resignation. Gelegentlich sehnte ich mich nach einem kräftigen und süßen Tropfen Traubensaft – wenn es doch »Punsch mit Lethe«[19] nicht sein kann – aber ich schämte mich mir ein neues Laster zuzulegen. [4]

Am 20. Dezember jedoch schrieb Freud:

> Selten sind mir 3 getrennte Monate so lang erschienen wie diese letzten. [5]

Die beiden Männer trafen sich Ende Dezember 1898, diesmal in Wien, wo Fließ' Schwiegereltern und die Schwester von Frau Fließ, die Frau von Dr. Rie, lebten. Diese Begegnung führte zu einer neuen Einsicht; sie rührte aber auch schmerzliche Gefühle auf. Das spiegelte sich im ersten Brief, den Freud nach der Begegnung schrieb. Der Brief vom 3. Januar 1899 beginnt mit der Feststellung:

> Ich bin der erste, der Nachricht von sich giebt. Nach dem

19 Siehe die gleiche Anspielung in dem Brief vom 12. Dezember 1897.

Untergang des Meteors giebt es einen Lichtschein, der den trüben Himmel auf lange hinaus erhellt. Er ist für mich noch nicht verlöscht. In der Helligkeit habe ich dann auch plötzlich einiges erblickt. [6]

Nach dieser poetischen Einleitung berichtete Freud, daß er einen weiteren Teil der Psychologie des Traumes aufgeklärt habe, den er für allgemein gültig ansehe und der deshalb den Schlüssel zum Verständnis anderer psychischer Vorgänge liefern könne. Freud beendete diesen Brief (einen Tag später) mit folgenden Worten:

Ich lebe da verdrossen und in Dunkelheit, bis Du kommst; ich schimpf' mich aus, entzünde mein flackerndes Licht an Deinem ruhigen, fühle mich wieder wohl und nach Deiner Abreise habe ich wieder Augen bekommen zu sehen und was ich sehe, ist schön und gut. Ist es nur der Termin, der noch ausgestanden war, oder können aus den vielen, für alle Zwecke reichenden Tagen nicht die Termine geschaffen werden durch die seelischen Einflüsse, die den Wartenden treffen? Muß nicht ein Platz dafür gelassen werden, so daß durch die Zeit nicht die Kraft aus der Betrachtung verdrängt wird? (B 101)

Das war ein rührender Appell an Fließ, in seinem starken System, das alle menschliche Geschehnisse ausschließlich mit dem vorherbestimmten Zusammentreffen geheimnisvoller Daten verknüpfte, der psychischen Determiniertheit einen Platz einzuräumen.

Der Appell blieb ohne Erfolg. Fließ konnte sein System nicht aufgeben, ohne damit zugleich den Glauben an seine eigene Bestimmung aufzugeben, und offensichtlich konnte Freud sich noch nicht vollständig von der Illusion trennen, Fließ sei ein bedeutender Mann, – jedenfalls nicht gerade zu diesem kritischen Zeitpunkt.

In Beantwortung einer Anfrage von Fließ, die sich wahrscheinlich mit dem Problem der Todesangst bei Patienten mit einer organischen Krankheit beschäftigte, schrieb Freud am 6. Februar 1899:

Der arme S. erinnert mich in Deiner Darstellung an einen der ärgerlichsten Punkte unserer modernen Medizin. [7]

Die Kunst, einen Kranken zu täuschen, ist ja gerade nicht groß erforderlich. Wohin ist es aber mit dem Einzelnen gekommen, wie gering muß der Einfluß der Wissenschaftsreligion sein, welche die alte Religion abgelöst haben sollte, wenn man sich der Eröffnung nicht mehr getraut, daß der oder jener jetzt zu sterben hat ... Der Christ läßt sich wenigstens noch einige Stunden vorher mit den Sterbesakramenten versehen. Es heißt doch bei Shakespeare: Du bist der Natur einen Tod schuldig. Hoffentlich finde ich zu meiner Zeit jemanden, der mich mit mehr Achtung behandelt und es mir sagt, wenn ich bereit sein soll. Mein Vater hat es klar gewußt, nicht davon gesprochen und seine schöne Fassung bis ans Ende bewahrt. (B 104)

Es wird nicht schwierig sein, sich vorzustellen, was diese Zeilen für mich bedeuteten, als ich sie im Jahrzehnt nach Freuds Tod las. Viele Jahre später bestand Freud darauf, daß er über alle Phasen seiner eigenen Krankheit vollständig unterrichtet wurde und daß man ihm am Ende gestattete, mit Würde zu sterben. Die Bezugnahme darauf, wie sein Vater seinem Tod entgegenging, und die Erinnerung daran, wie sein Vater »hinwegschrumpfte«, der Pneumonie und jenem letzten Termin entgegen (siehe den Brief vom 29. September 1896) sollten in Freuds eigenen letzten Lebensjahren von großer Bedeutung sein.

Der am 19. Februar 1899 geschriebene Brief enthält einige Sätze, die gespenstisch anmuten, weil sie sich eines Vergleichs bedienen, der 24 Jahre später tragische Wirklichkeit wurde:

Also es geht Dir ebenso, brauche ich mich nicht zu schämen. Auch Du beginnst Briefe am 11., die Du erst am 16. fortsetzen kannst, und am 16. kannst Du von nichts Anderem schreiben als von der einen ungeheuerlich großen, für die Kräfte des armen Menschen allzuschweren Arbeit, der jede Regung des Denkens gehört und die allmählich alle anderen Fähigkeiten und Empfänglichkeiten aufsaugt, eine Art von Neoplasmagewebe, das sich in's menschliche infiltriert und es dann ersetzt. Beinahe habe ich's noch besser – oder schlechter. Arbeit und Erwerbstätigkeit fallen bei mir zusammen, ich bin ganz Carcinom geworden. Das Neugebilde trinkt in seinen letzten Entwicklungsstadien gerne Wein; heute soll ich in's Theater; es ist aber lächerlich, gleichsam als wollte man auf's Carcinom transplantieren. Da haftet nichts, und meine Lebensdauer ist von nun an die des Neoplasmas. [8]

Freud hatte oft davon gesprochen, sein Drang, sein Werk voranzubringen, sei ein innerer Tyrann, dem er sich fügen müsse. Jetzt – und soweit ich weiß, kam das nie wieder vor – nannte er diesen Drang ein Neoplasma, das alles aufzehre, was von ihm als Mensch noch übrig sei. Warum benützte Freud diesen Vergleich gerade damals? Im selben Brief sprach Freud von einer neuen Entdeckung:

> Ein Symptom entsteht dort, wo der verdrängte und der verdrängende Gedanke in einer Wunscherfüllung zusammentreffen können. Wunscherfüllung des verdrängenden Gedankens ist das Symptom z. B. als Strafe, Selbstbestrafung, die letzte Ersetzung der Selbstbefriedigung, der Onanie. (B 105)

Freud betrachtete also die Masturbation nicht nur als die »Ursucht« (B 79), sondern auch als die »Ursünde«. Dachte Freud, er werde für seine eigene Nikotinsucht bestraft – die er einen Abkömmling der »Ursucht« nannte? Dachte er, auf einer anderen Ebene, sein innerer Tyrann bestrafe ihn für die Verwegenheit, die Geheimnisse der Psyche zu enthüllen? Dem »Ihr werdet sein wie Gott und wissen, was gut und böse ist«, folgte die Vertreibung aus dem Paradies. Flehte Freud den Engel an, abzulassen, wie er in einem späteren Brief sagte?

Ich bin nicht bereit zu glauben, wie das einige Leute tun, daß das Unbewußte von einer künftigen Krankheit 24 Jahre, bevor sie auftritt, etwas weiß. Ich glaube auch nicht, daß Freuds Krebserkrankung eine *direkte* Folge von Schuldgefühlen wegen seiner »Ursünde« oder irgendeiner anderen Sünde war. Ich glaube jedoch, daß Freud auf einer bestimmten Ebene dieses Gleichnis nie vergessen hat, so daß manche Ausdrücke, die er während seines letzten Lebensjahres in Briefen gebrauchte, einen neuen tragischen Sinn erhalten. Freud bestrafte schließlich sich selbst: seine Schuldgefühle waren zwar nicht die Entstehungsursache seiner Krebserkrankung, aber dadurch, daß er weiterhin ein starker Raucher blieb, trug er zum Wiederauftreten der Krankheit bei.

Aber Freud beklagte sich nicht allzu oft darüber, daß ihn die Last seines Tyrannen drückte. Am 2. März 1899 konnte er zu Recht sagen: »Meinem eigenen Seelenleben hat die ganze Beschäftigung doch sehr wohl getan; ich bin offenbar viel normaler als ich vor 4 oder 5 Jahren war« (B 106).

Nicht nur der seelische Zustand Freuds hatte sich gebessert. Am 25. Mai schrieb er im Anschluß an einen Bericht über eine Migräne, die zu einer Periode $28 + \frac{28}{2}$ gepaßt hatte:

> Montag früh bin ich mit Schwager H. auf die Rax[20] wie in alten Zeiten, $3^1/_2$ Stunden hinauf, $2^1/_2$ zurück. Allein die Rax ist

20 Ein etwa 2000 m hoher Berg, nicht weit von Wien.

viel höher geworden, seit ich sie zuletzt bestiegen, mindestens 500 Meter. Mein Herz hat es vortrefflich ertragen. [9]

Ein paar Monate später konnte Freud von einem seiner »schönsten Anfälle von Reiseangst« sprechen, was unausgesprochen implizierte, daß es sich hier um eine Sache aus ferner Vergangenheit handle (B 110). Freud verbrachte jenen Sommer in der Nähe von Berchtesgaden in einer ideal gelegenen Villa, wo er wandern, Pilze sammeln und an seinem Traumbuch arbeiten konnte. Er fühlte sich in bester Verfassung und klagte nur ein einziges Mal: »Heute nach fünfstündiger Arbeit habe ich etwas Schreibkrampfartiges in der Hand« (B 115).

Diesen ganzen Sommer und Frühherbst hindurch schickte Freud fortlaufend die Fahnen seines Traumbuches an Fließ, erbat und erhielt dazu Stellungnahmen und Kritik und viel Ermutigung. Freud seinerseits schrieb am 27. Juni 1899:

> Schönen Dank für den unverdient reichhaltigen Brief. Ich bescheide mich zu warten, die sonstige Klage über die unaufhebbare Entfernung habe ich mir resigniert abgewöhnt. Ich hoffe Dein Weg wird Dich noch weiter führen und noch tiefer und als neuer Kepler wirst Du uns die ehernen Regeln des biologischen Getriebes enthüllen. [10]

Auf den ersten Blick fallen die hochgeschraubten Wendungen dieses Briefes auf. Die von Freud im letzten Satz dieses Absatzes benutzten Worte ließen mich jedoch an eines seiner Lieblingszitate aus Schillers Gedicht »Die Weltweisen« denken. Auch in seinem Aufsatz »Über Deckerinnerungen« (siehe Kapitel 1) spielt Freud auf dieses Gedicht an, das er auch in dem oben angeführten Brief an Fließ vom 25. Mai erwähnt.

In diesem Gedicht macht sich Schiller über Metaphysiker und Poeten lustig, über Locke und Descartes, über Moralisten, Geistliche und Professoren, und erklärt, die Natur sei es, die über die Kontinuität des Geschehens auf dieser Erde wacht. Das Gedicht endet mit den folgenden Versen, die Freud besonders gern zitierte:

> Einstweilen, bis den Bau der Welt
> Philosophie zusammenhält,
> Erhält sich das Getriebe
> Durch Hunger und durch Liebe.

In seinem Aufsatz nennt Freud Hunger und Liebe »die beiden mächtigsten Triebfedern« (1899, S. 546). Durch die Benützung solcher Worte in seinem Brief sagt Freud zu Fließ in etwa: Du magst der neue Kepler der Biologie sein, ich aber glaube, daß die Triebe Hunger und Liebe die bestimmenden Kräfte des menschlichen Handelns sind. Ich behaupte nicht, daß Freud derartige Gedanken bewußt äußerte, aber angesichts des im Grunde unvereinbaren Standpunktes der beiden Männer erscheint es mir unzweifelhaft, daß ein so übertriebenes Lob zweideutig war.

Der Analytiker, der eine biographische Studie schreibt, befindet sich in einer besonderen Lage, wenn er eine gegebene Information behandelt. Er weiß nicht nur etwas über die Zukunft, sondern auch über die Vergangenheit, und geht der Entwicklung auf eine besondere Weise nach. Ich erlaube mir, hier Freuds Beispiel zu folgen, indem ich meine eigenen Assoziationen benutze und sie mit späteren Geschehnissen verknüpfe, die im Rahmen der Periode, in der sie sich ereigneten, noch ausführlich erörtert werden.

Wenige Seiten zurück sprach ich von dem gespenstischen Gefühl, das Freuds Brief vom 19. Februar 1899 in mir erweckte, der die Metapher seines »Neoplasma« enthielt. In seinem Brief vom 27. August 1899 berichtet Freud Fließ über seine Arbeit am Schlußkapitel – dem entscheidenden Kapitel VII – von *Die Traumdeutung* und bemerkt: »Jeder Versuch, es besser zu machen, als es von selbst gerät, verleiht ihm etwas Gequältes. Es wird also 2467 Fehler haben, – die ich ihm lassen werde.«

Damals kannte Freud bereits die Bedeutung der Fehlleistungen. *Zur Psychopathologie des Alltagslebens* (1901 b) stellte den Grundsatz auf, daß nichts in unserem psychischen Leben nur zufällig ist. Das hatte Freud im Sinne, als er dem obigen Brief das Postskriptum hinzufügte, das er dann unverändert in die *Psychopathologie des Alltagslebens* übernahm:

> Noch rasch einen Beitrag zur Psychopathologie des Alltagslebens. Du findest im Briefe die Zahl 2467 als übermütige Willkürschätzung der Fehler, die sich im Traumbuch finden werden. Es soll heißen: irgend eine große Zahl, und da stellt sich diese ein. Nun gibt es aber nichts Willkürliches, Undeterminiertes im Psychischen. Du wirst also auch mit Recht erwarten, daß das Unbewußte sich beeilt hat, die Zahl zu determinieren, die von dem Bewußten freigelassen wurde. Nun hatte ich gerade vorher in der Zeitung gelesen, daß ein General E. M. als Feldzeugmeister in den Ruhestand getreten ist. Du mußt wissen, der Mann interessiert mich. Während ich als militärärztlicher Eleve diente, kam er einmal, damals Oberst, in den Krankenstand

und sagte zum Arzte: ›Sie müssen mich aber in acht Tagen gesund machen, denn ich habe etwas zu arbeiten, worauf der Kaiser wartet.‹ Damals nahm ich mir vor, die Laufbahn des Mannes zu verfolgen, und siehe da, heute (1899) ist er am Ende derselben, Feldzeugmeister und schon im Ruhestande. Ich wollte ausrechnen, in welcher Zeit er diesen Weg zurückgelegt, und nahm an, daß ich ihn 1882 im Spital gesehen. Das wären also 17 Jahre. Ich erzähle meiner Frau davon und sie bemerkt: ›Da müßtest du also auch schon im Ruhestand sein?‹ Und ich protestiere: Davor bewahre mich Gott. Nach diesem Gespräche setzte ich mich an den Tisch, um Dir zu schreiben. Der frühere Gedankengang setzt sich aber fort und mit gutem Recht. Es war falsch gerechnet; ich habe einen festen Punkt dafür in meiner Erinnerung. Meine Großjährigkeit, meinen 24. Geburtstag also, habe ich im Militärarrest gefeiert (weil ich mich eigenmächtig absentiert hatte). Das war also 1880; es sind 19 Jahre her. Da hast Du nun die Zahl 24 in 2467! Nimm nun meine Alterszahl 43 und gib 24 Jahre hinzu, so bekommst Du 67! Das heißt, auf die Frage, ob ich auch in den Ruhestand treten will, habe ich mir im Wunsche noch 24 Jahre Arbeit zugelegt.[21] Offenbar bin ich gekränkt darüber, daß ich es in dem Intervall, durch das ich den Obersten M. verfolgt, selbst nicht weit gebracht habe, und doch wie in einer Art von Triumph darüber, daß er jetzt schon fertig ist, während ich noch alles vor mir habe. Da darf man mit Recht sagen, daß nicht einmal die absichtslos hingeworfene Zahl 2467 ihrer Determinierung aus dem Unbewußten entbehrt. (S. 270-271)

Das Alter von 67 Jahren erreichte Freud im Jahre 1923, und im Jahre 1923 erkrankte er an Krebs. Ich möchte noch einmal betonen, daß ich in keiner Weise daran glaubte, daß Freud mit 67 Jahren an Krebs erkrankte, weil er mit 43 Jahren sich 24 weitere Jahre produktiver Arbeit wünschte. Jedoch verhielt sich Freud 1923, unmittelbar nach der Entdeckung, daß er Krebs hatte, ungewöhnlich fatalistisch (siehe Kapitel 13). Diese untypische Haltung Freuds erschien damals schwer erklärbar. Könnte sie ein Widerhall jenes früheren Wunsches sein, eine resignierte Hinnahme des damals Erbetenen? Wollte er damit nur sagen: Das Schicksal

21 Mit anderen Worten, eine ebenso große zusätzliche Zeitspanne wie die, die er zur Erreichung der Volljährigkeit benötigt hatte.

hat mir tatsächlich noch 24 Jahre gewährt, warum sollte ich mich also beklagen?

An diesem Punkt können wir nicht verfehlen, eine gewichtige Reihe von Verknüpfungen zwischen mehreren Äußerungen in Freuds Briefen und späteren Ereignissen, die mit seiner tödlichen Krankheit zusammenhingen, zu erkennen. Die einschlägigen Äußerungen sind: seine Anspielung auf das »Schrumpfen« seines sterbenden Vaters; die Definition der Masturbation als der »Ursucht«; die Äußerung des Wunsches, nicht getäuscht zu werden, wenn die Zeit des Sterbens für ihn kommen werde; die Äußerung, wo er von sich selbst als einem »Neoplasma« spricht; die Erklärung der Symptombildung als Kompromiß zwischen Befriedigung und der Strafe dafür, wie im Falle der Masturbation; und die Äußerung des Wunsches, das Alter von 67 Jahren zu erreichen. Der Zusammenhang wird noch verstärkt durch einen weiteren introspektiven, noch unveröffentlichten Brief, in dem Freud von seiner oft wiederkehrenden »fatalistischen Überzeugung« spricht (Brief vom 28. April 1900; siehe Kapitel 6[6]).

Wenn ich zwischen Freuds komplizierten Berechnungen, die darauf hinausliefen, daß er mit 67 Jahren in den Ruhestand treten werde, und seiner fatalistischen Einstellung, als er 1923 tatsächlich das Alter von 67 Jahren erreichte, einen Zusammenhang herstellte, so könnte das eine bloße Hypothese sein; hingegen haben wir eine autoritative Deutung von Freud selbst (in einem 1909 geschriebenen Brief), in der er mit Hilfe einer ähnlichen Art von Berechnung das Alter, in dem er möglicherweise sterben werde, mit diesem offensichtlich schicksalhaften Jahr 1899 verknüpfte.

Zwei Wochen, nachdem er die Erwartung äußerte, *Die Traumdeutung* werde 2467 Fehler haben, am 11. September 1899, konnte Freud mitteilen, daß das Manuskript des Traumbuches an den Drucker abgegangen sei und daß er bereits den Beginn der Niedergeschlagenheit spüre, der unausweichlich einer äußersten Kraftanstrengung folge (B 118). Es ist interessant, daß Freuds Kritik an seinem eigenen Werk sich hauptsächlich in der Herabsetzung des Stils äußerte, in dem das Buch geschrieben war, während die depressive Stimmung sich – wie das gewöhnlich der Fall war, wenn er von einem Urlaub zurückkam – in der Verurteilung Wiens äußerte, der Stadt, wo er weder einen Lehrstuhl erlangen, noch zu einer hinreichenden ärztlichen Praxis kommen konnte, um finanzieller Sorgen ledig zu sein. Dies war finanziell ein schlechtes Jahr gewesen, und Freud wußte, daß seine Stimmung in der Regel durch geringes Einkommen beeinträchtigt wurde. Am 21. September 1899 schrieb er an Fließ:

> Du wirst sehen, mein Stil wird besser und meine Einfälle richtiger werden, wenn mir diese Stadt reichlich zu leben gibt. (B 119)

Fließ muß in seiner Antwort den richtigen Ton getroffen und es Freud damit möglich gemacht haben, eine der tieferen Ursachen der Niedergeschlagenheit, die auf die Vollendung seines Werkes folgte, besser zu verstehen. (Dies ist ein Beispiel dafür, daß Fließ mehr war als nur eine Art Resonanzboden. Es muß noch weitere solche Fälle gegeben haben.) Am 4. Oktober 1899 antwortete Freud:

> Die schmerzliche Empfindung des von sich Gebens, was einem allein zu eigen war, schilderst Du treffend. Die war es wol auch, die mir das Werk so verleidet hat. Seitdem gefällt es mir, gewiß nicht gut, aber weit besser. Ich mußte es noch peinlicher verspüren, da es nicht Gedanken- sondern Gefühlseigentum war, was sich loslöste. Zur Hysterie ist es nun weit.[22] In Zeiten wie diesen regt sich in mir keine Arbeitslust ...
>
> Leben und Krankheit sind wieder eingezogen. Das erste Opfer – Ernst – ist aber wieder erholt. Die anderen sind noch wol.
>
> Meine Stimmung hält sich noch tapfer, das Datum des nächsten Zusammenbruches theile ich Dir dann für Deine Berechnungen mit. Es sind das wirklich primäre periodische Schwankungen, denn 2 Wochen Unthätigkeit und 1/5 Erwerb – 1/4 reichten als äußere Aetiologie schon hin. [11]

In diesem Brief gab Freud einer tiefen Einsicht Ausdruck, die mehr als nur den Keim von Ideen enthielt, die er später entwikkelte: wie zum Beispiel Trennungsangst, die Bedeutung des Objektverlusts für die Depression und die Reaktion von Müttern nach der Entbindung, die von leichter Traurigkeit darüber, daß die Schwangerschaft vorüber ist (trotz der Freude über das neue Kind), bis zur postpartum-Depression reicht.[23]

22 Freud arbeitete an »Bruchstück einer Hysterie-Analyse«. Die Arbeit wurde erst 1905 veröffentlicht.

23 Man beachte in diesem Zusammenhang Freuds bedeutsame Formulierung, in der er seine Gedanken und Gefühle als »Eigentum« bezeichnet, das sich von ihm »loslöste«.

6. Kapitel

Tod einer Freundschaft

Das Datum des am Ende des letzten Kapitels besprochenen Briefes ist wichtig. Freuds Vater starb im Jahre 1896, im Monat Oktober. Ein Jahr später, im Oktober 1897, teilte Freud Fließ seine umwälzendsten Entdeckungen mit, die auf der Rekonstruktion seiner Kindheit basierten. Der folgende Oktober 1898 war Fließ' kritischste Zeit – sein 40. Geburtstag, seine Operation, der *non-vixit*-Traum. Im Oktober 1899 schließlich bereitete Freud das erste Exemplar seines Traumbuches als Geschenk zu Fließ' 41. Geburtstag vor. Aber der letzte Absatz von Freuds Brief enthält eine kaum verhüllte ironische Abwertung von Fließ' Berechnungen.

Man würde natürlich gern wissen, wie Fließ auf so einen Brief reagierte. Freud selber machte sich darüber Gedanken. Daß Fließ längere Zeit nicht antwortete, erschien ihm als böses Vorzeichen. Konnte es sein, daß einige Stellen in dem Traumbuch ihn beleidigt hatten? Freud erfuhr jedoch schon bald darauf, daß Fließ' kleine Tochter Pauline ernstlich krank gewesen war. Wie aus späteren Briefen hervorgeht, brachte Fließ offensichtlich ihre Krankheit in Zusammenhang mit bestimmten unheilvollen Perioden, die nach seiner Überzeugung auch zum Tod seiner Schwester Pauline beitrugen. Freud versuchte, Fließ mit realistischen medizinischen Gründen zu beruhigen, und machte ihm Vorwürfe, daß er ihn an seinen Sorgen nicht teilnehmen ließ. Am 9. November 1899 schrieb Freud:

> Ich habe mich immer anders benommen; seit Wochen jammere ich Dir vor, wo ich Anlaß dazu habe, auf die Gefahr hin Dich abzustoßen, in der Erwartung, daß es Dich nicht abstoßen wird, wenn ich Dir auch gewiß lieber Gutes und Hoffnungsvolles mitteilen möchte. [1]

Freud lernte es schließlich, Fließ gegenüber nicht zu klagen!

Freuds wehmütiges Sichzurücksehnen nach der Zeit des heroischen Kampfes vor der Vollendung des Traumbuches, eine Reaktion, die ich mit der »postpartum«-Niedergeschlagenheit verglichen habe, erklärt vielleicht seine falsche Datierung der nächsten beiden Briefe an Fließ. Der erste war 12. September 1899 datiert, der folgende 19. September 1899. Aufgrund des Inhalts dieser Briefe und des Vergleichs ihrer Daten mit denen auf einem ewigen Kalender vermute ich, daß sie in Wirklichkeit am 12. und 19. November 1899 geschrieben wurden.

Freud beendete die Korrespondenz des Jahres – und des Jahrhunderts – mit einem Gedicht, dem einzigen, das in den Briefen an Fließ enthalten ist und, soviel ich weiß, einem der sehr wenigen, die er je geschrieben hat. Es wurde aus Anlaß der Geburt von Fließ' zweitem Sohn geschrieben, am Vorabend des neuen Jahrhunderts. Das Gedicht ist eine Verherrlichung der Fließschen Hypothesen über die Empfängnis und die Möglichkeit, sogar das Geschlecht des Nachkömmlings zu beeinflussen. Man wird an Freuds Reaktion auf solche erstaunlichen Spekulationen von Fließ wie die geheimnisvolle Verknüpfung zwischen einer Infektion bei der Mutter und der Empfängnis bei der Tochter erinnert (siehe Kapitel 3). Es ist aber auch möglich, daß Freud es ironisch meinte und daß sich hinter seinem überschwenglichen Lob einiger Spott verbarg. Im weiteren Verlauf des Gedichtes können wir jedoch eine Stimmung entdecken, die an Freuds Traum erinnert, in dem er sein eigenes Becken präpariert (siehe Kapitel 5), und an die Assoziationen zu diesem Traum, die zu melancholischen Gedanken über den Tod und zu der tröstlichen Hoffnung führten, vielleicht würden seine Kinder ihm ein gewisses Maß von Unsterblichkeit verschaffen, zum Teil durch die Fortsetzung des von ihm nur begonnenen Werkes. In dem Gedicht brachte Freud die gleiche Hoffnung für Fließ und seinen neugeborenen Sohn zum Ausdruck.[1]

Ist es wirklich seltsam, daß ein Mann wie Freud sich diese Art von Tagtraum am Ende eines Jahrhunderts gestattete, und daß er ihm mit Bezug auf Fließ in einem Gedicht Ausdruck gab, das gleichzeitig seine komplizierten Konflikte widerspiegelt, als sich die Freundschaft der beiden Männer gerade dem Punkte näherte, wo es kein Zurück mehr gab?

Neue Gedanken und Projekte gewannen jetzt in Freuds Geist Gestalt, aber ihre Entwicklung vollzog sich in der gleichen unregelmäßigen, sprunghaften Weise wie seine früheren Ideen. Freud war sich durchaus dessen bewußt, daß es noch neue und andere Winkel des Geistes gab, zu denen sein Verständnis noch nicht

1 Siehe [2].

vorgedrungen war. Genau aus diesem Grunde mußte er warten, bis er neues Material erhielt: von seinem Hauptpatienten – ihm selbst – und von seinen anderen Patienten, deren Zahl jetzt sehr klein war. Unter diesen Umständen hielt sich Freud mit Briefschreiben zurück, denn er hatte beschlossen, nicht zu klagen. Am 1. Februar 1900 jedoch schrieb er an Fließ einen erstaunlichen Brief, den Ernst Jones (Bd. 1, S. 404) teilweise veröffentlichte und eine »halb scherzhafte«, aber sehr interessante Selbstschilderung nannte. Der Brief war alles andere als »halb scherzhaft«:

Theurer Wilhelm,

Die Ahnung von etwas Unheimlichem hat also Recht behalten. Ich finde es arg, daß das Intervall so kurz ist.[2] Vielleicht gehören aber die beiden Anfälle zusammen und nachher geht es dauernd gut. Es ist sehr schmerzlich; ich weiß auch nichts mehr darüber.

Martin hatte sich am 14. Jänner »$5 \times 28^2 - 10 \times 23$«[3] zwischen 2-3 Uhr nachmittags mit akutem Krankheitsbeginn gelegt. Er ist der einzige Fall geblieben, ist wieder wol. Die Beobachtungsreihe bricht diesmal jäh ab. Auf ein anderes Mal.

Wenn wir in einer Stadt lebten – die müßte aber Berlin sein, nicht Wien – wäre manches anders geworden und ich glaube, ich wäre gar nicht in die Verlegenheit gekommen oder bald aus ihr heraus. Darum habe ich ja unsere Trennung so oft bedauert. Leider ändert das nichts. Vielleicht, daß für mich und für meine Cur harte Zeiten kommen. Im Ganzen habe ich ja schon oft bemerkt, daß Du mich sehr zu überschätzen pflegst. Die Motivirung dieses Irrtums nimmt den Vorwurf wieder weg. Ich bin nämlich gar kein Mann der Wissenschaft, kein Beobachter, kein Experimentator, kein Denker. Ich bin nichts als ein Conquistadorentemperament[4], ein Abenteurer, wenn Du es über-

2 Dies hatte mit der periodisch auftretenden Rückbildungserkrankung von Fließ' Mutter zu tun.

3 Diese von Freud über die Zahl 14 eingefügte Berechnung ist gemäß Fließ' Periodizitätstheorien formuliert.

4 In einem Brief an Fließ vom 14. April 1898 benützte Freud den Ausdruck *Conquistador* in einem völlig anderen Kontext. Auf einer Osterreise mit seinem Bruder Alexander besuchte er eine Höhle mit schönen Stalaktiten. Ihren Führer schilderte Freud folgendermaßen.

Er war der Entdecker der Höhle selbst, ein verkommenes Genie offenbar, sprach immer von seinem Tode, seinen Konflikten mit den Geistlichen und seinen Eroberungen in diesen unterirdischen Reichen. Als er äußerte, daß er

setzen willst, mit der Neugierde, der Kühnheit und der Zähigkeit eines solchen. Solche Leute pflegt man nur zu schätzen, wenn sie Erfolg gehabt, wirklich etwas entdeckt haben, sonst aber sie bei Seite zu werfen. Und das ist nicht so ganz ungerecht. Gegenwärtig bin ich aber vom Glück verlassen, ich finde nichts Rechtes mehr.

Eine liebenswürdige und feinsinnige, etwas verschwommene, Kritik des Traumbuches findet sich in No. 17 der »Nation« von J. J. David, einem persönlich Bekannten. Löwenfeld habe ich zugesagt, einen kurzen Auszug aus dem Buch als Heft der neuen »Grenzfragen des Nerven- und Seelenlebens«[5] zum Sommer fertig zu machen.

Ich finde die Wissenschaft immer schwieriger. Am Abend möchte ich gerne etwas, was aufheitert, erfrischt und wegräumt, bin aber immer allein.

Das Hohenzollermuster ist lustig[6]. Natürlich steigen in dem Ignoranten allerlei, auf einen idealen Congreß sich bescheidende Fragen auf. Warum schiebt die Gesetzmäßigkeit die Differenz vor? Ich hoffe, auch an Deiner Arbeit hätte ich ganz anders Antheil genommen, wenn ich in Berlin lebte. So entfremden wir uns einander von unserem Eigensten her.

Ich habe mir jetzt den Nietzsche beigelegt[7], in dem ich die

schon in 36 »Löchern« im Karst gewesen, erkannte ich ihn als Neurotiker und sein Conquistadorentum als erotisches Äquivalent. Er gab wenige Minuten später die Bestätigung, denn als Alexander ihn fragte, wie weit man in die Höhle kommen kann, antwortete er: Es ist wie bei einer Jungfrau; je weiter man kommt, desto schöner ist es. (B 88)

Die Verwendung der gleichen Bezeichnung in zwei völlig verschiedenen Zusammenhängen ist ein schönes Beispiel für das, was Freud Sublimierung nannte – die Benutzung und Verwandlung von Triebzielen zu geistigen und beruflichen Leistungen.

5 Siehe »Über den Traum« (1901 a).

6 Fließ benützte die Stammbäume der Hohenzollern und der Habsburger zur Bestätigung seiner Theorien.

7 Dies ist einer der wenigen Fälle, wo Freud Nietzsche erwähnt, der in Freuds Briefwechsel mit A. Zweig in seinen letzten Lebensjahren eine Rolle spielte (siehe Einleitung und Kapitel 22). Über die Übereinstimmungen zwischen Freuds Formulierungen und denen Nietzsches, insbesondere bezüglich des Unbewußten, ist viel geschrieben worden. Freuds Äußerung in diesem Brief beweist, daß er vor dieser Zeit mit Nietzsches Werk nicht, jedenfalls nicht gründlich, vertraut war, aber damals hatte Freud seine Vorstellungen über das Funktionieren des Unbewußten bereits formuliert und in *Die Traumdeutung* veröffentlicht.

Worte für vieles, was in mir stumm bleibt, zu finden hoffe, aber ihn noch nicht aufgeschlagen. Vorläufig zu träge.

Denk' daran, daß ich mir bei dem Ausbleiben Deiner Briefe regelmäßig die düstersten Erwartungen gestalte und schreib' bald Deinem Sigm.

[3]

Freud schrieb diesen Brief zu Beginn eines neuen Jahrhunderts, das er mit einer sarkastischen Bemerkung begrüßt hatte:

> Das neue Jahrhundert, von dem uns am Interessantesten sein dürfte, daß es unsere Todesdaten in sich schließt, hat mir nichts gebracht als ein blödes Referat in der »Zeit«[8] ... Es ist wenig schmeichelhaft, ungemein verständnislos und – was das ärgste daran – in nächster Numer fortzusetzen. (B 127)

Freud fühlte sich von allen Seiten eingeengt. Die prüde, provinzielle Atmosphäre Wiens, die die großen künstlerischen, literarischen und wissenschaftlichen Leistungen einer relativ kleinen Intelligenzschicht überschattete, hatte ihn stets abgestoßen. Der Antisemitismus und die von Vorurteilen bestimmte Einschätzung seiner Arbeit blockierten ihm den Weg zur Dozentur, die damals für den Aufbau einer Privatpraxis als Facharzt außerordentlich wichtig war. Manchmal, wenn Freuds Gedankenfluß stockte oder seine Ideen sich nicht recht konkretisieren wollten, kam er sich vor wie jemand, der an der Leine zerrt. Freud hatte zwar nicht erwartet, daß sein Traumbuch auf bereitwillige Aufnahme stoßen würde; aber die Kombination von Totschweigen, vor allem in Fachkreisen, und bösartiger Verdrehung und Hohn hatte er nicht vorausgesehen. Strachey weist in seiner Einleitung zu *Die Traumdeutung* darauf hin, daß in den ersten sechs Jahren nach Erscheinen des Buches nur 351 Exemplare verkauft wurden.

Freud hatte eine kleine Zahl von Freunden, die er schätzte; er liebte seine Familie; aber er hatte alle Kontakte zu Berufskollegen abgebrochen[9], obwohl er streng genommen ja keine wirklichen Berufskollegen hatte. Sein Kontakt mit Breuer hatte mit bitterer Enttäuschung geendet. Daher Freuds Äußerung, er sei »immer allein«. Und jetzt gerieten er und sein einziges Publikum, sein *alter ego,* sein hochgeschätzter Freund, immer mehr auseinander.

8 Eine Wiener Tageszeitung. Siehe die Fußnote 2 von Kris zu B 127.

9 Teilweise vielleicht auf Verlangen von Fließ (siehe Kapitel 4).

Freud war immer noch bereit, eine mühsame mathematische Formel für die Krankheit seines Sohnes zu liefern; aber die Bemerkung über die Abruptheit, mit der er seine Beobachtungen abgebrochen hatte, war nicht ohne tiefere Bedeutung. In dem kurzen Absatz, in dem Freud sich zu dem Hohenzollernbeispiel von Fließ äußert, drückt sich eine Fülle widersprüchlicher Gefühle aus. Sie reichen von unbeteiligtem Amüsement bis zum knappen, ja tragischen Ausdruck des Trennungsschmerzes. Früher hatte sich Freud nach einem »Kongreß« auf Unwissenheit und mangelndes Verständnis komplizierter mathematischer Formeln berufen. Diesmal lieferte der »Ignorant« zuerst eine komplizierte algebraische Formel für ein Beispiel der Periodizität und wies auf einen grundsätzlichen Widerspruch in Fließ' Denken hin: »Warum schiebt die Gesetzmäßigkeit die *Differenz* vor?« Er schlug, sehr beiläufig, einen Kongreß vor, aber es müßte ein »idealer Congreß« sein. Und dann noch einmal das große »Wenn« – wenn sie in der selben Stadt lebten. Und schließlich das schmerzliche Ende: die Entfremdung bedeutet buchstäblich das Zerreißen engster Zusammengehörigkeit.

Als Freud von sich als einem *Conquistador* sprach, hatte er Figuren wie Cortes im Sinn, die mit einer Handvoll Männer ganze Reiche erobert hatten. Freud hatte das Problem des Traumes praktisch allein »erobert«, mit Ausnahme der Hilfe seines Freundes und selbstgewählten Analytikers. Aber als *Conquistador* mußte er neue Eroberungen in Angriff nehmen. Ließ ihn sein Glück im Stich, weil er seinen Freund verlor?

Deshalb war dieser Brief todernst gemeint und nicht »halb scherzhaft«. Am Ende dieses Briefes bedrängt Freud seinen Freund: überlasse mich nicht den düstersten Erwartungen und schreibe mir bald.

Freud mußte also in seiner Beziehung zu Fließ noch eine letzte Krise durchstehen, bevor er imstande war, die Last ganz allein zu tragen, bevor er bereit war für Jahrzehnte des Kampfes, der Triumphe, aber auch der Enttäuschungen, und schließlich für Leiden, Krankheit, Exil und einen langen, grausamen Tod.

Freuds widersprüchliche Gefühle fanden auf vielerlei Weise Ausdruck in den Briefen, die auf den eben zitierten folgten. Im nächsten Brief, vom 12. Februar 1900, erklärte Freud, daß er weniger häufig schreibe, weil er nicht klagen wolle, versuchte aber dann, seine Klagen durch den Hinweis auf die Ungelegenheiten und

Schwierigkeiten zu rechtfertigen, die ihm in seiner Arbeit – neben seinen finanziellen Sorgen – widerfahren waren; er endet mit der Feststellung, er sei weiter vom Ziel entfernt als je, und die Jugendkraft lasse sehr merklich nach.
Die Krise, auf die ich oben hinwies, hat Freud in zwei Briefen vom 11. und 23. März 1900 geschildert (vgl. B 130 und 131). Diese Briefe (besonders ein noch unveröffentlichter Teil des ersten) stellen nicht nur den Wendepunkt in der Beziehung zwischen Freud und Fließ dar, sondern geben uns auch weiteren Einblick in einige Aspekte des Wesens dieses Konfliktes. Nachdem er seiner Freude über den Empfang eines langen Briefes von Fließ Ausdruck gegeben hatte, fuhr Freud in seinem Brief vom 11. März fort:

> Mit der Zunahme meiner Unfreiheit und Deiner Gebundenheit, bei dem unerquicklichen Stoff, der sich mir jedesmal in die Feder drängt, bei der Aussicht, von Dir und den Deinigen noch weiter abgedrängt zu werden durch die bevorstehende Verbreuerung[10], es wäre ganz sinnlos, wollte man den Einfluß solcher Momente und den der Frauen überhaupt auch auf unsere Beziehungen läugnen. –
> Kurz unter all diesen Erwägungen nahm ich mir vor meine Ansprüche an Dich einzuschränken. Daher dann mein längeres Schweigen, das ich als Warten auf eine Antwort hinstellen konnte. [4]

Während der Brief vom 1. Februar den Konflikt als eine Unvereinbarkeit der Ideen dargestellt hatte, wird er in dieser Passage, die nach Erhalt eines freundlichen Briefes von Fließ geschrieben wurde, als unabhängig von Gefühlen dargestellt. Freud hat dieses Thema das ganze Jahr hindurch immer wieder aufgenommen. Im Gegensatz zu dieser traurigen, ja bitteren Stelle war der Rest des Briefes mit echter Gelassenheit geschrieben.
Freuds Brief vom 23. März 1900 markierte den Wendepunkt in der Beziehung noch deutlicher. Nachdem er sich bei Fließ für

10 »Verbreuerung« – eine Wortschöpfung, die eine zunehmend stärkere Verbindung mit Breuer meinte. Freud hatte dabei die bevorstehende Heirat von Breuers Tochter mit einem gewissen Dr. Schiff im Auge, der entweder mit Fließ und der Familie seiner Frau verwandt war oder ihnen zumindest sehr nahe stand. Als die Verlobung bekannt wurde, nannte Freud sie eine politische und sah voraus, daß nun Fließ' Theorien plötzlich von Breuer und seinem Kreis in vollem Umfang akzeptiert würden, was offenbar tatsächlich auch der Fall war.

dessen Interesse für sein Traumbuch und für seine Bemühungen, auch andere dafür zu interessieren, bedankt hatte, schrieb Freud:

In vielen trüben Stunden ist es mir zum Trost geworden, dies Buch hinterlassen zu können. Seine Aufnahme, die bisherige mindestens – hat mich zwar nicht gefreut; Verständnis ist spärlich, Lob nur wie Almosen, es ist den Meisten offenbar unsympathisch, von einer Ahnung des Bedeutungsvollen an ihm habe ich noch keine Spur gesehen. Ich erkläre mir's so, daß ich um 15–20 Jahre voraus gekommen bin.[11] Dann kommt freilich die regelmäßige Qual, die sich an ein Urteil in propriis haftet.

Es hat noch kein Halbjahr gegeben, in welchem ich mich so ständig und so innig nach Zusammenleben mit Dir und den Deinigen gesehnt habe, wie das eben abgelaufene. Du weißt, es war eine tiefgehende innerliche Krise, Du würdest sehen, wie alt ich in ihr geworden bin. Es hat mich darum mächtig gepackt, als ich hörte, Du schlügest ein Wiedersehen in diesen Ostertagen vor. Wenn man nicht verstünde, Widersprüche feiner aufzulösen, müßte man es unbegreiflich finden, daß ich nicht eilig dem Vorschlag zustimme. In Wirklichkeit ist es wahrscheinlicher, daß ich Dir ausweichen werde. Nicht nur mein fast kindliches Lechzen nach dem Frühling und nach schönerer Natur, das opferte ich gerne der Befriedigung, Dich für drei Tage neben mir zu haben. Es sind noch andere, innere Gründe vom Aggregatzustand der Imponderabilien, die mir aber schwer wiegen ... Ich bin innerlich tief verarmt, mußte meine sämtlichen Luftschlösser demolieren, und gerade eben faßte ich etwas Mut, sie wieder aufzubauen. Während der Katastrophe des Einsturzes wärst Du mir unschätzbar gewesen, im gegenwärtigen Stadium würde ich mich Dir kaum verständlich machen können. Ich habe meine Depression dann mit Hilfe einer besonderen Diät in intellektuellen Dingen besiegt, nun heilt es unter der Ablenkung langsam aus. Wenn ich mit Dir wäre, würde ich unvermeidlich versuchen, alles bewußt zu fassen und für Dich darzustellen, wir würden Vernunft und Wissenschaft reden, Deine schönen und sicheren biologischen Aufdeckungen würden meinen tiefinnersten (unpersönlichen) Neid

11 Zwanzig Jahre später bereitete Freud die sechste Auflage von *Die Traumdeutung* vor, die inzwischen in viele Sprachen übersetzt worden war. Im Jahr 1913, vor Erscheinen der vierten Auflage, war die erste englische Übersetzung von A. A. Brill veröffentlicht worden, außerdem eine russische Übertragung.

erwecken. Das Ende wäre, ich würde Dir fünf Tage lang klagen und käme aufgewühlt und unzufrieden in den Sommer zurück, für den ich wahrscheinlich meine ganze Fassung brauchen werde. Abhelfen läßt sich dem Allerwenigsten, was mich bedrückt; es ist mein Kreuz, ich muß es tragen, und weiß Gott, mein Rücken ist bei der Anpassung merklich krumm geworden. (B 131)

Dieser Brief bedarf keines Kommentars. Er wird ein wichtiges menschliches Dokument bleiben, dessen Bedeutung über Freuds persönlichen Weg *per aspera ad astra* hinausgeht.

Und doch machte Freud, nachdem er diese bewegenden Sätze geschrieben hatte, noch eine weitere Versöhnungsgeste, die jedoch zugleich die ganze Intensität seiner Ambivalenz ausdrückte. Er fuhr mit den folgenden Zeilen fort:

> Im Sommer oder Herbst, nicht später, werde ich Dich sehen, sprechen, und Dir dann auch alle Rätsel des Grafen Oerindur aufklären.[12] Du wirst Dich überzeugen es ist blos compliciert. ... Dann wollen wir auch das pro und contra der Nasentherapie erörtern, am liebsten gleich am Object. [5]

Dieses Sommertreffen war es dann, das den endgültigen Bruch herbeiführte.

Ungefähr zu dieser Zeit kam Freud zu dem Schluß, die endlose Dauer einer Analyse könne der Ausdruck von Übertragungserscheinungen sein. Am 16. April 1900 schrieb er an Fließ über einen Patienten, der seine Analyse abschloß.

> Ich fange an zu verstehen, daß die scheinbare Endlosigkeit der Kur etwas Gesetzmäßiges ist und an der Übertragung hängt ...
> Es lag nur an mir, die Kur noch weiter fortzusetzen, aber mir ahnte, daß dies ein Kompromiß zwischen Krank- und Gesundsein ist, den sich die Kranken selbst wünschen, auf den der Arzt darum nicht eingehen soll. (B 133)

12 Graf Oerindur war der Held eines Dramas des deutschen Dichters Müllner (1774–1829) mit dem Titel *Schuld*. Die Uraufführung fand 1813 statt. In dem Schauspiel kommen folgende Verse vor:

[Und] erklärt mir, Oerindur,
Diesen Zwiespalt der Natur!
Bald möcht' ich in Blut sein Leben
Schwinden seh'n, bald – ihm vergeben.

Eine Verkürzung dieser Verse ist zu einem idiomatischen Ausdruck geworden: »Erkläret mir, Graf Oerindur, diesen Zwiespalt der Natur.« Welchen besseren Ausdruck der Ambivalenz könnte man wohl finden?

Ein unveröffentlichter Brief vom 28. April 1900 begann mit dem folgenden Satz:

Ja siehst Du ein, daß sich Rom nicht forcieren läßt? Ich habe oft so eine fatalistische Überzeugung, die meiner Trägheit dann sehr wohl dient. [6]

Dieser Fatalismus sollte 23 Jahre später, zur Zeit der ersten Krebsoperation Freuds, eine entscheidende Rolle spielen. Wir werden später noch Gelegenheit haben, die vielfältigen Determinanten dieser Einstellung zu untersuchen (siehe Kapitel 5, 11 und 13).

Der Brief vom 7. Mai 1900, geschrieben am Tag nach Freuds 44. Geburtstag, war in gewissem Sinne eine Fortsetzung des Briefes vom 23. März:

Vielen Dank für so herzliche Worte! Es umschmeichelt mich so, daß ich Dir beinahe ein Stück davon glauben würde – wenn ich bei Dir wäre. So sehe ich es ein wenig anders. Gegen die Tatsache der splendid isolation hätte ich nichts einzuwenden, wenn sie sich nicht zu weit, nicht auch zwischen uns beide selbst fortsetzte. Ich bin zwar im allgemeinen – bis auf einen schwachen Punkt: der Angst vor der Not – zu verständig zu klagen, und befinde mich auch jetzt zu wohl dafür; ich weiß, was ich alles habe, und auf wie wenig man nach der Statistik des menschlichen Elends ein Recht hat. Aber den Verkehr mit dem Freund, den eine besondere – etwa feminine – Seite fordert[13], ersetzt mir niemand, und innere Stimmen, denen zu lauschen ich gewöhnt bin, raten mir eine weit bescheidenere Schätzung meiner Arbeit an, als Du sie proklamierst ... Kein Kritiker ... kann schärfer als ich sehen, welches Mißverhältnis sich zwischen Problemen und Lösungen auftut, und zur gerechten Strafe wird es mir sein, daß keine der unentdeckten Provinzen im Seelenleben, die ich zuerst von den Sterblichen betreten, je meinen Namen führen oder meinen Gesetzen gehorchen wird. Als mir im Ringkampf der Atem auszugehen drohte, bat ich den Engel abzulassen, und das hat er seitdem getan. Ich bin aber nicht der Stärkere gewesen, obwohl ich seitdem deutlich hinke. Ja, ich bin wirklich schon 44 Jahre, ein alter, etwas schäbiger Israelit, wie Du Dich im Sommer oder Herbst überzeugen wirst. Die Meinigen haben den Tag doch feiern wollen. Mein

13 Siehe die Briefe vom 11. März und 7. August 1901.

bester Trost ist, daß ich ihnen nicht alles Zukünftige vorwegnehme. Sie können erleben und erobern, soviel in ihren Kräften stehen wird. Ich lasse ihnen eine Stufe zum Fuß darauf fassen, führe sie nicht auf einen Gipfel, von dem aus sie nicht weiter steigen können. (B 134)

Auch diesem Brief kommt eine besondere Bedeutung zu, da er die Kontinuität bestimmter Leitmotive in Freuds Leben zeigt. Wie ich schon erwähnte, zog Freud große Dichter zu Rat, wenn er nach Wegen suchte, manche seiner Gedanken und Theorien auszudrükken und zu belegen. Er bemerkte häufig, daß die großen Dichter all die Probleme, um deren Aufdeckung er so mühsam rang, kennen und ihnen Ausdruck verleihen. Er genoß es, bedeutende Schriftsteller seiner Zeit, wie z. B. Romain Rolland, Thomas Mann, Arnold und Stefan Zweig, kennenzulernen, mit ihnen zu reden und zu korrespondieren. Er hatte große Bewunderung für Richard Beer-Hofmann, dessen relativ wenige Dramen, Gedichte und Erzählungen als Meisterwerke galten.[14] Eines der bekanntesten Stücke Beer-Hofmanns war *Jakobs Traum*, das 1918 veröffentlicht wurde und dessen Hauptthema Jakobs Kampf mit dem Engel, dargestellt als ein Traum, bildete. In seinem Kampf versucht Jakob den Engel dazu zu bringen, ihm nicht einen Segen zu erteilen, der ihn zum Erwählten, zum ersten eines auserwählten Volkes machen würde. Schließlich jedoch muß Jakob sich seinem Schicksal unterwerfen und den Segen annehmen, der ihm ein Leben unaufhörlichen Kampfes bringen wird.

Ich wußte, daß Freud dieses Drama besonders liebte, aber nicht, daß er sich selbst als einen sah, der mit dem Engel gerungen hatte; ich wußte auch nicht, daß er dieses Gleichnis (zusammen mit dem vom inneren Tyrannen und vom Krebs) zur Beschreibung seines mächtigen Dranges zu neuen Entdeckungen benutzt hatte – Jahrzehnte, bevor er *Jakobs Traum*[15] gelesen oder den Verfasser des Dramas kennengelernt hatte.

14 Beer-Hofmann war mein Patient zu der Zeit, als ich auch Freud behandelte; auf Anregung Freuds veranlaßte ich Anfang 1930, daß Beer-Hofmann ihm einen Besuch abstattete. Sie trafen sich mehrmals und beide genossen die Begegnungen sehr.

15 Dieses Drama wurde von Ida Bension Wynn ins Englische übersetzt und erschien 1946 mit einer glänzenden Einleitung von Thornton Wilder in den Vereinigten Staaten (Philadelphia, Press of the Jewish Publication Society). Es ist vielleicht angebracht, hier die folgende Stelle aus Wilders Einleitung zu zitieren, die 1946 geschrieben wurde, nachdem 6 Millionen Juden, darunter vier Schwe-

Wir sehen in diesem Brief auch eine verhüllte Anspielung auf Moses, dem nur ein Blick aus der Ferne auf das Gelobte Land vergönnt war. Diese Gestalt sollte Freuds Denken während der letzten Jahre seines Lebens beschäftigen.

Die letzten Briefe kündeten das Ende einer Periode an, die wahrscheinlich die dramatischste in Freuds Leben war. Es war die Zeit, in der er alle seine großen Entdeckungen machte, zumindest was ihren wesentlichen Kern angeht, oder die Grundlagen für ihre spätere Ausarbeitung legte. Ich habe schon darauf hingewiesen, daß dieses Sichvorankünden auch auf gewisse Ereignisse in Freuds Leben zutraf, insbesondere auf manche Einstellungen und Reaktionen gegenüber seiner Krankheit und dem Herannahen des Todes. Ich habe bereits aus seinem Brief vom 12. Juni 1900 zitiert, den er in triumphierender, überschwenglicher Stimmung aus der Villa Bellevue schrieb, wo er fünf Jahre zuvor den Irma-Traum gelöst hatte (siehe Kapitel 3; und Schur 1966 a). Ein etwas späterer Brief (10. Juli 1900) liefert ein Beispiel eines Themas, das er damals nur streifte, aber Jahrzehnte später wieder aufnahm.

> Von den großen Problemen ist noch nichts entschieden. Alles wogt und dämmert, eine intellektuelle Hölle, eine Schicht hinter der anderen; im dunkelsten Kern die Umrisse von Lucifer-Amor sichtbar. (B 138)

stern Freuds, von den Nazis ausgerottet worden waren: »Der zweite Mythos [der in *Jakobs Traum* wiedererzählt wird] ist der von Gottes Botschaft an Jakob in Bethel, das berühmte Versprechen an das Jüdische Volk:

> ... und durch dich und deinen Samen sollen alle Geschlechter auf Erden gesegnet werden. Und siehe, ich bin mit dir, und will dich behüten, wo du hinziehst und will dich wieder herbringen in dies Land. Denn ich will dich nicht lassen, bis daß ich tue, was ich dir geredet habe.

Beer-Hofmanns Deutung dieser Worte geht der Schwierigkeit nicht aus dem Weg, sie im Lichte der jahrtausendelangen Verfolgung zu begreifen; mit prophetischer Kraft schildert er die neuen Leiden, von denen das jüdische Volk in den Jahren nach der Niederschrift des Dramas heimgesucht werden sollte. Es gibt wenig so eindringliche Stellen in der modernen Literatur wie jene in diesem Werk, in denen dargelegt wird, daß Leiden als Auszeichnung erlebt werden kann. Das ist eine Lehre, die sich nicht leicht in Worten ausdrücken läßt: die, denen es gut geht, wollen sie nicht hören, und die in Not sind es leid, billigen Trost zu erhalten. Beer-Hofmanns Worte erinnern uns unwillkürlich an drei andere Äußerungen über diesen Gegenstand: Miltons zwei Sonette über seine Blindheit und die Anrufung des Lichtes in *Paradise Lost*; Pascals Gebet über seine Krankheit; und die Briefe des Freiherrn von Hügel über den Schmerz an einen Freund, der dem Tod an einer unheilbaren Krankheit entgegenging« (Richard Beer-Hofmann, Jacob's Dream, S. XV).

Dieser »dunkelste Kern« sollte schließlich (1920) als die dualistische Triebtheorie – Eros und Thanatos – formuliert werden.
Es kam dann noch zu einer weiteren Begegnung zwischen Freud und Fließ, die Ende Juli 1900 stattfand; Fließ veröffentlichte im Jahre 1906 eine Schilderung dieser Begegnung (siehe Kris' Fußnote zu B 138). Es ist bemerkenswert, daß erst im Jahr später ein Brief Freuds vom 7. August 1901 uns Aufschluß darüber gibt, was den endgültigen Bruch auslöste: es war die Unvereinbarkeit von Freuds Glauben an den psychischen Determinismus mit Fließ' starrer Annahme, alle Psychopathologie werde durch die Gesetze der Periodizität bestimmt, eine Meinung, die Fließ zu der Äußerung führte: »Der Gedankenleser [Freud] liest bei den Anderen nur seine eigenen Gedanken.«
Bis zu diesem Zeitpunkt – und sogar noch nachher – hatten Freuds Briefe weiter das Auf und Ab in der Beziehung widergespiegelt, Schmerz und Wehmut seiner Gefühle. Und während Fließ in seiner Äußerung von 1906 behauptete, er sei derjenige gewesen, der den Briefwechsel abbrach, können wir aus Freuds Briefen ohne Schwierigkeit ableiten, daß dies nicht ganz der Fall war.
Diese Phase der Fließ-Episode würde in einer regulären Analyse deren Endphase entsprechen, theoretisch und technisch ein schwieriger und immer noch nicht vollständig erfaßter Prozeß. Wir wissen, daß ein wichtiger Faktor in dieser Phase die allmähliche Auflösung der Übertragungsbeziehung ist, ein Prozeß, der fortlaufend der Analyse unterzogen wird und nicht durch einen aus äußeren Ereignissen resultierenden, persönlichen Konflikt unterbrochen werden sollte. Kommt es nicht zu einer solchen harmonischen Endphase, so bleiben häufig ungelöste Konflikte weiter bestehen, oft für lange Zeit. Das Ende der Beziehung zwischen Freud und Fließ war alles andere als harmonisch. Weil diese Phase für viele Aspekte von Freuds Entwicklung so wichtig war, insbesondere für seine hartnäckige Präokkupation mit möglichen Todesdaten, und möglicherweise auch für manche seiner späteren theoretischen Formulierungen, werde ich diese Periode durch Briefe Freuds noch etwas weiter dokumentieren.
Wie wir sehen werden (Kapitel 7 und 9), unterwarf Freud selbst diese Beziehung viele Jahre hindurch einer Selbstanalyse. Nach der Begegnung vom Juli 1900 trat Freud eine lange Reise an; nach seiner Rückkehr schrieb er Fließ einen sehr freundlichen,

acht Seiten langen Brief, voll von reizenden Reiseschilderungen. Es war, als hätte sich nichts geändert.

Ein neues Thema begann nun, einen guten Teil ihrer Korrespondenz in Anspruch zu nehmen. Die Mutter von Frau Fließ (und Frau Rie) war schwer krank. Breuer war ihr Arzt, obwohl auch Rie ihr ziemlich viel Aufmerksamkeit widmete. Fließ war mit Breuers Behandlung nicht einverstanden. Daher konnte jetzt ein gut Teil von Freuds Ambivalenz gegenüber Fließ in scharfer Kritik an Breuer ihren Ausdruck finden. Es war auch ein gewisser Triumph für Freud, daß nicht nur Fließ, sondern auch Frau Fließ – die bisher stark unter Breuers Einfluß gestanden hatte – mit Freuds Kritik übereinstimmte, was zur Folge hatte, daß Frau Fließ sich jetzt viel besser mit Freud zu stehen schien, als dies früher der Fall gewesen war.

Der Oktober war der Monat, in dem Fließ Geburtstag hatte. Zu seinem 41. Geburtstag hatte ihm Freud das kostbarste Geschenk gemacht, das er überhaupt jemandem schenken konnte: das erste Exemplar von *Die Traumdeutung*. Jetzt, im Jahre 1900, hatte er sein neues Buch *Zur Psychopathologie des Alltagslebens* noch nicht beendet, und sein Geburtstagsbrief an Fließ war ziemlich gedämpft.

23. Oktober 1900

Theurer Wilhelm,

Nur einen herzlichen Glückwunsch, einen freundschaftlichen Händedruck über die Entfernung Berlin-Wien. Keine Gabe wie im Vorjahr, wo ich Dich mit dem Erstling des Traumbuches begrüßen konnte. Möge Alles, und mögen Alle bei Dir gedeihen und Euch für den notwendigen Niedergang älterer Formationen[16] entschädigen. Auch die Arbeit als organisch wachsendes Gebilde, sei in diesem Wunsch eingeschlossen . . .

Herzlichst Dein Sigm.

[7]

Freud hörte einige Wochen lang von Fließ nichts, bis dieser ihm wieder über den Zustand seiner Mutter schrieb. Freud antwortete am 25. November 1900:

Meine Ahnung, daß Dein langes Schweigen etwas Böses bedeutet, war also richtig. Ich bin dies von früheren Zeiten her ge-

16 Freud spielt hier auf das geistige Nachlassen von Fließ' Mutter und die fortschreitende Krankheit seiner Schwiegermutter an.

wöhnt, wo es zu bedeuten pflegte, daß es Dir selbst sehr schlecht geht. Das also zum Glück nicht mehr!

Ich selbst hätte nicht so lange mit der Anfrage gewartet, wenn ich mir nicht zu Beginn der heurigen Briefverkehrsaison versprochen hätte, das viele Jammern gegen Dich durchaus zu vermeiden. Du siehst, wie bald man dann außer Kenntnis von einander gerät; schreibst Du doch selbst: »ich habe nicht geantwortet, weil ich nichts zu berichten hatte, wenigstens nichts Erfreuliches.«

Wenn man darauf warten müßte! Also vielleicht ein Mittleres, nur wenig jammern und doch öfter schreiben.

Deine Nachricht hat mich sehr geschmerzt. Das erlischt also nicht, sondern tritt periodisch vor und zurück und setzt wahrscheinlich in jeder Phase des Vordringens ein neues Stück an. Ich glaube, es ist immer so bei Paranoia, es giebt dabei keine andere Art der Heilung als Zurücktreten mit Festhaltung der Verdrängung. Dabei ist die periodische Natur noch ein Segen ...

In der Arbeit ruht es nicht gerade, geht wahrscheinlich unterirdischer Weise ordentlich vorwärts; es ist aber gewiß keine Zeit der Ernte, der bewußten Bewältigung. Überraschende Funde werden wohl überhaupt nicht mehr kommen. Die Gesichtspunkte sind wahrscheinlich alle schon beisammen, fehlt nur noch die Ordnung und die Einzelausführung. Eine Aussicht die Zeitdauer der Behandlungen wesentlich zu verkürzen, sehe ich nicht, der Umkreis der Indikation wird sich kaum erweitern lassen.

Ganz unbestimmt, wann ich zur Darstellung kommen werde, wenn überhaupt. Diesmal darf kein Irrtum, keine Vorläufigkeit mehr dabei sein, also Horazens Regel: nonum prematur in annum. Überdies wer interessiert sich dafür? Wer fragt darnach? Cui bono, soll ich die Arbeit übernehmen? Ich bescheide mich bereits zu leben wie ein Fremdsprachiger oder wie Humboldts Papagei! Der Letzte seines Stammes – oder der Erste und vielleicht Einzige zu sein, das sind sehr ähnliche Situationen.

... Laß mehr von Dir hören und sei herzlich gegrüßt von Deinem Sigm.

[8]

Dachte Freud bei seiner Frage *Cui bono* an den Verlust seines Freundes, seines einzigen Publikums, seines *alter ego*?

Der Trennungsschmerz hielt noch an und ebenso die Hoffnung, wenigstens einige Aspekte ihrer Freundschaft bewahren zu können. Freud begann das neue Jahr (1901) damit, daß er dieser Hoffnung Ausdruck gab:

1. Januar 1901

Mein Theurer,

Ich werfe die Psychopathologie des Alltagslebens bei Seite um Dir unmittelbar zu antworten, nachdem Dein Brief endlich das beängstigende Schweigen gebrochen hat. Ich konnte mich nicht entschließen Dich nochmals um Nachricht zu drängen, wenn Du so deutlich zeigtest daß Schreiben Dir lästig war und kein Bedürfnis nach Mittheilung Dich bewegte. Ich habe mir auch die richtige Erklärung für das sonst unerklärliche Phänomen gegeben und meine tiefe Vereinsamung darum verhältnismäßig ruhig ertragen. Ich konnte mir denken, wie Dich die Erkrankung Deiner Mutter ergreifen mußte. Selbst gegen alle Logik, denn ich weiß, Du hast lange nichts an ihr verloren, aber gerade darum um so stärker.

Ich bin jetzt ganz zufrieden, daß ich Weihnachten nicht nach Berlin gekommen bin ...

Die Anwesenheit Deiner Frau und die wenigen Viertelstunden Gespräch mit ihr kann ich doch nicht leicht vergessen. Um so trauriger, daß ich die Hoffnung sie wiederzusehen mit einem »Leider« begründen muß.[17] Ich frage Dich nun, sollen wir mit unserem Briefverkehr auf eine Zeit warten, die keinem von uns beiden etwas Schweres bringt? Und heißt das nicht zu anspruchsvoll und zu wenig freundschaftlich sein? [9]

In diesem Brief bot Freud immer noch seine Freundschaft an, aber jetzt war *er* der Helfer und Ratgeber, der Verständnis und Trost bot. Sie waren im Begriff, die Rollen zu tauschen.

Einige Briefe waren in der Hauptsache Berichte über Diskussionen, die über Fließ' Theorien und Feststellungen in ärztlichen Gesellschaften in Wien stattgefunden hatten, nachdem Breuers neuer Schwiegersohn einen Vortrag über Fließ' Werk gehalten – eine Entwicklung, die Freud vorausgesagt hatte. Freud sprach immer noch mit Hohn und Verachtung von der Wiener Ärzteschaft, weil sie Fließ' Hypothesen nicht akzeptieren wollte. Seine Frage lautete: wenn die Bestätigung der erfolgreichen therapeu-

17 Ihre Besuche in Wien hingen mit dem bevorstehenden Tod ihrer Mutter zusammen.

tischen Ergebnisse der lokalen Behandlung der Nase mit Kokain unter bestimmten Bedingungen erst jetzt erfolgte, wie viele Jahre würde es dann dauern, bis die medizinische Welt die Bedeutung der Serien 28 und 23 erkannte?

Freud berichtete auch über seine Arbeit an dem neuen Aufsatz »Bruchstücke einer Hysterie-Analyse«, der erst vier Jahre später als der berühmte Fall Dora veröffentlicht wurde (1905 a). Im selben Brief gab er Fließ einen Rat bezüglich seiner Arbeit; er schrieb:

> Meinst Du nicht, daß es jetzt der richtige Moment wäre, die paar Nachträge zu dem aktuellen Thema, die Headschen Zonen, die Wirkung bei Herpes Zoster und was Du sonst hast, auf drei Seiten zusammenzustellen und der Öffentlichkeit zu übergeben? Der Kontakt mit dem Volk wird schließlich doch ein Mittel sein, den großen biologischen Dingen, die Dir wichtiger sind, eine gewisse Beachtung zu sichern. Die Leute gehen doch nur auf die Autorität, die man sich wiederum nur erwerben kann, wenn man etwas macht, was ihnen zugänglich ist.

Der Brief endete mit einem Tagtraum:

> Mitten in der gemütlichen und materiellen Depression dieser Zeit quält mich die Versuchung, die heurige Osterwoche in Rom zu verbringen. Mit gar keinem Recht, es ist nichts erreicht, und es wird wahrscheinlich auch äußerlich unmöglich sein. Hoffen wir auf bessere Zeiten. Ich wünsche sehnlichst, daß Du mir bald von solchen berichten magst. (B 141)

Inzwischen hatte Freud gelernt, einen solchen Wachtraum schnell zu analysieren; am 15. Februar antwortete er auf einen Brief von Fließ folgendermaßen:

> Theurer Wilhelm!
>
> Ich gehe so wenig Ostern nach Rom wie Du. Deine Bemerkung hat mich erst über den Sinn der mir sonst selbst unverständlichen Einschaltung in meinem letzten Brief aufgeklärt. Es war gewiß eine Mahnung an Dein in besseren Zeiten gegebenes Versprechen dahinter; einen Kongreß auf klassischem Boden mit mir abzuhalten. Ich wußte sehr wohl, daß diese Mahnung gerade jetzt übel angebracht ist. Ich flüchtete mich nur vor der Gegenwart in die schönste der damaligen Phantasien und merkte es selbst, in welche. Unterdes sind die Kongresse selbst Überlebsel geworden; ich mache selbst nichts Neues und bin, wie Du schreibst, dem völlig entfremdet, was Du machst.

Ich kann mich nur noch aus der Ferne freuen, wenn Du die Darstellung der großen Lösungen als bevorstehend ankündigst und Dich so zufrieden mit dem Fortgang der Arbeit äußerst. Du hast dann gewiß Recht, wenn Du Dir die weiteren Mitteilungen über die nasalen Beziehungen für diesen weiteren Zusammenhang aufsparst. (B 142)

Und doch, als Freud im März glaubte, es bestehe die Chance einer Konsultation in Berlin, schrieb er Fließ einen langen Brief, in dem er von einem Überraschungsbesuch phantasierte. Es wurde jedoch nichts daraus.

Zu Freuds 45. Geburtstag kam ein Brief von Fließ, der aber offenbar neben lobenden Worten auch eine bittere Pille enthielt, nach Freuds Antwort zu urteilen:

Wien, 8. 5. 01.
IX. Berggasse 19.

Gewiß darfst Du mir die Fortdauer Deiner kräftigen Stimmung und die Wiederholung so erfrischender Zwischenzeiten auch zu meinem Geburtstag wünschen, und ich will selbstlos den Wunsch unterstützen. Dein Brief lag neben anderen Gaben, die mich erfreut haben und die zum Teil auf Dich zurückweisen, auf dem Geburtstagstische, obwohl ich gebeten hatte, von der elenden Mittelzahl, die zu klein für einen Jubilar und viel zu groß für ein Geburtstagskind ist, abzusehen. Er hat mir nicht die kleinste Freude bereitet, bis auf die Stelle vom Zauber, die ich als überflüssiges Pflaster für Deine Zweifel am »Gedankenlesen« beanstände. Ich bleibe dem Gedankenlesen treu und zweifle weiterhin am »Zauber«.

Sein Bestes leistet der Mensch erst in der Not, klingt mir von irgendwoher nach. Ich habe mich also, wie Du wünschest ... zurechtgekriegt und mit den Verhältnissen in Eintracht gebracht. Ein Orchideenkorb spiegelt mir Pracht und Sonnenglut vor, ein Stück Mauer aus Pompeji mit Zentaur und Faun versetzt mich in das ersehnte Italien. (B 143)

Am 9. Juni 1901 schrieb Freud an Fließ einen Brief von ungewöhnlicher Schönheit, den wir als seinen Abschiedsbrief ansehen können:

Theurer Wilhelm

Ich benütze diesen sonderbaren Sonntag, um Dir wieder einmal zu schreiben. Es ist der erste, an dem ich ganz frei bin, durch nichts erinnert werde, daß ich sonst Arzt bin. Meine uralte

Dame, die ich täglich zweimals zu bestimmten Zeiten besuche, ist gestern auf's Land gebracht worden und ich schaue alle Viertelstunden auf die Uhr, ob ich sie nicht schon zu lange auf die Injektion warten lasse. So verspürt man noch die abgenommene Fessel u weiß sich seiner Freiheit nicht zu freuen ... Du hast mich an die schöne u. schwere Zeit erinnert, da ich mich dem Ende meines Lebens sehr nahe glauben mußte u Deine Zuversicht mich gehalten hat. Ich habe mich dabei gewiß nicht sehr mutig u nicht sehr weise benommen. Ich war zu jung, die Instinkte noch alle zu hungrig, die Neugierde noch zu groß, als daß ich hätte gleichgültig bleiben können. Dein Optimismus aber hat mir immer gefehlt. Es ist gewiß thöricht, Leiden u Sterben aus der Welt weisen zu wollen, wie wir's in unseren Neujahrsgratulationen thun, u nicht dazu haben wir uns den lieben Herrgott abgeschafft, u Beides von uns u den unserigen auf die Fremden zu wälzen.

Heute bin ich also ergebener u bereiter zu ertragen, was kommen wird. Es ist kein Zweifel, daß nicht alle Wünsche in Erfüllung gehen. Einiges, wonach ich heiß gestrebt, ist schon heute außer Möglichkeit gekommen; warum soll ich nicht jedes Jahr eine neue Hoffnung begraben müssen? Stimmst Du nicht bei, so kann es ein Versuch der Beschwichtigg, es kann auch durch Freundschaft abgelenktes Urtheil sein.

Richtig ist, daß man die Klagenden schwer verträgt. Auch das habe ich einsehen gelernt. Ich bin jetzt mit meiner Stimmung seit vielen Wochen sehr zufrieden ... [10]

Obwohl dieser Brief beim ersten Lesen pessimistisch erscheinen mag, zeigt er in Wirklichkeit, welch große Fortschritte Freud in der Fähigkeit gemacht hatte, sein inneres Gleichgewicht ohne die Stützen der Illusion zu bewahren. Er ist in seiner Gelassenheit Briefen vergleichbar, die Freud sehr viel später in seinem Leben schrieb (vgl. seinen Brief vom 10. Mai 1925 an Lou Andreas-Salomé, Kapitel 17). Seine Bemerkungen über das Auskommen ohne den Glauben an Gott und die magische Allmacht unserer Wünsche sind ein Vorspiel zu *Die Zukunft einer Illusion*.

Der Brief zeigt jedoch auch, welch hohen Preis Freud zu bezahlen hatte, um dieses hohe Maß an Unabhängigkeit und Gelassenheit zu erreichen.

Es wäre weniger schmerzlich und harmonischer gewesen, wenn dieser Abschiedsbrief wirklich das Ende der Beziehung markiert hätte anstatt den Beginn der dann folgenden Bitterkeit und Enttäuschung. Aber die Krankheiten der Mütter von Fließ und von Frau Fließ hielten die Korrespondenz noch im Gange. Am 4. Juli 1901 schrieb Freud:

> Von den traurigen Veränderungen im Kaltenleutgeben[18] bin ich natürlich gut unterrichtet. Wir werden in nächster Woche hinausfahren und dort auch Königstein[19] besuchen, dessen Tochter dort ihr erstes Kind erwartet.
>
> »Geburt und Tod« u.s.w.[20]
>
> Deine Mutter quält sich wol schrecklich. Die Darstellung, warum der eine plötzlich in voller Kraft abstirbt, der andere sich bis ins Letzte zersetzt, stelle ich mir nach Deinen Andeutungen sehr interessant vor. Merkwürdigerweise sind wir mit beiden Verlaufsarten unzufrieden. [11]

Fließ muß diesen Unterschied mit seinen allesumfassenden Hypothesen erklärt haben. Freuds trockene Bemerkung brachte ihn wieder auf den Boden der Realität zurück, wie auch das vorangehende Zitat aus *Faust*, das unzweideutig besagte: gegenüber den letzten Geheimnissen von Geburt und Tod, die das Wesen der menschlichen Existenz bilden, müssen wir demütig unsere Unwissenheit eingestehen.

Der nächste Brief (7. August 1901) legte nicht nur den ganzen Konflikt offen, sondern enthüllte auch viele seiner Ursachen auf verschiedenen Ebenen. Bezeichnend für den Ton sind Freuds Worte zu Beginn: »Zuerst vom Geschäft, dann vom Ernst und am Ende das Vergnügen.« Freud erörterte zuerst die unerfreulichen Konflikte, die zwischen den Familien Fließ und Rie entstanden waren. Er ließ keinen Zweifel daran, daß er seinem alten Freund Rie absolut vertraute und ihn hoch schätzte; dann fuhr er fort:

> Es ist gar nicht zu verhehlen, daß wir beide ein Stück weit auseinander geraten sind, an dem und jenem merke ich die Distanz. (B 145)

Der nächste, entscheidende Absatz bezog sich auf die Tatsache,

18 Die Sommerwohnung von Fließ' Schwiegereltern.

19 Freuds alter Ophthalmologenfreund, der auf Freuds Anregung zusammen mit Koller zuerst Kokain bei Augenoperationen anwandte.

20 Eine Anspielung aus Goethes *Faust*, Erster Teil, erste Szene. Siehe das Motto dieses Buches, sowie eine ähnliche Äußerung Freuds mir gegenüber im Jahre 1933 (Kapitel 22).

daß Fließ und seine Frau von Breuers Behandlung der Mutter von Fließ tief enttäuscht waren und ihn anscheinend abschrieben.

> So auch an dem Urtheil über Breuer. Ich verachte ihn längst nicht mehr, ich habe seine Stärke gefühlt. Ist er bei euch tot, so wirkt er noch posthum. Was thut Deine Frau anders, als im dunklen Zwang die Anregung ausarbeiten, die Breuer ihr damals in die Seele gelegt, als er ihr Glück dazu wünschte, daß ich nicht in Berlin lebe und ihre Ehe nicht stören kann? [12]

In den folgenden beiden Absätzen gab Freud seinem Schmerz über den Verlust der Freundschaft Fließ' Ausdruck.

> Du bist hier an die Grenze Deiner Scharfsichtigkeit gekommen, nimmst Partei gegen mich und sagst mir, was alle meine Bemühungen entwertet: »Der Gedankenleser liest bei den Anderen nur seine eigenen Gedanken.«
>
> Wenn ich so einer bin, so wirf mein Alltagsleben nur ungelesen in den Papierkorb. Es ist voll von Beziehungen auf Dich, manifesten, zu denen Du das Material geliefert, und versteckten, bei denen das Motiv auf Dich zurückgeht. Das Motto ist auch von Dir geschenkt.[21] Von allem Bleibenden des Inhaltes abgesehen, kann es Dir Zeugnis für die Rolle ablegen, die Du bei mir bis jetzt gespielt hast. Nach solcher Ankündigung darf ich Dir dann wohl die Arbeit wortlos schicken, wenn sie in meine Hände gelangt. (B 145)

Schließlich folgte noch ein bisher unveröffentlichter Absatz, der beredt von Freuds Verständnis seiner eigenen Persönlichkeit zeugt:

> Bei Breuer hast Du auch gewiß ganz recht mit *dem* Bruder. Ich theile aber Deine Verachtung der Männerfreundschaft nicht, wahrscheinlich weil ich in hohem Grade Partei bin. Mir hat, wie Du ja weißt, nie das Weib im Leben den Kameraden, den Freund ersetzt. Wäre Breuer's männliche Neigung nicht so verschroben, so widerspruchsvoll, wie alles Seelische an ihm, er gäbe ein schönes Beispiel, zu welchen Leistungen sich die androphile Strömung beim Manne sublimieren läßt. [12]

Dieser Brief behandelt also den unausweichlichen Konflikt auf zwei Ebenen. Fließ' starr verfochtene Meinung, menschliche Ge-

21 Das Motto auf der Titelseite von *Zur Psychopathologie des Alltagslebens* ist aus *Faust*, Zweiter Teil, 5. Akt:

Nun ist die Luft von solchem Spuk so voll,
Daß niemand weiß, wie er ihn meiden soll.

schehnisse würden durch kosmische Faktoren determiniert, waren mit Freuds Glauben an einen psychischen Determinismus unvereinbar. Und während Freud stets die Bedeutung der biologischen Grundlage alles Psychischen betonte, fühlte sich Fließ durch die Konzeption des psychischen Determinismus so sehr bedroht, daß er den Deutungen Freuds jede Gültigkeit absprechen mußte und in ihnen nur eine Projektion von Freuds eigenen Gedanken erblikken konnte, wobei er die Behandlungserfolge Freuds dadurch wegerklärte, daß er sie auf den Zauber seiner Persönlichkeit zurückführte.

Der Konflikt auf der zweiten Ebene beruhte auf einer sogar noch einschneidenderen Unvereinbarkeit. Freud hatte in seinem Brief vom 7. Mai 1900 (B 134) auf die feminine Qualität seines Bedürfnisses nach einem Freund angespielt. Jetzt hatte er erkannt und sprach es offen aus, daß Intimität und Freundschaft zwischen Männern das außerordentlich anpassungsfähige Ergebnis sublimierter androphiler Neigungen beim Manne sein konnte, oder, einfacher ausgedrückt, der überall vorhandenen latenten männlichen Homosexualität. Die Fähigkeit, diesen speziellen Aspekt in vollem Umfang zu erkennen, war das Ergebnis seiner Selbstanalyse, die er, wie sich aus seiner Korrespondenz ergibt, zumindest bis zum Jahre 1912 fortsetzte (siehe Kapitel 9). Was dies so schmerzlich machte und solche Schuldgefühle erzeugte, war die Tatsache, daß Freud, obwohl er von Breuer sprach, in Wirklichkeit an Fließ gewendet sagte: Auch du verachtest diese Art von Freundschaft. Deshalb wirst auch du am Wegrand liegenbleiben. Hier sehen wir die geradezu unglaubliche Leistung von Freuds Selbstanalyse am Werk, ist es doch eine der schwierigsten Leistungen einer regulären Analyse, dem Analysanden sowohl die Existenz latenter Homosexualität, als auch ihre Anpassungsmöglichkeiten zu zeigen. Fließ seinerseits war dazu verurteilt, deshalb in Schwierigkeiten zu kommen.

Freud unternahm noch einmal einen Versöhnungsversuch. Im selben Brief bot er Fließ die Möglichkeit an, an einer biologisch-psychologischen Arbeit über die menschliche Bisexualität mitzuarbeiten. Natürlich wurde daraus nichts.

Nach diesem entscheidenden Schritt konnte Freud sich die Erfüllung seines alten Traumes erlauben. Im September wurde sein brennender Wunsch, Rom zu sehen, erfüllt. Viele solche begierig erwartete Ereignisse enden mit einer Enttäuschung, aber Rom wurde den meisten Erwartungen Freuds gerecht. Seine Briefe an seine Familie enthalten sehr lebendige Schilderungen seiner Eindrücke und Besichtigungen (siehe Jones, Bd. 2, S. 36 ff.). Ein Brief an Fließ nach seiner Rückkehr nach Wien faßte den Gesamteindruck des Besuches zusammen.

19. 9. 01

Theurer Wilhelm!

Einige Stunden vor der Abreise habe ich noch Deine Karte erhalten. Nun sollte ich Dir über Rom schreiben, es ist schwer. Es war auch für mich überwältigend und die Erfüllung eines, wie Du weißt, lange gehegten Wunsches. Wie solche Erfüllungen sind, etwas verkümmert, wenn man zu lange auf sie gewartet hat, aber doch: ein Höhepunkt des Lebens. Während ich aber ganz ungestört bei der Antike war (das Stückchen Minervatempel neben dem Nervaforum hätte ich in seiner Erniedrigung und Verstümmelung anbeten können), ist mir ein freier Genuß des zweiten Rom[22] nicht möglich geworden, die Tendenz hat mich gestört, unfähig mein Elend und alles andere, von dem ich weiß, in Gedanken los zu werden, habe ich die Lüge von der Erlösung der Menschheit, die so himmelragend ihr Haupt erhebt, nicht gut vertragen. (B 146)

Diese Stelle drückt noch einmal Freuds Ablehnung der Illusionen von Erlösung und Unsterblichkeit aus, wie sie insbesondere dem christlichen Dogma inhärent sind. Im Jahre 1927 kam er in *Die Zukunft einer Illusion* wieder auf dieses Thema zurück.

Im selben Brief konnte Freud jetzt von der unvermeidlichen Veränderung in seiner Beziehung zu Fließ sprechen, wahrscheinlich in Beantwortung einer Reihe von Argumenten aus dem Brief. In gelassenem, leidenschaftslosem Ton schrieb er:

Dein letzter Brief war doch eigentlich woltuend. Ich kann mir jetzt Dein Briefverhalten im abgelaufenen Jahr erklären. Das erste Mal übrigens, daß Du mir etwas anderes als die Wahrheit gesagt hattest.

Was Du über mein Verhalten gegen Deine große Arbeit schreibst, erkenne ich bei mir als ungerecht. Ich weiß, wie oft ich mit Stolz und mit Zittern an sie gedacht habe, und wie die Unfähigkeit, dem oder jenem Schluß mich anzuschließen, mich verstört hat. Du weißt, daß ich von quantitativer Begabung

22 D. h. des christlichen Rom.

keine Spur und für Zahlen und Maße kein Gedächtnis habe; vielleicht hat es Dir darum den Eindruck gemacht, daß ich nichts von dem halte, was Du mir mitgeteilt. Alles, was sich aus den Zahlen von Gesichtspunkten und Qualitäten herauslesen ließ, ist, glaube ich, bei mir nicht untergegangen. Vielleicht hast Du zu rasch auf meine Mitwisserschaft verzichtet. Ein Freund, der das Recht hat auch Widerspruch zu versuchen, der bei seiner Unkenntnis kaum je gefährlich werden kann, ist nicht wertlos für einen, der so dunkle Pfade geht und mit sehr wenigen Personen verkehrt, die alle ihn unbedingt und kritiklos verehren.

Einzig kränkend war ein anderes Mißverhältnis in Deinem Brief, daß sich mein Ausruf, »Du untergräbst ja den Wert meiner Funde«, auf meine Therapie beziehe... Es hat mir leid getan, den »einzigen Publikum«, wie unser Nestroy sagt[23], zu verlieren. Für wen schreibe ich denn noch? Wenn Du also in dem Moment, da eine Deutung von mir Dir Unbehagen macht, bereit bist zuzustimmen, daß der »Gedankenleser« nichts am anderen errät, sondern nur seine eigenen Gedanken projiziert, bist Du wirklich mein Publikum auch nicht mehr, mußt Du die ganze Arbeitsweise für ebenso wertlos halten wie die anderen.

Deine Antwort auf das Thema der Bisexualität habe ich nicht verstanden. Es ist offenbar sehr schwer, einander zu verstehen. Gewiß wollte ich nichts anderes, als meine Zugabe zu der Theorie der Bisexualität bearbeiten, den Satz ausführen, daß die Verdrängung und die Neurosen, die Selbständigkeit des Unbewußten also, die Bisexualität zur Voraussetzung hat.

Daß ich nicht daran denke, meinen Anteil an dieser Erkenntnis zu vergrößern, wird Dir seither die betreffende Stelle von der Priorität im »Alltagsleben« gezeigt haben. Irgendeine Anknüpfung an das allgemein Biologische und Anatomische der Bisexualität wäre da aber doch nicht zu entbehren, und da fast alles, was ich dazu weiß, von Dir herrührt, so bleibt nichts anderes übrig, als mich auf Dich zu berufen oder diese Einleitung ganz von Dir zu beziehen. Ich bin aber gar nicht publikationslustig jetzt. Unterdes sprechen wir wohl einmal darüber...

23 Zur Bedeutung dieser Erwähnung siehe Kris (1950, S. 361, N. 1).

Ich grüße Dich herzlich und bin in Erwartung guter Nachrichten von Dir und den Deinigen

Dein Sigm. (B 146)

Die Briefe der beiden letzten Jahre zeigen einerseits, daß Freud erkannt hatte, daß der Bruch unvermeidlich war, und andererseits, daß ihm das sehr weh tat. Der Brief vom Juni 1901 drückt in aller Deutlichkeit Freuds tiefe Dankbarkeit aus für alles, was Fließ für ihn getan hatte.

Freuds Aufrichtigkeit erlaubte ihm nicht, so zu tun, als akzeptiere er Theorien, an die er nicht glaubte. Die Objektivität, die er in seiner Selbstanalyse erlangte, verschärfte Freuds Kritik an Fließ' Hypothesen. Und doch zeigt der zuletzt zitierte Brief vom 19. September 1901, daß Freud in der Hauptsache nur auf seinem Recht zum Widerspruch bestand, während er seiner Bereitschaft Ausdruck gab, die Qualitäten und Gesichtspunkte in Fließ' Arbeit zu akzeptieren.

Ein nur einen Tag später geschriebener Brief war sehr viel positiver. Fließ hatte Freud das Manuskript eines neuen Buches gesandt. Freud gab seinem Lob in Sätzen wie diesen Ausdruck: »So ein Stück Klarheit, Knappheit und Inhaltsfülle hast Du noch nicht von Dir gegeben. Und welch ein Segen, daß an der Wahrheit kein Zweifel ist!« (B 147). Dies war der letzte Brief, in dem Freud von Fließ' Arbeit sprach.

Aber noch im Jahre 1920 gab Freud erneut seiner Bewunderung, gemischt mit einigen Zweifeln, über Fließ' großartigen Beitrag Ausdruck (siehe Einleitung).

Freud hielt die Korrespondenz mit Fließ bis 1902 aufrecht. Er berichtete immer noch über Projekte und Geschehnisse in seinem Leben. Immer noch gab es Geburtstagsbriefe und Geschenke mit gelegentlichen Anspielungen auf ihre Meinungsverschiedenheiten. Ein letzter, reizender Brief schilderte den Erfolg einer einflußreichen Patientin, die mit Hilfe ihrer Beziehungen und von Stiftungen, die sie einem Museum zuwandte, Freuds Ernennung zum Dozenten erreicht hatte (ein Ordinariat erhielt er hingegen nie). Die letzte Mitteilung war eine Postkarte mit einer einzigen Zeile von einer Reise nach Italien, geschrieben am 10. September 1902.

Dem Tod einer solchen Freundschaft folgte notwendigerweise eine Zeit der Trauer.

Im Zusammenhang mit dem *non-vixit*-Traum (Kapitel 5) behandelte ich die Rolle des »Schuldgefühls des Überlebenden« im latenten Inhalt dieses Traumes wie auch in der komplexen Beziehung zwischen Freud und Fließ. Da er wußte, daß Fließ seine Hypothesen für zumindest ebenso wichtig und bahnbrechend wie Freuds Entdeckungen ansah, empfand Freud sowohl Schmerz, als auch Schuldgefühl, daß er, trotz all seiner positiven Äußerungen, Fließ' weitreichende Spekulationen nicht mit ganzem Herzen akzeptieren konnte.

Freud fühlte sich schuldig, weil er wußte, daß er letzten Endes nie imstande sein würde, Fließ die Hilfe zu vergelten, die dieser ihm gegeben hatte, als er sie am dringendsten brauchte. Er wußte, daß auch Fließ ein Revenant sein würde. Wahrscheinlich sah er voraus, daß Fließ einer wahrhaft kritischen Periode entgegenging, ohne die Stütze eines helfenden Freundes.

Freud gab damals seinen Gefühlen sehr eindringlich Ausdruck, indem er in seinem Essay »Über den Traum«, der 1901, ungefähr zur selben Zeit, als er seinen Abschiedsbrief schrieb, veröffentlicht wurde, das folgende Gedicht Goethes zitierte:

> Wer nie sein Brot mit Tränen aß,
> Wer nie die kummervollen Nächte
> Auf seinem Bette weinend saß,
> Der kennt euch nicht, ihr himmlischen Mächte.
> Ihr führt ins Leben uns hinein,
> Ihr laßt den Armen schuldig werden,
> Dann überlaßt ihr ihn der Pein,
> Denn alle Schuld rächt sich auf Erden.

Das langsame Absterben einer Freundschaft verwandelte sich im Jahre 1904 in einen schockierenden, endgültigen Bruch, als Fließ Freud beschuldigte, er habe seine (Fließ') Priorität in der theoretischen Erfassung der Bisexualität nicht hinreichend anerkannt und zum Ausdruck gebracht, er habe das Geheimnis von Fließ' Theorien nicht mit der gebotenen Sorgfalt gewahrt; kurz, er bezichtigte Freud des Plagiats.[24]

Als Freud in die Lebensperiode, die wir in den letzten fünf Kapiteln behandelt haben, eintrat, war er gerade glücklich verheiratet, hatte jedoch seine wirkliche Bestimmung noch nicht gefunden. Seine außergewöhnliche Begabung, sein Genie hatte noch nicht die Bahn gefunden, auf der er sich entfalten konnte und war

24 Siehe dazu Kris (1950; S. 47; N. 1 zu B 138); Jones (Bd. 1, S. 367).

noch durch schwere Konflikte gehemmt. Als Freud sein Ziel entdeckte, konnte er den Weg dahin nicht einschlagen, ohne diese Konflikte bis zu einem gefährlichen Grad zu verschärfen. Körperliche Krankheit, gesellschaftliche Ächtung, Vorurteile, die unaufhörliche Drohung materieller Not und fast völlige Isolierung: all das steigerte noch seine Unruhe. Er mußte es erst lernen, die Qualen des Zweifels, der Depression und der Visionen von Tod oder Siechtum zu ertragen. Und doch begründete Freud im Laufe dieses Jahrzehnts eine neue Wissenschaft und setzte die zweite wissenschaftliche Revolution des Jahrhunderts in Gang. Was als eine neue Methode zur Behandlung von Psychoneurosen begonnen hatte, entwickelte sich zu dem kühnen Versuch, zu einer allgemeinen Psychologie zu gelangen. Er eröffnete unserem Verständnis die Welt des Unbewußten und entschleierte das Geheimnis des Traumes. Der Höhepunkt dieser Arbeit war die Niederschrift der *Traumdeutung*.

Freuds Selbstanalyse, eine unwiederholbare Leistung, wurde zu einem äußerst wichtigen Forschungswerkzeug. Sie setzte ihn auch in den Stand, all die Widrigkeiten dieser mühsamen Zeit zu erdulden, die Manifestationen seiner eigenen Konflikte weitgehend zu überwinden – seine Reisephobie, seine seltenen Anfälle von Todesangst, seine schwermütigen Voraussagen eines frühen Todes, seine Zweifel, ob er je auch nur annähernd die Antworten auf seine vielen Fragen finden würde, und schließlich seine, gelegentlich sehr schweren, depressiven Stimmungen.

In gleicher Weise ermöglichte die Selbstanalyse es Freud auch, die Krise in seiner Beziehung zu Fließ zu überwinden. Freud ging aus dieser Beziehung stärker und reicher hervor. Gereift und kraftvoll, war er jetzt bereit, die Einsamkeit zu akzeptieren und die nächste Strecke seines Weges ganz allein zurückzulegen.

Freuds Neigung zu einem jähen Stimmungsabfall nach intensiven schöpferischen Anstrengungen oder nach der Publikation eines größeren Werkes hielt sein ganzes Leben hindurch an, aber diese Niedergeschlagenheit wurde seltener und viel weniger stark. Solche Stimmungsumschwünge waren bei ihm nicht stärker ausgeprägt als bei vielen Menschen mit starker Schöpferkraft. Was Freuds ganzes Leben hindurch anhielt, war seine Präokkupation mit bestimmten Daten, die möglicherweise sein Todesdatum wären. Unmittelbar nach Fließ' unerwartetem Angriff im Jahre 1904 erreichte diese Präokkupation die Stärke eines Zwangssymptoms. Damals jedoch, wie auch bei späteren Gelegenheiten, war Freud in der Lage, diese Präokkupation als einen neurotischen Mechanismus zu erkennen und ihn einer erfolgreichen Analyse zu unterziehen (siehe Kapitel 7).

Insgesamt war Freud viel weiser und gelassener geworden und war viel besser darauf vorbereitet, all dem gegenüberzutreten, was sein weiteres Leben ihm noch bringen mochte. Dessen ungeachtet hatte er das Gefühl, daß er während dieser Zeit des Kampfes sehr gealtert war, und in vielen seiner Briefe an Fließ sprach er davon, daß er sich alt fühle. (Photographien aus dieser Zeit bestätigen diese Schilderung nicht ganz; auch ich selber fand ihn nicht älter aussehend, als es seinen Lebensjahren entsprach, als ich ihn im Herbst 1915 zum ersten Mal sah.) Jones und andere sind der Meinung, daß Freuds zahlreiche Anspielungen auf das Altern, sowohl während der Fließ-Periode, als auch in den folgenden Jahrzehnten, in die gleiche Kategorie fallen wie seine zwanghafte Beschäftigung mit möglichen Daten seines Todes, und daß sie infolgedessen Zeichen eines ungelösten neurotischen Konfliktes sind. Wenn wir jedoch über den Brief an Fließ vom 7. Mai 1900 nachdenken, in dem er sich als »ein alter, etwas schäbiger Israelit« bezeichnet, der nach dem Kampf mit dem Engel hinkt, und über den Abschiedsbrief vom 9. Juni 1901, wo er bemerkt, es sei schwer, Leute, die klagen, zu ertragen, so müssen wir uns darüber klar sein, daß Freud zwar gelernt hatte, nicht zu klagen, aber das Gefühl hatte, jeder neue Schritt, den er machen müßte, lasse seine Reserven schrumpfen und zehre an seiner Kraft. Er war deshalb überzeugt, daß jeder Schritt auf dem Weg zum Weisesein mit seinem speziellen Preis erkauft werden müsse. Aber trotzdem gab Freud das Ringen mit dem Engel nie auf.

Teil II

Auf dem Wege zu einer wissenschaftlichen Weltanschauung

7. Kapitel

Die »Revenants«: Die Akropolis-Episode

Die Jahrhundertwende kündigte sich durch Veränderungen in den wissenschaftlichen, geistigen und sozialen Einstellungen der westlichen Welt an. Gleichzeitig mit der Veröffentlichung von *Die Traumdeutung* begann eine neue Phase im Leben Freuds; während die Welt von der psychologischen Revolution kaum Notiz nahm, war die nun folgende Periode eine Zeit der Konsolidierung der Fortschritte, die so atemberaubend gewesen waren, weil Freud praktisch *de novo* angefangen hatte. Das nächste Jahrzehnt war auch die Periode, in der Freud aus seiner Isolierung heraustrat und die Psychoanalyse schnell weltweite Aufmerksamkeit gewann. Freud erwarb eine wachsende Zahl von Schülern, Freunden und Anhängern, und schließlich auch von Gegnern.

Viele von Freuds Arbeiten – obwohl schon in der vorangehenden Periode konzipiert, wie wir aus der Fließ-Korrespondenz wissen – wurden im nächsten Jahr fortgesetzt und veröffentlicht. Um nur die größeren Arbeiten dieser Zeit zu erwähnen: *Zur Psychopathologie des Alltagslebens* (1901 b), *Drei Abhandlungen zur Sexualtheorie* (1905 b), *Der Witz und seine Beziehung zum Unbewußten* (1905 c), und die drei von Freuds wichtigsten Krankengeschichten, die als »Der Fall Dora« (1905 a), »Der kleine Hans« (1909 a) und »Der Rattenmann« (1909 b) bekannt sind.

Es überrascht nicht, daß Freuds Selbstanalyse während dieser ganzen Periode immer noch mit seiner komplexen Beziehung zu Fließ verknüpft war. Sie spielte eine wesentliche Rolle nach dem Angriff von Fließ und erwies sich auch noch später als wichtig, während der Krise der noch unerfahrenen Internationalen Psychoanalytischen Gesellschaft des Jahres 1912, einer Krise, die mit der Beziehung zwischen Freud und Jung zusammenhing. Wir sind gewohnt anzunehmen, daß das Erscheinen von *Die Traumdeutung* mit dem Ende der Fließ-Periode zusammenfiel. Eine Beziehung der Art, wie sie zwischen Freud und Fließ bestand, endet jedoch nicht an einem genau bestimmbaren Datum. Sie ging noch eine ganze Weile nach dem Erscheinen des Traumbuches weiter und hatte Auswirkungen, die erst zu Tage traten, als die beiden

Männer ihren Briefwechsel schon längst abgebrochen und keinen Kontakt mehr miteinander hatten.

Für den nun folgenden Zeitabschnitt haben wir kein so vorzügliches Quellenmaterial wie die Fließ-Briefe; deshalb müssen wir uns auf weniger explizite Quellen stützen, aus denen hervorgeht, daß Freud immer wieder in Situationen besonderer Belastung erleben mußte, wie die alten Gespenster zurückkehrten – wie die »Revenants« des Traumes *non vixit*. Aus Briefen an verschiedene Freunde erfahren wir von diesen Episoden.

Eine dieser Auswirkungen war Freuds wiederkehrende Präokkupation mit möglichen Todesdaten. Freud selbst hat den bei Manifestationen dieser Art wirksamen Mechanismus beschrieben: ein alter Konflikt, der weder vollständig gelöst (durchgearbeitet) wurde, noch so heftig geworden ist, daß er ein genau umschriebenes Symptom hervorruft, bleibt eingekapselt, als wäre er ein Fremdkörper, und wird von Zeit zu Zeit aktiv genug, um Ausdruck zu verlangen.

Es ist jedoch wichtig sich daran zu erinnern, daß diese Präokkupation mit Terminen nur *ein* Aspekt der Art und Weise war, in der Freud in seinem Leben und in seinen Schriften sich mit den Komplexitäten des Todes als Faktum und als Vorstellung beschäftigte. Trotzdem ist die Beobachtung besonders interessant, wie ein alter Konflikt ein Eigenleben behalten kann und erst allmählich in eine reife, gelassene, absolut autonome Icheinstellung integriert wird, die imstande ist, unaufhörlichen Anfechtungen und schließlich dem unausweichlichen Augenblick der Wahrheit zu widerstehen.

In seinem Brief an Fließ vom 7. August 1901 sagte Freud von der kurz vor der Veröffentlichung stehenden *Psychopathologie des Alltagslebens,* sie sei voll von offenen und versteckten Anspielungen auf seinen Freund. Das letzte Kapitel dieses Buches, das den Titel »Determinismus, Zufalls- und Aberglauben, Gesichtspunkte« trägt, enthält gewisse scheinbare Widersprüche. Auf der einen Seite stellte Freud zu Recht fest, er sei kein »abergläubischer Mensch«; auf der anderen Seite gab er doch manchen »Aberglauben« zu.

Freud beendete eine Erörterung verschiedener Beispiele von scheinbar willkürlich gewählten Zahlen mit der folgenden Feststellung:

In eigenen Analysen dieser Art ist mir zweierlei besonders auffällig: Erstens die geradezu somnambule Sicherheit, mit der ich auf das mir unbekannte Ziel losgehe, mich in einen rechnenden Gedankengang versenke, der dann plötzlich bei der gesuchten Zahl angelangt ist, und die Raschheit, mit der sich die ganze Nacharbeit vollzieht; zweitens aber der Umstand, daß die Zahlen meinem unbewußten Denken so bereitwillig zur Verfügung stehen, während ich ein schlechter Rechner bin und die größten Schwierigkeiten habe, mir Jahreszahlen, Hausnummern und dergleichen bewußt zu merken. Ich finde übrigens in diesen unbewußten Gedankenoperationen mit Zahlen eine Neigung zum Aberglauben, deren Herkunft mir lange Zeit fremd geblieben ist.

(1901, S. 279)

Die oben zitierte Stelle stand in der Ausgabe von 1907 von *Zur Psychopathologie des Alltagslebens.* Strachey führte in einer Fußnote aus:

> In den Ausgaben von 1901 und 1904 schloß dieser Satz: »... deren Herkunft mir selbst noch fremd ist«. In der ausgelassenen Textstelle folgte: »Meist stoße ich auf Speculationen über die Lebensdauer meiner selbst und der mir teuren Personen, und bestimmend auf diese unbewußten Spielereien muß eingewirkt haben, daß mein Freund in B. die Lebenszeiten der Menschen zum Gegenstand seiner auf biologische Einheiten gegründeten Rechnungen genommen hat. Ich bin nun mit einer der Voraussetzungen, von denen er hierbei ausgeht, nicht einverstanden, möchte aus höchst egoistischen Motiven gerne gegen ihn Recht behalten und scheine nun diese Rechnungen auf meine Art nachzuahmen.« (Zitiert nach *Monatsschrift für Psychiatrie u. Neurologie,* 10, 1901, S. 132).

Strachey fügte hinzu:

> Von 1907 an wurde diese ganze Passage weggelassen und der vorangehende Satz erhielt seine jetzige Form. Die weggelassene Stelle enthielt Bezugnahmen auf ... Fließ und auf die Analyse der Zahl 2467, die (1901 und 1904) unmittelbar voranging. Die Hypothese von Fließ, mit der Freud aus egoistischen Gründen nicht übereinstimmte, war zweifellos jene, die seinen Tod im Alter von 51 im Jahre 1907 vorausgesagt hatte – dem Jahr, in dem die Stelle gestrichen wurde. (S. 250 n)

Hier haben wir die Bestätigung von Freud selbst, daß er, obwohl kein abergläubischer Mensch, in sich einen eingekapselten, ichfremden Konflikt trug, der sich als Aberglaube manifestierte.

Es ist bemerkenswert, daß der in der Ausgabe von 1907 weggelassene Satz in der Ausgabe von 1904 noch enthalten war, einem Jahr, in dem Freuds zwanghafter Aberglaube die Intensität eines Symptoms erreichte. Dies geschah unter folgenden Umständen:
Am 20. Juli 1904 fragte Fließ brieflich bei Freud an, ob der Philosoph Otto Weininger seine Informationen über den Begriff der Bisexualität von H. Swoboda, einem Schüler Freuds, erhalten habe. Dieser Begriff spielte in Weiningers Buch über *Geschlecht und Charakter* (1902) eine wichtige Rolle.
Freuds Antwort befriedigte Fließ nicht. Am 27. Juli erhielt Freud einen zweiten Brief, der am 26. Juli geschrieben war, dem Geburtstag von Martha Freud, ein Datum, das Fließ wohlbekannt war. In diesem Brief warf Fließ Freud Verdrehung vor und beharrte darauf, er habe Fließ' Priorität in der Konzeption der Bisexualität nicht genügend gewürdigt und das Geheimnis von Fließ' Theorien nicht mit der gebührenden Sorgfalt gewahrt. Freud habe zu seinem Patienten Hermann Swoboda von diesen Theorien gesprochen, und Swoboda seinerseits habe dem Philosophen Otto Weininger davon erzählt, der diese Informationen in seinem Buch verwendet habe. Freuds Geständnis in dem *non-vixit*-Traum von seiner Befriedigung, Fließ zu überleben, war also zu ihm zurückgekehrt, und ebenso das immer wieder auftretende Thema der Indiskretion.[1]
Im August 1904, nur wenige Wochen nach Fließ' Beschuldigung, trat Freud eine kurze Reise an. Wie so oft, war sein Reisegefährte sein zehn Jahre jüngerer Bruder Alexander. Alexander hatte nur eine Woche Zeit; so beschlossen die beiden, über Triest nach der Insel Korfu zu fahren und dort ein paar Tage zu bleiben. Ein Bekannter Alexanders in Triest riet ihnen ab und schlug vor, sie sollten statt dessen mit dem nächsten Schiff nach Athen fahren, dann könnten sie ein paar Tage in Griechenland verbringen und rechtzeitig wieder in Triest sein.
Die anfängliche Reaktion der beiden Reisenden auf diesen Vorschlag war seltsam, Freud hat sie viele Jahre später in »Eine Erinnerungsstörung auf der Akropolis« folgendermaßen beschrieben und analysiert:

1 Siehe Kris (1950, S. 41); Jones (Bd. 1, S. 368); Pfenning (1960); und Kapites 8 dieses Buches. Siehe auch Brome (1968), der diese und andere Episoden aus Freuds Leben in einer Veröffentlichung behandelt, die nach Abschluß meines Manuskripts erschienen ist.

Als wir den Triestiner verlassen hatten, waren wir beide in merkwürdig übler Stimmung. Wir diskutierten den uns vorgeschlagenen Plan, fanden ihn durchaus unzweckmäßig und sahen nur Hindernisse gegen seine Ausführung, nahmen auch an, daß wir ohne Reisepässe in Griechenland nicht eingelassen würden. Die Stunden bis zur Eröffnung des Lloydbureaus wanderten wir mißvergnügt und unentschlossen in der Stadt herum. Aber als die Zeit gekommen war, gingen wir an den Schalter und lösten Schiffskarten nach Athen, wie selbstverständlich ... ja ohne daß wir die Gründe für unsere Entscheidung gegeneinander ausgesprochen hätten. Dies Benehmen war doch sehr sonderbar. Wir anerkannten später, daß wir den Vorschlag, nach Athen anstatt nach Korfu zu gehen, sofort und bereitwilligst angenommen hatten. Warum hatten wir uns also die Zwischenzeit bis zur Öffnung der Schalter durch üble Laune verstört und uns nur Abhaltungen und Schwierigkeiten vorgespiegelt? ... Es ist ein Fall von »too good to be true«, wie er uns so geläufig ist. Ein Fall von jenem Aberglauben, der sich so häufig zeigt, wenn man durch eine glückbringende Nachricht überrascht wird, daß man ... einen Preis gewonnen hat, für ein Mädchen, daß der heimlich geliebte Mann bei den Eltern als Bewerber aufgetreten ist, u. dgl.

Ein Phänomen konstatieren, läßt natürlich sofort die Frage nach seiner Verursachung entstehen. Ein solcher Unglaube ist offenbar ein Versuch, ein Stück der Realität abzulehnen, aber es ist etwas daran befremdend. Wir würden gar nicht erstaunt sein, wenn sich ein solcher Versuch gegen ein Stück Realität richten sollte, das Unlust zu bringen droht ... Aber warum ein derartiger Unglaube gegen etwas, was im Gegenteil hohe Lust verspricht? Ein wirklich paradoxes Verhalten! Ich erinnere aber, daß ich bereits früher einmal den ähnlichen Fall jener Personen behandelt habe, die, wie ich es ausdrückte, »am Erfolge scheitern« [1916 b]. Sonst erkrankt man in der Regel an der Versagung, der Nichterfüllung eines lebenswichtigen Bedürfnisses oder Wunsches; bei diesen Personen ist es aber umgekehrt, sie erkranken, gehen selbst daran zu Grunde, daß ihnen ein überwältigend starker Wunsch erfüllt worden ist. Die Gegensätzlichkeit der beiden Situationen ist aber nicht so groß, wie es anfangs scheint. Im paradoxen Falle ist einfach eine innere Versagung an die Stelle der äußeren getreten. Man gönnt sich das Glück nicht, die innere Versagung befiehlt, an der äußeren festzuhalten. Warum aber? Weil, so lautet in einer Reihe von Fällen die Antwort, man sich vom Schicksal etwas so Gutes nicht erwarten kann. Also wiederum das »too good to be true«, die Äußerung eines Pessimismus, von dem viele von uns ein großes Stück in sich zu beherbergen scheinen. In anderen Fällen ist es ganz so wie bei denen, die am Erfolg scheitern, ein Schuld- oder Minderwertigkeitsgefühl, das man übersetzen kann: Ich bin eines solchen Glückes nicht würdig, ich verdiene es nicht. Aber diese beiden Motivierungen sind im Grunde das nämliche, die eine nur eine Projektion der anderen. Denn, wie längst bekannt, ist das Schicksal, von dem man sich so schlechte Behandlung erwartet, eine Materialisation unseres Gewissens, des strengen Über-Ichs in uns, in dem sich die strafende Instanz unserer Kindheit niedergeschlagen hat.

(1936, S. 251, 252 ff.)

Freud und sein Bruder traten die vorgeschlagene Reise nach Athen an. Dort erreichte Freuds zwanghafte Beschäftigung mit einem spezifischen Todesdatum einen solchen Höhepunkt, daß er sie als störendes Symptom empfand. Auf der selben Reise hatte Freud auch eine »Erinnerungsstörung«, wie er es nannte; tatsächlich handelte es sich jedoch um einen flüchtigen Zustand der Entwirklichung, in dem er von einem Unglauben an die Wirklichkeit des vor ihm Liegenden befallen wurde und seinen Bruder fragte, ob es wirklich wahr sei, daß sie sich auf der Akropolis befänden.[2]

... und jetzt sind wir in Athen und stehen auf der Akropolis! Wir haben es wirklich weit gebracht! Und wenn man so Kleines mit Größerem vergleichen darf, hat nicht der erste Napoleon während der Kaiserkrönung in Notre-Dame sich zu einem seiner Brüder gewendet – es wird wohl der älteste, Josef, gewesen sein – und bemerkt: »Was würde Monsieur notre Père dazu sagen, wenn er jetzt dabei sein könnte?«

Hier stoßen wir aber auf die Lösung des kleinen Problems, warum wir uns schon in Triest das Vergnügen an der Reise nach Athen verstört hatten. Es muß so sein, daß sich an die Befriedigung, es so weit gebracht zu haben, ein Schuldgefühl knüpft; es ist etwas dabei, was unrecht, was von alters her

2 Freud (1919) hat selbst eine lebendige Schilderung dieses unerwarteten Abenteuers geliefert, das ihn offenbar seine Umgebung als »unwirklich« oder »unheimlich« erleben ließ.

verboten ist. Das hat mit der kindlichen Kritik am Vater zu tun, mit der Geringschätzung, welche die frühkindliche Überschätzung meiner Person abgelöst hatte. Es sieht aus, als wäre es das Wesentliche am Erfolg, es weiter zu bringen als der Vater, und als wäre es noch immer unerlaubt, den Vater übertreffen zu wollen.

Zu dieser allgemein giltigen Motivierung kommt noch für unseren Fall das besondere Moment hinzu, daß in dem Thema Athen und Akropolis an und für sich ein Hinweis auf die Überlegenheit der Söhne enthalten ist. Unser Vater war Kaufmann gewesen, er besaß keine Gymnasialbildung, Athen konnte ihm nicht viel bedeuten. Was uns im Genuß der Reise nach Athen störte, war also eine Regung der *Pietät.* Und jetzt werden Sie sich nicht mehr verwundern, daß mich die Erinnerung an das Erlebnis auf der Akropolis so oft heimsucht, seitdem ich selbst alt, der Nachsicht bedürftig geworden bin und nicht mehr reisen kann. (1936, S. 256 ff.)

Jones (Bd. 2, S. 34 ff.) hat eine Beschreibung dieser Reise geliefert, die auf Freuds Briefen an seine Familie (zumeist waren es in Wirklichkeit Ansichtspostkarten) beruht, sowie auf Eindrükken, die Freud Marie Bonaparte mitgeteilt hatte, die damals sich Notizen über ihre Unterhaltungen mit ihm zu machen pflegte. Jones erwähnt natürlich auch die »Erinnerungsstörung«, erwähnt aber nicht Freuds Präokkupation mit dem Tod während dieser Reise. Er weist jedoch darauf hin, daß die Reise nicht im voraus geplant war.

Auch Freud erwähnt in seinem Aufsatz von 1936 seine abergläubische Beschäftigung mit dem Tod im Lauf dieser Reise nach Athen nicht, behandelt sie jedoch eingehend in einem Brief an Jung vom 16. April 1909, der noch aus anderen Gründen höchst bedeutsam ist. Wir zitieren hier den ganzen Brief, obwohl ein Teil daraus in Kapitel 9 noch eingehender behandelt wird.

Lieber Freund,

Von Venedig aus, wohin ich einen Osterflug gerichtet hatte, in der vergeblichen Erwartung, mir vorzeitig etwas Frühlingsgefühl und Erholung zu schaffen, schrieb ich Ihrer Frau eine Karte weil ich meinte, Sie seien schon auf dem Rad in Oberitalien.

Es ist bemerkenswert, daß an demselben Abend, an dem ich Sie förmlich als ältesten Sohn adoptierte, Sie zum Nachfolger und Kronprinzen – in partibus infidelium[3] – salbte, daß gleichzeitig Sie mich der Vaterwürde entkleideten, welche Entkleidung Ihnen ebenso gefallen zu haben scheint, wie mir im Gegenteil die Einkleidung Ihrer Person. Nun fürchte ich bei Ihnen wieder in den Vater zurückzufallen, wenn ich von meiner Relation zu dem Klopfgeisterspuk spreche; muß es aber thun, weil es doch anders ist, als Sie sonst glauben könnten. Ich leugne also nicht, daß Ihre Mitteilungen und Ihr Experiment mir starken Eindruck gemacht haben. Ich nahm mir vor nach ihrem Weggang zu beobachten und gebe hier die Resultate. In meinem ersten Zimmer kracht es unausgesetzt, dort wo die zwei schweren ägyptischen Stelen auf den Eichenbrettern des Bücherkastens aufruhen, das ist also zu durchsichtig. Im zweiten dort wo wir es hörten, kracht es sehr selten. Anfangs wollte ich es als Beweis gelten lassen, wenn das während Ihrer Anwesenheit so häufige Geräusch sich nach Ihrem Weggang nie wieder hören ließe – aber es hat sich seither wiederholt gezeigt, doch nie im Zusammenhang mit meinen Gedanken und nie, wenn ich mich mit Ihnen oder diesem Ihrem speziellen Problem beschäftigte. (Auch jetzt nicht, füge ich als Herausforderung hinzu). Die Beobachtung wurde aber alsbald durch anderes entwertet. Meine Gläubigkeit oder wenigstens gläubige Bereitwilligkeit schwand mit dem Zauber Ihres persönlichen Hierseins dahin; es ist mir wieder aus irgend welchen inneren Motiven ganz unwahrscheinlich, daß irgend etwas der Art vorkommen sollte; das entgeisterte Mobiliar steht vor mir wie vor dem Dichter nach dem Scheiden der Götter Griechenlands die entgötterte Natur.

Ich setze also wieder die hörnerne Vater-Brille auf und warne den lieben Sohn kühlen Kopf zu behalten und lieber etwas nicht verstehen zu wollen als dem Verständnis so große Opfer zu bringen, schüttle auch über die Psychosynthese das weise Haupt und denke: Ja so sind sie, die Jungen, eine rechte Freude macht ihnen doch nur das, wo sie uns nicht mitzunehmen brauchen, wohin wir mit unserem kurzen Atem und müden Beinen nicht nachkommen können.

Dann werde ich mit dem Rechte meiner Jahre geschwätzig und

3 Der Ausdruck geht auf das siebte Jahrhundert zurück und entstammt dem Kirchenrecht. Er bezieht sich auf einen Priester, der den Titel, aber nicht die Funktionen eines Bischofs erhalten hat.

erzähle von einem anderen Ding zwischen Himmel und Erde, das man nicht verstehen kann. Vor einigen Jahren entdeckte ich bei mir die Überzeugung, daß ich zwischen 61 und 62 sterben würde, was mir damals noch als lange Frist vorkam. (Heute sind es nur noch 8 Jahre.[4]) Ich ging dann mit meinem Bruder[5] nach Griechenland und nun war es direkt unheimlich, wie die Zahl 61 oder 60 in Verbindung mit 1 und 2 bei allen Gelegenheiten von Benennung an allen gezählten Gegenständen insbesondere Transportmitteln wiederkehrte, was ich gewissenhaft notierte. Gedrückter Stimmung hoffte ich im Hotel zu Athen, als man uns Zimmer im ersten Stock anwies, aufzuatmen; da konnte Nr. 61 nicht in Betracht kommen. Wohl, aber ich bekam wenigstens Nr. 31 (mit fatalistischer Licenz doch die Hälfte von 61-62), und diese klügere und behendere Zahl erwies sich in der Verfolgung noch ausdauernder als die erste. Von der Rückreise an bis in ganz rezente Zeiten blieb mir die 31 in deren Nähe sich gerne eine 2 befand, treu. Da ich auch Regionen in meinem System habe, in denen ich nur wißbegierig und gar nicht abergläubisch bin, habe ich seither die Analyse dieser Überzeugung versucht, hier ist sie. Sie entstand im Jahre 1899. Damals trafen zwei Ereignisse zusammen. Erstens schrieb ich die Traumdeutung (die ja mit 1900 vordatiert erschienen ist), zweitens erhielt ich eine neue Telephonnummer, die ich auch noch heute führe: 14362.[6] Ein Gemeinsames zwischen diesen beiden Thatsachen läßt sich leicht herstellen im Jahre 1899, als ich die Traumdeutung schrieb, war ich 43 Jahre alt. Was lag also näher, als daß die anderen Ziffern mein Lebensende bedeuten sollten, also 61 oder 62. – Plötzlich kommt Methode in den Wahnwitz. Der Aberglaube, daß ich zwischen 61 und 62 sterben werde, stellt sich als aequivalent der Überzeugung heraus, daß ich mit der Traumdeutung mein Lebenswerk vollendet habe, nichts mehr zu machen brauche und ruhig sterben kann. Sie werden zugeben, nach dieser Erfahrung klingt es nicht mehr so unsinnig. Übrigens steckt geheimer Einfluß von W. Fließ darin; im Jahre seines

4 Dieser Brief wurde ungefähr drei Wochen vor Freuds 53. Geburtstag geschrieben, 15 Jahre nach seinem schwersten Herzanfall im Jahre 1894.

5 Wie er das auch während der Fließ-Periode getan hatte.

6 Siehe meine Bemerkung über Freuds Deutung der Zahl 2467 in seinem Brief an Fließ vom 27. August 1899 (Kapitel 5).

Angriffs[7] brach auch der Aberglaube los. Sie werden die spezifisch jüdische Natur in meiner Mystik wiederum bestätigt finden.[8] Sonst bin ich geneigt nur zu sagen, daß Abenteuer wie das mit der Zahl 61 durch zwei Momente Aufklärung finden, erstens durch die vom Unbewußten enorm gesteigerte Aufmerksamkeit, die Helena in jedem Weibe sieht[9], und zweitens durch das unleugbar vorhandene »Entgegenkommen des Zufalls« das für die Wahnbildung dieselbe Rolle spielt, wie das Somatische Entgegenkommen beim hysterischen Symptom, das sprachliche beim Wortwitz.

Ich werde also im Stande sein, von Ihren Complexspuk-Forschungen wie von einem holden Wahn, den man selbst nicht teilt, mit Interesse weiters zu vernehmen.[10] Mit herzlichen Grüßen

für Sie, Frau und Kinder Ihr

Freud [1]

Man kann diesen Brief einfach vom ästhetischen Gesichtspunkt aus genießen, als ein glänzendes Beispiel für Freuds Talent als Briefeschreiber. Darüber hinaus hat dieser Brief eine ganz spezifische Bedeutung. Hier bietet uns Freud selbst eine einzigartige Gelegenheit, den genetischen Gesichtspunkt auf einem wichtigen Entwicklungsaspekt seines Lebens anzuwenden. Er liefert das fehlende Bindeglied zwischen Ereignissen, die sich über eine Zeit von vier Jahrzehnten erstrecken, von 1896 an, dem Todesdatum seines Vaters, bis 1936, dem Datum der Veröffentlichung des Akropolisaufsatzes.

Ich habe schon darauf hingewiesen, daß Freud kein abergläubischer Mensch war, was nicht ausschließt, daß er abergläubische Züge hatte. Man kann Freud nicht als Zwangsneurotiker anse-

7 D. h., 1904. Tatsächlich hatte er sich schon viel früher als ein latenter, eingekapselter Aberglaube manifestiert (siehe auch Kapitel 3, 4 und 5).

8 Siehe auch Kapitel 1.

9 Eine Anspielung auf Faust, Erster Teil, 6. Szene. Mephisto gibt Faust einen Zaubertrank mit den Worten:

Du siehst mit diesem Trank im Leibe
Bald Helenen in jedem Weibe.

Das ist eine stehende Redewendung geworden, die besagt, daß man, wenn man von einer vorgefaßten Meinung besessen ist, sie in jeder Umweltsituation bestätigt finden kann, die eine halbwegs plausible assoziative Verbindung liefert.

10 Wir werden sehen, daß Freuds Einstellung zu okkulten Phänomenen in den folgenden Jahrzehnten seines Lebens noch viele komplexe Phasen durchlaufen sollte.

hen, aber seine Präokkupation mit dem prospektiven Datum seines Todes hatte den Charakter eines zwanghaften Zuges. Freud teilt zwar einige Einzelheiten seiner Selbstanalyse mit, aber wir können nicht wissen, ob er es für notwendig hielt, Jung alles zu sagen.

Glücklicherweise sind wir nicht allein auf Spekulationen angewiesen. Ich habe weiter oben in diesem Kapitel darauf hingewiesen, daß die Entwicklung von Freuds Beziehung zu Fließ sich in den Änderungen spiegelt, die Freud zwischen 1901 und 1907 im Text von *Zur Psychopathologie des Alltagslebens* vornahm. Ebenso wird vielleicht ein sorgfältiger Vergleich des Inhaltes von Freuds Brief an Jung mit einigen einschlägigen Schriften Freuds zwischen 1901 und 1909 zusätzliches Licht auf die ganze Episode werfen.

Aus den Stellen der *Psychopathologie des Alltagslebens* und den weiter oben in diesem Kapitel zitierten Fußnoten Stracheys erfuhren wir, daß Freud im Jahre 1904, dem Jahr von Fließ' Angriff auf Freud und der Episode während der Reise nach Griechenland, seine abergläubischen Vorstellungen mit den Fließschen Berechnungen verknüpfte, *die er nachahmte, obwohl er damals bereits den Prämissen von Fließ nicht mehr zustimmte.*

In Freuds durchschossenem Exemplar der (zweiten) Auflage von 1904 fanden sich, nach einer Fußnote von Strachey, nach dem 2467. Beispiel folgende Bemerkungen:

> Wut, Ärger und als Folge ein Mordimpuls ist die Quelle des Aberglaubens bei Zwangsneurotikern: eine sadistische Komponente, die mit Liebe verbunden und deshalb gegen die geliebte Person gerichtet und unterdrückt ist, eben wegen dieser Fessel und ihrer Intensität. *Mein eigener Aberglaube hat seine Quelle in unterdrücktem Ehrgeiz (Unsterblichkeit) und nimmt in meinem Fall die Stelle jener Todesangst ein, die von der normalen Unsicherheit des Lebens herrührt ...* (1901 b, S. 260 n 3; Kursiv des Verfassers. Aus dem Englischen übersetzt, da das Original bis zum Redaktionsschluß nicht zugänglich war.)

Freud offenbart hier, neben seiner Einsicht in die ichfremde Natur seines Aberglaubens, daß sein Aberglaube nicht nur Ausdruck seiner Ambivalenz war, sondern auch als Abwehr gegen die normale, unausweichliche Todesangst diente.

Diese Notizen kommen dem Kern seines Konfliktes sehr viel näher als die oben zitierten Hinzufügungen von 1907. Im selben Jahr jedoch fügte Freud noch eine weitere Passage in die *Psychopathologie des Alltagslebens* ein:

> Wer die Gelegenheit gehabt hat, die verborgenen Seelenregungen der Menschen mit dem Mittel der Psychoanalyse zu studieren, der kann auch über die Qualität der unbewußten Motive, die sich im Aberglauben ausdrücken, einiges Neue sagen. Am deutlichsten erkennt man bei den oft sehr intelligenten, mit Zwangsdenken und Zwangszuständen behafteten Nervösen, daß der Aberglaube aus unterdrückten feindseligen und grausamen Regungen hervorgeht. Aberglaube ist zum großen Teile Unheilserwartung, und wer anderen häufig Böses wünscht, aber infolge der Erziehung zur Güte solche Wünsche ins Unbewußte verdrängt hat, dem wird es besonders nahe liegen, die Strafe für solches unbewußte Böse als ein Unheil von außen zu erwarten. (1901 b, S. 289)

Es ist sicher nicht allzu spekulativ, diese Deutung mit gewissen Modifikationen auf Freuds eigene zwanghaften, abergläubischen Präokkupationen anzuwenden.

Im selben Jahr veröffentlichte Freud einen kurzen Aufsatz über »Zwangshandlungen und Religionsübungen«, in dem er in gleicher Weise unterscheidet zwischen »Nervösen« und Menschen, die an Zwangsdenken, Zwangsvorstellungen, Zwangsimpulsen und ähnlichem leiden. Sie gehören »zu einer besonderen klinischen Einheit, für deren Affektion der Name ›Zwangsneurose‹ gebräuchlich ist« (1907 b, S. 129).

Freud betonte dann, daß nicht nur die Zwangsneurose, sondern auch »andersartige krankhafte Seelenerscheinungen« den gleichen zwanghaften Charakter haben könnten.

Freud sagt in diesem Aufsatz: »Man kann sagen, der an Zwang und Verboten Leidende benimmt sich so, als stehe er unter der Herrschaft eines Schuldbewußtseins, von dem er allerdings nichts weiß, eines unbewußten Schuldbewußtseins also, wie man es ausdrücken muß« (1907 b, S. 135).

Das war das erste Mal, daß Freud diesen Terminus in einer Publikation benützte. Er spielte in Freuds späteren Schriften eine sehr wichtige Rolle; implizite hatte Freud allerdings die Bedeutung unbewußter Schuldgefühle schon früher zum Ausdruck gebracht. Er hatte den Begriff in dem Brief an Fließ verwendet, in dem er zuerst die Entdeckung des Ödipuskomplexes mitteilte. Dort heißt es in bezug auf die tragische Geschichte Hamlets:

Wie besser, als durch die Qual, welche ihm die dunkle Erinnerung bereitet, er habe sich mit derselben Tat gegen den Vater aus Leidenschaft zur Mutter getragen »und wenn wir nach Verdienst behandelt werden, wer würde dann dem Auspeitschen entgehen«. Sein Gewissen ist sein unbewußtes Schuldbewußtsein. (B 71)

In seinem Aufsatz von 1907 brachte Freud das Schuldgefühl in der Hauptsache mit der Verdrängung verbotener sexueller Impulse in Zusammenhang. Wir wissen jedoch, daß Freud schon 1897 den ödipalen Konflikt und die Ubiquität der Rivalität mit dem Vater, die zu Mordwünschen führt, entdeckt hatte. Freud hatte auch in seiner Selbstanalyse seine eigenen Mordwünsche gegen seinen jüngeren Bruder rekonstruiert (B 70) und in *Die Traumdeutung* die stets vorhandenen feindseligen Aspekte der Geschwisterrivalität beschrieben (siehe Kapitel 5).

Er hatte insbesondere dargelegt, daß ein kleines Kind, dessen jüngerer Bruder oder jüngere Schwester gestorben ist, nach der Geburt des nächsten Geschwisterchens den Wunsch hegen kann, daß dieser neue Rivale das gleiche Schicksal erleidet. Freud wies jedoch auch darauf hin, daß sich der Grad dieser Feindseligkeit einerseits durch die völlig egoistische Einstellung kleiner Kinder erklären läßt und andererseits durch die Tatsache, daß der Tod eine Vorstellung ist, die für kleine Kinder keinen wirklichen Sinn hat.

Im Jahre 1914 jedoch fügte Freud die folgende Fußnote hinzu: »Solche in der Kindheit erlebte Sterbefälle mögen in der Familie bald vergessen worden sein, die psychoanalytische Erforschung zeigt doch, daß sie für die spätere Neurose sehr bedeutungsvoll geworden sind.« (1900, S. 258) Diese Feststellung hatte einen direkten Bezug auf Freuds eigenes Leben; sein jüngerer Bruder war 1858 gestorben, wurde aber schon wenige Monate später durch eine Schwester ersetzt, die am 31. Dezember 1858 zur Welt kam.

Alle diese Beispiele zeigen erneut, daß Freud erst ganz allmählich die volle Bedeutung der Aggression im Triebleben des Menschen erkannte. Die Entdeckung inzestuöser Wünsche gegenüber der Mutter und der Feindseligkeit gegenüber dem Vater als dem überlegenen Rivalen war wahrscheinlich schon für sich allein eine erschütternde Erfahrung; noch in stärkerem Maße unannehmbar war die Erkenntnis, daß Mordwünsche zu haben, eine ubiquitäre psychologische Erfahrung und in gewissem Umfang unabhängig von der ödipalen Rivalität ist und daß die Mordwünsche sich auch auf Geschwister erstrecken.

Nur wenige Monate nach der Veröffentlichung des Aufsatzes über »Zwangshandlungen und Religionsübungen« begann Freud die Behandlung eines Falles von Zwangsneurose, den er 1909 unter dem Titel »Bemerkungen über einen Fall von Zwangsneurose« publizierte – wahrscheinlich die faszinierendste und wichtigste psychoanalytische Falldarstellung, die je erschienen ist.

Der Patient hatte – neben vielen anderen schweren Symptomen – »Gedankenzüge«, wie er es nannte, über den Tod seines Vaters, die er schon in einigen der ersten Sitzungen vorbrachte. Als der Patient in seiner sechsten Sitzung zu Freud sagte, »der Tod des Vaters könne nie Gegenstand seines Wunsches gewesen sein, immer nur einer Befürchtung« (1909 b, S. 403), lieferte Freud ihm die Deutung, daß nach der psychoanalytischen Theorie jede Angst mit einem früheren unbewußten Wunsch korrespondiere.

Die folgenden Stellen aus diesem Aufsatz sind für uns relevant:

> Er (der Patient) wundert sich, wie dieser Wunsch bei ihm möglich gewesen sein solle, wenn ihm der Vater doch der liebste aller Menschen war. Es leide keinen Zweifel, daß er auf jedes persönliche Glück verzichtet hätte, wenn er dadurch des Vaters Leben hätte retten können. – Ich antworte, gerade diese intensive Liebe sei die Bedingung des verdrängten Hasses. Bei indifferenten Personen werde es ihm gewiß leicht gelingen, die Motive zu einer mäßigen Neigung und ebensolchen Abneigung nebeneinander zu halten... Ähnlich sage doch Brutus über Cäsar bei Shakespeare: »Weil Cäsar mich liebte, wein' ich um ihn; weil er glücklich war, freue ich mich; weil er tapfer war, ehr' ich ihn; aber weil er herrschsüchtig war, erschlug ich ihn.« Und diese Rede wirkte bereits befremdend, weil wir uns des Brutus Affektion für Cäsar intensiver vorgestellt haben.
>
> (1909 b, S. 403-404)

Eben diese Assoziation spielte eine wichtige Rolle in dem *non-vixit*-Traum und führte zu der Erinnerung, daß Freud einmal die Rolle des Brutus gespielt hatte (siehe Kapitel 5).

In der nächsten Stunde verwickelte Freud seinen Patienten in eine lange Diskussion über den infantilen Ursprung von bösen, mörderischen Gedanken und Wünschen. Der Patient reagierte während dieser Sitzung mit Zitaten aus Nietzsches *Jenseits von*

Gut und Böse über den Konflikt zwischen Erinnerung und Stolz, der bei der Erinnerung an das Begehen einer verbrecherischen Handlung im Spiele ist. Freud beendete den Bericht über diese Sitzung mit den folgenden Sätzen:

> Er führt noch an, daß sich die Krankheit seit dem Tode des Vaters so enorm gesteigert hat, und ich gebe ihm insofern recht, als ich die Trauer um den Vater als Hauptquelle der Krankheitsintensität anerkenne. Die Trauer hat in der Krankheit gleichsam einen pathologischen Ausdruck gefunden. Während eine normale Trauer in 1 bis 2 Jahren ihren Ablauf erreicht, ist eine pathologische wie seine in ihrer Dauer unbegrenzt.
>
> (1909 b, S. 408-409)

Ich habe diese Stellen aus vielen Gründen zitiert. In der Korrespondenz mit Fließ hat Freud häufig darauf hingewiesen, wie eng seine Selbstanalyse und seine Funde bei seinen Patienten miteinander verknüpft waren.

In der Selbstanalyse dieser Periode war Freud immer noch vor allem damit beschäftigt, sein eigenes Schuldgefühl durchzuarbeiten, das im allgegenwärtigen Ödipuskonflikt und Kainskonflikt wurzelte.[11]

Eine weitere Stelle aus diesem Aufsatz von 1909 ist für unseren Gegenstand von besonderer Bedeutung. Nach einer längeren Erörterung der Einstellung seines Patienten gegenüber Aberglauben und Tod, in der Freud diese Einstellung mit dem infantilen Allmachtsglauben und mit den inhärent ambivalenten Gefühlen solchen Patienten gegenüber geliebten Objekten in Zusammenhang brachte, sagte er:

> ... nicht viel anders als unser Patient benehmen sich andere Zwangskranke, denen das Schicksal nicht ein erstes Zusammentreffen mit dem Phänomen des Todes in so frühen Jahren beschieden hat. Ihre Gedanken beschäftigen sich unausgesetzt

11 Ein weiterer Grund für die Anführung dieser Stellen ist die Tatsache, daß Freud damals noch annahm, intellektuelles Verstehen und Überzeugung allein könnten zur Lösung unserer innersten Konflikte führen. Es bedurfte vieler Jahre oft enttäuschender Erfahrungen, bis Freud erkannte, daß Verstehen und Einsicht Vorgänge sind, die auf vielen Ebenen stattfinden, daß Widerstände eine lange Zeit des Durcharbeitens brauchen. Er lernte auch, daß bei der Analyse von Zwangsneurotikern, sowie von Personen mit zwanghaften Charakterzügen, Intellektualisierung häufig die hartnäckigste Form des Widerstandes ist. Er lernte ferner, daß die Übertragungserscheinungen die wichtigsten Vehikel für das Durcharbeiten solcher Widerstände sind.

mit der Lebensdauer und der Todesmöglichkeit anderer, ihre abergläubischen Neigungen hatten zuerst keinen andern Inhalt und haben vielleicht überhaupt keine andere Herkunft.

(1909 b, S. 452)

Wir wissen natürlich, daß dieses Verhalten nicht auf Zwangsneurotiker beschränkt ist, sondern sich unterschiedlich stark in zwanghaften Präokkupationen in der selben Weise wie bei Freud äußern kann.

Das in diesem Kapitel vorgelegte und besprochene Material läßt sehr deutlich erkennen, wie eng miteinander verflochten gewisse Ereignisse in Freuds Leben, seine wissenschaftliche Arbeit, die Entdeckungen und seine Selbstanalyse waren. In *Die Traumdeutung* benützte Freud seine eigenen Träume und Konflikte, um zu illustrieren, wie die Psyche arbeitet. Wenn wir den Inhalt solcher Passagen wie die in diesem Kapitel zitierten mit der Episode von 1904, dem Brief an Jung von 1909 und dem Akropolisaufsatz von 1936 vergleichen, so erkennen wir, wie häufig Freud sich unmittelbar seinen eigenen Problemen zuwandte. Wir können ferner sehen, in welchem Umfang sich die Fortschritte seiner Arbeit und seiner Selbstanalyse im Wandel seiner Beziehung zu Fließ spiegelten. Ich fasse die zitierten Stellen zusammen, die für das Thema dieses Buches besonders relevant sind:

Die Zusätze, Änderungen und Streichungen, die Freud in seinen drei Ausgaben der *Psychopathologie des Alltagslebens* vornahm[12], zeigen deutlich, wie er sich immer mehr darüber klar wurde, daß seine Präokkupation mit Zahlen und seine Neigung zum Aberglauben einerseits mit Spekulationen über die Dauer seines eigenen Lebens und des Lebens der ihm Nahestehenden zusammenhingen, andrerseits mit Fließ' Zahlenspielereien, die er nachahmte, obwohl er mit einer der Prämissen, von denen diese Arbeit ausging, nicht übereinstimmte. Im Jahre 1907 wurden einige dieser Stellen weggelassen oder geändert. So analysierte Freud zum Beispiel in der ersten Auflage seine scheinbar willkürliche Verwendung der Zahl 2467, die zuerst in einem Brief an Fließ vom 27. August 1899 aufgetaucht war (siehe B 116 und Kapitel 5 dieses Buches).

12 Die Fußnoten, in denen James Strachey die Bedeutsamkeit dieser Änderungen herausgearbeitet und kommentiert hat, sind eines von vielen Beispielen für den einzigartigen historischen und didaktischen Wert seiner editorischen Arbeit an der *Standard Edition* von Freuds Werk.

Freuds durchschossenes Exemplar der Auflage von 1904 der *Psychopathologie des Alltagslebens* enthält Bemerkungen, die Freuds Aberglauben, den er mit verdrängtem Ehrgeiz (Unsterblichkeit) verband, unterschieden von der Todesangst, die von der normalen Unsicherheit des Lebens herrührt. Erst 1926, mit *Hemmung, Symptom und Angst*, traf Freud eine klare Unterscheidung zwischen normaler Angst und neurotischer Angst, die sich nur als Übersteigerung einer normalen Reaktion auf reale Gefahr manifestiert oder als Verschiebung auf Situationen, die als solche nicht gefährlich sind.

Diese Bemerkungen sind aus den folgenden Gründen relevant: im Jahre 1904 verknüpfte Freud seinen Aberglauben lediglich mit seinem unterdrückten Ehrgeiz (Unsterblichkeit), während sich aus den oben angeführten Absätzen und Änderungen eindeutig ergibt, daß im Jahre 1907 Freud diese abergläubischen Vorstellungen außerdem auch noch mit seiner Identifizierung mit Fließ (wie er das später genannt hätte) in Zusammenhang brachte.

Freud ging nicht weiter auf den Ursprung dessen ein, was er seinen Ehrgeiz nach Unsterblichkeit nannte, auch nicht auf die Mechanismen seiner Verdrängung. *Die Traumdeutung* enthält mehrere verstreute Bemerkungen der Art, daß zum Beispiel Kinder keine genaue Vorstellung vom Tod haben und daß Erwachsene ihren Wunsch nach Unsterblichkeit in ihrer Einstellung gegenüber ihren Kindern ausdrücken. Erst in späteren Werken unterzog er dieses Konzept einer ausführlichen Erörterung.

Noch bedeutsamer ist Freuds Bemerkung, sein Aberglaube (wir könnten sagen, die abergläubische Beschäftigung mit dem Tod) ersetze die normale Todesangst. Dies ist eine der ganz wenigen Stellen, wo Freud über eine Todesangst spricht, die von der normalen Unsicherheit des Lebens herrührt. Es ist vielleicht kein Zufall, daß Freud von diesen Unsicherheiten zu einem Zeitpunkt sprach, da er sich von seinen Herzbeschwerden vollständig erholt hatte und deshalb ungefährdeter den Gedanken ins Reich des Aberglaubens verweisen konnte, daß er das Alter von 51 nicht überleben würde – das Lebensjahr, in dem er *Zur Psychopathologie des Alltagslebens* veröffentlichte.

Erst von 1907 an verglich Freud den Aberglauben mit Manifestationen von Zwangszuständen, zwanghaftem Denken und Handeln, Symptomen von Zwangsneurose und religiösen Übungen.

Die am weitesten gehende Verallgemeinerung war die in der Auflage von 1907 der *Psychopathologie des Alltagslebens*: »Der Aberglaube geht aus unterdrückten feindseligen und grausamen Regungen hervor« (1901 b, S. 289). In den meisten anderen Fällen werden die verdrängten feindseligen Wünsche in Zusammenhang mit der Rivalität zum Vater in der ödipalen Situation und zu Geschwistern gebracht. Damals sah Freud in der Verdrängung verbotener sexueller Impulse die Hauptquelle unbewußten Schuldgefühls.

In einigen anderen der zitierten Stellen vertrat Freud auch die Meinung, die Intensität von Symptomen und Schuldgefühlen sei ein Maßstab für die Intensität der positiven wie der negativen Gefühle gegenüber einem Objekt.

Schließlich legte Freud dar, daß Menschen, die in frühem Alter mit dem Tod konfrontiert werden, für eine Präokkupation mit der Dauer des Lebens und mit der Aussicht auf den Tod prädestiniert sind. Auch die Länge der Trauerperiode hängt von all diesen Faktoren ab.

Wir wissen aus Freuds eigenen Berichten, welch große Bedeutung der Tod seines Bruders und der seines Vaters für sein Leben hatten. Wir brauchen lediglich hinzuzufügen, daß ein Zustand tiefer Trauer nicht nur durch den wirklichen Tod einer geliebten Person ausgelöst wird, sondern auch durch den Verlust eines Objektes, mit dem eine enge Beziehung abgebrochen wurde.

Wir können die Frage stellen: warum zeigte Freud eine Präokkupation mit seinem eigenen Tod und nicht mit dem *anderer* Menschen?

Bei der Besprechung verschiedener Briefe an Fließ haben wir bereits darauf hingewiesen, daß Freud sich häufig wirklich Sorgen machte, wenn Fließ oder andere auf Reisen waren und er nicht regelmäßig Nachricht von ihnen erhielt, oder wenn er in der Zeitung von Eisenbahnunglücken las. Aber Gedanken dieser Art hatten nie einen hartnäckigen, zwanghaften Charakter.

Wir brauchen hier nur ergänzend einige von den Erklärungen anzuführen, deren sich Freud in bezug auf die zwanghaften Gedanken seiner Patienten so erfolgreich bediente: die eine ging dahin, daß wir hinter Ängsten oft einen Wunsch finden und daß beim abschließenden Zwangsgedanken einige wichtige Bindeglieder fehlen. Dank Freud wissen wir, daß hinter *zwanghaften* Gedanken und der Sorge um den Tod anderer Menschen häufig ein feindseliger Wunsch liegt. Aber wir wissen auch, daß solche

Gedanken für uns unannehmbar sind, insbesondere wenn sie auf Personen gerichtet sind, die wir lieben; wenn deshalb diese feindseligen Wünsche bei einem Menschen vorkommen, der ein starkes Gewissen hat, werden sie unter Umständen in eine abergläubische Präokkupation mit dem eigenen Tod umgewandelt.

Das Auftreten solcher Erscheinungen läßt sich bei vielen verschiedenen, intensiven Beziehungen beobachten, zum Beispiel beim Zustand der Verliebtheit oder bei den Konflikten mancher Frauen nach der Geburt eines Kindes.

In der psychoanalytischen Situation werden solche widerstreitenden Wünsche und Ängste häufig in den Übertragungserscheinungen ausgedrückt, und nur eine gründliche Analyse solcher Erscheinungen in ihren positiven wie in ihren negativen Aspekten kann die Konflikte lösen, wenn die Verknüpfung mit ihrem infantilen Prototyp festgestellt ist. Nach unserer Erfahrung wird die Durcharbeit durch eine allzu intensive Übertragungsbeziehung erheblich behindert. Das war auch der Grund, warum Freud schließlich die Notwendigkeit erkannte, eine optimale Distanz zwischen Analytiker und Analysand herzustellen.

Das extreme Gegenteil einer optimalen Distanz machte den Bruch zwischen Freud und Fließ so schmerzlich. Das akute Ausbrechen von Freuds zwanghafter Präokkupation mit dem Datum seines Todes in dem Jahr, als Fließ ihn so heftig attackierte, läßt sich deshalb leicht verstehen.

Ferner war inzwischen sichtbar geworden, daß Freud einer der bedeutendsten Männer seiner Zeit war, während der früher bewunderte, geliebte, überschätzte, selbstgewählte Analytikerfreund sich nicht nur in einen Angreifer verwandelt hatte, sondern auch am Wegrand liegengeblieben war.

Das »Schuldgefühl des Überlebenden« war die Verbindung zwischen den damals aktuellen Konflikten, die aus dem immer noch ungelösten Ambivalenzkonflikt entstanden, und dem »Schuldgefühl des Überlebenden«, das dem Tod von Freuds Vater und Bruder gefolgt war.

In dem Brief an Jung aus dem Jahre 1909 machte Freud eine vage Anspielung auf den heimlichen Einfluß von Fließ. Wir dürfen berechtigterweise annehmen, daß während der Episode im Jahre 1904 und zur Zeit der zweiten Auflage von *Zur Psychopathologie des Alltagslebens* (die gleichfalls 1904 erschien) Freud noch nicht *aller* Implikationen dieses heimlichen Einflusses gewahr war. In der Analyse seines Zahlenaberglaubens, die Freud in diesem Brief Jung vorlegte, fehlte ein wesentlicher Faktor: das Element des Schuldgefühls. Ohne das Element des Schuldgefühls hätte es offensichtlich keinen Grund für das Gefühl Freuds gegeben, nach der Veröffentlichung von *Die Traumdeutung* bleibe ihm nur noch eine begrenzte Lebensspanne.

In dem Akropolisaufsatz von 1936 beschränkte sich Freud auf die Erörterung des Erlebnisses der Entwirklichung und überging das Symptom, das er in dem Brief an Jung von 1909 beschrieben hatte. Ferner beschränkte er sich bei der Analyse der Entwirklichung auf die infantile Wurzel dieses Phänomens, die er als kindliche Frömmigkeit und Schuldgefühl darüber, den Vater überflügelt zu haben, charakterisierte.

Außer dem Faktor »Schuldgefühl des Überlebenden« war wahrscheinlich, wie auch bei dem fortwährenden Wiederauftauchen einer zwanghaften Beschäftigung mit Daten allgemein und bei einigen spekulativen Formulierungen, noch ein anderer Mechanismus dieser Episode wirksam.

In »Trauer und Melancholie« (1917 a) beschrieb Freud die Tendenz, sich gewisse Charakteristika des verlorenen Objektes als Teil des Trauerprozesses anzueignen. Freud machte nach dem Verlust von Fließ ohne Zweifel eine schmerzliche Zeit des Trauerns durch, insbesondere infolge der Umstände, unter denen dieser Verlust sich ereignete. Offensichtlich war Freud von Fließ' Zahlenspiel stark beeinflußt, übernahm einige Ideen des letzteren, ja identifizierte sich in gewissem Umfange mit ihnen. Freud selbst bestätigte diese Annahme, indem er in *Zur Psychopathologie des Alltagslebens* bis 1904 sagte, er ahme immer noch Fließ' Berechnungen nach, obwohl er nicht mehr mit ihnen übereinstimmte. Ich erwähnte früher in diesem Kapitel schon, daß Freud im Jahre 1920 in *Jenseits des Lustprinzips* wiederum von der großartigen Konzeption von Wilhelm Fließ sprach (S. 47).

Freuds Bemerkungen über die Bedeutung normalen und pathologischen Trauerns sind gleichermaßen auf seine eigene Reaktion anwendbar. Ferner war der gleiche Mechanismus in abgemilderter Form in Freuds späteren Beziehungen wirksam, insbesondere in der Beziehung zu Jung.

8. Kapitel

Unsterblichkeit

Die Jahre 1906 und 1907 waren in vielerlei Hinsicht bedeutsam.

Im Jahre 1906 publizierte Fließ seinen Angriff auf Freud, Swoboda und Weininger (siehe Kapitel 7). Wir können annehmen, daß die Form des Angriffs und sein unverkennbar paranoider Charakter zu dem Durcharbeitungsprozeß beitrugen, der für die Auflösung von Freuds sehr besonderer Beziehung zu Fließ notwendig war, aber auch Freuds Gefühle der Trauer und Enttäuschung verstärkten und sein weitgehend unbewußtes Schuldgefühl vertieften.

Im Jahre 1906 begann ferner Freuds Briefwechsel mit Jung, der zusammen mit seinem Vorgesetzten Bleuler, Professor der Psychiatrie in Zürich, zwei Jahre zuvor die Herausgabe einer Publikationsreihe begonnen hatte, die stark durch Freuds Arbeiten beeinflußt war. Das war der Anfang einer Beziehung, die einige, jedoch keineswegs alle Elemente von Freuds Beziehung zu Fließ enthielt. Wir finden ein gewisses Maß an Überschätzung und übertriebener Hoffnung auf einen »Sohn« und »geistigen Erben«, aber es gab nie einen Zweifel, wer von beiden der Lehrer war.

1907 war ein Jahr, in dem die Psychoanalyse in immer weiteren Kreisen Anerkennung fand, ein Jahr, in dem Freud nicht nur Jung kennenlernte, sondern auch Abraham und Ferenczi, die seine Freunde und engen Mitarbeiter wurden. Jung wurde bei seinem ersten Besuch in Wien von Ludwig Binswanger begleitet, der mit Freud eine Freundschaft schloß, die sich durch großen gegenseitigen Respekt, Herzlichkeit und eine gewisse Intimität auszeichnete trotz der Tatsache, daß Binswanger 25 Jahre jünger als Freud war und daß in späteren Jahren seine theoretische Arbeit eine Richtung nahm, die man heute Existenzialismus nennt. Freud blieb bis zum Ende seines Lebens in ständigem Briefwechsel mit ihm. Binswanger schrieb einen sehr bewegenden biographischen Essay über Freud, in den er Freuds Briefe an ihn aufnahm, von denen einige für mein Thema äußerst interessant sind.

Im Jahre 1906 feierte Freud auch seinen fünfzigsten Geburtstag, bei dem sich ein Vorfall abspielte, den Jones wie folgt geschildert hat:

> Im Jahre 1906 schenkte ihm die kleine Gruppe seiner Anhänger in Wien zu seinem fünfzigsten Geburtstag eine Medaille, entworfen von Karl Maria Schwerdtner, einem bekannten Bildhauer, die auf der Vorderseite Freuds Profil in Basrelief und auf der Rückseite eine griechische Zeichnung des Ödipus vor der Sphinx zeigt. Diese Zeichnung ist umrahmt von einem Vers aus »König Ödipus« von Sophokles... (»Der das berühmte Rätsel löste und ein gar mächtiger Mann war«)...
>
> Bei der Überreichung der Medaille ereignete sich ein merkwürdiger Zwischenfall. Als Freud die Inschrift las, wurde er blaß, unruhig und fragte mit erstickter Stimme, wer diese Idee gehabt habe. Er benahm sich wie ein Mensch, dem ein Geist erschienen ist, und so war es auch. Nachdem ihm Federn gesagt hatte, er sei es gewesen, enthüllte er ihnen den Grund seines Verhaltens: Als junger Student sei er einmal um die großen Arkaden der Wiener Universität herumgegangen und habe die Büsten früherer berühmter Professoren betrachtet. Damals habe er sich in der Phantasie ausgemalt, daß dort seine künftige Büste stände, was an sich für einen ehrgeizigen Studenten noch nichts Besonderes gewesen wäre – aber auch, daß darunter eben gerade diese Worte graviert seien, die er nun auf der Medaille vor sich sehe. (Jones, Bd. 2, S. 27–28)

Freud war kein Freund solcher Feiern, wo willkürlich gewählte Daten – der Ablauf eines Jahrzehnts, später von fünf Jahren – zum Anlaß besonderer Aufmerksamkeit gemacht wurden. Dessen ungeachtet betrachtete er es als eine besondere Leistung, wieder ein paar Jahre dem Tod oder der »unerbittlichen Ananke«, wie er später sagen würde, abgerungen und zugleich die »Last der Existenz« und die »Forderungen des Lebens« überwunden zu haben.

Freud äußerte zwar in zahlreichen Briefen zwischen 1900 und 1902, er sei vorzeitig gealtert, aber sein Aussehen und das Tempo seiner Aktivitäten standen dazu im Widerspruch. Wir brauchen nur Jones' Schilderung jeder einzelnen Ferienreise zu lesen, um zu sehen, daß Freud nun ein kraftvoller und gesunder Mann war. Und obwohl er nach 1904 wiederholt seinem Ärger über das Altern Ausdruck gab, tat er das wohl mit einer gewissen Übertreibung, aber offenbar – nach der akuten Aufwallung dieses

Jahres – ohne eine Spur zwanghafter Beschäftigung mit dem Sterben. Das gilt sogar für das Jahr 1907, als Freud das »kritische« Alter von 28 + 23 erreichte.

Gradiva

Ich wende mich jetzt Freuds Arbeiten während dieser Periode zu. Eine davon war ein Aufsatz mit dem Titel »Der Wahn und die Träume in W. Jensens ›Gradiva‹« (1907a), den Freud während seines Urlaubs im Jahre 1906 schrieb und in dem er das Problem von Tod und Unsterblichkeit berührte.[1]

Der besondere Reiz dieser Arbeit liegt in der speziellen Methode, die Freud zur Darstellung seiner Gedanken benutzte. Dem Beispiel des Verfassers von *Gradiva* folgend erlaubte er den Hauptgestalten dieser Arbeit, durch Träume und einen Wahn des Helden gewisse besondere Aspekte der Unsterblichkeit und der Parallele zwischen der Geschichte der Menschheit und der Geschichte des Individuums darzustellen.

Die Fabel handelt – in groben Umrissen – von einem jungen Archäologen, Norbert Hanold, dessen Kindheitsgespielin ein Mädchen aus der Nachbarschaft war. Die beiden waren mit dreizehn, vierzehn Jahren eng miteinander vertraut, bis der Junge sich mehr und mehr von der Welt zurückzog und sich völlig in seine Studien vergrub. Er vergaß seine Kindheitsgeliebte so vollständig, daß er sie auf einer Gesellschaft sehr zu ihrem Kummer nicht wiedererkannte. Als einziges Kind eines Wissenschaftlers und seit der frühen Kindheit mutterlos hatte das Mädchen seine Zuneigung für den jungen Mann immer bewahrt. Eines Tages stieß der junge Archäologe auf ein griechisches Relief einer weiblichen Figur (oder eine römische Kopie davon), die wahrscheinlich eine der Horen darstellte, der »Göttinnen der Vegetation« oder der ihnen verwandten »Gottheiten des befruchtenden Taus« (1907a, S. 125). Er verliebte sich in die Statue, vor allem in ihre graziösen Füße, die halb angehoben, als ob sie gehe, dargestellt waren. Er nannte sie deshalb Gradiva, die »Schreitende«, woraus dann »das Mädchen mit dem eigentümlich schönen Gang« wurde. Er phantasierte, daß sie in Pompeji gelebt und beim Ausbruch des Vesuvs

1 Siehe auch Kapitel 5.

im Jahre 79 n. Chr. gestorben sei. Er betrauerte und liebte sie, so daß er sich wie unter einem »unwiderstehlichen Zwang« nach Pompeji aufmachte, um den Abdruck ihrer Füße in der versteinerten Asche zu suchen. Oder vielleicht würde er Gradiva selber finden.

In Pompeji lernte er ein junges Mädchen kennen, das eine unheimliche Ähnlichkeit mit Gradiva hatte; sie erkannte ihn sofort und führte ihn schrittweise zur Enträtselung des Geheimnisses. Sie war seine Kindheitsgeliebte Zoë – »Leben« –, deren Bild in seinem Unbewußten weitergelebt und seine merkwürdigen Wahnzustände ausgelöst hatte. Freud, auch hier wieder dem Beispiel des Autors folgend, vermochte durch eine Reihe von Träumen der Entfaltung des Symptoms des jungen Mannes und seiner Lösung nachzugehen. Ein paar Stellen aus Freuds Aufsatz, wo er Jensen zitiert, kann am besten den Geist dieses Themas vermitteln:

> Sie erfährt auch, daß er ihr Reliefbild »Gradiva« benannt, und sagt ihm ihren wirklichen Namen »Zoë«. »Der Name steht Dir schön an, aber er klingt mir als ein bitterer Hohn, denn Zoë heißt das Leben.« – »Man muß sich in das Unabänderliche fügen«, entgegnete sie, »und ich habe mich schon lange daran gewöhnt, tot zu sein.« Mit dem Versprechen, morgen um die Mittagsstunde wieder an demselben Orte zu sein, nimmt sie von ihm Abschied, nachdem sie sich noch die Asphodelosstaude von ihm erbeten. »Solchen, die besser daran sind, gibt man im Frühling Rosen, doch für mich ist die Blume der Vergessenheit aus Deiner Hand die richtige.« Wehmut schickt sich wohl für eine so lang Verstorbene, die nur auf kurze Stunden ins Leben zurückgekehrt ist. (1907 a, S. 46)

Später sagt sie:

> Ich war Luft für dich, und du warst ... so langweilig, vertrocknet und mundfaul wie ein ausgestopfter Kakadu und dabei so großartig wie ein – Archäopterix heißt das ausgegrabene vorsintflutliche Vogelungetüm ja wohl. Nur daß dein Kopf eine ebenfalls so großartige Phantasie beherbergte, hier in Pompeji mich auch für etwas Ausgegrabenes und wieder lebendig Gewordenes anzusehen – das hatte ich nicht bei dir vermutet. (1907 a, S. 58)

Und ein Stück weiter:

> »Daß jemand erst sterben muß, um lebendig zu werden«, meinte das Mädchen. »Aber für Archäologen ist das wohl notwendig.«

Sie hatte ihm offenbar den Umweg nicht verziehen, den er von der Kinderfreundschaft bis zu dem neu sich knüpfenden Verhältnis über die Altertumswissenschaft eingeschlagen hatte. »Nein, ich meine dein Name... Weil Bertgang mit Gradiva gleichbedeutend ist und die ›im Schreiten Glänzende‹ bezeichnet.« (1907 a, S. 62–63)

Er spricht den Vorsatz aus, die Hochzeitsreise mit seiner Zoë nach Italien und nach Pompeji zu machen. ... Zoë erwidert auf den kundgegebenen Reisezielwunsch ihres »gewissermaßen gleichfalls aus der Verschüttung wieder ausgegrabenen Kindheitsfreundes«, sie fühle sich zu solcher geographischen Entscheidung doch noch nicht völlig lebendig genug.

(1907 a, S. 64–65)

Es war vermutlich Jung, der Freuds Aufmerksamkeit auf dieses Buch gelenkt hatte, Freud war immer davon fasziniert, daß Schriftsteller und Dichter in ihren Phantasien wissen, wie das Unbewußte arbeitet, und vor allem in den Anfangsphasen seiner Forschungen fand er in der Literatur willkommene Bestätigungen seiner Entdeckungen. Das war auch einer der Gründe, warum sich Freud mehr und mehr dem Studium der Mythologie und Anthropologie zuwandte, das ihn stets angezogen hatte.

Aber wahrscheinlich gab es noch andere Gründe dafür, daß Freud dieses Buch Jensens so gefiel (siehe Jones und auch L. J. Friedman, 1966[2]). Freud hatte sich schon immer lebhaft für Archäologie interessiert. In einem Brief an Stefan Zweig vom 2. Februar 1931 (siehe Freud 1960 a) bemerkt er, er habe mehr Bücher über Archäologie als über Psychologie gelesen. Die neuen Ausgrabungen in Kreta seien für ihn höchst aufregende Ereignisse und es sei bitter für ihn, daß ihm das Schicksal nicht gestatten werde, ihre Ergebnisse zu sehen. Er pflegte mir wehmütig jedes neue Buch zu zeigen, das über die Ausgrabungen herauskam. Freud sammelte

2 Friedmann (1966) versuchte, eine Verbindung zwischen der Gestalt des jungen Archäologen mit seiner verdrängten Beziehung zu seiner Kindheitsgeliebten und Freuds Deckerinnerung an seine eigene frühe Kindheit herzustellen, wobei er von der Annahme ausging, Freud müsse sich *selbst* bis zu einem gewissen Grad mit dem Helden von Jensens Geschichte identifiziert haben. Es ist offensichtlich, daß Freud sich in erster Linie deshalb für das Buch interessierte, weil es in poetischer Form den komplexen Prozeß der Verdrängung von Kindheitserinnerungen, die Symptombildung unter dem Einfluß der verschobenen Aufwallung getarnter sexualisierter Phantasie und die »Kur« durch eine Kombination von Liebe, Rekonstruktion und Katharsis wiedergab.

auch Antiquitäten und nannte diese Betätigung eine Sucht, die an Stärke nur von seiner Nikotinsucht übertroffen werde. In seiner Neigung zu Metaphern verglich er den psychoanalytischen Vorgang gern mit der Ausgrabung verborgener Bauten und verband dieses Bild speziell mit Pompeji, indem er das Unbewußte als im Grunde unsterblich und vom Ablauf der Zeit unverändert beschrieb, außer wenn es durch die Analyse den Kräften des Ich, der Vernunft und dem Sekundärvorgang zugänglich gemacht wird. Erst dann können die verfestigten Konflikte und Komplexe zerbröckeln, wie die Gebäude von Pompeji, als sie nach der Entfernung der Lavadecke, die sie 2000 Jahre lang unverändert erhalten hatte, dem Wind, der Sonne und dem Regen ausgesetzt waren. Nach dem Wunsch, Rom zu sehen, war der Besuch von Pompeji einer seiner brennendsten Wünsche.[3]

Außerdem hatten Freud und Jensen mehrere Leitmotive gemeinsam. Auch Freud zog Analogien zwischen Ontogenese und Phylogenese und verglich die Entwicklung jedes einzelnen Menschen mit der Entwicklung der Menschheit. Der Sieg des Lebens und der Liebe über die Mächte der Zerstörung und des Wahnsinns zieht sich durch das ganze Werk Freuds. Jensen sprach von Zoë, die wie eine Erscheinung von »Gradiva« inmitten der Ruinen von Pompeji erscheint, als einer *rediviva.*

> An dem Herkulestor angekommen . . . hält Norbert Hanold an und bittet das Mädchen voranzugehen. Sie versteht ihn, »und mit der Linken das Kleid ein wenig raffend, schreitet die Gradiva rediviva Zoë Bertgang von ihm mit traumhaft dreinblickenden Augen umfaßt, in ihrer ruhig-behenden Gangart durch den Sonnenglanz über die Trittsteine zur anderen Straßenseite hinüber. (1907 a, S. 65)[4]

3 Siehe auch Kapitel 4, den Abschnitt *Todesangst – die Tilgner-Episode.*

4 Die folgende Episode, die sich im Jahr 1882 ereignet hatte, wurde von Freud in einem seiner Brautbriefe beschrieben und von Jones wie folgt zitiert:

> »Du scheinst gar nicht zu wissen, wie ich mir alles merken kann. Weißt Du nicht mehr, wie auf unserem Ausflug mit Minna beim Beethovengang Du immer Urlaub genommen hast, die Strümpfe zu richten? Daß es eine Dreistigkeit war, Dir das zu schicken, fiel mir erst später ein . . . Übrigens bös bist Du darum doch nicht?« Sogar für eine noch harmlosere Anspielung glaubte er sich entschuldigen zu müssen. Er verglich Martha mit der robusten Venus von Milo und meinte dann, der Fuß der Dame aus dem Altertum würde gleich zwei der ihren bedecken. »Verzeih das Vergleichsobjekt, aber Hände hat die antike Dame nicht.« (Jones, Bd. 1, S. 159)

Dies erinnert an den *non-vixit*-Traum, dessen Leitmotiv Revenants und Überleben waren, und an Freuds Assoziationen zu diesem Traum, darunter auch, daß Fließ mehrere Wochen vor dem Traum eine Tochter geboren wurde. Wie wir sahen, erhielt das Kind den Namen Pauline, nach einer Schwester von Fließ, deren früher Tod nach kurzer Krankheit eines der traumatischen Hauptereignisse in Fließ' Kindheit gewesen war. Das Kind Pauline war also eine *rediviva.* Nach den Protokollen der Wiener Psychoanalytischen Gesellschaft (siehe Nunberg und Federn, Vol. 1, S. 266) erwähnte Freud während einer Diskussion über diese und andere Arbeiten Jensens, letzterer müsse in seiner eigenen Jugend einem kleinen Mädchen zugetan gewesen sein. Nach Jones bestätigte Jensen in einem Brief an Freud, daß seine erste Liebe eine Kindheitsgefährtin war, die mit 18 Jahren an Tuberkulose starb, und daß er viele Jahre später ein anderes Mädchen sehr lieb gewonnen hatte, das ihn an dieses erste Mädchen erinnerte.

In seinem »Gradiva«-Aufsatz berichtet Freud, daß eines Tages in seiner Praxis ein Mädchen erschien, das ihn so stark an eine frühere Patientin erinnerte, die schon vor mehreren Jahren gestorben war, daß er trotz all seiner Bemühungen einen Augenblick lang nicht anders konnte, als die Besucherin für das tote Mädchen zu halten. Nur ein Gedanke kam ihm in den Sinn: Es stimmt also, daß die Toten ins Leben zurückkehren können. Die junge Frau vor ihm war die Schwester des toten Mädchens. Noch eine *rediviva* – und eine Schwester dazu.

In dieser Arbeit, die auf der Verwendung von Träumen und Wahnvorstellungen durch einen Dichter basierte, erlaubte sich Freud, das Problem von Tod und Unsterblichkeit mehr poetisch als wissenschaftlich zu behandeln. Die Unsterblichkeit wurde in der Kontinuität von »Zoë« gesehen, dem Leben, das sich aus der Asche erhebt. Es ist diese, durch die Evolution exemplifizierte Unsterblichkeit, die in dem genetischen Prinzip verkörpert ist, daß alles aus etwas hervorgeht, das vor ihm existierte. Es ist ein Begriff der Unsterblichkeit ohne mystische oder religiöse Anklänge.

Könnte die Erinnerung an diese Episode, in der der Name *Beethovengang* (der Bertgang so ähnlich ist) vorkam, sowie der Vergleich zwischen Marthas Fuß und dem der Venus von Milo eine zusätzliche Determinante für Freuds Interesse an der Gradivageschichte gewesen sein?

9. Kapitel

Schüler und Freunde – Wiederaufleben alter Konflikte

Jung

Am 26. Mai 1907 schrieb Freud an Jung:

> Lieber Herr Kollege
>
> Herzlichen Dank für Ihr Lob der Gradiva! Sie glauben nicht, wie wenig Menschen etwas der Art zustande bringen, es ist eigentlich das erste Mal, daß ich ein warmes Wort über sie höre... Ich wußte diesmal, daß die kleine Arbeit Lob verdient; sie ist in sonnigen Tagen entstanden und hatte mir selbst soviel Freude gemacht.[1] (B* 251)

Freud hat selbst anerkannt, wieviel es ihm bedeutete, daß so prominente Männer wie Bleuler und Jung die Bedeutung seiner Arbeit anerkannten. Es ist richtig, daß Freud bis zu einem gewissen Grad stolz auf seine Isolierung war, auf die Tatsache, daß er ganz allein eine neue Wissenschaft geschaffen hatte. Aber er war menschlich genug, sich zu wünschen, daß seine Entdeckungen allgemein bekannt würden, daß sie geprüft und, falls als richtig erkannt, akzeptiert würden. Er war sich durchaus dessen bewußt, daß er allein nur Türen öffnen und den Weg zeigen konnte; die Psychoanalyse würde für ihre Weiterentwicklung Dutzende von Mitarbeitenden brauchen. Er war sich auch völlig darüber im klaren, daß die Psychoanalyse in verschiedener Weise auf alle Disziplinen angewandt werden konnte, die sich mit dem menschlichen Verhalten beschäftigen.

Menschen mit Phantasie und weitgespannten Interessen zogen Freud immer an, und Jung verfügte ganz gewiß über diese Eigenschaften. Er hatte außerdem den Reiz der Neuheit, da er sich in jeder Hinsicht von den Universitäts- und Akademikerkreisen unterschied, die Freuds Milieu darstellten.

1 Freuds Beziehung zu Jung ist von Freud selbst in seinen autobiographischen Schriften eingehend geschildert worden, ferner von Jones (Bd. 2) und neuerdings in der Autobiographie von Jung (1962), der seine eigene Version der Beziehung vorbringt. Freud führte auch eine ausgedehnte Korrespondenz mit Jung, die ich das Glück hatte, lesen zu dürfen. Im Zusammenhang dieser Studie werde ich nur sehr spezifische Aspekte dieser Beziehung berühren.

Zwar traten einige Elemente der früheren Beziehung zu Fließ auch in dieser neuen Beziehung zu Jung wieder zu Tage, aber Freud war auf der Hut. Einige seiner Briefe aus diesen Jahren zeigen uns, daß Freuds Selbstanalyse, insbesondere soweit sie seine Beziehung zu Fließ betraf, immer noch weiterging. Ihr Fortschreiten spiegelte sich nicht nur in Freuds Entwicklung als Wissenschaftler, sondern auch in jedem anderen Aspekt seines Lebens – seinen Tod mit eingeschlossen.

Die Bedeutung des Briefes vom 26. Mai 1907 liegt nicht nur in seinem Inhalt, der auf sonnige Tage weist, sondern auch in seinem Datum. Der Brief ist kurz nach Freuds 51. Geburtstag geschrieben. Während Freud wußte, daß die von Fließ aufgestellten »kritischen Perioden« sinnlos waren, war doch in seinem Innern noch ein Rest des zwanghaften Aberglaubens lebendig, daß 51 tatsächlich ein »kritisches« Alter sei. Aus Freuds Korrespondenz ist zu entnehmen, daß diese »kritischen« Phasen sich angeblich über mehrere Monate vor und nach dem tatsächlichen Geburtstag erstreckten.[2] Deshalb ist es wichtig, daß Freud damals von sonnigen Tagen sprach. Die Anfänge internationaler Anerkennung, die finanzielle Sicherheit, die er jetzt zumindest vorübergehend erlangt hatte, und vielleicht auch die Befriedigung, den verhängnisvollen Termin hinter sich gelassen zu haben, trugen zweifellos zu diesen sonnigen Tagen bei. Freud mußte auch den Schmerz überwunden haben, den ihm Fließ' Angriff im Jahre 1906 bereitet hatte, Gefühle, denen er in einem Brief vom 12. Januar 1906 an Karl Kraus mit ungewöhnlicher Heftigkeit Ausdruck gab (B* 248 f.).

Der Brief, den Freud am 16. April 1909 an Jung schrieb, wurde im Zusammenhang mit Freuds zwanghaft-abergläubischer Beschäftigung mit seinem eigenen Tod zitiert, sowie als Bindeglied zwischen dem *non-vixit*-Traum, der die Intensität seiner Ambivalenz Fließ gegenüber manifestierte, und dem Realitätsverlust auf der Akropolis (siehe Kapitel 7).

Aber dieser Brief ist noch aus vielen anderen Gründen bedeutsam. Freud schilderte angeblich die Intensivierung seiner abergläubischen Beschäftigung mit Todesdaten zu einem Symptom während seiner Athenreise 1904, um Jung zu zeigen, daß man seinen Aberglauben analysieren muß, wie er Jungs telepathische Ex-

2 Siehe Freuds Briefe von 1918 (Kapitel 11).

perimente klassifizierte. Aber Freud gab zu, daß er von Jungs Experimenten stark beeindruckt war. Wir wissen aus Jungs Schilderung der in Freuds Brief vom 16. April 1909 erwähnten Episode, daß Jung Freud gegenüber das ganze Ausmaß seiner mystischen Beschäftigungen und Überzeugungen enthüllt hatte (siehe Jung 1962, S. 159 ff.).

Jung behauptet, er habe, weil er dessen grundsätzliche Einstellung zu »Präkognition und Parapsychologie« erfahren wollte, Freud direkt darüber befragt, der angeblich aufgrund seines »materialistischen Vorurteils« diese Dinge als »Unsinn« bezeichnete. Während Freud seine Argumente entwickelte, hatte Jung ein sonderbares Gefühl, als ob sein Zwerchfell aus Eisen bestände und glühend würde – »ein glühendes Zwerchfellgewölbe«. Im gleichen Augenblick krachte es in dem neben ihnen stehenden Bücherregal[3] so laut, daß beide Männer heftig erschraken. Jung behauptete, das sei ein »katalytisches Exteriorisationsphänomen« gewesen. Als Freud gegen diese Erklärung protestierte, prophezeite Jung, daß binnen kurzem ein weiteres Krachen folgen werde, was auch tatsächlich geschah. Jung wußte nicht, warum er sich seiner Prophezeiung so sicher fühlte. Da Freud über all das entsetzt aussah, schloß Jung (zu Recht), daß bei Freud Empfindungen des Mißtrauens zurückgeblieben waren, und hatte selber das Gefühl, er habe Freud etwas Böses angetan.[4] Jung behauptet, er habe nie wieder mit Freud über die Sache gesprochen. Ich würde jedoch eher annehmen, daß Freud mehr über Jungs Äußerungen als über das Krachen im Bücherregal entsetzt war.

Wir wissen, daß Freud trotz seiner Skepsis und seinem Verlangen nach wissenschaftlicher Prüfung nicht gerne etwas *a priori* als bloße Einbildung verwarf, selbst wenn es nichts anderes zu sein schien, und daß er zuzugeben bereit war, daß es »mehr Dinge im Himmel und auf Erden« gibt, »als eure Schulweisheit sich träumt« (Hamlet I, 5).

Wir fanden bereits in der Fließ-Korrespondenz ein Beispiel dafür, daß Freud mögliche »himmlische Einflüsse« auf die Menschendinge einräumte (Brief vom 8. Oktober 1896; siehe Kapitel 4).

In der Auflage von 1907 von *Zur Psychopathologie des Alltags-*

3 Nach Freuds Schilderung in seinem Brief befand sich dieses Bücherregal im Zimmer nebenan.

4 Eine kritische Bewertung von Jungs Schilderung dieses Vorfalls würde hier zu weit führen.

lebens erörtert Freud im letzten Kapitel das Problem der »außersinnlichen Wahrnehmung« und läßt seine grundsätzlich aufgeschlossene Einstellung zu dieser Frage erkennen:

> Wenn wir zugeben, daß wir die Psychologie des Aberglaubens mit diesen Bemerkungen keineswegs erschöpft haben, so werden wir auf der anderen Seite die Frage wenigstens streifen müssen, ob denn reale Wurzeln des Aberglaubens durchaus zu bestreiten seien, ob es gewiß keine Ahnungen, prophetische Träume, telepathische Erfahrungen, Äußerungen übersinnlicher Kräfte und dergleichen gebe. Ich bin nun weit davon entfernt, diese Phänomene überall so kurzerhand aburteilen zu wollen, über welche so viele eingehende Beobachtungen selbst intellektuell hervorragender Männer vorliegen, und die am besten die Objekte weiterer Untersuchungen bilden sollen. Es ist dann sogar zu hoffen, daß ein Teil dieser Beobachtungen durch unsere beginnende Erkenntnis der unbewußten seelischen Vorgänge zur Aufklärung gelangen wird, ohne uns zu grundstürzenden Abänderungen unserer heutigen Anschauungen zu nötigen. Wenn noch andere, wie z. B. die von den Spiritisten behaupteten Phänomene, erweisbar werden sollten, so werden wir eben die von der neuen Erfahrung geforderten Modifikationen unserer »Gesetze« vornehmen, ohne an dem Zusammenhang der Dinge in der Welt irre zu werden.

Im Rahmen dieser Auseinandersetzungen kann ich die nun aufgeworfenen Fragen nicht anders als subjektiv, d. i. nach meiner persönlichen Erfahrung, beantworten. Ich muß leider bekennen, daß ich zu jenen unwürdigen Individuen gehöre, vor denen die Geister ihre Tätigkeit einstellen und das Übersinnliche entweicht, so daß ich niemals in die Lage gekommen bin, selbst etwas zum Wunderglauben Anregendes zu erleben. Ich habe wie alle Menschen Ahnungen gehabt und Unheil erfahren, aber die beiden wichen einander aus, so daß auf die Ahnungen nichts folgte und das Unheil unangekündigt über mich kam. Zur Zeit, als ich, ein junger Mann, allein in einer fremden Stadt lebte, habe ich oft genug meinen Namen plötzlich von einer unverkennbaren, teuren Stimme rufen hören und mir dann den Zeitmoment der Halluzination notiert, um mich besorgt bei den Daheimgebliebenen zu erkundigen, was um jene Zeit vorgefallen. Es war nichts. Zum Ersatz dafür habe ich später ungerührt und ahnungslos mit meinen Kranken gearbeitet, während mein Kind einer Verblutung zu erliegen drohte. Es hat auch keine der Ahnungen, von denen mir Patienten berichtet haben, meine Anerkennung als reales Phänomen erwerben können. [Zusatz von 1924] Doch muß ich gestehen, daß ich in den letzten Jahren einige merkwürdige Erfahrungen gemacht habe, die durch die Annahme telepathischer Gedankenübertragung leichte Aufklärung gefunden hätten. (1901 b, S. 289 ff.)

Diese Einstellung Freuds war verständlich: er hatte selbst Dinge entdeckt, die von der akademischen Welt als wilde Phantasien verhöhnt worden waren. Es stand ihm also wohl an, es sich gründlich zu überlegen, bevor er andere Meinungen zu Produkten einer wild gewordenen Phantasie erklärte.

In dieser Zeit wurden gelegentlich Zeichen von Freuds fatalistischer Präokkupation sichtbar. In dem schon erwähnten Brief vom 26. Mai 1907 versuchte Freud, Jung auf den scharfen Widerstand vorzubereiten, auf den er stoßen würde, ermunterte ihn aber auch, sich nicht durch Behauptungen aus dem Gleichgewicht bringen zu lassen, die Analyse liefere keinen Beweis für die Richtigkeit ihrer Hypothesen.

Lassen Sie aber fünf bis zehn Jahre vergehen, so wird die Analyse ... die jetzt kein Beweis ist, ein Beweis geworden sein, ohne daß sich etwas an ihr geändert hat. Da hilft nichts als weitergehen und arbeiten, nicht zu viel Energie an die Widerlegung verschwenden, die Fruchtbarkeit unserer Anschauungen gegen die Sterilität der von uns bekämpften wirken lassen ... Und doch, seien Sie ruhig, es wird alles werden. *Sie werden erleben, wenn auch ich nicht.* Wir sind nicht die ersten, die warten müssen, bis man ihre Sprache zu verstehen beginnt.

(B* 252 f.; Kursiv des Verfassers)[5]

Im Zusammenhang mit seinem Rat, »fünf bis zehn Jahre zu warten«, gesehen, enthält der vorletzte Satz dieses Briefes die Andeutung, daß Freud nicht erwartete, seinen nächsten Termin (61-62) zu überleben.

In seinem nächsten Brief an Jung (18. August 1907) gab Freud noch nachdrücklicher der Meinung Ausdruck, ihre Arbeit müsse *sub specie aeternitatis* betrachtet werden, d. h. vom Standpunkt der Geschichte und der Entwicklung aus (siehe auch Kapitel 15).

5 Siehe auch Freuds Brief an Fließ vom 25. Nov. 1900, in dem er sich mit Humboldts Papagei verglich (Kapitel 6).

Es ist gleichgültig, ob man im Augenblick von den offiziellen Repräsentanten verstanden wird. In der Masse, die noch namenlos dahinter sich verbirgt, finden sich doch Personen genug, die verstehen *wollen* und die dann plötzlich hervortreten, wie ich es oft erfahren habe. Man arbeitet doch wesentlich für die Geschichte. (B* 253)

Der nächste Brief (2. September 1907) enthält weitere Einzelheiten über dieses Thema. Das markierte wahrscheinlich den Höhepunkt von Freuds Versuchen, Jung zu ermutigen und ihm dadurch zu helfen, daß er ihm die Perspektive des Ringens um eine gute Sache von großer Bedeutung eröffnete und dem Jüngeren seine Freundschaft anbot.

Ob Sie Glück oder Unglück gehabt haben oder haben werden, weiß ich nicht; aber ich möchte gerade um diese Zeit bei Ihnen sein, mich freuen, daß ich nicht mehr einsam bin und Ihnen, wenn Sie etwa Aufmunterung brauchen von meinen langen Jahren ehrenvoller, aber schmerzlicher Einsamkeit erzählen, die für mich begannen, nachdem ich den ersten Blick in die neue Welt getan, von der Teilnahmslosigkeit und Verständnislosigkeit der nächsten Freunde, von den bangen Episoden, in denen ich selbst meinte, geirrt zu haben und erwog, wie man ein verfahrenes Leben zugunsten der Seinigen noch nützlich machen könne, von der allmählich sich befestigenden Überzeugung, die sich immer wieder an die Traumdeutung wie an einen Fels in der Brandung klammern konnte, und von der ruhigen Sicherheit, die mich endlich in Besitz nahm und warten hieß, bis eine Stimme aus dem unbekannten Haufen der meinigen antworten würde. Es war die Ihrige; ich weiß ja jetzt, daß auch Bleuler auf Sie zurückgeht. Haben Sie Dank dafür und lassen Sie sich in der Zuversicht, den Sieg zu erleben und zu genießen, nicht irremachen.

Auf Ihre Teilnahme an meinem leidenden Zustand brauche ich zum Glück noch nicht viel Anspruch zu erheben. Ich habe den Eintritt ins klimakterische Lebensalter mit einer Dyspepsie (nach Influenza) begangen, die ziemlich hartnäckig war, aber in diesen schönen Wochen der Ruhe bis auf leiseste Mahnungen zurückgegangen ist. (B* 255)

Als Jung Freuds Brief vom 16. April 1909 erhielt (zitiert in Kapitel 7), antwortete er viele Wochen lang nicht und schrieb schließlich, er werde Freuds Ermahnung ernsthaft erwägen; er

fügte hinzu, schließlich habe jeder den Wunsch, etwas wirklich Neues zu entdecken.
Jungs Experimente, und mehr noch seine Erklärungen, gingen jedoch weit über allgemeine Behauptungen über die Existenz und Echtheit außersinnlicher Wahrnehmungen hinaus. Freud fühlte sich infolgedessen gezwungen, sich selber zu warnen: Sei auf der Hut vor diesem glänzend begabten jungen Mann; du hast ihn gerade zu deinem Nachfolger bestimmt, aber schon streckt er die Hand nach deiner Krone aus wie Heinrich IV. Denk auch an Fließ!
Dieser Brief an Jung markierte wahrscheinlich den Anfang vom Ende von Freuds Beziehung zu ihm. Obwohl ihre Verbindung noch drei weitere Jahre dauerte, war doch Jungs Reaktion auf Freuds Brief kein günstiges Vorzeichen für den Weitergang ihrer Beziehung. Aber Freud war noch weit von der Überzeugung entfernt, daß ein Bruch zwischen ihnen unvermeidbar sei.
Das herzliche Verhältnis war schnell wiederhergestellt, und noch im selben Jahr unternahmen die beiden Männer gemeinsam eine Reise nach den Vereinigten Staaten. Dies war eine Zeit, da alle künftigen Analytiker wie Jung, Ferenczi und andere Freud ihre Geheimnisse und Probleme anvertrauten, und er sie auf Reisen, Spaziergängen, durch Korrespondenz etc. analysierte. Freud brauchte viele Jahre, um die Wichtigkeit einer regulären Lehranalyse zu erkennen und einzusehen, daß das Vorgehen, das er anfangs bei Menschen angewandt hatte, die er für im Grunde gesund hielt, oft die Intensität ihrer ungelösten Konflikte noch steigerte. Wir wissen von Jones, daß Jung stundenlange Gespräche mit Freud führte.
Ich habe bereits die fortwährende Analyse erwähnt, die Freud mit seinen Schüler-Kollegen bei Begegnungen und auf gemeinsamen Reisen unternahm. In diesem frühen Entwicklungsstadium der Psychoanalyse war das der einzige Weg, auf dem Freud seine Erfahrungen mit seinen Schülern teilen und versuchen konnte, ihre Konflikte zu erhellen. Gelegentlich erzählte Freud eigene Träume, so offenbar bei der Überfahrt nach Amerika, und unterbreitete sie der gemeinsamen Deutung. Das war wahrscheinlich mehr als andere – insbesondere Jung – ertragen konnten.
Freuds Reise nach den Vereinigten Staaten, die er unternahm, um eine Vortragsreihe an der Clark University in Worcester, Mass., zu halten, wurde von ihm selbst in seiner *Autobiographie* geschil-

dert und sehr ausführlich von Jones (Bd. 2, Kap. 2). Während und nach der Reise litt Freud an gastrointestinalen Beschwerden. Nach Jones hatte er auch eine leichte Blinddarmreizung[6] und Prostatabeschwerden, während er in den Vereinigten Staaten war.

Freud beklagte sich noch einige Jahre lang über die Darmstörungen, die er sich vermutlich durch die amerikanische Küche zugezogen habe, und ging mehrmals zur Kur nach Karlsbad.[7]

Ferenczi

Der Zweite Internationale Kongreß in Nürnberg (der erste hatte 1908 in Salzburg stattgefunden) gab Freud Anlaß, am 3. April 1910 an Ferenczi zu schreiben:

> Mit dem Nürnberger Reichstag schließt die Kindheit unserer Bewegung ab; das ist mein Eindruck. Ich hoffe, jetzt kommt eine reiche und schöne Jugendzeit. (Jones, Bd. 2, S. 93)

Im September 1910 machte Freud mit Ferenczi zusammen eine Reise nach Sizilien, wo er nicht nur Palermo und Syrakus sah, sondern auch die wundervollen griechischen Tempel in Segesta, Agrigent und Selinunt.

Wenn Freud reiste, vor allem in Italien, konnte er von den Schönheiten der Landschaft und der Kunstwerke nie genug kriegen. Er war unermüdlich in seiner Bemühung, die Gelegenheiten auszunützen, die ihm in den Jahren bescheidensten Lebens verwehrt waren.

Wenn er einen Reisegefährten mitnahm, mußte es jemand sein, der mit seinem Tempo mithalten konnte, bis zu einem gewissen Grad auch seine Interessen teilte und ihm nicht zur Last fiel. Mit dem Anwachsen der Internationalen Psychoanalytischen Vereini-

6 Jones erwähnt eine schwache Blinddarmreizung, wobei er sich auf einen Brief Freuds an Ferenczi vom 2. Januar 1910 bezieht, und spricht auch vom Wiederauftreten seiner alten Blinddarmreizung (Bd. 2, S. 79 ff.). Freud war damals unter meiner Betreuung, es gab keinerlei Anzeichen für eine früher durchgemachte Blinddarmentzündung.

7 Diese Kur, die im Trinken beträchtlicher Mengen des leicht abführenden, warmen Karlsbader Wassers bestand, war damals ein Standardrezept für vielerlei Magen-, Darm- und Gallenbeschwerden. Karlsbad hatte außerdem schöne Wälder, gute Hotels und eine ausgezeichnete Küche zu bieten – Annehmlichkeiten, über die in jenen Jahrzehnten alle europäischen Bäder verfügten.

gung mußte Freud in seinen Sommerferien eine zunehmende Zahl von Besuchern empfangen. Einige seiner engen Freunde waren zugleich seine Schüler. Sie suchten begierig seinen Rat für den Umgang mit ihren Patienten und seine Anleitung für ihre Forschungen. Während dieser Zeit, als die persönliche Analyse noch nicht Voraussetzung war, um Analytiker zu werden und als Freud der einzige ausbildende Analytiker war, benützten sie auch ihre Korrespondenz als Ersatz für eine persönliche Analyse.

Jones, der in seiner Freudbiographie durchweg Ferenczi gegenüber recht kritisch ist, insbesondere bei der Erörterung von dessen Verhalten auf dieser Reise nach Sizilien, schildert seinen eigenen Besuch bei der Familie Freud, die damals vor Freuds Reise an der holländischen Küste Ferien machte, wie folgt:

> Ich verbrachte ein paar Tage bei ihnen ... und führte mit Freud viele interessante Gespräche. *Ich überhäufte ihn mit Fragen,* auf die er überaus geduldig antwortete.
>
> (Jones, Bd. 2, S. 102; Kursiv des Verfassers)

Freud zeigte auch bei anderen Gelegenheiten größte Geduld. Als ich bei der Vorbereitung dieses Buches Freuds Korrespondenz las, war ich immer wieder verblüfft, daß Freud stets die Zeit fand, jeden Brief innerhalb weniger Tage zu beantworten, und nicht nur wissenschaftliche Fragen behandelte, sondern auch auf die unzähligen persönlichen Probleme einging, die man ihm vortrug.

Aber auf einer Ferienreise brauchte Freud einen gewissen Schutz; für ihn war das ja nicht nur eine Zeit des Ausruhens, sondern eine Zeit, in der sein wißbegieriger Geist neue Nahrung für schöpferische Gedanken auf vielen Gebieten suchte. Freud konnte seine Träume nicht zum Schweigen bringen und seiner Selbstanalyse nicht entrinnen; er konnte aber auch nicht jeden Wunsch seines Reisegefährten erfüllen.

Ferenczi konnte sich während ihrer Reise diesem Stück Realität offenbar nicht voll anpassen. Ein Brief Freuds vom 6. Oktober 1910 war wahrscheinlich die Antwort auf einen Entschuldigungsbrief von Ferenczi nach seiner Rückkehr nach Budapest.

> Lieber Freund,
>
> Es ist merkwürdig, wie viel besser Sie sich in der Schrift, als in der Rede darstellen können. Natürlich wußte ich sehr viel oder das meiste von dem, was Sie schreiben u. brauche Ihnen jetzt nur sehr wenige Aufklärungen dazu zu geben. Warum ich Sie

nicht ausgeschimpft u. damit den Weg zu einer Verständigung eröffnet habe. Ganz richtig, es war Schwäche von mir, ich bin auch nicht jener ps. a. Übermensch, den wir konstruiert haben, habe auch die Gegenübertragg nicht überwunden. Ich konnte es nicht, wie ich es bei meinen drei Söhnen nicht kann, weil ich sie gerne habe u. sie mir dabei leid tun.

Daß ich kein Bedürfnis nach jener vollen Eröffnung der Persönlichkeit *mehr* habe, haben Sie nicht nur bemerkt, sondern auch verstanden u auf seinen traumatischen Anlaß richtig zurückgekehrt ... Seit dem Fall Fließ mit dessen Überwindung Sie mich gerade beschäftigt haben, ist dieses Bedürfnis bei mir erloschen. Ein Stück homosex. Besetzung ist eingezogen u. zur Vergrößerung des eigenen Ichs verwendet worden. Mir ist das gelungen, was dem Paranoiker mißlingt. – Nehmen Sie noch hinzu, daß ich zumeist weniger wohl war, mehr unter meinen Darmbeschwerden gelitten habe, als ich eingestehen wollte, u. mir oftmal vorhielt: Wer seines Konrads[8] nicht besser Herr ist, soll eigentlich nicht auf Reisen gehen. Damit hätte die Aufrichtigkeit beginnen müssen u. Sie schienen mir nicht gefestigt genug, um nicht in Übersorgen zu verfallen.

Mit den Unannehmlichkeiten, die Sie mir bereitet haben – eine gewisse passive Resistenz mit eingeschlossen – wird es so gehen wie mit den Reiseerinnerungen überhaupt: durch einen Selbstläuterungsprozeß schwinden die kleinen Störungen u. das Schöne bleibt allein für den intellekt. Gebrauch übrig.

Daß Sie große Geheimnisse bei mir vermuten u. sehr neugierig auf dieselben sind, war deutlich zu sehen, aber auch leicht als infantil zu erkennen. Sowie ich Ihnen *alles* Wissenschaftliche mitgetheilt, so habe ich Ihnen nur wenig Persönliches verborgen u. die Angelegenheit mit dem *Nationalgeschenk*[9] war, glaube ich, indiskret genug. Meine Träume um die Zeit giengen, wie ich Ihnen andeutete, ganz auf die Fließgeschichte, an der Sie mitleiden zu lassen, durch die eigene Natur der Sache schwierig war.

8 Der Name Konrad wurde zuerst von dem Schweizer Schriftsteller Spitteler in seinem Roman *Imago* (1904) als Bezeichnung für seinen Körper verwendet. *Imago* wurde dann der Name der Zeitschrift, die sich mit angewandter Psychoanalyse, wie wir heute sagen würden, beschäftigte.
Besonders in seiner Korrespondenz mit Abraham pflegte Freud von seinem »Konrad« zu sprechen, wenn er an Magen-Darm-Beschwerden litt.

9 Eine scherzhafte Anspielung darauf, daß Freud gern Antiquitäten erwarb.

So werden Sie bei näherer Durchsicht finden, daß die Abrechnung zwischen uns keine so große zu sein braucht, wie Sie vielleicht anfangs gemeint haben.

Ich will Sie lieber auf die Gegenwart hinlenken.

(Jones, Bd. 2, S. 106 ff.)

Dieser Brief ist für Freuds absolute Offenheit charakteristisch. Wie er selbst bemerkte, hatte er Ferenczi zu gern, um ihn anders zu behandeln als er einen seiner drei Söhne behandelt hätte. Und die gleiche Offenheit erstreckte sich auch auf seine eigenen innersten Probleme. Aus diesem Grund ist dieser Brief ein wichtiges Dokument. Er gibt uns erneut einen intimen Einblick in Freuds Selbstanalyse. Der Brief zeigt uns auf der einen Seite, daß sogar noch 1910, sechs Jahre nach dem Vorfall von 1904, Freuds Selbstanalyse sich weiter mit der Fließaffäre beschäftigte, die er selber in dem Brief traumatisch nennt. Auf der andern Seite läßt der Brief deutlich Freuds zunehmende Beherrschung seiner Konflikte erkennen.

In seiner Korrespondenz mit Fließ hatte Freud offen von einer »besonderen – etwa femininen – Seite« seiner Persönlichkeit gesprochen, die ihn Fließ' Freundschaft hatte suchen lassen; er hatte seiner Enttäuschung Ausdruck gegeben, daß Breuer das Verständnis dafür fehlte, »zu welchen Leistungen sich die androphile Strömung beim Manne sublimieren läßt« (siehe Kapitel 6). In diesem Brief zögert Freud nicht, von der »homosexuellen Besetzung« seiner Beziehung zu Fließ zu sprechen.

Während wir nicht mit hinreichender Sicherheit sagen können, warum sich Freud während dieser Reise von neuem so intensiv mit Fließ beschäftigte, ergeben sich doch gewisse Aufschlüsse, wenn wir die wissenschaftlichen Probleme, die damals Freuds Geist beschäftigten, aufmerksam betrachten.

Im Frühjahr 1910 hatte Freud eine Studie über Leonardo da Vinci beendet. Schon in einem Brief an Fließ vom 9. Oktober 1898 hatte Freud erwähnt, der vielleicht berühmteste Linkshänder sei Leonardo gewesen, von dem keinerlei Liebesbeziehungen bekannt sind (B 98). Die Genese eines besonderen Typs der Homosexualität spielt in dieser Studie eine wichtige Rolle.

Aus Stracheys Einleitung zu Freuds »Psychoanalytische Bemerkungen über einen autobiographisch beschriebenen Fall von Paranoia« (1911 c) wissen wir, daß Freud Schrebers Memoiren im Sommer 1910 gelesen hatte, und »es ist bekannt, daß er über sie und die ganze Frage der Paranoia während seiner Sizilienreise mit Ferenczi im September dieses Jahres gesprochen hat«. Der Zusammenhang zwischen verdrängter Homosexualität und Paranoia ist eines der Hauptthemen der Freudschen Studie über den Fall Schreber.[10]

Wir haben also wieder ein Beispiel für die komplizierte gegenseitige Beeinflussung von Freuds Entdeckungen und seiner Selbstanalyse. Es ist deshalb nicht überraschend, daß damals das Problem der Homosexualität und damit seine Beziehung zu Fließ noch einmal durchgearbeitet werden mußte, insbesondere, wenn wir die Möglichkeit in Betracht ziehen müssen, daß Freuds Beziehung zu Jung zum Wiederaufleben des alten Konfliktes beitrug. Freud stellte jedoch fest, daß es ihm gelungen war, sein Ich zu erweitern, wo der Paranoiker scheitert. Diese »Vergrößerung des Ich« war nicht nur für den Fortschritt seiner Wissenschaft wesentlich, sondern auch für seine Fähigkeit, innere Konflikte und Ängste zu überwinden.

Wie gewöhnlich lieferten ihm, neben anderen Dingen, Briefe an die verschiedensten Adressaten ein Ventil für ein gewisses Maß von Klagen und enthüllten auch gelegentlich seine innersten Gedanken über Krankheit, Altwerden und Tod. Aus den Briefen dieser Periode geht hervor, daß Freud keine Furcht vor dem Tod hatte, vielmehr eine heftige Abneigung gegen das Altern, vor allem, wenn dies den Verlust oder auch nur ein Nachlassen seiner schöpferischen Kräfte im Gefolge hätte.

Pfister

Einer seiner Korrespondenten war der Schweizer Pfarrer und Analytiker Oskar Pfister, ein wahrer Idealist, für den Freud eine große Zuneigung entwickelte, wie aus den folgenden Stellen seines Briefes vom 16. August 1909 hervorgeht:

Ich weiß nicht, welche Versprechungen Sie bei meinen Kindern

10 Nach Abschluß dieses Manuskriptes erhielt ich von Dr. M. Balint eine Abschrift des oben zitierten Briefes an Ferenczi vom 6. Oktober 1910. Freud schließt mit folgendem Absatz:

> Gewiß schrieb ich aber noch nicht, daß ich den Schreber einmal durchgearbeitet, den Kern unserer Paranoia annahmen bestätigt gefunden und allerlei Anlaß zu ernsthaften Deutungen habe. [1]

> deponiert haben, denn immer wieder höre ich die Wünsche auftauchen, ich gehe nächstes Jahr zu Doktor Pfister, ich mache mit ihm eine Bergpartie und dergleichen. Von Ihrer Tour mit Ihrem Jungen auf 3200 Meter und darüber darf ich gar nicht reden, sonst erwacht der gelbe Neid in diesem Quartier, und die Buben wünschen sich einen anderen Vater nach Vorbild, der noch mit ihnen steigen kann und nicht, von seinem Konrad gequält, in ebenen Wäldern Erdbeeren klaubt . . .

Mit Bezug auf seine Arbeit und Produktivität:

> Zum Glück bin ich auch nicht mehr so notwendig und darf allmählich zum Ornament einschrumpfen; es steckt vielleicht ein Stück Vorsehung darin.

In seinem Brief an Pfister vom 6. März 1910, geschrieben vor dem Nürnberger Kongreß, offenbarte Freud eine Einstellung zu Altern und Tod, an der er für den Rest seines Lebens festhielt. Als Freud diesen Brief schrieb, hatte er die Krankengeschichten des »Kleinen Hans« und des »Rattenmann« vollendet, sowie eine Reihe von kürzeren Aufsätzen, eine neue Auflage der *Drei Abhandlungen zur Sexualtheorie* vorbereitet und seinen Aufsatz über Leonardo da Vinci angefangen; und während all dem bereitete er den Kongreß vor und mußte sich von seiner Amerikareise erholen. Kein Wunder, daß er schrieb:

> Leben ohne Arbeit kann ich mir nicht recht behaglich vorstelstellen, Phantasieren und Arbeiten fällt für mich zusammen, ich amüsiere mich bei nichts anderem. Das wäre eine Anweisung auf das Glück, wenn nicht der entsetzliche Gedanke, daß die Produktivität ganz von einer empfindlichen Disposition abhängt, im Wege stünde.
>
> Was fängt man an einem Tag oder in einer Zeit an, in der die Gedanken versagen oder die Worte sich nicht einstellen wollen? Man wird ein Zittern vor dieser Möglichkeit nicht los. Darum habe ich bei aller Ergebung in das Schicksal, die einem ehrlichen Menschen geziemt, doch eine ganz heimliche Bitte: nur kein Siechtum, keine Lähmung der Leistungsfähigkeit durch körperliches Elend.
>
> Im Harnisch laßt uns sterben, wie König Macbeth sagt.

Wir werden sehen, wie grausam ihm das Schicksal diesen geheimen Wunsch versagte, daß ihm das »Wegschrumpfen« seines Vaters erspart bleiben möge.

Ein beunruhigender Vorfall

Während des Winters 1910/1911 ereignete sich ein Vorfall, der dazu führte, daß Freud mehrere Wochen lang beunruhigende Beschwerden hatte: schwere Kopfschmerzen, Konzentrationsschwierigkeiten, ein Gefühl der Verwirrung. Freud hatte einige seiner Beschwerden Jung mitgeteilt, der sie für psychogen hielt. Am 17. Februar 1911 konnte Freud berichten:

> Lieber Freund,
>
> Ich sehe, Sie glauben mir nicht und halten mich für einen Periodiker, der durch den Ablauf seiner Zeit plötzlich die Welt rosig zu sehen genötigt ist. So muß ich Ihnen denn weitere Einzelheiten geben. Bei Tag war ein Gasgeruch nicht zu verspüren, weil bei geschlossenem Hahn die Ausströmung nicht stattfand. Wenn ich aber am Abend von 10-1^{h} bei der Schreibtischlampe saß, strömte das Gas aus der Lockerung zwischen dem metallenen Gasrohr und dem Kautschukansatz, der zum übersponnenen Lampenrohr führt. An dieser Stelle schoß bei der Untersuchung eine Flamme empor. Ich roch nichts, weil ich in Zigarrenrauch eingehüllt da saß während sich das Gas langsam in die Atmosphäre mengte. Ich bin noch heute sehr stolz darauf, daß ich die sonderbaren Kopfschmerzen, die gerade bei der Arbeit am Abend kamen oder sich verstärkten, und die lästige Schwerbesinnlichkeit bei Tag, so daß ich mich beständig fragen mußte, wer hat denn das gesagt, wann ist das vorgefallen etc., nicht auf Neurose bezog. Dagegen gestehe ich, mich auf arteriotische Zustände resigniert zu haben. Nun ist der ganze Spuk spurlos verschwunden. Die Kopfschmerzen zogen innerhalb 3 Tagen nach dem Austausch des Ansatzstückes langsam ab.
>
> [2]

Freuds Schilderung dieses potentiell gefährlichen Vorfalles zeigt deutlich, wie seine wissenschaftliche Neugier selbst unter solchen Umständen die Oberhand behielt.

Binswanger

Die Binswanger-Korrespondenz ist eine wichtige Informationsquelle für die Jahre 1911 und 1912; in dieser Zeit machte Freud sich fortwährend Gedanken über »die Sache«, wie er die Psychoanalyse nannte. In Übereinstimmung mit dem Mosesthema galt seine Sorge seinem Nachfolger. Unter seinen Wiener Schülern war keiner, den er sich in dieser Rolle vorstellen konnte; deshalb war Jung so wichtig. Binswanger (1956) zitiert eine relevante Stelle aus einem Brief, den Freud ihm am 14. März 1911 schrieb:

> Wenn das von mir gegründete Reich verwaist, soll kein anderer als Jung das Ganze erben. Sie sehen, meine Politik verfolgt dieses Ziel unausgesetzt.

In Briefen an Binswanger gestattete Freud sich gelegentlich, Klagen zu äußern. Binswanger wiederum erhielt Trost, wenn Krankheit oder Tod ihn schlugen. Und Freud nahm an seinem Glück teil, als neues Leben in die Welt getreten war. Zwei Briefe an Binswanger spiegeln Freuds Reaktionen auf die Polaritäten Tod und Geburt. Der erste war die Antwort Freuds auf den Brief Binswangers, der ihm den Tod seines Vaters am 6. März 1910 mitgeteilt hatte:

> Die wenigen ernsten Worte, mit denen Sie mir den Tod Ihres Vaters anzeigen, sagen mehr aus, als lange Reden vermöchten. Wir ferner Stehenden wollen ihn beneiden ob der Abkürzung unfruchtbaren Leidens und des schönen kurzen Todes; was dieser dem Sohn bedeutet, wollen wir in ehrfürchtiger Scheu nicht erraten. Von seinem Glück wissen wir, daß er durch seine Arbeit Erfolg gewonnen, und daß er Kinder zurückgelassen hat wie Sie, das ist nicht wenig. Ich bitte Sie im Namen meiner Frau und Kinder, Ihrer ganzen Familie Mitteilung von unserem Beileid zu machen. Ihnen selbst einen herzlichen Händedruck.

Als Binswanger kurz danach Freud die Geburt seiner Tochter mitteilte (er hatte bereits einen Sohn), schrieb Freud ihm am 30. Januar 1911:

> Nur äußerster Zeitmangel kann die Verspätung meines Glückwunsches zur Geburt der Tochter entschuldigen. Nun sind Sie Vater in jedem Sinne und haben das Merkwürdigste, was es im Leben gibt, zweimal erfahren. Möge sie gedeihen und der lieben Mutter wie Ihnen Freude machen.

Nichts könnte besser die starke Wirkung von Freuds Briefen auf Binswanger ausdrücken als die Bemerkungen dieses ziemlich bescheidenen, nüchternen Wissenschaftlers, der nicht zu Gefühlsüberschwang neigte.

Es liegt mir wie gesagt fern, zu jedem Brief Freuds einen Kommentar zu schreiben, da ich überzeugt bin, daß die menschliche Gestalt, die den Namen Freud trägt, aus den Briefen selbst deutlich und »sprechend« genug hervortritt. Hier aber möchte ich doch darauf hinweisen, wie sehr die Teilnahme, sei es an Geburt oder Tod, bei dem als Rationalist verschrienen Freud nicht nur von Herzen kommt, sondern auch unser allgemein menschliches Los, die condition humaine, mit ihren »Merkwürdigkeiten« ins Auge faßt, und wie sehr er die Teilnahme am persönlichen Geschick einfließen läßt in das Staunen über das Rätsel unseres Daseins. (S. 39)

Freud zögerte nicht, die Zweifel zu äußern, die ihn manchmal befielen. Am 28. Mai 1911 schrieb er an Binswanger:

Es ist gewiß Sache des Freundes, die trüben Gedanken, die den Alternden beschleichen, durch seinen Widerspruch wegzuscheuchen. Auch werde ich nicht klagen. Zumeist glaube ich ja auch daran, daß ich etwas eingeleitet habe, was die Menschen dauernd beschäftigen wird, manchmal befällt mich die Unzufriedenheit mit dessen Ausdehnung und Vertiefung, kommen noch lose Zweifel an der Zukunft. *In Wahrheit giebt es für den Menschen nichts, wozu ihn seine Organisation weniger befähigen würde als die Psychoanalyse.*

Freud wußte auch sehr wohl, daß es sein Schicksal war, »den Frieden[11] dieser Welt zu stören« (Brief an Binswanger vom 10. September 1911). In einem Weihnachtsbrief (1911) an Binswanger schrieb er, dieser werde vielleicht den Tag erleben, da die Psychoanalyse akzeptiert und anerkannt würde, und dann werde er stolz darauf sein, daß man ihn in seiner Jugend zu den Rebellen gezählt hatte. Freud fuhr dann fort: »Um mich sorgen Sie sich nicht; ich kann gar nicht wünschen, so alt zu werden.«

Binswanger mußte sich im Jahre 1912 wegen eines Tumors operieren lassen, der sich als bösartig herausstellte. Der Patient bemerkte trocken, die durchschnittliche Überlebenszeit nach einer solchen Operation sei 1 bis 3 Jahre. Glücklicherweise war der Tumor früh entdeckt worden, und Binswanger lebte noch weitere 50 Jahre.

Freud allein vertraute Binswanger die Fakten seiner Krankheit an, und er vergaß niemals Freuds Reaktion auf diesen Vertrauensbeweis. Freud fühlte sich durch das Vertrauen eines

11 In Hebbels *Gyges und sein Ring* (V. 1), den Freud zitiert, steht nicht »Frieden«, sondern »Schlaf«.

starken und wertvollen Menschen geehrt, der in einem Augenblick schwerer Not die Hand nach einem älteren Freund ausgestreckt hatte. Freuds Antwort (14. April 1912) auf Binswangers Brief ist ein Beispiel für das, was K. R. Eissler in seiner Besprechung der veröffentlichten Briefe Freuds »Mankind at Its Best« (1964) nannte.

> Ich alter Mann, der nicht klagen dürfte, wenn sein Leben in wenigen Jahren abschließt (und auch beschlossen hat nicht zu klagen) empfinde es besonders schmerzlich, wenn einer von seinen blühenden Jungen ihm mitteilt, das Leben sei ihm unsicher geworden, einer von denen, die mein eigenes Leben fortsetzen sollten. Ich habe mich allmählich gefaßt und erinnert, daß Sie trotz der vorhandenen Bedenken ja noch alle Chancen für sich haben und nur auffälliger an die Unsicherheit erinnert worden sind, in der wir alle schweben und die wir so bereitwillig vergessen. Sie werden jetzt nicht daran vergessen u. das Leben wird, wie Sie schreiben, einen besonderen und erhöhten Reiz für Sie haben. Und im Übrigen werden wir hoffen, was der Zustand unseres Wissens uns ja ohne Selbsttäuschung gestattet. Ich halte natürlich das Geheimnis, wie Sie es gewünscht haben, stolz auf den Vorzug, den Sie mir geben. Es liegt aber nahe, wenn ich den Wunsch habe, Sie zu sehen, sobald es ohne Sie zu stören geschehen kann. Vielleicht zu Pfingsten? Sie werden schreiben, ob es Ihnen recht ist. Ich freue mich zu hören, daß der Plan zu Ihrer Arbeit Ihnen jetzt noch näher gerückt ist, will aber gleich alle Ihre anderen Fragen beantworten, die von Ihrem Interesse für alle Vorgänge unseres Kreises zeugen.

Kein übertriebener Ausdruck der Hoffnung also, vielmehr die erneute Äußerung der Einstellung, die Freud zuerst in einem Brief an seine Tochter Mathilda dargelegt hatte[12], nämlich, daß das Leben an Wert eher gewinnt als verliert, wenn man sich der Grenzen des Lebens bewußt ist; daß man hoffen kann, ohne Illusionen zu hegen, eine Einstellung gelassener Hinnahme gegenüber dem

12 »Du armes Kind hast zum ersten Mal den Tod in einer Familie einbrechen sehen oder davon gehört und vielleicht bei der Idee gezittert, daß das Leben keines von uns besser gesichert ist. Das wissen wir alten Leute alle, und darum hat es für uns besonderen Wert zu leben. Wir haben vor, uns in heiterer Tätigkeit durch das unvermeidliche Ende nicht beirren zu lassen. Gesteh nur zu, daß Du, die Du so jung bist, noch gar keinen Grund zur Verstimmung hast. Ich freue mich doch sehr zu hören, daß die Sonne Merans Dir sonst so wohltut.« (B* 272 vom 26. 3. 1908)

Tod, die Freud noch beredter in seinem Aufsatz »Vergänglichkeit« (1916 a) zum Ausdruck bringen sollte.

Freud wandte sich dann der Erörterung ihrer Arbeit zu und fuhr, wahrscheinlich auf einen Brief von Binswanger bezug nehmend, fort:

> Mir kam immer vor, daß die Eigenmächtigkeit u. das selbstverständliche Selbstvertrauen die unentbehrliche Bedingung dessen sei, was uns dann, wenn es zum Erfolg geführt hat, als Größe erscheint, u. ich meine noch, man müsse Größe der Leistung von Größe der Persönlichkeit scheiden.

Freud besuchte Binswanger ein paar Wochen später in Kreuzlingen. Die ganze Episode von Binswangers Krankheit und Freuds Reaktionen darauf hatte sowohl weitgehende als auch unmittelbare Auswirkungen. Im Jahre 1919 verlor Freud einen treuen Patienten und Freund, Anton von Freund, durch die gleiche bösartige Erkrankung wie die Binswangers, und diese Tragödie fand ihn in einer sehr empfindsamen Stimmung. Als im Jahre 1923 Freuds Freunde und Ärzte seine Krebserkrankung entdeckten, sagten sie ihm nicht die Wahrheit und gewährten ihm nicht die gleiche Offenheit, das Vertrauen und die Achtung, die Freud und Binswanger in der Krise des letzteren einander erwiesen hatten.

Die unmittelbaren Rückwirkungen der Binswanger-Episode hatten mit der wachsenden Krise in Freuds Beziehung zu Jung zu tun, die Jones in allen Einzelheiten beschrieben hat. Was uns im Zusammenhang dieser Studie interessiert, ist die kritische Situation, die sich im November 1912 entwickelte, als Freud zu der Erkenntnis gekommen war, daß die wissenschaftlichen Differenzen zwischen ihm und Jung so stark geworden waren, daß sie jede Möglichkeit einer fruchtbaren Zusammenarbeit ausschlossen.

Jung wußte nicht, warum Freud Binswanger in Kreuzlingen (das nicht sehr weit von Zürich liegt) besucht hatte, und war eifersüchtig und gekränkt, weil Freud ihn nicht bei dieser Reise auch besucht oder wenigstens ein Zusammentreffen vereinbart hatte. Tatsächlich hatte Freud, wie sich später herausstellte, Jung rechtzeitig benachrichtigt, aber dieser war abwesend gewesen und hatte sich nicht über das Ankunftsdatum von Freuds Brief vergewissert. Jung kam in seiner zunehmend verärgerten Korrespondenz immer wieder auf die »Kreuzlinger Geste« zurück.

Am 29. Juli 1912 schrieb Freud an Binswanger, er versuche, die wissenschaftlichen von den persönlichen Problemen mit Jung zu trennen, um einen Bruch zu vermeiden, aber in jedem Fall verletze ihn Jungs Verhalten nicht wirklich.

> Ich bin ganz unbeteiligt. Durch frühere Erlebnisse gewarnt und stolz auf meine Elastizität habe ich bei den ersten Anzeichen schon vor Monaten meine Libido von ihm abgezogen u. entbehre jetzt gar nichts. Ich habe es auch diesmal leichter, zur Verteilung u. Unterbringung der frei gewordenen Quantität habe ich Posten wie Sie, Ferenczi, Rank, Sachs, Abraham, Jones, Brill u. a. offen.

Die ersten Worte zeigen, wie klar Freud eine gewisse Ähnlichkeit in seinen Beziehungen zu Jung und Fließ erkannte. Aber sie zeigen auch, daß er gewarnt war, so daß die spätere Beziehung keineswegs eine Wiederholung der früheren war.

Ohnmachtsanfälle und ihre Bedeutung

Später in diesem Sommer fühlte sich Freud nicht wohl, und zum erstenmal seit seiner Herzepisode erwähnte er in Briefen an Binswanger und Jones sein Herz. Am 22. September 1912 schrieb er von Rom aus an Binswanger:

> Eine Zeile Ihres Briefes brachte mich in die Versuchung nach Konstanz zu telegraphieren: Auch ich bin in Italien! Kommen Sie hierher ins Hotel Eden, Via Ludovisi. Daß ich's unterließ, hatte nur zum Teil seine Begründung in der Erwägung, daß meine Gesellschaft Anstrengung und nicht Erholung für Sie bedeuten würde; der stärkere Grund war, daß ich mich selbst sehr schlecht befand. Ich habe einige Wochen elender Gesundheit hinter mir mit Diagnose ungeklärt wie gewöhnlich. Wenn man ex juvantibus[13] einschließen darf, so habe ich nach Karlsbad mein gewohntes Rauchen u. den Alkohol, der im Tirol dazu kam, plötzlich nicht vertragen. Also hat wol das Herz rebelliert; psychische Einflüsse wird sich jeder dazu konstruieren, nur bitte ich, Jung nicht zuviel zu beschuldigen. Genug, ich erhole mich hier nach verschiedenen Rückfällen u. glaube jetzt, nachdem ich auch den roten Römerwein fast abgeschworen, auf

13 Ein üblicher Ausdruck, der besagt, daß die Diagnose aus der Therapie, die der Krankheit geholfen hatte, abgeleitet wurde; in Freuds Fall Abstinenz von Wein und Tabak, die das Abklingen seiner Beschwerden bewirkt hatte oder mit ihm zusammengefallen war.

dem Wege zur früheren Verfassung zu sein. Ich bin sehr glücklich in Rom, eigentlich jedesmal, dieses ganz besonders ... Jung gegenüber bin ich zu jedem Schritt der eine äußerliche Versöhnung anbahnt, gerne bereit, innerlich wird sich bei mir aber nichts mehr ändern.

Wahrscheinlich war es eine Kombination von Faktoren, die Freuds Indisposition auslöste: möglicherweise hatte er seine Kur in Karlsbad übertrieben; er hatte seinen Urlaub unterbrochen, um nach Wien zu eilen, weil seine älteste Tochter Mathilde wieder krank geworden war; er hatte zwar seine wachsende Ernüchterung in bezug auf Jung nicht allzu schwer genommen, hatte aber vielleicht doch die Enttäuschung unterschätzt, die er empfand, wie auch das Maß seiner Sorge um die künftige Entwicklung »der Sache«. Ferner hatte Jungs Abfall schmerzliche alte Konflikte wieder aufgerührt.

Jones war es, der die Meinung vorbrachte, die Ursachen von Freuds Beschwerden seien vielleicht psychogen, die Angst um seine Tochter und um sein »geistiges Kind« – die Psychoanalyse – hätten sich vereint, um ihm Schwierigkeiten zu machen. Freud antwortete Jones am selben Tag, an dem er auch an Binswanger schrieb.

Was Sie mir über die Verdichtung der beiden Töchter auslegten, klingt so geistreich, daß ich nicht zu widersprechen wage, um so weniger, als es Ihnen die Gelegenheit zu Versprechungen gab, die meinem Ohr wie Musik klingen. Es ist natürlich sehr schwierig, wenn nicht sogar unmöglich, aktuelle psychische Vorgänge bei sich selbst zu erkennen. Mir muß die physische Seite mehr in die Augen springen, die plötzliche Intoleranz des Herzmuskels für Tabak und, wie es scheint, noch mehr für Wein. Meine letzte Besserung rührt von der größeren Zurückhaltung gegenüber dem köstlichen römischen Wein her, für den ich eine Schwäche hatte ... Wir werden uns in wenigen Tagen die Hände schütteln. (Jones, Bd. 2., S. 121-122)

In Wirklichkeit waren sowohl Jones' Deutung als auch Freuds Antwort Vereinfachungen. Die Überdeterminierung solcher somatischer Symptome ist viel komplizierter.

Eine tatsächliche Krise mit Jung ereignete sich später in diesem Jahr, als Freud mit Jung, Jones, Abraham und einigen anderen Kollegen zusammenkam, um organisatorische und Verlagsangelegenheiten zu besprechen. Freud sprach privat mit Jung und konfrontierte ihn mit seiner merkwürdigen Fehlleistung (daß er das Datum von Freuds Brief nicht beachtet hatte), die zu seiner Verurteilung der sogenannten »Kreuzlinger Geste« geführt hatte. Jung geriet in die Defensive und versuchte sich zu rechtfertigen. Bei dem nachfolgenden Mittagessen setzte Freud seine Kritik fort und stürzte plötzlich ohnmächtig zu Boden, wie Jones berichtet. Jung trug ihn zu einem Sofa; seine ersten Worte, als er wieder zu Bewußtsein kam, waren laut Jones (Bd. 1, S. 370): »Es muß süß sein zu sterben!«

Freud selbst hat sich über die Bedeutung dieses Zwischenfalls in seiner Korrespondenz mit Ferenczi, Jones und Binswanger ausführlich ausgelassen. Bei der Betrachtung der Bedeutung müssen wir unterscheiden zwischen der *Ursache* einer solchen somatischen Reaktion wie Bewußtloswerden und der *Bedeutung*, die sie annimmt.

Eine Resomatisierung[14] dieser Art hat gewöhnlich komplexe, vielfältige Determinanten; die somatischen Äquivalente heftiger affektiver Reaktionen, die zuweilen mit bewußten, oft jedoch im jeweiligen Augenblick mit unbewußten Ereignissen zusammenhängen, vereinigen sich mit verschiedenen psychologischen Faktoren. Ich habe schon früher eine gewisse Neigung Freuds erwähnt, mit vasovagalen Reflexreaktionen zu reagieren (siehe Kapitel 2).

Freuds Anmerkungen über diesen Zwischenfall ergänzen einan-

14 *Desomatisierung* und *Resomatisierung* sind Begriffe, die ich (1953, 1955) für die Bezeichnung folgender Vorgänge vorgeschlagen habe: Auf der einen Seite nehme ich eine Parallelentwicklung und Interdependenz an zwischen Sekundärvorgängen, der Reifung des motorischen Apparates, der Entwicklung des Zentralnervensystems und der Stabilisierung der homeostatischen Prozesse. Dies führt zu einer zunehmenden *Desomatisierung* der Reaktionen auf bestimmte Reize. Die Entwicklung tendiert zum maximalen Einsatz integrierter Muskelaktion, der Ersetzung von Handlung durch Gedanken und der Reduzierung vegetativer Entladungserscheinungen. Das wünschenswerte Ergebnis ist die Beherrschung von Reizen mit einem Minimum von Energieverbrauch. Diese Desomatisierung ist ein wesentlicher Teil unserer Reifung. Jede Störung dieser Entwicklung stellt eine Gefahr für die Ökonomie unserer Existenz dar. Auf der anderen Seite nehme ich an, daß in Zuständen der Regression bestimmter Ichfunktionen dieser Entwicklungsgang umkehrbar ist, was zu einer *Resomatisierung* von Reaktionen führen kann. Das impliziert, daß effektive Reaktionen von einer großen Vielzahl somatischer Symptome begleitet sein können. Diese Begriffe haben sich für unser Verständnis psychosomatischer Erscheinungen als fruchtbar erwiesen.

der; sie zeigen auf der einen Seite, daß er den Vorfall der Prüfung durch die Selbstanalyse unterzog, und auf der anderen Seite, daß er nie den Aspekt der Überdetermination außer acht ließ – einschließlich spezifischer somatischer Faktoren.

Freud teilte diesen Zwischenfall Ferenczi mit, der bei der Zusammenkunft in München nicht dabei war, und zwar zwei Tage, nachdem er sich ereignete, am 26. November 1912:

> Jung verabschiedete sich um 5 Uhr mit den Worten: Sie werden mich ganz bei der Sache finden. Wir blieben bis zu den Abschiedszeiten zusammen. Leider hatte ich keinen guten Tag. Von der Woche und einer schlaflosen Nacht im Waggon müde bekam ich bei Tisch einen ähnlichen Angstanfall wie damals im Essighaus in Bremen[15], wollte aufstehen und wurde für einen Moment ohnmächtig. Ich erhob mich aber selbst und hatte noch einige Zeit Übligkeiten, abends löste es sich mit Kopfschmerz und Gähnen ... Die Nacht nach Wien schlief ich vortrefflich und kam ganz wohl hier an. [3]

Wie ich schon früher darlegte, spielte das Problem, daß man die Rolle des eigenen Vaters einnimmt, bei den Begegnungen von Freud und Jung mit. Kurz bevor sie in Bremen an Bord des Schiffes gingen, das sie nach Amerika brachte, überredeten Freud und Ferenczi Jung, seine strikte Alkoholabstinenz aufzugeben und beim Mittagessen ein wenig Wein zu trinken. Freud legte dann (nach Jones, Bd. 2, S. 179) Jung dar, daß auf seiner Seite gewisse unbewußte Todeswünsche wirksam seien; Jung widersprach dem nachdrücklich (siehe auch Jung, 1962, S. 160 ff.). Während dieser Diskussion wurde Freud plötzlich ohnmächtig.

Ferenczi bemerkte in seiner Antwort vom 28. November zu dem Ohnmachtsanfall folgendes:

> Ich weiß nicht wie ich dazu kam, Tatsache ist aber, daß ich dieser Tage daran dachte, ob sich Ihr Bremer Unwohlsein in München nicht wiederholen wird. (Damals deuteten wir es als Reaktion auf Jung's Apostasie vom Antialkoholismus).[16]
>
> [4]

An Jones schrieb Freud am 8. Dezember 1912:

> Ich kann es nicht vergessen, daß ich vor sechs und vor vier Jahren von sehr ähnlichen, obzwar nicht so intensiven, Symptomen in demselben Zimmer im Park-Hotel litt. Ich sah München zu-

15 Der Name eines Restaurants.

16 Jung war, wie sein Lehrer Bleuler, ein heftiger Alkoholgegner.

erst, als ich Fließ während seiner Krankheit besuchte, und die Stadt scheint eine starke Verbindung mit meiner Beziehung zu diesem Mann gewonnen zu haben. Im Grunde steckt ein Stück eines unbeherrschten homosexuellen Gefühls dahinter.

(Jones, Bd. 1, S. 370)

Einen Tag später, am 9. Dezember, schrieb Freud einen weiteren Brief an Ferenczi:

Ich bin wieder sehr arbeitsfähig, habe den Schwindelanfall in München gut analytisch erledigt und selbst die lang verhinderte dritte Übereinstimmung[17] begonnen. Alle diese Vorfälle weisen auf die Bedeutung frühzeitig erlebter Todesfälle hin. (Bei mir ein Bruder sehr jung gestorben, als ich wenig über 1 Jahr war.)[18] Die Kriegsstimmung[19] beherrscht unser tägliches Leben, meine Praxis hat sie noch nicht berührt, aber es kann mir passieren, gleichzeitig 3 Söhne im Feld zu haben. [5]

Am 1. Januar 1913 schrieb er an Binswanger und legte die vielfältigen Determinanten dieses Vorfalles dar:

Mein Schwindelanfall in München ist sicherlich psychogen provoziert gewesen und somatisch sehr gut unterstützt (durch eine Woche großer Plackerei, schlaflose Nacht, Migraineaequivalent, die Aufgaben des Tages). Ich hatte schon mehrere solcher Zustände, jedesmal ähnlich gestützt, oft durch eine Spur Alkohol, gegen den ich ganz intolerant bin. Zum Psychischen gehört, daß ich in demselben Lokal in München bereits zweimal, vor 6 und 4 Jahren, ganz ähnlich reagiert habe. Eine ernstere Bedeutung etwa auf Herzschwäche, scheint bei der strengsten Kritik nicht recht haltbar. Zurückgehaltene Gefühle diesmal gegen Jung wie früher gegen einen Vorgänger von ihm, spielen natürlich die Hauptrolle.

Es gibt Widersprüche in den verschiedenen Darstellungen. Jones zum Beispiel, der Augenzeuge der Szene war, schrieb, Freud sei plötzlich ohnmächtig zu Boden gestürzt. Freud selbst schreibt in dem ersten Brief an Ferenczi von einem Angstanfall, dem Versuch aufzustehen und anschließendem Ohnmächtigwerden. Der scheinbare Widerspruch ist wahrscheinlich darauf zurückzufüh-

17 *Übereinstimmung* war der Titel der Erstveröffentlichung von *Totem und Tabu* (»Über einige Übereinstimmungen im Seelenleben der Wilden und der Neurotiker«).

18 In Wirklichkeit war Freud damals beinahe zwei Jahre alt (siehe Kapitel 6).

19 Bezieht sich auf eine der häufigen Krisen während des Balkankriegs.

ren, daß Freuds Schilderung auf der *Erinnerung* an ein subjektives Erlebnis basiert. Eine leichte Amnesie für die tatsächliche Sequenz von Gefühlen und physischen Manifestationen ist bei Ohnmachtsanfällen sehr häufig. Ein Element der Angst ist beim Ohnmächtigwerden so gut wie immer vorhanden. Es ist jedoch außerordentlich schwierig, zu unterscheiden zwischen Angst als auslösender Ursache einer solchen somatischen Erscheinung, der Angst als Reaktion auf die vielfältigen Empfindungen, die einen überfluten, wenn man das Bewußtsein verliert, und der Angst, die diesem plötzlichen Verlust der Kontrolle auf so vielen Ebenen folgt. Es wäre deshalb eine übermäßige Vereinfachung, wenn man diesen Vorfall allein der Angst zuschriebe. Freuds spätere Analyse der auslösenden Faktoren ist viel aufschlußreicher. Natürlich brauchte diese Analyse einige Zeit, während der erste Brief am Tag nach Freuds Rückkehr nach Wien geschrieben wurde.[20]

Als Freud an Jones schrieb, hatte er offensichtlich schon an der Analyse dieses Vorfalles gearbeitet, den er auf seine Beziehung zu Fließ zurückführte und auf »ein Stück eines unbeherrschten homosexuellen Gefühls dahinter«. Freud wies auch darauf hin, daß er Fließ während dessen Krankheit in München besucht hatte (im Jahre 1894; siehe Kapitel 2)[21], und daß München in seinem Geist eine enge Verbindung mit Fließ erlangt hatte.[22]

Eine Stelle, die in den Briefen an Jones und Binswanger fast identisch ist, bleibt rätselhaft: Freud sagt, er habe sechs und vier Jahre vorher ähnliche Symptome am selben Ort gehabt. Offenbar hatte er einen ohnmachtsähnlichen Anfall bei seinem Besuch Fließ' in München gehabt, der 1894 stattgefunden hatte (16 Jahre

20 Die Zusammenkunft fand am Sonntag statt. Freud kehrte am Montag an die Arbeit zurück und schrieb den Brief an Ferenczi am Dienstag.

21 Wir wissen, daß Freud noch einen weiteren Ohnmachtsanfall hatte, der mit Fließ zusammenhing: im Jahre 1895, als er Zeuge der Blutung seiner Patientin Emma war – die Folge von Fließ' Fehler, der die Jodoformgaze in ihrer Nasenhöhle gelassen hatte (siehe Kapitel 3).

22 In diesem Zusammenhang ist ein Vergleich der beiden Deutungen interessant, die Freud für sein Vergessen des Namens »Monaco« benützte. In der Auflage von 1907 von *Zur Psychopathologie des Alltagslebens* schildert er, wie er durch die Methode der freien Assoziation jeden vergessenen Namen wiederfinden könne. Er erklärt nicht, was sein Vergessen des Namens verursachte. In den *Vorlesungen zur Einführung* ergänzte Freud diese Deutung wie folgt: »Monaco gehört auch zu München als dessen italienischer Name; diese Stadt hat den hemmenden Einfluß ausgeübt« (1916–1917, S. 109). (Siehe auch Kapitel 5, Anmerkung 14.)

vor dieser Episode). Wir haben keinerlei Hinweise darauf, daß Freud 1904 oder 1906 in München war. Da wir über seine jährlichen Reisen genau Bescheid wissen, müssen wir annehmen, daß dies nicht der Fall gewesen sein kann. Ich habe die deutschen Originalbriefe nicht gesehen, aber es ist nicht wahrscheinlich, daß Jones und Binswanger, die Freuds Handschrift gut kannten, beide diese Stelle in gleicher Weise falsch gelesen haben; wir müssen deshalb annehmen, daß es Freud war, der zweimal den gleichen Irrtum beging.

Der Brief, den Freud am folgenden Tag an Ferenczi schrieb, ist der aufschlußreichste von den dreien. Sollten wir annehmen, daß Freuds Selbstanalyse in den dazwischenliegenden 24 Stunden zu einer tieferen Schicht vorgedrungen war? Oder war Freud bereit, Ferenczi mehr zu sagen, weil ihre Beziehung eine engere war?

Freuds Brief an Binswanger spiegelt die Distanz wider, die Freud in der Zwischenzeit erlangt hatte. Er nannte jetzt die Episode seinen Ohnmachtsanfall und stellte Erwägungen über dessen vielfältige somatische und psychische Determinanten an.

Jones' Deutung dieser Anfälle (Bd. 2, S. 179 ff.), die in mancher Hinsicht mit der Ferenczis zusammenfiel, wurde durch seine Beobachtungen beeinflußt, seine Gespräche mit Freud und durch die Briefe Freuds an ihn und Ferenczi.

Mehrere gemeinsame Nenner ergeben sich aus diesen verschiedenen Quellen: Die Ohnmachtsanfälle von 1909 und 1912 hatten sich beide in Anwesenheit Jungs ereignet. Bei beiden Gelegenheiten hatte Freud vorher Wein getrunken. Bei beiden Gelegenheiten waren bestimmte Probleme diskutiert worden, die sich auf den Tod und Todeswünsche bezogen – 1909 im Zusammenhang mit der Entdeckung einiger prähistorischer menschlicher Skelette; 1912 im Zusammenhang mit Abrahams Aufsatz über den Pharao Amenhotep.[23] Jones betont, daß bei beiden Gelegenheiten Freud einen kleinen Sieg über Jung errungen hatte. Im Jahre 1909 hatten Freud und Ferenczi Jung verführt, seine strikte Ablehnung des Alkohols aufzugeben, die später zu den Schwierigkeiten zwischen Jung und Bleuler beitrug, für den der Alkohol weiterhin

23 Abraham hatte versucht, die Revolution dieses Monarchen, eines der ersten Begründer des Monotheismus, auf seine Feindseligkeit gegen seinen Vater zurückzuführen. Jung, der auch Freuds Ohnmachten in seiner Autobiographie erörtert (1962, S. 160 ff.), war nach seiner eigenen Angabe durch diese Annahme tief beunruhigt.

Anathema blieb. Im Jahre 1912 hatte Freud Jung wegen seiner Fehldeutung von Freuds Besuch bei Binswanger ins Gebet genommen, und Jung hatte widerrufen – zumindest vorübergehend.
Jones bemerkt im Anschluß an die Mitteilung von Freuds ersten Worten nach Wiedererlangung des Bewußtseins, dies sei ein weiterer Hinweis darauf, daß der Gedanke des Todes für ihn eine esoterische Bedeutung hatte. Im nächsten Absatz äußert Jones seinen Zweifel, ob alle mit dem Vorfall zusammenhängenden Erinnerungen völlig zutreffend seien. Wir können annehmen, daß Jones Freuds Worte nach Notizen zitierte, die er sich damals gemacht hatte. Aber der Ausdruck »esoterisch« erscheint in diesem Zusammenhang selbst als esoterisch. Freud befand sich in einem Zustand der Erschöpfung und schwerer Anspannung. Er verabscheute Auseinandersetzungen, die sich nicht im Rahmen einer wissenschaftlichen Diskussion hielten. Vom Standpunkt seiner eigenen Analyse aus gesehen, waren seine tiefsten Konflikte aufgerührt worden. Eine Ohnmacht, die sich in einem solchen Augenblick ereignet, nimmt einen einfach von all dem weg. (Das besagt nicht, daß man ohnmächtig wird, *weil* man von alledem weg sein *will*!) Was den Tod angeht, so gibt es ja viele Menschen, die – wie er – zwar nicht sterben wollen (wie er in einem Brief sagte »weder sofort, noch vollständig« [siehe Kapitel 2]), aber einen plötzlichen Tod vorziehen. Ferner haben viele Menschen, die einen schweren Unfall oder eine akute, schwere Krankheit hatten, manchmal das Gefühl: Mehr ist das Sterben nicht? Eine Bemerkung dieser Art könnte ein weiterer Hinweis auf den zugrunde liegenden Konflikt um Todeswünsche und Schuldgefühl sein.
Jones deutete den Umstand, daß beide Ohnmachten sich nach der Erringung eines kleinen Sieges ereigneten, als Beweis dafür, daß Freud für diesen Sieg einen Preis bezahlte. Ebenso bedeutete seiner Meinung nach Freuds eigene Analyse des Vorfalls, die auf den Tod seines Bruders Julius wies, daß er damit für den Erfolg, einen Gegner besiegt zu haben, bezahlte.
Jones stellt mit Recht eine Verbindung zwischen den psychischen Komponenten des Ohnmachtsanfalles und Freuds Wirklichkeitsverlust auf der Akropolis her, aber ohne die Fakten zu kennen oder zumindest zu erwähnen, die Freuds Brief an Jung von 1909 enthüllte, und unter ausschließlicher Bezugnahme auf die Befriedigung des verbotenen Wunsches, seinen Vater zu übertreffen.

Bei meiner Besprechung von Freuds *non-vixit*-Traum betonte ich die Rolle, die das »Schuldgefühl des Überlebenden« spielt, ein Begriff, den Freud zuerst nach dem Tod seines Vaters erwähnte. Ich brachte dieses Schuldgefühl in Verbindung mit Freuds Beziehung zu Fließ, Breuer und Fleischl, die sich in einem gewissen Sinn mit Jung wiederholte, der auch im Begriff war, »am Wegrand liegenzubleiben«. Bei der Erörterung von Freuds Deutung dieses Traumes wies ich darauf hin, daß Freuds Konflikt mit Fließ sich aus vielen Gründen – unter anderem, weil Fließ im selben Jahr geboren wurde, in dem Julius starb – mit seinen viel älteren Schuldgefühlen gegenüber diesem mit Eifersucht empfangenen jüngeren Bruder verflochten hatte, daß jedoch Freud das in seiner Analyse des Traumes an keiner Stelle erwähnt.

Zusammengefaßt: die Hintergrundinformationen und vor allem Freuds eigene Analyse weisen auf die Überdeterminierung dieser Ohnmachtsanfälle. Freuds Konflikt um seine latente Homosexualität spielte eine große Rolle in seiner Beziehung zu Fließ und eine viel kleinere in der Beziehung zu Jung, und sie war eine von vielen Determinanten, die zu der ganzen Episode beitrugen und in der Ohnmacht lediglich ihren äußeren Gipfelpunkt fand.

Freuds Beziehung zu Fließ war durch tiefgehende Ambivalenz charakterisiert, die durch die Intensität seiner positiven Gefühle und durch den bösartigen Angriff, mit dem Fließ die Beziehung endgültig beendet hatte, verschärft wurde. Diese intensive Ambivalenz verband Freuds Konflikt mit Fließ, und in einem viel geringeren Grad seine Beziehung zu Jung, mit der tiefsten Schicht früher Ambivalenzkonflikte. Während alle auslösenden Faktoren zu der akuten Episode beitrugen, kam dem tiefsitzenden Ambivalenzkonflikt das größere Gewicht zu bei der Determinierung von Manifestationen wie dem Ohnmachtsanfall und auch der immer wieder auftretenden zwanghaften Beschäftigung mit prospektiven Todesdaten.[24]

Ein letzter, etwas sarkastischer, aber humoristischer Aspekt von Freuds Reaktion trat in einem weiteren Brief an Binswanger vom 16. Dezember 1912 zu Tage:

> Ich bin darauf gefaßt, daß ich auf Grund meines Anfalles in München für einen Kandidaten der Ewigkeit erklärt werde. Stekel schrieb unlängst über mich, mein Benehmen zeige schon

24 Siehe Freuds Brief an Ferenczi vom 9. Dezember 1912 (in diesem Kapitel).

den »hypokritischen Zug«. Sie können es alle kaum erwarten, aber ich kann ihnen antworten wie Mark Twain[25] in einem ähnlichen Fall: »Nachrichten von meinem Tod stark übertrieben«. Ich arbeite vielmehr – endlich – an der dritten der Übereinstimmungen für die Imago, die mir den Weg zur vierten, auf die ich mich sehr freue, bahnen soll.[26]

Während Jung in München bereute, markierte dieser Vorfall doch praktisch das Ende ihrer Zusammenarbeit. Am Ende des Psychoanalytischen Kongresses von 1913 in München wurde Jung zum Präsidenten wiedergewählt, wobei es viele Enthaltungen gab. Als Jung bemerkte, daß Jones zu den Dissidenten gehörte, sagte er zu diesem: »Ich dachte, Sie seien Christ [d. h. Nichtjude].« Jones' Kommentar (Bd. 2, S. 129) »Es hörte sich belanglos an, aber vermutlich hatte es seine Bedeutung« stellte sich als eine Untertreibung heraus, denkt man an Jungs Haltung während der Hitlerzeit. Im Jahre 1914 zog sich Jung aus der Internationalen Psychoanalytischen Vereinigung zurück und ging seine eigenen Wege. Freud war zwar enttäuscht und über die Auswirkungen dieses Abfalles auf die psychoanalytische Bewegung besorgt, aber er war nicht deprimiert und ging schon bald wieder völlig in seiner Arbeit auf.

25 Mark Twain war einer von Freuds Lieblingsschriftstellern. Freud las nicht nur Twains Bücher, sondern ging auch gern zu den Lesungen des Autors aus seinen Werken.

26 Das bezieht sich auf die Teile III und IV von *Totem und Tabu*.

10. KAPITEL

Die Ausarbeitung des Todesthemas in drei Werken

»GROSS IST DIE DIANA DER EPHESER«

Drei Arbeiten Freuds aus dieser Zeit – zwei kleinere und eine größere – sind für unser Thema relevant. Die erste, eine der kürzesten, die Freud je veröffentlicht hat, trägt den Titel »Groß ist die Diana der Epheser« (1911 a), die Überschrift eines Gedichtes von Goethe. Das Material stammt aus einem Kapitel über Ephesus in F. Sartiaux' *Villes mortes d'Asie mineure* (Paris, 1911), auf das Freud bei seiner umfangreichen Lektüre im Zusammenhang mit *Totem und Tabu* stieß. Der Aufsatz zeigt Freuds Interesse an der Archäologie, muß aber auch andere Determinanten haben.

Eines der Hauptthemen ähnelt dem des *Gradiva*-Aufsatzes: die Kontinuität der Geschichte über Jahrhunderte oder selbst ein Jahrtausend hinweg; die Entstehung neuer Monumente auf den Trümmern oder der Asche der früheren; ein Begriff von Unsterblichkeit, der wissenschaftlichem Denken nicht zuwiderläuft.

In der frühen Antike waren viele Tempel der Artemis-Diana geweiht. Der Tempel in Ephesus war wegen der Wunder, die der Göttin und ihren Priestern zugeschrieben wurden, ein Zentrum für Pilgerfahrten. Freud verglich die Handelsgroßstadt Ephesus mit einem modernen Lourdes.

Mit der Ausbreitung des Christentums wurden die Apostel Johannes, der Verfasser der Offenbarung, und Paulus mit Ephesus in Verbindung gebracht. Nach der Legende begab sich nach der Kreuzigung die Jungfrau Maria gemeinsam mit Johannes nach Ephesus. Schon im 4. Jahrhundert nach Christus gab es in Ephesus eine Basilika zu Ehren Marias. Freud bemerkte:

> Die Stadt hatte ihre große Göttin wieder, es hatte sich außer dem Namen wenig verändert. (1911 a, S. 361)

War der kleine Aufsatz über die Diana von Ephesus so etwas wie ein Tagtraum, so gehört der nächste Aufsatz, den wir hier behandeln, in eine ganz andere Kategorie. Er stellt einen so wichtigen Schritt in Freuds Behandlung des Todesproblems vom wissenschaftlich-psychologischen Standpunkt aus dar, daß ich ihn ausführlich erörtern will.

In »Das Motiv der Kästchenwahl« (1913 a) setzt sich Freud mit dem Thema des Todes ganz unmittelbar auseinander, vielleicht zum ersten Mal. Wir wissen, daß Freud in der intensivsten Periode seiner Selbstanalyse entdeckte, daß die Ödipuslegende der Ausdruck eines der tiefsten und grundlegendsten Konflikte der menschlichen Existenz ist. In den Jahren 1911 und 1912 befaßte er sich intensiv mit dem Studium aller Aspekte der Mythologie. Ferner steckte er im Jahre 1912 mitten in seinem Konflikt mit Jung und war erneut mit seiner Selbstanalyse beschäftigt.

Der Aufsatz über die »Kästchenwahl« wurde, wie aus Freuds Korrespondenz hervorgeht, im Juni 1912 im Laufe weniger Tage entworfen, kurz nachdem Freud in Kreuzlingen Binswanger besucht hatte, als sein junger Freund in der Blüte seines Lebens nach einer Operation einer Prognose gegenüberstand, die ihm wenig Chancen gab. Der Krise Binswangers wiederum war eine Erkrankung von Freuds Mutter vorhergegangen, die damals 77 Jahre alt war.

Der Aufsatz beginnt mit einer Betrachtung der drei Kästchen in Shakespeares *Kaufmann von Venedig*, wo der Bewerber, der das dritte Kästchen aus Blei wählt, die Braut gewinnt. Freud verfolgte das Kästchenmotiv durch die Mythologie verschiedener Kulturen. Da in ihnen allen die gemeinsame symbolische Bedeutung eines Kästchens eine Frau war, glaubte Freud, es handle sich bei dem Thema um die Wahl zwischen drei Frauen. Das war auch das Thema von *König Lear*, wo die Wahl zwischen drei Töchtern zu treffen ist und der alte König zu spät erkennt, welchen Irrtum er mit seiner Verleugnung Cordelias beging, weil er ihre unausgesprochene, unaufdringliche Liebe nicht erkannte. Freud zählt dann viele Mythen und Märchen auf, in denen ein Mann zwischen drei Frauen wählen muß: Aphrodite, die Paris erwählt, Aschenbrödel, die von dem Prinzen erwählt wird, und Psyche, in Menschengestalt als Aphrodite verehrt, die jüngste und schönste von drei Schwestern. In jedem der Fälle war die dritte Frau die erwählte. Freud bemerkte:

> Die drei Frauen, von denen die dritte die vorzüglichste ist, sind wohl als irgendwie gleichartig aufzufassen, wenn sie als Schwestern vorgeführt werden. (... wenn es bei Lear die drei Töchter des Wählenden sind, das bedeutet vielleicht nichts anderes, als

daß Lear als alter Mann dargestellt werden soll. Den alten Mann kann man nicht leicht anders zwischen drei Frauen wählen lassen; darum werden diese zu seinen Töchtern.)

Wer sind aber diese drei Schwestern und warum muß die Wahl auf die dritte fallen? ... Nun haben wir uns bereits einmal der Anwendung psychoanalytischer Techniken bedient, als wir uns die drei Kästchen symbolisch als drei Frauen aufklärten. Haben wir den Mut, ein solches Verfahren fortzusetzen, so betreten wir einen Weg, der zunächst ins Unvorhergesehene, Unbegreifliche, auf Umwegen vielleicht zu einem Ziele führt.

(1913 a, S. 27)

Der Schluß, den Freud aus diesen Beispielen zieht, ist sicherlich ein unerwarteter. Die gemeinsame Qualität, die er in den Objekten dieser Wahlentscheidungen findet, ist ihr Schweigen, ihre fehlende Beredsamkeit. Bassanio bemerkt, als er das Kästchen aus Blei wählt: »Dein schlichtes Wesen spricht beredt mich an.« Cordelia, »unscheinbar wie Blei«, bleibt stumm; sie »liebt und schweigt« (*Lear*, I, 1). Selbst Aphrodite im Libretto von Offenbachs »Schöner Helena« bleibt stumm.

Freud zitiert dann den Traum eines Analysanden:

Vor mehr als zehn Jahren teilte mir ein hochintelligenter Mann einen Traum mit, den er als Beweis für die telepathische Natur der Träume verwerten wollte. Er sah einen abwesenden Freund, von dem er überlange keine Nachricht erhalten hatte, und machte ihm eindringlich Vorwürfe über sein Stillschweigen. Der Freund gab keine Antwort. Es stellte sich dann heraus, daß er ungefähr um die Zeit dieses Traumes durch Selbstmord geendet hatte. Lassen wir das Problem der Telepathie beiseite; daß die Stummheit im Traume zur Darstellung des Todes wird, scheint hier nicht zweifelhaft. Auch das Sichverbergen, Unauffindbarsein, wie es der Märchenprinz dreimal beim Aschenputtel erlebt, ist im Traume ein unverkennbares Todessymbol; nicht minder die auffällige Blässe, an welche die paleness des Bleis in der einen Leseart des Shakespeareschen Textes erinnert.

(1913 a, S. 29)

Diesem Traum folgen mehrere Beispiele aus Grimmschen Märchen, in denen Stummheit Tod symbolisiert. Freud spricht dann die Schlußfolgerung aus, zu der all das Vorangegangene ihn geführt hatte:

Wenn wir diesen Anzeichen folgen dürfen, so wäre die dritte

unserer Schwestern, zwischen denen die Wahl stattfindet, eine Tote. Sie kann aber auch etwas anderes sein, nämlich der Tod selbst, die Todesgöttin. Vermöge einer ... Verschiebung werden die Eigenschaften, die eine Gottheit den Menschen zuteilt, ihr selbst zugeschrieben. Am wenigsten wird uns solche Verschiebung bei der Todesgöttin befremden, denn in der modernen Auffassung und Darstellung ... ist der Tod selbst nur ein Toter.

Wenn aber die dritte der Schwestern die Todesgöttin ist, so kennen wir die Schwestern. Es sind die Schicksalsschwestern, die Moiren oder Parzen oder Nornen, deren dritte Atropos heißt: die Unerbittliche. (1913 a, S. 30-31)

Es folgt dann eine Erörterung der Beziehung zwischen *Moira* (Schicksal)[1], den Horen und den Nornen der germanischen Mythologie. Freud legt dar, daß alle drei sich auf die Vorstellung der Jahreszeiten, des Zeitenwechsels beziehen.

Es konnte nicht ausbleiben, daß das Wesen dieser Gottheiten tiefer erfaßt und in das Gesetzmäßige im Wandel der Zeiten verlegt wurde; die Horen wurden so zu Hüterinnen des Naturgesetzes und der heiligen Ordnung, welche mit unabänderlicher Reihenfolge in der Natur das gleiche wiederkehren läßt.

Diese Erkenntnis der Natur wirkte zurück auf die Auffassung des menschlichen Lebens. Der Naturmythus wandelte sich zum Menschenmythus; aus den Wettergöttinnen wurden Schicksalsgottheiten. Aber diese Seite der Horen kam erst in den Moiren zum Ausdrucke, die über die notwendige Ordnung im Menschenleben so unerbittlich wachen wie die Horen über die Gesetzmäßigkeit der Natur. Das unabwendbar Strenge des Gesetzes, die Beziehung zu Tod und Untergang, die an den lieblichen Gestalten der Horen vermieden worden war, sie prägten sich nun an den Moiren aus, *als ob der Mensch den ganzen Ernst des Naturgesetzes erst dann empfände, wenn er ihm die eigene Person unterordnen soll.*

(1913 a, S. 32; Kursiv des Verf.)[2]

Freud versucht dann, den scheinbaren Widerspruch zu erklären zwischen seiner Schlußfolgerung, daß die dritte, die erwählte Schwester die Todesgöttin, der Tod selbst sei, und der Tatsache, daß sie beim Urteil des Paris die Liebesgöttin ist, im *Kaufmann*

1 Interessanterweise bedeutet *Moira* im Jiddischen nicht Schicksal, sondern Angst.
2 Siehe auch Kapitel 12.

von Venedig die hübscheste und klügste der Frauen, im *König Lear* die einzige treue Tochter: Wir wissen,

... daß es Motive im Seelenleben gibt, welche die Ersetzung durch das Gegenteil als sogenannte Reaktionsbildung herbeiführen, und können den Gewinn unserer Arbeit gerade in der Aufdeckung solcher verborgener Motive suchen. Die Schöpfung der Moiren ist der Erfolg einer Einsicht, welche den Menschen mahnt, auch er sei ein Stück der Natur und darum dem unabänderlichen Gesetze des Todes unterworfen. Gegen diese Unterwerfung mußte sich etwas im Menschen sträuben, der nur höchst ungern auf seine Ausnahmestellung verzichtet. Wir wissen, daß der Mensch seine Phantasietätigkeit zur Befriedigung seiner von der Realität unbefriedigten Wünsche verwendet. So lehnte sich denn seine Phantasie gegen die im Moirenmythus verkörperte Einsicht auf und schuf den davon abgeleiteten Mythus, in dem die Todesgöttin durch die Liebesgöttin, und was ihr an menschlichen Gestaltungen gleichkommt, ersetzt ist. Die dritte der Schwestern ist nicht mehr der Tod, sie ist die schönste, beste, begehrenswerteste, liebenswerteste der Frauen. Und diese Ersetzung war technisch keineswegs schwer; sie war durch eine alte Ambivalenz vorbereitet, sie vollzog sich längs eines uralten Zusammenhanges, der noch nicht lange vergessen sein konnte. Die Liebesgöttin selbst, die jetzt an die Stelle der Todesgöttin trat, war einst mit ihr identisch gewesen. Noch die griechische Aphrodite entbehrte nicht völlig der Beziehungen zur Unterwelt, obwohl sie ihre chthonische Rolle längst an andere Göttergestalten, an die Persephone, die dreigestaltige Artemis-Hekate, abgegeben hatte. Die großen Muttergottheiten der orientalischen Völker scheinen aber alle ebensowohl Zeugerinnen wie Vernichterinnen, Göttinnen des Lebens und der Befruchtung wie Todesgöttinnen gewesen zu sein. So greift die Ersetzung durch ein Wunschgegenteil bei unserem Motive auf eine uralte Identität zurück.

Dieselbe Erwägung beantwortet uns die Frage, woher der Zug der Wahl in den Mythus von den drei Schwestern geraten ist. Es hat hier wiederum eine Wunschverkehrung stattgefunden. Wahl steht an der Stelle von Notwendigkeit, von Verhängnis. *So überwindet der Mensch den Tod, den er in seinem Denken anerkannt hat.* Es ist kein stärkerer Triumph der Wunscherfüllung denkbar. Man wählt dort, wo man in Wirklichkeit dem

Zwange gehorcht, und die man wählt, ist nicht die Schrecklichste, sondern die Schönste und Begehrenswerteste.

(1913 a, S. 33-34; Kursiv d. Verf.)[3]

Freud beendet diesen Aufsatz, der so aufschlußreich darüber ist, wie Mythen und Kunstwerke das letzte und schwerste Problem der Menschheit behandeln, damit, daß er seine Deutung auf König Lear – und wahrscheinlich auch auf sich selbst – anwendet:

Lear ist aber nicht nur ein Alter, sondern auch ein Sterbender. Die so absonderliche Voraussetzung der Erbteilung verliert dann alles Befremdende. Dieser dem Tode Verfallene will aber auf die Liebe des Weibes nicht verzichten, er will hören, wie sehr er geliebt wird. Nun denke man an die erschütternde letzte Szene, einen der Höhepunkte der Tragik im modernen Drama: Lear trägt den Leichnam der Cordelia auf die Bühne. Cordelia ist der Tod. Wenn man die Situation umkehrt, wird sie uns verständlich und vertraut. Es ist die Todesgöttin, die den gestorbenen Helden vom Kampfplatze wegträgt, wie die Walküre in der deutschen Mythologie. Ewige Weisheit im Gewande des uralten Mythus rät dem alten Manne, der Liebe zu entsagen, den Tod zu wählen, sich mit der Notwendigkeit des Sterbens zu befreunden.

Der Dichter bringt uns das alte Motiv näher, indem er die Wahl zwischen den drei Schwestern von einem Gealterten und Sterbenden vollziehen läßt. Die regressive Bearbeitung, die er so mit dem durch Wunschverwandlung entstellten Mythus vorgenommen, läßt dessen alten Sinn so weit durchschimmern, daß uns vielleicht auch eine flächenhafte, allegorische Deutung der drei Frauengestalten des Motivs ermöglicht wird. Man könnte sagen, es seien die drei für den Mann unvermeidlichen Beziehungen zum Weibe, die hier dargestellt sind: Die Gebärerin, die Genossin und die Verderberin. Oder die drei Formen, zu denen sich ihm das Bild der Mutter im Laufe des Lebens wandelt: Die Mutter selbst, die Geliebte, die er nach deren Ebenbild gewählt, und zuletzt die Mutter Erde, die ihn wieder aufnimmt. Der alte Mann aber hascht vergebens nach der Liebe des Weibes, wie er sie zuerst von der Mutter empfangen; nur die dritte der Schicksalsfrauen, die schweigsame Todesgöttin, wird ihn in ihre Arme nehmen.

(1913 a, S. 36-37)

3 Siehe auch Kapitel 11.

Freuds ganzes späteres Leben, sein Tod mit eingeschlossen, ist in diesen wenigen Seiten Gestalt geworden. Freuds Gelassenheit drückt sich in seinem meisterhaften, sparsamen Stil aus und in seiner Fähigkeit, in wenigen Sätzen Tragik und Schönheit eines Meisterwerkes wie *König Lear* einzufangen und es mit Mythos, Märchen und psychologischer Einsicht zu verbinden, um zu veranschaulichen, auf welche Weise sich der Mensch mit dem Todesproblem auseinandersetzt.

Vor diesem Hintergrund verblaßt all der Aufruhr und Hader individueller Rivalität und individuellen Ehrgeizes, die damals Freud zwangsläufig so stark beschäftigten; und doch konnte er sich Problemen dieser Art nicht entziehen, denn er war menschlich und deshalb verwundbar.

Erklärt das Freuds wehmütige Bemerkung vom November 1912, als er aus seiner Ohnmacht erwachte: Wie süß muß das Sterben sein? »Friede, süßer Friede, komm, ach komm in meine Brust!« sagte Goethe (*Wanderers Nachtlied*). Auch Freud fühlte bei diesem Anlaß diese äußerste Ermattung; und 27 Jahre später, als er fast am Ende seiner Kraft war, sollte er Goethes Worte als brennenden Wunsch äußern.

»Totem und Tabu«

Viele der in diesem Aufsatz geäußerten Gedanken arbeitete Freud später in seiner Erörterung des Animismus in *Totem und Tabu* (1913 b) weiter aus.[4]

Er war der Meinung, daß »der Animismus selbst noch keine Religion ist, aber die Vorbedingungen enthält, auf denen sich später die Religionen aufbauen«, daß auch die Mythen auf animistischen Voraussetzungen beruhen. Er legte dar, daß der urtümliche Mensch nicht aus »reiner spekulativer Wißbegierde« zu seinem ersten Weltsystem gelangte, sondern aus dem Bedürfnis und dem Wunsch, sich der umgebenden Welt zu bemächtigen. Dem Wunsch wurde magische Kraft beigemessen, die ihre Wirkungen durch eine Vielzahl symbolischer Handlungen erzielen konnte. Magie und Zauberei halfen dem primitiven Menschen, in einer von Gefahren erfüllten Umwelt seine fundamentale Verwundbarkeit zu leugnen. Die die Magie beherrschende Denkform ist eine animi-

4 Ursprünglich erschienen als Aufsatzreihe mit dem Titel »Einige Übereinstimmungen im Seelenleben der Wilden und der Neurotiker« (1912–1913).

stische. Freud nannte sie das Prinzip der »Allmacht der Gedanken«. Den Ausdruck hatte er von seinem weiter oben erwähnten Patienten, dem »Rattenmann« (1909 b), wie Freud berichtet hat:

Er hatte sich dieses Wort geprägt zur Begründung aller jener sonderbaren und unheimlichen Geschehnisse, die ihn ... zu verfolgen schienen. Dachte er eben an eine Person, so kam sie ihm auch schon entgegen, als ob er sie beschworen hätte; erkundigte er sich plötzlich nach dem Befinden eines lange vermißten Bekannten, so mußte er hören, daß dieser eben gestorben sei, so daß er glauben konnte, jener habe sich ihm telepathisch bemerkbar gemacht; stieß er gegen einen Fremden eine ... Verwünschung aus, so durfte er erwarten, daß dieser bald darauf starb und ihn mit der Verantwortlichkeit für sein Ableben belastete. Von den meisten dieser Fälle konnte er mir im Laufe der Behandlung selbst mitteilen ... was er selbst an Veranstaltungen hinzugetan hatte, um sich in seinen abergläubischen Erwartungen zu bestärken. Alle Zwangskranken sind in solcher Weise, meist gegen ihre bessere Einsicht, abergläubisch.

[Fußnote:] Es scheint, daß wir den Charakter des ›Unheimlichen‹ solchen Eindrücken verleihen, welche die Allmacht der Gedanken und die animistische Denkweise überhaupt bestätigen wollen, während wir uns bereits im Urteil von ihr abgewendet haben. (1913 b, S. 106)

Als nächstes formulierte Freud eine seiner grundlegenden Entdeckungen – den Unterschied zwischen »psychischer Realität« und »faktischer Realität« –, und diese Unterscheidung erlaubte ihm, eine Brücke zu schlagen zwischen den psychischen Prozessen der Neurotiker – besonders den zwanghaften Prozessen – und dem magischen Denken des Primitiven.

Die primären Zwangshandlungen dieser Neurotiker sind eigentlich durchaus magischer Natur. Sie sind, wenn nicht Zauber, so doch Gegenzauber, zur Abwehr der Unheilserwartungen bestimmt, mit denen die Neurose zu beginnen pflegt. So oft ich das Geheimnis zu durchdringen vermochte, zeigte es sich, daß diese Unheilserwartung den Tod zum Inhalt hatte. Das Todesproblem steht nach Schopenhauer am Eingang jeder Philosophie; wir haben gehört, daß auch die Bildung der Seelenvorstellungen und des Dämonenglaubens, die den Animismus kennzeichnen, auf den Eindruck zurückgeführt wird, den der Tod auf den Menschen macht. (1913 b, S. 108)

Im abergläubischen Denken oder bei zwanghaften Handlungen ist das Ziel, wie Freud in seiner Krankengeschichte des »Rattenmannes« so überzeugend dargelegt hat, ebenfalls das Ungeschehenmachen eines Wunsches, der auf der unbewußten Ebene einer Tat gleichgesetzt wird. Das ist jedoch häufig nicht genug. Solche Gedanken und Handlungen haben eine selbstbestrafende Wirkung. All das traf auch auf die totemistischen und Tabu-Rituale des primitiven Menschen zu.

Als Freud von der Bedeutung neurotischen Aberglaubens sprach, wußte er zweifellos genau, daß er auch von sich selbst sprach, da seine Selbstanalyse von seinem Denken und Schreiben nie weit entfernt war.

In seinem Aufsatz über den »Rattenmann« und in anderen Arbeiten, die von zwanghaften Symptomen handeln, beschrieb Freud auch die Abwehrmechanismen der Isolierung, mit deren Hilfe bestimmte Erinnerungen und Affekte vom übrigen psychischen Leben einer Person wirksam abgetrennt werden und so eine eigene Existenz bewahren. Intellektuelles Verständnis allein genügt nicht, um diese fremden Strukturen aufzulösen. Nur unaufhörliches Durcharbeiten kann das erreichen. Das erklärt, warum ein gewisser zwanghafter Aberglauben bei einem Menschen wie Freud Jahrzehnte hindurch erhalten bleiben kann, um in angespannten Situationen erneut aufzuleben.

In *Totem und Tabu* verfolgte Freud die Evolution der Einstellungen zum Tod in der menschlichen Kultur – zum individuellen Tod und zum Tod allgemein –, zum Tod als dem äußersten Ausdruck menschlicher Hilflosigkeit.

Freud verglich nicht nur das magische Denken des Primitiven mit den Gedankenvorgängen des Neurotikers; er untersuchte auch die Evolution der Weltvorstellungen des Menschen und die ontogenetische Entwicklung dieser Vorstellungen. In beiden Fällen folgt der animistischen Phase eine religiöse und dann eine wissenschaftliche Phase.

> Im animistischen Stadium schreibt der Mensch sich selbst die Allmacht zu; im religiösen hat er sie den Göttern abgetreten ... In der wissenschaftlichen Weltanschauung ist kein Raum mehr für die Allmacht des Menschen, er hat sich zu seiner Kleinheit bekannt und sich resigniert dem Tode wie allen anderen Naturnotwendigkeiten unterworfen. Aber in dem Vertrauen auf die Macht des Menschengeistes, welcher mit den Gesetzen der

Wirklichkeit rechnet, lebt ein Stück des primitiven Allmachtglaubens weiter. (1913 b, S. 108-109)

Als Freud die letzten beiden Kapitel von *Totem und Tabu* schrieb, beschäftigte ihn auch die Idee des Narzißmus. Der Glaube des primitiven Menschen an die Allmacht der Gedanken, die ihm erlaubte, sich sein unerschütterliches Vertrauen in seine Fähigkeit zur Beherrschung der Umwelt zu bewahren, schien Freud eine Parallele zu haben in der narzißtischen Entwicklungsphase der Kinder und in den narzißtischen Komponenten gewisser Neuroseformen. Dieses narzißtische Element erlaubt es dem primitiven Menschen und den kleinen Kindern, ihre fundamentale Hilflosigkeit nicht zu beachten.[5] Freud faßte die Parallele wie folgt zusammen:

> Wenn wir im Nachweis der Allmacht der Gedanken bei den Primitiven ein Zeugnis für den Narzißmus erblicken dürfen, so können wir den Versuch wagen, die Entwicklungsstufen der menschlichen Weltanschauung mit den Stadien der libidinösen Entwicklung des Einzelnen in Vergleich zu ziehen. Es entspricht dann zeitlich wie inhaltlich der animistischen Phase dem Narzißmus, die religiöse Phase jener Stufe der Objektfindung, welche durch die Bindung an die Eltern charakterisiert ist, und die wissenschaftliche Phase hat ihr volles Gegenstück in jenem Reifezustand des Individuums, welcher auf das Lustprinzip verzichtet hat und unter Anpassung an die Realität sein Objekt in der Außenwelt sucht. (1913 b, S. 110-111)

Freud benützte auch die Idee der Projektion, die für die Paranoia so symptomatisch ist, um den Ursprung von Geistern und Dämonen zu erklären, die er als die Projektion der Gefühlsimpulse des Menschen ansah. Freud nahm an, daß die erstgeborenen Geister böse Geister waren, die mit dem Eindruck des Todes auf die Überlebenden und dem dadurch entstandenen Gefühlskonflikt zusammenhingen. Freud schloß diese Erörterung mit folgenden Ausführungen ab:

> Wenn es wirklich die Situation des Überlebenden gegen den

5 Freud zitiert in diesem Zusammenhang die Arbeit des zeitgenössischen Autors Marett: »Es ist bei Autoren, die diesen Gegenstand behandeln, fast ein Axiom, daß eine Art von Solipsismus oder Berkleianismus (wie Professor Sully es nennt, als er es beim Kinde feststellte) beim Wilden wirksam ist, so daß er sich weigert, den Tod als Faktum anzuerkennen.« [Bei Freud im englischen Originaltext zitiert.]

Toten war, die den primitiven Menschen zuerst nachdenklich machte, ihn nötigte, einen Teil seiner Allmacht an die Geister abzugeben und ein Stück der freien Willkür seines Handelns zu opfern, so wären diese Kulturschöpfungen eine erste Anerkennung der *Ananke*, die sich dem menschlichen Narzißmus widersetzt. Der Primitive würde sich vor der Übermacht des Todes beugen mit derselben Geste, durch die er diesen zu verleugnen scheint. (1913 b, S. 114)

Wir sehen also, daß nach Freuds Meinung der Eindruck des Todes, seine Unheimlichkeit, die unbestimmte Erkenntnis seiner Unausweichlichkeit und das mit unbewußten oder bewußten Wünschen gegen den Toten verknüpfte Schuldgefühl zu einem der Angelpunkte in der Entwicklung der Menschheit wurden.

Im letzten Kapitel von *Totem und Tabu* stellte Freud seine kühnste Behauptung auf: der Totemismus in seinen verschiedenen Manifestationen, die Entwicklung von Opferriten und -festen und der anschließende Übergang von Totemmahl und Opfer zur Religion ließen sich nicht nur auf gegensätzliche ambivalente Wünsche zurückverfolgen, sondern auch auf die ursprüngliche vatermörderische Tat, die Ermordung des Führers, der Urhorde (in der Darwinschen Definition des Begriffes) durch den Sohn.

Im Rahmen der vorliegenden Studie kann ich mich nicht mit der Stichhaltigkeit dieser kühnen Hypothese befassen, die ebenso viele Auseinandersetzungen ausgelöst hat, besonders unter den Anthropologen, wie Freuds Ansichten über die Bedeutung der Sexualität in der normalen und abnormen Entwicklung. Mir geht es hier vor allem um die Tatsache, daß Freud dem Ödipuskomplex, d. h. dem Wunsch und, wichtiger noch, der Tat des Vatermordes, mit all seinen Folgen, eine ebenso wichtige Rolle bei der Entwicklung des Individuums wie der Menschheit zugeschrieben hat.[6]

In den ersten Kapiteln von *Totem und Tabu* behandelt Freud die Entwicklung der religiösen Phase in der Evolution des Weltbildes des Menschen. Im letzten Kapitel erörtert er die Entwicklung des

6 In Freuds Darlegungen wurden die Mordwünsche und die tatsächliche Tötung des Vaters als die Ursünde angesehen. Freud erkannte jedoch schon damals, daß der Brudermord unausweichlich das nächste Verbrechen, die nächste Sünde war. Erst später, als Freud die dualistische Triebtheorie formulierte und so einen Konflikt zwischen Libido und Aggression postulierte, erhielt die ganze Idee der Ambivalenz eine viel umfassendere Bedeutung.

religiösen Denkens hauptsächlich unter dem Gesichtspunkt der Glorifizierung des gemordeten Vaters, der Unterwerfung unter Gottvater, der Versuche, die Ursünde zu verleugnen oder durch Opfer zu sühnen, wie Christus das tat, als er sein eigenes Leben gab, um »die Brüderschar« (1913 b, S. 174) und die ganze Menschheit von der Ursünde zu erlösen.[7]

Totem und Tabu gehört zu den Arbeiten, die für Freud sehr wichtig blieben, denn bei seiner Abfassung hatte er sich auf kühne und weit ausgreifende Spekulationen eingelassen und psychoanalytisches Denken auf viele Probleme des Menschseins angewendet, die ihn seit seiner Jugend interessierten. Daß ihn das genetische Prinzip faszinierte, das er von der Entwicklung des psychischen Apparates (1900) auf die Entstehung von Kultur und Religion übertrug, fand in *Totem und Tabu* umfassenden Ausdruck. In seinem letzten größeren Werk *Der Mann Moses und die monotheistische Religion* kehrte er wieder zu diesen Gedanken zurück.

Wir können noch über einen weiteren Faktor Spekulationen anstellen, der möglicherweise zum letzten Kapitel von *Totem und Tabu* beitrug. Freud selbst fühlte sich wie der Vater der Urhorde, wenn er einige seiner Söhne betrachtete. Wie er in einem Brief (16. Dezember 1912) an Binswanger bemerkte: »Sie alle [besonders Stekel und Jung] können ihn kaum abwarten [nämlich seinen Tod].« Auf der einen Seite suchte Freud einen Sohn, einen Nachfolger, dem er die Zukunft der Psychoanalyse anvertrauen konnte; andrerseits mußte er erkennen, daß die Triebursprünge der rebellischen Regungen seiner Schüler, das Bedürfnis, selber etwas wirklich Neues zu finden (siehe Kapitel 9), stark waren, daß der Ödipuskomplex bei jedem wirksam war, ihn selber nicht ausgenommen, wie er durch seine eigene Analyse entdeckt hatte. Für seine Schüler reichte die Selbstanalyse, ergänzt durch gelegentliche Diskussionen mit Freud und anderen Kollegen, nicht aus, um ihre Konflikte zu beseitigen.[8]

7 Das Thema der Entwicklung des religiösen Denkens in der Frühgeschichte der Menschheit wurde später in *Die Zukunft einer Illusion* (1927 a) umfassender behandelt; in dieser Arbeit untersuchte Freud die Gründe für die Fortdauer des religiösen Glaubens in der Geschichte der Menschheit und des Individuums bis auf den heutigen Tag (siehe Kapitel 17).

8 Aus diesen Gründen wurde schließlich eine Lehranalyse als unerläßlicher Bestandteil der psychoanalytischen Ausbildung verlangt.
Von allen Analytikern der ersten Generation, von denen keiner eine Lehranalyse

Nach der Beendigung von *Totem und Tabu* machte Freud eine Periode der Niedergeschlagenheit durch, die noch ausgeprägter als gewöhnlich war. Besonders der letzte Teil des Buches hatte Zweifel in ihm geweckt. Er schickte die Fahnenabzüge an die Mitglieder des Komitees – Abraham, Ferenczi, Jones, Rank und Sachs – und bat sie um ihre Meinung. Er war, wie er an Ferenczi schrieb, auf einen Entrüstungssturm gefaßt, ähnlich dem, den *Die Traumdeutung* hervorgerufen hatte, aber er wollte wenigstens die Reaktionen seiner nächsten Gefährten erproben.

Jones, der sich damals in Analyse[9] bei Ferenczi in Budapest befand, deutete gemeinsam mit letzterem Freuds Reaktion der Niedergeschlagenheit. Sie behaupteten, sein ursprüngliches Hochgefühl stelle die Erregung des Tötens und Verzehrens des Vaters dar, und seine Zweifel seien die Reaktion auf diese phantasierte Tat. Freuds Antwort stützt diese Deutung nur teilweise, wie Jones berichtet:

> Als ich ihn [Freud] einige Tage später bei einem Besuch in Wien sah und ihn fragte, warum der Mann, der »Die Traumdeutung« geschrieben hatte, nun solche Zweifel haben könnte, gab er die weise Antwort: »Damals beschrieb ich den Wunsch, den Vater zu töten, jetzt habe ich das wirkliche Töten beschrieben; es ist immerhin ein großer Schritt vom Wunsch zur Tat.«
>
> (Jones, Bd. 2, S. 418)

Die Deutungen von Ferenczi und Jones waren, in Übereinstimmung mit dem damaligen Stand des psychoanalytischen Denkens, hauptsächlich in Begriffen des Es oder der Triebe ausgedrückt. Sie unterschätzten das gehobene Gefühl, das einer überragenden geistigen Anstrengung entspringt, den Ich-Aspekt der Freude und Befriedigung. Freuds Antwort behält jedoch ihre Gültigkeit. Die Hypothese auszusprechen, daß der ödipale Mythos seine Wurzeln nicht nur in einem Wunsch, sondern auch in einer Tat hat, mußte zwangsläufig eine angsterregende Erfahrung sein.

absolviert hatte – mit Ausnahme von Jones –, waren wahrscheinlich nur Abraham und Eitingon in der Lage, ihre individuellen Konflikte zu meistern.

9 Jones war der erste aus Freuds innerem Kreis, der sich einer Analyse unterzog, die jedoch notwendigerweise experimenteller Natur war. Sie bestand aus ein oder zwei Stunden täglich auf der Couch, gefolgt von endlosen Diskussionen am Abend in einem der Budapester Kaffeehäuser. Das Ganze dauerte nur einige Monate. Die Erkenntnis, daß eine Lehranalyse denselben Grundregeln folgen mußte wie eine therapeutische Analyse, stellte sich erst nach jahrzehntelangen Versuchen ein.

Totem und Tabu endet mit den Sätzen:

> Der Primitive ist ungehemmt, der Gedanke setzt sich ohneweiters in Tat um, die Tat ist ihm sozusagen eher ein Ersatz des Gedankens, und darum meine ich, ohne selbst für die letzte Sicherheit der Entscheidung einzutreten, man darf in dem Falle, den wir diskutieren, wohl annehmen: im Anfang war die Tat.

Obwohl Freud einen weiteren überragenden Sieg des Geistes errungen hatte, hatte er auch die Hilflosigkeit erkennen und aussprechen müssen, die der Existenz des Menschen angeboren ist, wenn er den Naturmächten der *Ananke* gegenübersteht.

11. Kapitel

Der Erste Weltkrieg

Schon bald sollte Freud eine Zeit durchleben, wo »die Tat« sich fast über die ganze Welt ausbreitete, wo die ganze brutale Macht der Zerstörung entfesselt und Vernunft und Geist zum Schweigen gebracht wurden: der Erste Weltkrieg war nicht mehr fern.

Schon seit 1908 hatte das österreich-ungarische Reich eine Reihe von Krisen auf dem Balkan erlebt, bei denen wiederholt der Krieg unmittelbar vor der Tür stand. Der wachsende Imperialismus und Militarismus in Deutschland befand sich auf Kollisionskurs mit den Interessen der Westmächte, während die Politik Österreich-Ungarns mit den panslawistischen Tendenzen Rußlands und mit dem steigenden Nationalismus der Balkanländer wie auch der einzelnen Teile des österreich-ungarischen Reiches zusammenstieß. Ich erinnere mich noch aus meiner eigenen Kindheit, daß vor 1914 der Krieg mehrere Male in der Luft lag; trotzdem sahen nur wenige Menschen in Europa die Katastrophe voraus, die diesen Kontinent schließlich ins Chaos stieß.

Freud las die Tageszeitungen und war durchaus im Bilde, was in der Welt vorging, aber »die Sache« – die Psychoanalyse – füllte sein Leben völlig aus. Mehrere Stellen in einem außerordentlich aufschlußreichen Brief, den Freud am 8. Juli 1915 an den amerikanischen Neuropsychiater James J. Putnam schrieb, lassen diese Haltung deutlich erkennen. Putnam hatte Freud sein Buch *On Human Motives* übersandt, das die idealistische Auffassung vertrat, so etwas wie ein Trieb zu ethischer Besserung sei ein integrierender Bestandteil des menschlichen Wesens. Freuds Reaktion, die er später in Werken wie *Die Zukunft einer Illusion* (1927 a) und *Neue Folge der Vorlesungen zur Einführung in die Psychoanalyse* (1933 b) ausführte, kam in der Überzeugung zum Ausdruck, jeder Fortschritt, den man vom Menschengeschlecht erwarten könne, würde von einer fortschreitenden Sublimierung der Triebe kommen, wenn man einmal die Voraussetzungen für eine Sublimierung ebenso klar erkannt hätte wie den Vorgang der Verdrängung. Diese Idee wurde dann in Freuds berühmtem Satz zusammengefaßt: »Wo Es war, soll Ich werden« (1932, S. 86).

Im Zusammenhang seiner Diskussion mit Putnam äußerte sich

Freud auch einige Male ungewöhnlich freimütig über sich selbst. Er gab zunächst zu, daß er sich notwendigerweise auf eine gewisse Einseitigkeit beschränkt hatte, um die verborgenen Dinge zu entdecken, die dem Verständnis anderer vor ihm entgangen waren.[1] Dann sagte er:

> Sie müssen nämlich von mir wissen, daß ich mit meiner Begabung immer unzufrieden war und vor mir genau zu begründen weiß, in welchen Punkten; daß ich mich aber für einen sehr moralischen Menschen halte, der den guten Ausspruch von Th. Vischer unterschreiben kann: »Das Moralische versteht sich immer von selbst«. Ich glaube, an Rechtsinn und Rücksicht für den Nebenmenschen; an Mißvergnügen, andere leiden zu machen oder zu übervorteilen, kann ich es mit den Besten, die ich kennengelernt habe, aufnehmen. Ich habe eigentlich nie etwas Gemeines und Boshaftes getan und spüre auch keine Versuchung dazu, bin also gar nicht stolz darauf. Ich verstehe die Sittlichkeit, von der wir hier sprechen, nämlich im sozialen Sinne, nicht im sexuellen. Die sexuelle Moralität, wie die Gesellschaft, am extremsten die amerikanische, sie definiert, scheint mir sehr verächtlich. Ich vertrete ein ungleich freieres Sexualleben, wenngleich ich selbst sehr wenig von solcher Freiheit geübt habe. Gerade nur soweit, daß ich mir selbst bei der Begrenzung des auf diesem Gebiet Erlaubten geglaubt habe.
> Die Betonung der sittlichen Anforderungen in der Öffentlichkeit macht mir oft einen peinlichen Eindruck. Was ich von religiösethischer Bekehrung gesehen habe, war nicht einladend ...
> Einen Punkt sehe ich aber, an dem ich mit Ihnen gehen kann. Wenn ich mich frage, warum ich immer gestrebt habe, ehrlich, für den Anderen schonungsbereit und womöglich gütig zu sein, und warum ich es nicht aufgegeben, als ich merkte, daß man dadurch zu Schaden kommt, zum Amboß wird, weil die Anderen brutal und unverläßlich sind, dann weiß ich allerdings keine Antwort. Vernünftig war es natürlich nicht. Einen besonderen ethischen Ansporn habe ich in der Jugend auch nicht empfunden; es fehlt mir auch eine deutliche Befriedigung dabei, wenn ich urteile, daß ich besser bin als die Anderen! Sie sind vielleicht der erste, vor dem ich mich dessen rühme. Man

1 Eine ähnliche Formulierung findet sich in einem frühen Brief an Jung vom 19. Dezember 1909 (siehe Schur, 1966 b).

könnte gerade meinen Fall also als Beweis für Ihre Behauptung anführen, daß ein solcher Idealdrang ein wesentliches Stück unserer Anlage bildet. Wenn nur bei den Anderen mehr von dieser wertvollen Anlage zu bemerken wäre! Ich glaube im geheimen, wenn man die Mittel besäße, die Triebsublimierungen ebenso gründlich zu studieren wie ihre Verdrängungen, könnte man auf recht natürliche psychologische Aufklärungen stoßen, und sich Ihre menschenfreundliche Annahme ersparen. Aber wie gesagt, ich weiß nichts darüber ...

Alles was Sie sonst über die Psychoanalyse sagen, kann ich ohne Opfer unterschreiben. Vorläufig verträgt sich die Psychoanalyse wirklich mit verschiedenen Weltanschauungen. Ob sie aber ihr letztes Wort schon gesprochen hat? Mir ist es bisher nie um die umfassende Synthese zu tun gewesen, sondern stets nur um die Sicherheit. Diese verdient, daß man ihr alles andere opfert. (B* 305 f.)

Freud hatte viele Interessen. Er war in der Archäologie wie in der Literatur zu Hause. Er war ein beispielhafter Familienvater und ein treuer Freund, immer zu persönlichen Opfern bereit. Aber in einem gewissen Sinne blieb seine Suche nach Antworten auf das Unbekannte sein alles beherrschender Antrieb. Aus allen diesen Gründen konnte er nicht genügend Interesse oder Scharfsinn dafür aufbringen, daß er in der Lage war, die Krise abzuschätzen, die sich zusammenbraute und Europa und einen großen Teil der übrigen Welt zu überwältigen drohte.

Freuds Korrespondenz des Jahres 1914 vor dem Kriegsausbruch war reich an Mitteilungen über den Abschluß der Jung-Krise, die Reorganisation der Internationalen Psychoanalytischen Vereinigung, seine verschiedenen Publikationen und andere Aspekte seiner Arbeit.

Eine kurze paradoxe Reaktion

Im Frühjahr 1914 fühlte sich Freud nicht wohl. Er war erschöpft und hatte einen Infekt der oberen Luftwege. Er beschloß, für ein paar Tage in den Süden zu fahren. Am 7. Mai 1914 schrieb er an Abraham:

Ich bin andauernd nicht wohl und arbeitsunlustig ...
Vom Sommer weiß ich noch immer nichts ...

Ihre Kleinen hoffe ich nun völlig erholt und Sie selbst und Ihre Frau so wohl, wie es Ihrer Jugend und Ihrem Einvernehmen geziemt.

Ich bin gestern 58 Jahre geworden.

Im selben Monat hören wir zum ersten Mal (seit dem »Neoplasma«-Brief der Fließ-Periode) das ominöse Wort »Krebs«. Am 13. Mai, eine Woche nach seinem 58. Geburtstag, schrieb Freud an Abraham:

Mein letzter Anfall von Darmbeschwerden hat meinen Leibarzt[2] selbst zur Vorsicht einer rektoskopischen Untersuchung bewogen, nach welcher er mir allerdings so warm gratulierte, daß ich den Schluß zog, er habe das Karzinom für recht wahrscheinlich gehalten.

Für diesmal ist es also noch nichts. Ich muß weiter rackern.

Die letzten Worte »Für diesmal ist es also noch nichts. Ich muß weiter rackern« sind ein Beispiel für eine Redensart, oder richtiger eine Schreibart, deren sich Freud nicht selten bediente. Es war wahrscheinlich einfach ein Zeichen dafür, daß er des unaufhörlichen Kämpfens müde war. Vielleicht war es außerdem auch ein verhüllter Ausdruck seines alten Aberglaubens, als ob Freud an die Stelle der Behauptung: Ich erwarte, daß ich bald oder in einem bestimmten Alter sterbe, deren offenbares Gegenteil setzte: Ich muß weiterkämpfen, meine Zeit ist noch nicht gekommen.

Der Brief an Abraham fährt fort:

Sie als definitiven Präsidenten zu sehen, ist allerdings mein persönlicher Wunsch.

... Auch Ihr ehrenvoller Vorschlag ist mir nicht sympathisch, erstens hat er etwas, was nach a. D. schmeckt, und zweitens scheint mir die gegenwärtige schlechte und krisenhafte Zeit nicht für eine Ehrung geeignet. Ich will aber nicht versäumen, Ihnen für die freundliche Idee herzlich zu danken. In ruhigen, erfolgreichen Zeiten hätte ich es gerne angenommen. Vorläufig erscheint mir die Institution von Präsident und Vicepräsident unentbehrlich, und die Verteilung dieser Funktionen auf Sie

2 *Leibarzt* war der Ausdruck, den die Angehörigen königlicher Familien zur Bezeichnung ihres persönlichen Arztes benützten. In diesem Fall machte Freud zugleich ein Wortspiel, da *Leib* ja auch Bauch bedeutet. In späteren Jahren pflegte er von mir als seinem *Leibarzt* zu sprechen. Der Arzt, von dem in diesem Brief die Rede ist, war Dr. Walter Zweig, Dozent für Magen-Darm-Krankheiten an der Universität Wien.

und Jones, mit Alternieren in kurzen (zweijährigen) Intervallen ratsam ...

Recht gekränkt bin ich durch meine seit Ostern anhaltende Arbeitsunlust oder Unfähigkeit. Diese Woche habe ich endlich die Korrektur des ersten Drittels vom »Beitrag zur psychoanalytischen Bewegung« erledigt, jenes Stück, an dem so gut wie nichts zu ändern war. Ich habe nur ein Motto hinzugefügt: Fluctuat nec mergitur[3] ...

Nehmen Sie diesem Schreiben das niedrige Niveau von Stimmung nicht übel und seien Sie mit den Ihrigen herzlich gegrüßt von ...

Ein solcher Brief genügte häufig, um das normale Niveau von Freuds Moral wiederherzustellen.

Er traf jetzt allerlei Vorbereitungen für den Sommer und für den nächsten psychoanalytischen Kongreß, der im September in Dresden stattfinden sollte. Er sprach von der Veröffentlichung seines Aufsatzes: »Zur Geschichte der psychoanalytischen Bewegung«, in dem er sich sehr kritisch über Adler und noch mehr über Jung äußerte, den er die »Bombe« nannte. Es ist eine Ironie des Schicksals, daß er am 25. Juni 1914, drei Tage vor der Ermordung des Erzherzogs Franz-Ferdinand in Serajewo, an Abraham schrieb, jetzt sei die Bombe geplatzt. Die gesamte Korrespondenz mit Abraham in den nächsten paar Wochen befaßte sich nur mit organisatorischen und persönlichen Angelegenheiten, nicht mit der internationalen Krise, die jetzt immer größere Proportionen annahm.

Freud begab sich nach Karlsbad zur Kur und erlaubte seiner Tochter Anna, am 18. Juli nach England zu fahren.

Eine Erörterung der Ereignisse dieser nächsten Wochen mag auf den ersten Blick als für das Hauptthema dieses Buches unerheblich erscheinen. Wie wir jedoch sehen werden, hatte der Krieg mit all seinen Folgen starken Einfluß auf Freuds wissenschaftliche Formulierungen und auf seine persönliche Einstellung zu dem Problem von Leben und Tod.

Am 23. Juli 1914 stellte Österreich Serbien ein Ultimatum und am 29. Juli begann das österreich-ungarische Heer den Angriff auf Serbien.

Freuds Brief an Abraham vom 26. Juli zeigt, daß er wie so viele andere, die Schrift an der Wand nicht sah.

3 Freud benützte dieses Zitat auch in seinen Briefen an Fließ (B 119 und 143).

Lieber Freund

Gleichzeitig mit der Kriegserklärung, die unseren friedlichen Kurort umwandelt, trifft Ihr Brief ein, der endlich die befreiende Nachricht bringt. So sind wir sie denn endlich los, den brutalen heiligen Jung und seine Nachbeter!

Es drängt mich, Ihnen jetzt für die große Mühe, die außerordentliche zielbewußte Tätigkeit zu danken, mit der Sie mich unterstützt und unsere gemeinsame Sache geführt haben. Mein ganzes Leben über bin ich auf der Suche nach Freunden, die mich nicht ausbeuten und dann verraten, und hoffentlich habe ich sie jetzt, nicht mehr weit vom natürlichen Ende desselben, gefunden.

Ich kann jetzt Ihren letzthin geäußerten Wunsch erfüllen und mein Thema mit Namen nennen: Gesichtspunkte der psychoanalytischen Technik. Ich bitte Sie, mich irgendwo hineinzustellen, wenn die Leute schon wärmer geworden sind.

Es wird nicht schwer sein, die Absagemotivierung der Schweizer mit Rücksicht auf das Programm der Internationalen Psychoanalytischen Vereinigung zu glossieren.

Natürlich läßt sich jetzt nicht vorhersagen, ob die Zeitverhältnisse uns auch gestatten werden, den Kongreß abzuhalten. Bleibt der Krieg auf den Balkan lokalisiert, so geht es ja. Aber von Rußland kann man ja nichts sagen.

Ich fühle mich aber vielleicht zum ersten Mal seit 30 Jahren als Österreicher und möchte es noch einmal mit diesem wenig hoffnungsvollen Reich versuchen. Die Stimmung ist überall eine ausgezeichnete. Das Befreiende der mutigen Tat, der sichere Rückhalt an Deutschland tut auch viel dazu. – Man beobachtet an allen Leuten die echtesten Symptomhandlungen.

Ich wünsche Ihnen den ungetrübten Genuß der wohlverdienten Ferien.

Der letzte Absatz des Briefes ist sehr überraschend: man muß ihn einerseits unter dem Gesichtspunkt des überwältigenden Eindrucks einer Massenreaktion begreifen; andrerseits ist er Zeugnis eines Faktors, der damals bei der Mehrheit der liberalen Öffentlichkeit allgemein, und bei der jüdischen Bevölkerung im besonderen, zwiespältige Gefühle erweckte. Für das Deutschland, das durch Wilhelm II. und den aggressiv militanten Generalstab repräsentiert wurde, hatte man keine große Zuneigung. Vielmehr war die Bewunderung für die englische Form der Demokratie weit verbreitet. Dem stand jedoch die tiefe und weitverbreitete Abscheu vor dem russischen Absolutismus und der Haß gegen den brutalen Antisemitismus gegenüber, der sich in den Pogromen des ersten Jahrzehnts des zwanzigsten Jahrhunderts geäußert hatte. Diese Pogrome waren durch die Propaganda über den angeblichen Ritualmord an christlichen Kindern durch die Juden ausgelöst worden.[4]

Freud drückte bald darauf dieses Dilemma durch den Satz aus, er wäre von ganzem Herzen dabei, wenn er »nicht England auf der unrechten Seite wüßte« (2. August 1914).

Die Illusionen verfliegen: »Zeitgemässes über Krieg und Tod«

Freuds patriotische Stimmung begann schnell zu verfliegen. England erklärte den Krieg »auf der unrechten Seite«. Freuds ältester Sohn Martin meldete sich zur Truppe und war dann viele Jahre lang an der Front. Anna war in England festgehalten, kehrte aber schließlich mit dem Stab der österreichischen Botschaft in London nach Wien zurück.

Obwohl Freud nach Wien zurückgekehrt war, war er doch nicht imstande, wieder richtig zu arbeiten. Er hatte stets Zitate aus den

4 Die Juden wurden beschuldigt, sie verwendeten das Blut ihrer Opfer, um ihr *Matzoth* herzustellen, das rituell vorgeschriebene, ungesäuerte Brot, das während der Passahfeiertage gegessen wird. (Ein berühmter Prozeß, bei dem ein Jude wegen eines solchen Ritualmordes angeklagt wurde, ist das Hauptthema des Romans *The Fixer* von Bernard Malamud.) Eine meiner frühen Kindheitserinnerungen ist mit einem der schlimmsten Pogrome dieser Art verknüpft, der sich in Kischinew im Jahre 1905 ereignete. Damals lebte ich in Stanislau in Galizien, das knapp 100 Kilometer von der russischen Grenze entfernt war. Mein Vater hatte in Zusammenarbeit mit jüdischen Hilfsorganisationen in Europa und den Vereinigten Staaten, eine örtliche Aufnahmestation für die Flüchtlinge eingerichtet, die damals über die Grenze strömten. Sie erhielten eine erste Unterstützung, wurden überprüft, und man war ihnen bei der Auswanderung behilflich. Damals erreichte eine starke Welle jüdischer Einwanderer die Vereinigten Staaten. Ich erinnere mich noch an die bedauernswerten Gestalten, die bei uns durchkamen; ihre Gesichter zeigten noch den Schrecken vor den Verfolgungen durch die Kosaken. Verglichen mit der Massenvernichtung der Juden im Zweiten Weltkrieg war das natürlich eine harmlose Episode! Aber die Todesangst der einzelnen Betroffenen war damals nicht geringer. Freud kannte natürlich diese Ereignisse sehr genau.

Klassikern parat, um seine Einstellungen auszudrücken. In einem Brief an Abraham vom 25. August schrieb er:

Was sind Hoffnungen,
Was sind Entwürfe,
die der Mensch, der vergängliche, macht![5]
(Oder so ähnlich)
... Aber ... et haec olim meminisse juvabit,[6]
haben wir im Virgil gelesen.

Noch weitere Faktoren trugen zu einer gedämpften Stimmung bei. Im November 1914 erhielt Freud die Mitteilung, daß sein Halbbruder Emanuel, den er immer sehr gern gehabt hatte, in England bei einem Eisenbahnunglück ums Leben gekommen war. Freuds Praxis war auf ein Minimum reduziert, und er fing an, sich wegen seiner mangelnden finanziellen Sicherheit Sorgen zu machen.

Während der vorangehenden Jahre, seit seine Isolierung aufgehört hatte, war er an einen ständigen brieflichen Gedankenaustausch mit seinen Schülern gewöhnt gewesen, von denen viele zu Freunden geworden waren. Die meisten von ihnen waren jetzt Soldat, und der Kontakt mit ihnen war schwierig. Noch schwieriger war es, mit denen in Verbindung zu bleiben, die jetzt in Feindesland waren. Neben seiner weitergehenden Korrespondenz mit Abraham und Ferenczi begann Freud einen Briefwechsel mit Lou Andreas-Salomé, einer Dichterin und Schriftstellerin, die viele berühmte Freunde hatte. Sie hatte einige Jahre vorher begonnen, sich für die Psychoanalyse zu interessieren, und hatte deren schwierigste Probleme in einer Art und Weise erfaßt, die Freud verblüffte und seine Hochachtung erregte. Sie war für Freud ein weiterer Beweis dafür, daß manche Dichter und Künstler intuitiv wußten, was er selber unter qualvollen Mühen herausfinden mußte. Lou Andreas-Salomé verbrachte ein Jahr in Wien und hat ein schönes Buch über ihre Erlebnisse mit Freud veröffentlicht: *In der Schule bei Freud* (1958). Freud schrieb ihr am 14. November 1914, kurz nachdem er vom Tod Emanuels erfahren hatte:

> Was machen Sie in diesen für uns alle so schweren Zeiten? Haben Sie das erwartet und haben Sie sich's so vorgestellt? Glauben Sie noch, daß alle die großen Brüder so gut sind? Ein tröstliches Wort erwartet von Ihnen ...

5 Zitat aus Schillers *Die Braut von Messina.*
6 »Und es wird eines Tages nützlich sein, sich daran zu erinnern.«

Über ihre Antwort schrieb Freud in einem Brief an Abraham vom 11. Dezember 1914:

Die Lou Salomé hat mir auf einen Brief eine ergreifende Antwort geschrieben. Ihr Optimismus ist zu tief gewurzelt, um erschüttert zu werden. Sie hatte, wie Sie wissen, sechs große Brüder, die alle gut zu ihr waren.

In Freuds Erwiderung auf ihren Brief, geschrieben am 25. November 1914, sind viele seiner künftigen Schriften angekündigt.

Was Sie schreiben, gibt mir den Mut als zweite Stimme einzufallen. Ich zweifle nicht daran, daß die Menschheit auch diesen Krieg verwinden wird, aber ich weiß sicher, daß ich und meine Altersgenossen die Welt nicht mehr froh sehen werden. Es ist zu garstig; das Traurigste daran aber, daß es gerade so ist, wie wir uns nach den von den psa geweckten Erwartungen die Menschen und ihr Benehmen vorstellen sollen. Wegen solcher Einstellung zu den Menschen habe ich in Ihren frohen Optimismus nie einstimmen können. Mein geheimer Beschluß war: da wir die gegenwärtig höchste Kultur nur mit einer enormen Heuchelei behaftet sehen, so taugen wir organisch nicht für diese Kultur. Wir haben abzutreten, und der oder das große Unbekannte hinter dem Schicksal wird ein solches Kulturexperiment einmal mit einer anderen Rasse wiederholen.

Parallel zu dieser pessimistischen Stimmung – vielleicht als Re-

7 Unglücklicherweise wurden sieben von diesen Manuskripten nie veröffentlicht. Wahrscheinlich hat Freud sie verbrannt; wir wissen nicht, wann und warum. Aus seiner Korrespondenz wissen wir nur, daß sie eine weite Skala von Themen behandelten, wie zum Beispiel das Bewußtsein, die Wahl der Neurose und vielleicht auch das Lust-Unlust-Prinzip. Es ist möglich, daß einige, wenn nicht die meisten der in diesen Arbeiten ausgedrückten Ideen in Freuds spätere Schriften eingingen; zum Beispiel erhielt seine damalige Beschäftigung mit dem Lust-Unlust-Prinzip wahrscheinlich ihre spätere Formulierung in *Jenseits des Lustprinzips*.

Es gab mehrere andere Fälle, wo Freud Entwürfe, Briefe und Manuskripte vernichtete. So nach seiner Pockenerkrankung im Jahr 1885 (siehe 1. Kapitel). Möglicherweise hat er auch alle Briefe vernichtet, die Fließ an ihn geschrieben hatte (siehe Schur, 1965). Bevor er im Jahre 1938 Wien verließ, wurden viele Blätter von Freud verbrannt oder weggeworfen. Marie Bonaparte, die bei einer dieser »Säuberungen« dabei war, sah, wie Freud einige Bogen in den Papierkorb warf. Sie überredete Paula Fichtl, die treue Haushälterin, die seit 1928 bei der Familie Freud war und mit ihr nach London emigrierte, das Bündel aus dem Papierkorb herauszuholen. Die Papiere wurden schließlich nach London geschickt, wo ich sie im Jahre 1963 fand, als ich mit den Vorbereitungen zu dieser Studie beschäftigt war. Die Familie Freud schenkte sie dann dem Freud-Archiv.

sultat einer tapferen Anstrengung, sie zu bekämpfen – vollzog sich ein Aufschwung wissenschaftlicher Produktivität, der seit der *Traumdeutung* nicht seinesgleichen hatte. Innerhalb weniger Monate schrieb Freud (oder entwarf er zumindest) nicht nur eine Reihe von zwölf Aufsätzen über Metapsychologie[7], von denen elf im Juli 1915 bereits fertig waren, sondern auch eine Arbeit, die für mein Thema von ganz besonderer Bedeutung ist: »Zeitgemäßes über Krieg und Tod.«[8]

Freuds veränderte Einstellung zum Krieg spiegelte sich auch in einem Brief an den holländischen Schriftsteller und Psychopathologen Frederik van Eeden, den Strachey dem Artikel Freuds über den Krieg beigefügt hat[9].

Wien, IX., Berggasse 19

Verehrter Kollege 28. 12. 1914

Unter dem Einfluß des Krieges wage ich es, an zwei Behauptungen zu erinnern, welche die Psychoanalyse aufgestellt hat, und die gewiß dazu beitragen werden, sie beim Publikum unbeliebt zu machen. Sie – die Psychoanalyse – hat aus den Träumen und Fehlhandlungen des Gesunden, wie aus den Symptomen der Nervösen geschlossen, daß die primitiven, wilden und bösen Impulse der Menschheit bei keinem Einzelnen verschwunden sind, sondern noch fortbestehen, wenngleich verdrängt, im Unbewußten ...

Sie hat uns ferner gelehrt, daß unser Intellekt ein schwächliches und abhängiges Ding ist, ein Spielball und Werkzeug unserer Triebneigungen und Affekte ...

Und nun blicken Sie auf die Vorgänge dieser Kriegszeit, auf die Grausamkeiten und Rechtsverletzungen, deren sich die zivilisiertesten Nationen schuldig machen, auf die verschiedene Art, wie sie die eigenen Lügen, das eigene Unrecht und das der Feinde beurteilen, auf die allgemeine Einsichtslosigkeit und

8 In seiner Einführung zu »Zeitgemäßes über Krieg und Tod« erwähnt Strachey, einen Teil davon »scheint Freud zuerst anfangs April 1915 bei einer Zusammenkunft des B'nai B'rith vorgetragen zu haben, des jüdischen Klubs in Wien, dem er während eines großen Teils seines Lebens angehörte« (1915 d, S. 274). Eine fast vollständige Fassung dieses Vortrags war unter den Manuskripten, die ich in der Bibliothek Freuds fand. Die Vorbereitung zur Veröffentlichung ist im Gange.

9 Es ist immer wieder auffallend, wie Freud seinen Briefstil dem Adressaten anpaßte. Der Brief an van Eeden ist klinisch, analytisch, während seine Briefe an Lou Andreas-Salomé meistens eine gewisse poetische Qualität haben.

gestehen Sie mir zu, daß die Psychoanalyse mit beiden Behauptungen recht gehabt hat.

Sie war darin vielleicht nicht durchaus originell. Viele Denker und Menschenkenner haben ähnliches gesagt, aber unsere Wissenschaft hat beide Sätze im Detail durchgeführt und zur Aufklärung vieler psychologischer Rätsel verwendet.

Ich wünsche Sie in schöneren Zeiten wiederzusehen.

Ihr herzlich ergebener

Freud (Jones, Bd. 2, S. 434)

Der Krieg mit seiner sinnlosen Zerstörung, seiner Grausamkeit und seinem Haß und die Verleumdungen und Lügen, die auf diesem Boden gediehen, hatten viele Illusionen zerstört. Freud war wieder Analytiker. Er erkannte schmerzlich, daß vielleicht auch seine Objektivität durch Propaganda beeinflußt worden war. Die Zeit war für ihn gekommen, mit allen Illusionen Schluß zu machen.

Mit den Anfangssätzen des Aufsatzes stürzte er sich gleich medias in res[10]:

Von dem Wirbel dieser Kriegszeit gepackt, einseitig unterrichtet, ohne Distanz von den großen Veränderungen, die sich bereits vollzogen haben oder zu vollziehen beginnen . . . werden wir selbst irre an der Bedeutung der Eindrücke, die sich uns aufdrängen, und an dem Werte der Urteile, die wir bilden. Es will uns scheinen, als hätte noch niemals ein Ereignis so viel kostbares Gemeingut der Menschheit zerstört, so viele der klarsten Intelligenzen verwirrt, so gründlich das Hohe erniedrigt. (1915 d, S. 324)

Dann folgte eine Erörterung zweier Faktoren, die für das Elend verantwortlich waren: die Enttäuschung, die der Krieg selber hervorrief, und die veränderte Einstellung zum Tod, die seine Destruktivität allen aufzwang, die mit ihm zu tun hatten. Freud war ein Feind von Illusionen und Leugnung, und er gab sich keinen Täuschungen hin über den Wert des Lebens. Aber er hatte einmal ungefähr folgendes gesagt: Das Leben ist nicht gerade besonders schön, aber es ist eben alles, was wir haben. Er haßte

10 Es verlangte beträchtlichen Mut, diesen Aufsatz in einer Zeit überhitzten Patriotismus und scharfer Zensur zu veröffentlichen. War es ein Zeichen einer gewissen Aufgeklärtheit oder nur ein Beispiel für die typische österreichische Schlamperei, daß dieser Aufsatz der Zensur entging und 1915 veröffentlicht wurde?

Zerstörung, und er liebte den *logos.* Deshalb haßte er den Krieg.

Wie bedeutsam sind diese ersten Seiten für uns in dieser Zeit, die so erfüllt von Kriegen ist. Wie prophetisch klingen sie für uns, die wir den Zweiten Weltkrieg miterlebt haben und jetzt im Schatten der Atombombe leben. Aus diesen Gründen zitiere ich ausführlich aus diesem Aufsatz:

> Wenn ich von Enttäuschung rede, weiß jedermann sofort, was damit gemeint ist. Man braucht kein Mitleidsschwärmer zu sein, man kann die biologische und psychologische Notwendigkeit des Leidens für die Ökonomie des Menschenlebens einsehen und darf doch den Krieg ... verurteilen und das Aufhören der Kriege herbeisehnen. Man sagte sich ..., die Kriege könnten nicht aufhören, solange die Völker unter so verschiedenartigen Existenzbedingungen leben, solange die Wertungen des Einzellebens bei ihnen weit auseinandergehen ... Aber man getraute sich etwas anderes zu hoffen. Von den ... Nationen ..., denen die Führung des Menschengeschlechtes zugefallen ist, ... von diesen Völkern hatte man erwartet, daß sie es verstehen würden, Mißhelligkeiten und Interessenkonflikte auf anderem Wege zum Austrage zu bringen. Innerhalb jeder dieser Nationen waren hohe sittliche Normen für den einzelnen aufgestellt worden ... Es war ihm ... versagt, sich der ... Vorteile zu bedienen, die der Gebrauch von Lüge und Betrug im Wettkampfe mit den Nebenmenschen schafft. Der Kulturstaat hielt diese sittlichen Normen für die Grundlage seines Bestandes ... Es war also anzunehmen, daß er sie selbst respektieren wolle ... Vertrauend auf diese Einigung der Kulturvölker haben ungezählte Menschen ihren Wohnort in der Heimat gegen den Aufenthalt in der Fremde eingetauscht ... [Jeder] konnte sich aus allen Vorzügen ... der Kulturländer ein neues größeres Vaterland zusammensetzen ... Unter den großen Denkern, Dichtern, Künstlern aller Nationen, hatte er die ausgewählt, denen er das Beste zu schulden vermeinte, was ihm an Lebensgenuß und Lebensverständnis zugänglich geworden war, und sie den unsterblichen Alten in seiner Verehrung zugesellt wie den vertrauten Meistern seiner eigenen Zunge.
>
> (1915 d, S. 325-327)

Freud erinnerte seine Leser auch daran, daß sie einer Illusion erlagen, wenn sie glaubten, daß Kriege, obwohl möglicherweise unvermeidbar, nach Regeln des internationalen Rechts geführt werden könnten.

> Der Krieg, an den wir nicht glauben wollten, brach nun aus und er brachte die – Enttäuschung. Er ist nicht nur blutiger und verlustreicher als einer der Kriege vorher, infolge der mächtig vervollkommneten Waffen des Angriffes und der Verteidigung, sondern mindestens ebenso grausam ... wie irgend ein früherer. Er setzt sich über alle Einschränkungen hinaus, ... die man das Völkerrecht genannt hatte ... Er wirft nieder, was ihm im Wege steht, in blinder Wut, als sollte es keine Zukunft und keinen Frieden unter den Menschen nach ihm geben. Er zerreißt alle Bande der Gemeinschaft unter den miteinander ringenden Völkern und droht eine Erbitterung zu hinterlassen, welche eine Wiederanknüpfung derselben für lange Zeit unmöglich machen wird.[11]
>
> ... Der kriegführende Staat gibt sich jedes Unrecht, jede Gewalttätigkeit frei, die den Einzelnen entehren würde. Er bedient sich ... der bewußten Lüge und des absichtlichen Betruges gegen den Feind ... Der Staat fordert das Äußerste an Gehorsam und Aufopferung von seinen Bürgern, entmündigt sie aber dabei durch ein Übermaß von Verheimlichung und eine Zensur der Mitteilung und Meinungsäußerung, welche die Stimmung der so intellektuell Unterdrückten wehrlos macht gegen jede ungünstige Situation und jedes wüste Gerücht. (1915 d, S. 329 ff.)

Freud zeigt uns dann, daß all sein Pessimismus und seine völlige Illusionslosigkeit letztlich einem wissenschaftlichen Zwecke dienten. Es war seine Überzeugung, daß die Zerstörung von Illusionen, selbst wenn sie uns Unlustgefühle ersparten, begrüßt werden sollte. »Wir müssen es dann ohne Klage hinnehmen, daß sie ... mit einem Stücke der Wirklichkeit zusammenstoßen, an dem sie zerschellen (1915 d, S. 331).«

11 Trotz all seiner Illusionslosigkeit hätte sich Freud wahrscheinlich Auschwitz und Hiroshima nicht vorstellen können oder die Möglichkeit, daß vier seiner eigenen Schwestern in Vernichtungslagern sterben würden.

12 Freud hatte hier das bekannte Goethe-Gedicht »Das Göttliche« im Sinn:

Edel sei der Mensch
Hilfreich und gut!
Denn das allein
Unterscheidet ihn
Von allen Wesen,
Die wir kennen.

Zu diesen Illusionen gehörte der Glaube, daß der Mensch »hilfreich und edel«[12] geboren sei, und daß Erziehung und eine zivilisierte Umwelt alle bösen menschlichen Neigungen ausrotten könnten.

Freud erinnert uns daran, daß es so etwas wie die Ausrottung des Bösen nicht gibt, daß das tiefste Wesen der menschlichen Natur, die allen Menschen gemeinsamen, elementaren Triebneigungen, stets auf die Befriedigung von Urbedürfnissen abzielt. Diese Neigungen sind gut oder böse nur in Beziehung auf die Maßstäbe der Umwelt. Was die menschliche Gemeinschaft als böse verdammt, kann durch innere und äußere Faktoren verwandelt werden. Der innere Faktor ist im wesentlichen die Liebe im weitesten Sinne dieses Begriffes: aus dem Bedürfnis, geliebt zu werden, lernen wir, viele unserer bösen, egoistischen Bestrebungen zu opfern. Die äußeren Faktoren kann man mit dem Begriff der Kulturzwänge zusammenfassen. Damit führte Freud eine Idee ein, die er später in *Das Unbehagen in der Kultur* näher ausführte. Im Jahre 1915 sagte er:

> Kultur ist durch Verzicht auf Triebbefriedigung gewonnen worden und fordert von jedem Neuankommenden, daß er denselben Triebverzicht leiste. Während des individuellen Lebens findet eine beständige Umsetzung von äußerem Zwange in inneren Zwang statt. (1915 d, S. 333)

Freuds kompromißlose Folgerung ist, daß jeder, der gezwungen ist, nach Vorschriften zu handeln, die seinen Triebneigungen widersprechen, psychologisch gesprochen ein Heuchler ist und über seine Verhältnisse lebt, daß es viel mehr kulturelle Heuchler gibt als wahrhaft zivilisierte Menschen. Freud bietet uns dann eine gewisse Hoffnung für die Zukunft der Menschheit mit der Feststellung, die Aufrechterhaltung der Kultur biete die Aussicht, daß in jeder neuen Generation der Weg zu einer radikaleren Verwandlung der Triebe gebahnt werde, was zur Grundlage für eine stabilere Kultur werden könne. Nachdem er zu dieser Erkenntnis gekommen ist, kann Freud die schwere Enttäuschung über die totale Abwerfung moralischer Hemmungen durch einzelne Bürger und Nationen verwinden.

Im Folgenden entwickelte Freud Ideen zur Gruppenpsychologie. Er erkannte die Tatsache, daß der erzieherische Einfluß äußerer Faktoren auf die Moral, der bei einzelnen oft in hohem Maße wirksam ist, unter bestimmten Bedingungen bei Gruppen wie Nationen und Staaten kaum wahrnehmbar ist, vor allem während eines Kriegszustandes.

Wir müssen daran denken, daß Freud im Jahre 1915 noch nicht das Begriffssystem der Aggression als eines der beiden Grundtriebe und des Über-Ichs als einer der Strukturen des psychischen Apparates entwickelt hatte. Aber im Grunde nimmt diese ganze Erörterung bereits seine späteren Formulierungen in *Jenseits des Lustprinzips* (1920) und *Das Ich und das Es* (1923) vorweg.

Freuds Erörterung des einen Typus der Enttäuschung diente in der Hauptsache als Einleitung zu seiner Analyse der Ursache des Gefühls der Entfremdung in dieser einstmals lieblichen und vertrauten Welt – der Veränderung in der Einstellung des Menschen zum Tod.

In *Die Traumdeutung* hatte Freud die Unfähigkeit der Kinder, die Bedeutung des Todes zu verstehen, beschrieben. In *Totem und Tabu* hatte er die Unfähigkeit des primitiven Menschen erörtert, sich den Tod vorzustellen, ihn zu begreifen und zu akzeptieren. Jetzt legte er dar, daß der moderne Mensch nur scheinbar zu glauben bereit ist, daß der Tod das notwendige Resultat des Lebens ist, daß jeder »der Natur einen Tod schuldet«.[13] Kurz, daß der Tod natürlich, unleugbar und unausweichlich ist:

> In Wirklichkeit pflegten wir uns aber zu benehmen, als ob es anders wäre ... Der eigene Tod ist ja auch unvorstellbar, und so oft wir den Versuch dazu machen, können wir bemerken, daß wir eigentlich als Zuschauer weiter dabei bleiben. So konnte ... der Ausspruch gewagt werden: Im Grunde glaube niemand an seinen eigenen Tod oder, was dasselbe ist: Im Unbewußten sei jeder von uns von seiner Unsterblichkeit überzeugt.
>
> Was den Tod eines anderen betrifft ... betonen [wir] regelmäßig die zufällige Veranlassung des Todes, den Unfall, die Erkrankung, die Infektion, das hohe Alter, und verraten so unser Bestreben, den Tod von einer Notwendigkeit zu einer Zufälligkeit herabzudrücken. Eine Häufung von Todesfällen erscheint uns als etwas überaus Schreckliches. Dem Verstorbenen selbst bringen wir ein besonderes Verhalten entgegen, fast wie eine Bewunderung für einen, der etwas sehr Schwieriges zustande gebracht hat ... Diese kulturell-konventionelle Ein-

13 Wieder zitiert Freud diese Zeile aus Shakespeares *Heinrich IV.*, V, 1, falsch und setzt statt »Gott« das Wort »Natur«, genau wie in seinem Brief an Fließ vom 6. Februar 1899 (siehe 5. Kapitel).

stellung gegen den Tod ergänzt sich nun durch unseren völligen Zusammenbruch, wenn das Sterben eine der uns nahestehenden Personen . . . betroffen hat . . .

Dies unser Verhältnis zum Tode hat aber eine starke Wirkung auf unser Leben. Das Leben verarmt, es verliert an Interesse, wenn der höchste Einsatz in den Lebensspielen, eben das Leben selbst, nicht gewagt werden darf . . .

Es ist evident, daß der Krieg diese konventionelle Behandlung des Todes hinwegfegen muß. Der Tod läßt sich jetzt nicht mehr verleugnen; man muß an ihn glauben. Die Menschen sterben wirklich, auch nicht mehr einzeln, sondern viele, oft Zehntausende an einem Tage. Es ist auch kein Zufall mehr. Es scheint freilich noch zufällig, ob diese Kugel den einen trifft oder den anderen; aber diesen anderen mag leicht eine zweite Kugel treffen, die Häufung macht dem Eindruck des Zufälligen ein Ende. Das Leben ist freilich wieder interessant geworden, es hat seinen vollen Inhalt wieder bekommen. (1915 d, S. 341 ff.)

Wir können hier hinzufügen, daß unsere Einstellung zum Tod etwas anders ist, soweit es sich um alte Menschen handelt. Wir betrauern sie und empfinden Kummer, aber wenn der Tod junge Menschen trifft, vor allem wenn es unsere Kinder sind, dann verzweifeln wir und lehnen uns auf. Als Freud von der zweiten Kugel sprach, dachte er vielleicht an seinen ältesten Sohn Martin, der während des Krieges mehrmals kleinere Verwundungen erlitt; einmal durchbohrte eine russische Kugel seine Mütze, als er den Kopf über den Rand des Schützengrabens hob.

Freud wiederholte dann seine früheren Formulierungen in *Totem und Tabu* und führte sie weiter aus. Er nahm an, daß für den primitiven Menschen der eigene Tod ebenso unvorstellbar war wie heute für jeden von uns. Aber selbst der primitive Mensch muß Schmerz empfunden haben, wenn er jemanden sterben sah, der ihm nahestand – seine Frau, sein Kind –, denn, wie Freud es ausdrückte: »Die Liebe kann nicht um vieles jünger sein als die Mordlust« (1915 d, S. 346).

Freud nahm an, daß das Gesetz der Gefühlsambivalenz, das sich auf die erstreckt, die wir lieben, beim primitiven Menschen sogar noch mehr Gültigkeit hatte. Er bestritt die Annahme der Philosophen, daß das Erlebnis des Todes den primitiven Menschen zum Nachdenken zwang:

Nicht das intellektuelle Rätsel und nicht jeder Todesfall, sondern der Gefühlskonflikt beim Tode geliebter und dabei doch auch fremder und gehaßter Personen hat die Forschung der Menschen entbunden. Aus diesem Gefühlskonflikt wurde zunächst die Psychologie geboren. Der Mensch konnte den Tod nicht mehr von sich ferne halten, da er ihn in dem Schmerz um den Verstorbenen verkostet hatte, aber er wollte ihn doch nicht zugestehen, da er sich selbst nicht tot vorstellen konnte. So ließ er sich auf Kompromisse ein, gab den Tod auch für sich zu, bestritt ihm aber die Bedeutung der Lebensvernichtung, wofür ihm beim Tode des Feindes jedes Motiv gefehlt hatte. An der Leiche der geliebten Person ersann er die Geister, und sein Schuldbewußtsein ob der Befriedigung, die der Trauer beigemengt war, bewirkte, daß diese erstgeschaffenen Geister böse Dämonen wurden, vor denen man sich ängstigen mußte ... Die fortdauernde Erinnerung an den Verstorbenen wurde die Grundlage der Annahme anderer Existenzformen, gab ihm die Idee eines Fortlebens nach dem anscheinenden Tode.

(1915 d, S. 347 f.)

Freud beschrieb dann zwei Arten der Todesleugnung. Einerseits sei es der Religion gelungen, das Leben nach dem Tod als die wahrhaft wünschenswerte Existenz darzustellen, die nur für die Tugendhaften erreichbar ist. Auf der anderen Seite wurde das Leben rückwärts in die Vergangenheit verlängert und führte zum Glauben an Seelenwanderung und Reinkarnation. Das Dogma der Seele, der Glaube an die Unsterblichkeit, das Schuldgefühl und die frühesten ethischen Gebote hätten ihren Ursprung gleichfalls in der Reaktion auf den toten Leib der geliebten Objekte.

Das wichtigste Verbot: Du sollst nicht töten, wurde allmählich von den geliebten Menschen auf die Menschen allgemein ausgedehnt. Die Ausdehnung dieses Gebots auf den Feind geht in Kriegszeiten verloren. Der Mörder wird zum Helden, er braucht nicht einmal die komplizierten Rituale des primitiven Menschen zu vollziehen, der selbst für das Töten seiner Feinde Buße tun muß.

Freud wendet sich dann dem Unbewußten in unserem psychischen Leben zu und fragt:

Wie verhält sich unser Unbewußtes zum Problem des Todes? Die Antwort muß lauten: fast genau so wie der Urmensch. In dieser wie in vielen anderen Hinsichten lebt der Mensch

> der Vorzeit ungeändert in unserem Unbewußten fort. Also unser Unbewußtes glaubt nicht an den eigenen Tod, es gebärdet sich wie unsterblich. Was wir unser Unbewußtes heißen, die tiefsten, aus Triebregungen bestehenden Schichten unserer Seele, kennt überhaupt nichts Negatives, keine Verneinung – Gegensätze fallen in ihm zusammen – und kennt darum auch nicht den eigenen Tod, dem wir nur einen negativen Inhalt geben können. Dem Todesglauben kommt also nichts Triebhaftes in uns entgegen. Vielleicht ist dies sogar das Geheimnis des Heldentums. (1915 d, S. 350)

Anschließend gab Freud einem Gedanken Ausdruck, den er in viel späteren Werken weiter ausführte, daß nämlich die Angst vor dem Tod, »unter deren Herrschaft wir häufiger stehen, als wir selbst wissen« (1915 d, S. 351), gewöhnlich das Ergebnis eines Schuldgefühls ist.

Freud schloß diesen Aufsatz mit der Mahnung:

> Das Leben zu ertragen, bleibt ja doch die erste Pflicht aller Lebenden. Die Illusion wird wertlos, wenn sie uns darin stört.
>
> Wir erinnern uns des alten Spruches: Si vis pacem, para bellum. Wenn du den Frieden erhalten willst, so rüste zum Kriege.
>
> Es wäre zeitgemäß, ihn abzuändern: Si vis vitam, para mortem. Wenn du das Leben aushalten willst, richte dich auf den Tod ein. (1915 d, S. 355)

Freud war zwar in der Lage, die Illusionen oder vielmehr die Täuschungen, die wir alle über den Tod hegen, in aller Deutlichkeit darzulegen, aber er ließ es dabei nicht bewenden, denn das hätte hoffnungslosen Pessimismus bedeutet, eine Einstellung, die man Freud zu Unrecht vorgeworfen hat. Er unterzog diese Illusionen einer zugleich gelassenen und wissenschaftlichen, analytischen Bewertung. Daß während des Winters und im Frühling 1915 eine wahre Flut von Aufsätzen seiner Feder entströmte, war zweifellos für ihn eine große Hilfe bei der Überwindung seiner Anfälle von Niedergeschlagenheit. In seiner Korrespondenz in dieser Zeit der Krise, der Enttäuschung und der fieberhaften schöpferischen Tätigkeit sind gelegentlich Anzeichen der Enttäuschung und des Leidens zu finden.

In Briefen an Ferenczi und Abraham berichtete Freud über die sehr befriedigenden Fortschritte seiner Arbeit. So schrieb er zum Beispiel am 21. Dezember 1914 an Abraham:

Das einzige, was befriedigend vor sich geht, ist meine Arbeit, die tatsächlich von Pause zu Pause zu ansehnlichen Neuheiten und Aufschlüssen führt. Unlängst ist mir eine Charakterisierung der beiden Systeme Bewußt (Bw) und Unbewußt (Ubw) gelungen, welche beide fast greifbar macht, und mit deren Hilfe das Verhältnis der Dementia Praecox zur Realität eine, meine ich, einfache Lösung findet.

Nur wenige Wochen später, am 25. Januar 1915, schrieb er wiederum an Abrahahm:

Lieber Freund,

Es ist so lange her seit Ihrer kärglichen und unfreundlichen letzten Karte, daß ich Ihnen wieder schreiben muß.

Zunächst von mir. Ich bin wieder animalisch wohl, fest in der Stimmung, arbeite aber nichts und habe alles Angefangene, darunter sehr hoffnungsvolle Dinge, liegen lassen. Ich denke noch immer, es ist eine lange Polarnacht, und man muß warten, bis die Sonne wieder aufgeht. Ob das ein Stück einer progredierten Entwicklung ist oder nur einer *organischen Periodizität*, die jetzt in der Entblößung von so vielem zum Vorschein kommt, wird sich erst später entscheiden lassen.

Greift Freud hier auf die Fließ-Theorie zurück, wenn er von »organischer Periodizität« spricht?

Schon bald darauf jedoch schrieb er innerhalb kurzer Zeit die meisten der 1915 veröffentlichten Aufsätze. 1914 hatte er am Tag nach seinem 58. Geburtstag an Abraham so etwas wie einen Klagebrief geschrieben. 1915 berichtete er zwei Tage vor seinem 59. Geburtstag in einem Brief über die Vollendung der fünf (publizierten) Aufsätze über Metapsychologie und fügte hinzu:

Ich glaube, es wird im ganzen ein Fortschritt sein. Art und Niveau des 7. Abschnitts der Traumdeutung.

Die Arbeit über die Melancholie habe ich vor einer Viertelstunde abgeschlossen. Ich werde sie typewriten lassen, um Ihnen einen Abzug zu schicken. Sie versprechen dafür weitere Äußerungen ...

Der Brief endet:

Wir haben uns alle mit unerwarteter Anpassungsfähigkeit an die Kriegszeit gewöhnt, so daß auch wir sagen können, es geht uns gut. Am meisten überrascht mich die Fähigkeit, Praxis und Erwerb nicht zu entbehren. Wie ich mich wieder einmal auf sechs- oder achtstündige Arbeit einrichten soll – ich war an

10 gewöhnt – ist mir dunkel. Ob die Elastizität nach beiden Richtungen gleich groß ist? »Man gewöhnt sich leicht an den angenehmen Geschmack«, zitieren wir gerne nach einer hier verbreiteten Reklame. Wenn Sie dies lesen, bin ich 59 Jahre alt geworden und hätte vielleicht schon ein Recht auf Bequemlichkeit, aber keinen Weg es geltend zu machen. Also C. C.[14] und den Nachkommenden auch etwas übrig lassen.

(Brief v. 4. 5. 1915)

Bezeichnenderweise unterschrieb Freud diesen Brief mit »Ihr alter Freud«. Das ist wahrscheinlich das einzige Mal, daß er Abraham gegenüber einen solchen Schluß benutzte und damit zu verstehen gab, daß er sein Altwerden spürte.

Am 3. Juli 1915 schrieb Freud, daß er für 11 der 12 metapsychologischen Aufsätze bis zur Mitte gelangt sei. Er kündigte seine Pläne für den Sommer an: Zuerst wieder Karlsbad, und von dort nach Berchtesgaden, wo er bereits mehrere Sommer verbracht hatte und noch weitere Sommer verbringen sollte. Im August werde es eine Unterbrechung geben

»durch einen Besuch in Ischl zum 80. Geburtstag meiner Mutter ... (Mein Vater ist 81½ geworden, mein ältester Bruder[15] ebenso alt, trübe Aussichten!) Natürlich haben in diesen Zeiten alle Pläne etwas Unsicheres: Was sind Hoffnungen, was sind Entwürfe, die der Mensch, der vergängliche baut!«[16]

Das ist ein bemerkenswerter Absatz, in dem in verdichteter Form einige Widersprüche ausgedrückt sind: Freud bezeichnet seine genetisch determinierten Erwartungen, ebenso alt wie sein Vater zu werden, als »trübe Aussichten«. Er mußte erst noch das Alter von 62 Jahren erreichen, das »kritische« Datum, das ihn schon seit 1899 beschäftigte, aber schon erhob sich das nächste »kritische Alter« hinter dem unmittelbarer bevorstehenden – das seines Vaters und des Stiefbruders, das er vielleicht erreichen würde, aber nicht würde überschreiten dürfen.

Freud muß jedoch empfunden haben, daß er noch andere Aussichten als diese »trüben« hatte, denn in dem folgenden Satz, der von der Unsicherheit von Plänen und Erwartungen spricht (so-

14 C. C. steht für »Corragio, Casimiro«, ein Ausdruck, den Freud und Abraham in ihrer Korrespondenz verwendeten und der ungefähr: Laß den Mut nicht sinken, bedeutet.

15 Emanuel, der im November 1914 starb.

16 Siehe Fußnote 5 dieses Kapitels.

wohl für den Sommer, als auch für sein Leben), zitiert er wieder die gleichen Zeilen, die er in seinem Brief vom 25. August 1914 verwendet hatte. Auf diese verdichtete Weise drückte er das Gefühl aus (nur wenige Monate vor seinem Tod sollte er das noch einmal tun), daß er zwar oft des Kämpfens müde war – vor allem während der Qualen seiner Krankheit –, aber im Grunde doch das Leben liebte und solange bewahren wollte, bis der Punkt erreicht war, wo es nicht mehr länger Leben genannt werden konnte.

»Vergänglichkeit«

Seiner fundamentalen Lebensliebe gab Freud in einem kleinen Aufsatz Ausdruck, der das Problem von Leben und Tod in einer ganz anderen Weise anging als die wissenschaftliche Erörterung in »Zeitgemäßes über Krieg und Tod«. Der Titel dieses Aufsatzes, »Vergänglichkeit« (1916 a), macht wieder deutlich, in welchem Maße Freud den gleichen Gedanken (oder Präokkupationen) in seinen Briefen und in seinen Werken Ausdruck gab. In dem eben erwähnten, ziemlich pessimistischen Brief hatte Freud ein Schillerzitat über die Vergänglichkeit des Menschen angeführt; jetzt benutzte er das gleiche Wort als Titel eines seiner glänzendsten Essays. Geschrieben auf Einladung der Berliner Goethegesellschaft für einen Erinnerungsband mit dem Titel *Das Land Goethes*, der Beiträge von führenden deutschen Dichtern, Schriftstellern und Künstlern enthielt[17], ist der Essay in einem Stil abgefaßt, der ausgezeichnet zu dem Anlaß paßt und all die Qualitäten aufweist, für die Freud als Schriftsteller 1930 den Goethepreis erhielt. Freud schildert eine Unterhaltung während eines »Spazierganges durch eine blühende Sommerlandschaft« in Gesellschaft eines »schweigsamen Freundes und eines jungen, bereits rühmlich bekannten Dichters« (1916 a, S. 358).[18] Der Dichter

17 Freud hat sich so vielleicht unwissentlich in eine deutsche Propagandaaktion einspannen lassen, die den Beschuldigungen der Alliierten und der abwertenden Bezeichnung »Hunnen« durch die Darstellung Deutschlands als »Das Land Goethes« entgegenwirken sollte. Es blieb der Psychoanalyse vorbehalten, zu zeigen, wie ein und dasselbe Land zugleich das Land von Barbaren und das Land Goethes sein konnte.

18 Herbert Lehmann bringt in einer kürzlichen Veröffentlichung (1966) überzeugende Beweise dafür vor, daß der schweigsame Freund Lou Andreas Salomé und der Dichter ihr Freund und Geliebter Rainer-Maria Rilke war.

konnte die Schönheit der ihn umgebenden Landschaft bewundern, sie aber nicht genießen, weil die Schönheit verschwinden würde, wenn der Winter kam. Nicht nur diese Landschaft, sondern alles, was der Dichter liebte, wurde für ihn durch das Verhängnis der Vergänglichkeit seines Wertes beraubt.

Während dieser Dichter mit Mutlosigkeit reagierte, reagieren andere, so legte Freud dar, mit Auflehnung oder Leugnung:

> Nein, es ist unmöglich, daß all diese Herrlichkeiten der Natur und der Kunst, unserer Empfindungswelt und der Welt draußen, wirklich in Nichts zergehen sollten ... Sie müssen in irgendeiner Weise fortbestehen können, allen zerstörenden Einflüssen entrückt.
>
> Allein diese Ewigkeitsforderung ist zu deutlich ein Erfolg unseres Wunschlebens, als daß sie auf einen Realitätswert Anspruch erheben könnte. Auch das Schmerzliche kann wahr sein. Ich konnte mich weder entschließen, die allgemeine Vergänglichkeit zu bestreiten, noch für das Schöne und Vollkommene eine Ausnahme zu erzwingen. Aber ich bestritt dem pessimistischen Dichter, daß die Vergänglichkeit des Schönen eine Entwertung desselben mit sich bringe.
>
> Im Gegenteil, eine Wertsteigerung! Der Vergänglichkeitswert ist ein Seltenheitswert in der Zeit. Die Beschränkung in der Möglichkeit des Genusses erhöht dessen Kostbarkeit ... Wenn es eine Blume gibt, welche nur eine einzige Nacht blüht, so erscheint uns ihre Blüte darum nicht minder prächtig. Wie die Schönheit und Vollkommenheit des Kunstwerks und der intellektuellen Leistung durch deren zeitliche Beschränkung entwertet werden sollte, vermochte ich ebensowenig einzusehen. Mag eine Zeit kommen, wenn die Bilder und Statuen, die wir heute bewundern, zerfallen sind, oder ein Menschengeschlecht nach uns, welches die Werke unserer Dichter und Denker nicht mehr versteht, oder selbst eine geologische Epoche, in der alles Lebende auf der Erde verstummt ist, der Wert all dieses Schönen und Vollkommenen wird nur durch seine Bedeutung für unser Empfindungsleben bestimmt, braucht dieses selbst nicht zu überdauern und ist darum von der absoluten Zeitdauer unabhängig. (1916 a, S. 358 ff.)

Freud versuchte dann zu verstehen und zu erklären, warum die Überlegungen, die ihm unbestreitbar erschienen, auf seine Gefährten keinen Eindruck machten. Er brachte eine Erklärung vor, die er später in einem der im gleichen Jahr geschriebenen metapsychologischen Aufsätze, »Trauer und Melancholie«, weiter ausarbeitete. All diese Schönheit, dachte er, gab »diesen beiden empfindsamen Seelen« einen Vorgeschmack der Trauer, gegen die sie sich auflehnten. Die Trauer um einen geliebten Menschen, den wir verloren haben, oder selbst um ein unbelebtes Objekt, das zu einem Teil von uns geworden ist, ist ein schwieriger und schmerzhafter Prozeß, der eine lange Zeit braucht und dessen Ende im Augenblick des Verlustes unvorstellbar ist.

Freud verglich diese kleine Episode, die im Sommer vor dem Ausbruch des Krieges (1913) stattgefunden hatte, mit der im Jahre 1915 bestehenden Situation.

> [Der Krieg] zerstörte nicht nur die Schönheit der Landschaften, die er durchzog, und die Kunstwerke, an die er auf seinem Wege streifte, er brach auch unseren Stolz auf die Errungenschaften unserer Kultur, unseren Respekt vor so vielen Denkern und Künstlern, unsere Hoffnungen auf eine endliche Überwindung der Verschiedenheiten unter Völkern und Rassen. Er beschmutzte die erhabene Unparteilichkeit unserer Wissenschaft, stellte unser Triebleben in seiner Nacktheit bloß, entfesselte die bösen Geister in uns, die wir durch die Jahrhunderte währende Erziehung von seiten unserer Edelsten dauernd gebändigt glaubten ...
>
> ... jene anderen ... Güter, sind sie uns wirklich entwertet worden, weil sie sich als so hinfällig und widerstandsunfähig erwiesen haben? Vielen unter uns scheint es so, aber ich meine wiederum, mit Unrecht. Ich glaube, die so denken ..., befinden sich nur in der Trauer über den Verlust. Wir wissen, die Trauer, so schmerzhaft sie sein mag, läuft spontan ab. Wenn sie auf alles Verlorene verzichtet hat, ... dann wird unsere Libido wiederum frei, um sich, insofern wir noch jung und lebenskräftig sind, die verlorenen Objekte durch möglichst gleich kostbare oder kostbarere neue zu ersetzen. Es steht zu hoffen, daß es mit den Verlusten dieses Krieges nicht anders gehen wird. Wenn erst die Trauer überwunden ist, wird es sich zeigen, daß unsere Hochschätzung der Kulturgüter unter der Erfahrung von ihrer Gebrechlichkeit nicht gelitten hat. Wir werden alles wieder aufbauen, was der Krieg zerstört hat, vielleicht auf festerem Grund und dauerhafter als vorher. (1916 a, S. 360 f.)

Diese Worte zeigen die Gelassenheit, die Freud zu jener Zeit erlangt hatte, seine Fähigkeit, inmitten von Ruinen gegenwärtige und künftige Schönheit zu sehen, Werte zu erkennen, die über die eigene, persönliche Existenz hinausgehen. Er machte nur eine Einschränkung, und die am Rande: »insofern wir noch jung und lebenskräftig sind.« Die Betonung lag hier auf »lebenskräftig« und das bezog sich auf die geistige, schöpferische Lebenskraft. Diese Gelassenheit war das Ergebnis eines unaufhörlichen Kampfes, der seit dem Beginn seiner Selbstanalyse im Gange war. Wie jeder Sieg, kostete auch dieser seinen Preis. Auch konnte eine solche Gelassenheit nicht ständiger, unerschütterlicher, »unbestreitbarer« Besitz bleiben. Sie mußte in den unaufhörlichen Kämpfen des Lebens fortwährend neu errungen werden.

»Trauer und Melancholie«

Alle fünf Essays über Metapsychologie wurden im Jahre 1915 geschrieben. Sie stellen in vielerlei Hinsicht eine weitere Ausarbeitung der Formulierungen in Kapitel VII von *Die Traumdeutung* dar. Nahezu jede psychoanalytische Untersuchung verlangt ein sorgfältiges Studium dieser Aufsätze.

Der letzte der metapsychologischen Aufsätze, »Trauer und Melancholie«, wurde 1917 veröffentlicht, obwohl er schon 1915 geschrieben wurde. Wie es bei den meisten Arbeiten Freuds der Fall war, war die in diesem Aufsatz formulierte Konzeption schon in seinen früheren Schriften in Ansätzen vorhanden. Schon 1895, im Entwurf G (1950, B 21) hatte Freud viele ähnliche Ideen ausgedrückt. Mehrere der darin enthaltenen Ideen sind auch in dem Aufsatz »Vergänglichkeit« skizziert.

Freuds Analyse des Trauerprozesses ist in gewissem Umfang eine Fortsetzung seiner Behandlung dieses Problems im »Rattenmann« (1909 b; siehe 7. Kapitel). In dem vorliegenden Aufsatz veranschaulicht Freud die große Kompliziertheit des normalen Trauerprozesses im Zusammenhang der Objektbeziehungen und legt die Ähnlichkeiten und Unterschiede zwischen der Trauer und der Krankheit Melancholie dar. Wie wir erfahren haben, nahm die Entwicklung von Freuds wissenschaftlichen Konzepten stets folgenden Lauf: das Studium des Individuums, ihn selber eingeschlossen, führte zur Erkenntnis bestimmter allgegenwärtiger Phänomene, wie zum Beispiel der Traumarbeit, der infantilen

Sexualität und des ödipalen Konfliktes. Ergänzend zog Freud Daten aus Massenphänomenen, Geschichte und Anthropologie für das Verständnis des Individuums heran.
Wir erkennen diese Entwicklung, wenn wir die Aufsätze »Zeitgemäßes über Krieg und Tod« und »Trauer und Melancholie« miteinander vergleichen. Der erste Essay nimmt als Ausgangspunkt die Beobachtung und Analyse des Einflusses, den der Krieg mit seiner sinnlosen Tötung von Millionen von Menschen auf unsere Gedanken über den Tod ausübt. Im zweiten Essay erörtert Freud die normale und abnorme Reaktion des Individuums auf den Verlust eines Objekts, ob nun der Verlust durch Tod oder durch den Abbruch einer Beziehung verursacht wurde. Das Studium einer normalen Reaktion ermöglicht es uns, zu einem besseren Verständnis eines pathologischen Prozesses zu gelangen; umgekehrt kann die Pathologie zu unserem Verständnis der normalen Entwicklung beitragen.
Unser psychologisches Verständnis des Selbstmordes geht in weitem Umfang auf diesen Aufsatz zurück. Ferner tragen Trauer und Melancholie zu unserem Verständnis des Begriffs der Identifikation bei, die in der normalen und in der abnormen Entwicklung eine so wichtige Rolle spielt. Begriffe wie Aggression, Ambivalenz und Schuldgefühl wurden hier mehrere Jahre vorher erklärt, bevor Freud seine dualistische Triebtheorie und die strukturelle Anschauung formulierte, die das psychische Geschehen in die Begriffe Es, Ich und Über-Ich faßt (1920, 1923).

»Vorlesungen zur Einführung in die Psychoanalyse«

Freud, der seit längerer Zeit an der Universität Wien und in privaten Veranstaltungen der Wiener Psychoanalytischen Vereinigung über verschiedene Aspekte der Psychoanalyse las (siehe Nunberg und Federn, 1962-1967; Andreas-Salomé, 1958; und andere), beschloß im Herbst 1915, durch eine systematische Darstellung ihrer Hypothesen und Funde die Psychoanalyse auf den neuesten Stand zu bringen. Dies geschah in den Studienjahren 1915/16 und 1916/17 in Gestalt der berühmten *Vorlesungen zur Einführung in die Psychoanalyse.*
Wir können die Frage aufwerfen, was all die schöpferische Tätigkeit dieses Jahres auslöste oder zu ihr beitrug. Solche Fragen sind

sehr schwer zu beantworten, besonders da wir so wenig über Kreativität wissen. Ich kann nur einige Vermutungen wagen. Freud selbst erwähnt in einem Brief aus dieser Zeit, daß die Form seiner schöpferischen Arbeit sich gewandelt hatte. Wir wissen aus der Fließ-Korrespondenz, daß Freud damals hatte warten müssen, bis die Ideen zu ihm kamen, vor allem auf der Höhe seiner Selbstanalyse. Jetzt ging er ihnen auf halbem Weg entgegen.

Jones schreibt diesen Ausbruch von Produktivität hauptsächlich dem Druck des Alters zu, dem Wettlauf mit der Zeit. Es gab jedoch auch noch andere Faktoren. Durch das ganze Werk Freuds hindurch können wir das allmähliche Heranreifen von Ideen verfolgen, die fortwährend an empirischen Fakten überprüft wurden, wie die Ideen durch die laufenden Analysen seiner eigenen Patienten ausgelöst und durch die Erfahrungen (einschließlich dem Ausprobieren und den Irrtümern) seiner Schüler und sogar auch von Vertretern abweichender Meinungen ergänzt wurden. Weil Freud die einzigartige Fähigkeit hatte, jedem mit der Aufmerksamkeit zuzuhören, die für die analytische Sitzung notwendig ist, konnte er beiläufige Hinweise und Bemerkungen in neue Konzeptionen verwandeln. So waren alle Ideen, die in den metapsychologischen Aufsätzen formuliert waren, schon halb vorbereitet und erwarteten nur ihren endgültigen Ausdruck.

Es gab außerdem noch einen äußeren Faktor: In all den vorangehenden Jahren hatte Freud zehn Stunden täglich mit seinen Patienten verbracht (bis 1924 empfing er auch samstags und sonntags Patienten). Während der ersten Kriegsjahre ging seine Praxis zurück, es gab keine Zusammenkünfte, Kongresse oder Diskussionen, und die Korrespondenz war weniger umfangreich. Freud hatte also ganz einfach mehr Zeit.

Wenn ich an die Atmosphäre denke, in der Freud die *Vorlesungen zur Einführung in die Psychoanalyse* schuf, komme ich zwangsläufig zu der Annahme, daß es noch einen weiteren starken Motivationsfaktor gab. Obwohl Freud wiederholt verkündete, er habe keine Weltanschauung, besaß er in Wirklichkeit eben doch eine; er bezeichnete sie später als eine wissenschaftliche. Er glaubte an die Macht des Geistes, an Wahrheit und Vernunft; und er glaubte auch, daß seine Schöpfung, die Psychoanalyse, mithelfen würde, diese Kräfte zu stärken. In einer Zeit, als die Welt ein Chaos war, oder, wie er es in dem Essay über Vergänglichkeit ausdrückte, »der Krieg auch unseren Stolz auf die Errungenschaften unserer

Kultur brach ... die erhabene Unparteilichkeit unserer Wissenschaft beschmutzte ... die bösen Geister in uns entfesselte, die wir ... dauernd gebändigt glaubten«, in dieser Zeit wollte er verkünden, daß es immer noch wenigstens eine Stimme der Vernunft gab, die dazu helfen konnte, all das wiederaufzubauen, was der Krieg zerstört hatte, »vielleicht auf festerem Grund und dauerhafter als vorher« (1916 a, S. 360 f).

Bei der Behandlung der *Vorlesungen* muß ich ein wenig bei Erinnerungen verweilen. Ich habe jede einzelne dieser Vorlesungen gehört. Ich war damals nicht wirklich imstande, die Vorlesungen ganz aufzunehmen. Mein Freund und Mitschüler Otto Fenichel war dazu wahrscheinlich besser in der Lage. Aber ich sehe immer noch vor mir, wie Freud den Kleinen Vorlesungssaal des Psychiatrischen Instituts betrat. Ich erinnere mich, wie ich seine Stimme zum ersten Mal hörte, die damals noch nicht durch die späteren chirurgischen Eingriffe beeinträchtigt war. Ich sehe ihn vor mir in Pelzmantel und Zylinder, als der Winter kam.

Freud sprach ohne eine einzige Notiz; und doch wurde das, was er da sagte, später so gut wie wortwörtlich veröffentlicht. Ich erinnere mich an seine einzigartige Fähigkeit, mögliche Einwände oder Zweifel vorwegzunehmen, die sich an bestimmten Punkten seiner Darlegungen vielleicht einstellen würden, und daran, wie überrascht und gelgentlich auch stolz ich war, wenn das auch meine eigenen Einwände waren.

Es war eine gemischte Hörerschaft; die Leute kamen aus den verschiedensten Gründen zu den Vorlesungen. Freud hatte bereits Berühmtheit erlangt, war aber noch immer eine umstrittene Figur. Einige kamen, weil sie erwarteten, schockierende Ansichten über die Sexualität zu hören. Einige, aber sehr wenige, verschwanden nach den ersten Vorlesungen. Die übrigen jedoch hörten jeden Samstagabend von 7 bis 9 Uhr mit ungeteilter Aufmerksamkeit zu.

Die Stelle, die mir am lebhaftesten in Erinnerung – oder ich sollte sagen, in den Ohren und vor Augen – geblieben ist, ist jene, mit der er die 18. Vorlesung beschloß:

> Mit dieser Hervorhebung des Unbewußten im Seelenleben haben wir aber die bösesten Geister der Kritik gegen die Psychoanalyse aufgerufen. Wundern Sie sich darüber nicht und glauben Sie auch nicht, daß der Widerstand gegen uns nur an der begreiflichen Schwierigkeit des Unbewußten oder an der relativen Unzugänglichkeit der Erfahrungen gelegen ist, die es er-

weisen. Ich meine, er kommt von tiefer her. Zwei große Kränkungen ihrer naiven Eigenliebe hat die Menschheit im Laufe der Zeiten von der Wissenschaft erdulden müssen. Die erste, als sie erfuhr, daß unsere Erde nicht der Mittelpunkt des Weltalls ist, sondern ein winziges Teilchen eines in seiner Größe kaum vorstellbaren Weltsystems. Sie knüpft sich für uns an den Namen *Kopernikus*, obwohl schon die alexandrinische Wissenschaft ähnliches verkündet hatte. Die zweite dann, als die biologische Forschung das angebliche Schöpfungsvorrecht des Menschen zunichte machte, ihn auf die Abstammung aus dem Tierreich und die Unvertilgbarkeit seiner animalischen Natur verwies. Diese Umwertung hat sich in unseren Tagen unter dem Einfluß von *Ch. Darwin, Wallace* und ihren Vorgängern nicht ohne das heftigste Sträuben der Zeitgenossen vollzogen. Die dritte und empfindlichste Kränkung aber soll die menschliche Größensucht durch die heutige psychologische Forschung erfahren, welche dem Ich nachweisen will, daß es nicht einmal Herr ist im eigenen Hause, sondern auf kärgliche Nachrichten angewiesen bleibt von dem, was unbewußt in seinem Seelenleben vorgeht. Auch diese Mahnung zur Einkehr haben wir Psychoanalytiker nicht zuerst und nicht als die einzigen vorgetragen, aber es scheint uns beschieden, sie am eindringlichsten zu vertreten und durch Erfahrungsmaterial, das jedem einzelnen nahegeht, zu erhärten. Daher die allgemeine Auflehnung gegen unsere Wissenschaft, die Versäumnis aller Rücksichten akademischer Urbanität und die Entfesselung der Opposition von allen Zügeln unparteiischer Logik, und dazu kommt noch, daß wir den Frieden dieser Welt noch auf andere Weise stören mußten, wie Sie bald hören werden. (1916 a, S. 284 ff.)

Diese Erklärung, daß dem astronomischen und biologischen Stadium der wissenschaftlichen Revolution jetzt das psychologische Stadium folge, wurde mit jener unnachahmlichen Mischung von Gelassenheit, Überzeugung, Kraft, Stolz und Demut vorgetragen, die jedem unvergeßlich ist, der Freud gekannt hat. Die Bezugnahme im letzten Satz darauf, den Frieden dieser Welt noch auf andere Weise stören zu müssen, hing mit den Themen der beiden folgenden Vorlesungen der Reihe zusammen – Widerstand, Verdrängung und infantile Sexualität –, aber Freud wußte natürlich, daß auch schon diese Erklärung das Ende vieler anderer Illusionen bedeutete.

Freud veröffentlichte einige dieser Absätze erneut in einem kurzen Aufsatz (1917 b), in den er auch Bemerkungen über Schopenhauers Vorstellung von der Macht des Willens aufnahm. Er schickte die Druckfahnen dieses Aufsatzes an Abraham, der damals in Allenstein in Ostpreußen stationiert war. Abraham schrieb am 18. März 1917:

Die andere Schrift, die Sie mir im Korrekturabzug sandten, hat mich ganz besonders erfreut, nicht bloß durch ihren Gedankengang, sondern am meisten als persönliches Dokument. . . .Nach dem neuesten Aufsatz reizt es Sie vielleicht doch, einmal in diesen äußersten Nordostwinkel Deutschlands zu kommen, wenn ich Ihnen sage, daß Ihr Kollege Kopernikus Jahre lang in Allenstein gelebt hat. Das interessante Ordensritterschloß hier enthält noch einige Erinnerungen an ihn.

Freud antwortete am 25. März 1917:

Lieber Freund,

Sie haben recht, daß die Aufzählung in meinem letzten Aufsatz den Eindruck machen muß, als beanspruche ich meinen Platz neben Kopernikus und Darwin. Ich wollte aber wegen dieses Anscheins nicht auf den interessanten Gedanken verzichten und habe darum wenigstens Schopenhauer vorgeschoben.

Wenn man, wie Freud bemerkte, Entdeckungen macht, die den Frieden der Welt stören, stört man unausweichlich auch den eigenen Frieden. Ohne die Hilfe von Illusionen Gelassenheit zu bewahren, die Überlegenheit des Ichs aufrechtzuerhalten angesichts dessen, was wie der völlige Zusammenbruch der westlichen Kultur aussah, war selbst für Freud zuweilen schwierig.

Der Krieg wütete weiter und wurde mit jedem Tag scheußlicher. Auch der Sieg wurde zu einer Illusion, wie es schien. Freud näherte sich seinem 60. Geburtstag. Vor seinem 59. hatte er seinen Brief an Abraham mit »Ihr alter Freud« unterzeichnet. Drei Tage nach diesem Geburtstag hatte er an Eitingon in einer geradezu Fließ'schen Präokkupation mit Zahlen geschrieben: »Nebenbei war es einer der *ungradesten* Geburtstage, die man haben kann. Es ist ein Trost, daß es *vielleicht* nicht mehr so lange dauern kann, als es schon gedauert hat (unveröffentlicht).«

Freuds sechzigster Geburtstag wurde trotz des Krieges von seinen Schülern gefeiert. Er murrte in seinen Briefen über die Feiern; so schrieb er am 8. Mai 1916 an Abraham:

Ich habe aus Wien so viel Blumen bekommen, daß ich auf

Grabkränze keinen Anspruch mehr habe, und Hitschmann[19] hat mir eine »ungehaltene« Rede zugesteckt, die so rührend und anpreisend war, daß ich verlangen darf, seinerzeit ohne Grabrede begraben zu werden.

Freud bedankte sich bei Hitschmann aufs freundlichste, fragte jedoch:

Gewiß habe ich das alles sein und tun wollen, was Sie mir nachrühmen, aber wird man in kühleren Stunden behaupten können, daß es mir gelungen ist? (B* 311, 7. 5. 1916)

Eitingon gegenüber klagte er, daß er nun in das Greisenalter eingetreten sei.

Das Leben in Österreich wurde immer schwieriger. Die Nahrungsmittel waren 1917 sehr knapp geworden und von schlechter Qualität. Ich erinnere mich an das Brot, das zum größten Teil aus Maismehl bestand, einem unter den Fingern zerbröckelte und wie Sägemehl aussah. Fleisch, das Freud am liebsten aß, war kaum zu bekommen. Das Heizen war zu einem Problem geworden.

Die russische Revolution wurde als großes Ereignis begrüßt. Aber die Regierung Kerenski und die deutsche Regierung, die unter dem Einfluß ihres Generalstabs immer noch an den Sieg glaubte, konnten sich nicht auf Bedingungen für einen vernünftigen Frieden einigen, und das machte die Chance zunichte, den Krieg zu verkürzen, und änderte möglicherweise den weiteren Lauf der Geschichte.

Mit den anfänglichen Hoffnungen, die russische Revolution werde einen Kurs einschlagen, der zu einer fortschrittlichen, liberalen Demokratie führen würde, verloren viele österreichische Liberale auch jeden Beweggrund, sich einen Sieg der Mittelmächte zu wünschen. Freud gab in einem Brief an Abraham vom 10. Dezember 1917 diesem Standpunkt offen Ausdruck, ohne jede Rücksichtnahme auf die deutsche Zensur, trotz einer vorhergehenden Warnung Abrahams:

Lieber Freund,

Ich benutze die Muße eines Sonntags, um Ihren Brief vom 2. d. M. zu beantworten (und friere dabei so, daß ich mich zum 7ten Monat verschrieben habe) . . .

Mit dem Schreiben bin ich wie mit vielem anderen gründlich verfeindet. Zu diesem andern gehört auch Ihr liebes deutsches

19 Dr. Edward Hitschmann, einer von Freuds frühesten Schülern, geboren 1871 in Wien; er starb 1957 in Boston.

Vaterland. Ich kann mir kaum vorstellen, daß ich, wenn die physische Möglichkeit wieder da ist, je nach dorthin reise. Im Kampf zwischen Entente und Vierbund habe ich definitiv den Standpunkt von Heines Donna Blanca in der Disputation zu Toledo gewonnen:

»Doch es will mich schier bedünken ...«[20]

Eigentlich freut mich jetzt nur die Einnahme von Jerusalem und das Experiment der Engländer mit dem auserwählten Volke.[21]

Ein etwas früher (6. November 1917) an Ferenczi gerichteter Brief ist in mehrfacher Hinsicht interessant:

Gestern hatte ich die letzte Zigarre verraucht, war seither böswillig und müde, bekam Herzklopfen und eine Steigerung der seit den schmalen Tagen bemerkbaren schmerzhaften Gaumenschwellung (Carcinom? etc.). Da brachte mir ein Patient 50 Zigarren, ich zündete eine an, wurde heiter, und die Gaumenaffektion ging rapid zurück! Ich hätte es nicht geglaubt, wenn es nicht so auffällig wäre. Ganz Groddeck. (Jones, Bd. 2, S. 231)

Unglücklicherweise führte Freud die Schwellung auf die erzwungene Abstinenz und ihr Verschwinden auf das Ende dieser Versagungsspannung zurück, die für alle Suchten typisch ist. Jones' Kommentar zu dieser Episode ist etwas unbestimmt und irreführend.

Das war sechs Jahre, bevor der richtige Krebs ausbrach, und man weiß, daß die Ärzte von einem »präkanzerösen Stadium« sprechen. Der Zusammenhang mit dem Rauchen ist unverkennbar. (Jones, Bd. 2, S. 232)

Freud litt *tatsächlich* an Leukoplakien, die als Folge des Zigarrenrauchens entstanden. Diese können einen präkanzerösen Zustand darstellen, und das war bei Freud der Fall. Bei ihm entwickelte sich schließlich ein bösartiger Tumor, aber wir haben keinerlei Möglichkeit, festzustellen, ob das an der gleichen Stelle war wie diese »schmerzhafte Schwellung«. Etwas Herzklopfen kann sich in einem Zustand der Abstinenz einstellen. Aufgrund der Abstinenz hätte sich jedoch keine Leukoplakie entwickelt und wäre dann mit der Wiederaufnahme des Rauchens wieder ver-

20 *»Doch es will mich schier bedünken ...«* (Das Zitat von Heine, das Freud unvollständig läßt, hat folgende Fortsetzung: *»Daß der Rabbi und der Mönch / Daß sie alle beide stinken.«*

21 Bezieht sich auf die Balfour-Erklärung.

schwunden. Ein solcher Glaube paßte zu Freuds Rationalisierungen bezüglich des Rauchens, dem einzigen wichtigen Bereich, in dem er die Dominanz des Ichs nicht herzustellen vermochte. Freuds Ausruf »Ganz Groddeck« drückte das deutlich aus. Darüber jedoch später.

Ich habe schon erwähnt, daß Freud mit seiner Vorliebe für den *Logos* auf einem langsamen, sorgfältigen, empirischen Vorgehen bestand. Am deutlichsten brachte er diesen Standpunkt in einem Brief vom 13. Juli 1917 an Lou Andreas-Salomé zum Ausdruck.[22]

> Verehrteste Frau
>
> Ich muß Sie enttäuschen. Ich werde weder ›Ja‹ noch ›Nein‹ sagen, noch Fragezeichen austeilen, sondern tun, was ich mit Ihren Anmerkungen immer getan habe: sie genießen und auf mich wirken lassen. Es ist ganz unverkennbar, wie Sie mir jedesmal voraneilen und mich ergänzen, wie Sie sich seherisch bemühen, meine Bruchstücke zum Bau zu ergänzen. Ich habe den Eindruck, dies sei so in besonderem Ausmaße, seitdem ich den Begriff der narzißt. Libido in Gebrauch gezogen habe. Ohne diesen, meine ich, wären auch Sie mir enteilt zu den Systembauern, zu Jung oder eher zu Adler. An der Ichlibido haben Sie aber bemerkt, wie ich arbeite. Schritt vor Schritt, ohne inneres Bedürfnis nach Abschluß, immer unter dem Drucke eines gerade vorliegenden Problems, und mit ängstlichem Bemühen, den Instanzenzug einzuhalten. Dadurch, scheint es, habe ich Ihr Vertrauen gewonnen.
>
> Wenn ich in die Lage kommen sollte, an der Theorie weiter zu bauen, so werden Sie vielleicht mit Befriedigung manches Neue als ein von Ihnen lange geahntes oder selbst angekündigtes erkennen. Aber trotz meines Alters eilt es mir nicht. (B* 318)

Und doch wurde Freud auch von phantasievollen Leuten eingenommen und war bereit, sie ziemlich lange Zeit gewähren zu lassen. Wir wissen, in welchem Maß er das bei Fließ tat. Immer wieder äußerte er die Meinung, an Fließ' Periodizitätstheorie müsse etwas dran sein. So zum Beispiel in einem Brief vom 4. August 1916 an Josef Popper-Lynkeus, den Schriftsteller, Philosophen und Soziologen, dem Freud es hoch anrechnete, daß er schon vor ihm entdeckt hatte, daß die Entstellung in Träumen auf

22 Siehe die Untersuchung über Lou Andreas-Salomé von Binion (1968), der meiner Meinung nach Freuds Beziehung zu Lou Andreas-Salomé völlig falsch deutet.

die Zensur zurückzuführen ist. Freud bedankte sich bei Popper-Lynkeus für die Übersendung einer Dissertation über Träume aus dem 18. Jahrhundert und fügte hinzu:

> Die bald hundert Jahre alte Dissertation des Dr. Heinrich Straus ist in der Tat sehr merkwürdig. Sie enthält zumeist Dinge, die einen einstigen Freund von mir, W. Fließ in Berlin, sehr intensiv beschäftigt haben. Dieser hat durch eigene Beobachtung viele der Behauptungen über den Rhythmus der Lebenserscheinungen erneuert, und eine wesentliche Neuheit hinzugefügt, daß es nämlich zwei solcher Rhythmen gibt, einen männlichen zu dreiundzwanzig und einen weiblichen zu achtundzwanzig Tagen, und mir ist auch nach dem Aufhören unserer Freundschaft ein Stück Glauben an diese Dinge geblieben. (B* 314)

Freud war von Jungs Phantasie gefangengenommen worden, und jetzt beeindruckte ihn die Arbeit von Georg Groddeck. Man konnte Groddeck einen der Väter der psychosomatischen Medizin nennen (siehe Grossman und Grossman, 1965). Er veröffentlichte eine Reihe von Beobachtungen über phantastisch klingende Heilungen von ernsten organischen Krankheiten durch Kuren, die eine Kombination von Psychotherapie und Physiotherapie waren. Er glaubte an den unbegrenzten Einfluß von unbewußten Gedanken auf somatische Prozesse, einschließlich von Krebserkrankungen. Groddeck war es, der die Bezeichnung *das Es* prägte, die Freud dann übernahm, als er die Strukturhypothese formulierte.

Als einige Jahre später Frau Groddeck, die geborene Schwedin war, *Zur Psychopathologie des Alltagslebens* ins Schwedische übersetzte, stieß sie auf Freuds Deutung seiner Bemerkung, er habe in *Die Traumdeutung* 2467 Fehler gemacht (siehe 7. Kapitel). Sie zeigte das ihrem Mann, der überzeugt war, es sei Freuds Es gewesen, das 24 Jahre nach dem Geschehnis seine Krebserkrankung hervorgerufen habe, in Übereinstimmung mit Freuds Deutung der infrage stehenden Zahl. Von da an hatte Groddeck den brennenden Wunsch, Freud möge zur Behandlung in seine Privatklinik in Baden-Baden kommen.

Freud ermutigte Groddeck in seiner Arbeit und äußerte sich seinen Freunden gegenüber mit großer Begeisterung über ihn. Ferenczi, der anfänglich in bezug auf Groddeck sehr skeptisch war, wurde sein Freund und 1921 sein Patient, als Groddeck ihn wegen einer Schilddrüsenerkrankung behandelte.

Als Groddeck einen Roman mit dem Titel *Der Seelensucher* veröffentlichte, amüsierte sich Freud über die moralische Empörung, die er hervorrief, vor allem in der Schweiz. Er schrieb an Eitingon: »... sonst kann ich vom Urteil nicht abgehen, daß es ein Leckerbissen ist, freilich Caviar für's Volk, das Werk eines Rabelais ebenbürtigen Kopfes.«[2]

Trotz – oder vielleicht wegen – der Tatsache, daß die Welt damals so düster aussah, ließ Freud gelegentlich seiner Phantasie freien Lauf, so zum Beispiel mit der Skizze einer Studie über die Anwendung der Psychoanalyse auf die neolamarcksche Theorie der Vererbung erworbener Eigenschaften.[23] Am 11. November 1917 schrieb er an Abraham über seine Ideen zu diesem Gegenstand und machte Abraham auch auf Groddecks Arbeit aufmerksam.

> Ich habe Ihnen also wirklich nicht von der Lamarck-Idee geschrieben? Das ist zwischen Ferenczi und mir entstanden, aber keiner von uns hat jetzt Zeit und Stimmung, sie anzurühren. Die Absicht ist, L. ganz auf unseren Boden zu stellen und zu zeigen, daß sein ›Bedürfnis‹, welches die Organe schafft und umschafft, nichts anderes ist als die Macht der unbewußten Vorstellung über den eigenen Körper, wovon wir Reste bei der Hysterie sehen, kurz die ›Allmacht der Gedanken‹. Die Zweckmäßigkeit wäre dann wirklich psychoanalytisch erklärt; es wäre die Vollendung der Psychoanalyse. Zwei große Prinzipien der Veränderung des Fortschrittes würden sich herausstellen, die durch Anpassung des eigenen Körpers und die spätere durch Umbildung der Außenwelt (autoplastisch und heteroplastisch) usw.
>
> Ich weiß jetzt auch nicht, ob ich Sie auf eine Schrift von Groddeck in Baden-Baden aufmerksam gemacht habe (Psychologische Bedingtheit und psychoanalytische Behandlung organischer Leiden, S. Hirzel 1917).[24]

Hier können wir in gewisser Weise die Wiederkehr des Verdrängten entdecken, den Glauben an die Allmacht der Gedanken, der

23 Freud hielt sein ganzes Leben lang hartnäckig an diesem Glauben fest (siehe L. Ritvo, 1965; Schur und Ritvo, 1970).

24 Freud schrieb um diese Zeit einen ähnlichen Brief an einen Amerikaner, dessen Identität nicht feststeht. Er wird zu gegebener Zeit von Dr. Samuel Gutman veröffentlicht werden, der mich auf die Existenz dieses Briefes aufmerksam gemacht hat.

bei jedem Einzelnen überwunden werden muß, weil er mit dem Realitätsprinzip zusammenstößt, und der in das Unbewußte unserer phylogenetischen Vorfahren verwiesen wird. Dieses würde ein globales biologisches Unbewußtes sein müssen, das in aller lebendigen Materie zu finden ist.[25]

Im Gegensatz zu solch weitreichenden Ideen gab Freud nur wenige Tage später in einem Brief an Ferenczi der anderen Seite der Medaille Ausdruck:

> Ich habe viel gearbeitet, bin abgenützt und fange an die Welt abstoßend ekelhaft zu finden. Der Aberglaube, der mir das Leben etwa mit Februar 1918 begrenzt hat, scheint mir oft recht freundlich. Manchmal muß ich lange kämpfen, bis ich meine Überlegenheit wieder gewinne. (Jones, Bd. 2, S. 233)

Hier kam wieder der Aberglaube zum Vorschein, der Freud seit 1899 verfolgt hatte und im Jahre 1904 auf der Reise nach Athen seinen Höhepunkt erreichte. Im Februar 1918 würde Freud 61 Jahre und 9 Monate alt sein. Nach Fließ' Berechnungen wird das Todesdatum eines Menschen bei der Befruchtung vorherbestimmt und steht deshalb schon bei der Geburt unabänderlich fest. Ferenczi muß gegen diese Idee protestiert haben, denn Freud antwortete am 16. Dezember 1917:

> Ihren Optimismus habe ich recht überlegen belächelt. Sie scheinen mir an eine ›ewige Wiederkehr des Gleichen‹ zu glauben und die unzweideutige Richtung im Verlauf der Kurven durchaus übersehen zu wollen. Es ist ja weiter nichts Auffälliges daran, wenn ein Mensch in meinen Jahren den unausweichlichen schubweisen Verfall seines Wesens konstatiert. Ich hoffe, Sie werden sich bald überzeugen, daß ich dabei nicht an schlechter Stimmung leide. Ich arbeite den ganzen Tag mit 9 Narren ganz souverän, kann meinen Appetit kaum bewältigen, aber den alten guten Schlaf nicht mehr finden. (Ebenda)

Der Winter des Jahres 1918 war noch trostloser als der vorangegangene. Nur wenige Menschen in Österreich hatten noch Zweifel über den Kriegsausgang, und die Fortsetzung des Mordens, einschließlich der letzten großen deutschen Offensive an der Westfront im März 1917 wurde nur als ein sinnloses Hinauszögern des

25 In *Hemmung, Symptom und Angst* bringt Freud auch einige Evolutionsspekulationen über die Gründe für die Entwicklung der Latenzperiode beim Menschen.

Unvermeidlichen betrachtet. Wir wußten in Österreich, daß jetzt die neue amerikanische Armee in Europa eintraf.
Sehr häufig spiegelte sich während dieser Zeit der Stimmungswechsel Freuds in einem einzigen Brief; so zum Beispiel in einem Brief an Abraham vom 18. Januar 1918:

> Ihr gleichmäßiges Temperament und Ihre unzerstörbare Lebensbereitschaft bewähren sich jetzt gut gegen meine Abwechselungen von Mut und Resignation ...
>
> [Plötzl] soll übrigens bald als Nachfolger von Pick nach Prag kommen; auch kein Nachteil für uns ...
>
> Die Holländer machen jetzt Ernst. Kürzlich erhielten wir einen Haufen Referate von ihnen über holländische Arbeiten und Streitschriften, und eine ganz ausgezeichnet klare und entschiedene Zurückweisung der jüngsten Jungschen Leistung über die Psychologie der unbewußten Prozesse (1917). In Warschau soll eine neue Ortsgruppe in Bildung begriffen sein ...
>
> Ich lese Darwinismen eigentlich noch ohne rechte Tendenz, wie einer, der sich viel Zeit lassen kann, was ja mit Bezug auf die Papiernot auch zutreffen dürfte. Die Praxis noch immer sehr reichlich und auch noch interessant. Erfolge gut. Einer meiner Jungen (Ernst) ist gegenwärtig Ihnen näher als mir, er dürfte heute die Schwester in Schwerin besuchen. Von den beiden anderen gelegentlich Nachrichten, nichts Übles. Wenn der Krieg lange genug dauert, bringt er ja doch alle um.

Trotzdem fand Freud Aufmunterung durch verschiedene Publikationen, die die Anwendung der Psychoanalyse auf Kriegsneurosen behandelten. Er schloß außerdem seine letzte und vielleicht glänzendste Falldarstellung ab: »Aus der Geschichte einer infantilen Neurose«.

Der zweite Termin geht vorbei

Am 19. Mai 1918 schrieb Abraham an Freud, daß seine Mutter schwer krank sei. Freud antwortete am 29. Mai:

> Meine Mutter wird heuer 83 Jahre alt und ist nicht mehr recht solid. Manchmal denke ich, es wird ein Stück Freiheit mehr für mich sein, wenn sie stirbt, denn die Annahme, daß man ihr mitteilen muß, ich sei gestorben, hat etwas, wovor man zurückschreckt.
>
> Ich bin also wirklich 62 Jahre alt geworden ... Meine herr-

schende Stimmung ist ohnmächtige Erbitterung, oder Erbitterung über meine Ohnmacht.[26]

Dieser Brief ist aus vielen Gründen interessant. Freud hatte einen weiteren seiner ominösen Termine hinter sich. Sein nächster war $81^{1}/_{2}$, das Alter, in dem sein Vater und sein älterer Bruder gestorben waren. Seine Mutter hatte dieses Alter schon überschritten. Der erschreckende Gedanke, daß man vielleicht seiner Mutter seinen Tod mitteilen müsse, kehrte fünf Jahre später wieder und verfolgte Freud.

Freud bewies seine Spannkraft ein paar Monate später, als gegen alle Hoffnung ein weiterer Kongreß, der fünfte, in Budapest abgehalten wurde; außer dem österreichischen und dem deutschen Kontingent nahmen an ihm zwei holländische Analytiker teil, die die neutralen Länder repräsentierten und so den Kongreß zu einem »internationalen« machten. Die äußeren Vorbereitungen hatte Anton von Freund erleichtert, ein reicher ungarischer Industrieller und Doktor der Philosophie. Freund, von dem Freud später in seinen Briefen als »Toni« sprach, war ungefähr im gleichen Alter wie Binswanger. Er hatte die gleiche Krebserkrankung durchgemacht wie letzterer (siehe Freuds Brief an Binswanger im 9. Kapitel) und entwickelte nach seiner Operation Symptome neurotischer Angst, deretwegen er sich einer Analyse bei Freud unterzog, die sich als sehr hilfreich erwies. Er begeisterte sich für die Psychoanalyse, und da er über die Prognose seiner Krankheit Zweifel hatte, womit er leider Recht haben sollte, beschloß er, einen Teil seines Vermögens für die finanzielle Unterstützung psychoanalytischer Publikationen, Institute, Lehrkliniken etc. zu verwenden. Freud, der ihn sehr lieb gewann und hoch achtete, blickte ausnahmsweise einmal recht optimistisch in die Zukunft.

Der Kongreß, der in der zweiten Hälfte des September 1918 stattfand, war in jeder Hinsicht ein großer Erfolg. Der festliche Geist, der ihn durchzog, stand in scharfem Gegensatz zu der Erwartung des Landes, daß der Zusammenbruch der Mittelmächte unmittelbar bevorstehe. Freud war glücklich, Abraham nach so vielen Jahren wiederzusehen. Er war auch erleichtert, daß seine Söhne damals nicht im unmittelbaren Fronteinsatz standen. Nach dem Kongreß schrieb er einen begeisterten Brief an Ferenczi:

Erinnern Sie sich der prophetischen Worte, die ich Ihnen vor

26 Ähnliche Gefühle äußerte Freud später in seinen Briefen an Arnold Zweig, nachdem Hitler an die Macht gekommen war.

dem ersten Kongreß in Salzburg sagte, wir hätten Großes mit Ihnen vor?

Ich schwimme in Genugtuungen, mir ist leicht ums Herz, da ich mein Sorgenkind, meine Lebensarbeit, durch Ihre und anderer Anteilnahme behütet und für die Zukunft geborgen weiß. Ich werde die besseren Zeiten, wenn auch von ferne, herankommen sehen. (B* 323, 30. 9. 1918)

An Abraham schrieb er am 27. August 1918:

Die Aufnahme in Budapest bei meinen neuen Freunden war reizend [Familie Anton von Freund], die hohe Luft der Tatra hat das Weitere gewirkt, und so getraue ich mich wieder, eine Weile mitzutun:

der Erde Lust, der Erde Leid zu tragen.[27]

Einige Wochen später ging der Krieg zu Ende und mit ihm das österreich-ungarische Kaiserreich. Mehrere Monate lang hatte Freud keine Nachricht von seinem ältesten Sohn Martin, der während des chaotischen Rückzugs am Ende des Krieges in italienische Gefangenschaft geraten war.

Freud war natürlich erleichtert, daß der Krieg zu Ende war. Über die Niederlage des österreich-ungarischen Reiches vergoß er keine Tränen. Seine Sympathien hatten sich, besonders nach der Russischen Revolution, mehr und mehr den Westmächten zugewandt.

Freud und Jones versuchten, so bald als möglich den persönlichen Kontakt wiederaufzunehmen. Die Nachrichten über die »Sache« waren durchweg günstig. Die psychoanalytische Bewegung hatte sich während des Krieges ausgebreitet, vor allem in England und den Vereinigten Staaten. Doch brachte der erste direkte Brief von Jones auch die Nachricht vom tragischen Tod seiner jungen (ersten) Frau.

Der Tod von Anton von Freund

Der Krieg war zu Ende, nicht jedoch das Elend und die Not überall in Österreich. Der Winter 1919 war in der Tat trostlos. Nahrungsmittel waren äußerst knapp.[28] Während des Krieges erhielt

27 Zitat aus Goethes *Faust*, Erster Teil.

28 Ich erinnere mich, daß ich von meinen Mahlzeiten im Krankenhaus etwas aufsparte, um es meiner Familie mitzubringen, und wie ich mich über die Büchsen mit amerikanischem Corned Beef und den Kakao freute, die es gelegentlich in der Mensa für Studenten gab.

Freud gelegentlich etwas Lebensmittel von Ferenczi und von Freund. Die galoppierende Inflation zehrte alle Ersparnisse Freuds auf, und all die glühenden Hoffnungen auf die Errichtung einer Stiftung durch von Freund schwanden mit dem Verfall der österreichischen und der ungarischen Währung dahin. Wie die meisten Einwohner Wiens konnte Freud kaum sein Praxiszimmer heizen. Die Grippeepidemie wütete und forderte schließlich mehr Tote als der Krieg. Martha Freud erkrankte im März 1919 an Bronchopneumonie. Bei Anton von Freund entwickelten sich abdominale Beschwerden, von denen sich dann herausstellte, daß sie durch Metastasen seiner früheren Krebserkrankung verursacht waren. Toni kam nach Wien, und Freud mußte den langsamen, qualvollen Krebstod eines Mannes mitansehen, der sein Schicksal genau kannte.

Daß er es bei einem Menschen miterleben mußte, der so viel jünger als er selbst war, der so hoffnungsvoll gewesen und so viel versprach, erfüllte Freud mit einem Gefühl schrecklicher Hilflosigkeit, wie er es vor noch nicht langer Zeit Abraham geschildert hatte (siehe Brief vom 29. Mai 1918). Alle Briefe Freuds über Krankheit und Tod von Freunds drückten seine Reaktionen auf diese tragische Situation deutlich aus. Als Abraham fragte, ob von Freund sich über seinen Zustand im klaren sei, erwiderte Freud am 15. Dezember 1919:

> Freund weiß alles, hat z. B. Auftrag gegeben, mir den Ring, den er trägt, nach seinem Tod zurückzustellen. Er ahnte auch, daß er für Eitingon bestimmt ist.[29]

29 Von Freund war von Freud zum Mitglied des Komitės ernannt worden, das im Jahre 1912 auf Vorschlag von Jones gebildet wurde, nach dem Austritt Adlers und Stekels aus der ersten Psychoanalytischen Vereinigung in Wien. Jones sah die wachsende Spannung zwischen Freud und Jung voraus und schlug die Bildung einer kleinen Gruppe von absolut vertrauenswürdigen Analytikern vor, die als eine Art von innerem Komité fungieren sollte, mit dem Freud vorbehaltlos die organisatorischen Probleme der in der Entstehung begriffenen Internationalen Psychoanalytischen Vereinigung diskutieren konnte. Jones weist darauf hin, daß den Mitgliedern nur eine einzige feste Verpflichtung auferlegt war, nämlich: keiner würde öffentlich solche fundamentalen Grundsätze der Psychoanalyse in Frage stellen wie Verdrängung, das Unbewußte, infantile Sexualität etc., ohne zuerst mit den anderen Mitgliedern darüber diskutiert zu haben. Jones bekennt: »Die ganze Idee einer solchen Gruppe hatte natürlich in meinem Geist ihre Vorgeschichte: in Berichten aus meiner Kindheit von den Paladinen Karls des Großen, in Darstellung vieler Geheimgesellschaften, die ich aus der Literatur kannte« (Bd. 2, S. 186). Freud war auf den Vorschlag nicht nur mit

Am 21. Januar 1920 schrieb Freud an Eitingon:

T. F. ist gestern gestorben, friedlich von seinem unheilbaren Leiden erlöst. Für unsere Sache ein schwerer Verlust, für mich ein scharfer Schmerz, den ich aber im Laufe der letzten Monate assimilieren konnte. Er hat seine Hoffnungslosigkeit mit heldenhafter Klarheit ertragen, der Analyse keine Schande gemacht.[30]

Als er Ihren Brief bekam, in dem Sie ihn als Mitglied des Komités begrüßten, weinte er und sagte: Ich weiß, der wird mein Nachfolger. Dabei deutete er auf den Komitéring, den er von mir erhalten hatte. Er hatte mit gewohntem Scharfsinn richtig geraten, ich hatte Ihnen diesen Ring bestimmt, der einen besonders interessanten Stein hat, und bemühte mich darum um keinen anderen für Sie. Einige Zeit später legte er wirklich den Ring ab und gab den Auftrag, ihn mir nach seinem Tode zurückzustellen. [1]

Nur wenige Tage nach von Freunds Tod starb Freuds Tochter Sophie, die am Tag von Freunds Begräbnis erkrankt war, im Alter von 27 Jahren an fulminanter grippaler Lungenentzündung, der Krankheit, die damals die größte Zahl von Menschen hinwegraffte.[31]

Begeisterung, sondern auch mit großer Erleichterung eingegangen, obwohl er Jones gegenüber in einem Brief vom 1. August 1912 einräumte, vielleicht stecke ein knabenhaftes und vielleicht romantisches Element in der Idee.

Seine Bemerkungen über dieses Thema in zwei Briefen Freuds an Eitingon vom 22. Oktober und 23. November 1919 sind aufschlußreicher. Eitingon war Freud völlig ergeben, und dieser wußte, daß er sich auf ihn unbedingt verlassen konnte. Freuds Briefe an Eitingon waren deshalb von besonderer Herzlichkeit. In diesen beiden Briefen sagte Freud, daß das Komité ihn von seiner Sorge um die Zukunft der »Sache« befreit habe, so daß er jetzt seinen Weg ruhig zu Ende gehen könne. Freud erklärte auch, daß dieses Gefühl der Sorge aus der Zeit stammte, als die Psychoanalyse von ihm allein abhing. Seit der Bildung des Komités machte er sich weniger Gedanken darüber, wie lange er wohl noch zu leben hätte (siehe in diesem Zusammenhang meine Erörterung von *Jenseits des Lustprinzips* im 12. Kapitel).

Von Freund war wahrscheinlich nicht nur seiner Verdienste wegen zum Mitglied ernannt worden, sondern auch als Freundschaftsgeste angesichts seines schweren Leidens. Der erwähnte Ring wurde von allen Mitgliedern des Komités getragen.

30 Diese Stelle zeigt, daß nach Freuds Meinung das Ertragen von Leiden und Tod »mit heldenhafter Klarheit« die Pflicht eines Jeden war, der durch die Analyse gelernt haben sollte, angesichts dieser äußersten Probe seine Angst zu beherrschen.

31 Freuds Reaktion auf Sophies Tod werde ich in einem anderen Zusammenhang behandeln (12. Kapitel).

Bald danach starb Jones' Vater, gleichfalls an Krebs. Freud schrieb ihm am 12. Februar 1920:

> So braucht Ihr Vater nicht auszuhalten, bis er stückweise von seinem Krebs verschlungen wird wie der arme Freund. Welch Glück. Doch Sie werden bald merken, was das für Sie bedeutet. Ich war ungefähr in Ihrem Alter, als mein Vater sarb (43 J)[32], und es war für meine Seele eine Umwälzung.
>
> (Jones, Bd. 3, S. 34)

Ich habe die Episode von Freund aus mehreren Gründen ausführlicher behandelt. Außer dem tiefen Mitgefühl, das Freud zeigte, als Binswanger ein paar Jahre vorher an Krebs erkrankt war und Freud ihm half, seinen Lebenswillen zu bewahren, hatte auch Freud selbst zweimal Krebsangst erlebt, einmal 1914 und ein zweites Mal 1917. Nur drei Jahre nach dem Tod von Freunds erkrankte Freud selbst an Krebs, und wir können annehmen, daß das Gespenst von Tonis Leiden ihm ständig vor Augen stand. Darüber hinaus gehörte der Fall von Freund zu den wichtigen Ereignissen, die den Umwelthintergrund zu einem der umstrittensten Werke Freuds bildeten, einem Werk, das für unser Thema von besonderer Bedeutung ist: *Jenseits des Lustprinzips.* Diesem Werk will ich mich nun zuwenden.

32 Jones macht uns auf einen Irrtum Freuds in diesem Brief aufmerksam: er sagt, daß sowohl er wie Freud 41 waren, als ihre Väter starben. Jones führt diesen Irrtum auf die Tatsache zurück, daß Freud 43 war, als er *Die Traumdeutung* schrieb (Bd. 3, S. 34–35). In Wirklichkeit war Freud nicht ganz vierzigeinhalb, als sein Vater starb; auch Jones beging also einen Irrtum.

12. Kapitel

»Jenseits des Lustprinzips«: Todestrieb und Wiederholungszwang

Im vorangehenden Kapitel habe ich die Arbeiten behandelt, die Freud während des Ersten Weltkriegs schrieb. Aber die Auswirkungen der Kriegsjahre hörten mit dem Ende der Kämpfe nicht auf. Die sinnlose Vernichtung von Leben und menschlichen Werten bestätigte Freuds Erkenntnis von der Bedeutung der Aggression im psychischen Leben. Die Vorstellung von der Wendung der Aggression gegen das Selbst, in *Totem und Tabu* schon angedeutet, wurde in »Trauer und Melancholie« klar beschrieben. Es ist wahrscheinlich, daß ein so scharfsichtiger Psychologe wie Freud im Laufe seiner weitergehenden Selbstanalyse die Strenge seines eigenen Über-Ichs und seine Präokkupation mit dem Tod als Zeichen einer gegen sich selbst gewandten Aggression erkannt hatte.

Die unklare Symptomatologie der Kriegsneurosen, insbesondere der posttraumatische Traum, verlangten nach einer Erklärung. Freud erkannte den Wunsch nach Selbstbestrafung als eine wichtige Motivationskraft hinter unangenehmen und erschreckenden Träumen, und auch die Bedeutung des Ichs bei der Traumbildung im allgemeinen. Im Jahre 1919 arbeitete er diese Einsichten in eine revidierte Auflage der *Traumdeutung* ein. Mit anderen Worten, Freud dachte bereits mehr und mehr in Begriffen der strukturellen Auffassung, die, wie er das in *Das Ich und das Es* (1923) formulierte, den psychischen Apparat in drei »Provinzen« einteilte: Es, Ich und Über-Ich.

Als Letztes war Freud mit einem störenden Phänomen bei der Behandlung seiner Patienten konfrontiert, vor allem bei so schweren Fällen wie z. B. dem »Wolfsmann«. Dieser Fall hatte eine nach damaligen Begriffen sehr lange Analyse erfordert, die sich über eine Reihe von Jahren erstreckte. Freud war zu der Erkenntnis gekommen, daß der Patient, anstatt sich an die Vergangenheit zu *erinnern*, gezwungen war, sie in gewissem Umfang in der Übertragungssituation zu wiederholen. Freud erkannte, daß viele Patienten wieder und wieder eine Reihe höchst unangenehmer Erlebnisse in und außerhalb der analytischen Situation von neuem

durchagierten. Er glaubte, daß alle solche Erlebnisse unter dem *Druck eines Zwanges* wiederholt wurden (1920, S. 20).
Diese Beobachtungen verlangten neue Begriffsbildungen. In *Jenseits des Lustprinzips* (1920) machte sich Freud an diese Aufgabe. Wir begegnen jedoch in diesem Werk nicht nur neuen Ideen, sondern auch einem Abgehen von Freuds üblicher Methode, sich einem Gegenstand zu nähern; das heißt, das induktive Folgern, das in Freuds Fall fast immer fest auf beobachteten Erscheinungen gründete, machte hier der Spekulation Platz.

»Jenseits des Lustprinzips

Wie alle Werke Freuds, so enthielt auch *Jenseits des Lustprinzips*[1] viele Ideen, die seit Jahrzehnten heranreiften. Erst die Wiedergewinnung und Veröffentlichung der Fließ-Korrespondenz hat es uns möglich gemacht, die Ähnlichkeit zu entdecken zwischen vielen von Freuds späteren Formulierungen und jenen, die bereits im »Entwurf einer Psychologie« (1895) enthalten waren, einem Teil dieser Korrespondenz.
Freuds Anwendung von Fechners Konstanzmethode, die schon eine wichtige Rolle im »Entwurf« spielte, war ein zentraler Teil seiner Theorie vom Funktionieren des psychischen Apparats. Er faßte sie in Begriffe in Kapitel VII von *Die Traumdeutung* (1900) und später in »Formulierungen über die zwei Prinzipien des psychischen Geschehens« (1911 b) und in den metapsychologischen Aufsätzen von 1915 bis 1917. Wir kennen Freuds Beschäftigung mit Problemen der Evolution und sein Studium Darwins und Lamarcks, seine Anwendung von Haeckels ontogenetischem Prinzip (»Ontogenese wiederholt Phylogenese«) auf die Psychoanalyse, insbesondere auf die Entwicklung des psychischen Apparats. Er hatte auch ehrgeizige spekulative Versuche unternommen, psychoanalytische Prinzipien auf die Evolutionstheorie anzuwenden.
Jenseits des Lustprinzips enthält, was Freud »weitausholende Spekulation« (1920, S. 23) nannte. Indem er seinem Geist erlaubte, nach allen Richtungen auszuschweifen, gelangte Freud zu einigen äußerst herausfordernden Ideen, die schließlich zur Formulierung

1 Eine ausführliche Besprechung dieses Werks findet man in Schur (1966 b). Einige Teile dieses Kapitels, vor allem der erste Teil, wenden sich hauptsächlich an Leser, die mit der psychoanalytischen Theorie vertraut sind.

der strukturellen Auffassung, der dualistischen Triebtheorie und der Konzeption einer Reizschwelle führten. Das führte ihn aber auch zu der Einführung der Theorie eines Todestriebes und der Konzeption des Wiederholungszwanges als eines übergeordneten Regulationsmechanismus des psychischen Geschehens, Hypothesen, die seit 1920 der psychoanalytischen Theorie zu schaffen machen.

Eine Erörterung des wirklichen Wertes von Freuds Vorstellung des Todestriebes als eines kosmischen Phänomens würde völlig außerhalb der Reichweite dieser Studie liegen. Wichtig für unser Thema ist die *ungewöhnliche* Denkmethode, durch die Freud zu diesen Konzeptionen gelangte. Das deutet darauf hin, daß dieser Aufsatz, wahrscheinlich mehr als die meisten anderen Schriften Freuds seit dem Traumbuch, vielfältige Determinanten in seinem inneren Leben hatte. Der Punkt, an dem Freud von seiner empirischen, streng logisch folgernden Erörterung abging, ist eng verknüpft mit seiner Verwendung des Konzepts Lustprinzip im Kontext seiner Spekulationen.

Als die Begriffe Unlust und Lust sowie das Unlustprinzip und das Lustprinzip[2] in Kapitel VII von *Die Traumdeutung* eingeführt wurden, wurden sie mit ökonomischen Begriffen dargestellt. Jede Ansammlung von Spannung wurde mit Unlust gleichgesetzt und jede Verminderung von Spannung mit Lust. Diese Formulierung war nach Fechners Konstanzmethode gebildet. Biologisch ausgedrückt wurde angenommen, dieses Prinzip garantiere dem Organismus ein gewisses Gleichgewicht, obwohl Freud erkannte, daß die völlige Abwesenheit von Erregung eine Fiktion war. In psychologischen Begriffen formulierte Freud das Lust-Unlust-Prinzip wie folgt: der psychische Apparat strebt danach, übermäßige Spannung zu vermeiden. Dies kann erreicht werden entweder durch die Vermeidung allzu heftiger, schmerzhafter Reize, die auf den psychischen Apparat von außen eindringen; oder durch die Befriedigung gewisser spannungserzeugender (innerer) Bedürfnisse, die, wenn sie psychische Repräsentanz gewonnen haben, Triebe genannt werden können.

Freud versuchte, seine »weitausholende Spekulation« in *Jenseits des Lustprinzips* auf eine Reihe empirischer Beobachtungen zu

2 In meiner Monographie (1966 b) habe ich die Meinung vertreten, daß eine Unterscheidung zwischen einem Unlustprinzip und einem Lustprinzip aus vielen Gründen ratsam ist.

stützen. Die Frage ist, ob seine Konstruktionen ebenso gültig wie seine Beobachtungen und zu ihrer Erklärung notwendig waren.[3]
Nach der erneuten Feststellung, der psychische Apparat sei bestrebt, die in ihm vorhandene Quantität von Erregung möglichst niedrig oder wenigstens konstant zu halten, fügte Freud eine wichtige Einschränkung hinzu:

> Dann müssen wir aber sagen, es sei eigentlich unrichtig, von einer Herrschaft des Lustprinzips zu reden ... während doch die allgemeinste Erfahrung dieser Folgerung energisch widerspricht. Es kann also nur so sein, daß eine starke Tendenz zum Lustprinzip in der Seele besteht. (1920, S. 5)

Diese Einschränkung eines Regulationsprinzips zu einer Tendenz hat natürlich Gültigkeit. Wir sehen jedoch in dem oben zitierten Absatz eine fundamentale Schwierigkeit: wie ich schon sagte, war Freuds ursprüngliche Formulierung der Regulationsprinzipien Lust und Unlust einerseits in biologischen (neurophysiologischen) Begriffen ausgedrückt, andererseits – insoweit er sich eines metapsychologischen Rahmens bediente – primär in ökonomischen Begriffen. Aber in jenem Teil von *Jenseits des Lustprinzips*, in dem Freud seine Hauptkonzeptionen zu beweisen suchte, verwendete er die Begriffe Lust und Unlust in der Hauptsache so, daß sie eine *Erfahrung* oder einen *Affekt* bezeichneten. Das Unlust-*Prinzip* und das Lust-*Prinzip* behandeln die Ansammlung und die Vermeidung von Spannung und das Streben von Reizen und Objekten nach Spannungsentladung. Die *Affekte* Lust und Unlust sind – wie alle Affekte – komplizierte Ichreaktionen, die viele genetisch bestimmte, hierarchische Schichten haben und vom Zustand aller drei psychischen Strukturen und ihrer Beziehung zur Umwelt abhängig sind. Dieser Unterschied ist häufig übersehen worden, leider auch von Freud selbst.
Freud schrieb, zwar könne der Übergang vom Lustprinzip zum Realitätsprinzip als eine *Hemmung* des Lustprinzips verstanden werden und *Brüche* im Lustprinzip ließen sich durch Reifung und Entwicklung des psychischen Apparats erklären, die zum Konflikt führen und deshalb zu Unlusterfahrung anstatt zu Lusterfahrung; trotzdem aber gebe es einige Erscheinungen, die die Existenz eines Prinzips *jenseits* des Lustprinzips bewiesen. Dies seien die posttraumatischen Träume, in denen der Patient eine traumatische Si-

3 Die nun folgende Beurteilung bedient sich der Terminologie, die Freud erst nach der Einführung der Strukturhypothese (1923) benützte.

tuation wiederholt; gewisse Kinderspiele, vor allem Tänze und Versteckspiele; der Zwang von Patienten, schmerzliche Erlebnisse der Vergangenheit zu wiederholen; und das Phänomen, das Freud »Schicksalsneurose« nannte, wo Menschen durch ihr Verhalten von einer Tragödie zur nächsten geführt werden und einem den Eindruck vermitteln, sie würden von einem böswilligen Schicksal verfolgt oder seien von einer »dämonischen« Macht besessen (1920, S. 20).

Das Beispiel der posttraumatischen Träume bildete jedoch den Hauptpfeiler seiner These. Er hielt es für unmöglich, solche Träume durch irgendeine Wunscherfüllung zu erklären, und nahm deshalb an, sie entstünden jenseits des Lustprinzips aufgrund des Wiederholungszwangs. Die folgende Erklärung führte schließlich zu einer neuen Triebtheorie!

> Auf welche Art hängt aber das Triebhafte mit dem Zwang zur Wiederholung zusammen? ... muß sich uns die Idee aufdrängen, daß wir einem allgemeinen, ... Charakter die Triebe auf die Spur gekommen sind. Ein Trieb wäre also ein dem belebten Organischen innewohnender Drang zur Wiederherstellung eines früheren Zustandes, welchen dies Belebte unter dem Einfluß äußerer Störungskräfte aufgeben mußte. (1920, S. 38)

Nachdem Freud einmal diesen Schritt gemacht hatte, war die logische Folgerung:

> Der konservativen Natur der Triebe widerspräche es, wenn das Ziel des Lebens ein noch nie zuvor erreichter Zustand wäre. Es muß vielmehr ein alter, ein Ausgangszustand sein, den das Lebende einmal verlassen hat, und zu dem es ... zurückstrebt. Wenn wir es als ausnahmslose Erfahrung annehmen dürfen, daß alles Lebende aus inneren Gründen stirbt, ins Anorganische zurückkehrt, so können wir nur sagen: Das Ziel alles Lebens ist der Tod, und zurückgreifend: Das Leblose war früher da als das Lebende. (1920, S. 40)

Es war dann auch logisch, daß Freud sagte, alles, was der Organismus wünsche, sei, nur auf seine eigene Art zu sterben, und daß er als paradox ansah, »daß der lebende Organismus sich auf das energischste gegen Einwirkungen (Gefahren) sträubt, die ihm dazu verhelfen könnten, sein Lebensziel auf kurzem Wege zu erreichen« (1920, S. 41).

Freuds neue Definition eines Triebes wurde in identischer Form im Zusammenhang mit den Regulationsprinzipien wiederholt:

Daß wir als die herrschende Tendenz des Seelenlebens, ... das Streben nach Herabsetzung, Konstanterhaltung, Aufhebung der inneren Reizspannung erkannten (das Nirwanaprinzip ...), wie es im Lustprinzip zum Ausdruck kommt, das ist ja eines unserer stärksten Motive, an die Existenz von Todestrieben zu glauben. (1920, S. 60)

Er fügte hinzu, der Wiederholungszwang habe ihn zuerst auf die Spur des Todestriebs gebracht. So werden also das Konstanz-Nirwana-Lust-Prinzip und das Wiederholungszwangs-Prinzip als Beweis für die Konzeption des Todestriebes genommen, der seinerseits als Erklärung für eben diese Prinzipien benützt wird – ein klassisches Beispiel eines Zirkelschlusses.

Ich mußte zuerst Freuds Spekulationen skizzieren, bevor ich die Notwendigkeit erörtern kann, gewisse Verhaltenserscheinungen als *jenseits* des Lust- und Unlustprinzips befindlich zu erklären, und weiter die Notwendigkeit, zu beweisen, daß der Wiederholungszwang ein übergeordnetes regulatorisches Prinzip des psychischen Geschehens sei.

Alle von Freud als Beweis für die Existenz einer dämonischen Kraft zitierten Beispiele – posttraumatische Träume, Kinderspiele, das Verhalten von Patienten in der psychoanalytischen Situation und in der Schicksalsneurose – haben einen gemeinsamen Nenner: den Wiederholungscharakter alles physiologischen Geschehens und alles Verhaltens. Freud selbst betonte in seinem ganzen Werk, daß unbewußte Wünsche diesen Charakter der Unzerstörbarkeit mit allen anderen psychischen Akten, die wirklich unbewußt sind, gemeinsam haben, und er beschrieb den Wiederholungszwang als charakteristisch für die Wirkungsweise der Triebe.

Freud äußerte immer wieder, daß infantile Triebforderungen, die keine Befriedigung gefunden haben, nach Entladung drängen. Diese Annahme über die unaufhörliche Wiederkehr unerfüllter Wünsche ist eine der Grundlagen von Freuds Theorie des Traumes[4] und der neurotischen Symptombildung. Aber obgleich er die Wiederholungstendenz als für die Triebforderungen charakteristisch erkannte, scheinen ihm andere, ähnliche Verhaltensmerkmale rätselhaft gewesen zu sein, die wir heute, strukturell ausgedrückt, Wiederholungsaspekte des Ich- und Über-Ich-Geschehens nennen würden.

4 Die moderne Traumpsychologie bestätigt diese Annahme zum größten Teil.

Freud benützte das Attribut »dämonisch« zur Beschreibung der Motivationskräfte, die wiederholt zu einem Verhalten führen, das Frustration, Unglücklichsein und nicht selten Tragik zur Folge hat. In einer teleologischen Denkweise befangen, befaßte sich Freud mit den *Folgen* und nicht mit den wirkenden Kräften und deduzierte seine Theorie dieser Kräfte aus ihren Folgen.
Wenn wir nach *Ursachen* für die Tatsache suchen, daß in einer heißen, feuchten Nacht die Luft in bewaldeten Gebieten am Rande eines stehenden Gewässers von Myriaden winziger Insekten erfüllt ist, die, vom Licht angezogen, jedes Schutzgitter durchdringen, so finden wir sie in dem artspezifischen Reaktionsmuster der Insekten auf bestimmte Reize. Wenn wir am nächsten Morgen feststellen, daß Gitternetze und Fensterscheiben von Massen toter Insekten bedeckt sind, so beeindruckt uns vielleicht die Fehlwirkung gewisser Verhaltensregeln, die sich doch im Laufe der Evolution deshalb entwickelt haben müssen, weil sie einen hohen Überlebenswert hatten. Die Tatsache jedoch, daß solche Regeln, anstatt dem Überleben zu dienen, mit der Vernichtung des Phänotyps enden, ist kein Anzeichen für das Vorhandensein eines Instinkts, dessen *Ziel* es wäre, diesen tödlichen Erfolg zu erreichen. Solche Vorgänge sind schrecklich und lassen uns schaudern, aber selbst wenn sie in menschlichen Tragödien vorkommen, brauchen wir sie nicht »dämonisch« zu nennen. Es ist offensichtlich, daß für Freud das Attribut »dämonisch« ein notwendiges Sprungbrett war zur Formulierung der Theorie des Todestriebs und des Wiederholungszwangs als übergeordneten Prinzipien des psychischen Geschehens. Wir können uns dem Schluß nicht entziehen, daß Freud bereits bei seiner Hypothese des Todestriebes angelangt war und zu deren Bestätigung verschiedene Aspekte unlustbereitender Wiederholung verwandte, während er gleichzeitig eben diese Hypothese dazu benützte, das Phänomen zu erklären, das er beobachtet hatte.
Unter den Beispielen, die Freud als dem Lust-Unlust-Prinzip widersprechend ansah, hielt er den posttraumatischen Traum für am meisten beweiskräftig: »Nun zeigt das Traumleben der traumatischen Neurose den Charakter, daß es den Kranken immer wieder in die Situation seines Unfalles zurückführt, aus der er mit neuem Schrecken erwacht« (1920, S. 10). Freud betonte, daß die Verursachung einer traumatischen Neurose mit dem Überraschungsfaktor verknüpft ist, der fehlenden Vorbereitung auf

die Gefahr. Dieses Element gilt auch für Neurosen im Gefolge von Auto- und Eisenbahnunfällen. Im Zweiten Weltkrieg wurden jedoch traumatische Neurosen, oft mit akuten, psychoseartigen Zuständen, bei Soldaten nach schrecklichen Erlebnissen von langer Dauer beobachtet, die durch eine sich immer mehr steigernde Gefahr gekennzeichnet waren, nicht durch die Plötzlichkeit des Traumes. Ferner können traumatische Neurosen durch eine sich über lange Zeit erstreckende Traumatisierung hervorgerufen werden, wie wir bei den Überlebenden der Vernichtungslager Nazideutschlands in so tragischer Weise gesehen haben. Alle diese Kategorien haben gemeinsam: die sich wiederholenden Träume, deren Inhalt endlose Variationen der traumatischen Situation sind, einschließlich der dem tatsächlichen Trauma vorangehenden Ereignisse.

Freud gibt zwei Erklärungen der posttraumatischen Träume. Erstens war er der Meinung: »Diese Träume suchen die Reizbewältigung unter Angstentwicklung nachzuholen, deren Unterlassung die Ursache der traumatischen Neurose geworden ist« (1920, S. 32). Sie stehen deshalb zweitens nicht mehr unter der Herrschaft des Lust-(Unlust-)Prinzips, sondern unter der Herrschaft des Wiederholungszwangs, der seinerseits Ausdruck des Dranges aller Triebe ist, einen früheren, anorganischen Zustand wiederherzustellen.

Ich bin der Auffassung, daß sich im Kontext des Lust-Unlust-Prinzips eine Alternativerklärung aufstellen läßt, und zwar abgeleitet aus Freuds Werken vor und nach *Jenseits des Lustprinzips* und aus klinischen Beobachtungen, die jenen widersprechen, die Freud damals zur Verfügung standen. Die Wiederholung traumatischer Ereignisse repräsentiert nämlich – abgesehen von der Befriedigung verschiedener Abarten (z. B. passiver, homosexueller und masochistischer Wünsche) und von Forderungen des Über-Ichs (z. B. »das Schuldgefühl des Überlebenden«) – den unbewußten Wunsch des Ich, die traumatische Situation ungeschehen zu machen. Das kann nicht erreicht werden, ohne daß letztere in endlosen Variationen noch einmal durchlebt wird. Die daraus resultierende Angst ist eine Ichreaktion auf Gefahr, die sich nicht von dem Ergebnis anderer angsterregender Träume unterscheidet, in denen der Wunsch ein verbotenes Triebverlangen (sexueller und/oder aggressiver Art) repräsentiert. Die anderen Beispiele, die Freud zur Unterstützung seiner Hypothesen anführte, lassen sich in ähnlicher Weise erklären.

Wenn Freuds Deutung des posttraumatischen Traumes als jenseits des Lustprinzips befindlich keine Gültigkeit hat, ist seine Hypothese über den Wiederholungszwang als übergeordnetes regulatorisches Prinzip jenseits des Lustprinzips, über den Trieb als »ein dem belebten Organischen innewohnender Drang zur Wiederherstellung eines früheren Zustandes« (1920, S. 38) – nämlich eines anorganischen Zustandes –, und ist schließlich auch der Konzeption des Todestriebes der Boden entzogen; dann entfällt, was Freud als den Eckpfeiler seiner Beweisführung betrachtete.[5]
Bevor ich einige Gedanken darüber vorzubringen wage, *warum* Freud diese Konzepte formuliert und *warum* er dabei nicht seinen gewohnten logischen Scharfsinn an den Tag gelegt hat, will ich noch ein weiteres spekulatives Thema in dem Buch und Freuds Einstellung zu seinen neuen Ideen registrieren.

Gegen Ende von *Jenseits des Lustprinzips*, nach Ausführungen darüber, wie wenig die Wissenschaft – »nach nüchterner Darwinscher Denkungsart« – uns bisher über Ursprung und Entwicklung der Sexualität zu sagen vermochte, bemerkt Freud:

> An ganz anderer Stelle begegnen wir allerdings einer solchen Hypothese, die aber von so phantastischer Art ist, – gewiß eher ein Mythos als eine wissenschaftliche Erklärung – daß ich nicht wagen würde, sie hier anzuführen, wenn sie nicht gerade die eine Bedingung erfüllen würde, nach deren Erfüllung wir streben. Sie leitet nämlich einen Trieb ab *von dem Bedürfnis nach Wiederherstellung eines früheren Zustandes.*
>
> Ich meine natürlich die Theorie, die *Plato* im *Symposion* durch *Aristophanes* entwickeln läßt, und die nicht nur die Herkunft des Geschlechtstriebes, sondern auch seiner wichtigsten Variation in Bezug auf das Objekt behandelt.
>
> »Unser Leib war nämlich zuerst gar nicht ebenso gebildet wie jetzt; er war ganz anders. Erstens gab es drei Geschlechter, nicht bloß wie jetzt männlich und weiblich, sondern noch ein drittes, das die beiden vereinigte ... das Mannweibliche ...«

5 Ich möchte betonen, daß Freuds Begriffe des Todestriebs, des Wiederholungszwangs und die Begriffe aus »Jenseits des Lustprinzips« logisch untrennbar sind, obwohl das von vielen Autoren nicht erkannt wird, die Freuds Idee des Todestriebs ablehnen, aber seine Formulierungen über den Wiederholungszwang als eines übergeordneten regulatorischen Prinzips jenseits des Lustprinzips akzeptieren, womit sie auch die Beweisführung akzeptieren, durch die Freud zu seiner Hypothese gelangte.

Alles an diesen Menschen war aber doppelt, sie hatten also vier Hände und vier Füße, zwei Gesichter, doppelte Schamteile usw. Da ließ sich Zeus bewegen, jeden Menschen in zwei Teile zu teilen, »wie man die Quitten zum Einmachen durchschneidet ... Weil nun das ganze Wesen entzweigeschnitten war, trieb die Sehnsucht die beiden Hälften zusammen: sie umschlangen sich mit den Händen, verflochten sich ineinander *im Verlangen, zusammenzuwachsen.*«

Sollen wir, dem Wink des Dichterphilosophen folgend, die Annahme wagen, daß die lebende Substanz bei ihrer Belebung in kleine Partikel zerrissen wurde, die seither durch die Sexualtriebe ihre Wiedervereinigung anstreben? Daß diese Triebe, in denen sich die chemische Affinität der unbelebten Materie fortsetzt, durch das Reich der Protisten hindurch allmählich die Schwierigkeiten überwinden, welche eine mit lebensgefährlichen Reizen geladene Umgebung diesem Streben entgegensetzt, die sie zur Bildung einer schützenden Rindenschicht nötigt? Daß diese zersprengten Teilchen lebender Substanz so die Vielzelligkeit erreichen und endlich den Keimzellen den Trieb zur Wiedervereinigung in höchster Konzentration übertragen?

(1920, S. 62-63)

Hier ließ Freud seinen kühnsten Spekulationen freien Lauf und folgte den Gedankengängen, die er Abraham gegenüber in seinem Brief vom 11. November 1917 angedeutet hatte, wo er von dem Versuch sprach, die Begriffe der Evolution und der Psychoanalyse miteinander zu verbinden. Diese Spekulation wurde jetzt nicht auf Thanatos, den Todestrieb, angewandt, sondern auf Eros, die vereinigende, zusammenfassende Kraft, die der natürlichen, instinktiven Tendenz zur Auflösung entgegenwirkt. Das war Eros, der »Störenfried«, wie Freud ihn in *Das Ich und das Es* nennen sollte.

Freud schrieb also den sexuellen Trieben, wie sie sich durch die Evolution entwickelten, Allmacht zu. In modernen Evolutionsbegriffen ausgedrückt, die auf dem beobachteten tierischen Verhalten basieren, hat sich der Paarungstrieb in der Evolution dergestalt entwickelt, daß er das Tier befähigt, »die Schwierigkeiten zu überwinden, die diesem Streben durch eine Umwelt in den Weg gelegt werden, die mit gefährlichen Reizen geladen ist« (Vergleiche dazu z.B. Lorenz [1963]).

Mit der Behandlung dieses Gegenstandes hatte Freud die Grenzen seiner Spekulationen erreicht, wenn wir das letzte Kapitel ausnehmen, das er offenbar später hinzugefügt hat.[6] Mit bewundernswerter Offenheit und Selbstkritik sagte Freud:

Ich glaube, es ist hier die Stelle, abzubrechen.

Doch nicht, ohne einige Worte kritischer Besinnung anzuschließen. Man könnte mich fragen, ob und inwieweit ich selbst von den hier entwickelten Annahmen überzeugt bin. Meine Antwort würde lauten, daß ich weder selbst überzeugt bin, noch bei anderen um Glauben für sie werbe. Richtiger: ich weiß nicht, wie weit ich an sie glaube. Es scheint mir, daß das affektive Moment der Überzeugung hier gar nicht in Betracht zu kommen braucht. Man kann sich doch einem Gedankengang hingeben, ihn verfolgen, soweit er führt, nur aus wissenschaftlicher Neugierde oder, wenn man will, als *advocatus diaboli*, der sich darum doch nicht dem Teufel selbst verschreibt. Ich verkenne nicht, daß der dritte Schritt in der Trieblehre, den ich hier unternehme, nicht dieselbe Sicherheit beanspruchen kann wie die beiden früheren, die Erweiterung des Begriffs der Sexualität und die Aufstellung des Narzißmus. Diese Neuerungen waren direkte Übersetzungen der Beobachtung in Theorie, mit nicht größeren Fehlerquellen behaftet, als in all solchen Fällen unvermeidlich ist. Die Behauptung des *regressiven* Charakters der Triebe ruht allerdings auch auf beobachtetem Material, nämlich auf den Tatsachen des Wiederholungszwanges. Allein vielleicht habe ich deren Bedeutung überschätzt. Die Durchführung dieser Idee ist jedenfalls nicht anders möglich, als daß man mehrmals nacheinander Tatsächliches mit bloß Erdachtem kombiniert und sich dabei weit von der Beobachtung entfernt. Man weiß, daß das Endergebnis um so unverläßlicher wird, je öfter man dies während des Aufbaues einer Theorie tut, aber der Grad der Unsicherheit ist nicht angebbar. Man kann dabei glücklich geraten haben oder schmählich in die Irre gegangen sein ... Nur daß man leider selten unparteiisch ist, wo es sich um die letzten Dinge, die großen Probleme der Wissenschaft und des Lebens handelt. Ich glaube, ein jeder

6 Wir wissen aus Freuds Korrespondenz, daß *Jenseits des Lustprinzips* mit vielen Unterbrechungen geschrieben wurde. Die Arbeit wurde im März 1919 begonnen, und der erste Entwurf wurde im Mai fertiggestellt. Er begann während des Winters 1920 wieder daran zu arbeiten und beendete das Buch nach mehreren Überarbeitungen im Juli 1920.

wird da von innerlich tief begründeten Vorlieben beherrscht, denen er mit seiner Spekulation unwissentlich in die Hände arbeitet. Bei so guten Gründen zum Mißtrauen bleibt wohl nichts anderes als ein kühles Wohlwollen für die Ergebnisse der eigenen Denkbemühungen möglich. (1920, S. 63 ff.)

Später in seinem Leben jedoch stand Freud zu seinen Konzeptionen des Todestriebs und des Wiederholungszwangs, obwohl er sie, wie wir sehen werden, nicht immer im gleichen Kontext anwandte.

Tragische Ereignisse in Freuds Leben

Es ist an diesem Punkt angebracht, Freuds Lebenssituation in den Jahren 1919 und 1920 zu betrachten. Einige Autoren haben die Hypothese aufgestellt, *Jenseits des Lustprinzips* sei unter dem Eindruck des Todes von Freuds Tochter Sophie geschrieben worden. Das scheint eine unbegründete Spekulation zu sein (siehe Wittels, 1924; Ekstein, 1949; Friedman, 1966). Freud selber sah voraus, oder man sagte es ihm, daß mit dieser Annahme zu rechnen wäre, und schrieb am 18. Juli 1920 an Eitingon:

Das »Jenseits« ist endlich fertig geworden. Sie werden bestätigen können, daß es halbfertig war, als Sophie lebte und blühte. [1]

Der Ausdruck »Todestrieb« scheint jedoch zuerst in Briefen an Eitingon vom 12. Februar und 20. Februar 1920 aufgetaucht zu sein, kurz nach dem Tod von Anton von Freund und von Sophie. Freud stand außerdem während der gesamten Niederschrift von *Jenseits des Lustprinzips* unter dem Eindruck des langen Todeskampfes von Anton von Freund. Wie die beiden Ereignisse, die Krankheit und der Tod von A. von Freund und der Tod Sophies, sich in ihrem Einfluß auf Freud verschmolzen, läßt sich aus einem Brief an Binswanger vom 14. März 1920 ermessen:

Infolge Ihrer mahnenden Karte von gestern habe ich mich gefragt: kann es denn sein, daß ich Ihren liebenswürdigen inhaltsreichen Brief vom 7./1. unbeantwortet gelassen habe? Ja, es ist so u. erklärt sich aus dem traurigen Inhalt dieses Monats. Zuerst stand ich Tag für Tag unter dem Eindruck der allmählichen Auflösung eines lieben Freundes, den Sie aus einem Nachruf in der Zeitschrift 1920 No. 1 kennen lernen werden.

Daß ich gerade Ihnen damals nicht schreiben konnte, werden Sie leicht verstehen, wenn ich Ihnen mitteile, daß gerade Ihr Schicksal mich durch 1½ Jahre bei guter Hoffnung für ihn erhalten hatte. Er hatte dieselbe Operation hinter sich wie Sie seinerzeit, aber er entging dem Rezidiv nicht. Am 22/1 begruben wir ihn. Am Abend desselben Tages erhielten wir ein beunruhigendes Telegramm von unserem Schwiegersohn Halberstadt in Hamburg. Meine Tochter Sophie, 26 J. alt, Mutter zweier Knaben, war an Grippe erkrankt; am 25/1 früh entschlief sie nach 4tägigem Kranksein. Wir hatten damals Bahnsperre u. konnten darum nicht einmal hinreisen. Jetzt bereitet sich meine tief erschütterte Frau für die Reise vor, aber die neuen Unruhen in Deutschland machen die Ausführung dieser Absicht zweifelhaft. Seither liegt ein schwerer Druck auf uns allen, den ich auch in meiner Arbeitsfähigkeit verspüre. Die Ungeheuerlichkeit, daß Kinder vor den Eltern sterben sollen, haben wir beide nicht verwunden. Im Sommer – damit antworte ich auf Ihre freundliche Einladung – wollen wir mit den beiden Waisen und dem untröstlichen Mann, den wir 7 Jahre lang wie einen Sohn geliebt haben, irgendwo beisammen sein. Wenn es möglich ist! Die Schwere aller anderen Verhältnisse hier ist Ihnen nicht unbekannt. Ich habe sehr viel zu thun, aber die Verarmung ist nicht aufzuhalten.

Briefe an Jones vom 26. Januar und 8. Februar 1920 bezogen sich auf die beiden Todesfälle. Im ersten Brief schrieb Freud:

Der arme, oder der glückliche Freund wurde letzten Donnerstag, dem 22. d. M., beerdigt. Es tut mir leid zu hören, daß Ihr Vater nun auf der Liste ist, aber wir müssen alle daran glauben, und ich frage mich, wann ich drankomme. Gestern erlebte ich etwas, wonach ich den Wunsch habe, es möge nicht lange dauern. (Jones, Bd. 3, S. 33-34)

Im zweiten:

Sie wissen von dem Unglück, das mich getroffen hat. Es ist wirklich niederdrückend, ein Verlust, der zu vergessen ist ... Nun mag es wohl sein, daß meine Denk- und Ausdrucksfähigkeit nachläßt, warum nicht? Jeder ist dem Verfall im Laufe der Zeit ausgesetzt, und ich habe mein volles Maß an Leistung, vielleicht sogar an Erfolg, gehabt. Aber ich erfreue mich an Ihrer und anderer Freunde Leistungen, als seien es meine eigenen.

(Unveröffentlichter Brief, in englischer Sprache geschrieben[7])

Freud versuchte, sein Gleichgewicht wiederzugewinnen. In seinen Briefen an Ferenczi und Eitingon benützte er Wendungen wie *»La séance continue«*, »stumpfe Notwendigkeit«, »stumme Ergebung«, ein Zustand, der für Freud äußerst schwer zu ertragen war. Auch andere Briefe spiegeln Freuds Versuch, seine Reaktionen auf Sophies Tod unter Kontrolle zu bringen. Am 27. Januar 1920 schrieb Freud an Pfister:

> Am selben Nachmittag erhielten wir die Nachricht, daß unsere liebe Sophie in Hamburg von einer Grippe-Lungenentzündung hinweggerafft worden ist, so weggerafft aus blühender Gesundheit, aus voller Lebenstätigkeit als tüchtige Mutter und zärtliche Frau, in vier oder fünf Tagen, als wäre sie nie dagewesen. Wir waren schon seit zwei Tagen besorgt um sie, hatten aber doch Hoffnung; aus der Ferne ist das Urteilen ja so schwer. *Und diese Ferne muß Ferne bleiben;* wir konnten nicht, wie wir wollten, sofort nach der ersten alarmierenden Nachricht reisen, es ging kein Zug, auch kein Kinderzug.[8] *Die unverhüllte Brutalität der Zeit drückt auf uns.* Morgen wird sie eingeäschert, unser armes Sonntagskind! Erst übermorgen können unsere Tochter Mathilde und ihr Mann, dank einer unverhofft günstigen Konstellation von einem Ententezug mitgenommen, sich auf den Weg nach Hamburg machen; unser Schwiegersohn war zum mindesten nicht allein, zwei unserer Söhne, die in Berlin waren, sind bereits bei ihm, und Freund Eitingon ist mit ihnen gefahren.
>
> Sophie hinterläßt zwei Söhne von sechs Jahren und von dreizehn Monaten und einen untröstlichen Mann, der das Glück dieser sieben Jahre jetzt teuer bezahlen wird. Das Glück war nur zwischen den beiden, nicht äußerlich: Krieg, Einrückung, Verwundung, Aufzehrung ihrer Habe, aber sie waren tapfer und heiter geblieben.
>
> Ich arbeite, soviel ich kann, und bin dankbar für die Ablenkung. Der Verlust eines Kindes scheint eine schwere, narziß-

7 »You know of the misfortune that has befallen me. It is depressing indeed, a loss to be forgotten ... Now I may well be declining in power of thought and expression, why not? Everyone is liable to decay in the course of time and I have had my full measure of effort, perhaps even os success. But I rejoice in your and other friends' performances as if they were my own.«

8 Kinder aus dem hungernden Österreich wurden durch ein internationales Kinderhilfswerk ins Ausland geschickt.

tische Kränkung; was Trauer ist, wird wohl erst nachkommen.

(Kursiv des Verfassers)

An Ferenczi schrieb er am 4. Februar 1920:

Lieber Freund,

Machen Sie sich um mich keine Sorgen. Ich bin bis auf etwas mehr Müdigkeit derselbe. Der Todesfall, so schmerzlich er ist, findet doch keine Lebenseinstellung umzuwerfen. Jahrelang war ich auf den Verlust der Söhne gefaßt, nun kommt der der Tochter; da ich im tiefsten ungläubig bin, habe ich niemand zu beschuldigen und weiß, daß es keinen Ort gibt, wo man eine Klage anbringen kann. »Des Dienstes ewig gleichgestellte Uhr«[9] und »des Daseins süße Gewohnheit«[10] werden das übrige tun, um alles im Gleichen weitergehen zu lassen. Ganz tief unten wittere ich das Gefühl einer tiefen, nicht verwindbaren narzißtischen Kränkung. (B* 327 f.)

Im Lauf von wenigen Monaten nach dem Tod von Sophie und Anton von Freund hatte Freud offensichtlich sein Gleichgewicht wiedererlangt. An Eitingon schrieb er am 27. Mai 1920:

Ich korrigiere und vervollständige jetzt das »Jenseits«, das des Lustprinzips nämlich, und befinde mich wieder in einer leistungsfähigen Phase. *Fractus si illabatur orbis impavidum, ferient ruinae*[11]. Alles nur Stimmung, so lange sie anhält. [2]

Am Anfang dieses Kapitels habe ich die begrifflichen und empirischen Vorstudien von Freuds *Jenseits des Lustprinzips* behandelt. Das Nachkriegs-Wien war schrecklich trostlos; für Freud kam noch die Sorge um seine Söhne hinzu und das »Hinwegschrumpfen« seines jungen Patienten und Freundes, dem nur wenige Tage später der Verlust seiner Tochter Sophie folgte.

Wir dürfen auch nicht vergessen, daß Freud zwar immer wieder imstande war, seine Widerstandskraft zu mobilisieren und seine innere Selbstbeherrschung wiederzugewinnen, daß ihn aber diese schweren Jahre und die enorme schöpferische Anstrengung, die er unter so schwierigen Umständen durchgehalten hatte, er-

9 Ein Zitat aus Schillers *Piccolomini*.

10 Ein Zitat aus Goethes *Egmont*.

11 Ein Zitat aus einer Ode des Horaz: »Sollte die Welt in Stücke fallen, werden die Trümmer mich nicht erschrecken« (Horaz Oden, Buch III, Ode 3). Das Zitat lautet richtig:

Si fractus illabatur orbis,
impavidum ferient ruinae.

schöpft hatten. Er hatte seinen zweiten »Termin« hinter sich gebracht, fühlte sich aber manchmal sehr alt.

Es gibt eine Stelle in *Jenseits des Lustprinzips*, die vielleicht darauf hinweist, daß die Formulierung der Idee des Todestriebes eine wichtige Funktion in Freuds innerem Kampf mit dem Todesproblem erfüllt:

> Vielleicht haben wir uns dazu entschlossen, weil ein Trost in diesem Glauben liegt. Wenn man schon selbst sterben und vorher sein Liebstes durch den Tod verlieren soll, so will man lieber einem unerbittlichen Naturgesetz, der hehren *Ananke* erlegen sein, als einem Zufall, der sich etwa hätte vermeiden lassen. Aber vielleicht ist dieser Glaube an die innere Gesetzmäßigkeit des Sterbens auch nur eine der Illusionen, die wir uns geschaffen haben, »um die Schwere des Daseins zu ertragen«.[12] (1920, S. 47)

Hier wiederholte Freud Gedanken aus »Zeitgemäßes über Krieg und Tod« und *Totem und Tabu*. Lag vielleicht mehr als nur *Trost* in dem, was Freud »Glauben« nannte, ein Wort, das er für seine Vorstellungen nicht häufig benützte? Die mächtigste Triebkraft in dem Wissenschaftler Freud war sein Wunsch nach Erkenntnis. Könnte es sein, daß die Aufdeckung eines Todestriebes es Freud buchstäblich erlaubte, mit der Realität des Todes zu *leben*, insbesondere mit der weiteren Unterstützung durch seine gleichzeitige Erschaffung des Eros allein durch die Allmacht des Gedankens?

Wir werden hier an Freuds Aufsatz über das »Motiv der Kästchenwahl« erinnert, insbesondere an die *Moira*, die unerbittlich über die notwendige Ordnung im Menschenleben wachen. Freud äußerte dann, daß die Menschen den vollen Ernst des Naturgesetzes erst wahrnahmen, als sie ihm ihr eigenes Selbst unterwerfen mußten, und daß der Mensch den Tod zu überwinden versuchte, nachdem er ihn verstandesmäßig erkannt hatte (siehe 10. Kapitel).

Deshalb ist es möglich, daß die Formulierung der Idee des Todestriebes, so paradox das erscheinen mag, Freud nicht nur für die 16 Jahre währende Prüfung seines Krebsleidens stählte, sondern ihn auch für seinen Glauben an die Vorherrschaft des Ichs vorbereitete, des Intellekts, des *Logos*, der einzigen Kraft, mit der er

12 Zitat aus Schillers *Die Braut von Messina* (I, 8).

Ananke begegnen konnte.[13] Sie bahnte den Weg für *Die Zukunft einer Illusion* und für die Formulierung einer »wissenschaftlichen Weltanschauung«. Am 6. April 1922 schrieb er an Pfister:

> Um ganz wahrhaft sein zu können, darf man ja nicht so lebensfreudig sein wie Sie. Etwas Erbauung – aedificatio – wollen Sie ja doch dabei herausschlagen. Zur grimmigen Götterzweiheit *Logos* und *Ananke* bekehrt man sich gewiß erst im Alter.

Diese Bekehrung kann nur ein schmerzlicher, allmählicher Vorgang sein. Wir dürfen deshalb Freuds Äußerung von 1913 modifizieren und sagen, daß der Mensch mit der verstandesmäßigen Anerkennung des Todes hoffen darf, zwar nicht den *Tod*, aber seine *Todesangst* zu überwinden.

»Das Unheimliche«

In seiner Korrespondenz erwähnte Freud, daß er einen Aufsatz über »Das Unheimliche« geschrieben hatte, bevor er die Arbeit an *Jenseits des Lustprinzips* begann. Die Idee eines Wiederholungszwanges, der mächtig genug ist, um das Lustprinzip außer Kraft zu setzen, taucht zuerst in »Das Unheimliche« auf. Dieser Aufsatz enthält eine Reihe von Hinweisen auf Faktoren, die möglicherweise seine Konzeption des Todestriebs und des Wiederholungszwangs beeinflußt haben.[14]

Das Adjektiv »dämonisch«, das er auf die Beispiele anwandte, mit denen er seine Formulierungen veranschaulichte, kommt schon in diesem Aufsatz vor und ist mit dem zentralen Thema verknüpft. In dem philologischen Abschnitt des Aufsatzes legte Freud dar, daß die englische Übersetzung des Wortes *unheimlich* die folgenden sind: *uncomfortable, uneasy, gloomy, dismal, uncanny, ghastly*; (von einem Haus) *haunted*; (von einem Menschen) *a repulsive fellow* (1919, S. 232), wobei *uncanny* dem deutschen »unheimlich« in den von ihm angeführten Beispielen in der Bedeutung am nächsten komme; im Arabischen und Hebräischen fiele »unheimlich« mit »dämonisch«, »schaurig« zusammen.

13 Friedman (1966) kam von sich aus zu dem Schluß, diese Stelle könne als Hinweis auf Freuds geistige Verfassung, als er das Buch schrieb, sehr bedeutsam sein.

14 Wir können natürlich nicht wissen, ob Freud einige Stellen in den endgültigen Entwurf des Aufsatzes einfügte, *nachdem* er den ersten Entwurf von *Jenseits des Lustprinzips* beendet hatte.

Freud führte diesen Aufsatz als eine Studie über Ästhetik ein; damit meinte er nicht einfach eine Theorie der Schönheit, vielmehr eine Theorie der Qualität der Gefühle, wobei eine dieser Qualitäten die Unheimlichkeit ist. Er benützte verschiedene literarische Werke als Ausgangspunkt (in *Jenseits des Lustprinzips* zog er solche Werke nur als zusätzliche Stütze für seine Spekulationen heran). E. T. A. Hoffmann war ein meisterhafter Erzähler von Geschichten, die vom Phantastischen und Übernatürlichen handeln. Freud wählte seine Geschichte »Der Sandmann« als Beispiel für das Unheimliche[15] und legte dar, daß das Gefühl des Unheimlichen, das von diesem Autor und anderen, die diese Technik beherrschen, im Leser erweckt wird, darauf beruht, daß sie den Leser einige Zeit im Ungewissen darüber lassen, ob die Situation eine realistische ist oder aber eine Übernatürliche wie im Märchen.[16] Freud verfolgt dann die Qualität des Unheimlichen bei einer Reihe von Themen.

Er macht auf die geheimnisvolle Darstellung aufmerksam, in der frühe Kindheitserinnerungen (Deckerinnerungen) des Helden mit Szenen verflochten werden, die entweder Phantasien oder Entstellungen von Erlebnissen sind, mit unverhüllten Kastrationsdrohungen, verschoben auf Augenausstechen und Verlust eines Armes, und schließlich mit der Drohung des Todes selbst.

Ein weiteres Thema ist das der zwei Vaterfiguren, die eine Aufspaltung des Vaterbildes in den guten, beschützenden Vater und den grausamen, unheimlichen, kastrierenden Vater darstellen, der sich der Liebe in den Weg stellt und schließlich, in der Gestalt des »Sandmann«, den Tod der Hauptgestalt der Erzählung herbeiführt. Ferner – und das hat Freud nicht hervorgehoben – bringt der »Sandmann« nicht nur den Tod, sondern repräsentiert tatsächlich die »dämonische« Macht des Todes, der sein Opfer zur Selbstvernichtung verlockt, nachdem er fast seine geliebte künftige Braut erwürgt hätte. So besiegt und tötet der Tod die Liebe.

Freud zog dann noch andere Elemente des Unheimlichen aus Hoffmanns Werken heran, insbesondere aus dem Buch *Die Eli-*

15 Diese Geschichte enthält das Modell der Gestalt der Olympia, wie sie Offenbach in seiner Oper *Hoffmanns Erzählungen* verwendet hat.

16 Während Hoffmann wahrscheinlich durch die Märchen der Brüder Grimm beeinflußt war, war E. A. Poe wahrscheinlich durch Hoffmann beeinflußt (siehe Bonaparte, 1933). Ein anderes meisterhaftes Beispiel für die Technik einer Geschichte dieser Art ist Thomas Manns *Mario und der Zauberer*.

xiere des Teufels. Er wählte aus dieser teuflischen Geschichte Themen des Unheimlichen aus, die, wie die Kastrationsangst in »Der Sandmann«, auch auf infantile Quellen zurückgeführt werden können.

> [Diese Themen hängen alle mit der Erscheinung des »Doppelgängertums« zusammen] ...
> also [dem] Auftreten von Personen, die wegen ihrer gleichen Erscheinung für identisch gehalten werden müssen, [der] Steigerung dieses Verhältnisses durch Überspringen seelischer Vorgänge von einer dieser Personen auf die andere – was wir Telepathie[17] heißen würden – so daß der eine das Wissen, Fühlen und Erleben des anderen mitbesitzt, die Identifizierung mit einer anderen Person, so daß man an seinem Ich irre wird oder das fremde Ich an die Stelle des eigenen versetzt, also Ich-Verdoppelung, Ich-Teilung, Ich-Vertauschung – und endlich die *beständige Wiederkehr des Gleichen,* die Wiederholung der nämlichen Gesichtszüge, Charaktere, Schicksale, verbrecherischen Taten, ja der Namen durch mehrere aufeinanderfolgende Generationen. (1919, S. 246; Kursiv des Verfassers)

In *Jenseits des Lustprinzips* verwendet Freud einen ähnlichen Satz bei der Erörterung der Schicksalsneurose. Diese Wendung »die beständige Wiederkehr des Gleichen« scheint Nietzsches *Also sprach Zarathustra* entnommen zu sein (siehe Stracheys, Fußnote auf S. 234). Freud behandelt dann dieses Phänomen des Doppelgängertums, wobei er im wesentlichen dem Gedankengang Otto

17 Freuds aufgeschlossene Einstellung gegenüber der Telepathie hat gewisse Parallelen zu seinem Aberglauben über seinen möglichen Tod an »kritischen« Daten. Wir sahen, wie Freud gewisse Elemente von Fließ' Zahlenspielen akzeptierte, und wie nach dem Bruch dieser Freundschaft diese Ideen sich zu einem zwanghaften Aberglauben verdichteten. Ich nehme an, daß der Mechanismus der Identifikation hier als ein wichtiger Bestimmungsfaktor zu betrachten ist, einer Identifikation, die durch den Prozeß des Trauerns intensiviert wurde. Sowohl Jung, als auch Ferenczi interessierten sich für das Okkulte und versuchten, Freud davon zu überzeugen, daß es sich dabei um etwas Ernstzunehmendes handle. Die Bereitschaft Freuds, das zu akzeptieren, ging sehr viel weniger weit, als es bei Fließ' Ideen der Fall gewesen war, aber er versuchte, auch hier aufgeschlossen zu bleiben. Nach dem Bruch mit Jung war vielleicht eine ähnliche Identifikation mit dem verlorenen Objekt wirksam und ließ ihn sein Interesse für diese Erscheinungen bewahren, obwohl er, wie z. B. in seinem Aufsatz über »Traum und Telepathie«, zugab, daß er jedesmal, wenn er versucht war, einen telepathischen Faktor anzunehmen, schon bald dessen Nichtvorhandensein beweisen konnte.

Ranks in dessen Aufsatz »Der Doppelgänger« (1914) folgt. Dieses Phänomen wird auf Spiegelungen, Schatten, Schutzgeister, auf den Glauben an die Seele und auf die Todesangst zurückverfolgt. Der Doppelgänger, der ursprünglich dazu diente, durch Vorsorge für die Unsterblichkeit den Tod zu verleugnen – zum Beispiel in den Grabbildern der Ägypter –, wurde dann häufig zum unheimlichen Boten des Todes. Der Doppelgänger ist so »zum Schreckbild geworden, wie die Götter nach dem Sturz ihrer Religion zu Dämonen werden« (1919, S. 248).

Die Frage vorwegnehmend, warum die beständige Wiederholung des Gleichen als Ursprung eines unheimlichen Gefühls anzusehen sei, führt Freud zwei spezielle Beispiele an, neben allgemeinen Schilderungen unheimlicher Situationen, wie der, wenn man im Nebel oder in einem dunklen Wald den Weg verliert, im Kreis umherwandert und immer wieder an die gleiche Stelle kommt.

> Nach meinen Beobachtungen ruft es unter gewissen Bedingungen und in Kombination mit bestimmten Umständen unzweifelhaft ein solches Gefühl hervor, das überdies an die Hilflosigkeit mancher Traumzustände mahnt. Als ich einst an einem heißen Sommernachmittag die mir unbekannten, menschenleeren Straßen einer italienischen Kleinstadt durchstreifte, geriet ich in eine Gegend, über deren Charakter ich nicht lange in Zweifel bleiben konnte. Es waren nur geschminkte Frauen an den Fenstern der kleinen Häuser zu sehen, und ich beeilte mich, die enge Straße durch die nächste Einbiegung zu verlassen. Aber nachdem ich eine Weile führerlos herumgewandert war, fand ich mich plötzlich in derselben Straße wieder, in der ich nun Aufsehen zu erregen begann, und meine eilige Entfernung hatte nur die Folge, daß ich auf einem neuen Umweg zum drittenmal dahingeriet. Dann aber erfaßte mich ein Gefühl, das ich nur als unheimlich bezeichnen kann, und ich war froh, als ich unter Verzicht auf weitere Entdeckungsreisen auf die kürzlich von mir verlassene Piazza zurückfand. (1919, S. 248 ff.)

Das zweite Beispiel führt Freud ohne einen Hinweis darauf an, daß es sich um ein wirkliches Vorkommnis in seinem Leben handelte; der Vorfall ist uns jedoch aus der früheren Erörterung von Freuds Griechenlandreise und aus einem Brief an Jung vom 16. April 1909 wohlbekannt:

An einer anderen Reihe von Erfahrungen erkennen wir auch mühelos, daß es nur das Moment der unbeabsichtigten Wiederholung ist, welches das sonst Harmlose unheimlich macht und uns die Idee des Verhängnisvollen, Unentrinnbaren aufdrängt, wo wir sonst nur von »Zufall« gesprochen hätten. So ist es z. B. gewiß ein gleichgültiges Erlebnis, wenn man für seine in einer Garderobe abgegebenen Kleider einen Schein mit einer gewissen Zahl – sagen wir: 62 – erhält oder wenn man findet, daß die zugewiesene Schiffskabine diese Nummer trägt. Aber dieser Eindruck ändert sich, wenn beide an sich indifferenten Begebenheiten nahe aneinanderrücken, so daß einem die Zahl 62 mehrmals an demselben Tage entgegentritt, und wenn man dann etwa gar die Beobachtung machen sollte, daß alles, was eine Zahlenbezeichnung trägt, Adressen, Hotelzimmer, Eisenbahnwagen u. dgl. immer wieder die nämliche Zahl, wenigstens als Bestandteil, wiederbringt. Man findet das »unheimlich«, und wer nicht stich- und hiebfest gegen die Versuchungen des Aberglaubens ist, wird sich geneigt finden, dieser hartnäckigen Wiederkehr der einen Zahl eine geheime Bedeutung zuzuschreiben, etwa einen Hinweis auf das ihm bestimmte Lebensalter darin zu sehen. (1919, S. 250)

Die Bedeutung dieses Beispiels in diesem Zusammenhang liegt natürlich auf der Hand. Nicht ganz ein Jahr vor der Niederschrift dieser Abhandlung hatte Freud seinen »Termin« des 62. Lebensjahres überschritten!

Im nächsten Absatz bringt Freud diese Episoden und ihren Ursprung in direkten Zusammenhang mit den entscheidenden, kontroversen Formulierungen in *Jenseits des Lustprinzips*.

Wie das Unheimliche der gleichartigen Wiederkehr aus dem infantilen Seelenleben abzuleiten ist, kann ich hier nur andeuten und muß dafür auf eine bereitliegende ausführliche Darstellung [*Jenseits des Lustprinzips*] in anderem Zusammenhange verweisen. Im seelisch Unbewußten läßt sich nämlich die Herrschaft eines von den Triebregungen ausgehenden *Wiederholungszwanges* erkennen, der wahrscheinlich von der innersten Natur der Triebe selbst abhängt, stark genug ist, sich über das Lustprinzip hinauszusetzen, gewissen Seiten des Seelenlebens den dämonischen Charakter verleiht, sich in den Strebungen des kleinen Kindes noch sehr deutlich äußert und ein

Stück vom Ablauf der Psychoanalyse des Neurotikers beherrscht. Wir sind durch alle vorstehenden Erörterungen darauf vorbereitet, daß dasjenige als unheimlich verspürt werden wird, was an diesen inneren Wiederholungszwang mahnen kann. (1919, S. 251)

Aber das Unheimliche der Wiederholung war nicht das einzige von Hoffmann geschilderte Erlebnis, das Freud vertraut war. Wir wissen von zumindest zwei Fällen, wo Freud seinen Doppelgänger sah. Jones erwähnt, daß Freud auf einer Reise nach Neapel im Zug jemanden traf, der wie ein Doppelgänger von ihm aussah, und seinen Bruder Alexander fragte: »Bedeutet dies *Vedere Napoli e poi morire?*« (Jones, Bd. 2, S. 36)

Ein Brief an Arthur Schnitzler[18] den berühmten Wiener Dichter und Schriftsteller, dem Freud aus Anlaß seines 60. Geburtstages schrieb, ist in diesem Zusammenhang noch wichtiger, einmal seines Inhalts wegen und ferner, weil er am 14. Mai 1922 geschrieben wurde.[19] Freud schrieb:

Ich will Ihnen aber ein Geständnis ablegen, welches Sie gütigst aus Rücksicht für mich für sich behalten [und] mit keinem Freunde oder Fremden teilen wollen. Ich habe mich mit der Frage gequält, warum ich eigentlich in all diesen Jahren nie den Versuch gemacht habe, Ihren Verkehr aufzusuchen und ein Gespräch mit Ihnen zu führen (wobei natürlich nicht in Betracht gezogen wird, ob Sie selbst eine solche Annäherung von mir gerne gesehen hätten).

Die Antwort auf diese Frage enthält das mir zu intim erscheinende Geständnis. Ich meine, ich habe Sie gemieden aus einer Art von Doppelgängerscheu. Nicht etwa, daß ich sonst so leicht geneigt wäre, mich mit einem anderen zu identifizieren oder daß ich mich über die Differenz der Begabung hinwegsetzen wollte, die mich von Ihnen trennt, sondern ich habe immer wieder, wenn ich mich in Ihre schönen Schöpfungen vertiefe, hinter deren poetischem Schein die nämlichen Voraussetzungen, Interessen und Ergebnisse zu finden geglaubt, die mir als die eigenen bekannt waren. Ihr Determinismus wie Ihre Skepsis –

18 Schnitzler war voll ausgebildeter Arzt; sein Bruder Julius war ein bekannter Chirurg und ein Freund der Familie Freud, der auch häufig Freuds Partner bei den regelmäßigen Samstagnachmittagskartenspielen war.

19 Der Umstand, daß Schnitzler im gleichen Monat wie Freud geboren war, mag das Gefühl Freuds, einen Doppelgänger zu haben, verstärkt haben.

was die Leute Pessimismus heißen – Ihr Ergriffensein von den Wahrheiten des Unbewußten, von der Triebnatur des Menschen, Ihre Zersetzung der kulturell-konventionellen Sicherheiten, das Haften Ihrer Gedanken an der Polarität von Lieben und Sterben, das alles berührte mich mit einer unheimlichen Vertrautheit. (In einer kleinen Schrift vom Jahr 1921 [Jenseits des Lustprinzips] habe ich versucht, den Eros und den Todestrieb als die Urkräfte aufzuzeigen, deren Gegenspiel alle Rätsel des Lebens beherrscht.) (B* 339)

Hier haben wir eine unverkennbare Verbindung zwischen Freuds eigenem Gefühl, einen Doppelgänger zu haben, dem Aufsatz über »Das Unheimliche« und *Jenseits des Lustprinzips.*

In einem vorangehenden Absatz dieses Briefes hatte Freud von noch einer weiteren Quelle des Gefühls des Unheimlichen geschrieben – dem Element der »Allmacht der Gedanken«.[20]

Wenn ich noch einen Rest von Glauben an die »Allmacht der Gedanken« bewahrt hätte, würde ich jetzt nicht versäumen, Ihnen die stärksten und herzlichsten Glückwünsche für die zu erwartende Folge von Jahren zuzuschicken. Ich überlasse dies törichte Tun der unübersehbaren Schar von Zeitgenossen, die am 15. Mai Ihrer gedenken werden.

In »Das Unheimliche« führte Freud Beispiele aus der Analyse von Zwangsneurotikern an (hauptsächlich aus der des »Rattenmann«, die eine nie endende Informationsquelle war), von Aberglauben wie dem bösen Blick etc. Der gemeinsame Nenner aller Beispiele war, daß sie tatsächlich die Wiederkehr des Verdrängten

20 In Freuds Glückwunschbriefen findet sich häufig eine Bemerkung darüber, daß er nicht an die Allmacht der Gedanken glaube. So auch in einem Brief an mich aus Anlaß meiner Heirat im Jahre 1930:

Berlin-Tegel, 28. Juni 1930

Lieber Herr Doktor

Ich werde nicht in Wien sein, wenn Sie zur Heirat gehen, darum schreibe ich Ihnen heute, einige Tage vor dem Termin, um Ihnen das Glück in der Ehe zu wünschen, das Sie zu erwarten ein Recht haben. Eingedenk der seltenen Liebenswürdigkeit und Gewissenhaftigkeit, mit der Sie sich der Pflege meines Restes von Leiblichkeit zugewendet haben, möchte ich meinen Wünschen die Macht wünschen, ihre Erfüllung zu erzwingen. Es ist kaum die Gelegenheit, Sie mit ärztlichen Berichten zu belästigen. Ich will nur sagen, daß ich nicht daran vergesse, wie oft Ihre Diagnosen bei mir recht behalten haben, und daß ich Ihnen darum ein gefügiger Patient bin, auch wenn es mir nicht leicht wird.

In herzlichem Gedenken Ihr ergebener

Freud

repräsentierten; das Unheimliche ist etwas, »was im Verborgenen hätte bleiben sollen und hervorgetreten ist« (1919, S. 254). Nach Freud wird das Gefühl des Unheimlichen im höchsten Maße in der Beziehung zum Tod und zu Leichnamen erlebt.

Wir hätten eigentlich unsere Untersuchung mit diesem, vielleicht stärksten Beispiel von Unheimlichkeit beginnen können, aber wir taten es nicht, weil hier das Unheimliche zu sehr mit dem Grauenhaften vermengt ... Aber auf kaum einem anderen Gebiete hat sich unser Denken und Fühlen seit den Urzeiten so wenig verändert, ist das Alte unter dünner Decke so gut erhalten geblieben, wie in unserer Beziehung zum Tode. Zwei Momente geben für diesen Stillstand gute Auskunft: Die Stärke unserer ursprünglichen Gefühlsreaktionen und die Unsicherheit unserer wissenschaftlichen Erkenntnis. Unsere Biologie hat es noch nicht entscheiden können, ob der Tod das notwendige Schicksal jedes Lebewesens oder nur ein regelmäßiger, vielleicht aber vermeidlicher Zufall innerhalb des Lebens ist. Der Satz: alle Menschen müssen sterben, paradiert zwar in den Lehrbüchern der Logik als Vorbild einer allgemeinen Behauptung, aber keinem Menschen leuchtet er ein, und unser Unbewußtes hat jetzt so wenig Raum wie vormals für die Vorstellung der eigenen Sterblichkeit. Die Religionen bestreiten noch immer der unableugbaren Tatsache des individuellen Todes ihre Bedeutung ... auf den Anschlagsäulen unserer Großstädte werden Vorträge angekündigt, welche Belehrungen spenden wollen, wie man sich mit den Seelen der Verstorbenen in Verbindung setzen kann, und es ist unleugbar, daß mehrere unter den Männern der Wissenschaft, zumal gegen das Ende ihrer eigenen Lebenszeit, geurteilt haben, daß es an Möglichkeiten für solchen Verkehr nicht fehle. Da fast alle von uns in diesem Punkt noch so denken wie die Wilden, ist es auch nicht zu verwundern, daß die primitive Angst vor dem Toten bei uns noch so mächtig ist und bereit liegt, sich zu äußern, sowie irgend etwas ihr entgegenkommt ... man könnte bei dieser Unveränderlichkeit der Einstellung zum Tode fragen, wo die Bedingung der Verdrängung bleibt, die erfordert wird, damit das Primitive als etwas Unheimliches wiederkehren könne. Aber die besteht doch auch; offiziell glauben die sogenannten Gebildeten nicht mehr an das Sichtbarwerden der Verstorbenen als Seelen ... und die ursprünglich höchst zweideutige, ambivalente Gefühlseinstellung zum Toten ist für die höheren Schichten des Seelenlebens zur eindeutigen der Pietät abgeschwächt worden.

(1919, S. 255 ff.)

Und doch hatte Freud diesen Aufsatz mit der folgenden Feststellung eingeleitet:

Ja, der Autor dieser neuen Unternehmung muß sich einer besonderen Stumpfheit in dieser Sache anklagen, wo große Feinfühligkeit eher am Platz wäre. Er hat schon lange nichts erlebt oder kennengelernt, was ihm den Eindruck des Unheimlichen gemacht hätte, muß sich erst in das Gefühl hineinversetzen, die Möglichkeit desselben in sich wachrufen. (1919, S. 230)

Unbewusste Todeswünsche und der Todestrieb

In den Beispielen, die dann folgten, scheint eine so nachdrückliche Behauptung darauf hinzuweisen, daß auch diese Studie Freuds ein Teil seines unaufhörlichen Kampfes war, Phänomene meistern zu lernen, die einen Aspekt des Unheimlichen hatten, insbesondere wenn diese mit dem Todesproblem zusammenhingen.

Wir haben in der Abhandlung »Das Unheimliche« gesehen, wie Freud seinen Aberglauben, er werde im Alter von 62 Jahren sterben, mit dem Zwang zur Wiederholung und seiner »dämonischen« Wirkung auf das psychische Geschehen in Verbindung brachte. In meiner früheren Erörterung dieses Symptoms, wie es in Freuds Brief an Jung vom 16. April 1909 dargestellt wurde, habe ich gezeigt, daß dieser zwanghafte Aberglauben, wie jedes Symptom, eine komplexe Kompromißbildung war. Er wurde mit Freuds in hohem Maße ambivalenter Beziehung zu Fließ in Zusammenhang gebracht, einer Beziehung, die dem nicht unähnlich war, was er in *Jenseits des Lustprinzips* als eine Übertragungserscheinung beschrieb. Er wurde ferner mit den komplexen Ambivalenzmanifestationen des Irma-Traumes und des *non-vixit*-Traumes in Verbindung gebracht, und mit den dahinterstehenden Tagesresten, die in der Fließ-Korrespondenz deutlich wurden. Diese wiederum waren auf seine infantilen Konflikte um den Tod seines jüngeren Bruders Julius zurückzuverfolgen. Ich zeigte, daß Freud selbst (in seiner Analyse der Ohnmacht in München im Jahre 1912) seine Konflikte bezüglich Fließ mit jenen bezüglich Julius in Zusammenhang brachte.

Wir haben jedoch noch einen weiteren Beweis für Freuds Geschwisterrivalität. Im Jahre 1917 schrieb Freud »Eine Kindheitserinnerung aus ›Dichtung und Wahrheit‹; darin deutete er Goethes früheste Kindheitserinnerung an einen üblen Streich, bei dem er einen großen Teil des Küchengeschirrs der Familie zertrümmerte, als eine Deckerinnerung, die Goethes Geschwisterrivalität repräsentierte. Freud hat nie angedeutet, daß dieser Aufsatz eine autobiographische Bedeutung hatte, doch ist dieser Aspekt unverkennbar, und ich bin sicher, daß sich Freud dessen durchaus bewußt war.

Goethe wurde am 28. August 1749 geboren, seine jüngere Schwester Cornelia etwas über 15 Monate später, ungefähr nach dem gleichen Zeitraum, der zwischen der Geburt Freuds und der seines Bruders Julius lag. Die nächsten vier Kinder der Familie Goethe starben entweder als Säuglinge oder im frühen Kindesalter. Der Bruder, der geboren wurde, als Goethe dreieinviertel Jahre alt war, starb, als Goethe neuneinhalb war. Freud zitiert aus einem zeitgenössischen biographischen Bericht von Bettina Brentano, daß Goethe »beim Tode seines jüngeren Bruders keine Tränen vergoß«. Wir finden in Freuds Aufsatz folgende Stelle:

> Goethes nächste Schwester, Cornelia Friederica Christiana, war am 7. Dezember 1750 geboren, als er fünfviertel Jahre alt war. Durch diese geringe Altersdifferenz ist sie als Objekt der Eifersucht so gut wie ausgeschlossen. Man weiß, daß Kinder, wenn ihre Leidenschaften erwachen, niemals so heftige Reaktionen gegen die Geschwister entwickeln, welche sie vorfinden, sondern ihre Abneigung gegen die neu Ankommenden richten. Auch ist die Szene, um deren Deutung wir uns bemühen, mit dem zarten Alter Goethes bei oder bald nach der Geburt Cornelias unvereinbar. (1917 c, S. 20)

Freud war das älteste Kind, das die dritte Frau seines Vaters, Amalie, zur Welt brachte. Das nächste war Julius, der mit 8 Monaten starb, dann kam seine Schwester Anna, die am 31. Dezember 1858 geboren wurde, als Freud fast 2 Jahre und 8 Monate alt war. Die Schwangerschaft seiner Mutter und die Ereignisse um die Zeit der Geburt Annas kommen in der scharfsinnigsten von Freuds Rekonstruktionen während seiner Selbstanalyse zum Vorschein; Berichte darüber finden sich sowohl in der Fließ-Korrespondenz (B 70 und 71), als auch in *Die Traumdeutung* (1900, S. 258 ff.) und in *Zur Psychopathologie des Alltagslebens* (1901 b,

S. 58 ff.). Wie Goethe, zeigte auch Freud die größte Feindseligkeit gegen diesen Neuling. Tatsächlich blieb Anna für Freud diejenige unter seinen Schwestern, der er am wenigsten zugetan war.[21]

Es ist deshalb völlig plausibel, daß Freuds Erinnerungen an Eifersucht auf Julius und seine Schuldgefühle über den Tod seines Bruders eine Verschiebung seiner Eifersuchtsgefühle gegenüber Anna nach rückwärts (genetisch gesprochen) waren. Diese Verschiebung wurde möglicherweise durch seine Konflikte mit Fließ erleichtert, der am 24. Oktober 1858 geboren wurde, nur ungefähr zwei Monate vor Anna.

Wenn man Julius nicht rechnet, hatte Freud sechs nach ihm geborene Geschwister, so wie Goethe. Der autobiographische Aspekt von Freuds Artikel über Goethe wird im Schlußabsatz noch deutlicher:

> Ich habe es aber schon an anderer Stelle ausgesprochen: wenn man der unbestrittene Liebling der Mutter gewesen ist, so behält man fürs Leben jenes Eroberergefühl, jene Zuversicht des Erfolges, welche nicht selten wirklich den Erfolg nach sich zieht. Und eine Bemerkung solcher Art wie: Meine Stärke wurzelt in meinem Verhältnis zur Mutter, hätte Goethe seiner Lebensgeschichte mit Recht voranstellen dürfen. (1917 c, S. 26)

Diese Äußerung gilt sicherlich für Freud genauso wie für den Gegenstand seines Aufsatzes.

Wir wissen aus dem Brief an Jung, daß Freuds zwanghafter Aberglaube seinen Höhepunkt während der Zeit erreicht, als Fließ Freud offen Vertrauensbruch und Plagiat vorwarf. Die erste Beschuldigung war eines der Elemente sowohl im Irma-Traum als auch im *non-vixit*-Traum und hatte ihre infantilen Wurzeln in Freuds »Verpetzen« seines Neffen John. Der Brief an Jung enthielt auch die erste Andeutung des künftigen Bruchs mit Jung. In späteren Jahren kehrte der Aberglaube nur wieder, wenn die »kritische« Periode nahe bevorstand, oder – wie während des Krieges – in Zeiten extremer Belastung.

Als ich Freuds Formel zur Erklärung zwanghaften Aberglaubens benützte, habe ich darauf hingewiesen, daß hinter Freuds eigenem Aberglauben ein Wunsch zu sterben lag, der einer gegen das Selbst gewendeten Aggression entstammte. Sein Aberglaube

21 Anna (Bernays) starb in New York im Alter von 97 Jahren. Alle anderen Schwestern Freuds starben in Konzentrationslagern der Nazis.

bedeutete, daß er sterben würde, weil er den Tod von Fließ, Fleischl, seinem Vater, seinem Bruder Julius, seiner Schwester Anna und anderen, die er haßte, wünschte. Anders ausgedrückt, nämlich in Begriffen der Abwehr, bedeutete der Aberglaube, daß es nicht wahr war, daß er den Tod aller dieser Menschen wünschte; er selber wollte sterben. Erinnern wir uns an diesem Punkt der Worte, die Freud, laut Jones, äußerte, als er 1912 aus seiner Ohnmacht aufwachte: »Es muß süß sein zu sterben.« Die meisten von uns erleben in Augenblicken der Verzweiflung oder äußersten psychischen Erschöpfung, extremen Schmerzes oder Kummers den bewußten oder unbewußten *Wunsch*, daß alles aufhört. Während der Kriegsjahre, als seine Söhne in Todesgefahr waren, oder später, als sein junger Freund im Sterben lag und Freud sich gestattete, in seinen Briefen pessimistische Gedanken zu äußern, gab es wahrscheinlich Augenblicke, wo er sich fragte: Wie lange noch muß ich dieses Kreuz tragen? Das waren flüchtige Augenblicke. Im nächsten Brief nach einem Brief der Klage, oder sogar noch im gleichen Brief, brach dann Freuds Widerstandskraft, sein Wunsch, weiterzumachen, zu leben, wieder durch. Dieser Widerstandswille hielt noch weitere 20 Jahre an, von denen sechzehn durch Elend und Leiden geprägt waren.

Ist es also nicht wahrscheinlich, daß der immer wieder zurückkehrende Wunsch zu sterben, der sich hinter Freuds Aberglauben verbarg, mit seinem Wunsch nach »Frieden, süßem Frieden« zusammenfiel, und daß er diesen Todeswunsch als »unheimlich«, »dämonisch« erlebte? Freud glaubte, daß Wünsche in der Hauptsache auf Triebabarten zurückgeführt werden können. War es also nicht logisch zu versuchen, auf einer tiefen Ebene die Todeswünsche auf einen Trieb zurückzuführen, der mächtiger ist als alle anderen? Ist es nicht unter diesen Umständen ebenso logisch, anstatt zu sagen: der Tod ist dämonisch, unheimlich, theoretisch zu postulieren, daß es einen *Todestrieb* gibt, der eine Rückkehr zum Anorganischen erstrebt, ein übergeordnetes regulatorisches Prinzip, einen Wiederholungszwang, der jenseits des Lustprinzips ist? Und ist es nicht auch logisch[22], daß wir versuchen, dieser Macht entweder durch Eros entgegenzuwirken, wie Freud in *Jenseits des Lustprinzips* annahm, oder durch Logos, wie er später glaubte? Mit anderen Worten, durch die Anwendung der gleichen

22 Ich meine in allen diesen Fällen die Logik des Unbewußten.

Kräfte, mit denen wir die anderen irrationalen Kräfte des Es zu bändigen versuchen?

Freuds Formulierungen des Todestriebs und des Wiederholungszwangs waren zum Teil durch die unaufhörliche Bemühung determiniert, seinen zwanghaften Aberglauben durchzuarbeiten und mit dem Todesproblem fertig zu werden, indem er den Tod als wissenschaftliches Problem behandelte. Wenn das so ist, können wir vielleicht verstehen, daß die Folgerungen, durch die Freud zu dieser Konzeption gelangte, nicht ganz die unfehlbare Logik und Überzeugungskraft erreichen, die wir sonst an ihm gewohnt sind. Die Logik unbewußter Konflikte kann in einem Kunstwerk zum Ausdruck kommen – und viele Stellen von *Jenseits des Lustprinzips* sind mit bewundernswerter Eleganz und sprachlicher Meisterschaft geschrieben –, aber diese unbewußte Logik kommt der nüchternen Logik der wissenschaftlichen Untersuchung in die Quere.

Postskriptum

Als Freud im Sommer 1920 *Jenseits des Lustprinzips* abgeschlossen hatte, konnte er seine Aufmerksamkeit in eine neue Richtung lenken. In diesem Sommer vollendete er einen Entwurf von *Massenpsychologie und Ich-Analyse*, das zweite größere Werk dieser Periode.

Im Mai 1921 würde Freud 65 werden, und auch für diesen Geburtstag wurde eine Feier vorbereitet. Im März 1921 hatte Freud anscheinend Herzbeschwerden, was bei ihm immer am ehesten ein Gefühl der Gefahr hervorrief. Diese Beschwerden, verbunden mit seinem herannahenden 65. Geburtstag und Niedergeschlagenheit nach der Vollendung der *Massenpsychologie*, löste eine seiner depressiven Reaktionen aus, wenn auch nur eine kurze. Zwei Briefe an Eitingon reflektieren sowohl seine Aufwallung von Pessimismus als auch seine ironische Einstellung sich selbst gegenüber. Am 27. März 1921 schrieb er:

> Für das »Jenseits« bin ich genug gestraft worden, es ist sehr populär, bringt mir Mengen von Zuschriften und Lobsprüchen ein, ich muß da etwas sehr Dummes gemacht haben. [3]

Am 29. März schrieb er:

> Bei der Schwierigkeit organischer Selbstbeurteilung weiß ich natürlich doch nicht, ob ich die Freunde vom Comité auffor-

dern soll, sich jetzt schon an den Gedanken der Arbeitsfortsetzung ohne meinen Anteil zu gewöhnen. Jetzt schon oder ein wenig später, das ist ja die ganze Frage. [4]

Zwei Tage nach der gefürchteten Feier seines 65. Geburtstages schrieb er an Ferenczi:

Am 13. März d. J. habe ich ganz plötzlich einen Schritt ins wirkliche Altern getan. Seither verläßt mich der Todesgedanke überhaupt nicht mehr, und manchmal habe ich den Eindruck, daß sieben Organe sich noch um die Ehre streiten, meinem Leben ein Ende machen zu dürfen. (Jones, Bd. 3, S. 101)

Diese Briefe, vor allem der letzte, sind charakteristisch für Freuds Ringen mit dem Problem des Alterns und des Todes, dem Kern seiner gelegentlichen depressiven Stimmungen. Da mir dieses Bild der miteinander streitenden »sieben Organe« rätselhaft war, studierte ich die Korrespondenz aus dieser Zeit genau und bat sogar Anna Freud, mir bei der Suche nach seinem Ursprung zu helfen. Plötzlich kam mir der Gedanke, daß Freud mit der Selbstironie, die oft therapeutisch so wirkungsvoll ist, den griechischen Pentameter paraphrasierte, der bedeutet: Sieben Städte streiten sich um die Ehre, der Geburtsort Homers zu sein: Smyrna, Rhodos, Kolophon, Salamis, Thios, Argos, Athen. Dieses Zitat war unter den Gebildeten zu Freuds Zeit gang und gäbe. Seine Briefe und Werke sind voll von solchen Zitaten. Sagte man das einfach »Hepta Poleis« (sieben Städte), so bedeutete das, daß eine Reihe von Leuten sich um etwas stritten oder widersprüchliche Ideen äußerten.

Der Brief an Ferenczi fährt fort:

Rechter Anlaß war keiner [d. h. für den »Schritt ins wirkliche Altern«], außer daß Oliver an diesem Tag nach Rumänien Abschied nahm, doch bin ich dieser Hypochondrie nicht verfallen, sondern schaue ihr kühl überlegen zu, wie etwa den Spekulationen im »Jenseits«. (Jones, Bd. 3, S. 101)

Wenn *Jenseits des Lustprinzips* ein Versuch war, den zwanghaften Aberglauben durchzuarbeiten und mit dem Todesproblem fertigzuwerden, dann deutet dieser Brief darauf hin, daß die Therapie erfolgreich war. Es lag ein leichter Anflug von Aberglauben darin, daß die Todesgedanken der Abreise seines Sohnes kurz vor den Iden des März folgten. Aber wir können deutlich die kühle Distanziertheit erkennen, mit der Freud diese Gedanken betrachtete, eine Distanz, die er auch auf die Spekulationen in *Jenseits des Lustprinzips* erstreckte.

Teil III

Krankheit und Tod

13. Kapitel

1923 – Die Krebsoperation

Während der zweiten Hälfte des Jahres 1922 widmete Freud sich einer größeren Arbeit, in der er versuchte, eine neue Theorie über die drei »Provinzen« der Psyche, das Es, das Ich und das Über-Ich, zu formulieren und diese mit seiner neuen Triebtheorie zu interpretieren, die er in *Jenseits des Lustprinzips* dargelegt hatte. Er unternahm außerdem den Versuch, seine Ansichten über die psychologische Bedeutung der Todesangst in metapsychologischen Begriffen zu formulieren. Das Buch erschien im April 1923, dem verhängnisvollen Monat, in dem Freuds Krebs entdeckt wurde.

Die Ereignisse, die zu Freuds erster Operation führten, die Operation selbst und ihre Nachwirkungen in den darauffolgenden Monaten sind von Ernest Jones (Bd. 3, S. 112-125), von Felix Deutsch (1956) und vor allem von H. Pichler ausführlich beschrieben worden, der sich über die Behandlung Freuds zwischen 1923 und 1938 Notizen machte und viele persönliche Unterhaltungen mit mir hatte. Freud selbst sprach bei unseren ersten Begegnungen kurz über die Ereignisse, und viele Briefe von ihm liefern uns zusätzliche Informationen und Einblicke.

Viele Aspekte dieser tragischen Monate wurden außerdem für mich durch die Einstellungen und das Verhalten Freuds während der Zeit, als er unter meiner ärztlichen Betreuung stand (1928 bis 1939), verständlich. Viel später gewann ich noch tieferen Einblick durch das Studium der Fließ-Korrespondenz, die mir damals leider nicht bekannt war.

Ich will versuchen, die Tatsachen aus allen verfügbaren Informationsquellen zusammenzustellen. Wenn dem nun folgenden Bericht die kühle Objektivität zu fehlen scheint, so ist das auf die Fakten der Situation zurückzuführen, nicht auf die von ihnen erweckten Empfindungen, obwohl ich deren Existenz nicht leugnen kann.

Wir wissen, daß Freud nicht nur starker Zigarrenraucher war, sondern, wie er es selbst ausdrückte, nikotinsüchtig oder zumindest der Sucht des Zigarrenrauchens verfallen. Er wußte, daß Nikotin potentiell schädlich ist, konnte aber seine Zigarren nur in der Zeit seiner heftigsten Herzbeschwerden für längere Zeit aufgeben. Er wußte auch, daß er eine gewisse Neigung zu Leukoplakien hatte, eine häufige Folge starken Zigarrenrauchens, hatte aber Angst davor, daß ihm der Tabakgenuß untersagt würde. Im Gegensatz zu dem Bericht von Deutsch neigte Freud viel mehr dazu, Herzbeschwerden als eine Gefahr zu betrachten, die eine zeitweilige Reduzierung des Rauchens rechtfertigte, als irgendeinen anderen krankhaften Zustand. Ich habe schon weiter oben den Vorfall vom November 1917 erwähnt, als sich bei Freud eine lästige Läsion am Gaumen entwickelte, und er Ferenczi mitteilte, diese wunde Stelle sei schlimmer geworden, als sein Zigarrenvorrat ausging, und sei mit dem Eintreffen eines neuen Vorrats auf wunderbare Weise verschwunden.

Am 25. April 1923 schrieb Freud an Jones:

> Ich habe vor zwei Monaten eine leukoplastische Geschwulst an meinem Gaumen und Kiefer, rechtsseitig, entdeckt, die ich am 20. entfernen ließ. Ich arbeite noch nicht und kann nicht schlucken. Meine eigene Diagnose lautete auf Epitheliomie, sie wurde aber nicht gelten gelassen. Die Schuld an dieser Rebellion der Gewebe wird dem Rauchen gegeben.
>
> (Jones, Bd. 3, S. 113)

Zunächst hatte Freud keinerlei Schritte unternommen, die Geschwulst untersuchen zu lassen, hatte sie auch weder einem Arzt noch einem Freund oder einem Familienangehörigen gegenüber erwähnt. Damals, wie während der ersten Monate seiner Herzepisode, hatte Freud keinen Arzt, den er regelmäßig konsultierte. Sein Freund Otto Rie, der Kinderarzt der Familie, war sein vertrauter Berater, und er hatte auch viele Freunde, die Ärzte waren, darunter der Kardiologe Ludwig Braun und der Chirurg Julius Schnitzler, der ein glänzender und sehr erfahrener Diagnostiker war. Wenn Freud einen Arzt brauchte, konsultierte er gelegentlich Felix Deutsch, der damals als Internist praktizierte, aber schon analytisch orientiert war.

Freuds Briefe aus dieser schicksalhaften Periode geben uns vielleicht eine gewisse Vorstellung von seiner inneren Verfassung.

Abraham, der Freuds starkes Interesse für Archäologie kannte und sich selber vor allem für ägyptische Kunst und Geschichte interessierte, hatte Freud einige Zeitungsausschnitte über die Entdeckung des Grabs von Tutenchamon geschickt. Freud antwortete am 4. März 1923:

> Ich schicke Ihnen hier dankend die Zeitungsausschnitte zurück.

Einen Teil derselben hatte ich schon von anderer Seite bekommen. Hauptempfindung der Ärger, nicht dabei sein zu können und ... zum Styx herabzusteigen, ohne den Nil befahren zu haben ...

Wie ein Lenzhauch kam unlängst ein reizender Brief von Romain Rolland, der nebenbei erzählt, er habe sich schon vor 20 Jahren für die Analyse interessiert.

Abraham, der getreue Optimist, versuchte Freud mit einer Geschichte über einen Onkel zu beruhigen, der im Alter von 75 Jahren zur Feier seiner Goldenen Hochzeit mit seiner Frau eine Reise nach Ägypten unternahm, wo er sogar auf einem Kamel durch die Wüste ritt.

Wie ironisch muß dieser Brief für Freud geklungen haben, der sich zweifellos Gedanken machte, was er wegen dieser wunden Stelle unternehmen sollte. Er antwortete am 8. April 1923:

Jeder Brief von Ihnen trägt den Stempel der lebens- und erfolgreichen Berliner Konstellation und überdies Ihres eigenen Optimismus, der Ihnen erhalten bleiben möge.

Es ist merkwürdig, wie sehr Sie mich noch immer – materiell wie physisch – überschätzen! Ich kann Ihren Onkel, obwohl mir zu dem Datum seines Wüstenritts noch 8 Jahre fehlen, nur beneiden, nicht nachahmen. Ich bin nicht reich und nicht gesund genug dazu. Allmählich werden Sie sich an den Gedanken gewöhnen müssen, daß ich sterblich und hinfällig bin.

Ein anderer sehr bezeichnender Brief, den er am gleichen Tag schrieb wie den ersten Brief an Abraham, gibt uns ein Beispiel für Freuds einzigartigen Stil, der in Briefen an Dichter und Schriftsteller eine besondere Qualität annahm – in diesem Fall in einem Brief an Romain Rolland – und die nüchterne psychoanalytische Theorie des Konflikts zwischen dem Lebens- und Todestrieb in eine Sprache übersetzte, die die Anwendbarkeit dieser Theorie auf alle Menschen sichtbar machte.

Stellen wir uns vor, wie Freud spät abends in seinem Studierzimmer saß, an dem Schreibtisch, wo er die meisten seiner Werke geschrieben hatte, und nach einem Tag voller Arbeit mit seinen Patienten die Briefe an Abraham und Rolland schrieb, wie er sich allein mit der Ankündigung einer Krankheit auseinandersetzte, die sich vielleicht als todbringend erweisen würde, und sich dann zu einer Nacht ununterbrochenen, gesunden Schlafes zurückzog, der ein Tag wie alle andern folgte! Er schrieb an Rolland:

Verehrter Herr
Es wird mir bis an mein Lebensende eine erfreuliche Erinnerung bleiben, daß ich einen Gruß mit Ihnen tauschen konnte. Denn Ihr Name ist für uns mit der köstlichsten aller schönen Illusionen verknüpft, der von der Ausdehnung der Liebe auf alle Menschenkinder.
Zwar gehöre ich einer Rasse an, die im Mittelalter für alle Volksseuchen verantwortlich gemacht wurde und die in der Gegenwart die Schuld an dem Zerfall des Reiches in Österreich und die am Verlust des Krieges in Deutschland tragen soll. Solche Erfahrungen wirken ernüchternd und machen wenig geneigt, an Illusionen zu glauben. Auch habe ich wirklich einen großen Teil meiner Lebensarbeit (ich bin zehn Jahre älter als Sie) dazu verwendet, eigene und Menschheitsillusionen zu zerstören. Aber wenn diese eine sich nicht irgendwie annähernd realisieren läßt, wenn wir nicht im Laufe der Entwicklung lernen, unsere Destruktionstriebe von unseresgleichen abzulenken, wenn wir fortfahren, einander wegen kleiner Verschiedenheiten zu hassen und um kleinen Gewinn zu erschlagen, wenn wir die großen Fortschritte in der Beherrschung der Naturkräfte immer wieder für unsere gegenseitige Vernichtung ausnützen, welche Zukunft steht uns da bevor? Wir haben es doch wahrlich schwer genug, die Fortdauer unserer Art in dem Konflikt zwischen unserer Natur und den Anforderungen der uns auferlegten Kultur zu bewahren.
Meine Schriften können nicht sein, was die Ihrigen sind: Trost und Labsal für ihre Leser. Doch wenn ich glauben darf, daß sie Ihr Interesse erweckt haben, will ich mir erlauben, Ihnen ein kleines Buch zuzuschicken, das Ihnen gewiß noch unbekannt ist, die 1921 veröffentlichte »Massenpsychologie und Ich-Analyse«. Nicht, daß ich diese Schrift für besonders gelungen hielte, aber sie führt einen Weg von der Analyse des Individuums zum Verständnis der Gesellschaft.
In herzlicher Ergebenheit

Ihr Freud

(B* 341 f.)

Irgendwann um die zweite Woche des April konsultierte Freud schließlich einen seiner Freunde, den Dermatologen Maxim Steiner, der auch zu den ersten Mitgliedern der Wiener Psychoanalytischen Vereinigung gehörte. Die Schleimhaut des Mundes war ein

Grenzgebiet, in das sich Hals-Nasen-Ohren-Fachärzte, Kieferchirurgen und Dermatologen teilten.
Jetzt begann eine tragische Kette von Täuschungen, die weitreichende Folgen haben sollte.
Steiner erkannte offensichtlich die Veränderung als das, was sie war, denn er empfahl eine Exzision, teilte Freud aber nur mit, es handle sich um eine Leukoplakie. Nach dem Bericht von Deutsch sagte Steiner Freud auch, er solle das Rauchen aufgeben, ein Rat, der medizinisch richtig, aber dem Zeitpunkt nach unangebracht war. Nach meinen späteren Erfahrungen zu urteilen, war dieser Rat für Freud bedrohlicher und unakzeptabler als ein chirurgischer Eingriff.
Freud hatte zu Recht vermutet, daß er ein Epitheliom hatte, wie sich aus seinem Brief an Jones ergibt. Als Deutsch Freud in derselben Woche besuchte, um einige private Dinge zu besprechen, nahm ihn Freud, als er gerade gehen wollte, beiseite und bat ihn, etwas Unangenehmes in seinem Mund anzusehen. Freud muß inzwischen gewußt haben, welch unterschiedliche Reaktionen seine Krankheit bei verschiedenen Leuten, insbesondere bei seinen Schülern, hervorrufen würde.
Deutsch erkannte sofort, daß er es mit einem fortgeschrittenen Krebs zu tun hatte. Er war offensichtlich (und zugegebenermaßen) erschrocken über das, was er sah, besah es sich noch einmal, bezeichnete es als eine üble Leukoplakie, die auf das Rauchen zurückgehe, und riet zu einer Exzision. Freud erzählte Deutsch von Steiners gleichlautender Diagnose und dessen Rat und gestand seine Betroffenheit, daß Steiner ihm gesagt hatte, er müsse das Rauchen aufgeben. Offenbar war das, zumindest bewußt, Freuds Hauptsorge.
Freud erwähnte dann seine Bedenken, die Exzision durch den Chirurgen Professor Markus Hajek vornehmen zu lassen, der sie dann tatsächlich ausführte, weil er den Mann persönlich kannte und sich seiner ambivalenten Einstellung bewußt war. Es kam zu keinem Beschluß über die Wahl eines Chirurgen, die Entscheidung blieb Freud überlassen.
Die folgenden Tage waren eine Art grotesker Alptraum. Deutsch drängte Freud fortwährend telefonisch, die Konsultation des Chirurgen nicht hinauszuschieben. Freud nahm dieses Drängen offensichtlich für das, was es war, nämlich als einen Hinweis auf die Diagnose, die sowohl Steiner als auch Deutsch in Wirklichkeit

im Sinn hatten. Er traf dann die nötigen Abmachungen, die Exzision gerade durch den Mann ausführen zu lassen, über den er Bedenken geäußert hatte. Hajek hatte seine Professur durch wertvolle Forschungen über die Pathologie der Nebenhöhlen erlangt und hatte ein paar wichtige Lehrbücher geschrieben, aber es war allgemein bekannt, daß er ein eher mäßiger Chirurg war[1], nicht »der hervorragende Chirurg auf diesem Gebiet« (Deutsch, 1956). Er hatte sicherlich nicht die nötige Qualifikation für eine Krebsoperation, bei der eine Kieferresektion vorgenommen werden mußte. Eine Operation dieser Art war auch damals schon die Domäne der Chirurgen. Während des Ersten Weltkriegs hatte die Wiener Chirurgische Klinik eine Spezialabteilung für Kieferchirurgie eingerichtet, die von Hans Pichler geleitet wurde, der später bei Freud die notwendig gewordene Radikaloperation durchführte. Hajek war auch nicht Freuds Freund. Er war der Schwager des Chirurgen Julius Schnitzler.

Die Exzision wurde nicht in einer Privatklinik vorgenommen, sondern in der Ambulanz der Klinik, der Hajek vorstand, wo die Einrichtungen sehr zu wünschen übrig ließen. Diese Klinik hatte keine Privatstationen. Freuds Familie war von dem Eingriff nicht verständigt worden. Deutsch begleitete Freud in die Klinik, blieb jedoch während der Operation nicht bei ihm.

> Wir fuhren zusammen in die Klinik in der Annahme, daß er sofort nach der Operation entlassen würde. Aber er verlor mehr Blut als erwartet und mußte sich auf einer Pritsche in einem winzigen Raum der Klinik ausruhen, da kein anderer zur Verfügung stand. Durch einen – ich muß schon sagen – tragikomischen Zufall war er dort zusammen mit einem imbezilen Zwerg. (F. Deutsch 1956, S. 280)

Wie Deutsch angibt, verlief die Operation nicht ganz glatt. Es kam zu starken Blutungen, die offenbar nicht hinreichend unter Kontrolle gehalten wurden. Nachher wurde Freud weder ordnungsgemäß in das Krankenhaus aufgenommen noch in das recht luxuriöse Sanatorium Löw überführt, ein Privatkrankenhaus, das nur einen Block von der Klinik entfernt war (dorthin hatte Freud seine Patientin Emma nach ihrer Blutung gebracht; siehe 3. Kapitel).

1 Als Student und praktizierender Internist hatte ich Gelegenheit, ihm bei mehreren Operationen zuzusehen.

Erst jetzt wurde die Familie von der Operation unterrichtet und aufgefordert, ein paar Sachen in die Klinik zu bringen, da Freud vielleicht die Nacht über dort bleiben müsse.
Bei ihrer Ankunft in der Klinik fanden Frau Professor Freud und Anna Freud ihn blutüberströmt auf einem Küchenstuhl sitzend. Weder eine Krankenschwester noch ein Arzt waren bei ihm. Was nun folgt, ist eine Schilderung, die Jones aus Mitteilungen von Deutsch, Freud und Anna Freud zusammengestellt hat:

> Die Abteilungsschwester schickte die beiden Damen zur Mittagszeit, in der keine Besuche erlaubt waren, nach Hause und versicherte ihnen, daß es dem Patienten gut gehen werde. Als sie in einer Stunde oder zwei zurückkehrten, erfuhren sie, daß eine starke Blutung eingetreten war, worauf Freud um Hilfe geläutet hatte; aber die Klingel hatte nicht funktioniert, und er selber konnte weder sprechen noch rufen. Der freundliche Zwerg war jedoch hinausgeeilt, um Hilfe zu holen, und nach einiger Mühe hatte man das Bluten zum Stillstand bringen können; vielleicht rettete das Eingreifen dieses Kretins Freuds Leben. Nun weigerte sich Anna, wieder fortzugehen, und blieb die Nacht durch bei ihrem Vater. Er war von dem Blutverlust schwach, von den Medikamenten halb betäubt und hatte starke Schmerzen. Während der Nacht gerieten Anna und die Schwester in so große Beunruhigung wegen seines Zustands, daß sie den Spitalarzt riefen; dieser ließ sich aber nicht aus dem Bett holen. Am nächsten Morgen demonstrierte Hajek den Fall vor einer ganzen Schar Studenten, und im Verlaufe des Tages durfte Freud nach Hause gehen. (Jones, Bd. 3, S. 114)

Im Zusammenhang mit dieser geradezu unglaublichen Geschichte drängen sich einem viele Fragen bezüglich der Einstellung und des Verhaltens von Deutsch, Hajek und vor allem von Freud selbst auf. Die erste Frage, die sich mir nach meinem ersten Zusammentreffen mit Freud stellte, bei dem er, wahrscheinlich in Erinnerung an dieses Erlebnis, die Grundregeln unserer Beziehung festlegte, war diese: warum hat Deutsch Freud die Wahrheit vorenthalten?
In seinem Artikel erklärt Deutsch, er habe das an diesem Tag und noch einige Zeit nachher deshalb getan, weil Freud zu Anfang ungenügend darauf vorbereitet gewesen sei, einer Wirklichkeit gegenüberzutreten, wie er sie sah, während nach der Qual der ersten Operation, mit ihren Nachwirkungen und der Nachbe-

handlung Freud die Bezeichnung Krebs in einem anderen Licht sehen konnte. In einer Mitteilung an Jones jedoch berichtete Deutsch, Freud habe ihn gebeten, ihm dazu zu verhelfen, mit Anstand aus der Welt zu verschwinden, wenn er zu einem schmerzhaften Sterben verurteilt wäre; Freud habe auch von seiner alten Mutter gesprochen, für die die Nachricht von seinem Tod sehr schwer zu ertragen sein würde. Deutsch stand anscheinend unter dem Eindruck, daß Freud an Selbstmord dachte. Wenn Deutsch das wirklich glaubte – und ich möchte hier betonen, daß Deutsch ein älterer Kollege und Freund von mir war, den ich hoch achtete –, dann war das einmal ein Fall, wo er seinen Patienten nicht kannte. Die Dinge in dieser Hinsicht richtigzustellen, ist einer der Hauptgründe, warum wir hier so in Einzelheiten gehen.
In seinem Brief an Abraham vom 29. Mai 1918 bemerkte Freud in Erwiderung auf Abrahams Bericht über die Krankheit seiner Mutter, es werde »ein Stück Freiheit mehr« für ihn sein, wenn seine Mutter sterbe, weil ihn der Gedanke erschreckte, daß man ihr seinen Tod mitteilen müßte.
Schon 1899 hatte Freud an Fließ geschrieben, als dessen Mutter und seine schwangere Frau krank waren:

> Unheimlich, wenn die Mütter wackeln, die einzigen, die noch zwischen uns und der Ablösung stehen. [1]

Dies ist eines der vielen Beispiele, wo Freuds spätere Einstellungen und Neigungen sich ankündigen. Freud äußerte wiederholt ähnliche Gedanken über seine Mutter bis zu ihrem Tod. Später wiederholte er sie mit Bezug auf seine Familie. Was er meinte, war – wie wir aus Briefen, die wir später zitieren (z. B. im 24. Kapitel), deutlich sehen werden –, daß zu den schmerzlichen Aspekten des Todes die Aussicht gehört, von denen, die man liebt, auf immer getrennt zu werden, und die Vorwegnahme des Leids der Überlebenden. Freud hatte sicherlich nicht die Schmerzen vergessen, die er vor nicht allzu langer Zeit erfahren hatte, als er Sophie, Anton von Freund, viele andere Freunde, und vor allem seinen geliebten Enkel Heinele verlor. Wenn Freud seine Pflicht zum Weiterleben betonte, konnte er nicht an Selbstmord gedacht haben, und ganz sicher nicht aus Furcht vor Leiden. Es ist wahrscheinlich, daß die Aussicht, nicht mehr rauchen zu dürfen, was gewöhnlich zu einer Verminderung seiner schöpferischen Kraft führte, für ihn eine größere Drohung darstellte als die Erwartung des Leidens. Der Gedanke an Selbstmord kam ihm nie in den

Sinn, nicht einmal während der schlimmsten Qualen der folgenden Jahre, wie ein äußerst bitterer Vorfall im Frühjahr 1938 beweist (siehe 26. Kapitel). Grundsätzlich wollte er das *Leben* bis zum bitteren Ende durchhalten; er wollte nur die Zusicherung, daß sein *Sterben* nicht unnötig verlängert würde. Diese Einstellung hatte er schon in einem Brief an Fließ vom 6. Februar 1899 zum Ausdruck gebracht, als er sagte: »Die Kunst, einen Kranken zu täuschen, ist ja gerade nicht groß erforderlich ... Hoffentlich finde ich zu meiner Zeit jemanden, der mich mit mehr Achtung behandelt und es mir sagt, wenn ich bereit sein soll.« Der Mann, der nach dem Tod von Anton von Freund über diesen schrieb, er sei sich über sein Schicksal völlig klar gewesen und habe durch sein Verhalten der Psychoanalyse keine Schande gemacht, war ein Mensch, der die Wahrheit wissen wollte und sich nicht umgebracht hätte, wenn er sie erfuhr.

Freuds Reaktion, als man ihm endlich die Wahrheit sagte – und das dauerte noch eine ganze Weile –, hat das vollauf bestätigt.

Auch die Bedenken von Deutsch, Freud sei nicht genügend vorbereitet gewesen, läßt viele Fragen unbeantwortet. Warum teilte Freud seine Verantwortung nicht mit einem Mitglied der Familie Freud oder mit Rie oder mit Schnitzler? Warum schlug er nicht selbst einen zu konsultierenden Arzt vor? Warum dachte er erst Monate später an Pichler?

Nur eine einzige Erklärung erscheint möglich, eine nur allzu menschliche und verständliche bei einem Mann, der Freud bewunderte und ihm mit Ehrfurcht gegenüberstand. Die inneren Hemmungen vor der Eröffnung der Wahrheit waren die gleichen, die auch ich überwinden mußte, als mir die Aufgabe zuteil wurde, über diesen so hoch verehrten Mann zu wachen.

Es war Deutsch, der der Wirklichkeit nicht ins Gesicht sehen konnte, als er die häßliche Wunde in Freuds Mund sah und ihn die schreckliche Überzeugung überfiel, daß dies keine Leukoplakie war, sondern Mundkrebs.

Hajeks Verhalten ist schwieriger zu erklären. Jones hat es mit Recht verantwortungslos genannt. Daß er sich mit einer lokalen Exzision zufriedengab, die, wie er wissen mußte, die Ausbreitung des Krebses nicht zum Stehen bringen konnte, läßt sich nur durch die Annahme erklären, daß er den Fall als hoffnungslos aufgegeben hatte und deshalb nur pro forma Palliativmaßnahmen ergriff. Daß Hajek die nicht ganz kleine Exzision in der Ambulanz durchführte und dann Freud nach seiner Blutung ohne richtige ärztliche und pflegerische Betreuung ließ, wäre in jedem Fall unentschuldbar gewesen, auch wenn der Patient nicht jemand gewesen wäre, der Weltruhm erlangt hatte und dazu ein Freund seines Schwagers war.

Angesichts des mächtigen Einflusses, den der Widerstand gegen die Psychoanalyse und ihre Entdeckungen auf das Verhalten vieler Menschen hat, können wir annehmen, daß gerade die Tatsache, daß der Patient Freud, der Entdecker der Psychoanalyse, war, zum Ablauf der Ereignisse während und nach dieser ersten Operation mit beitrug.

Freuds Operation fand am 20. April 1923, kurz vor seinem 67. Geburtstag statt. Der Geburtstag wurde gefeiert, »als ob ich eine Operettendiva wäre«, wie Freud in einem Brief an Lou Andreas-Salomé bemerkte.

Freuds Briefe vom 10. Mai 1923 sind bezeichnend. Der eine war an Lou Andreas-Salomé gerichtet, der andere an Abraham; beides waren kurze Dankesbriefe für Glückwünsche zum Geburtstag. In beiden erwähnte Freud, daß er wieder rauchen könne. Beide Briefe lassen erkennen, daß schon damals Freud sich über die Natur der Geschwulst in seinem Mund im klaren war, wenn auch vielleicht nicht vollständig. Er schrieb an Lou Andreas-Salomé: »Man stellt nur selbst nach der Operation eine gute Prognose.« Und an Abraham schrieb er:

> Ich kann wieder kauen, arbeiten und rauchen und werde es mit Ihrer optimistischen Formel versuchen: *many happy returns of the day and none of the new growth.*[2]

Ein (unveröffentlichter) Brief an Jones vom 18. Mai 1923 war sogar noch pessimistischer:

> Einen Tag, bevor ich den Brief Ihrer lieben Frau erhielt, hörte ich von Ihrer Operation und bin sehr betroffen, daß sie wiederholt werden muß. Ich rechne aber für Sie als Patient mit einer nachhaltigen Besserung Ihrer Gesundheit, während ich für mich nicht mehr als eine unvollständige Wiederherstellung erwarten kann. (Aus dem Englischen übersetzt, da das Original nicht zugänglich war.)

Außer der Einstellung und dem Verhalten von Deutsch und Hajek müssen wir jedoch auch Freuds eigenes Verhalten während

2 Englisch im Original.

dieser Zeit betrachten. Bei dem Versuch, dieses zu verstehen, müssen wir unterscheiden zwischen Freuds Einstellung vor dem Eingriff und seinem Verhalten in den Wochen danach, und zwar wegen eines äußeren Ereignisses, das in der Zwischenzeit vorfiel.
Daß Freud seiner Familie nichts über seine Symptome und den bevorstehenden Eingriff sagte, ist angesichts seiner großen Rücksichtnahme auf die ihm Nahestehenden verständlich. Wir erinnern uns, daß er während der Periode seiner Herzbeschwerden seiner Frau nichts von seinen Sorgen erzählt hatte. Seine Tochter Anna war 1923 noch jung und er wollte ihr sicher Kummer ersparen.
Warum aber fragte er nicht Schnitzler oder seinen Freund Oskar Rie um Rat wegen der Wahl eines Chirurgen? Einer der Gründe muß Freuds beispielhafte Loyalität gewesen sein. Er bewies diese gegenüber seinen Schülern (und erkannte erst widerstrebend, daß einige von ihnen diese Loyalität nicht erwiderten), gegenüber seinen Freunden und später gegenüber seinen Ärzten. Diese Eigenschaft, neben vielen anderen, war für Professor Pichler und mich während der letzten zehn Jahre von Freuds Leben eine große Hilfe.
Die wichtigste Frage über Freuds Verhalten ist, warum er zwei Monate wartete, bevor er wegen seiner Geschwulst etwas unternahm. Natürlich war da seine Abneigung, dem erwarteten, gefürchteten Urteil gegenüberzutreten: Sie müssen das Rauchen aufgeben! Aber das allein kann es nicht gewesen sein.
Als ich im Jahre 1964 den Entwurf meines Freud-Vortrages vorbereitete, schrieb ich über diesen Punkt: »Ein Faktor war ein gewisses Element dessen, was man Fatalismus nennen könnte. Freud selber hätte es vielleicht das Wirken des Todestriebes genannt. Ich würde es als eine gewisse, glücklicherweise vorübergehende Unterwerfung unter die *Ananke* bezeichnen.« Erst nachdem ich die veröffentlichte und unveröffentlichte Fließ-Korrespondenz noch einmal sorgfältig studiert hatte, erkannte ich, daß die 2467 Fehler in *Die Traumdeutung*, von denen Freud halb scherzhaft in seinem Brief an Fließ vom 27. August 1899 gesprochen und deren Determinanten er später in *Zur Psychopathologie des Alltagslebens* analysiert hatte, möglicherweise jetzt, im Jahre 1923, ihre Wirkung auf die Ereignisse seines Lebens ausübten. 24 Jahre später, als er das Alter von 67 Jahren erreicht hatte! Ich beziehe mich auf die Tatsache (siehe 5. Kapitel), daß Freud die 67, bei der Analyse

dieser scheinbar beliebigen Zahl, als das Alter deutete, in dem er bereit sein werde, in den Ruhestand zu treten; 67 war außerdem auch das Alter seines älteren Bruders Emanuel im Jahre 1899. Emanuel starb mit 81½ Jahren im Jahre 1914, neun Jahre vor Freuds Operation, und 81½ war auch das Alter, in dem Freuds Vater gestorben war (siehe 4. Kapitel).

In einem anderen Brief an Fließ hatte Freud von seiner fatalistischen Überzeugung gesprochen (5. Kapitel). Deshalb ist es möglich, daß Freuds 67. Lebensjahr – 24 Jahre, nachdem er *Die Traumdeutung* vollendet, einen Bruch mit Fließ als unvermeidlich erkannt und in seiner Analyse des *non-vixit*-Traumes »das Schuldgefühl des Überlebenden« entdeckt hatte – sich in seinem Unbewußten mit seinem Ruhestand verknüpfte und als ein kritisches Datum empfunden wurde, das gefährlicher war als jene, deren er sich bewußt war. Das mag durchaus zu dem Fatalismus beigetragen haben, mit dem er sich seiner Krankheit gegenüber verhielt.[3]

Man könnte die Frage aufwerfen, ob ein solches fatalistisches Verhalten nicht der Ausdruck eines unbewußten Todeswunsches war und deshalb ein Anzeichen für eine Neigung zum Selbstmord. Träfe das zu, würde es dann nicht meine Behauptung entkräften, daß Freud nie einen Selbstmord in Betracht zog, nachdem man ihm endlich mitgeteilt hatte, daß er an Krebs litt? Hier müssen wir uns an den großen Unterschied erinnern, der zwischen dem wirklichen Erwägen oder Ausführen eines Selbstmordes und einem unbewußten Wunsch besteht, der sich in einem Fatalismus der Stimmung und des Verhaltens manifestiert und sicherlich als unklug gelten und zu einem selbstzerstörerischen Verhalten führen kann.

Der Untersuchungsbefund der entnommenen Gewerbeprobe war Epithelialkrebs. Nach der Exzision überwies Hajek Freud an Dr. Guido Holzknecht, Vorsteher der radiologischen Abteilung der Wiener Medizinischen Fakultät, zu einigen Röntgenbestrahlungen. Ferner wurde er zu lokalen Radiumanwendungen an einen von Hajeks Assistenten verwiesen. Hier sind zwei Tatsachen festzuhalten: erstens ist bei dieser Form von Krebs Radiumtherapie gewöhnlich erfolglos. Dies wurde später durch die Professoren

3 Ich habe erwähnt, daß Groddeck noch viel weiter ging: er nahm an, Freuds Es habe den Krebs im Jahre 1923 geschaffen, weil Freud im Jahr 1899 diese Assoziationen gehabt hatte.

Rigaud und Lacassagne, Direktoren am Institut Curie in Paris, festgestellt. Zweitens wurde außerhalb von Paris, und vor allem in Wien, die Radiumbehandlung etwas auf gut Glück durchgeführt. Die Bestrahlung, die Freud erhielt, bewirkte nur Gewebeschäden und heftige Schmerzen. Bis dahin hatte man weder Freud noch jemand anderem die Wahrheit gesagt.

Freud vermutete jedoch die Wahrheit von Anfang an, wie ich schon sagte. Er war alles andere als töricht und muß gewußt haben, warum man Röntgenbestrahlungen und Radiumbehandlungen anwandte. In einem Brief an Deutsch aus Lavarone in Südtirol, wo er den Sommer verbrachte, sprach er von seinem »lieben Neoplasma«. Die Leugnung des Todes und einer tödlichen Krankheit ist eine Anpassungsabwehr. Freud wollte zwar diesen Abwehrmechanismus nicht benützen, aber er wurde ihm aufgezwungen. Daß ihn das ärgerte, ja daß er sich schließlich sogar dessen schämte, ist aus einem Brief an Deutsch zu ersehen:

> Ich habe mich stets an jede Art von Realität anpassen, selbst eine auf einer Realität beruhende Ungewißheit ertragen können – aber allein gelassen mit meiner subjektiven Unsicherheit, ohne ... die Stütze der *Ananke*, der unerbittlichen, unausweichlichen Notwendigkeit, mußte ich der elenden Feigheit der Menschen zum Opfer fallen und zum unwürdigen Schauspiel für andere werden (F. Deutsch, 1956, S. 282; aus dem Englischen übersetzt, da der deutsche Text nicht zugänglich war).

Dieser Brief scheint auch meine Annahmen über Freuds innere Motivationen für die Formulierung der Theorie des Todestriebes zu bestätigen. In *Jenseits des Lustprinzips* sagt Freud, »daß man lieber einem unerbittlichen Naturgesetz, der hehren Ananke, erlegen sein will, als einem Zufall« (1920, S. 47).

Freuds Fatalismus, was ihn selber betraf, wurde plötzlich noch durch den schmerzlichsten Schicksalsschlag vertieft, der ihn je getroffen hatte. Nichts kann das Ereignis besser beschreiben als Freuds eigene Briefe. Am 11. Juni 1923 schrieb er an zwei enge ungarische Freunde, Katá und Lajos Levy[4]:

4 Katá Levy war Psychoanalytikerin. Dr. Lajos Levy war ein Internist, der in der Zeit zwischen 1923 und 1928, als ich Freuds Arzt wurde, Freud häufig in Wien besuchte und ihn ärztlich beriet. Er und ich haben zusammen Pichlers Notizen über Freuds Krankheit ins Englische übersetzt; Jones hat einige von ihnen als Appendix II von Band 3 seiner Freudbiographie veröffentlicht.

Über mein Leiden und Operation ist nichts zu sagen, was Sie beide nicht selbst wüßten oder erwarten könnten. Die Unsicherheit, die eben über einem Mann von siebenundsechzig Jahren schwebt, hat nun einen materiellen Ausdruck gefunden. Es geht mir nicht sehr nahe; man wird sich eine Weile mit den Mitteln der modernen Medizin wehren und sich dann der Mahnung von Bernard Shaw erinnern: »Don't try to live for ever, you will not succeed.« (The Doctor's Dilemma)

Es handelt sich jetzt um anderes. Wir haben doch von Hamburg den jüngeren Sohn von Sophie mitgebracht, Heinele, jetzt viereinhalb Jahre alt. Meine Älteste, Math, und ihr Mann haben ihn wie ihr Kind angenommen und sich so gründlich in ihn verliebt, wie man es nicht hätte voraussehen können. Er war auch ein entzückender Kerl, und ich selbst wußte, daß ich kaum je einen Menschen, gewiß nie ein Kind so lieb gehabt wie ihn. Leider war er sehr schwächlich, eigentlich nie fieberfrei, eines jener Kinder, deren geistige Entwicklung auf Kosten ihres körperlichen Gedeihens erfolgt ist. Wir meinten, er habe in Hamburg nicht genug Pflege oder ärztliche Fürsorge.

Dieses Heinele ist uns jetzt vor vierzehn Tagen neuerdings erkrankt, Fieber zwischen neununddreißig und vierzig, Kopfschmerzen, kein rechter Lokalbefund, lange Zeit keine Diagnose, und endlich mit wachsender Sicherheit die Erkenntnis, daß es eine Miliartuberkulose ist, das Kind also verloren. Er liegt jetzt im Coma mit Paresen, erwacht zeitweilig, und ist dann wieder ganz der nämliche, so daß es schwer ist zu glauben --- Nach jedem Erwachen und Wiedereinschlafen verliert man ihn von neuem, die Doktoren sagen, es mag noch eine Woche dauern, vielleicht länger, und Herstellung sei nicht zu wünschen, zum Glück nicht wahrscheinlich. Sein Vater ist gestern gekommen.

Diesen Verlust vertrage ich so schlecht, ich glaube, ich habe nie etwas Schwereres erlebt, vielleicht wirkt die Erschütterung durch meine eigene Erkrankung mit. Ich mache meine Arbeit notgedrungen, im Grunde ist mir alles entwertet.[5] (B* 343 f.)

Heinele starb am 19. Juni 1923, sechs Tage nachdem dieser Brief geschrieben wurde. Ein tragisches Zusammentreffen, daß Groß-

5 Es ist unheimlich, in welchem Maße Thomas Manns Schilderung im *Dr. Faustus* von dem Elfenkind *Echo* und seinem Tod an Meningitis eine enge Parallele zu Freuds Schilderung von Heinele bildet.

vater und Enkel ungefähr zur selben Zeit eine Operation im Rachenraum hatten![6] Daß dieser bezaubernde, schelmische kleine Junge, der alle Herzen gewonnen hatte, innerhalb von wenigen Tagen an tuberkulöser Meningitis starb, war *Ananke* in ihrer grausamsten Gestalt. In einem Brief an Ferenczi vom 18. Juli erklärte Freud, er leide an der ersten Depression in seinem Leben. Später bemerkte er wiederholt, durch dieses Ereignis sei etwas in ihm gestorben, so daß er nie mehr imstande sei, neue Bindungen einzugehen. Ungefähr drei Jahre später hatte Freud Anlaß, diese Meinung erneut zu äußern, als Binswanger von einem tragischen Schicksalsschlag getroffen wurde. Im Jahre 1926 starb Binswangers achtjähriger Sohn, dessen Persönlichkeit eine gewisse Ähnlichkeit mit der Heineles hatte, gleichfalls an tuberkulöser Meningitis. Binswanger teilte Freud seinen schweren Verlust in einem sehr feinfühligen Brief mit, der beredtes Zeugnis davon ablegt, daß unterschiedliche wissenschaftliche Auffassungen kein Hindernis für Freuds Freundschaften waren. Sowohl Freuds Brief, als auch der Binswangers verdienen es, hier wiedergegeben zu werden.

Binswanger schrieb an Freud:

> Sie haben mir in der Zeit schwerster Lebensbedrohung in einer Art beigestanden, die mich, abgesehen von allen sonstigen Banden, für immer an Sie fesselt. Nun war mein Leben seither nicht mehr bedroht, wohl aber das eines meiner Kinder, eines sehr lieben, eben zu einer energischen Persönlichkeit heranreifenden 8jährigen Knaben, den wir mitten aus heiterem Himmel nach 14tägigem Kranksein unter großen Qualen verloren haben. Es handelte sich um eine tuberkulöse Meningitis. Es war unser 5. Kind und uns wegen seiner seelischen Zartheit besonders ans Herz gewachsen. Ich konnte es nicht über mich bringen, Ihnen den Tod des Jungen mit einer gedruckten Anzeige anzuzeigen, aber schreiben konnte ich gerade Ihnen auch noch nicht. Hiermit sei es also geschehen. Ich weiß, daß Sie Ähnliches durchgemacht haben, und ein erwachsenes Kind zu verlieren, ist vielleicht noch schwerer.[7] Meine Frau, die diesem Kind von den ersten Lebenstagen an ihre mütterliche Liebe und Sorge in besonders hohem Maße zugewendet hat und mit ihm besonders

6 Heinele hatte eine Mandeloperation gehabt.

7 Binswanger wußte nichts von der Tragödie um Heinele.

verschmolzen war, hat mir den Schlag nicht schwer gemacht, sondern durch ihre absolute Unterwerfung unter das Unvermeidliche ihn tragen helfen.

Auch im Hinblick auf die übrigen Kinder ist die triumphierende Sicherheit nun geschwunden und die verschärfte Aufmerksamkeit findet natürlich da und dort etwas.

Ich erwarte von Ihnen keinen Brief, lieber Herr Professor, aber ein *Wort* von Ihnen freut mich und ebenso meine Frau mehr als sonst etwas. In herzlicher Anhänglichkeit immer

Ihr L. B.

P. S. Ich habe diesen Brief nicht diktiert, sondern von Hand geschrieben, lasse ihn aber für Sie abschreiben.[8] (S. 93-94)

Freud antwortete sofort, am 15. Oktober 1926:

Ich kann es doch nicht unterlassen, Ihnen zu schreiben, nicht ein Wort überflüssigen Beileids, sondern – ja eigentlich nur aus innerem Drange, weil Ihr Brief eine Erinnerung in mir geweckt hat – unsinnig – die ja nie eingeschlafen war. Es ist richtig, ich habe eine geliebte Tochter im Alter von 27 Jahren verloren, aber dies vertrug ich merkwürdig gut. Es war das Jahr 1920, man war zermürbt durch das Kriegselend, durch Jahre darauf vorbereitet, zu hören, daß man einen Sohn oder gar drei Söhne verloren hat. So war die Gefügigkeit gegen das Schicksal vorbereitet. Aber zwei Jahre später brachte ich das jüngere Kind dieser Tochter, ein Kerlchen von 3-4 Jahren nach Wien, wo es meine kinderlose Älteste zu sich nahm und dieses Kind ist uns – Juni 23 – an rapid verlaufender Miliartuberk. gestorben. Es war geistig hoch entwickelt, so daß der Konsilarius darauf sogar die noch unsichere Diagnose stützte. Mir stand es für alle Kinder u. anderen Enkel, und seither, seit Heineles Tod, mag ich die Enkel nicht mehr, aber freue mich auch nicht am Leben. Es ist das auch das Geheimnis der Indifferenz – Tapferkeit hat man es genannt – bei meiner eigenen Lebensgefahr. Mein Schicksal hat ja eine Ähnlichkeit mit dem Ihren, auch bei mir ist das Neugebilde nicht wiedergekommen. In dem anderen Punkt, hoffe ich, werden Sie sich der Ähnlichkeit entziehen. Sie sind jung genug, um den Verlust zu überwinden; ich muß ja nicht mehr.

8 Binswanger hatte eine so schwer zu entziffernde Handschrift, daß Freud ihn oft gebeten hatte, seine Briefe auf der Schreibmaschine zu schreiben.

Wenn Sie im Sept. 27 nach Wien kommen u. ich noch da bin, so bin ich nicht in Wien, sondern auf dem Semmering wie die letzten Jahre. Dann kommen Sie hinauf. (S. 94-95)

Hier sprach Freud die Sprache seiner alten Depression, des Kummers und der Trauer, die der Verlust, den sein Freund erlitten, neu entflammt hatte. Es ist für mich und für alle, die Freud in den folgenden Jahren seines Lebens näher kannten, schwer, diese Äußerungen buchstäblich zu nehmen. Freud hörte nie auf zu lieben. Er ging in Wirklichkeit doch neue Bindungen ein, und alte Bindungen gewannen noch an Intensität. Ohne sie hätte Freud nicht weiterleben können. Er behielt seine Enkelkinder auch weiter sehr lieb, und ich erinnere mich, mit welcher Zärtlichkeit er im August 1939 von seiner Enkelin Eva[9] Abschied nahm, wohl wissend, daß er sie nicht wiedersehen würde. Seine Kinderliebe beschränkte sich auch nicht auf die Kinder der eigenen Familie. Es war also nicht nur Freuds Ichstärke, die ihm half, schließlich seine oft unglaubliche Widerstandskraft zurückzugewinnen. Seine Kraft wurde ständig genährt durch seine Fähigkeit, zu lieben und zu geben.

Während dieser ganzen Zeit ging die Täuschung immer noch weiter. Man erlaubte Freud, zu seinem regelmäßigen langen Sommerurlaub wegzufahren, obwohl er sich sehr elend fühlte. Die Reaktion auf das Radium war noch nicht abgeklungen, und wahrscheinlich machte ihm auch die Neubildung Beschwerden. Er schrieb an Deutsch und schilderte ihm seine Beschwerden; er fügte eine Bemerkung darüber an, daß infolge seiner Gleichgültigkeit gegenüber solchen Kleinigkeiten wie die Wissenschaft der Trauerprozeß im Dunkeln weitergehen müsse. Das zeigt, daß anfangs Freuds Kummer und Trauer nach dem Tod von Heinele und die Reaktion auf seinen Krebs ineinander übergingen.

Deutsch fuhr nach Lavarone, um Freud zu besuchen, und auch das gesamte Komité kam dort zusammen. Deutsch erkannte nun, daß eine zweite, radikale Operation notwendig sein würde. Er teilte den Mitgliedern des Komités (Abraham, Eitingon, Ferenczi, Jones, Rank und Sachs) die Wahrheit mit, nicht aber Anna Freud oder Freud selbst. Das Komité beschloß, Freud seine Pläne, zwei Wochen mit Anna in Rom zu verbringen, ausführen zu lassen, die er gleich nach seiner Operation im April gefaßt hatte. Deutsch

9 Sie war die Tochter seines Sohnes Oliver (siehe 26. Kapitel).

kehrte nach Wien zurück und traf die Vorbereitungen für die zweite Operation. Erst im letzten Lebensjahr Freuds machte Jones ihm von dieser Entscheidung des Komitės in Lavarone Mitteilung. Nach Jones (Bd. 3, S. 117) fragte Freud mit blitzenden Augen: »Mit welchem Recht?«

Daß man Freud erlaubte, noch einmal Rom zu sehen und Anna die Stadt zu zeigen, war die humanste und konstruktivste Handlung in all diesen Monaten, trotz der Tatsache, daß Freud während der Eisenbahnfahrt von Verona nach Rom plötzlich stark aus dem Mund blutete.

Erst nach seiner Rückkehr aus Rom teilte man Freud die Wahrheit mit, die er völlig gefaßt aufnahm, wie aus einem Brief an Eitingon hervorgeht, den er am 26. September 1923 schrieb, dem Tag, an dem ihn Professor Hans Pichler zum ersten Mal untersucht hatte.

> Ich kann heute Ihr Bedürfnis Neues von mir zu erfahren befriedigen. Es ist beschlossen worden, daß ich eine zweite Operation zu bestehen habe, eine partielle Oberkieferresektion, da das liebe Neugebilde dort aufgetaucht ist. Die Operation wird Prof. Pichler machen, der größte Könner in diesen Dingen, der auch die Prothese für nachher anfertigt. Er verspricht, daß ich in etwa 4-5 Wochen gut werde essen und sprechen können, so daß ich den Beginn meiner Behandlungen vorläufig auf den 1. November verschoben habe. [2]

Pichler war die ideale Wahl für Freuds Fall. Während des Ersten Weltkriegs war er Leiter einer neugeschaffenen Abteilung für Kieferchirurgie an den Universitätskliniken geworden und hatte dort zahllose schwer verwundete Soldaten operiert, wobei er mit glänzenden Erfolgen neue, kühne Methoden anwandte, die vorher noch nie versucht worden waren. Es stellte sich heraus, daß er sich auch für Freud eine neue Art des Vorgehens ausdenken mußte. Er war ein Chirurg, der vor radikalen Eingriffen nicht zurückscheute, wenn sie notwendig waren, was damals nicht häufig war. Pichler war jedoch eine außerordentlich gütige, humane Persönlichkeit. Obwohl er sicherlich von Freuds Bedeutung in der Wissenschaftsgeschichte keine Ahnung hatte, behandelte er ihn nicht nur 15 Jahre lang mit äußerstem Respekt, Takt und Höflichkeit, sondern übte auch jeden nur möglichen Einfluß auf die Behörden aus, um Freud zu schützen, als Österreich von Hitler besetzt wurde.

Nachdem ich 1928 Freuds Arzt wurde, dehnte Pichler die gleiche liebenswürdige Behandlung auch auf mich aus; eine engere, freundlichere Zusammenarbeit als die zwischen uns hätte man sich kaum vorstellen können. Pichler war glücklicherweise ein Besessener im besten, sublimsten Sinn des Wortes. Während der ganzen 15 Jahre, in denen er Freud bchandelte, machte er sich über jeden einzelnen Besuch und jeden chirurgischen Eingriff Notizen. Nach dem Ende des Zweiten Weltkriegs nahmen Pichler und ich unsere Korrespondenz wieder auf, und nach seinem Tod im Jahre 1949[10] gestattete sein Sohn liebenswürdigerweise, daß Pichlers Sekretärin seine ganzen Notizen abtippte und mir übersandte.

Als Pichler Freud zum ersten Mal untersuchte, stellte er fest, daß außer einer großen, kraterförmigen, eitrigen Neubildung am rechten weichen Gaumen der Tumor sich auf die Wange und den Unterkiefer hin ausgebreitet hatte. Es war auch eine gewisse Schrumpfung von dem ersten Eingriff her vorhanden. Die Folgen der oberflächlichen Ausführung der ersten Operation waren für Freuds späteres Leben einschneidend. Es bedurfte jetzt einer sehr viel ausgedehnteren Operation, einschließlich eines Eingriffs, den Pichler erst an einer Leiche ausprobieren mußte, um sich zu überzeugen, daß er möglich war!

Pichler traf komplizierte Vorbereitungen, unter anderem fertigte er mehrere verschiedene Modelle für die Prothese des Ober- und des Unterkiefers an, um für jede Art von chirurgischem Eingriff gerüstet zu sein, der sich als notwendig erweisen sollte.

Am 4. Oktober 1923 wurde unter Lokalanästhesie die äußere Karotis abgebunden und eine ausgedehnte Sektion der Unterkiefer- und Jugulardrüsen vorgenommen, um eine Ausbreitung des Krebses zu verhindern. Glücklicherweise zeigten die vergrößerten Drüsen keine Malignität. Erst am 12. Oktober führte Pichler, wieder unter Lokalanästhesie, die Radikaloperation aus; sie bestand aus der Resektion des größeren Teils des rechten Oberkiefers, eines beträchtlichen Teils des Unterkiefers, des rechten weichen Gaumens und der Backen- und Zungenschleimhaut.[11]

10 Ein Nachruf von mir erschien in *The Bulletin of the American Psychoanalytic Association* (1949).

11 Angesichts der Hypothese von Fließ, daß Freud an einer chronischen Nebenhöhlenentzündung litt, ist es bemerkenswert, daß der Sinus maxillaris nur einige Polypen aufwies, sonst jedoch keinerlei pathologische Erscheinung!

Schließlich ersetzte er durch Hautverpflanzungen jene Teile der entfernten Schleimhaut, die nicht vernäht werden konnten, und setzte die Prothese ein. Freud, der außer der Lokalanästhesie auch Sedative erhalten hatte, an die er nicht gewöhnt war, schlief während der Operation, die mehrere Stunden dauerte, die meiste Zeit. Nach der Operation war seine Pulszahl 64.
Pichler notierte über diese Operation, der einzige Fehler sei, daß vielleicht mehr vom inneren Flügelmuskel hätte entfernt werden müssen. Pichler hatte in der Tat ein strenges Über-Ich.
Ich muß den Leser daran erinnern, daß man damals Antibiotika und intravenöse Ernährung noch nicht kannte. Flüssigkeiten wurden durch das Rektum zugeführt; Nahrungszufuhr erfolgte durch den Nasenschlauch.
Zwei Tage lang hatte Freud hohes Fieber, konnte aber am 28. Oktober nach Hause. Pichler beobachtete genauestens die Stelle, wo er glaubte, nicht genug Gewebe entfernt zu haben. Am 7. November bemerkte er eine leicht eiternde Stelle unter einem winzigen nekrotischen Teil des verpflanzten Gewebes und entnahm eine Probe. Am 12. November erhielt er den Bericht, daß sich an dieser Stelle noch malignes Gewebe befand. Die meisten Chirurgen hätten jetzt aufgegeben. Pichler sagte Freud die Wahrheit, schlug eine sofortige weitere Operation vor, und Freud gab seine Zustimmung. Die Operation wurde noch am selben Nachmittag durchgeführt, wieder nach Lokalanästhesie und Verabreichung von Sedativa. Es wurde eine weitere Resektion des Unterkiefers und der weichen Gewebe vorgenommen mit erheblichem Blutverlust. Erst jetzt war Pichler überzeugt, daß er eine Radikaloperation durchgeführt hatte, und er hatte recht. Es gab keine weiteren ernsthaften Komplikationen, doch erhielt Freud wiederum eine Serie von prophylaktischen Röntgenbestrahlungen.[12]

12 Er unterzog sich noch einem anderen chirurgischen Eingriff. Freud hatte in *Jenseits des Lustprinzips* und anderen Arbeiten das Werk des Endokrinologen Steinach erwähnt, der als einer der Ersten die Funktion der *interstitiellen Zellen* der Hoden entdeckte, die das männliche Sexualhormon erzeugen. Er gelangte zu der Hypothese, daß die Abbindung der Samengänge zu einer relativen Hypertrophie der sexualhormonerzeugenden Zellen führe und dadurch eine Verjüngung des Betreffenden bewirke. Damals standen wirksam injizierbare Sexualhormone noch nicht zur Verfügung. Weil die Krebsbildung zum Teil als Resultat des Alterungsprozesses betrachtet wurde, glaubte man, die Abbindung der Samengänge, die als »Steinachsche Verjüngungsoperation« bezeichnet wurde, könne zur Verhinderung eines Wiederauftretens der Krankheit beitragen. Ich konnte

Nur ein wirklicher *homo surgicus* konnte damals eine derartige Operation durchführen. Die Operation als solche war vollkommen erfolgreich. Freud starb nicht an einem Wiederauftreten oder an einer Metastase des ursprünglichen Karzinoms. Die umfangreiche Operation machte jedoch eine wirklich zufriedenstellende Prothese unmöglich, und der Verlust des größeren Teils der Mundschleimhaut konnte durch Transplantation nicht völlig ausgeglichen werden. Das Resultat war ein Leben endloser Qual. Essen, Rauchen und Reden war nur mit großer Anstrengung und unter Schmerzen möglich. War die Prothese für die richtige Okklusion und Trennung zwischen Mund- und Nasenhöhle gerade passend, so führte das zu Entzündungen, Druck auf das Kiefergelenk, und häufig zu unerträglichen Schmerzen. Wurde etwas von der Prothese weggenommen, so wurden Sprechen, Essen und Rauchen sehr viel schwieriger. Damit begannen die unaufhörlichen Versuche, die Prothese zu verbessern oder eine neue anzufertigen. Die Prothese durfte zur Vermeidung einer Schrumpfung nur zum Reinigen herausgenommen werden. Sie herauszunehmen und wieder einzusetzen, erforderte eine komplizierte Technik.[13]

Das alles war jedoch nur der Anfang. Freud war nicht imstande, seine Sucht zu überwinden und das Rauchen aufzugeben, das eine ständige Reizung dieses Bereichs bewirkte und den Reiz zur Bildung neuer Leukoplakien lieferte. Diese hatten, wie sich schon bald zeigte, die Tendenz, zu wachsen und zu wuchern. So begann im Jahre 1926 ein nie endender Zyklus von Leukoplakie, Proliferation, präkanzerösen Veränderungen. Jede einzelne von diesen mußte chirurgisch behandelt werden, durch Ausschneidung, Elek-

nicht herausfinden, wer Freud damals zu diesem Eingriff riet, bis mir Freud mitteilte, er selbst sei dafür gewesen, und daß die Operation (es handelt sich um einen kleineren Eingriff) am 17. November 1923 stattfand.

13 Jones erwähnt, die Prothese sei »das Ungeheuer« genannt worden (S. 119). In Wirklichkeit wurde sie zu Freuds Lebzeiten nie so genannt, obwohl sie sicherlich monströs war. Ich gab ihr diesen Namen in dem Aufsatz (mit dem Titel »Das letzte Kapitel«), den ich Jones zur Veröffentlichung als letztes Kapitel von Band 3 seines Buches übersandte.

Was die Prothese angeht, so muß ich hinzufügen, daß Pichler zwar ein glänzender Chirurg und ein ausgezeichneter Arzt war, daß aber vielleicht sein Geschick als Zahntechniker nicht ganz auf der Höhe seines chirurgischen Könnens stand. In späteren Jahren wurden zwei andere Spezialisten gebeten, sich mit der Anfertigung einer Prothese zu versuchen. Vielleicht hätten sie ein wirksameres und weniger lästiges Instrument fertiggebracht, wenn sie Gelegenheit zu ständigem Kontakt mit dem Patienten gehabt hätten.

trokoagulation oder eine Kombination von beiden. Das geschah mehr als dreißig Mal. Erst 1936 war eine dieser Veränderungen wieder bösartig, und erst 1939 befand sich eine solche Veränderung an einer Stelle, wo sie chirurgisch nicht mehr zu erreichen war. Häufig versuchte man, die Operationsstelle mit Hauttransplantaten zu überdecken. Meistens wurde Lokalanästhesie angewandt. Der Eingriff dauerte oft über eine Stunde, aber nur die umfangreichen Operationen wurden in einer Klinik durchgeführt. Nach jedem Eingriff mußte die Prothese mehrere Tage lang eingesetzt bleiben; die Reinigung war nur durch Abspülen möglich. Die ersten Einsetzungen und Herausnahmen waren gewöhnlich besonders qualvoll und konnten im allgemeinen nur durch Pichler selbst vorgenommen werden.

Schmerzen und Unbehagen waren nicht die einzigen Prüfungen. Nur wer des Deutschen mächtig ist, kann die Schönheit von Freuds Stil, seine meisterhafte Sprachbeherrschung ermessen. Der einzige internationale Preis, den Freud erhielt, war der Goethepreis, der für literarische Leistungen vergeben wurde. Er wurde häufiger für den Nobelpreis für Literatur vorgeschlagen als für den Nobelpreis für Medizin. Es war jedoch ein ebenso einzigartiges Erlebnis, Freud reden zu hören. Jeder, der ihn vor seiner Operation kannte, war davon beeindruckt. Seine Art zu sprechen, der Inhalt des Gesagten und der Ausdruck seines Gesichts und seiner Augen bildeten eine Einheit. Ein gut Teil davon war auch nach der Operation noch da, aber was zuvor ein leichter, natürlicher Redefluß gewesen war, war nun eine mühselige Anstrengung, unterbrochen von Bewegungen, die wie Manieriertheit wirkten, in Wirklichkeit aber dazu dienten, die Prothese etwas zu verschieben, um den Druck zu erleichtern.

Wir müssen außerdem im Auge behalten, daß sich all das über eine Zeit von 16 Jahren erstreckte, die nicht nur den natürlichen Vorgang des Alterns mit sich brachte, sondern auch die politische Krise, die im Aufkommen des Nazismus, der Besetzung Österreichs, Freuds Emigration und schließlich im Zweiten Weltkrieg gipfelte. Nur im Lichte all dessen können wir Freuds Einstellung zum Leben, zur Krankheit und zum Tod während dieser Periode richtig einschätzen.

Unsere Einstellung zum Tod hängt zum Teil davon ab, wie sehr wir das Leben genießen, und von unserer Fähigkeit, notfalls das Leben aus Pflichtgefühl uns selbst, unserer Familie, einer Sache, einer Gruppe gegenüber zu ertragen. Psychoanalytisch, strukturell ausgedrückt, hängt sie von der Fähigkeit ab, ein gewisses Maß an Triebbefriedigung zu erlangen, von der Fähigkeit des Ich, Versagungen zu ertragen, von dem Vermögen zur Sublimierung, von der Art von Über-Ich, die man hat, von der Fähigkeit, intrasystematische und intersystematische Harmonie herzustellen. Lang dauernde Krankheit und Leiden, die nicht nur Verlängerung des Lebens, sondern auch ein verlängertes Sterben bedeuten, müssen sich in einer allmählichen Verlagerung des Gleichgewichts aller dieser Faktoren widerspiegeln.

Freuds physischer Zustand, der nur zwischen starken Beschwerden und ausgesprochener Qual variierte, blieb während der nächsten 16 Jahre mehr oder weniger der gleiche. Schmerzen und Beschwerden waren natürlich während des ersten Jahres nach der Radikaloperation heftiger, bis die Wunde schließlich von einer Kombination neu gebildeter Schleimhaut und Narbengewebe bedeckt, die Prothese allmählich an die verbliebenen anatomischen Strukturen angepaßt war und Freud sich besser an sie gewöhnt hatte. Es dauerte lange, bis er lernte, sie herauszunehmen und wieder einzusetzen. Ich erinnere mich lebhaft, was für eine komplizierte Prozedur noch nach Jahren der Gewöhnung gelegentlich dafür notwendig war.

Freud mußte auch schrittweise lernen, zu essen, zu rauchen und zu sprechen. Die Prothese mußte so eng wie möglich passen, damit seine Sprache den nasalen Klang verlor und damit er an seiner Zigarre ziehen konnte. Das wiederum führte zu stärkerem Druck und Schmerz.

Die zweite Radikaloperation fand am 12. November 1923 statt. Pichlers Notizen enthalten 16 Eintragungen für den Rest des Jahres 1923 und 74 Eintragungen im Jahr 1924! Jede einzelne der Untersuchungen, Anproben etc. dauerte lange Zeit.

Freud ging während der ersten Monate Besuchen aus dem Weg, weil das Sprechen ihm solche Schmerzen bereitete. Er diktierte Anna einige kurze Notizen, begann aber schon bald wieder, sie selber zu schreiben. Nach der ersten Radikaloperation hatte er nicht versäumt, seiner Mutter zu schreiben, die damals über 88 Jahre alt war.

Am 2. Januar 1924 nahm Freud seine Praxis wieder auf; er empfing täglich sechs Patienten. In späteren Jahren empfing er nach den meisten chirurgischen Eingriffen, mit Ausnahme der größeren, schon nach ein oder zwei Tagen wieder Patienten.

14. Kapitel

Der Tod als metapsychologisches Problem

Wenige Wochen, nachdem Freud im Januar 1924 seine Arbeit wieder aufgenommen hatte, beendete er einen Aufsatz über »Das ökonomische Problem des Masochismus«, den er *nach* seiner zweiten radikalen Operation begonnen hatte. Dieser Aufsatz ist zum Teil eine Fortsetzung von *Jenseits des Lustprinizps* und *Das Ich und das Es*. Das letzte Buch war unmittelbar vor Freuds Krebsoperation erschienen. Es enthält Freuds umfassendsten Versuch, die Angst vor dem Sterben metapsychologisch darzustellen.

In *Das Ich und das Es* sagt Freud:

> Der volltönende Satz: jede Angst sei eigentlich Todesangst[1], schließt kaum einen Sinn ein, ist jedenfalls nicht zu rechtfertigen. Es scheint mir vielmehr durchaus richtig, die Todesangst von der Objekt-(Real-)Angst und von der neurotischen Libidoangst zu sondern. Sie gibt der Psychoanalyse ein schweres Problem auf, denn Tod ist ein abstrakter Begriff von negativem Inhalt, für den eine unbewußte Entsprechung nicht zu finden ist. Der Mechanismus der Todesangst könnte nur sein, daß das Ich seine narzißtische Libidobesetzung in reichlichem Ausmaß entläßt, also sich selbst aufgibt, wie sonst im Angstfalle ein anderes Objekt. Ich meine, daß die Todesangst sich zwischen Ich und Über-Ich abspielt.
>
> Wir kennen das Auftreten von Todesangst unter zwei Bedingungen, die übrigens denen der sonstigen Angstentwicklung durchaus analog sind, als Reaktion auf eine äußere Gefahr und als inneren Vorgang, zum Beispiel bei Melancholie. Der neurotische Fall mag uns wieder einmal zum Verständnis des Realen verhelfen.
>
> Die Todesangst der Melancholie läßt nur die eine Erklärung zu, daß das Ich sich aufgibt, weil es sich vom Über-Ich gehaßt und verfolgt anstatt geliebt fühlt. Leben ist also für das Ich gleichbedeutend mit Geliebtwerden, vom Über-Ich geliebt werden, das auch hier als Vertreter des Es auftritt. Das Über-Ich vertritt dieselbe schützende und rettende Funktion wie früher der

1 Ein von Stekel 1908 gebrauchter Satz.

Vater[2], später die Vorsehung oder das Schicksal. Denselben Schluß muß das Ich aber auch ziehen, wenn es sich in einer übergroßen realen Gefahr befindet, die es aus eigenen Kräften nicht glaubt überwinden zu können. Es sieht sich von allen schützenden Mächten verlassen und läßt sich sterben. Es ist übrigens immer noch dieselbe Situation, die dem ersten großen Angstzustand der Geburt und der infantilen Sehnsucht-Angst zugrunde lag, die der Trennung von der schützenden Mutter.[3]

Auf Grund dieser Darlegungen kann also die Todesangst wie die Gewissensangst als Verarbeitung der Kastrationsangst aufgefaßt werden. Bei der großen Bedeutung des Schuldgefühls für die Neurosen ist es auch nicht von der Hand zu weisen, daß die gemeine neurotische Angst in schweren Fällen eine Verstärkung durch die Angstentwicklung zwischen Ich und Über-Ich (Kastrations-, Gewissens-, Todesangst) erfährt.

Das Es, zu dem wir am Ende zurückführen, hat keine Mittel, dem Ich Liebe oder Haß zu bezeugen. Es kann nicht sagen, was es will; es hat keinen einheitlichen Willen zustande

2 Freud hatte eben erst begonnen, die vorrangige Rolle der Mutter-Kind-Beziehung zu erkennen. Zu diesem Zeitpunkt bezeichnete er den Vater noch als den Beschützer und Retter des kleinen Kindes.

3 Hier wird die Rolle der Mutter anerkannt.
Es ist interessant, daß Freud schon 1883 das Verlassenwerden als das schlimmste Übel herausgestellt hatte, das jemandem zustoßen kann. Damals war Freud in bester Stimmung, weil er gerade eine neue Methode zur Erleichterung der mikroskopischen Untersuchung des Zentralnervensystems vervollkommnet hatte; diese Methode sollte sich als sehr wertvoll erweisen und führte zur Entdeckung des Neurons als der Funktionseinheit dieses Systems. So schrieb er am 25. Oktober 1883 an seine Verlobte Martha:

> Überblicke ich die Zeit, wo ich zuerst anfing, dasselbe Problem in Arbeit zu nehmen, so finde ich mein Leben doch progressiv. Ich habe mich so oft nach einem süßen Mädchen, das mir alles sein könnte, gesehnt, ich habe es jetzt. Dieselben Männer, die ich als unnahbar von weitem bewundert, verkehren auf dem Fuß der Gleichheit mit mir und erweisen mir Freundschaft. Ich bin gesund geblieben, und habe nichts Unehrenhaftes getan; selbst obwohl ich arm geblieben bin, sind mir die Besitztümer, die für mich Reiz hatten, zugänglich geworden, und ich sehe mich vor dem Schlimmsten, vor dem Verlassensein geschützt. (B* 72)

Es überrascht deshalb nicht, daß ein Buch, das Freud im Dezember 1938 las *(Der Kaiser, die Weisen und der Tod)*, als er genau wußte, daß sein eigener Tod nicht mehr so fern war, so tiefen Eindruck auf ihn machte; denn das Buch endet recht unheimlich mit dem Tod der Hauptgestalt, die sich in eisiger Nacht völlig verlassen findet, der letzte Bewohner einer Welt, in der es sonst keine anderen lebenden Geschöpfe mehr gibt.

gebracht. Eros und Todestrieb kämpfen in ihm; wir haben gehört, mit welchen Mitteln sich die einen Triebe gegen die anderen zur Wehr setzen. Wir könnten es so darstellen, als ob das Es unter der Herrschaft der stummen, aber mächtigen Todestriebe stünde, die Ruhe haben und den Störenfried Eros nach den Winken des Lustprinzips zur Ruhe bringen wollen, aber wir besorgen, doch dabei die Rolle des Eros zu unterschätzen.[4] (1923, S. 288 ff.)

Diese Formulierungen sind in hohem Maße verdichtet, doch können wir in ihnen den folgenden Ablauf erkennen:

Freud wiederholt hier eine Formulierung, die er zuerst in *Die Traumdeutung* und später in den meisten seiner theoretischen Erörterungen des Todesproblems brachte: der Tod ist tatsächlich etwas dem Unbewußten Unbekanntes (in *Das Ich und das Es* nennt er ihn einen negativen Begriff). Er gab also zu, daß der Tod für die Psychoanalyse ein kompliziertes Problem darstellte, da es schwierig war, ihn psychologisch zu verstehen.

Freud unterscheidet dann die Angst vor dem Tod von der Realangst (vor einem äußeren Objekt) und von der neurotischen Libidoangst (die in diesem Stadium seiner theoretischen Bemühungen eine aus sexueller Frustration entstehende Angst bedeutete). Er ging deshalb das Todesproblem mit Hilfe der theoretischen Begriffe an, die er im Lauf der letzten zehn Jahre entwickelt hatte. Hier können wir sehen, wie die metapsychologischen Gesichtspunkte mit den Begriffen des Narzißmus und des Konfliktes zwischen Thanatos und Eros, dem Todestrieb und der Libido, verknüpft werden.

Dann folgt etwas, was wie eine versuchsweise, tastende Formulierung klingt: Todesangst entsteht, wenn das Ich seine narzißtischen Besetzungen »entläßt« und deshalb »sich selbst aufgibt«. Die Todesangst ist etwas, das »sich zwischen Ich und Über-Ich abspielt«. Diese Erklärung war wahrscheinlich zu allgemein, und Freud mußte auf ein empirisches Vorgehen zurückgreifen, das ihm so oft hilfreich war. Er verglich einen normalen mit einem neurotischen Mechanismus und erinnerte sich daran, daß Todesangst entweder als Reaktion auf eine äußere Gefahr entsteht oder als ein innerer Vorgang, z. B. bei der Melancholie. In der letzten Situation ließ sich die Todesangst, wie Freud glaubte, nur durch

4 Es ist interessant, daß Freud auch hier wieder vor der Unterschätzung des Eros warnt.

den Gedanken erklären, daß das Ich sich durch das Über-Ich »gehaßt und verfolgt anstatt geliebt« fühlt, was bedeutet, daß jetzt Leben mit Geliebtwerden gleichgesetzt wird.

Das Über-Ich wird dann genetisch als der Nachfolger der Eltern, der Vorsehung und des Schicksals beschrieben. Unter Bedingungen realer (äußerer) Gefahr (die später, in *Hemmung, Symptom und Angst* als »traumatische Situation« bezeichnet wurde) sieht das Ich sich wiederum »verlassen und läßt sich sterben«. Freud führt dann eine Hierarchie von Gefahrsituationen ein, eine Vorankündigung seiner systematischeren genetischen Formulierungen in *Hemmung, Symptom und Angst* (geschrieben 1925 und veröffentlicht 1926): Trennung von der beschützenden Mutter, Kastrationsangst, Gewissensangst und schließlich Todesangst.

Der letzte Absatz der oben zitierten Stelle aus *Das Ich und das Es* gibt vielleicht eine gewisse Erklärung der Schwierigkeiten, auf die Freud bei der Behandlung dieses Themas stieß. Hinter all diesen Formulierungen steht die Idee des Todestriebes. Wie sehr Freuds Bedürfnis, diesen Begriff zu benützen, seine gewöhnliche Klarheit des Ausdrucks beeinträchtigte, läßt sich aus den beiden Absätzen ersehen, die den oben angeführten vorangehen:

> Zwischen beiden Triebarten hält es sich nicht unparteiisch. Durch seine Identifizierungs- und Sublimierungsarbeit leistet es den Todestrieben im Es Beistand zur Bewältigung der Libido, gerät aber dabei in Gefahr, zum Objekt der Todestriebe zu werden und selbst umzukommen. Es hat sich zu Zwecken der Hilfeleistung selbst mit Libido erfüllen müssen, wird dadurch selbst Vertreter des Eros und will nun leben und geliebt werden.
>
> Da aber seine Sublimierungsarbeit eine Triebentmischung und Freiwerden der Aggressionstriebe im Über-Ich zur Folge hat, liefert es sich durch seinen Kampf gegen die Libido der Gefahr der Mißhandlung und des Todes aus. Wenn das Ich unter der Aggression des Über-Ichs leidet oder selbst erliegt, so ist sein Schicksal ein Gegenstück zu dem der Protisten, die an den Zersetzungsprodukten zugrunde gehen, die sie selbst geschaffen haben. Als solches Zersetzungsprodukt im ökonomischen Sinne erscheint uns die im Über-Ich wirkende Moral. (1923, S. 287)

In *Jenseits des Lustprinzips* hatte Freud den Begriff des Todestriebes als eine kühne Hypothese eingeführt, er sprach sogar von »Spekulation«. Die oben zitierten Stellen aus *Das Ich und das Es* zeigen, daß Freud drei Jahre später den Begriff des Todestriebes als einen integrierenden Bestandteil seiner Theorie der Triebe behandelte. Die früher zitierte Formulierung »[Die] stummen, aber mächtigen Todestriebe, die ... den Störenfried Eros zur Ruhe bringen wollen, aber wir besorgen, doch dabei die Rolle des Eros zu unterschätzen« illustriert, daß Freud eine duale Triebtheorie anwandte, in der Eros als der Bewahrer des Lebens betrachtet wird, der es vor dem Trieb beschützt, zum anorganischen Zustand zurückzukehren.

In seinem Aufsatz »Das ökonomische Problem des Masochismus« führte Freud seine duale Triebtheorie weiter und ergänzte ferner seine Formulierungen über die Regulationsprinzipien des psychischen Geschens, die er in *Jenseits des Lustprinzips* begonnen hatte (siehe 12. Kapitel). Er akzeptierte den Terminus »Nirwanaprinzip«, den die englische Analytikerin Barbara Low für die Tendenz des seelischen Apparates vorgeschlagen hatte, »die ihm zuströmende Erregungssumme zu nichts zu machen oder wenigstens nach Möglichkeit niedrig zu halten« (1924 a, S. 372).

Freud versuchte dann, seine bisherigen Formulierungen über das Lust-Unlustprinzip mit der Theorie des Todestriebes und mit seiner neuen Formulierung der dualen Triebtheorie in Einklang zu bringen, wie auch mit den Erfahrungsaspekten von Lust und Unlust. Dazu bediente er sich der folgenden Argumentationskette:

> ... wir haben das Lust-Unlustprinzip unbedenklich mit diesem Nirwanaprinzip identifiziert. Jede Unlust müßte also mit einer Erhöhung, jede Lust mit einer Erniedrigung der im Seelischen vorhandenen Reizspannung zusammenfallen, das Nirwana- (und das mit ihm angeblich identische Lust-)prinzip würde ganz im Dienst der Todestriebe stehen, deren Ziel die Überführung des unsteten Lebens in die Stabilität des anorganischen Zustandes ist, und würde die Funktion haben, vor den Ansprüchen der Lebenstriebe, der Libido, zu warnen, welche den angestrebten Ablauf des Lebens zu stören versuchen.
>
> (1924 a, S. 372)

Freud gab jetzt zu, daß diese biologische Hypothese mit bestimmten Fakten nicht in Einklang zu bringen war. So wird zum Beispiel im Zustand sexueller Erregung ein Reizzuwachs als lustvoll *erfahren*. Freud erkannte somit die Notwendigkeit der Unterscheidung zwischen dem, was er als Regulationsprinzipien des psychischen Geschehens ansah (das Lust-Unlustprinzip oder das neu konzipierte Nirwanaprinzip), und den Affekten Lust und Unlust (siehe 12. Kapitel):

Wir müssen inne werden, daß das dem Todestrieb zugehörige Nirwanaprinzip im Lebewesen eine Modifikation erfahren hat, durch die es zum Lustprinzip wurde, und werden es von nun an vermeiden, die beiden Prinzipien für eines zu halten. Von welcher Macht diese Modifikation ausging, ist, wenn man dieser Überlegung überhaupt folgen will, nicht schwer zu erraten. Es kann nur der Lebenstrieb, die Libido, sein, der sich in solcher Weise seinen Anteil an der Regulierung der Lebensvorgänge neben dem Todestrieb erzwungen hat. Wir erhalten so eine kleine, aber interessante Beziehungsreihe: das *Nirwana*prinzip drückt die Tendenz des Todestriebes aus, das *Lust*prinzip vertritt den Anspruch der Libido. (1924 a, S. 372-373)

Es fehlt uns jedes physiologische Verständnis dafür, auf welchen Wegen und mit welchen Mitteln sich diese Bändigung des Todestriebes durch die Libido vollziehen mag. Im psychoanalytischen Gedankenkreis können wir nur annehmen, daß eine sehr ausgiebige, in ihren Verhältnissen variable Vermischung und Verquickung der beiden Triebarten zustande kommt, so daß wir überhaupt nicht mit reinen Todes- und Lebenstrieben, sondern nur mit verschiedenwertigen Vermengungen derselben rechnen sollten. Der Triebvermischung mag unter gewissen Einwirkungen eine Entmischung derselben entsprechen. Wie groß die Anteile der Todestriebe sind, welche sich solcher Bändigung durch die Bindung an libidinöse Zusätze entziehen, läßt sich derzeit nicht erraten. (1924 a, S. 377-378)

In »Das ökonomische Problem des Masochismus« findet sich nur eine kurze Bezugnahme auf die Todesangst:

An den von ihnen erübrigten Imagines schließen dann die Einflüsse von Lehrern, Autoritäten, selbstgewählten Vorbildern und sozial anerkannten Helden an, deren Personen von dem resistenter gewordenen Ich nicht mehr introjiziert zu werden brauchen. Die letzte Gestalt dieser mit den Eltern beginnenden Reihe ist die dunkle Macht des Schicksals, welches erst die wenigsten von uns unpersönlich zu erfassen vermögen. Wenn der holländische Dichter *Multatuli*[5] die *Moira* der Griechen

5 E. D. Dekker (1820–1887), oder »Multatuli«, war seit langem einer von Freuds Lieblingsschriftstellern. Sein Werk steht an der Spitze von zehn guten Büchern, die Freud (1907 c) auf eine Rundfrage hin nannte.

durch das Götterpaar *Logos kai Ananke* ersetzt, so ist dagegen wenig einzuwenden; aber alle, die die Leitung des Weltgeschehens der Vorsehung, Gott oder Gott und der Natur übertragen, erwecken den Verdacht, daß sie diese äußersten und fernsten Gewalten immer noch wie ein Elternpaar – mythologisch – empfinden und sich mit ihnen durch libidinöse Bindungen verknüpft glauben. Ich habe im »Ich und Es« den Versuch gemacht, auch die reale Todesangst der Menschen von einer solchen elterlichen Auffassung des Schicksals abzuleiten. Es scheint sehr schwer, sich von ihr frei zu machen. (1924 a, S. 380-381)

Die Todesangst wird also mit der Schwierigkeit in Verbindung gebracht, in der eigenen inneren Welt die persönliche *Moira* (Schicksal, Bestimmung) durch Vernunft und Notwendigkeit zu ersetzen. Freud hatte schon 1922 in einem Brief an Pfister geäußert, erst im Alter bekehre sich der Mensch zu diesem düsteren Paar Logos und Ananke.

Freuds Formulierungen über die Todesangst in *Das Ich und das Es* und in »Das ökonomische Problem des Masochismus« enthalten viele Unklarheiten. Einige von ihnen treten in den Stellen zutage, wo Freud sich mehr als gewöhnlich anthropomorpher Metaphern bedient. Die Melancholie als Beispiel heranziehend sagt Freud, Todesangst entstehe, wenn das Ich »sich aufgibt« und »sich sterben läßt«, wenn es sich vom Über-Ich ungeliebt oder gar gehaßt und vor innerer oder äußerer Gefahr ungeschützt fühlt. Zum Teil erinnern diese Gedanken an Freuds Darlegungen in »Trauer und Melancholie«. Dieser Zustand des Ich würde jedoch eine Erklärung für Mangel an *Lebenswillen* liefern, für Fatalismus oder sogar für Selbstmord in Fällen schwerer Depression. Er erklärt nicht die *Angst* vor dem Tod, außer wenn man von der dualen Triebtheorie ausgeht, die besagt, daß das Ich, wenn es aller Libido entleert ist, sich gegenüber der Macht des Todestriebes wehrlos fühlt.

Dieses komplexe Beispiel zeigt die große Bedeutung des in *Hemmung, Symptom und Angst* eingeführten Begriffs der Gefahrenhierarchie für unser Verständnis *aller* Situationen, in denen Angst[6] entsteht (die Todesangst ist nur *ein* Beispiel von mehreren Arten der Angst). Eine andere Formulierung, die außerdem auch

6 Es ist interessant, daß Freud an allen diesen Stellen nicht das Wort *Furcht* verwendet, sondern *Angst*, das alle Schattierungen dieses Gefühls umfaßt, von dem (oft unbewußten) Gewahrwerden einer Gefahr bis zur Panik in einer traumatischen Situation (siehe Schur, 1933).

die Einführung des Begriffs des Todestriebes überflüssig machen würde, wäre folgende: das Ich erlebt es als gefährlich, überwältigenden äußeren Bedrohungen ausgesetzt zu sein und gehaßt, nicht geliebt, im Stich gelassen zu werden von Liebesobjekten oder ihren internalisierten Repräsentanten im Über-Ich. Es erlebt auch die Reaktion des »Sich-sterben-Lassens« als gefährlich, die *zu einem Todeswunsch werden kann.* Ein solcher Wunsch, zu sterben, wäre dann eine mögliche Quelle von Todesangst.

Ich möchte hinzufügen: bei einem Menschen, der so leiden mußte wie Freud in jener Zeit, als er den »Masochismus«-Aufsatz schrieb, ist es sehr gut denkbar, daß der Wunsch, zu sterben und nicht mehr leiden zu müssen, und der Wunsch, zu leben und den Kampf fortzusetzen, sich die Waage halten. Es ist allgemein bekannt, daß der Lebenswille für den Verlauf jeder ernsten Krankheit eine wichtige Rolle spielt. Es besteht jedoch ein fundamentaler Unterschied zwischen dem gut belegten Begriff eines bewußten oder unbewußten *Wunsches,* zu leben oder zu sterben, und dem Begriff eines *Triebes,* der die Wiederherstellung eines anorganischen Zustandes erstrebt und nur durch Eros in Schach gehalten wird.

Bei der Erörterung der Konzeption des Todestriebes (12. Kapitel) stellte ich die Hypothese auf, daß Freud zu dieser Konzeption nicht nur wegen seines grundsätzlichen Festhaltens an dualistischen Formulierungen gelangte, sondern auch, weil die biologische Einordnung des Todeswunsches es ihm ermöglichte, mit seiner eigenen Todesangst besser fertig zu werden.

Jene Teile des »Masochismus«-Aufsatzes, die in erster Linie auf der Idee des Todestriebes beruhen, sind unklar. Wir finden jedoch in demselben Aufsatz, ja sogar innerhalb desselben Absatzes, Formulierungen, die weit über den Rahmen der eigentlichen Psychoanalyse hinaus bedeutsam sind. Freud behauptete:

> Die Libido trifft in (vielzelligen) Lebewesen auf den dort herrschenden Todes- oder Destruktionstrieb, welcher dies Zellenwesen zersetzen und jeden einzelnen Elementarorganismus in den Zustand der anorganischen Stabilität (wenn diese auch nur relativ sein mag) überführen möchte. Sie hat die Aufgabe, diesen destruierenden Trieb unschädlich zu machen, und entledigt sich ihrer, indem sie ihn zum großen Teil und bald mit Hilfe eines besonderen Organsystems, der Muskulatur, nach außen ableitet, gegen die Objekte der Außenwelt richtet. Er

> heißt dann Destruktionstrieb, Bemächtigungstrieb, Wille zur Macht. Ein Anteil dieses Triebes wird direkt in den Dienst der Sexualfunktion gestellt, wo er Wichtiges zu leisten hat. Dies ist der eigentliche Sadismus. (1924 a, S. 376)

Von der Theorie des Todestriebes gelöst, ist die Idee des Destruktionstriebes, oder, wie er viel häufiger genannt wird, des Aggressionstriebes, unerläßlich für die Psychoanalyse, die Psychologie von Mensch und Tier, für Soziologie, Kriminologie und Erziehung, um nur einige Anwendungsbereiche zu nennen. Ebenso unerläßlich sind Begriffe wie nach außen gewandte Aggression und gegen das Selbst gewandte Aggression. Keine Untersuchung von Verbrechen, Selbstmorden oder psychosomatischen Störungen kann so leicht ohne diese Begriffe auskommen. Ebenso fruchtbar wie diese Ideen war Freuds Darstellung des »moralischen Masochismus«, die uns zum Verständnis so vieler dunkler Bezirke des menschlichen Verhaltens behilflich ist.

Das nächste Werk dieser Periode, in dem Freud die Todesangst ausdrücklich behandelt, war *Hemmung, Symptom und Angst* (siehe 15. Kapitel). Einer der vielen wichtigen Aspekte dieses Werkes ist die begriffliche Unterscheidung zwischen der affektiven Angstreaktion in ihren mannigfaltigen Erscheinungen und der auslösenden Ursache, der Gefahrsituation. Freud formulierte dann eine genetische Hierarchie der Gefahrsituationen, die den Linien der menschlichen Entwicklung folgen. In der gesamten Arbeit *Hemmung, Symptom und Angst* wird die Theorie des Todestriebes hauptsächlich in Form des Destruktions-(Aggressions-)triebes und seiner Schicksale angewandt. Die Todesangst wird hauptsächlich auf der Basis des Gefahrgedankens und seiner Bedeutung bei der Neurosenentstehung behandelt.

> Wenn die Angst die Reaktion des Ichs auf die Gefahr ist, so liegt es nahe, die traumatische Neurose, welche sich so häufig an überstandene Lebensgefahr anschließt, als direkte Folge der Lebens- oder Todesangst mit Beiseitesetzung der Abhängigkeiten des Ichs und der Kastration aufzufassen. Das ist auch von den meisten Beobachtern der traumatischen Neurosen des letzten Krieges geschehen, und es ist triumphierend verkündet worden, nun sei der Beweis erbracht, daß eine Gefährdung des Selbsterhaltungstriebes eine Neurose erzeugen könne ohne jede Beteiligung der Sexualität und ohne Rücksicht auf die komplizierten Annahmen der Psychoanalyse ... Es ist nach allem, was

wir von der Struktur der simpleren Neurosen des täglichen Lebens wissen, sehr unwahrscheinlich, daß eine Neurose nur durch die objektive Tatsache der Gefährdung ohne Beteiligung der tieferen unbewußten Schichten des seelischen Apparats zustande kommen sollte. Im Unbewußten ist aber nichts vorhanden, was unserem Begriff der Lebensvernichtung Inhalt geben kann. Die Kastration wird sozusagen vorstellbar durch die tägliche Erfahrung der Trennung vom Darminhalt und durch den bei der Entwöhnung erlebten Verlust der mütterlichen Brust; etwas dem Tod Ähnliches ist aber nie erlebt worden oder hat wie die Ohnmacht keine nachweisbare Spur hinterlassen. Ich halte darum an der Vermutung fest, daß die Todesangst als Analogon der Kastrationsangst aufzufassen ist, und daß die Situation, auf welche das Ich reagiert, das Verlassensein vom schützenden Über-Ich – den Schicksalsmächten – ist, womit die Sicherung gegen alle Gefahren ein Ende hat.

(1926 a, S. 159 ff.)

Der Hauptunterschied – wir könnten auch sagen, der Hauptfortschritt – bei dieser Formulierung, verglichen mit denen in *Das Ich und das Es* und in »Das Ökonomische Problem des Masochismus« liegt darin, daß das Gefühl, nicht geliebt zu werden, im Stich gelassen zu werden, mit der Todesangst nicht *gleichgesetzt* wird. Der Tod wird als eine der vielen Gefahrsituationen dargestellt, auf die wir im Lauf unserer Entwicklung reagieren.

Und dennoch kam Freud auch hier wieder auf seine frühere Behauptung zurück, das Unbewußte enthalte nichts, was unserer Vorstellung von der Vernichtung des Lebens ähnelt.

Eine mögliche Erklärung für diese wiederholte Formulierung ist, daß alle diese metapsychologischen Erklärungen auf die neurotische Angst angewandt werden können, womit nicht eine neurotische Übersteigerung realistischer Angst gemeint ist, sondern eine auf *unbewußten* infantilen Konflikten beruhende Angst.

Aber selbst wenn es zutreffen sollte, daß der Tod »ein abstrakter Begriff von negativem Inhalt [ist], für den eine unbewußte Entsprechung nicht zu finden ist«, können wir dann nicht trotzdem sagen, daß selbst etwas, das keine solche Entsprechung hat, zum Inhalt der *Gefahr* werden kann, auf die das Ich mit Angst antwortet? Muß Freuds metapsychologische Erklärung auf neurotische Angst beschränkt werden? Die hierarchische Entwicklung der Gefahrvorstellung hängt nicht nur von der Triebentwicklung ab, sondern auch von der Ich-Entwicklung. Was Freud impliziert, war, daß jede Art von Angst bestimmten Prototypen folgen müsse. Aber das, was sich verändert, ist vielleicht der Inhalt der Gefahr, auf die man mit Angst reagiert. Die Einschätzung des Todes läßt sich sicherlich sehr leicht mit allen früheren traumatischen Situationen in Zusammenhang bringen. Die ständige Leugnung des Todes, die wir alle praktizieren, scheint ein Beweis für diese Annahme zu sein. Wenn erst aus dem Kreis der uns Nahestehenden, vor allem der Gleichaltrigen, der eine und der andere stirbt, rückt die Realität des Todes näher und die Leugnung wird schwieriger. Ferner wird jedesmal, wenn wir Menschen tatsächlich sterben sehen und den unheimlichen Wandel von Leben zu Tod beobachten, oder wenn wir dem Begräbnis der Verstorbenen beiwohnen, der Tod für uns wirklicher. Wie Freud in »Zeitgemäßes über Krieg und Tod« sagte: »Die Menschen sterben wirklich, nicht nur einige, sondern alle, jeder von uns, wenn er an der Reihe ist.«

Was Freud den Kern der Gefahrsituation nannte, ist das Gefühl der Hilflosigkeit. Das gilt sicherlich für unsere Einstellung zum Tod. Die Tatsache, daß er als Erlebnis unergründlich ist, macht die Hilflosigkeit überwältigend.

Erst im letzten Satz der oben zitierten Stelle aus *Hemmung, Symptom und Angst* bietet Freud eine einfachere Erklärung der Todesangst als Reaktion auf eine Gefahrsituation, in der es keine Sicherung gegen die Mächte des Geschicks mehr gibt. Freud setzte letzteres gewöhnlich mit *Ananke* (*Moira*) gleich. Hier jedoch wandte er diesen Terminus auf das »schützende Über-Ich« an. Freud drückte damit vielleicht die Vorstellung aus, daß ein Teil des Über-Ich – des Erben der schützenden Eltern – dem Ich die Möglichkeit der Unsterblichkeit, der Leugnung des Todes garantiert; Freud sollte sich schon bald gezwungen fühlen, diese Illusion mit deutlicheren und direkteren Worten zu zerstören.

15. Kapitel

Anpassung an Schmerz und Krankheit

Wie schon erwähnt, nahm Freud Anfang 1924 seine Arbeitsroutine mit der Behandlung von sechs Patienten täglich wieder auf. Auch seine schriftstellerische Arbeit setzte er fort. Während dieses Jahres mußte er außerdem viel Zeit und Energie auf organisatorische Dinge verwenden, von denen einige unerfreulich waren, wie z. B. der Abfall von Otto Rank, der Jahre hindurch einer der engsten Mitarbeiter gewesen war. (Eine ausführliche Darstellung dieser Periode gibt Jones, Bd. 3, S. 61-100, 131).
Während dieser ganzen Periode unterzog er sich mit äußerster Geduld den endlosen Versuchen, seine Prothese zu verändern und zu verbessern. In seinem täglichen Leben bewahrte er nicht nur die größte Selbstbeherrschung und Würde, sondern gewann auch eine Gelassenheit, die auf alle großen Eindruck machte. Auch diesmal wieder konnte all das nur durch Opfer erkauft werden.
Freud war gezwungen, seine Lebensweise in vielerlei Hinsicht zu ändern. Er konnte nicht mehr an Sitzungen der Wiener Psychoanalytischen Vereinigung teilnehmen, wenn er auch später in der Lage war, monatliche Zusammenkünfte der Mitglieder in seiner Wohnung einzurichten. Er versuchte, mit möglichst wenig Menschen zusammenzukommen, weil ihn das Sprechen anstrengte. Mehrere Jahre lang unternahm er keine Reisen.
Ich will nur einige Beispiele aus den Jahren der Anpassung, 1924 und 1925, nennen. Am 22. März 1924 schrieb er an Eitingon:

> Ich kann mich nicht wie sonst auf Ihr Herkommen freuen, denn ich sehe voraus, daß es Ihnen Enttäuschung bringen wird. Auch Sie gehören ja zu denen, die nichts davon wissen wollen, daß ich nicht mehr derselbe bin. Ich bin aber in Wirklichkeit müde und ruhebedürftig, schlage kaum die 6 Stunden Analyse heraus, halte alles Weitere von mir fern. Das Richtige wäre, Arbeit und Verpflichtungen aufzugeben und in einem stillen Winkel auf das natürliche Ende zu warten ... Ich bin auch beständig durch irgend etwas gequält ... Es stellt sich so einfach vor, ein Stück Kiefer durch eine Prothese ersetzen und alles ist in Ordnung. Aber die Prothese selbst ist nie ganz in Ordnung, die Versuche zu ihrer Verbesserung auch noch nicht

abgeschlossen. Meine rechte untere Gesichtshälfte (Nase und Ohrläppchen besonders) ist schwer hypaesthetisch, das rechte Ohr ist durch Verzerrung und Verschluß der Tuba außer Funktion, ich höre auf dieser Seite nichts als ein beständiges Rauschen und bin sehr gestört, wenn in einer kleinen Gesellschaft mehrere Personen anzuhören sind. Meine Sprache ist verständlich geworden, reicht für's Gewöhnliche aus, soll auch noch weiter gebessert werden. Kauen und Schlucken kann ich natürlich, aber mein Essen verträgt keine Zuschauer. Ich schreibe Ihnen das alles, erstens damit Sie es wissen, und zweitens, um Ihnen zu ersparen, hier nach meinem Befinden zu fragen. [1]

Der letzte Satz ist wichtig. Freud wollte nicht nur anderen ersparen, nach seinem Befinden fragen zu müssen; er selber wollte nicht danach gefragt werden. So war er sehr dankbar, wenn seine Freunde sich in ihren Briefen nicht nach seiner Gesundheit erkundigten. Pfister war einer dieser Freunde. Freud schrieb ihm am 4. Januar 1924:

Ihr herzlicher Neujahrsbrief zum fünfzehnjährigen Jubiläum unserer Freundschaftsbeziehungen mußte mich sehr erfreuen. Sie verstehen es, einem das Alltägliche, das man so farblos mitmacht, im rosigen Schimmer erscheinen zu lassen. Auch danke ich Ihnen dafür, daß Sie so wenig von meiner Krankheit sprechen, die in diesen Monaten viel zu viel Raum in unserem Leben eingenommen hat.

Und wieder am 26. Februar 1924:

Unter meinen Freunden sind Sie der einzige, der schriftlich nicht auf meine Krankheit Bezug nimmt. Ich nehme aber an, daß Sie sich freuen werden zu hören, daß ich meine Arbeit fortsetze und von der noch nicht abgeschlossenen Behandlung weitere Besserung erwarte.

Die folgende Stelle in einem Brief an Abraham vom 31. März 1924 ist aufschlußreich:

Mein Befinden hat sich seit einer vielleicht grippösen Naseneiterung zu Anfang dieses Monats fortschreitend so sehr verschlechtert[1], daß ich *letzten Samstag und Sonntag zum ersten Mal in meinem ganzen ärztlichen Leben die Arbeit über das Wochenende unterbrochen habe.* (Kursiv des Verfassers)

1 Wegen der offenen Verbindung zwischen Mund- und Nasenhöhle, dauerte jede Erkältung länger und führte häufig zu einer Infektion der Nebenhöhle und des rechten Ohrs.

Freud empfing die meisten seiner Patienten täglich.
Aus vielen Briefen, die er vor Geburtstagen schrieb, geht hervor, daß das oft Perioden eines labilen Gleichgewichts waren. Vor seinem 68. Geburtstag schrieb er am 4. Mai 1924 an Abraham:

Sie müssen sich intensiv in meinem Zustand einfühlen, um mir nicht gram zu werden. Angeblich auf dem Wege der Herstellung, steckt tief in mir eine pessimistische Überzeugung von der Nähe des Lebensendes, die sich an den nie aufhörenden kleinen Quälereien und Mißempfindungen der Narbe nährt, eine Art von seniler Depression, die um den Zwist zwischen irrationaller Lebenslust und verständiger Resignation zentriert ist. Dabei ist ein Bedürfnis nach Ruhe und eine Abneigung gegen Menschenverkehr, die beide nicht auf ihre Rechnung kommen, da ich 6 sogar 7 Arbeitsstunden nicht vermeiden kann. Täusche ich mich, und ist das nur eine vorübergehende Phase, so werde ich der erste sein, es zu konstatieren und dann wieder die Schulter unter die Last schieben. Behalten meine Ahnungen recht, so werde ich, falls mir Zeit bleibt, es nicht versäumen, Sie noch rasch um einen Besuch zu bitten.

Die Idee, daß der übermorgen bevorstehende 68. Geburtstag der letzte sein könnte, muß sich auch anderen aufgedrängt haben, denn die Stadt Wien hat sich beeilt, mir zu diesem Tage die Ehre ihres *Bürgerrechts* zu verleihen, die sonst auf den 70. zu warten pflegt. Ich bin verständigt worden, daß am sechsten mittags Professor Tandler[2] in Vertretung des Bürgermeisters, und Dr. Friedjung[3], Kinderarzt und Gemeinderat, einer der Unsrigen, mir einen feierlichen Besuch abstatten werden.

Die Briefe, die er an Lou Andreas-Salomé schrieb, gehören zu seinen schönsten. Am 13. Mai 1924 schrieb er ihr, nachdem er ihre Glückwünsche zu seinem 68. Geburtstag erhalten hatte:

Ich habe diesmal Ihre Kunst wie selten bewundert. Da ist eine Person, die anstatt bis ins hohe Alter richtig zu arbeiten(S[iehe] das Beispiel in Ihrer Nähe) und dann einmal ohne Präliminarien hinzusterben, sich in mittleren Jahren eine abscheuliche Krankheit holt, behandelt und operiert werden muß, sein sauer erworbenes bißchen Geld vertut, Mißvergnügen genießt und verbreitet und dann noch eine unbestimmbare Weile als Invalide

2 Julius Tandler, Professor der Anatomie in Wien und Leiter des Gesundheitswesens der Stadt Wien.
3 Dr. Josef K. Friedjung, Mitglied der Wiener Psychoanalytischen Vereinigung.

herumkrabbelt – in *Erewhon,* ich hoffe, Sie kennen Sam. Butlers glänzende Phantasie, wäre ein solches Individuum unfehlbar bestraft und eingesperrt worden – und Sie wissen noch an mir zu loben, daß ich mein Leiden so schön ausgehalten habe. Dabei ist das nicht einmal so wahr, ich habe alle garstigen Realitäten gut bestanden, aber die Möglichkeiten vertrage ich schlecht, mit der Existenz auf Kündigung komme ich nicht zurecht.

Jetzt ist ein halbes Jahr seit meiner letzten Operation vergangen, das Verhalten meines Chirurgen, der mir erlaubt, im Sommer weit weg zu gehen, sollte mich in etwas wie Sicherheit wiegen, so weit bei dem *die doman non c'è certezza*[4] – das uns alle betrifft – etwas derartiges angängig ist, aber es wirkt nicht auf mich. Gewiß auch darum, weil das Maß der Herstellung beider Funktionen des Mundes durch die Prothese ein so bescheidenes ist. Es versprach anfangs viel mehr zu werden, hat sich aber nicht bewährt.

6 Analysenstunden, das ist, was ich von meiner Leistungsfähigkeit behalten habe, alles andere, besonders Menschenverkehr halte ich von mir fern (freilich Romain Rolland, der sich für morgen angesagt, kann ich nicht abweisen) ...

Das hätte ich mir von der Seele geschrieben, da wir doch von beiden Seiten her am Wiedersehen verhindert sind. Auf wie vieles muß man verzichten und dafür wird man von Ehrungen befallen (wie das Bürgerrecht der Stadt Wien), um die man nie einen Finger gerührt hätte. (B* 348 f.)

Ein Brief an Abraham vom 22. August 1924 ist aus ganz anderen Gründen interessant: Abraham war nicht nur ein sehr scharfsinniger psychoanalytischer Kliniker, sondern auch der Verfasser vieler klinischer Aufsätze, von denen einige noch heute als klassisch gelten. Er interessierte sich für das, was man heute angewandte Psychoanalyse nennt, z. B. für den Sinn von Mythen etc. Damals interessierte sich Abraham für die Bedeutung der Zahl Sieben in Mythen und Aberglauben vieler alter Kulturen. Er diskutierte dieses Thema während eines Besuches bei Freud im August 1924, der letzten Begegnung der beiden Männer.

Es mag durchaus von Bedeutung sein, daß Abraham häufige berufliche Kontakte mit Fließ hatte, der ihn ein Jahr später wäh-

4 Der letzte Vers des Gedichts »Il Trionfo di Bacco e di Arianna« von Lorenzo di Medici (1449–1492): »Des morgigen Tages ist keiner sicher.«

rend der letzten Phase seiner tödlichen Krankheit behandeln sollte. So kann es sein, daß, wie es Freuds Brief vom 22. August 1924 zu implizieren scheint, Abrahams Interesse für die Zahl Sieben durch Fließ' Zahlenspiel beeinflußt war.

Lieber Freund

Ad vocem: 7.

Ich stelle Ihnen eine Idee zur Verfügung, deren Wert ich infolge von Ignoranz selbst nicht beurteilen kann. Ich möchte mich historisch einstellen und glauben, die Bedeutung der Zahl 7 stamme aus einer Zeit, da die Menschen ein 6er Zahlsystem hatten. (Hier setzt die Ignoranz ein.) Dann war 7 nicht die letzte einer Reihe wie heute, in der Woche, sondern die erste einer zweiten Reihe und wie alle Anfänge tabuiert. Dazu würde stimmen, daß die Anfangszahl der dritten Reihe, nämlich 13, zu den allerunheimlichsten Zahlen gehört. Ursprung meiner Idee war die Bemerkung in einer Geschichte Assyriens, daß auch die Zahl 19 zu den bedenklichen gehörte, was dort mit Rücksicht auf den abgelaufenen Monat durch die Gleichung $30 + 19 = 49$ als 7×7 erklärt wird. 19 ist aber der Anfang einer vierten Sechser-Reihe $13 + 6$.

Dies Sechsersystem wäre also vorastronomisch. Nun müßte man nachsehen, was über ein solches System, von dem Spuren genug geblieben sind (Dutzend, Schock, Kreisteilung 360°), bekannt ist.

Merkwürdig übrigens, wieviele Primzahlen in dieser Reihe vorkommen:

1.
7.
13.
19.
25. fällt heraus, dann aber
31.
37.
43.
49. wieder 7×7,

Mit Zahlen lassen sich tolle Dinge anstellen. Vorsicht!

Herzlich Ihr Freud.

Man beachte die Warnung am Ende!

Freuds wissenschaftliche Neugierde war sehr lebhaft geblieben. Er war immer noch *novarum rerum cupidus*.

Der letzte Brief aus dem Jahr 1924, den wir hier zitieren wollen, wurde am 2. August an Eitingon vom Semmering geschrieben, wo Freud den Sommer verbrachte.

> Kommen Sie nur und mit Frau, wenn sie Lust dazu hat. Ich habe es hier sehr behaglich, bin ausgeruht und nicht mehr so menschenscheu. Aber erwarten Sie nicht, mich »beschwerdefrei« zu finden.[5] Ist das überhaupt möglich in meiner Situation? Noch immer ist mir Essen, Trinken und Sprechen eine mit bewußter Anstrengung zu lösende Aufgabe. Der Mißempfindungen sind so viele, sie wechseln Örtlichkeit und Qualität so ausgiebig, daß genug Raum bleibt für dumpfe Befürchtungen hinter ihnen und sie nehmen mich so in Anspruch, daß mir nur ein Bruchteil von Interesse übrig bleibt für die Eindrücke des Tages. Am besten, wenn Sie mich also niemals fragen, wie es mir geht. Von einer entscheidenden Änderung, die in einigen Wochen nicht wahrscheinlich ist, würde ich selbst nicht schweigen. [2]

Das war einer der wenigen Fälle, wo Freud es sich erlaubte, sich schriftlich darüber zu äußern, wie sehr die Gefühle körperlichen Unbehagens ihn in Anspruch nahmen und sein Befinden beeinträchtigten.

Während des Jahres 1925 ging der Kampf mit der Prothese weiter. Auf einige Tage des Wohlbefindens folgten viele Wochen des Elendseins. Pichlers Notizen enthalten 69 Eintragungen; ein Apikalabszeß machte einen chirurgischen Eingriff notwendig. Freud empfing Patienten, setzte seine schriftstellerischen Arbeiten fort und arbeitete manchmal wieder in seinem alten fieberhaften Tempo. Wieder veranschaulichen einige Briefe Freuds Kämpfe. Am 1. April 1925 schrieb er an Eitingon:

> Ich habe ermüdende Zeiten hinter mir, unausgesetzte Arbeit zur Verbesserung meiner Prothese (wieviel lieber verschreib ich mich: Hypothese), das »entsprechende Sanierungselend«, die Aufzehrung aller frei beweglichen Energie durch Organbesetzung, wie sie von den unglaublich reichhaltigen Paraestesien gefordert wird. Heute sind wir so weit, daß die groben Beschwerden beseitigt sind, die feineren reichen dann noch hin, mich mißmutig zu machen. Von drei zärtlichen Frauenzimmern umringt und beobachtet, habe ich nicht viel Freiheit zu jam-

5 Eine Hoffnung, die Eitingon in einem Brief geäußert haben muß.

mern und gute Gelegenheit, mich in der notwendigen Selbstbeherrschung zu üben. Aber man wird müde dabei. [3]

Die Selbstbeherrschung war nicht nur wegen der drei zärtlichen Frauenzimmer (Martha, Minna und Anna) notwendig, sondern auch wegen Freuds Patienten. Jeder Analytiker, der eine ernsthafte Krankheit gehabt hat, weiß, wie schwierig dic Situation wird, besonders wenn bei einem Patienten abwechselnd grausame Phantasien und, als Folge von Angst und Schuldgefühl, die Unterdrückung oder Verdrängung jeder Wahrnehmung der Krankheit des Analytikers auftreten. Wir sehen hier wieder das Pflichtbewußtsein, das Freud nach Sophies Tod aufrecht gehalten hatte. Ein Beispiel dafür finden wir in einem der zahlreichen Briefe an Marie Bonaparte, in dem er sich in sehr bewegender Weise dafür entschuldigt, zugelassen zu haben, daß die Beschäftigung mit seinem Krebs ihn davon abhielt, eine bestimmte Übertragungserscheinung in ihrer Analyse zu erkennen.

Jones (Bd. 3, S. 185) berichtet über einen Vorfall, den ihm Eva Rosenfeld mitteilte, die damals Patientin und Schülerin Freuds war.[6] Im Jahre 1930 verbrachte Freud seine Sommerferien in Grundlsee, einem schöngelegenen Ort in den österreichischen Alpen. Wie gewöhnlich waren einige Patienten und Schüler bei ihm, darunter Eva Rosenfeld, der eine andere Schülerin Freuds, Dr. Ruth Mack-Brunswick, ihre Befürchtungen über Freuds Zustand anvertraute. Während der nächsten Sitzung versuchte Frau Rosenfeld, dies Freud vorzuenthalten, der jedoch spürte, daß sie ihm etwas verbarg. Nachdem sie ihm gestanden hatte, was sie zurückgehalten hatte, wurde sie von Freud ermahnt: »Wir haben nur ein Ziel und nur eine Treue, die gegenüber der Psychoanalyse. Wenn Sie gegen diese Regel verstoßen, verletzen Sie etwas viel Wichtigeres als alle Rücksichten, die Sie mir schulden.« Als ich Freud in Grundlsee besuchte und allen versichern konnte, daß jedenfalls diesmal ihre Sorge unbegründet war, teilte mir Frau Rosenfeld den Vorfall mit. Wie oft mußte Freud in jenen Jahren solche freien Assoziationen von seinen Patienten erdulden.

Im Mai 1925 schrieb Lou Andreas-Salomé an Freud aus Anlaß seines 69. Geburtstags. Hier seine Antwort:

Sonntagnachmittag und Stille! Am Vormittag habe ich mit Hilfe von Anna und Maschine die infolge meiner verjährten

6 Eine jetzt in London praktizierende Analytikerin.

Unvorsichtigkeit aufgelaufenen Briefschulden erledigt, und [nun] kann ich Ihnen danken und mit Ihnen plaudern.

Zuvor danke ich noch Ihrem lieben alten Herrn für seine liebenswürdigen, dem Unbekannten gespendeten Zeilen. Möge es ihm gut gehen, so lange es ihm noch selbst gefällt.

Mir gefällt es nicht mehr intensiv genug. Eine Kruste von Unempfindlichkeit umzieht mich langsam; was ich klaglos konstatiere. Es ist auch ein natürlicher Ablauf, eine Art des Beginns, anorganisch zu werden. Die »Abgeklärtheit des Alters« heißt man es, glaube ich. Es muß wohl mit einer entscheidenden Wendung in der Relation der beiden von mir supponierten Triebe zusammenhängen. Die Änderung dabei ist vielleicht nicht sehr auffällig, alles ist interessevoll geblieben, was früher so war, auch die Qualitäten sind nicht viel anders, aber es fehlt irgendein Nachhall; ich unmusikalischer Mensch stelle mir so den Unterschied vor, ob man das Pedal tritt oder nicht. Der nie aussetzende sensible Druck einer Unmenge lästiger Sensationen muß diese sonst vielleicht vorzeitige Situation, diese Disposition, alles sub specie aeternitatis zu empfinden, beschleunigt haben.

Sonst existiere ich eigentlich noch erträglich. Glaube sogar, etwas für unsere Dinge Fundamentales gefunden zu haben, was ich noch eine Weile für mich behalten will. Eine Entdeckung, deren man sich eigentlich schämen müßte, denn solche Verhältnisse sollte man von Anfang an erraten haben und nicht erst nach dreißig Jahren auffinden. Ein neuer Beweis, daß überall mit Wasser gekocht wird. (B* 357 f.)

Das ist vielleicht das prägnanteste Beispiel von Freuds Selbstbeobachtung, eine höchst subtile, beherrschte, und doch sehr menschliche Beschreibung des allmählichen Übergangs vom Organischen zum Anorganischen, vom Leben zum Tod. Ich habe schon darauf hingewiesen, welche unterschiedliche Sprache Freud in seinen Briefen an verschiedene Empfänger sprach. Das wird deutlich, wenn wir diesen Brief mit dem vorher zitierten an Eitingon vergleichen, der nur fünf Wochen vorher geschrieben wurde und in dem er gleichfalls den Einfluß von Schmerzempfindungen erörterte. Ohne den Empfänger zu kennen, hätten wir erraten können, daß das ein Brief an Lou Andreas-Salomé war, von der er eine ganz besondere Resonanz erwartete. Dieser Brief markiert Freuds Fortschritt in der Beherrschung seines Leidens und deutet zugleich an, daß sich schließlich ein Wandel vollziehen werde in dem Gleichgewicht zwischen der Fähigkeit, alles zu genießen, wenn auch nur ein klein wenig, dem Maß an Leiden, das es zu ertragen galt, und dem Gefühl: Was kann man noch von mir verlangen? Als er den Brief schrieb, hatte Freud jedoch diesen Punkt noch lange nicht erreicht.

Die letzte Stelle dieses Briefes bezieht sich auf die Arbeit *Hemmung, Symptom und Angst*, in der Freud so viele seiner Grundgedanken über Symptombildung und die Rolle der Angst in der normalen und in der abnormalen Entwicklung revidierte. Die Abfassung dieser Schrift ist ein Zeichen, daß Freud das Gefühl hatte: Ich habe noch Wichtiges zu tun, aber ich muß mich beeilen. Ich muß gegen den unerbittlichen Kronos kämpfen, bevor die Resonanz noch schwächer wird.

Wer Freud Starrheit vorwirft, Dogmatismus, Unfähigkeit, seine Meinung zu ändern, hat dieses Buch nie gelesen oder zu verstehen versucht. Wir wollen einen Augenblick nochmals Freuds Erklärung der Todesangst betrachten, die er als die *Angst* des Ich sah, von dem schützenden Über-Ich im Stich gelassen zu werden. Freuds Brief läßt erkennen, daß er die Phase der Überwindung der Angst erreicht hatte. Was jedoch vielleicht geblieben war, war die Frage, die Freud, wie wir alle, an *Ananke* richtete: Warum verlangst du all das von mir? Diese Frage sollte Freud in den kommenden Jahren in vielerlei Form stellen.

Andere Briefe zeigen, wie groß Freuds Bereitschaft war, sobald die Flut der Schmerzen aufhörte oder wenigstens eine Weile nachließ, sich wieder den vielen großen und kleinen Dingen zu öffnen, die es ihm möglich machten, an all dem wieder Freude zu haben.

Bevor Freud 1925 seine Sommerferien begann, kauterisierte Pichler eine sehr schmerzhafte Stelle, was nach einer heftigen Anfangsreaktion Freud beträchtliche Erleichterung brauchte. Zum esten Mal seit seiner Operation konnte Freud eine Zeit verhältnismäßigen Wohlbefindens genießen. Als er seinen Zustand am 9. Juni in einem Brief an Abraham schilderte, wußte er nicht, daß diesen die tödliche Krankheit befallen hatte, der er nur wenige Monate später erlag. Abrahams Brief vom 7. Juni, in dem er ihm seine Erkrankung mitteilte, hatte offensichtlich Freud noch nicht erreicht, der am 21. Juli 1925 schrieb:

Der energische Eingriff, mit dem sich mein Arzt vor drei

Wochen von mir verabschiedet, hat den Charakter meiner Beschwerden gründlich zum Vorteil verändert. Alle Paresthesien, die sich der Aufmerksamkeit tyrannisch aufdrängten, sind verschwunden und haben den Menschen frei gelassen, der sich über eine schwerfällige Sprache und eine nicht zu beendende Naseneiterung beklagen mag, wenn er Lust dazu hat. So ist das Leben freilich erträglich, aber wie wird nach dieser Ent- und Verwöhnung die regelmäßige Arbeit im Oktober schmekken?

Ich habe einige kleinere Aufsätze geschrieben, aber sie sind nicht recht ernst gemeint. Vielleicht berichte ich Ihnen später darüber, wenn ich mich zu ihnen bekennen will.

Viele Schriftsteller und Wissenschaftler haben eine solche Einstellung zu ihrer Arbeit. Es war keineswegs eine Pose oder Selbstherabsetzung, obwohl er sein ganzes Leben hindurch nur auf wenige Werke wirklich stolz war, vor allem auf *Die Traumdeutung*.

Eine Erklärung für die negative Reaktion Freuds auf eine Arbeit nach ihrer Vollendung läßt sich unter anderem in seiner Arbeitsweise finden. Wir wissen aus den Fließbriefen und der späteren Korrespondenz sowie aus Freuds eigenen Schilderungen, daß die meisten seiner Werke – darunter die sehr komplizierten wie der »Entwurf«, die endgültige Fassung von Kapitel VII der *Traumdeutung* und seine Aufsätze über Metapsychologie – in Tagen oder Wochen fieberhafter Arbeit geschrieben wurden. Auf solche Zeiten muß ein gewisser Zustand der Erschöpfung folgen, der sich vielleicht nur in einem Stimmungsumschwung äußert, aber auch an leichte Depressionszustände erinnern kann. Wir wissen, daß Freud zu solchen Schwankungen neigte. Wenn wir überlegen, welche Hindernisse der normale Alterungsprozeß im Verein mit unerträglichen physischen Leiden ihm in den Weg gelegt haben muß, dann wird es um so erstaunlicher, daß Freuds Schaffenskraft fast bis zum Ende anhielt, und um so verständlicher, daß er, in den Intervallen zwischen neuen Ausbrüchen der Kreativität gegen eine depressive Reaktion ankämpfen mußte. Daher war auch zu erwarten, daß das schließliche Abebben seiner schöpferischen Kraft für ihn dann noch schwerer zu ertragen war als alles Leiden.

16. Kapitel

Freud tritt ins biblische Alter ein

Im Herbst 1925 ereignete sich eine Tragödie, die Freud am wenigsten erwartete. Er hatte den Mitgliedern des Komitees wiederholt gesagt, sie müßten sich auf die Zeit einstellen, wo er nicht mehr da sein werde. Ranks Abfall nach Freuds Operation, der wahrscheinlich mit dem Eindruck von Freuds Krankheit zusammenhing, verstärkte noch seinen Wunsch, die anderen Mitglieder sollten die Reihen dichter schließen.

Mit Ferenczi hatte Freud wohl das vertrauteste Verhältnis, in späteren Jahren auch mit Eitingon. Abraham aber war unter den Komitémitgliedern der mit dem besten Urteilsvermögen. Auf seine Objektivität und seine nüchterne Beurteilung von Menschen und Situationen konnte man sich jederzeit verlassen. Abraham hatte zusammen mit Jones zuerst die Unvermeidlichkeit eines Bruches mit Jung und die neurotischen Konflikte Ranks erkannt; er zögerte bei all seiner unerschütterlichen Loyalität nie, seine Meinung nachdrücklich zu vertreten; er war zugleich ein phantasievoller Forscher und ein ausgezeichneter Organisator.

Und nun starb Abraham nach verhältnismäßig kurzer Krankheit. Diese Krankheit, die als Lungenabszeß im Anschluß an eine Rachenverletzung durch eine Fischgräte diagnostiziert worden war, machte wiederholte chirurgische Eingriffe notwendig. Nach der ersten akuten Phase lauteten die Nachrichten günstig und Abraham schien in der Schweiz zu gesunden. Er war sogar in der Lage, im September an dem in Homburg stattfindenden Psychoanalytischen Kongreß teilzunehmen. Er berichtete über diesen Kongreß in einem langen Brief vom 8. September 1925. Dieser Brief enthielt jedoch eine Stelle, die einen Schatten über die letzte Phase der engen Beziehung zwischen den beiden Männern warf.

Ich habe oben erwähnt, daß Fließ, mit dem Abraham bekannt geworden war, als er in Berlin zu praktizieren begann, diesen während der letzten Phase seiner Krankheit betreute. Offenbar wirkte Fließ' magnetische Anziehungskraft auch auf Abraham, wie einige seiner letzten Briefe zeigen. Der Brief vom 8. September 1925 endet mit folgendem Absatz:

Im ganzen bin ich vom Kongreß also befriedigt ... Ich habe

wirklich ein paar strapaziöse Tage durchgemacht. Alle die Leute, die einen auf eine ›halbe Minute‹ sprechen wollen, muteten mir ein Quantum von Sprechleistung zu, das mir sehr schwer fiel, und ich brauche jetzt einige Tage, um meine Atmungsorgane wieder zu erholen. Ich muß übrigens sowieso eine Nasen- und Halsbehandlung bei Fließ durchmachen. Würde dieser Brief nicht schon übermäßig lang, so würde ich Ihnen gern berichten, wie meine Krankheit in geradezu frappanter Art alle Fließschen Ansichten von der Periodizität bestätigt hat.

In seiner Antwort auf diesen Brief ging Freud auf die Bemerkungen über Fließ nicht ein.

Der nächste Brief von Abraham gab keinen Anlaß zu besonderer Beunruhigung. Er schrieb am 19. Oktober 1925:

Vielleicht interessiert es Sie zu hören, daß Fließ, der von Ihrer Erkrankung vor 2 Jahren wußte, sich bei mir wiederholt mit sehr warmer Teilnahme nach Ihrem Ergehen erkundigte. Was mich betrifft, muß ich auch hier noch einmal sagen, daß ich ihm zum allergrößten Dank verpflichtet bin.

Daß Fließ sein Interesse für die Psychoanalyse bewahrt oder, was wahrscheinlicher ist, wiedergewonnen hatte, daß er Freuds Veröffentlichungen las und Patienten in psychoanalytische Behandlung überwies, wird auch von anderen bestätigt.[1]

Freud ging auf diese Botschaft nicht ein und schrieb in einem der Rundbriefe an die Mitglieder des Komitès am 20. Oktober 1925: »Dieser Ausdruck der Sympathie nach 20 Jahren läßt mich ziemlich kalt« (Jones, Bd. 3, S. 143)

Während der letzten Monate von Abrahams Leben war Freuds Beziehung zu ihm aufgrund eines unglücklichen Vorfalls etwas gespannt. Damals hatte Freud gerade abgelehnt, an einem von dem amerikanischen Filmproduzenten Samuel Goldwyn vorgeschlagenen Filmprojekt mitzuarbeiten, aber er leistete keinen aktiven Widerstand gegen Abrahams Mitarbeit an der Produktion eines populärwissenschaftlichen Films, den die Kulturfilmabteilung einer deutschen Filmgesellschaft herstellen wollte (siehe Abrahams Brief vom 7. Juni 1925). Die Produktion dieses Films führte zu einer Kontroverse zwischen Abraham und einigen anderen Analytikern, die entweder an diesem Projekt beteiligt waren oder statt dessen andere Projekte vorschlugen (Näheres siehe bei Jo-

1 Darunter von Dr. Marianne Kris, eine Nichte von Frau Fließ. Fließ' Sohn Robert wurde ein bekannter Psychoanalytiker.

nes, Bd. 3, S. 141 ff.). Freud sprach in dem oben angeführten Rundbrief von Abrahams Schroffheit bei der Behandlung dieser Sache. Abraham antwortete auf diese Bemerkungen in seinem letzten Brief an Freud, in dem er diesen an frühere Gelegenheiten erinnerte, wo sich seine Beurteilung von Persönlichkeiten als richtig erwiesen hätte (gemeint war der Bruch mit Jung und Rank). Obwohl er seiner aufrichtigen Sorge über Abrahams Gesundheit Ausdruck gab, konnte Freud in seiner Antwort seine gemischten Gefühle nicht verbergen; er schrieb: »Es muß ja nicht sein, daß Sie immer recht haben« (Jones, Bd. 3, S. 143).

Als ich in Jones' Biographie die Darstellung dieser Episode las, nach welcher die Korrespondenz mit Abraham mit diesem Mißton endete, konnte ich das nicht mit meiner Kenntnis von Freuds Empfindungen für Abraham vereinbaren, mit seiner Anteilnahme und seinem besonderen Zartgefühl in Siuationen, wo seine jüngeren Freunde ernstlich krank waren. Erst als ich die letzten Briefe las, die Abraham und Freud tauschten, kam ich auf den Gedanken, daß die etwas ärgerlichen Bemerkungen in Freuds letztem Brief vielleicht eine verspätete Reaktion auf Abrahams wiederholte Äußerungen über Fließ in vorangegangenen Briefen waren. Abraham hatte offensichtlich eine Antwort auf diese Äußerungen erwartet; Freuds einzige Reaktion war jedoch seine ziemlich sarkastische Bemerkung in dem Rundbrief. Freud hatte offenbar Fließ nicht vergessen und ihm auch nie ganz verziehen.

Es ärgerte Freud, daß auch Abraham, den er wegen seines scharfen Verstandes bewunderte und wegen der charakterlichen Qualitäten, die er von einem Wissenschaftler erwartete, dem Zauber von Fließ erlegen war.

Zur Zeit seines letzten Briefes an Abraham vom 5. November 1925 hatte Freud wahrscheinlich schon den Verdacht, daß Abrahams Krankheit ernst war. Aus Briefen, die Freud nach Abrahams Tod schrieb, können wir den Schluß ziehen, daß Abraham an einem bronchogenen Karzinom starb. Freud selbst wollte nicht getäuscht werden, und wahrscheinlich erwartete er von Menschen wie Abraham jene Einstellung zum Unvermeidlichen, die er an Anton von Freund so gepriesen hatte. Freud konnte sich deshalb mit den Zeichen der Euphorie, die Abraham unter dem Einfluß von Fließ an den Tag legte, nicht ganz abfinden.[2]

2 Siehe auch den unten zitierten Brief Freuds an Eitingon (vom 10. März 1926) und seinen Brief an Fließ vom 2. Februar 1899 (5. Kapitel).

Im Oktober 1925 schrieb Abraham noch optimistische Briefe, aber kurz danach schwanden seine Kräfte schnell, und Weihnachten starb er.
Freud empfand Abrahams Tod als eine Ungerechtigkeit des Schicksals, da von den beiden an Krebs erkrankten Männern der viel ältere am Leben blieb (siehe Glovers Einleitung zu Freud/Abraham, 1965). Am 30. Dezember 1925 schrieb Freud an Jones:

> Wer damals, als wir uns im Harz trafen, geahnt hätte, daß er der erste sein würde, dieses unvernünftige Leben zu verlassen! – Wir müssen weiter arbeiten und zusammenhalten. Persönlich ersetzt uns niemand den Verlust, aber für die Arbeit darf niemand unersetzlich sein. Ich werde bald wegfallen, viel später erst hoffentlich die Anderen, aber das Werk muß fortgesetzt werden, gegen dessen Größe wir alle mitsammen klein sind. (B* 360)

Freud schrieb einen kurzen Nachruf für Abraham für die erste Nummer des Jahrgangs 1926 der *Internationalen Zeitschrift*. Als er erfuhr, daß die nächste Nummer seinem bevorstehenden 70. Geburtstag gewidmet sein sollte, schrieb er an den Herausgeber der Zeitschrift, Sandor Rado, und bat darum, die Geburtstagsnummer zu verschieben und statt dessen die nächste Ausgabe den Gedenkbeiträgen für Abraham zu widmen, deren Abdruck Rado für das Ende des Jahres vorgesehen hatte.

> Man kann nicht Feste feiern, bevor man der Pflicht des Trauerns nachgekommen ist. (Jones, Bd. 3, S. 147)

Freuds Brief an Jones über Abrahams Tod macht eine der Motivationen dafür deutlich, daß er sich verpflichtet fühlte und den Wunsch hatte, weiterzuleben und weiterzuarbeiten: die »Sache«, die Arbeit an dem von ihm errichteten Gebäude mußte weitergehen. Das andere Motiv war die Notwendigkeit, weiter für seine große Familie zu sorgen, nicht nur für Kinder und Enkel, sondern auch für die Schwestern und deren Kinder, etc.
Freuds innerer Kampf verschärfte sich im Jahre 1926, dem Jahr, in dem er siebzig wurde. Um mir ein besseres Bild von der ständigen Flut quälender Empfindungen machen zu können, von dem Freud sprach, las ich Pichlers Notizen für 1926, ein normales Jahr ohne größere chirurgische Eingriffe, lediglich mit dem unaufhörlichen Bemühen, wenigstens ein Minimum an Wohlbefinden zu erlangen. Es fanden 48 Untersuchungen in der Praxis statt, eine Biopsie, zwei Kauterisierungen und ständige Experimente

mit drei verschiedenen Prothesen, mit Versuchen, die wenigen noch vorhandenen Zähne zu erhalten.

In der dritten Februarwoche 1926 erschien *Hemmung, Symptom und Angst,* worin Freud den Begriff der »Signalangst« formulierte als einer unmittelbaren Reaktion auf die bewußte oder unbewußte Wahrnehmung einer Gefahr. In der gleichen Woche leuchtete für Freud ein neues Gefahrensignal auf. Bei mehreren Gelegenheiten hatte er nach einer Anstrengung Herzbeschwerden (ohne Angstgefühl und – im Gegensatz zu seinen Herzbeschwerden im Jahr 1894 – ohne Atemnot). Freuds Freund, der Kardiologe Ludwig Braun, diagnostizierte Angina pectoris[3] und verordnete eine Ruhekur.

Damals hatte Freud Grund zu der Hoffnung, daß sich sein Krebs in naher Zukunft nicht neubilden werde.[4] Krebs hatte für ihn immer eine Gefahr in einer nicht absehbaren Zukunft bedeutet, während Herzbeschwerden eine unmittelbarere Gefahr darstellten. Deshalb war er bereit, sich einer zumindest zeitweiligen Nikotinabstinenz zu unterwerfen. Nach einigem Zögern willigte er auch ein, ein paar Wochen im Sanatorium Cottage zu verbringen, einem luxuriösen Privatkrankenhaus, das in einem der Außenbezirke Wiens lag.

Ein langer Brief an Eitingon vom 10. März 1926 spiegelt Freuds Reaktion auf die neue Gefahrsituation und seine Abneigung gegen die Aussicht, an den verschiedenen Festlichkeiten teilnehmen zu müssen, die man zu seinem 70. Geburtstag plante.

Da Jones (Bd. 3, S. 148 ff.) den größten Teil dieses Briefes zitiert hat, nehme ich hier nur auf seine wichtigsten Punkte Bezug. Freud nahm an, daß er anläßlich seines Geburtstages mit dem Komité zusammenkommen werde, vor allem, da dies vielleicht das letzte Zusammentreffen sein würde.

> Ich schreibe das ohne Bitterkeit, ohne Anstrengung zur Resignation, in ruhiger Sachlichkeit, weiß aber, wie schwer es ist, andere zu solcher Auffassung zu bewegen.

Jones teilte dann Eitingon mit, daß die Diagnose auf Myokarditis lautete.[5]

3 Damals wurden noch nicht regelmäßig Elektrokardiogramme gemacht.

4 Siehe seinen Brief an Binswanger vom 15. Oktober 1926, der in Kapitel 13 zitiert ist.

5 Jeder Herzschaden, selbst vaskulären Ursprungs, wurde damals etwas großzügig als Myokarditis bezeichnet. Es ist jedoch möglich, daß Freud die gleiche

> Die Summation meiner verschiedenen Beschwerden legt mir die Frage nahe, wie lange ich noch meine berufliche Arbeit werde fortsetzen können, zumal da der Verzicht auf des Rauchens liebe Gewohnheit eine große Herabsetzung meiner geistigen Interessen mit sich gebracht hat ... Die einzige Angst, die ich wirklich habe, ist die vor einem längeren Siechtum ohne Arbeitsmöglichkeit. Direkter gesagt: ohne Erwerbsmöglichkeit.

Er protestiere nicht, behauptet er, denn:

> ... die Herzaffektion eröffnet doch Aussichten auf einen nicht zu verzögerten und nicht zu kläglichen Abschluß ... Machen Sie sich nun keine falsche Vorstellung und glauben Sie nicht, daß ich deprimiert bin. Ich sehe einen Triumph darin, wenn man sein klares Urteil unter allen Umständen bewahrt, aber keinen, wenn man wie der arme Abraham sich von der Euphorie täuschen läßt.

Der letzte Satz ist charakteristisch für die Haltung, die Freud der Gefahr gegenüber einzunehmen vermochte. Er zeigt auch, wie ernst es ihm mit seinem Verlangen war, die volle Wahrheit zu erfahren: Wir werden hier an den Brief an Pfister aus dem Jahre 1910 erinnert mit seiner abschließenden Bemerkung: »In Harnisch laßt uns sterben, wie König Macbeth sagt.«

Nur zwei Wochen später hatte sich Freud erholt und schrieb am 28. März 1926 an Eitingon:

> Ich sehe nun, da ich einmal angefangen habe, vom Intimsten zu schreiben, muß ich auch fortsetzen und weiter berichten, daß der Aufenthalt in meiner »Riviera«[6] mir sehr wohl gethan hat, was Aussehen, Körpergewicht und subjektives Befinden betrifft. Die Herzsensationen sind nicht ganz vergangen, aber doch geringfügig geworden, ich kann längere Zeit ohne Schmerzen gehen und neige jetzt dazu, den Zustand als einen episodischen zu betrachten, wie mein schlauer Internist – Braun – mir vorredet. Damit treten nach bekanntem allgemein menschlichem Vorbild auch die »Sorgen« in den Hintergrund. [1]

Um diese Zeit hatte Freuds Briefwechsel mit Marie Bonaparte begonnen. Sie hatte 1925 Freud gebeten, sie zu analysieren, und Freud hatte sie als Patientin angenommen. Später wurde sie sel-

Bezeichnung gebrauchte wie seinerzeit bei der Herzepisode der 1890er Jahre, denn Braun, den ich gut kannte, war sehr gewissenhaft und entsprach stets Freuds Forderung nach korrekter Information.

6 Freuds Spitzname für das Sanatorium »Cottage«.

ber Analytikerin und zu einer treuen Freundin. Freud korrespondierte bis ans Ende seines Lebens mit ihr. Aus seinen Briefen an sie erfahren wir Einzelheiten über Freuds Krankheiten, über seine Kämpfe gegen die Versuchung, die von ihr geschickten Zigarren zu rauchen, etc.

Freud kehrte Anfang April 1926 aus dem Sanatorium nach Hause zurück. Er arbeitete noch immer in beschränktem Umfang, aber seine Herzbeschwerden waren verschwunden. Ein Brief an Marie Bonaparte vom 27. April zeigt deutlich, daß Freud seine Empfänglichkeit für Schönheit, insbesondere für die Schönheit der Natur, bewahrt hatte. Er schrieb:

> Ich muß meine Morgenfahrten in den Wiener Frühling fortsetzen und finde es wirklich schön. Wie schade, daß man alt und krank werden mußte, um diese Entdeckung zu machen. Wie gut daß Sie in Ihrem Garten[7] nicht so lange zu warten brauchten!
>
> Kennen Sie übrigens das kleine Frühlingsgedicht von unserem Uhland? Es giebt wie kein anderes die Frühlingsstimmung wieder. Ich habe es nicht ganz sicher und vollständig im Gedächtnis, aber ich will was ich erinnere, daraus citieren:
>
> Die Welt wird schöner mit jedem Tag.
> Man weiß nicht was noch werden mag.
> Das Blühen will nicht enden.
> Es blüht das fernste, tiefste Tal.
> Nun, liebes Herz, vergiß der Qual,
> Nun muß sich alles, alles wenden.
>
> Ich bin noch immer sehr tugendhaft.[8]
>
> Sehr herzlich
>
> Ihr Freud [2]

Wie wir sehen werden, zitierte Freud zehn Jahre später dasselbe Gedicht in einem Brief an Arnold Zweig, aber diesmal ohne den hoffnungsfrohen Schluß.

Der Ton dieses Briefes zeigt, daß der Lebenswille und die Fähigkeit, sich an allem zu freuen, immer noch da waren, wenn nur ein Minimum an Wohlbefinden vorhanden war.

Freuds 70. Geburtstag brachte Anerkennung aus allen Teilen der Welt. Freud schickte Marie Bonaparte eine detaillierte, witzige

7 In St. Cloud bei Paris.

8 Gemeint war: Abstinenz vom Rauchen.

Schilderung der Feier vom 10. Mai 1926. Hier eine charakteristische Stelle:

> Ich bekam allerlei Schmeichelhaftes zu hören und zu lesen. Den Schluß machte eine Festfeier der jüdischen Loge, der ich seit 29 Jahren angehöre. Dort sprach mein Arzt, Professor Ludwig Braun, in einer Weise, die alle Zuhörer, meine Familie darunter, bezauberte. Ich bat mir aus, nicht dabei zu sein. Es wäre peinlich und abgeschmackt gewesen. Überhaupt, wenn mich jemand beschimpft, kann ich mich verteidigen; wenn mich aber jemand lobt, bin ich wehrlos. (B* 365)

Es sei peinlich, so bemerkte er, an den »Lobespranger« gestellt zu werden. Trotz seinem Unbehagen und seinen Protesten waren die Ehrungen für ihn eine wirkliche Befriedigung. Dazu folgende summarische Äußerung:

> Gesamteindruck: die Welt hat einen gewissen Respekt vor meiner Arbeit bekommen. Angenommen ist die Analyse aber bisher nur von den Analytikern. (B* 365)

Die glänzende und bewegende Rede Brauns wurde in den *Mitteilungen* der Loge B'nai Brith veröffentlicht. Freud schrieb an deren Mitglieder einen Brief, in dem er daran erinnerte, wie es zu seinem Beitritt kam. Es gelang ihm, in wenigen Sätzen die unnachgiebige innere Stärke zu schildern, die es ihm erlaubte, alle Hindernisse zu meistern, die vergangenen und die, die noch kommen sollten.

> Es geschah in den Jahren nach 1895, daß zwei starke Eindrücke bei mir zur gleichen Wirkung zusammentrafen. Einerseits hatte ich die ersten Einblicke in die Tiefen des menschlichen Trieblebens gewonnen, manches gesehen, was ernüchtern, zunächst sogar erschrecken konnte, andererseits hatte die Mitteilung meiner unliebsamen Funde den Erfolg, daß ich den größten Teil meiner damaligen menschlichen Beziehungen einbüßte; ich kam mir vor wie geächtet, von allen gemieden. In dieser Vereinsamung erwachte in mir die Sehnsucht nach einem Kreis von auserlesenen, hochgestimmten Männern, die mich ungeachtet meiner Verwegenheit freundschaftlich aufnehmen sollten. Ihre Vereinigung wurde mir als der Ort bezeichnet, wo solche Männer zu finden seien ...
> Und dazu kam bald die Einsicht, daß ich nur meiner jüdischen Natur die zwei Eigenschaften verdankte, die mir auf meinem schwierigen Lebensweg unerläßlich geworden waren. Weil ich

Jude war, fand ich mich frei von vielen Vorurteilen, die andere im Gebrauch ihres Intellekts beschränkten, als Jude war ich dafür vorbereitet, in die Opposition zu gehen und auf das Einvernehmen mit der »kompakten Majorität«[9] zu verzichten.
So wurde ich also einer der Ihrigen, nahm Anteil an Ihren humanitären und nationalen Interessen, gewann Freunde unter Ihnen ... zu einer Zeit, da in Europa niemand auf mich hörte und ich auch noch in Wien keine Schüler hatte, schenkten Sie mir eine wohlwollende Aufmerksamkeit. Sie waren mein erstes Auditorium ...
Aber daß Sie mir viel bedeutet und viel geleistet haben in den Jahren, da ich zu Ihnen gehört, dessen darf ich Sie versichern.
(B* 363 f.)

9 Zitat aus Ibsens »Ein Volksfeind«.

17. Kapitel

Zukunft ohne Illusionen

Freud war jetzt ins Patriarchenalter eingetreten. Bei der Feier schärfte er allen seinen Schülern ein, von jetzt an müßten sie auf eigenen Füßen stehen. In Wirklichkeit hatte Freud am Tag nach der Feier siebeneinhalb Stunden lang Diskussionen und Konferenzen mit den Analytikern, die aus diesem Anlaß zusammengekommen waren. Trotz seiner Warnung kümmerte sich Freud auch weiterhin aktiv um die Entwicklung der Psychoanalyse als Wissenschaft; und auch alle seine Schüler wandten sich wie bisher an ihn um Rat und Hilfe bei wissenschaftlichen, organisatorischen und sogar bei persönlichen Problemen.

Die Ansprache Freuds kündigte eine Verlagerung seines Hauptinteresses an. Nach der Niederschrift seines glänzenden Essays *Die Frage der Laienanalyse*, in dem ihm eine äußerst luzide und doch völlig allgemeinverständliche Kurzdarstellung der Psychoanalyse gelungen war, konnte er sich wieder anderen Problemen zuwenden. Freud sprach wiederholt über diese Interessenverschiebung. Im Nachwort zur *Laienanalyse* schrieb er:

> Nach 41jähriger ärztlicher Tätigkeit sagt mir meine Selbsterkenntnis, ich sei eigentlich kein richtiger Arzt gewesen. Ich bin Arzt geworden durch eine mir aufgedrängte Ablenkung meiner ursprünglichen Absicht und mein Lebenstriumph liegt darin, daß ich nach großem Umweg die anfängliche Richtung wieder gefunden habe. Aus frühen Jahren ist mir nichts von einem Bedürfnis, leidenden Menschen zu helfen, bekannt, meine sadistische Veranlagung war nicht sehr groß, so brauchte sich dieser ihrer Abkömmlinge nicht zu entwickeln. Ich habe auch niemals »Doktor« gespielt, meine infantile Neugierde ging offenbar andere Wege. *In den Jugendjahren wurde das Bedürfnis, etwas von den Rätseln dieser Welt zu verstehen und vielleicht etwas zu ihrer Lösung beizutragen, übermächtig.*
>
> (1926 b, S. 290, Kursiv d. Verf.)

In dem Nachtrag von 1935 zu seiner *Selbstdarstellung* (1925 b) sagte Freud:

> Zwei Themen ziehen sich durch diese Arbeit, das meiner Lebensschicksale und das der Geschichte der Psychoanalyse. Sie

treten in die innigste Verbindung zueinander. Die »Selbstdarstellung« zeigt, wie die Psychoanalyse mein Lebensinhalt wird, und folgt dann der berechtigten Annahme, daß nichts, was mir persönlich begegnet ist, neben meinen Beziehungen zur Wissenschaft Interesse verdient.

Kurz vor der Abfassung der »Selbstdarstellung« hatte es den Anschein gehabt, als würde mein Leben durch die Rezidive einer bösartigen Erkrankung zu einem baldigen Abschluß kommen; allein die Kunst des Chirurgen hatte mir 1923 Rettung gebracht und ich blieb lebens- und leistungsfähig, wenn auch nie mehr beschwerdefrei. In den mehr als zehn Jahren seither habe ich nicht aufgehört, analytisch zu arbeiten und zu publizieren ... Aber ich finde selbst einen bedeutsamen Unterschied gegen früher. Fäden, die sich in meiner Entwicklung miteinander verschlungen hatten, begannen sich voneinander zu lösen, später erworbene Interessen sind zurückgetreten und ältere, ursprünglichere, haben sich wieder durchgesetzt. Zwar habe ich in diesem letzten Dezennium noch manches wichtige Stück analytischer Arbeit unternommen, wie die Revision des Angstproblems in der Schrift »Hemmung, Symptom und Angst« [1926 a,] oder es gelang mir 1927 die glatte Aufklärung des sexuellen »Fetischismus«, aber es ist doch richtig zu sagen, daß ich seit der Aufstellung der zwei Triebarten (Eros und Todestrieb) und der Zerlegung der psychischen Persönlichkeit in Ich, Über-Ich und Es [1923] keine entscheidenden Beiträge mehr zur Psychoanalyse geliefert, und was ich später geschrieben habe, hätte schadlos wegbleiben können oder wäre bald von anderer Seite beigebracht worden. Dies hing mit einer Wandlung bei mir zusammen, mit einem Stück regressiver Entwicklung, wenn man es so nennen will. Nach dem lebenslangen Umweg über die Naturwissenschaften, Medizin und Psychotherapie war mein Interesse zu jenen kulturellen Problemen zurückgekehrt, die dereinst den kaum zum Denken erwachten Jüngling gefesselt hatten. (1925 b, [1935], S. 32 ff.)

So hat Freud seine innere Entwicklung beschrieben, aus der dann *Die Zukunft einer Illusion* (1927 a) und *Das Unbehagen in der Kultur* (1930 b) hervorgingen.

Es gab keine einschneidende Veränderung in seinem täglichen Leben, zu dem immer noch der unaufhörliche Kampf um die Herstellung einer befriedigenden Prothese gehörte. Die Notizen Pichlers weisen 77 Eintragungen für das Jahr 1927 auf, darunter die über einen chirurgischen Eingriff und über die Elektrokoagulation einer Leukoplakie. Eine neue Komplikation ergab sich aus den von der Regierung verordneten Währungsbeschränkungen: es wurde verboten, Zigarren nach Österreich einzuführen, während andererseits die österreichischen Zigarren viel schlechter geworden waren. So mußte Eitingon, der unermüdliche Paladin, neue Lieferquellen in Deutschland finden und außerdem neue Wege, die Zigarren nach Österreich zu schaffen.

Der folgende Brief ist typisch für diese Zeit:

> Zweitens will ich Ihnen dafür danken, daß Sie mir wiederum die gute Zigarre geschickt haben, schon 150 Stück seit der ersten Probe. Ich habe seit langen Jahren nichts so Angenehmes und Bekömmliches zum Rauchen gehabt und da es nicht meine Absicht ist, für den kurzen Lebensrest auf diese Genußquelle zu verzichten, bitte ich Sie auch künftighin die Gelegenheit für weitere Sendungen wahrzunehmen.
>
> ... Meine neue Prothese verzögert sich immer mehr, ich habe ja auch keine Sicherheit, daß sie viel besser werden wird, und einstweilen lebe ich sehr unbequem. [1]

Zu Frühlingsanfang traten die Herzbeschwerden erneut auf, und Freud verbrachte wieder zwei Wochen im Sanatorium Cottage. Das bedeutete einen weiteren vergeblichen Versuch, das Rauchen aufzugeben. Am 14. April 1927 schrieb Freud an Eitingon:

> Ich danke Ihnen sehr für die neue Zigarrensendung, die Ernst hoffentlich jedesmal begleicht.[1] Natürlich verlangt man, daß ich weniger rauchen soll. Meine neue Prothese, in manchen Stücken besser, ist in anderen doch eine Enttäuschung. [2]

Daß Freud nie versäumte, seine eigenen Gefühle und Reaktionen einer Analyse zu unterziehen, wird in dem folgenden Eintrag Pichlers deutlich: »Der Patient hat interessante Selbstbeobachtungen über die Undankbarkeit von Patienten und über die Auflehnung gegen Abhängigkeit gemacht« (12. Mai 1927).

Eitingon hatte Freud versichert, die Prothese sei fast perfekt.

Am 6. Juni schrieb Freud an Eitingon:

> Auch Sie unter den Schwärmern! Jenes »fast« dankt seinen Ursprung einer noch immer nicht aufgegebenen Illusion, daß es Pichler gelingen wird, den letzten Anstoß zu beseitigen und

1 Ernst Freud lebte in Berlin.

> daß ich dann wieder mit Menschen verkehren kann, ohne an die Stelle am Kiefer mehr zu denken als an den Menschen. Aber die letzte Stelle ist immer nur die vorletzte und unterdeß kommt Neues hinzu, so jetzt eine Periostitis, mit der ein Zahn ankündigt, daß er nicht mehr Lust hat, an der Last mitzutragen, und so geht dieser den Weg aller anderen Illusionen.

[3]

Dieser Brief und die darin zutage tretende Einstellung zu Illusionen zeigt sehr deutlich die Parallele zwischen Freuds Leben und seinem Werk. In eben diesem Frühjahr 1927 begann Freud mit der Niederschrift von *Die Zukunft einer Illusion*, die er im November dieses Jahres beendete. An der Stelle fortfahrend, wo er in *Totem und Tabu* und in »Zeitgemäßes über Krieg und Tod« abgebrochen hatte, brachte Freud das Manifest der psychologischen Revolution zu seinem logischen Schluß, das in den *Vorlesungen zur Einführung in die Psychoanalyse* angekündigt worden war. Die Formulierungen in *Die Zukunft einer Illusion* reflektieren Freuds ganze Entwicklung während des vorangehenden Jahrzehnts.

Ich zitiere einige der wichtigsten Stellen des Buches, die von dem handeln, was Freud »das vielleicht bedeutsamste Stück des psychischen Inventars einer Kultur« nannte. »Es sind ihre im weitesten Sinne religiösen Vorstellungen, mit anderen, später zu rechtfertigenden Worten, ihre Illusionen« (1927 a, S. 335). Freuds These lautete, es sei die wichtigste Aufgabe der Kultur, ihre *raison d'être*, uns gegen die Natur zu verteidigen, gegen die Elemente, die Krankheiten und das quälende Rätsel des Todes.

> Mit diesen Gewalten steht die Natur wider uns auf, großartig, grausam, unerbittlich, rückt uns wieder unsere Schwäche und Hilflosigkeit vor Augen, der wir uns durch die Kulturarbeit zu entziehen gedachten ... Wie für die Menschheit im ganzen, so ist für den Einzelnen das Leben schwer zu ertragen ... Wie der Einzelne gegen die Schädigungen durch die Kultur und die Anderen reagiert, wissen wir bereits, er entwickelt ein entsprechendes Maß von Widerstand gegen die Einrichtungen dieser Kultur, von Kulturfeindschaft. Aber wie setzt er sich gegen die Übermächte der Natur, des Schicksals, zur Wehr, die ihm wie allen anderen drohen? ...
>
> Der Welt und dem Leben sollen ihre Schrecken genommen werden, nebenbei will auch die Wißbegierde der Menschen, die

freilich von dem stärksten praktischen Interesse angetrieben wird, eine Antwort haben.

Mit dem ersten Schritt ist bereits sehr viel gewonnen. Und dieser ist, die Natur zu vermenschlichen. An die unpersönlichen Kräfte und Schicksale kann man nicht heran, sie bleiben ewig fremd. Aber wenn in den Elementen Leidenschaften toben wie in der eigenen Seele, wenn selbst der Tod nichts Spontanes ist, sondern die Gewalttat eines bösen Willens ... dann atmet man auf, fühlt sich heimisch im Unheimlichen, kann seine sinnlose Angst psychisch bearbeiten ...

Denn diese Situation ist nichts Neues, sie hat ein infantiles Vorbild ... denn in solcher Hilflosigkeit hatte man sich schon einmal befunden, als kleines Kind einem Elternpaar gegenüber, das man Grund hatte zu fürchten ... dessen Schutzes man aber auch sicher war gegen die Gefahren, die man damals kannte ... Auch [hier] kam wie im Traumleben der Wunsch dabei auf seine Rechnung. Eine Todesahnung befällt den Schlafenden, will ihn in das Grab versetzen, aber die Traumarbeit weiß die Bedingung auszuwählen, unter der auch dies gefürchtete Ereignis zur Wunscherfüllung wird; der Träumer sieht sich in einem alten Etruskergrab, in das er selig über die Befriedigung seiner archäologischen Interessen hinabgestiegen war.

(1927 a, S. 337 ff.)

Wir haben hier ein Beispiel für die Kontinuität in der schöpferischen Tätigkeit Freuds. Er nimmt auf einen seiner eigenen Träume Bezug, den er in *Die Traumdeutung* behandelt und der ihm damals geholfen hatte, seine Todesangst zu *leugnen* (siehe 5. Kapitel). Jetzt versuchte er, mit dieser Angst auf eine andere Weise fertig zu werden.

Die Menschheit stattet die Naturkräfte mit den Eigenschaften eines Vaters aus, behauptete Freud, verwandelt sie in Götter und weist ihnen drei Aufgaben zu:

Die Götter behalten ihre dreifache Aufgabe, die Schrecken der Natur zu bannen, mit der Grausamkeit des Schicksals, besonders wie es sich im Tode zeigt, zu versöhnen und für die Leiden und Entbehrungen zu entschädigen, die dem Menschen durch das kulturelle Zusammenleben auferlegt werden.

... Was die Austeilung der Schicksale betrifft, so bleibt eine unbehagliche Ahnung bestehen, daß der Rat- und Hilflosigkeit des Menschengeschlechts nicht abgeholfen werden kann. Hier versagen die Götter am ehesten ... dem begabtesten Volk des Altertums dämmert die Einsicht, daß die *Moira* über den Göttern steht ... Und je mehr die Natur selbständig wird ... desto ernsthafter drängen alle Erwartungen auf die dritte Leistung, die ihnen zugewiesen ist, desto mehr wird das Moralische ihre eigentliche Domäne. Göttliche Aufgabe wird es nun ... die Leiden in acht zu nehmen, die die Menschen im Zusammenleben einander zufügen, über die Ausführung der Kulturvorschriften zu wachen, die die Menschen so schlecht befolgen ...

So wird ein Schatz von Vorstellungen geschaffen, geboren aus dem Bedürfnis, die menschliche Hilflosigkeit erträglich zu machen ... Es ist deutlich erkennbar, daß dieser Besitz den Menschen nach zwei Richtungen beschützt, gegen die Gefahren der Natur und des Schicksals und gegen die Schädigungen aus der menschlichen Gesellschaft selbst. Im Zusammenhang lautet es: das Leben in dieser Welt dient einem höheren Zweck ... Über jeden von uns wacht eine gütige ... Vorsehung ... der Tod selbst ist keine Vernichtung, keine Rückkehr zum anorganisch Leblosen, sondern der Anfang einer neuen Art von Existenz, die auf dem Wege der Höherentwicklung liegt ... Das Leben nach dem Tode, das unser irdisches Leben fortsetzt, wie das unsichtbare Stück des Spektrums dem sichtbaren angefügt ist, bringt all die Vollendung, die wir hier vielleicht vermißt haben.

(S. 1927 a, S. 339 ff.)

In *Totem und Tabu* hatte Freud versucht, die Entwicklung der Kultur und der Religion zurückzuverfolgen und zu erklären. In *Die Zukunft einer Illusion* wiederholte und entwickelte Freud diese Gedanken in äußerst konzentrierter Form und warf dann einige entscheidende Fragen auf:

Was sind diese Vorstellungen im Lichte der Psychologie? ... und um schüchtern fortzusetzen: was ist ihr wirklicher Wert?

(1927 a, S. 342)

Freud war als Lehrer und Schriftsteller am überzeugendsten, wenn er seine These in Form eines Dialogs mit einem imaginären Schüler oder Gegner vorbrachte. Dieser Methode bediente er sich in den *Vorlesungen zur Einführung in die Psychoanalyse*, in *Die Frage der Laienanalyse* und in den beiden letzten Kapiteln von *Die Zukunft einer Illusion.* Nach seiner Korrespondenz mit Pfister zu urteilen, ist es wahrscheinlich, daß letzterer für den imaginären Diskussionspartner stand. Freud artikulierte zuerst die Einwände seiner Gegner und setzte dann seine Untersuchung fort, indem er mit der folgenden Definition begann:

> [Religiöse Vorstellungen] sind Lehrsätze, Aussagen über Tatsachen und Verhältnisse der äußeren (oder inneren) Realität, die etwas mitteilen, was man selbst nicht gefunden hat, und die beanspruchen, daß man ihnen Glauben schenkt.
>
> (1927 a, S. 347)

Freud führte viele Beispiele von Fakten an, von denen jede Schule fordert, daß ihre Schüler sie als wahr akzeptieren, jedoch nicht ohne den Versuch, ausreichende Beweise beizubringen, die diese Festlegung stützen sollen.

> Sie geben sich als das abgekürzte Resultat eines längeren, auf Beobachtung, gewiß auch Schlußfolgerung gegründeten Denkprozesses; wer die Absicht hat, diesen Prozeß selbst durchzumachen, anstatt sein Ergebnis anzunehmen, dem zeigen sie den Weg dazu. (1927 a, S. 347-348)

Im Zusammenhang mit den Lehren der Religion sah Freud drei Arten von Beweisen, die zur Erhärtung ihrer Glaubwürdigkeit herangezogen werden; erstens: schon unsere Urväter haben sie geglaubt; zweitens »besitzen wir Beweise, die uns aus eben dieser Vorzeit überliefert sind, und drittens ist es überhaupt verboten, die Frage nach dieser Beglaubigung aufzuwerfen« (1927 a, S. 348).

> Wir sollen glauben, weil unsere Urväter geglaubt haben. Aber diese unsere Ahnen waren weit unwissender als wir, sie haben an Dinge geglaubt, die wir heute unmöglich annehmen können ... Die Beweise, die sie uns hinterlassen haben, sind in Schriften niedergelegt, die selbst alle Charaktere der Unzuverlässigkeit an sich tragen. Sie sind widerspruchsvoll, überarbeitet, verfälscht ...
>
> So kommen wir zu dem sonderbaren Ergebnis, daß gerade diejenigen Mitteilungen unseres Kulturbesitzes ... denen die Aufgabe zugeteilt ist, uns die Rätsel der Welt aufzuklären und uns mit dem Leiden der Welt zu versöhnen, daß gerade sie die allerschwächste Beglaubigung haben ...
>
> Auch möge niemand glauben, daß die vorstehenden Bemerkungen über die Unbeweisbarkeit der religiösen Lehren etwas Neues enthalten. Sie ist zu jeder Zeit verspürt worden, gewiß auch von den Urahnen, die solche Erbschaft hinterlassen haben. Wahrscheinlich haben viele von ihnen dieselben Zweifel genährt wie wir, es lastete aber ein zu starker Druck auf ihnen,

als daß sie gewagt hätten, dieselben zu äußern. Und seither haben sich unzählige Menschen mit den nämlichen Zweifeln gequält ... sind viele glänzende Intellekte an diesem Konflikt gescheitert, haben viele Charaktere an den Kompromissen Schaden gelitten, in denen sie einen Ausweg suchten.

(1927 a, S. 348 ff.)

Die Frage, die Freud erneut aufwarf, war folgende: Woher kommt die innere Kraft religiöser Lehren, was verleiht ihnen ihre Wirksamkeit, unabhängig von Vernunftgründen? Freuds Antwort auf diese Frage lautete:

Diese ... Lehrsätze ... sind nicht Niederschläge der Erfahrung oder Endresultate des Denkens, es sind Illusionen, Erfüllungen der ältesten, stärksten, dringendsten Wünsche der Menschheit; das Geheimnis ihrer Stärke ist die Stärke dieser Wünsche ... Durch das gütige Walten der göttlichen Vorsehung wird die Angst vor den Gefahren des Lebens beschwichtigt ... die Verlängerung der irdischen Existenz durch ein zukünftiges Leben stellt den örtlichen und zeitlichen Rahmen bei, in dem sich diese Wunscherfüllungen vollziehen sollen ... Es bedeutet eine großartige Erleichterung für die Einzelpsyche, wenn die nie ganz überwundenen Konflikte der Kinderzeit ... ihr abgenommen und einer von allen angenommenen Lösung zugeführt werden ... (1927 a, S. 352ff.)

Es liegt nicht im Plane dieser Untersuchung, zum Wahrheitswert der religiösen Lehren Stellung zu nehmen. Es genügt uns, sie ... als Illusionen erkannt zu haben ... Wir wissen ungefähr, zu welchen Zeiten die religiösen Lehren geschaffen worden sind ... Erfahren wir noch, aus welchen Motiven es geschah, so erfährt unser Standpunkt zum religiösen Problem eine merkliche Verschiebung. Wir sagen uns, es wäre ja sehr schön, wenn es einen Gott gäbe als Weltenschöpfer und gütige Vorsehung, eine sittliche Weltordnung und ein jenseitiges Leben, aber es ist doch sehr auffällig, daß dies alles so ist, wie wir es uns wünschen müssen. Und es wäre noch sonderbarer, daß unseren armen, unwissenden, unfreien Vorvätern die Lösung all dieser schwierigen Welträtsel geglückt sein sollte. (1927 a, S. 356)

Freud widerlegt dann andere von seinem fiktiven Diskussionspartner vorgebrachten Einwände: z. B. dieser Aufsatz könnte gefährlich sein, er könnte die Moral verderben, der Gesetzlosigkeit Vorschub leisten etc. Als unwichtig tut er sogar die Möglichkeit ab, sein Buch könne dem Ansehen der Psychoanalyse schaden; er sagt dazu:

> Höchstens daß sein Buch in dem einen oder dem andern Land nicht übersetzt und nicht verbreitet werden darf. Natürlich gerade in einem Land, das sich des Hochstands seiner Kultur sicher fühlt. (1927 a, S. 359)

Besondere Aufmerksamkeit widmete er der folgenden Frage:

> Die Menschen sind Vernunftgründen so wenig zugänglich, werden ganz von ihren Triebwünschen beherrscht. Warum soll man also ihnen eine Triebbefriedigung wegnehmen und durch Vernunftgründe ersetzen wollen? [Freud antwortet darauf mit einer anderen Frage:] Freilich sind die Menschen so, aber haben Sie sich gefragt, ob sie so sein müssen, ob ihre innerste Natur sie dazu nötigt? [Freud glaubt das nicht. Er räumt ein:] Es ist gewiß ein unsinniges Beginnen, die Religion gewaltsam und mit einem Schlage aufheben zu wollen. Vor allem darum, weil es aussichtlos ist. Der Gläubige läßt sich seinen Glauben nicht entreißen, nicht durch Argumente und nicht durch Verbote. Gelänge es aber bei einigen, so wäre es eine Grausamkeit... [Daraus folgt jedoch nicht, daß die Menschen den Trost der Religion haben *müssen*, um leben zu können.] Ich widerspreche Ihnen also... daß der Mensch überhaupt den Trost der religiösen Illusion nicht entbehren kann, daß er ohne sie die Schwere des Lebens, die grausame Wirklichkeit, nicht ertragen würde. Ja, der Mensch nicht, dem Sie das süße – oder bittersüße – Gift von Kindheit an eingeflößt haben. Aber der andere, der nüchtern aufgezogen wurde? Vielleicht braucht der, der nicht an der Neurose leidet, auch keine Intoxikation, um sie zu betäuben. Gewiß wird der Mensch sich dann in einer schwierigen Situation befinden, er wird sich... seine Geringfügigkeit im Getriebe der Welt eingestehen müssen, nicht mehr der Mittelpunkt der Schöpfung... das Objekt zärtlicher Fürsorge einer gütigen Vorsehung. Er wird in derselben Lage sein wie das Kind, welches das Vaterhaus verlassen hat, in dem es ihm so warm und behaglich war. Aber... der Mensch kann nicht ewig Kind bleiben, er muß hinaus, ins »feindliche Leben«. Man darf das »die Erziehung zur Realität« heißen, brauche ich Ihnen noch zu verraten, daß es die einzige Absicht meiner Schrift ist, auf die Notwendigkeit dieses Fortschritts aufmerksam zu machen?

Sie fürchten wahrscheinlich, er wird die schwere Probe nicht bestehen? Nun, lassen Sie uns immerhin hoffen. Es macht schon etwas aus, wenn man weiß, daß man auf seine eigene Kraft angewiesen ist... Ganz ohne Hilfsmittel ist der Mensch nicht, seine Wissenschaft hat ihn seit den Zeiten des Diluviums viel gelehrt und wird seine Macht noch weiter vergrößern. Und was die großen Schicksalsnotwendigkeiten betrifft, gegen die es eine Abhilfe nicht gibt, die wird er eben mit Ergebung ertragen lernen. Was soll ihm die Vorspiegelung eines Großgrundbesitzes auf dem Mond, von dessen Ertrag doch noch nie jemand etwas gesehen hat? Als ehrlicher Kleinbauer auf dieser Erde wird er seine Scholle zu bearbeiten wissen, so daß sie ihn nährt. Dadurch, daß er seine Erwartungen vom Jenseits abzieht und alle freigewordenen Kräfte auf das irdische Leben konzentriert, wird er wahrscheinlich erreichen können, daß das Leben für alle erträglich wird und die Kultur keinen mehr erdrückt. Dann wird er ohne Bedauern mit einem unserer Unglaubensgenossen sagen dürfen:

Den Himmel überlassen wir
Den Engeln und den Spatzen.[2]

(1927 a, S. 370 ff.)

Das klingt wie das letzte Wort, das zu diesem Thema zu sagen ist, aber Freud gibt seinem Gegner noch eine Chance, indem er ihm folgende Argumentation einräumt:

Ich glaube, wir haben nun die Rollen getauscht; Sie zeigen sich als der Schwärmer, der sich von Illusionen fortreißen läßt, und ich vertrete den Anspruch der Vernunft, das Recht der Skepsis. Was Sie da aufgeführt haben, scheint mir auf Irrtümern aufgebaut, die ich nach Ihrem Vorgang Illusionen heißen darf, weil sie deutlich genug den Einfluß Ihrer Wünsche verraten. Sie setzen Ihre Hoffnung darauf, daß Generationen, die nicht in früher Kindheit den Einfluß der religiösen Lehren erfahren haben, leicht den ersehnten Primat der Intelligenz über das Triebleben erreichen werden. Das ist wohl eine Illusion; in diesem entscheidenden Punkt wird sich die menschliche Natur kaum ändern... Wenn Sie aus unserer europäischen Kultur die Religion wegschaffen wollen, so kann es nur durch ein anderes System von Lehren geschehen, und dies würde von Anfang an alle

2 Aus Heines Gedicht »Deutschland«. Das Wort »Unglaubensgenossen« hatte Heine auf Spinoza bezogen.

psychologischen Charaktere der Religion übernehmen, dieselbe Heiligkeit, Starrheit, Unduldsamkeit, dasselbe Denkverbot.

(1927 a, S. 374)

Trotzdem hat dann Freud, der Verfasser, das letzte Wort:

Sie sollen mich nicht für Ihre Kritik unzugänglich finden. Ich weiß, wie schwer es ist, Illusionen zu vermeiden; vielleicht sind auch die Hoffnungen, zu denen ich mich bekannt, illusorischer Natur ... Nehmen Sie doch meinen Versuch für das, was er ist ... Diese Einsichten aus der Individualpsychologie mögen ungenügend sein, die Übertragung auf das Menschengeschlecht nicht gerechtfertigt, der Optimismus unbegründet; ich gebe Ihnen alle diese Unsicherheiten zu. Aber ... wir mögen noch so oft betonen, der menschliche Intellekt sei kraftlos im Vergleich zum menschlichen Triebleben, und Recht damit haben. Aber es ist doch etwas Besonderes um diese Schwäche; die Stimme des Intellekts ist leise, aber sie ruht nicht, ehe sie sich Gehör geschafft hat. Am Ende, nach unzählig oft wiederholten Abweisungen, findet sie es doch. Dies ist einer der wenigen Punkte, in denen man für die Zukunft der Menschheit optimistisch sein darf, aber er bedeutet an sich nicht wenig. An ihn kann man noch andere Hoffnungen anknüpfen. Der Primat des Intellekts liegt gewiß in weiter, weiter, aber wahrscheinlich doch nicht in unendlicher Ferne. (1927 a, S. 376-377)

Sie [die Wissenschaft] hat viele offene und noch mehr verkappte Feinde ...

Man wirft ihr vor, wie wenig sie uns gelehrt und wie unvergleichlich mehr sie im Dunkel gelassen hat. Aber dabei vergißt man, wie jung sie ist, wie beschwerlich ihre Anfänge waren, und wie verschwindend klein der Zeitraum, seitdem der menschliche Intellekt für ihre Aufgaben erstarkt ist ...

Nein, unsere Wissenschaft ist keine Illusion. Eine Illusion aber wäre es zu glauben, daß wir anderswoher bekommen könnten, was sie uns nicht geben kann. (1927 a, S. 379 ff.)

So endet *Die Zukunft einer Illusion* triumphierend, mit der Überzeugung, daß Logos, die Herrschaft des Verstandes, den Sieg davontragen wird.

Während der nächsten zwei Jahre setzte Freud seine Erörterung der letzten beiden Kapitel von *Die Zukunft einer Illusion* fort. Sein Taktgefühl, seine Skrupel, die Gefühle eines Freundes zu verletzen, zeigen sich in dem Brief vom 16. Oktober 1927, in dem er

Pfister auf die Veröffentlichung von *Die Zukunft einer Illusion* vorbereitet:

> In den nächsten Wochen wird eine Broschüre von mir erscheinen, die viel mit Ihnen zu tun hat. Ich hätte sie nämlich längst schreiben wollen, aber mit Rücksicht auf Sie zurückgestellt, bis dann der Drang zu stark wurde. Sie behandelt – leicht zu erraten – meine durchaus ablehnende Einstellung zur Religion – in jeder Form und Verdünnung, und obwohl diese Ihnen nicht neu sein kann, fürchtete ich doch und fürchte ich es noch, daß Ihnen ein solches öffentliches Bekenntnis peinlich sein würde. Sie werden mich dann wissen lassen, welches Maß von Verständnis und Duldung Sie noch für den heillosen Ketzer aufbringen.
>
> Immer Ihr herzlich zugetaner
>
> Freud

Pfisters Reaktion war nicht unerwartet. Nichts konnte seine Zuneigung und Loyalität Freud gegenüber ändern, aber er antwortete in dem Stil, den Freud seinem Diskussionspartner in den beiden letzten Kapiteln seines Buches zuschreibt. Pfister rief am 24. November 1927 auch Nietzsche zu Hilfe, und zwar mit der Behauptung, dieser habe bereits Freuds Position mit den folgenden Worten ausgedrückt:

> Man wird es begriffen haben, worauf ich hinaus will, nämlich daß es immer noch ein metaphysischer Glaube ist, auf dem unser Glaube an die Wissenschaft ruht –, daß auch wir Erkennenden von heute, wir Gottlosen und Antimetaphysiker auch unser Feuer noch von dem Brande nehmen, den ein Jahrtausende alter Glaube entzündet hat, jener Christenglaube, der auch der Glaube Platos war, daß Gott die Wahrheit ist und daß die Wahrheit göttlich ist ...
>
> Aber wie, wenn dies gerade immer mehr unglaubwürdig wird, wenn nichts sich mehr als göttlich erweist, es sei denn der Irrtum, die Blindheit, die Lüge?

Ein Jahr später schrieb Freud wieder an Pfister am 25. November 1928:

> In Ihrem sonst so erfreulichen Schreiben hat mich doch ein Punkt betroffen gemacht, daß Sie im Verhalten der Internationalen Zeitschrift in causa Illusion (Redaktion und Herausgeber) etwas Unerwartetes und Anerkennenswertes gefunden haben. Solche ›Toleranz‹ ist doch kein Verdienst.

An den beiden Schriftchen, die mir kürzlich vom Verlag zugegangen sind, von denen eine den Abdruck Ihrer Diskussion enthält, habe ich mit Befriedigung gesehen, ein wie großes Stück wir doch in der Analyse mitsammen gehen können. Den jähen Abbruch nicht des analytischen, sondern des wissenschaftlichen Denkens, wenn es an Gott und Christus herankommt, nehme ich als eine der logisch unhaltbaren, psychologisch nur zu begreiflichen Inkonsequenzen des Lebens hin. Im allgemeinen lege ich auf die ›Nachfolge Christi‹ keinen Wert. Einer psychologisch so tiefgründigen Äußerung wie »Deine Sünden sind Dir vergeben worden; stehe auf und wandle« stehen andere in großer Zahl entgegen, nur zeitbedingt, psychologisch unmöglich, für unser Leben unbrauchbar. Und auch die frühere fordert eine Analyse heraus. Wenn der Kranke gefragt hätte: »Woher weißt du, daß mir meine Sünden vergeben sind?« so hätte die Antwort nur lauten können: »Ich, der Sohn Gottes, vergebe sie dir.« Also in Wirklichkeit eine Aufforderung zu schrankenloser Übertragung. Und nun stellen Sie sich vor, ich sagte einem Kranken: »Ich, der ordentliche Titular-Professor Sigmund Freud vergebe Ihnen Ihre Sünden.« Welche Blamage in meinem Falle! ... Ich weiß nicht, ob Sie das geheime Band zwischen der ›Laienanalyse‹ und der ›Illusion‹ erraten haben. In der ersten will ich die Analyse vor den Ärzten, in der anderen vor den Priestern schützen. Ich möchte sie einem Stand übergeben, der noch nicht existiert, einem Stand von *welt*lichen Seelsorgern, die Ärzte nicht zu sein brauchen und Priester nicht sein dürfen.

Während des Sommers 1927, als Freud an *Die Zukunft einer Illusion* arbeitete, beschäftigte er sich auch mit Werk und Persönlichkeit Dostojewskis. Ein Brief an Marie Bonaparte vom 5. August 1927 zeigt beispielhaft, wie Freuds Korrespondenz sein Leben und sein Werk widerspiegelte:

Es war eine sehr garstige Nachricht, daß die Kleine ein Rezidiv durchzumachen hat. Hoffentlich überwindet sie Alles. Mein altes Vorurteil, daß Krankheit überflüssig ist – die Notwendigkeit des Todes sehe ich ein – verstärkt sich immer wieder.

Die dann folgende Stelle behandelt eine andere Frage, die Marie Bonaparte gestellt hatte.

Es ist das alte Problem, das in Dostojewskis »Großinquisitor« in grandioser Weise aufgeworfen wird, ob die Menschenkinder etwas von ihrer Freiheit haben können und ob nicht ein überlegener Absolutismus das heilsamste für sie ist – Problem ja, aber wo die Lösung? Wo findet sich die Garantie für die Überlegenheit? [4]

Hier rang Freud mit den Problemen, die er in *Die Zukunft einer Illusion* aufgeworfen hatte. In den ersten Kapiteln dieses Buches hatte er die Tatsache behandelt, daß die Kultur, repräsentiert durch bestimmte Autoritäten, dem Individuum eine Reihe von moralischen und ethischen Maßstäben aufzwingen muß, um den einzelnen in den Stand zu setzen, seine Triebwünsche zu unterdrücken. Freuds Diskussionspartner stellte jedoch auch die Frage: wird das Individuum ohne die Illusion leben können, die du ihm wegnimmst? Unterliegst du nicht selbst einer Illusion, wenn du meinst, es sei dazu imstande? Freud beantwortete die erste Frage bejahend, jedoch mit der Einschränkung, daß all das, falls es so komme, erst in ferner Zukunft geschehen werde. Wir dürfen annehmen, daß Freud dieses Stadium der Herrschaft des Logos, des Ich, erreicht hatte. Wie aber verhielt es sich mit der Mehrheit der Menschen?

Es ist wahrscheinlich, daß der Titel von Freuds Essay einen doppelten Sinn hatte. *Er* war sich dessen sicher, daß religiöse Lehren Illusionen sind; daß *er* dies aussprechen mußte, weil es die Wahrheit war; daß *er* solche Illusionen nicht brauchte. Was die anderen betraf, so hoffte er, daß der schließliche Primat des Verstandes sich nicht als ebenso illusorisch herausstellen werde, auch wenn es jetzt so erscheinen mochte.

Die Ereignisse der nächsten Jahre erschütterten Freuds eigene Überzeugungen, seine Fähigkeit, ohne Illusion und Leugnung zu leben, nicht; aber sie stellten seinen Glauben an den künftigen Sieg von Logos und Vernunft auf eine sehr harte Probe.

Nach dem Erscheinen von *Die Zukunft einer Illusion* folgte ein Nachlassen in Freuds Produktivität. Das gewohnte Elend mit seiner Prothese ging weiter. Pichler fertigte eine Prothese nach der andern an; im Frühjahr 1928 hatte er bereits fünf ausprobiert. Freud konnte es manchmal nicht aushalten, die untere Prothese nachts zu tragen; aber sie herauszulassen, hätte auf die Dauer zu einer Schrumpfung und zu noch größeren Schwierigkeiten geführt. Pichler behandelte Freud das letzte Mal in diesem Jahr am 15. Juni 1928; das war die 49. Behandlung in fünfeinhalb Monaten.

Freud erwog dann, nach Berlin zu gehen und sich von dem Kieferchirurgen Professor Schroeder eine neue Prothese konstruieren zu lassen. Es widerstrebte Freud außerordentlich, diesen Schritt zu tun; in einem Brief an Jones vom 1. Juli 1928 schrieb er:

> Ich habe unter Pichlers Bemühungen mir eine bessere Prothese zu schaffen im letzten Jahre sehr gelitten und der Effekt ist sehr wenig befriedigend. So habe ich denn endlich dem Andrängen von vielen Seiten nachgegeben, mich an einen anderen zu wenden. Es ist mir nicht leicht geworden, denn im Grunde ist es doch ein Abfall von einem Menschen, dem ich bereits 4 Jahre Lebensverlängerung verdanke. Aber es ging nicht mehr weiter. Prof. Schroeder in Berlin hat vorige Woche seinen Assistenten hergeschickt, mich zu begutachten, und mir dann versprechen lassen, daß er mir in ungefähr 4 Wochen etwas besseres machen wird. Es wurde verabredet, daß ich im September zu ihm nach Berlin komme. [5]

Pichler, der erkannt hatte, daß er nicht weiterkam, verhielt sich als der Mann vornehmer Gesinnung, der er war. Als Freud schließlich zu Pichler zurückkehren mußte, behandelte ihn dieser mit der gleichen hingebenden Bemühung wie vorher.

Schroeders Prothese verschaffte Freud vorübergehend beträchtliche Erleichterung, vor allem weil sie weniger dick war. Freud konnte zwar von einer 70prozentigen Verbesserung berichten, aber er war völlig erschöpft und konnte erst allmählich seine psychoanalytische Arbeit wieder aufnehmen.

Daß jedoch der Geist von *Die Zukunft einer Illusion* nicht gebrochen war, geht aus den oben zitierten Briefen an Pfister hervor.

Zweimal während des Jahres 1928 raffte der Tod Menschen aus Freuds Umgebung dahin. Im Winter verlor Jones ein kleines Mädchen, das besonders begabt gewesen war. Freud versuchte ihn zu trösten, so gut er konnte. Am 11. März schrieb er:

> Meine schmerzliche Teilnahme geht über das eigene Erleben. Ich erkenne, mir wurde der Trank in zwei Portionen vorgesetzt, den Sie auf einmal leeren mußten. Sophie war zwar eine liebe Tochter, aber kein Kind. Erst als drei Jahre später, Juni 1923, der kleine Heinele starb, wurde ich auf die Dauer lebenssatt. Ganz merkwürdig ist eine Übereinstimmung zwischen ihm und Ihrer Kleinen. Er war auch von überlegener Intelligenz und unsäglicher seelischer Anmut und er sprach wiederholt davon, daß er bald sterben werde! Woher wissen es diese Kinder?

Sie und Ihre liebe Frau sind natürlich jung genug, um die Fühlung mit dem Leben wieder zu gewinnen. [6]

Am 3. Mai schrieb er wieder an Jones:

Sie rühren daran, daß ich in wenigen Tagen 72 Jahre alt sein werde...

Sie wissen, daß ich mir's ausgemacht habe, bis zum 75sten solle kein Geburtstag von mir gehalten werden und können leicht verstehen, welche Erwartung sich dahinter verbirgt. Nichtsdestoweniger darf ich vermuten, daß der Verlag mir zu diesem Tag den XI. Band meiner Gesammelten Schriften überreichen wird. Und das lasse ich mir noch gefallen.

»Jung« und »Alt« scheinen mir jetzt die größten Gegensätze, deren das menschliche Seelenleben fähig ist, und ein Verstehen zwischen den Repräsentanten beider ausgeschlossen... Sollte ich diese Erde noch länger zieren dürfen, so erwartete ich mit Bestimmtheit zu erfahren, daß Sie Beide den grausamen Schlag wie junge Menschen überwunden haben. [7]

18. Kapitel

Freud wird mein Patient

Gegen Ende 1928 wurde die Analysandin und Schülerin Freuds, Marie Bonaparte, in Wien akut krank; sie war zur Wiederaufnahme ihrer Analyse hergekommen, die wegen ihrer vielfältigen privaten und gesellschaftlichen Verpflichtungen häufig unterbrochen werden mußte. Während eines mehrwöchigen Krankenhausaufenthaltes wurde sie von mir ärztlich betreut. Ihre Erkrankung zu einem Zeitpunkt, da sie in Analyse war, brachte mich in Kontakt mit Freud.

Seit er sich 1923 von Felix Deutsch getrennt hatte, war Freud ohne Hausarzt gewesen. Pichler hatte sich seiner chirurgischen Probleme angenommen. Außerdem konsultierte Freud gelegentlich seinen alten Freund Ludwig Braun, den Herzspezialisten, während ein anderer Freund, der Internist Dr. Lajos Levy aus Budapest, gelegentlich zu einem Besuch kam. Schließlich war da der alte treue Freund der Familie, der Kinderarzt Dr. Oskar Rie, der Freuds Kinder ärztlich betreute und allgemeine Ratschläge geben konnte. Freuds Widerstreben gegen die Verpflichtung eines Hausarztes gründete sich nicht nur auf die Erinnerung an das 1923 Geschehene, sondern auch auf die Erkenntnis der möglichen Einwirkung der Ambivalenz auf jede menschliche Beziehung, und insbesondere auf die heikle Beziehung zwischen einem Arzt und einer überragenden Vaterfigur, wie er es war. Freuds Familie und seinen Freunden war klar, daß das kein befriedigender Zustand sein konnte.

Marie Bonaparte tat ihr Möglichstes, um Freud zu überreden, mich zu seinem Hausarzt zu machen. Für mich sprach, daß ich Freuds »Vorlesungen zur Einführung in die Psychoanalyse« gehört hatte und einer damals außerordentlich seltenen Gattung angehörte, nämlich der der psychoanalytisch orientierten Internisten. Es gab jedoch zumindest zwei Gründe, die ein gewisses Widerstreben Freuds verständlich gemacht hätten: mein Alter (ich war noch nicht 32) und die Tatsache, daß ich damals meine Lehranalyse noch nicht ganz beendet hatte, was zu ähnlichen Schwierigkeiten führen konnte, wie sie ihm damals bei Deutsch begegnet waren. Trotzdem beschloß er, es mit mir zu versuchen.

Ich habe unser erstes Zusammentreffen nie vergessen. Seit den

»Vorlesungen zur Einführung in die Psychoanalyse« stand ich im Banne Freuds; er faszinierte mich nicht nur als Persönlichkeit, sondern auch als überragender Geist. Im Herzen war ich bereits Analytiker, auch wenn ich mich aus einer Reihe von Gründen der inneren Medizin gewidmet hatte. Ich las begierig alle Schriften Freuds und hatte viele Freunde unter den Menschen, die dann die zweite Analytikergeneration bilden sollten. Ich hatte im Jahre 1925 meine Lehranalyse begonnen und durfte inzwischen die Hoffnung haben, daß ich in der Lage sein würde, das für eine solche Aufgabe unerläßliche Maß an Objektivität zu bewahren.
Bei unserer ersten Begegnung wurde ich in das innere Heiligtum geführt: Freuds Arbeitszimmer. In den biographischen Studien über Freud gibt es eine Fülle von Berichten über solche ersten Begegnungen. Die poetischsten sind wohl die Schilderungen von H. D. (Hilda Doolittle) in ihrem *Tribute to Freud* (1956) und von Lou Andreas-Salomé in *In der Schule bei Freud* (1958). Ich begnüge mich deshalb mit einigen wenigen Fakten.
Es war keinerlei Herablassung in dieser Begegnung des weisen Meisters mit einem Arzt, der mehr als 40 Jahre jünger war als er selber. Es konnte mir zwar nicht entgehen, daß der Blick dieser ungemein ausdrucksvollen Augen mich durchforschte, aber Freud nahm mir sofort die Befangenheit, indem er mir anerkennende Worte über meine Behandlung von Marie Bonaparte sagte. Schon nach ganz kurzer Zeit erklärte er mir, er sei zu einem auf gegenseitigem Respekt und Vertrauen beruhenden Patient-Arzt-Verhältnis bereit. Bevor er mir seine Vorgeschichte erzählen oder über seine gegenwärtigen Beschwerden sprechen wolle, müßten wir über die Vorbedingungen für ein solches Verhältnis grundsätzlich einig sein. Er erwähnte nur in sehr allgemeiner Weise einige unglückliche Erfahrungen mit meinen Vorgängern und gab dann der Erwartung Ausdruck, daß ich ihm immer die Wahrheit und nichts als die Wahrheit sagen werde. Meine Antwort muß ihn davon überzeugt haben, daß ich beabsichtigte, ein solches Versprechen auch zu halten. Dann fügte er hinzu, wobei er mich forschend anblickte: Versprechen Sie mir auch noch: wenn es mal so weit ist, werden Sie mich nicht unnötig quälen lassen. Das alles sagte er mit der äußersten Einfachheit, ohne eine Spur von Pathos, aber auch mit absoluter Entschiedenheit. Wir gaben uns darauf die Hand.
Freud beendete die Unterhaltung mit der Feststellung, er wolle

kein kollegiales Entgegenkommen, sondern er wünsche, daß ihm ein normales Honorar berechnet werde.
Freud meinte wirklich, was er sagte. Es war damals in Wien üblich, am Jahresende eine Rechnung zu schicken. Freud bat damals um meine Rechnung, hielt sie aber nicht für angemessen. Er schrieb mir folgenden Brief:

10. Januar 1930

Lieber Herr Doktor,
Ich bin in Verlegenheit wie ich auf die mir zugeschickte Jahresrechnung reagieren soll. Wenn ich dieselbe der Ärztekammer vorlege, werden Sie wahrscheinlich wegen standeswidriger Geringschätzung ärztlicher Leistungen zur Rechenschaft gezogen werden. Ich fühle daß Sie sich dem Kontrakt entzogen haben, der unseren formellen Beziehungen zu Grunde liegt, möchte diese Rechnung nicht bezahlen und lege Ihnen nahe mir eine angemessenere zu schicken.

In herzlicher Ergebenheit
Ihr Freud [1]

Das gleiche galt für Pichler, dessen erste Notiz die folgende Feststellung enthält:

Krankengeschichte
Professor Freud
1923
9.26 Konsultation mit Professor Hajek
...
Patient macht zur Bedingung, nicht als Kollege behandelt zu werden, sondern als zahlender Patient.

Nachdem ich die Prüfung bestanden hatte, verabredeten wir weitere Besuche, bei denen ich Freuds Krankengeschichte aufnehmen und ihn untersuchen sollte. Wegen der Schwierigkeiten, die ihm das Sprechen machte, erfolgte das in mehreren Zusammenkünften. Freud gab mir natürlich einen detaillierten Bericht über seine verschiedenen Operationen und seinen Kampf mit der Prothese. Er erzählte mir von seinen Herzbeschwerden im Jahre 1926 und seinen gelegentlichen Extrasystolen. Wir kamen überein, daß ich alle benötigten weiteren Informationen von seinem Kardiologen Braun einholen sollte. Er sagte sehr wenig über die alte Herzepisode. Damals hatte ich keinen Grund zu der Annahme, daß er schon einmal über einen Zeitraum von mehreren Jahren ernsthafte Herzbeschwerden gehabt hatte; auch Braun wußte nichts davon.

Freud informierte mich ferner über seine gelegentlichen Magendarmbeschwerden, deretwegen er wiederholt nach Karlsbad ging. Sie waren typisch für einen reizbaren, spastischen Dickdarm. Er sagte mir auch, daß er früher gelegentlich häufigen Harndrang gehabt hatte, das habe aber während der letzten Jahre aufgehört.
Freuds Zustand war, abgesehen von seiner Mundhöhle, erstaunlich gut. Er hatte sich dazu gezwungen, sich in gutem Ernährungszustand zu erhalten, trotz seiner großen Schwierigkeiten beim Kauen und Schlucken. Sein Herz wies keinerlei Folgen seiner früheren Herzbeschwerden auf. Herz und Aorta waren nicht nennenswert erweitert. Trotz seines starken Rauchens hatte er keine chronische Bronchitis oder Lungenblähung.
Ich brauchte einige Zeit, um mich mit der verzerrten Anatomie dessen vertraut zu machen, was jetzt eine Mund-Nasen-Höhle war. Freuds Mund enthielt viel Narbengewebe neben etwas normaler aussehendem Epithelgewebe. Ich konnte damals keine auffallenden Leukoplakien entdecken. Es war viel, teilweise eitrige Sekretion vorhanden, die offenbar hauptsächlich aus der rechten Kieferhöhle kam. Es gab viele Stellen, die bei der leichtesten Berührung schmerzten, und es war offensichtlich, wie schmerzhaft die Handhabung der Prothese war. Und das war noch die gute Zeit der verbesserten Prothese.
Ich erkundigte mich natürlich nach seinen Gewohnheiten und konnte eine Diskussion über sein Rauchen nicht umgehen. Ich erkannte sofort, daß das ein Gebiet war, wo Freud, wie er selbst zugab, die »Herrschaft des Ichs« nicht herzustellen vermochte.
Ich habe im 2. Kapitel Freuds Abstinenzversuche während der schweren Herzepisode von 1893-1895 ausführlich erörtert. Er hatte damals keinen Erfolg und später auch nicht. Es ist jedoch bezeichnend, daß Freud nach Perioden von Angina pectoris-Schmerzen oder wiederholten Migränen, häufigen Extrasystolen oder Leibschmerzen aufgrund einer Darmreizung sich einer zeitweiligen Abstinenz unterwarf. Hier mußte er sich selber und anderen den unmittelbaren Erfolg der Abstinenz und damit den Kausalzusammenhang mit seinen Beschwerden widerwillig eingestehen. In einem Brief an Eitingon vom 1. Mai 1930 hat Freud das eindeutig zugegeben:

> Es ist richtig, daß Herz- und Darmzustände mich genötigt haben, das Sanatorium aufzusuchen, d. h., dem Arzt nachzugeben, der es durchaus verlangte. Hier habe ich eine rasche

und ordentliche Erholung erreicht, nicht durch irgend welchen therapeutischen Zauber, sondern durch irgend einen Akt schmerzhafter Autotomie.[1] Es sind jetzt 6 Tage, daß ich nicht eine Zigarre mehr geraucht habe, und es ist unleugbar, daß ich diesem Verzicht mein Wohlbefinden verdanke. *Aber es ist traurig.* [2]

Solche Zeiten der Abstinenz dauerten nicht lange. Manchmal, wenn Freud ähnliche Beschwerden hatte, sagte er zu mir: Ich weiß, was Sie sagen werden: Rauchen Sie nicht. Nach ein paar Tagen der Abstinenz begrüßte er mich dann mit einer entwaffnenden, rührenden Geste: Ja, ich habe wieder angefangen. Einmal schrieb er mir aus seinem Sommerurlaub einen Brief (9. September 1930), teilte mir mit, daß er sich besser fühle, und fügte hinzu:

Mein Befinden ist im ganzen befriedigend, vom Herzen keine Äußerung ... Auf der Schuldseite: eine Zigarre täglich, seit gestern zwei. [3]

Freud wußte sehr gut, daß Rauchen seine Schleimhaut reizte, war aber nie bereit, deswegen das Rauchen aufzugeben, obwohl ihm das in aller Deutlichkeit angeraten wurde. Der Pathologe J. Erdheim, der die meisten der zahlreichen Gewebeentnahmen untersuchte, betonte wiederholt den Zusammenhang zwischen Nikotin und Freuds wunden Stellen. Ein Befund lautete:

Besonders bemerkbar ist diesmal die ausgebreitete Entzündung, die die gesamte Schleimhaut bedeckt und die Folge übermäßigen Rauchens ist. Alles weist darauf hin, daß erst eine Entzündung entsteht und daß die typische Leukoplakie als ihre Folge auftritt. Ferner enthalten beide Stücke Stellen, wo die Leukoplakie eine verstärkte Wucherung des Epitheliums zeigt, d. h. einen präkanzerösen Zustand; beide Stücke enthalten ferner Stellen, wo sich stratifizierende Kügelchen zu entwickeln beginnen. Es ist jedoch keine nennenswerte, in die Tiefe gehende Wucherung vorhanden; das darunterliegende Bindegewebe ist verhärtet, vernarbt, und es ist genug entfernt worden, um die radikale Beseitigung der lokalen Wucherung des Epitheliums zu gewährleisten. (Aus dem Englischen übersetzt, da das Original nicht zugänglich war)

Erdheim fügte seinem Befund die Bemerkung hinzu: »Dem Pa-

1 Das ist eine Anspielung auf einen Aufsatz, in dem Ferenczi gewisse psychosomatische Symptome mit dem Verhalten von Eidechsen verglich, die den eigenen Schwanz abbeißen, wenn er verletzt ist (siehe Schur, 1955).

tienten sollte nachdrücklich angeraten werden, das Rauchen aufzugeben.« Wenn ich Freud solche Berichte zeigte, zuckte er die Achseln.

Die Lektüre der Korrespondenz mit Fließ und Eitingon vermittelte mir eine Bestätigung dafür, wie heftig Freuds Verlangen nach Nikotin war. Viele Briefe an Eitingon sind voll von Bitten um bestimmte Zigarrenmarken oder Klagen über andere Marken. Ich habe mich wiederholt gefragt, ob ich nicht berechtigt, oder sogar verpflichtet wäre, nachdrücklicher auf der Durchsetzung der Abstinenz zu bestehen. Vielleicht hätte ein Hausarzt mit der objektiven Distanz Pichlers das getan. Ich konnte es nicht, und rückblickend ist mir klar, daß ich das nicht bedauern sollte. Es ist in jedem Falle fraglich, ob ein solcher Versuch Erfolg gehabt hätte.

Freud nahm keine Barbiturate oder Opiate. Wir können uns Gedanken darüber machen, warum Freud, der während der 1890er Jahre Kokain benützt hatte, davon nicht süchtig wurde wie sein Freund Fleischl, sondern bei seinen Zigarren blieb. Eine denkbare Antwort ist die, daß Freud die zeitweilige euphorische Wirkung des Kokains weder brauchte noch wünschte; diese stimuliert, was wir das Denken des Primärvorganges nennen, während das Nikotin die Spannweite seiner Aufnahmefähigkeit und das sekundärprozeßhafte Denken stimulierte. Die Sucht nach Kokain, Morphium, Heroin etc. wurzelt im allgemeinen in einer anderen Konstellation der psychischen Kräfte als jener, die mit der Nikotinsucht verknüpft ist – trotz ihres gemeinsamen Nenners (der Masturbation), den Freud in seinem Brief an Fließ vom 22. Dezember 1897 allen Suchten zuschrieb. Erst viel später übernahm das Rauchen noch die zusätzliche Funktion der Spannungserleichterung, als andere Triebbefriedigungen nicht möglich waren und er von quälenden Reizen überflutet wurde. Freud sagte mir wiederholt, ohne Rauchen könne er keine schöpferische Arbeit leisten. Und wann war Freud nicht mit schöpferischer Arbeit beschäftigt?

Die folgenden Briefe an Eitingon lassen das deutlich erkennen. Am 1. Juni 1931 schrieb er:

> Ihre Frage nach den Zigarren entlockt mir das Geständnis, daß ich wieder rauche. Mit Rücksicht auf mein Alter und das Maß von Unbehaglichkeiten, das ich täglich zu ertragen habe, erschien mir die Abstinenz und die etwa an sie geknüpfte Chance nicht gerechtfertigt. [4]

Und am 13. Juli 1931:

> Ich danke Ihnen sehr für Ihre Vorräte. Im Ärger über nicht weichendes Mißbehagen sündige ich wieder mehr und war schon recht knapp. [5]

Nikotin half Freud wahrscheinlich, Schmerz und Versagung zu ertragen und sein Gleichgewicht zu bewahren. Vielleicht war es auch für eine fortwährende Sublimierung unerläßlich.

Die oben zitierten Briefe und den folgenden Brief vom 25. Juli schrieb Freud an Eitingon nach seinem 75. Geburtstag, der ihm eine Rationalisierung dafür lieferte, sich gehen zu lassen:

> Die Reisesperre wird gewiß auch meine Versorgung mit Rauchzeug erschweren. Da ich den Grundsatz angenommen habe, daß man sich nach 75 nichts versagen soll, sind meine Vorräte in rascher Schrumpfung. [6]

Diese Briefe zeigen jedoch auch, daß Freud immer noch einige Schuldgefühle hatte.[2] Ich werde weiter unten dokumentarisch belegen, wie der Wunsch, zu leben, und das Gefühl, dazu verpflichtet zu sein, allmählich die Oberhand gewannen.

Im übrigen war Freud ein musterhafter Patient. Kaum je ließ er mir gegenüber ein Wort der Klage vernehmen; nur ein gelegentlicher gequälter Blick, eine bittende Geste zeigten an, daß er litt. Im Laufe der Jahre entwickelten wir eine nicht-verbale Kommunikation, in der er mir mitteilte, wie er sich fühlte, und ich ihn wissen ließ, was ich über seinen Zustand dachte. Alle Worte von meiner Seite waren dann nur zusätzliche Erklärungen. Ohne je großes Aufheben davon zu machen, verfehlte Freud doch nie, jeden, den er wie mich als Mitglied seiner größeren Familie akzeptiert hatte, seine Rücksichtnahme, Großherzigkeit und innere Anteilnahme spüren zu lassen. Diese Fähigkeit, zu lieben, zu geben, zu fühlen, behielt er bis zum Ende.

Von der Nikotinsucht abgesehen, vermochte er in seinem täglichen Leben nicht nur die äußerste Selbstbeherrschung zu bewahren, sondern auch eine Gelassenheit und Würde, die alle beeindruckte

2 Während die Nikotinsucht also eine wichtige Anpassungsfunktion in Freuds Leben hatte, können wir die Spekulation anstellen, daß, zusammen mit seinen ständigen oralen Frustrationen in den letzten 16 Jahren seines Lebens, die Sucht vielleicht Freud daran gehindert hat, noch tiefer in die Bedeutung der oralen Phase für die normale und die abnorme Entwicklung einzudringen.
Während der Fließ-Periode hatte Freud selbst erkannt, daß seine Sucht sich als ein dauerndes Hindernis für seine Arbeit erweisen könnte (siehe B 79 und meine Ausführungen im 3. und 4. Kapitel).

– später sogar die Gestapo und die Parteifunktionäre, mit denen er während der nationalsozialistischen Besetzung zu tun hatte. Sein Verhalten hatte auch nichts Stereotypes an sich. Bis zu den letzten Augenblicken bewahrte er die großartige Anpassungsfähigkeit, die ihm den inneren Kontakt mit Menschen aller Schichten möglich machte.

Ein paar kleine Dinge waren für mich als Merkmale dieses beherrschten Verhaltens bezeichnend. Er haßte natürlich die scheußliche Prothese, aber nur ein einziges Mal ließ er sie während der komplizierten Reinigungsprozedur fallen. Er hatte eine 8-Tage-Uhr auf seinem Schreibtisch, und nicht ein einziges Mal vergaß er, sie aufzuziehen, bis ganz zum Ende. Wir wissen, daß Freud ein photographisches Gedächtnis hatte und an seinen Manuskripten nur sehr wenig änderte. Ich habe Tausende seiner Originalbriefe gelesen, von denen viele im letzten Jahrzehnt seines Lebens geschrieben waren. Nur sehr selten fand sich darin ein durchgestrichenes oder verschriebenes Wort.[3]

Ich habe nie ein ärgerliches oder ungeduldiges Wort gegen irgend jemanden in seiner Umgebung gehört, und während der letzten Wochen seines Lebens wohnte ich in seinem Haus.

Das einzige allgemeine Beruhigungsmittel, das Freud bis zum Ende annahm, war gelegentlich ein Aspirin oder ein Pyramidon gegen Migräne. Lediglich vor und kurz nach kleineren chirurgischen Eingriffen bekam er Opiate. Freud behielt glücklicherweise auch seine Fähigkeit, ruhig zu schlafen. Bis zu den letzten Stadien seiner Krankheit konnte er schnell einschlafen und fast ohne jede Unterbrechung die Nacht durchschlafen, außer wenn sehr heftige Schmerzen ihn aufweckten.

Nach den meisten chirurgischen Eingriffen, außer den großen, nahm er nach ein oder zwei Tagen die Behandlung seiner Patienten wieder auf. Ein Vorfall ist bezeichnend für Freuds Fähigkeit, Schmerzen zu ertragen, und auch für die Tatsache, daß andere – Pichler, zum Beispiel – das allmählich als selbstverständlich hinnahmen. Einer der Eingriffe, die unter Lokalanästhesie vorgenommen wurden, dauerte besonders lange. Das Anästhetikum wirkte in all dem Narbengewebe nicht allzu gut. Freud begann zu stöhnen, und dann sagte er einfach: Ich kann nicht mehr wei-

3 Auf einige solche Fehlleistungen habe ich in den vorangehenden Kapiteln hingewiesen.

ter. Ich werde später über die beiden Anlässe berichten, bei denen ich Zeuge war, wie Freud fast seine Fassung verlor.
Zuerst war es meine Aufgabe, über Freuds allgemeinen Gesundheitszustand zu wachen und Mittel und Wege zu finden, ihm ohne Medikamente sein Leiden zu erleichtern. Zwischen Juni 1928 und November 1929 sah Freud Pichler nicht. Nachdem er zur Anfertigung der neuen Prothese nach Berlin zu Schroeder gegangen war, hatte er niemanden, der sich um die kleinen Anpassungen von Tag zu Tag kümmerte. Ich schlug vor, daß mein eigener Zahnarzt und Freund, Dr. Joseph Weinmann[4], Freud das nächste Mal nach Berlin begleiten solle, um während der Zeit, da Schroeder versuchte, die Prothese zu verbessern, von diesem die Vornahme kleiner Änderungen zu lernen. Weinmann war es dann, der 1931 Freud vorschlug, Einblasungen mit Orthoform zu versuchen, einem Novokainderivat in Pulverform, das zur lokalen Anwendung bei schmerzhaften wunden Stellen benützt wurde.[5] Hier trat also der alte Freund Kokain wieder auf den Plan. Da das Kokain nicht resorbiert wurde und keine Wirkung auf das Körpersystem hatte, war das eine Medikationsart, die Freud akzeptieren konnte. Eine gewisse Erleichterung verschaffte ihm auch die sorgfältige Behandlung der Nase und der Nebenhöhlen.
Nach einiger Zeit kannte ich jeden Fleck in Freuds Mund; ich hatte nun die Aufgabe, die Bildung jeder neuen wunden Stelle so früh wie nur möglich zu entdecken und Pichler zu alarmieren.
Im Jahre 1929 genoß Freud trotz seines Leidens seinen Aufenthalt in Schneewinkel bei Berchtesgaden sehr. Ich besuchte ihn dort im August. Das war der gleiche Ort, wo er vor 30 Jahren *Die Traumdeutung* beendet hatte. Freud und seine Familie waren vollendete Gastgeber. Am meisten beeindruckte mich jedoch Freuds begeisterte Freude an der Natur, an Blumen, an einer Wiese, am Anblick der Berge. Es war offenkundig, daß all das Leiden seine Fähigkeit zu solcher Freude nicht wesentlich beeinträchtigte.

4 Später Professor der Zahnheilkunde in Chicago. Er ist 1960 gestorben.
5 Es ist charakteristisch für Pichler, daß er in seinen Notizen im Anschluß an einen der chirurgischen Eingriffe bemerkte: »27. April 1931: Gestern und während der Nacht sehr heftige Schmerzanfälle. 28. April: Die Schmerzanfälle sprechen fast sofort auf Insufflationen von Orthoform an, eine von Dr. Weinmann vorgeschlagene Maßnahme.« (Alle Pichler-Notizen sind, wenn keine Quelle angegeben ist, aus dem Englischen übersetzt.)

19. KAPITEL

»Das Unbehagen in der Kultur«

Während seines Aufenthalts in Schneewinkel schrieb Freud *Das Unbehagen in der Kultur*. Seine Einstellung zu dieser Arbeit, wie zu den meisten seiner Werke, wenn sie einmal geschrieben waren, sowie den Platz, den das Schreiben in seiner geistigen Ökonomie einnahm, illustriert ein Brief an Lou Andreas-Salomé vom 28. Juli 1929:

> Liebste Lou
>
> Sie werden mit gewohntem Scharfsinn erraten haben, warum ich Ihnen so lange nicht geantwortet. Anna hat Ihnen bereits mitgeteilt, daß ich etwas schreibe, und heute habe ich den letzten Satz niedergeschrieben, der die Arbeit, soweit es hier ohne Bibliothek möglich ist, beendigt. Sie handelt von Kultur, Schuldgefühl, Glück und ähnlichen hohen Dingen und kommt mir, gewiß mit Recht, sehr überflüssig vor, zum Unterschied von früheren Arbeiten, hinter denen doch immer irgendein Drang steckte. Was sollte ich aber tun? Man kann nicht den ganzen Tag rauchen und Karten spielen, im Gehen bin ich nicht mehr ausdauernd, und das meiste, was man lesen kann, interessiert mich nicht mehr. Ich schrieb, und die Zeit verging mir dabei ganz angenehm. Ich habe die banalsten Wahrheiten während dieser Arbeit entdeckt. (B* 386)

Ich habe bereits erwähnt, daß Freud in der Nachschrift zur *Selbstdarstellung* über dieses Buch äußerte, er habe darin den gleichen Gedankengang und das gleiche Interesse verfolgt wie in *Die Zukunft einer Illusion*. Das ist insofern richtig, als Freud in *Das Unbehagen in der Kultur* gewissen psychologischen Problemen nachgeht, welche die ganze Menschheit angehen, und andrerseits gewisse historische, soziologische und kulturelle Erscheinungen vom Gesichtspunkt der Psychoanalyse als allgemeiner Psychologie und Entwicklungspsychologie aus erklärt. Freuds Feststellung, daß er sich wieder kulturellen Problemen zugewandt, die ihn schon viele Jahre früher fasziniert hatten, gilt sicherlich auch für diese Arbeit. Wir können jedoch auch noch andere Determinanten entdecken. Freud schrieb dieses Buch zehn Jahre nach *Jenseits des Lustprinzips*, sechs Jahre nach *Das Ich und das*

Es und fünf Jahre nach »Das ökonomische Problem des Masochismus«. Er hatte inzwischen die Strukturtheorie und die duale Triebtheorie in seinem privaten Laboratorium angewandt und geprüft – in den Analysen seiner Patienten. Er hatte nun die Spielarten des Aggressionstriebs erkannt, seine Beziehung zum Über-Ich, und die häufig unüberwindlichen Schwierigkeiten, die er dem Ablauf einer Analyse in den Weg stellte. *Das Unbehagen in der Kultur* liefert seine prägnanteste Darstellung der verwikkelten Beziehung zwischen dem Destruktionstrieb, dem Über-Ich und der Charakter- und Symptombildung, sowie die potentielle Anwendung dieses Wissens auf Erziehung, soziale Probleme und Geschichte. Wenn wir jedoch *Die Zukunft einer Illusion* mit *Das Unbehagen in der Kultur* vergleichen, so fällt uns der unterschiedliche Ton der beiden Arbeiten auf: an die Stelle des triumphierenden Schlachtrufs des ersten Werkes, mit dem das Ich sich gegen *Ananke,* Illusionen, Schwachheit und Dummheit erhebt, tritt in letzterem eine Unterströmung von tiefem Pessimismus. Über die Faktoren, die zu diesem Wandel beitrugen, können wir nur Vermutungen anstellen. Die westliche Welt, die Freud umgab, bot einen düsteren Anblick. Obwohl er bereit war, trotz seiner tief verwurzelten moralischen und ethischen Ablehnung der Gewalt[1], der kommunistischen Revolution eine Bewährungsfrist einzuräumen und sie nicht vorschnell zu verurteilen, sah er doch mit der Zeit, daß der Verlauf, den sie nahm, von den gleichen unerbittlichen Triebmächten bestimmt wurde, die die marxistische Philosophie auf ökonomische Prinzipien zu reduzieren versucht hatte.[2]
In Deutschland war der Nationalsozialismus in raschem Wachsen, der Repräsentant all dessen, was Logos und Eros verleugnete. In der westlichen Welt entwickelte sich eine Wirtschaftskrise, und Freud sah erneut seine finanzielle Sicherheit bedroht, nur kurze Zeit nach der verheerenden Inflation, die dem Ersten Weltkrieg gefolgt war.

Vor allem aber war es sein Leiden, das seine Reserven erschöpfte, die Aufmerksamkeit auf quälende körperliche Empfindungen lenkte und an seiner Fähigkeit, sich des Lebens zu freuen, zehrte. Alle diese Dinge mögen zu dem pessimistischen Grundton von

1 Eine Einstellung, die er in einem Brief von 1932 an Albert Einstein deutlich zum Ausdruck brachte (siehe Kapitel 21).

2 Siehe 21. Kapitel über Freuds Behandlung dieses Themas im Rahmen seiner *Neuen Folge der Vorlesungen zur Einführung in die Psychoanalyse.*

Das Unbehagen in der Kultur beigetragen haben. Freuds Einstellung war durch Skepsis über die Zukunft der Gattung Mensch mitbestimmt. Das tritt in dem folgenden Brief an Pfister deutlich hervor, der in vieler Hinsicht der Überzeugung widerspricht, die er in *Die Zukunft einer Illusion* ausgedrückt hatte: »Der Primat des Intellekts liegt ... in weiter, aber wahrscheinlich doch nicht in unendlicher Ferne.«

Wien, IX., Berggasse 19
7. 2. 1930

Lieber Herr Doktor

Es regnet draußen, wir können den gewohnten Morgenweg mit Wolf nicht machen, denn er soll seiner Neigung zum Ekzem wegen nicht naß werden. Somit habe ich eine Stunde Zeit auf Ihren lieben Brief von gestern ohne Aufschub zu antworten. Es ist nicht alles erfreulich, was Sie von sich berichten, aber hat man denn ein Recht zu erwarten, daß alles erfreulich sein soll? Ich freue mich wenigstens, daß Sie überhaupt von sich schreiben, was Sie arbeiten, erwarten, was Sie vermissen. Man kommt bei örtlicher Entfernung so leicht auseinander, wenn man nichts von einander erfährt, nicht mitleben kann und die persönlichen Beziehungen sind doch etwas besonders Wertvolles, das durch Arbeits- oder Interessen-Gemeinschaft nicht gedeckt werden kann. Gerade wir beide haben jetzt, wo wir der letzten fundamentalen Verschiedenheiten unserer Lebensauffassungen gewahr werden, besonderen Anlaß – aber auch besondere Neigung, hoffe ich – solche Beziehungen zu pflegen.

Sie haben Recht, wenn Sie finden, daß meine geistigen Kräfte mit den überschüssigen Lebensjahren (über 70) nicht geschwunden sind. Obwohl sie den Einfluß des Alters deutlich genug erkennen lassen. Von den drei Weisen des Abbaues, unter denen die Natur im einzelnen Fall wählt, die gleichzeitige Zerstörung von Leib und Seele, den voreiligen psychischen Zerfall bei körperlicher Erhaltung und das Überdauern des geistigen Lebens bei somatischer Hinfälligkeit, hat sich bei mir die dritte, vielleicht gnädigste, eingestellt. Gut also, ich will mich dieses Vorzugs bedienen, Ihrer kurzen und schonenden Kritik eine noch kürzere, bescheidene Verteidigung entgegenzusetzen.

Ich will nur einen Punkt behandeln. Wenn ich an der Bestimmung der Menschheit zweifle, auf dem Wege der Kultur zu einer größeren Vollkommenheit aufzurücken, wenn ich in ihrem Leben einen fortwährenden Kampf zwischen Eros und Todestrieb erblicke, dessen Ausgang mir unbestimmbar erscheint, so glaube ich damit keiner meiner eigenen konstitutionellen Anlagen oder erworbenen Gefühlsdispositionen Ausdruck gegeben zu haben. Ich bin weder ein Selbstquäler noch ein Bosnickel, möchte gern mir wie anderen etwas Gutes gönnen und fände es auch weit schöner und tröstlicher, wenn wir auf eine so glänzende Zukunft rechnen dürften. Aber es scheint wiederum ein Fall des Widerstreites zwischen Illusion (Wunscherfüllung) und Erkenntnis. Es handelt sich gar nicht darum, was anzunehmen erfreulicher oder fürs Leben bequemer und vorteilhafter ist, sondern was jener rätselhaften Wirklichkeit, die es doch außer uns gibt, näher kommen mag. Der Todestrieb ist mir kein Herzensbedürfnis, er erscheint nur als unvermeidliche Annahme aus biologischen wie aus psychologischen Gründen. Davon leitet sich dann das Übrige ab. Mein Pessimismus erscheint mir also als ein Resultat, der Optimismus meiner Gegner als eine Voraussetzung. Ich könnte auch sagen, ich habe mit meinen düsteren Theorien eine Vernunftehe geschlossen, die anderen leben mit den ihren in einer Neigungsehe. Hoffentlich werden sie dabei glücklicher als ich.

Natürlich ist es leicht möglich, daß ich in allen drei Punkten in die Irre gehe, in der Unabhängigkeit meiner Theorie von meiner Disposition, in der Schätzung meiner Argumente für diese Theorien und im Inhalt dieser selbst. Sie wissen, je großartiger die Prospekte, desto geringer die Sicherheit, desto leidenschaftlicher auch – wobei wir nicht mittun wollen – die Parteinahme der Menschen.

Ich kann mir vorstellen, daß vor mehreren Millionen Jahren zur Zeit des Trias alle die großen -odonten und -therien sehr stolz waren auf die Entwicklung des Sauriergeschlechtes und Gott weiß was für großartige Zukunft für sich erwarteten. Und dann sind sie ausgestorben, bis auf das elende Krokodil. Sie werden einwenden: »Ja diese Saurier haben gewiß nicht so gedacht, die dachten nur ans Fressen. Aber der Mensch hat den Geist, der ihm ein Recht gibt an seine Zukunft zu denken und zu glauben.« Nun, mit dem Geist ist es gewiß etwas Besonderes, man weiß so wenig von ihm und seinem Verhältnis zur Natur. Ich habe viel Respekt vor dem Geist, aber ob ihn die Natur auch hat? Er ist doch nur ein Stück von ihr, das Übrige scheint ohne dieses Stück gut auskommen zu können. Ob sie sich durch die Rücksicht auf den Geist wirklich weitgehend beeinflussen lassen wird?

Beneidenswert, wer darüber etwas sicherer weiß als ich![3]

Mit herzlichem Gruß Ihr Freud

In *Das Unbehagen in der Kultur* widmete Freud einen wesentlichen Teil seiner Erörterungen der fast unvermeidlichen Entstehung von Schuldgefühl angesichts der gleichfalls unvermeidlichen Vorherrschaft der Triebforderungen, der aggressiven wie der erotischen:

> Ist die Kultur der notwendige Entwicklungsgang von der Familie zur Menschheit, so ist unablösbar mit ihr verbunden, als Folge des mitgeborenen Ambivalenzkonflikts, als Folge des ewigen Haders zwischen Liebe und Todesstreben, die Steigerung des Schuldgefühls vielleicht bis zu Höhen, die der Einzelne schwer erträglich findet. Man gedenkt der ergreifenden Anklage des großen Dichters gegen die »himmlischen Mächte«:

3 Freuds Anerkennung des Faktums der Evolution und seine bescheidene Einsicht, daß der Geist, auch wenn er etwas ganz Besonderes ist, doch nur ein winziger Teil der Natur sein kann, lassen sich nicht bestreiten, rechtfertigen jedoch keinen hochgestimmten Optimismus über die menschliche Species. Wenn wir an Freuds Nebeneinanderstellung der psychologischen, biologischen und astronomischen Revolution in seinen *Vorlesungen zur Einführung in die Psychoanalyse* denken (siehe 11. Kapitel), so müssen wir hinzufügen, daß wir auch über die Zukunft unseres Planeten nicht optimistisch sein können.

Aber innerhalb der engen Grenzen unserer Existenz machen wir uns trotzdem Gedanken darüber, wie der menschliche Geist arbeitet, wie auch über unsere Umgebung. Ich gehe deshalb auf die Diskussion zwischen Pfister und Freud ein: Freud behauptete in seinem Brief, der Todestrieb sei kein Herzensbedürfnis, und stellte dann fest: »Davon leitet sich dann das übrige ab.« Freud nahm den Tod als feststehende Tatsache und führte seinen Pessimismus auf eine auf dieser Tatsache basierenden *Folgerung* zurück, während er den Optimismus seines Opponenten einer *a priori*-Annahme zuschrieb.

In meiner Darlegung, auf welche Weise Freud zu den Ideen des Todestriebs und des Wiederholungszwangs gelangt war (12. Kapitel), versuchte ich zu zeigen, daß gerade Freud mit Hilfe von Folgerungen zu diesen Ideen gelangte, die von einer *a priori*-Annahme diktiert wurden. Freud hatte jedoch mit seinem Pessimismus recht, weil der Mensch sterblich und das Leben unseres Planeten begrenzt ist.

Sub specie aeternitatis. Deshalb ist keine Diskussion wirklich sinnvoll; aber im Rahmen unserer vergänglichen Existenz haben wir es mit Phänotypen und ihren Schicksalen zu tun. Und innerhalb dieses Rahmens müssen wir auch einfach sagen: Was für ein schöner Brief.

»Ihr führt ins Leben uns hinein,
Ihr laßt den Armen schuldig werden,
Dann überlaßt Ihr ihn der Pein,
Denn jede Schuld rächt sich auf Erden.«

Und man darf wohl aufseufzen bei der Erkenntnis, daß es einzelnen Menschen gegeben ist, aus dem Wirbel der eigenen Gefühle die tiefsten Einsichten doch eigentlich mühelos heraufzuholen, zu denen wir anderen uns durch qualvolle Unsicherheit und rastloses Tasten den Weg zu bahnen haben.

(1930 b, S. 493)

Wie unheimlich, daß 30 Jahre nach der Veröffentlichung der *Traumdeutung* diese Verse, die Freud damals mit einem Traum assoziierte, der sowohl in diesem Buch, als auch in seinem Aufsatz »Über den Traum« behandelt wird, nun in diesem neuen Zusammenhang wieder auftreten.

Und doch hatte Freud den Titel dieses Buches von *Unglück in der Kultur* in *Das Unbehagen in der Kultur* geändert. Und während er seine Zweifel aussprach, auf die Schwierigkeiten hinwies, die durch Illusionen erbauten Luftschlösser zerstörte, bewahrte er doch noch den Glauben an eine Kraft, die, vom Logos abgesehen, unsere Existenz am Leben hält: Eros. Das Buch endet mit den folgenden Zeilen:

Die Schicksalsfrage der Menschenart scheint mir zu sein, ob und in welchem Maße es ihrer Kulturentwicklung gelingen wird, der Störung des Zusammenlebens durch den menschlichen Aggressions- und Selbstvernichtungstrieb Herr zu werden. In diesem Bezug verdient vielleicht gerade die gegenwärtige Zeit ein besonderes Interesse. Die Menschen haben es jetzt in der Beherrschung der Naturkräfte so weit gebracht, daß sie es mit deren Hilfe leicht haben, einander bis auf den letzten Mann auszurotten. Sie wissen das, daher ein gut Stück ihrer gegenwärtigen Unruhe, ihres Unglücks, ihrer Angststimmung. Und nun ist zu erwarten, daß die andere der beiden »himmlischen Mächte«, der ewige Eros, eine Anstrengung machen wird, um sich im Kampf mit seinem ebenso unsterblichen Gegner zu behaupten. (1930 b, S. 506)

Nachdem die Bedrohung durch den Nationalsozialismus immer offenkundiger geworden war, fügte er im Jahre 1931 einen weiteren Satz an:

Aber wer kann den Erfolg und Ausgang voraussehen?

Man fragt sich, was Freud nach Hiroshima hinzugefügt hätte.

Freud hatte weiter vorn in diesem Buch bei der Aufzählung der verschiedenen Wege, auf denen der Mensch nach dem Glück strebt, festgestellt, »jene Richtung des Lebens, welche die Liebe zum Mittelpunkt nimmt, alle Befriedigung aus dem Lieben und Geliebtwerden erwartet«, komme vielleicht diesem Ziele der Glückserfüllung »näher als jede andere Methode«. Aber er fügte hinzu:

> Die schwache Seite dieser Lebenstechnik liegt klar zutage; sonst wäre es auch keinem Menschen eingefallen, diesen Weg zum Glück für einen anderen zu verlassen. Niemals sind wir ungeschützter gegen das Leiden, als wenn wir lieben, niemals hilfloser unglücklich, als wenn wir das geliebte Objekt oder seine Liebe verloren haben. (1930 a, S. 441)

Einige Monate vorher, am 11./12. April 1929, hatte Freud ähnliche Gedanken über den Verlust eines geliebten Objekts in einem Brief an Binswanger geäußert, nachdem dieser ihm über den Tod seines ältesten Sohnes unter tragischen Umständen geschrieben hatte:

> Man weiß, daß die akute Trauer nach einem solchen Verlust ablaufen wird, aber man wird ungetröstet bleiben, nie einen Ersatz finden. Alles, was an die Stelle rückt, und wenn es sie ganz ausfüllen sollte, bleibt doch etwas anderes. Und eigentlich ist es recht so. Es ist die einzige Art, die Liebe fortzusetzen, die man ja nicht aufgeben will.

Angst vor neuen Wucherungen
Der Kampf mit der Prothese

Im Spätsommer 1929 reiste Freud wieder nach Berlin, wo Schroeder an seiner Prothese arbeitete. Eine gewisse Verbesserung wurde erreicht, aber Freud kehrte völlig erschöpft zurück.
Im November 1929 suchte Freud Pichler auf, weil eine Stelle uns verdächtig vorkam. Pichler stellte fest, daß es sich um eine harmlose Stelle handelte, wo die Nasenschleimhaut sich zu den Resten des Gaumens hin ausgebreitet hatte und das Narbengewebe bedeckte. Pichler empfing Freud freundlich, und dieser war sehr erleichtert zu wissen, daß er sich, wenn nötig, an Pichler wenden konnte. Pichlers Notiz über diese Konsultation beweist sein hohes Maß an Objektivität.

> *23. November.* Kommt mit Dr. Weinmann, der ihn jetzt behandelt, indem er die Prothese reinigt usw., und einer Prothese, die Schroeder in Berlin gemacht hat. Vereinigung der oberen Zähne zu einer festen Brücke, darin distal schief gestellte, weit ausladende Schieber angelötet, auf welche die Prothese aufgeschoben wird. Diese deckt die linke hintere Gaumenhälfte gar nicht, schließt nur obturatorartig. Der eigentliche Kloß der Prothese scheint auch niedriger gehalten zu sein. Vorläufig funktioniert alles ganz gut. Anfangs war es überhaupt ganz gut. Jetzt schon etwas wechselnd. Der Fehler ist nur der, daß in dem Moment, wo die Pfeiler der oberen Brücke einmal alle auf einmal gelockert sind, die Katastrophe groß sein wird. Patient kommt, weil Dr. Weinmann und anscheinend auch Schroeder eine Stelle für verdächtig ansehen. Es ist die vor einigen Jahren schon gezeichnete Stelle, wo die Nasenschleimhaut nach unten auf den Gaumen heruntergekrochen ist. Es ist dort gar nichts Krankhaftes. Vielleicht Schwellung infolge des eben sehr starken Schnupfens. (Jones, Bd. 3, S. 551)

Im April 1930 hatte Freud eine Zeitlang Herz- und Leibbeschwerden, die durch Nichtrauchen innerhalb von wenigen Tagen verschwanden. Freud gab das widerwillig zu, hielt aber seine Abstinenz nicht länger als ungefähr drei Wochen durch, diesmal jedoch nicht, weil er mit schriftstellerischen Arbeiten beschäftigt gewesen wäre (siehe Brief an Eitingon im 18. Kapitel). Später in diesem Jahr fuhr er wieder nach Berlin und durchlebte drei qualvolle Monate bei dem Versuch, durch eine neue, von Schroeder angefertigte Prothese eine dauerhafte Erleichterung zu erhalten.

Der amerikanische Diplomat William C. Bullitt, der an der Pariser Friedenskonferenz nach dem Ersten Weltkrieg teilgenommen hatte und der erste amerikanische Botschafter in Moskau war (später auch Botschafter in Paris, wo er, wie wir sehen werden, tatkräftig mithalf, Freud 1938 aus Wien herauszuholen), hielt sich 1929 in Berlin auf, wo er deutsches Archivmaterial über die Pariser Friedenskonferenz studierte. Er war mehrmals mit Freud zusammengetroffen und besuchte ihn in dem Sanatorium, wo Freud immer wohnte, wenn er nach Berlin kam. Die beiden Männer besprachen ein gemeinsames Vorhaben, eine historisch-psychoanalytische Studie über Woodrow Wilson.[1] Bullitt war ärgerlich, daß Freud das Rauchen nicht aufgegeben hatte, und verwies auf sein eigenes Beispiel (persönliche Mitteilung). Er hatte ebensowenig Erfolg wie wir anderen auch.

Freud erholte sich in Grundlsee, wo ich ihn im September besuchte, kurz nachdem er die Mitteilung erhalten hatte, daß ihm der Goethepreis verliehen worden war. Er konnte nicht nach Frankfurt reisen, um seine Dankesansprache persönlich zu halten, so daß Anna Freud für ihn die Rede verlas. Diese Ansprache ist für jeden Freudbiographen wegen der Bemerkungen über die biographische Untersuchung großer Männer wichtig (siehe Einleitung).

Im selben Sommer starb Freuds Mutter im Alter von 95 Jahren an Gangrän eines Beines nach Wochen schweren Leidens. Wie auch Freuds früheres Verhältnis zu seiner Mutter gewesen sein mag, während ihrer letzten Lebensjahre jedenfalls war die Beziehung, zumindest nach außen, durch herzliche Ehrerbietung von seiten des Sohnes gekennzeichnet. Ich hatte Freuds Mutter nie kennengelernt, und Freud selber hatte sehr wenig von ihr gesprochen. Freud zeigte keinen offen erkennbaren Kummer über ihren Tod, schrieb jedoch in einem Brief an Jones:

> Aber ich will Ihnen nicht verheimlichen, daß meine Reaktion auf dies Ereignis infolge besonderer Umstände auch eine beson-

1 Später erschienen unter dem Titel *Thomas Woodrow Wilson: A Psychological Study* (1967). Weitere Einzelheiten im 26. Kapitel.

dere gewesen ist. Gewiß, there is no saying, was ein solches Erlebnis in tieferen Schichten anstellen mag, oberflächlich verspüre ich nur zweierlei, den Zuwachs an persönlicher Freiheit, den ich erworben habe, denn es war mir immer ein abschrekkender Gedanke, daß sie von meinem Tod erfahren sollte, und zweitens die Befriedigung, daß ihr endlich die Befreiung geworden ist, auf die sie sich in einem so langen Leben ein Recht erworben hatte. Keine Trauer sonst, wie sie mein um zehn Jahre jüngerer Bruder so schmerzlich zeigt. Ich war nicht beim Leichenbegängnis, wiederum hat mich Anna vertreten, wie in Frankfurt... Es hat merkwürdig auf mich gewirkt, dies große Ereignis. Kein Schmerz, keine Trauer, was sich wahrscheinlich aus den Nebenumständen, dem hohen Alter, dem Mitleid mit ihrer Hilflosigkeit am Ende, erklärt, dabei ein Gefühl der Befreiung, der Losgesprochenheit, das ich auch zu verstehen glaube. Ich durfte ja nicht sterben, solange sie am Leben war, und jetzt darf ich. Irgendwie werden sich in tieferen Schichten die Lebenswerte merklich geändert haben.

(Jones, Bd. 3, S. 184)

Diese spezifische Einstellung Freuds meinte ich bei meiner Erörterung von Freuds Bemerkungen zu Deutsch im Jahre 1923 und von Deutschs Interpretation dieser Bemerkungen.

Im Oktober 1930 bemerkten wir zum ersten Mal, seit ich sein Arzt war, daß eine Leukoplakie anfing sich zu vergrößern und ihr Aussehen zu verändern. Wir berieten uns mit Pichler, der von da an bis 1939 die Sache in der Hand behielt. Nach Pichlers Meinung sah es wie eine präkanzeröse Veränderung aus, und er empfahl eine Operation. So begann wieder die nie endende Qual chirurgischer Eingriffe, ein Kampf um jedes bißchen Wohlbefinden, die ständige Alarmbereitschaft, um jede kleine Veränderung frühzeitig zu entdecken.

Bei den dann folgenden ersten Eingriffen versuchte Pichler, den Defekt mit Transplantaten eigener Haut zu überdecken. Das machte es noch notwendiger, daß Freud die Prothese Tag und Nacht trug, was unerträgliche Schmerzen und Beschwerden verursachte. Wir lernten auch, wie schlecht Freud Sedativa vertrug, so daß schließlich die lokale Anwendung von Orthoform sich als besonders wertvoll erweisen sollte. Nach dieser Operation entwickelten sich bei Freud kleine bronchopneumonische Herde, die uns nicht wenig Sorgen machten.

Dieser Operation folgte schon am 7. Februar 1931 eine weitere. Anfang April entdeckte ich eine neue Veränderung im gleichen Bereich, die noch bedrohlicher aussah. Pichler untersuchte sie am 14. April und riet zu sofortiger Operation. Hier Pichlers Eintragung, ein Beispiel für sein kühles, überlegtes und entschlossenes Vorgehen:

14. April. Seit längerer Zeit die Diathermiestelle epithelisiert. Dafür ist aber weiter vorne entsprechend der in den Mund einspringenden Narbenfalte ein weicher, höckriger, aber zum Teil dunkler gefärbter, nicht mehr rein zottiger oder samtiger Tumor, der Runzeln und Falten hat und gegen die Unterlage verschieblich ist, aufgetreten. Angeblich ziemlich rasch und viel gewachsen ... Mit Rücksicht auf die angeblich seit 2 Monaten andauernden Beschwerden nach der Diathermieoperation Rat: Exzision und Thiersch ... Patient feiert in einigen Tagen seinen 75. Geburtstag und hat starken Schnupfen. Möchte eine Verschiebung. Ich rate von einer so langen Verschiebung ab. Halte den weichen Tumor immer noch für ein präkanzeröses Stadium, aber mit Rücksicht auf das rasche Wachstum, auf das ich den Patienten nicht aufmerksam machte, bin ich gegen das Warten. [Pichler hatte Freud nicht darauf hingewiesen, aber ich hatte es getan.] Auf die Frage [von Freud], ob es möglich wäre, ihn ganz zu lassen und das Bösartigwerden zu riskieren, rate ich ab. [Das war das erste Mal, daß Freud Pichler umstimmen wollte.] Auf die Frage, ob Radium oder Röntgen, rate ich zum Consilium mit Holzknecht. Dieser ist momentan im Sanatorium nach einer Operation an der Hand. Telephonische Aussprache mit Dr. Schur. (Jones, Bd. 3, S. 553)

Dieser Vorfall zeigt, daß das Gleichgewicht zwischen dem Wunsch, zu leben, und dem Wunsch, sterben zu dürfen, einer schweren Belastung ausgesetzt war. Die folgenden Briefe an Eitingon zeigen diesen Konflikt deutlich, obwohl aus dem letzten Brief hervorgeht, daß das Widerstreben, weiterzumachen, nicht allzulange dauerte.

12. April 1931

Seit der letzten Operation und der letzten Katarrhinfektion hat sich eine nachhaltige Verschlechterung in den Verhältnissen um die Prothese und eine deutliche Niveaufallung meines Allgemeinbefindens hergestellt, die mir Gedanken an irgendwelche Feierlichkeiten [sein 75. Geburtstag] noch verhaßter machen.

Ich schließe, um Ihnen weitere Proben meiner Stimmung zu ersparen. [1]

Der Brief vom 16. April 1931 beginnt mit einer kritischen Bemerkung über jemanden, der von seinem Tod profitieren könnte, gefolgt von der Bemerkung in Klammern: »Übrigens kein Grund für mich, mein Ableben zu beschleunigen.« Der Brief fährt fort:

Ich bin mit mir gegenwärtig nicht zufrieden. Angesichts einer neuen Unsicherheit und Drohung habe ich meine überlegene Indifferenz eingebüßt, werde sie aber bald wieder haben, gewiß sobald die Lage geklärt sein wird. Ich habe seit diesem Herbst, wie Sie wissen, zwei kleinere Operationen im Mundgebiet gehabt. Die erste, weil ein Teil der alten Narbe verdächtig schien, die histologische Untersuchung wies angeblich die volle Unschuld nach. Bald nachher zeigte sich am Rand der neuen Narbe eine polypartige Erhebung, auf deren sofortiger Entfernung Pichler (7. Februar) bestand. Die Veränderungen durch den Heilungsprozeß nach diesem Eingriff sind bis heute nicht überwunden, aber ich habe seither keinen erträglichen Tag mehr gehabt. Nun hat sich wenige Tage nach dieser zweiten Operation die Schleimhaut zu einer mächtigen Falte aufgeworfen, die dem Chirurgen wiederum mißfällt.[2] Seine Rede ist, das ist gewiß nicht bösartig, aber es kann so werden, und warum soll man nicht das noch harmlose Vorstadium entfernen. Meine beiden Leibärzte[3] und ich selbst antworten, weil man keine Sicherheit hat, daß sich solche Faltenbildungen oder Wucherungen auch nach der neuen Operation, vielleicht gerade darum bilden werden, während es sicher ist, daß ein monatelang anhaltendes Elend die Folge sein wird.[4] Es ist aber schwer, gegen eine Autorität wie Pichler zu streiten. Wir sind auf die Auskunft verfallen, eine Radiumbehandlung als Alternative in Betracht zu ziehen, und da niemand in Wien ist, dem man

2 Das ist einer der seltenen Fälle, wo das Gedächtnis Freud im Stich ließ. Pichler hatte ihn zwischen dem 13. Februar, wo nichts bemerkt wurde, und dem 14. April nicht einmal gesehen. Die Wucherung, die wir gesehen hatten, war mehr als eine bloße Falte.

3 Der zweite in diesem Brief erwähnte *Leibarzt* war Dr. Ruth Mack-Brunswick, die sich, wie wir alle, über die langen Nachwirkungen chirurgischer Eingriffe große Sorgen machte.

4 In diesem Brief bedient sich Freud eines Kunstgriffs, der normalerweise seinen wissenschaftlichen Schriften vorbehalten war, des Dialogs, in dem Freud einige seiner eigenen Gedanken einem Opponenten in den Mund legt.

genug Erfahrung zutraut, ist Dr. Schur auf die Idee gekommen, Prof. Rigaud[5] in Paris, der als der beste Kenner dieser Dinge gilt, zu einem Gutachten einzuladen. Die Verhandlungen mit ihm, der augenblicklich in Locarno ist, gehen über die Prinzessin [Marie Bonaparte], die mit ihm befreundet ist. Nun wird erwartet, daß er zusagen und bald hier eintreffen wird. Er soll entscheiden, ob diese Papillären Erhebungen [man beachte: es ist keine Falte mehr. Die Leugnung dauerte nicht lange!] pathogene Bedeutung haben, ob und in welcher Weise sie mit Radium behandelt werden sollen und was man dabei an Gefahren riskiert. [Freud hatte auch vergessen, was er 1923 infolge der Radiumbehandlungen durchgemacht hatte.] Vielleicht wird aus alledem nichts und ich muß mich wieder dem Messer unterwerfen. Auf alle Fälle können Sie es verstehen, wenn ich in den nächsten Wochen weder in Stimmung, noch in der Verfassung sein werde, mich an Feierlichkeiten zu beteiligen. [2]

Der letzte Satz ist in einem gewissen Sinn eine Wiederholung von Freuds Warnung, die er vor seinem 70. Geburtstag äußerte.

Am 21. April 1931 schrieb Freud wiederum an Eitingon:

Der Franzose (Rigaud) will nichts von mir wissen. Wenn es sich nicht um unzweifelhaft malignes Gewebe handelt, soll man Radium nicht anwenden. Nachdem wir noch eine Besprechung mit dem Röntgenologen Holzknecht gehabt haben, muß ich mich Pichler ohne Einschränkung unterwerfen. Die Operation wird Donnerstag oder Freitag stattfinden. Ich bin jetzt ganz auf ihn eingerichtet.

Die Realitätsprüfung hatte gesiegt. Freud gewährte sich jedoch am Ende des Briefes eine Kompensation:

Von den Zigarren will ich noch mitteilen, daß die kleinen -Perle- sich recht bewährt haben. Mein Vorrat ist nicht mehr groß. Wenn der Berchtesgadener die Soberanos nicht liefern kann, so bin ich bereit, die einmal als Ersatz angebotene recht gute Reina Cabana anzunehmen.[6] [3]

5 Professor Rigaud war Direktor des Institut Curie in Paris.

6 Als ich meine Laufbahn als Freuds Arzt begann, bot er mir, dem eingefleischten Nichtraucher, immer eine Zigarre an. Da ich zu schüchtern war, abzulehnen, paffte ich tapfer darauf los. Freud muß das bald bemerkt haben. Einmal schaute er mich forschend an und fragte amüsiert: Sagen Sie mir, Schur, sind Sie Zigarrenraucher? Als ich zugab, daß ich das nicht war, antwortete er: Und Sie rauchen meine kostbaren Zigarren?

Freud wollte noch immer die Meinung von Holzknecht hören, dem Röntgenologen, der ihn im Jahre 1923 mit postoperativen Bestrahlungen behandelt hatte.

Holzknecht war Leiter des Röntgeninstituts der Universität Wien. Er gehörte zu den Pionieren der modernen Radiologie. Er war ferner ein früherer Patient von Freud, was er ohne weiteres zugab. Holzknecht war ein Opfer seiner Wissenschaft. An seiner rechten Hand hatte sich ein durch Röntgenstrahlen hervorgerufener Hautkrebs entwickelt, und er hatte sich nacheinander mehreren Amputationen unterziehen müssen: Finger – Hand – Arm. Damals war er wieder im Krankenhaus. Der Krebs hatte sich nach der Enukleation seines rechten Arms auf die Achselhöhle ausgebreitet. Holzknecht wußte, daß er verloren war; tatsächlich starb er nur wenige Monate später. Ich besuchte ihn mit Freud zusammen. Es war eine unvergeßliche Szene. Der viel jüngere Holzknecht, der frühere Patient, den Freud jetzt als Arzt konsultierte; beide Männer von dem gleichen Leiden heimgesucht; beide kannten die Wahrheit und sahen ihr ins Gesicht.

Holzknecht riet von Bestrahlung ab und sprach sich für eine Operation aus. Als sie sich trennten, sagte Freud: »Sie sind zu bewundern, wie Sie Ihr Schicksal tragen.« Holzknecht antwortete: »Sie wissen, daß ich das nur Ihnen zu verdanken habe.« (Jones, Bd. 3, S. 190).

Nach Holzknechts Urteil stimmte Freud bereitwillig einer Operation zu. Sie fand am 23. April 1931 statt. Diesmal benützte Pichler zur voroperativen Sedation Skopolamin und Eukodal, ein Kodeinderivat. Während der Operation schlief Freud zeitweise und war nachher sehr unruhig. Er litt sehr und hatte wiederholt heftige Schmerzattacken. Trotzdem wollte er nicht zu viel Betäubungsmittel, und ich hatte gleichfalls Angst davor. Seine Atmung wurde dadurch flach, und mit all dem nekrotischen Material in seiner Mundhöhle waren Komplikationen der Atemwege nur allzuleicht möglich. Wir alle – Freud aber am meisten – waren erleichtert, als er auf lokale Einblasungen mit Orthoform günstig ansprach. Während das auf Jahre hinaus seine Haupterleichterung wurde, zeigte sich später, daß die Droge eine austrocknende Wirkung hatte, und zu einer eigentümlichen Krustenbildung führte, die ihrerseits kleine hyperkeratotische Wunden zur Folge hatte. Diese neigten wie die Leukoplakien dazu, zu wuchern und präkanzeröse Veränderungen hervorzurufen. Die Droge mußte

also sparsam angewandt werden, und die Krusten erforderten besondere Aufmerksamkeit und Behandlung.
Trotz aller Vorsichtsmaßnahmen bildete sich bei Freud am 30. April ein kleiner Herd in der Lunge. Er sprach jedoch wiederum auf die Behandlung gut an, obwohl das ja noch die Ära vor den Antibiotika war. Lungenkomplikationen wurden mit Transpulmin behandelt, das Chinin, Eukalyptus und Kampfer enthielt. Man wandte Sauerstoff und, wenn nötig, Herzstimulantia an. Am 4. Mai war Freud wieder daheim, zwei Tage vor seinem Geburtstag.
Glücklicherweise zeigte der histologische Befund keine Malignität. Erdheims Bericht über diese Probe datiert vom 24. April 1931 und war ein Meisterstück pathologischer Untersuchung. Er gab eine ausgezeichnete Beschreibung der typischen Läsion, betonte deren präkanzerösen Charakter und unterstrich die Nikotin-Ätiologie. Rigaud, der die Probe und Erdheims Bericht erhielt, war sehr beeindruckt. Freud jedoch zuckte die Achseln über den Nikotinsatz Erdheims.
Diesmal fand keine Geburtstagsfeier statt. Natürlich kamen Geschenke (darunter eine schöne Vischnustatuette von der Indischen Psychoanalytischen Vereinigung), Blumen, Telegramme etc. Freud freute sich über manche dieser Dinge, aber als ich ihn an diesem Tag besuchte, fand ich ihn schrecklich müde. Diese Operation hatte ihm eine gewisse Sicherheit, oder zumindest eine Hoffnung genommen, die er acht Jahre lang gehabt hatte, nämlich daß er von seinem Krebs geheilt sei. Die Veränderung in seiner Anschauung spiegelte sich in zwei Briefen, die er am 10. Mai 1931 schrieb, den einen an Arnold Zweig, den andern an Marie Bonaparte. An Zweig:

> Ich wollte Ihnen – will es eigentlich noch – Vorwürfe machen, daß Sie sich so unbedacht in überflüssige Erkrankungen verschiedener Organe und Funktionen einlassen, wie Ihr Schreiben dunkel andeutet, aber es ist mir doch rechtzeitig eingefallen, daß ich für solche Kritik nicht der richtige Mann bin. Denn am 24. April hatte ich eine neuerliche Operation durchzumachen – wegen einer im Grunde ähnlichen Wachstumsüppigkeit wie vor acht Jahren –, habe dabei ein gutes Teil meiner Betriebskräfte eingebüßt und bin heute, nach all den Zumutungen dieser Zeit kraftlos, kampfunfähig und sprachgehemmt, gar kein erfreulicher Rest von Realität. Wohlmei-

nende Freunde raten mir, für einen Ausgang des Lebens lieber einen anderen Weg auszuwählen als gerade Rezidiven an dieser Stelle; ich bin einverstanden, aber so recht ohne Einfluß auf das weitere Geschehen. Morgen will ich den ersten Versuch wagen, mich in die Arbeit einzuschleichen. Eine Stunde vor-, eine nachmittags. Das Leben für seine Gesundheit unter Denkmalschutz ist sonst schwer erträglich.

An Marie Bonaparte schrieb er:

Geben Sie sich heute mit einem kurzen Dankbrief zufrieden. Ich bin noch recht unter der Höhe, und habe diesmal gewiß einen großen Schritt aus dem Kreis des Lebens heraus getan ...

Er dankte ihr dann für die schöne griechische Vase, die sie ihm geschenkt hatte, und fügte hinzu, unter Anspielung auf ihren Urgroßvater, Lucien Bonaparte:

Ich habe mich sehr mit ihr gefreut, fühle mich auch sonst ungefähr wie ein Urgroßvater und kann sogar noch weiter ... ein Bedauern hervorrufen, daß man mir keines der schönen Gefäße ins Grabgewölbe mitgeben wird.[7] [4]

Trotz seiner Erschöpfung schrieb Freud diese beiden Briefe mit der Hand, und sie zeigen in der Handschrift, der sprachlichen Meisterschaft und in dem selbstironischen Stil Freuds unveränderte Fähigkeit, den subtilsten Stimmungsnuancen Ausdruck zu verleihen.

Ich habe eine ziemlich detaillierte Schilderung der Ereignisse dieser wenigen Monate gegeben, weil sie einerseits Freuds Kampf gegen das unerbittliche Fortschreiten von *Ananke* in Gestalt seiner grausamen Krankheit veranschaulichen und auf der andern Seite seinen unbezwingbaren Mut. Freud selber wußte, daß diese Eigenschaft einer seiner wichtigsten Vorzüge war. Er gab dieser Meinung in einem Brief an Stefan Zweig vom 17. Februar 1931 Ausdruck, in dem er sich über die biographische Studie Zweigs über ihn äußerte (siehe auch Einleitung).

Ein weiterer Versuch, eine neue Prothese anzufertigen, wurde unternommen. Diesmal kam Dr. Kazanijan, ein bekannter amerikanischer Kieferchirurg, der an der Universität Harvard lehrte, nach Wien und arbeitete im August in Pichlers Praxisräumen drei Wochen lang an Freud; wieder gestattete Pichler in großzügiger Weise, daß ein anderer sein Glück versuchte. Es war heiß, die

7 Tatsächlich kam Freuds Asche nach seiner Verbrennung im Jahr 1939 gerade in diese Urne.

Behandlung dauerte mehrere Stunden täglich; Freud ärgerte sich über das große finanzielle Opfer. Das Resultat brachte nur vorübergehende Erleichterung und war weder die Belastung noch die Enttäuschung noch den finanziellen Aufwand wert.

Am 17. September 1931 starb Oskar Rie. Er war einer der ältesten Freunde Freuds und praktisch der einzige, der aus den voranalytischen Tagen noch übrig geblieben war. Freud schrieb am darauffolgenden Tag an Marie Bonaparte:

> Mein Freund Dr. Oskar Rie ist gestern gestorben. Vor 45 Jahren, als ich jung verheiratet (1886) die Ordination für nervenkranke Kinder eröffnete, kam er zu mir, erst Doctorand als Assistent, wurde dann der Arzt unserer Kinder und unser Freund, mit dem wir durch 1 1/2 Menschenleben Alles teilten. Eine seiner Töchter, Marianne [Kris] ist wie Sie wissen Analytikerin geworden, die andere hat einen Analytiker [Dr. Hermann] Nunberg geheiratet, dadurch wurde die Beziehung wo möglich noch inniger. Es ist ein unabwendbares Schicksal, seine alten Freunde sterben zu sehen. Genug wenn man nicht dazu verurteilt wird die Jugend zu überleben.
>
> Pichler arbeitet täglich an meinen drei Prothesen, hat sie soweit gebessert, daß ich schon mit allen rauchen, mit zweien sprechen kann. Ganz befriedigend ist noch keine. Es ist mit ihnen wie mit der Jagd nach dem Glück; man meint man hat es schon erhascht oder[8] und immer wieder ist es weg. [5]

Im Jahre 1931 nahm die Wirtschaftskrise in Mitteleuropa verheerende Dimensionen an, mit viel tragischeren politischen Folgen als in den Vereinigten Staaten. Die Arbeitslosigkeit wuchs und mit ihr die Nazipartei. Eitingon, dessen Familienvermögen in der amerikanischen Wirtschaftskrise verlorengegangen war, war nicht mehr in der Lage, das Berliner Institut zu unterstützen. Simmel wanderte in die Vereinigten Staaten aus, nachdem er sein Sanatorium schließen mußte, das, abgesehen von dem in Kreuzlingen unter der Leitung Binswangers, das einzige war, wo stationäre Kranke eine psychoanalytisch orientierte Behandlung erhielten.

Der Verlag war in Schwierigkeiten, und Freud bedauerte es später, daß er soviel Geld für Kazanijans Prothese ausgegeben hatte, anstatt damit den Verlag zu unterstützen.

8 Siehe Fußnote zu [5] für dieses Kapitel im Anhang.

Dazu kam noch der merkwürdige Wechsel in Ferenczis Verhalten, sowie die plötzlichen radikalen, ja unheimlichen Veränderungen in seiner psychoanalytischen Technik. Das war schmerzlich für Freud, der Ferenczi immer seinen Paladin nannte und dessen Beitrag zur Entwicklung der Psychoanalyse als sehr bedeutend ansah. In einem von Jones veröffentlichten Brief (Bd. 3, S. 197 ff.) vom 13. Dezember 1931 legte Freud in sehr überzeugenden Formulierungen seine Einwände gegen Ferenczis Neuerungen dar und wies auf die damit verknüpften Gefahren hin. Freud war sich schmerzlich dessen bewußt, daß das Schicksal Ferenczi nicht erspart hatte, was Freud am meisten fürchtete: ein Stumpfwerden oder Absinken seiner Geisteskräfte, zugleich mit oder vor einem physischen Schrumpfen. Seine tiefe Zuneigung zu Ferenczi geriet nie ins Wanken, wie Briefe an andere zeigen, die er vor und nach Ferenczis Tod im Mai 1931 schrieb, und wie auch aus dem Nachruf hervorgeht, den er damals schrieb. Erst sehr spät wurde entdeckt, daß Ferenczi, der vorher an Basedow gelitten hatte, an perniziöser Anämie erkrankt war. Diese Diagnose erfolgte erst, als bereits eine pathologische Veränderung des Zentralnervensystems vorhanden war, die für diese Krankheit ganz typisch ist.[9]

All das verstärkte noch die Belastung, der Freuds inneres Gleichgewicht ausgesetzt war. Die Briefe, die er in den letzten Monaten des Jahres 1931 schrieb, zeigen besser als alles andere seinen weitergehenden Kampf, aber auch seine Spannkraft.

Am 27. Oktober 1931 schrieb er an Eitingon:

> Pichler arbeitet immer noch an meinen Prothesen und wird mir hoffentlich etwas Erträgliches machen können. In der Reihe der kleineren und größeren Beschwerden meines Alters gibt es – bald sagte ich: natürlich – keine Pause. Ihre Sendungen habe ich dankend erhalten, habe noch Raum für mehr. »I won't be plucked of my feathers« hat in einer zum Verzicht auffordernden Lage Lord Bacon gesagt. [6]

9 Meine Auffassung, die ich Jones nach der Lektüre der Druckfahnen von Band 3 seiner Freud-Biographie mitteilte, war, daß die Veränderung in Ferenczis Verhalten, einschließlich mit Patienten (wie sie zum Beispiel in dem oben erwähnten Brief von Freud an Ferenczi erwähnt werden), durch organische Veränderungen ausgelöst wurden. Erst später, als ich Gelegenheit hatte, Freuds Korrespondenz mit Jones zu lesen, erfuhr ich, daß Freud eine ähnliche Meinung in einem nach Ferenczis Tod geschriebenen Brief vom 29. Mai 1933 geäußert hatte.

Am 15. November 1931 schrieb Freud wieder an Eitingon:

Wenn ich von mir selbst reden soll, ich habe mehr gehabt als eine einfache Magenverstimmung, es war eine arge Magendarmrebellion – unbekannt woher – in deren Verlauf ein mehrstündiger Kolonkrampf mich sogar zwang, eine Analysenstunde plötzlich abzubrechen, was mir bisher nur einmal im Leben zur Not geworden war. Voll hergestellt bin ich auch heute nicht, aber ich bin so vorbereitet darauf, wenn es nicht das ist, wäre es etwas anderes.[10]

Von internen Beschwerden bin ich jetzt einmal frei und die der Prothese sind auf das gewöhnliche Maß eingeschränkt. Die merkwürdige Veränderung des Lebensgefühls, die unabhängig von Wohlsein und Kranksein nebenher geht, kann man nur andächtig zur Kenntnis nehmen. [7]

An Marie Bonaparte schrieb er am 29. November:

Ich habe durch Ruth [Mack-Brunswick] gehört, daß die Krankheit eingebrochen ist und da ich solange keinen Brief von Ihnen erhalten habe, bitte ich Sie um baldige Benachrichtigung, hoffentlich des Inhalts, daß alles wieder gut ist.

Dieser Monat war eine elende Zeit, ich war unausgesetzt krank, mit der Prothese oder an anderen Dingen, und draußen hatten wir den Schreck mit der lebensgefährdenden Melaena neonatorum der Kleinen von Marianne Kris, das Kind ist aber durch Bluttransfusion gerettet worden ...[11] [8]

Dieser Brief zeigt, daß Freuds Leiden nie zu einer Verminderung seines Interesses und seiner Anteilnahme für seine Freunde und ihre Kinder führte.

Am 10. Dezember 1931 schrieb er an Arnold Zweig recht mutlos:

Von mir ist wenig zu sagen, wenig, was mitteilenswert wäre, das Lebensgefühl wird in eigentümlicher Art schwächer.

Im Gegensatz dazu schrieb er nur wenige Tage später am 14. Dezember 1931 an Eitingon:

Ich rauche wieder herzhafter und sehe mit Bangen beide letzten Berchtesgadener Kistchen der Erschöpfung nahe. Und während Ihrer Abwesenheit? [Eitingon war im Begriff, ins Ausland zu reisen] [9]

10 In solchen Fällen sprach Freud prompt auf Belladonna an, ein Medikament, das er bereitwillig akzeptierte, weil es keine betäubende Wirkung auf das Zentralnervensystem ausübte.

11 Transfusionen waren damals noch keine Routine.

Es wurde zunehmend deutlicher, daß Freuds Einstellung zum Tod durch seine Einstellung zu den positiven Aspekten des Lebens beeinflußt wurde. Die beiden Hauptfaktoren, die auf diese Einstellung einwirkten, insbesondere von 1931 an, waren das Leiden aufgrund des langsamen, aber ständigen Fortschreitens von Freuds Krankheit und die schicksalsschweren geschichtlichen Ereignisse, die sich in Westeuropa zusammenbrauten.

Über seine Krankheit finden wir in Pichlers Notizen für 1932 zweiundneunzig Eintragungen. Ich schildere, aufgrund meiner eigenen Notizen, nur die wichtigsten Fakten, einschließlich von fünf Operationen.

Am 7. März 1932 hatte Freud eine weitere Operation. Pichlers Notizen beschreiben deutlich die zunehmenden Schwierigkeiten, die Wunde durch Nähen oder eine Plastik zu schließen. Wieder war es eine Leukoplakie.

In den anschließenden Monaten mit ihrem fortwährenden Kampf um ein paar Tage mit weniger starken Beschwerden befand sich Freud in einem schlechten Zustand. Er verbrachte den Sommer 1932 in Pötzleinsdorf. Er genoß das schöne alte Haus (die »Mauthnervilla«), den Garten, den Blick auf den Wienerwald. Der Juni war ein besserer Monat, aber am 29. Juli und am 16. August wurden zwei weitere kleine Operationen vorgenommen.

Im September beobachteten wir, wie sich innerhalb von wenigen Tagen unter unseren Augen eine glatte Stelle in eine verdächtig aussehende Wucherung verwandelte. Diesmal war ein größerer chirurgischer Eingriff notwendig (am 6. Oktober). Erdheims Befund unterstrich wieder den präkanzerösen Charakter der Wucherung und die starke Entzündungskomponente, die auf das Nikotin zurückging. Das war die vierte Operation innerhalb von sieben Monaten. Ich konfrontierte deshalb Freud mit Erdheims Bericht und drängte ihn mit noch größerem Nachdruck als bisher, das Rauchen aufzugeben. Freud zuckte die Achseln und machte eine Handbewegung, mit der er den Vorschlag beiseite schob. Wie ich schon früher erwähnte, unterwarf er sich immer wieder Einschränkungen im Rauchen, wenn ihm sein Herz Beschwerden machte, aber nie wegen der Gefahr, daß eine Wunde im Mund bösartig werden könnte. Herzbeschwerden bedeuteten ihm eine unmittelbare Gefahr; die wunden Stellen im Mund und ihr Zusammenhang mit dem Rauchen wurden ignoriert.

Anfang November 1932 hatte Freud seine übliche Erkältung,

diesmal eine stärkere Infektion der oberen Luftwege mit Mittelohrentzündung des rechten Ohres. Er fühlte sich sehr elend. Es regnete fortwährend. Als ich ihn besuchte, zeigte er mir Bilder von Kreta und Rhodos und erzählte mir, daß er Tagträume über das sonnige Mittelmeer habe, über die griechischen Tempel in Sizilien usw. Eine weitere Exzision mußte verschoben werden, bis er sich von der Infektion erholt hatte. Sie wurde schließlich am 8. Dezember vorgenommen. Erdheims Befund lautete wiederum: Leukoplakie.

So ging dieses Jahr mit einem traurigen Ausklang zu Ende.

21. KAPITEL

Die wissenschaftliche Weltanschauung

Das Jahr 1932 brachte für Freud schwere zusätzliche Belastungen. Er war gezwungen, sich mit um die Reorganisation des Verlages, einschließlich seiner finanziellen Struktur, zu kümmern (obwohl Freud an seinem 70. Geburtstag den Wunsch ausgesprochen hatte, sich aus den organisatorischen Angelegenheiten der Psychoanalyse heraushalten zu dürfen. Die Verschlimmerung im Gesundheitszustand Ferenczis und seine immer fragwürdigeren therapeutischen Experimente machten Freud gleichfalls große Sorgen.

Das Schwerwiegendste war jedoch die Verschlechterung der politischen Lage in Deutschland. Freud hatte sich zwar immer als Jude gefühlt (siehe Brief an B'nai Brith von 1926 im 16. Kapitel, war aber unter dem starken Einfluß der deutschen Kultur aufgewachsen. Wir wissen, wie sehr ihn Goethes Werk *Die Natur* bei der Wahl seines Berufs beeinflußt hatte. Lange Zeit konnte Freud nicht glauben, daß das Deutschland Goethes und Kants der Antithese des Logos anheimfallen sollte. Jetzt konnte er die Augen vor der Flammenschrift an der Wand nicht länger verschließen. Viele Analytiker begannen Berlin zu verlassen, zusammen mit zahlreichen anderen Menschen, aber zwei von Freuds Söhnen lebten noch in Deutschland. Die politische Lage in Österreich wurde ebenfalls immer kritischer.

Es wäre deshalb zu erwarten gewesen, daß das Zusammentreffen persönlichen Leidens mit der gefährlichen politischen Lage sich in Freuds Einstellung und Stimmung widergespiegelt hätte. Es ist richtig, daß Freud mich gelegentlich mit einer Geste der Resignation begrüßte. Er zeigte seinen Abscheu vor dem ständigen Kampf mit seiner Prothese, und manchmal blickte er mich forschend und bittend an, er gab seiner Sorge über die Lage in Deutschland Ausdruck. Und doch tritt in Freuds Briefen aus diesem Jahr eine eigentümliche Gelassenheit zutage. Er führte seine Korrespondenz in unvermindertem Umfang fort. Die Briefe an Eitingon und Jones befaßten sich überwiegend mit persönlichen, beruflichen und wissenschaftlichen Angelegenheiten. Die Korrespondenz mit Marie Bonaparte war so intensiv wie immer, und die mit Arnold Zweig wurde immer freundschaftlich-vertrauter. Ein Brief an

Zweig vom 8. Mai 1932 zeigt sehr deutlich den Umfang von Freuds Interessen und die ganze Skala seiner Gefühle zu jener Zeit.

> Sie hatten recht, es war gerade mein Geburtstag, und ich erwehre mich jetzt mühselig der daraus entstandenen Verpflichtungen. Aber um zu Ihnen zurückzukehren, wie merkwürdig muß dieses tragisch-tolle Land, das Sie besucht haben, Ihnen geworden sein. Denken Sie, kein anderer Fortschritt verknüpft sich mit diesem Streifen unserer Muttererde, keine Entdeckung oder Erfindung – die Phönizier sollen das Glas und das Alphabet (beides zweifelhaft!) gefunden haben, die Insel Kreta hat die minoische Kunst geschaffen, an Pergamon erinnert das Pergament, an Magnesia der Magnet u.s.w. ins Unendliche, aber Palästina hat nichts gebildet als Religionen, heiligen Wahnwitz, vermessene Versuche, die äußere Scheinwelt durch die innere Wunschwelt zu bewältigen, und wir stammen von dort (obwohl sich einer von uns auch einen Deutschen glaubt, der andere nicht), unsere Vorfahren haben dort vielleicht durch ein halbes Jahrtausend, vielleicht ein ganzes, gelebt (aber auch dies nur vielleicht), und es ist nicht zu sagen, was wir vom Leben in diesem Land als Erbschaft in Blut und Nerven (wie man fehlerhaft sagt) mitgenommen haben. Oh, das Leben könnte sehr interessant sein, wenn man nur mehr davon wüßte und verstünde. Aber sicher ist man nur seiner augenblicklichen Empfindungen! Darunter also meiner herzlichen Gefühle für Sie und Ihr Werk. (B* 404 f.)

Wir könnten uns keinen besseren Beweis für die Tatsache wünschen, daß Freuds großes Aktivum, *novarum rerum cupidus* zu sein, immer noch voll wirksam war. Wir könnten, mit Faust zu reden, sagen, daß er immer noch begierig die Hand nach neuem Wissen ausstreckte.[1]

1 Fausts Wette mit Mephisto entstammt seiner Erkenntnis, daß er, wenn er seine Suche nach Wissen aufgibt, auch sein Leben aufgibt.

FAUST

Werd ich zum Augenblicke sagen:
Verweile doch! du bist so schön!
Dann magst du mich in Fesseln schlagen,
Dann will ich gern zu Grunde gehn!
Dann mag die Totenglocke schallen,
Dann bist du deines Dienstes frei,
Die Uhr mag stehn, der Zeiger fallen,
Es sei die Zeit für mich vorbei!

Faust, 1. Teil, 4. Szene

Den gleichen Eifer legte Freud an den Tag, als er mir weitere Bilder von den neuen Ausgrabungen in Kreta zeigte und sehnsüchtig davon sprach, wie gern er sie sehen und die griechischen Tempel in Südsizilien wiedersehen würde. In einem anderen Brief an Arnold Zweig äußerte Freud seine große Sorge um ihn; denn Zweig war – wie Einstein, der Deutschland bereits verlassen hatte – damals die Zielscheibe heftiger Angriffe in der Nazipresse und erhielt ständig anonyme Drohbriefe.

Im Frühjahr 1932 hatte Freud mit der Niederschrift seiner *Neuen Folge der Vorlesungen zur Einführung in die Psychoanalyse* begonnen, die den begrifflichen Rahmen der Psychoanalyse auf den neuesten Stand brachten. Die Vorlesungen sind mit der gleichen Klarheit und in dem gleichen meisterhaften Stil geschrieben wie die alten *Vorlesungen zur Einführung*.

In seiner Gesamthaltung zeigt dieses Buch ein Wiederaufleben der Begeisterung für den Logos, die in *Die Zukunft einer Illusion* so offensichtlich war. Vorlesung XXXI endete mit Freuds berühmter Feststellung: »Wo Es war, soll Ich werden.« Er fügte hinzu »Es ist Kulturarbeit etwa wie die Trockenlegung der Zuyder See«. Das war eine direkte Anspielung auf *Faust*, der stirbt, nachdem er den Zerstörungskräften des Meeres Land abgewonnen und mit dieser letzten Tat die Errettung durch die Liebe erlangt hat.

Für den Gegenstand dieses Buches äußerst wichtig ist die letzte Vorlesung: »Über eine Weltanschauung«. Freud war im allgemeinen nicht geneigt, ein Credo zu verkünden. Zweifellos trugen mehrere Faktoren dazu bei, daß er das jetzt tat. Der wichtigste war wahrscheinlich die schnell wachsende Drohung eines Umsturzes in Deutschland. Vielleicht wollte Freud, wie er es zuvor schon einmal mit den ersten *Vorlesungen zur Einführung* getan hatte, der jetzigen Generation und künftigen Generationen sagen, daß es in diesen Zeiten der Unvernunft wenigstens eine Stimme gab, klarer und überzeugender als die meisten, die noch immer für Logos, Objektivität und Wissenschaft sprach. Dies konnte er nicht tun, ohne noch nachdrücklicher als früher seine Formulierungen über die Religion zu bekräftigen, wie er sie in *Die Zukunft einer Illusion* vorgetragen hatte. In diesem Zusammenhang bekräftigte Freud auch erneut seine oft wiederholte Auffassung der Philosophie (1933 b, S. 171):

> Von den drei Mächten, die der Wissenschaft Grund und Boden bestreiten können, ist die Religion allein der ernsthafte Feind.

> Die Kunst ist fast immer harmlos und wohltätig, sie will nichts anderes sein als Illusion ... Die Philosophie ist der Wissenschaft nicht gegensätzlich, sie gebärdet sich selbst wie eine Wissenschaft, arbeitet zum Teil mit den gleichen Methoden, entfernt sich aber von ihr, indem sie an der Illusion festhält, ein ... zusammenhängendes Weltbild liefern zu können, das doch bei jedem neuen Fortschritt unseres Wissens zusammenbrechen muß. Methodisch geht sie darin irre, daß sie den Erkenntniswert unserer logischen Operationen überschätzt und etwa noch andere Wissensquellen wie die Intuition anerkennt.

Nachdem er Jahre hindurch aus der Distanz als interessierter, aber etwas verwirrter Zuschauer das Experiment der russischen Revolution beobachtet hatte, war Freud jetzt gezwungen, in ihr, abgesehen von der Gefühllosigkeit ihrer Führer für die Leiden anderer, wenn sie ihren Absichten im Wege waren, eine rätselhafte Entwicklung zu erkennen.

> In seiner Verwirklichung im russischen Bolschewismus hat nun der theoretische Marxismus die Energie, Geschlossenheit und Ausschließlichkeit einer Weltanschauung gewonnen, gleichzeitig aber auch eine unheimliche Ähnlichkeit mit dem, was er bekämpft. Ursprünglich selbst ... auf Wissenschaft und Technik aufgebaut, hat er doch ein Denkverbot geschaffen, das ebenso unerbittlich ist wie seinerzeit das der Religion. Eine kritische Untersuchung der marxistischen Theorie ist untersagt, Zweifel an ihrer Richtigkeit werden so geahndet wie einst die Ketzerei von der katholischen Kirche. Die Werke von *Marx* haben ... die Stelle der Bibel ... eingenommen, obwohl sie nicht freier von Widersprüchen ... sein sollen als diese älteren heiligen Bücher. (1933 b, S. 194 ff.)

Wieder einmal bediente sich Freud der sokratischen Argumentationsmethode:

> Der Kampf ist also nicht zu Ende. Die Anhänger der religiösen Weltanschauung handeln nach dem alten Satz: Die beste Verteidigung ist der Angriff. Sie fragen: Wer ist denn diese Wissenschaft, die sich anmaßt unsere Religion zu entwerten, die Millionen von Menschen durch lange Jahrtausende Heil und Trost gespendet hat? Was hat sie ihrerseits bereits geleistet? Was können wir ferner von ihr erwarten? Trost und Erhebung zu bringen, dazu ist sie nach eigenem Geständnis unfähig. Sehen wir also davon ab, obwohl das kein leichter Verzicht ist. Aber

was ist's mit ihren Lehrern? Kann sie uns sagen, wie die Welt geworden ist und welchem Schicksal sie entgegengeht? Kann sie uns ... zeigen, wohin die unerklärten Phänomene des Lebens gehören, wie die geistigen Kräfte auf die träge Materie zu wirken vermögen? ... Sie gibt uns Bruchstücke angeblicher Erkenntnis, die sie nicht zur Übereinstimmung miteinander bringen kann. sammelt Beobachtungen von Regelmäßigkeiten im Ablauf der Geschehnisse, die sie mit dem Namen von Gesetzen auszeichnet und ihren gewagten Deutungen unterwirft. Alles, was sie lehrt, gilt nur vorläufig; was man heute als höchste Weisheit anpreist, wird morgen verworfen ... durch andere ersetzt. Der letzte Irrtum heißt dann Wahrheit. Und dieser Wahrheit sollen wir unser höchstes Gut zum Opfer bringen!

... Die Vorwürfe gegen die Wissenschaft, daß sie die Welträtsel noch nicht gelöst, sind in ungerechter Weise übertrieben; für diese großen Leistungen hat sie bisher wirklich zu wenig Zeit gehabt. Die Wissenschaft ist ... eine spät entwickelte menschliche Tätigkeit. Halten wir uns vor ..., es sind etwa 300 Jahre vergangen, seit *Kepler* die Gesetze der Planetenbewegung fand, die Lebenszeit *Newtons*, der das Licht in seine Farben zerlegte und die Lehre von der Schwerkraft aufstellte, ging 1727 zu Ende, ... kurz vor der französischen Revolution erkannte *Lavoisier* den Sauerstoff. Ein Menschendasein ist sehr kurz im Vergleich zur Dauer der Menschheitsentwicklung, ich mag heute ein sehr alter Mann sein, aber immerhin, ich war schon am Leben, als *Ch. Darwin* sein Werk über die Entstehung der Arten der Öffentlichkeit übergab. In dem gleichen Jahr 1859 wurde der Entdecker des Radiums, *Pierre Curie*, geboren. Und wenn Sie ... zurückgehen zu den Anfängen der exakten Naturwissenschaft bei den Griechen, zu *Archimedes*, *Aristarch von Samos* (um 250 v. Chr.), dem Vorläufer des *Kopernikus*, oder selbst zu den ersten Ansätzen der Astronomie bei den Babyloniern, so decken Sie damit nur einen kleinen Bruchteil des Zeitraums, den die Anthropologie für die Entwicklung des Menschen von seiner affenähnlichen Urform aus in Anspruch nimmt, und der gewiß mehr als ein Jahrhunderttausend umfaßt. Und vergessen wir nicht, das letzte Jahrhundert hat ... eine so große Beschleunigung des wissenschaftlichen Fortschritts gebracht, daß wir allen Grund haben, der Zukunft der Wissenschaft mit Zuversicht entgegenzusehen ...

Und endlich, was wollen diese leidenschaftlichen Verunglimpfungen der Wissenschaft bezwecken? Trotz ihrer heutigen Unvollkommenheit und der ihr anhaftenden Schwierigkeiten bleibt sie uns unentbehrlich und ist durch nichts anderes zu ersetzen. Sie ist ungeahnter Vervollkommnungen fähig, die religiöse Weltanschauung ist es nicht. Diese ist in allen wesentlichen Stücken fertig, wenn sie ein Irrtum war, muß sie es für immer bleiben. Keine Verkleinerung der Wissenschaft kann auch etwas an der Tatsache ändern, daß sie versucht, unserer Abhängigkeit von der realen Außenwelt gerecht zu werden, während die Religion Illusion ist und ihre Stärke aus dem Entgegenkommen gegen unsere Triebwunschregungen bezieht.

(1933 b, S. 186 ff.)

Freuds Feststellung, »daß eine durchgreifende Änderung der sozialen Ordnung wenig Aussicht auf Erfolg hat, solange nicht neue Entdeckungen unsere Beherrschung der Naturkräfte gesteigert und damit die Befriedigung unserer Bedürfnisse erleichtert haben« (S. 197), mag wie eine prophetische Voraussage des Atomzeitalters klingen. Freud war natürlich mit einigen der Forschungen vertraut, die unter dem Einfluß der Theorien Einsteins im Gange waren, wie aus einem Briefwechsel zwischen Freud und Marie Bonaparte hervorgeht (siehe Schur, 1965). Sie berichtete am 20. Oktober 1932:

Ich habe hier [in Kopenhagen] Niels Bohr kennengelernt, der, wie Sie wissen müssen, einer der hervorragendsten Physiker unserer Zeit ist. Ich kann jedoch einen Punkt seiner Theorien, die er uns erklärte, nicht akzeptieren: nämlich den »freien Willen« des Atoms. Das Atom soll jetzt vom Determinismus ausgenommen werden. Ich war erfreut, ihn sagen zu hören, Einstein habe ihm gegenüber eingewendet: »Ich kann mir nicht vorstellen, daß Gott würfelt«. Planck (der Quantentheorie-Mann) scheint ebenfalls Einwendungen zu haben; er sagt, es sei vielleicht auf mangelnde Kenntnis aller Faktoren zurückzuführen, daß wir keine Ahnung haben, welchen Weg ein Atom einschlagen will.

Ich habe den Eindruck mitgenommen, daß der »freie Wille« versucht, in diesen atomaren Spekulationen eine Zuflucht zu finden. Und die Metaphysik, die sich so schön aus der Physik der alten Griechen entwickelte, schließt auf diese Weise den Kreis. Die modernen Physiker sind gleichzeitig ewige Metaphysiker.[2] Der Ödipuskomplex ist weniger hypothetisch.

(Schur, 1965, S. 10)

Freud antwortete am 22. Oktober 1932, nachdem er die *Neue Folge* beendet hatte. Seine Anmerkungen waren kurz, aber bedeutungsvoll:

> Was Sie mir von den großen Physikern erzählen, ist doch sehr merkwürdig. Dort vollzieht sich der eigentliche Zusammenbruch der gegenwärtigen Weltanschauung. Wir können nur zuwarten. (Schur, 1965, S. 10)

Im Sommer 1932, vor der Beendigung der *Neuen Folge*, hatte Freud mit Albert Einstein Briefe ausgetauscht, die die Frage behandelten: »Warum Krieg?« (1933 a). Freud äußerte wiederum seine Auffassung über die allmähliche Entwicklung der Kultur, ihre Ursachen und Folgen. Er sprach insbesondere über die vielen Gründe dafür, daß einerseits der Krieg so schwer zu vermeiden ist, und daß andererseits manche Menschen sich so stark gegen ihn auflehnen. Er war nicht ganz ohne Hoffnung, daß Kriege verhindert werden könnten.

> Warum empören wir uns so sehr gegen den Krieg, Sie und ich und so viele andere ... Die Antwort wird lauten, weil jeder Mensch ein Recht auf sein eigenes Leben hat, weil der Krieg hoffnungsvolle Menschenleben vernichtet, den einzelnen Menschen in Lagen bringt, die ihn entwürdigen, ihn zwingt, andere zu morden ... und daß ein zukünftiger Krieg infolge der Vervollkommnung der Zerstörungsmittel die Ausrottung eines oder vielleicht beider Gegner bedeuten würde. Das ist alles wahr und scheint so unbestreitbar, daß man sich nur verwundert, wenn das Kriegführen noch nicht durch allgemeine menschliche Übereinkunft verworfen worden ist ... Ich ziele auf etwas anderes hin; ich glaube, der Hauptgrund, weshalb wir uns gegen den Krieg empören, ist, daß wir nicht anders können. Wir sind Pazifisten, weil wir es aus organischen Gründen sein müssen.
>
> Seit unvordenklichen Zeiten zieht sich über die Menschheit der Prozeß der Kulturentwicklung hin. (... Andere heißen ihn lieber: Zivilisation.) Diesem Prozeß verdanken wir das Beste, was wir geworden sind, und ein gut Teil von dem, woran wir

2 Marie Bonaparte, und vielleicht auch Niels Bohr, sahen die spätere Ausdehnung des Determinismus auf die Atomteilchen nicht vollständig voraus. Der Vorwurf metaphysischer Neigungen hätte sich eher gegen Planck richten müssen.

leiden ... Vielleicht führt er zum Erlöschen der Menschenart, denn er beeinträchtigt die Sexualfunktion in mehr als einer Weise, und schon heute vermehren sich unkultivierte Rassen und zurückgebliebene Schichten der Bevölkerung stärker als hochkultivierte. Vielleicht ist dieser Prozeß mit der Domestikation gewisser Tierarten vergleichbar; ohne Zweifel bringt er körperliche Veränderungen mit sich ... Die mit dem Kulturprozeß einhergehenden psychischen Veränderungen sind auffällig und unzweideutig. Sie bestehen in einer fortschreitenden Verschiebung der Triebziele und Einschränkung der Triebregungen ... Von den psychologischen Charakteren der Kultur scheinen zwei die wichtigsten: die Erstarkung des Intellekts, der das Triebleben zu beherrschen beginnt, und die Verinnerlichung der Aggressionsneigung mit all ihren vorteilhaften und gefährlichen Folgen. Den psychischen Einstellungen, die uns der Kulturprozeß aufnötigt, widerspricht nun der Krieg in der grellsten Weise, darum müssen wir uns gegen ihn empören, wir vertragen ihn einfach nicht mehr, es ist nicht bloß eine intellektuelle und affektive Ablehnung, es ist bei uns Pazifisten eine konstitutionelle Intoleranz, eine Idiosynkrasie ... in äußerster Vergrößerung ...

Wie lange müssen wir nun warten, bis auch die Anderen Pazifisten werden? Es ist nicht zu sagen, aber vielleicht ist es keine utopische Hoffnung, daß der Einfluß dieser beiden Momente, der kulturellen Einstellung und der berechtigten Angst vor den Wirkungen eines Zukunftskrieges, dem Kriegführen in absehbarer Zeit ein Ende setzen wird. Auf welchen Wegen oder Umwegen, können wir nicht erraten. Unterdes dürfen wir uns sagen: Alles, was die Kulturentwicklung fördert, arbeitet auch gegen den Krieg. (1933 a, S. 24 ff.)

Von unserer mythologischen Trieblehre her finden wir leicht eine Formel für die indirekten Wege zur Bekämpfung des Krieges. Wenn die Bereitwilligkeit zum Krieg ein Ausfluß des Destruktionstriebs ist, so liegt es nahe, gegen sie den Gegenspieler dieses Triebes, den Eros, anzurufen. Alles, was Gefühlsbindungen unter den Menschen herstellt, muß dem Krieg entgegenwirken. Diese Bindungen können von zweierlei Art sein. Erstens Beziehungen wie zu einem Liebesobjekt, wenn auch ohne sexuelle Ziele. Die Psychoanalyse braucht sich nicht zu schämen, wenn sie hier von Liebe spricht, denn die Religion sagt dasselbe: Liebe Deinen Nächsten wie Dich selbst. Das ist nun leicht gefordert, aber schwer zu erfüllen. Die andere Art von Gefühlsbindung ist die durch Identifizierung. Alles was bedeutsame Gemeinsamkeiten unter den Menschen herstellt, ruft solche Gemeingefühle, Identifizierungen, hervor. Auf ihnen ruht zum guten Teil der Aufbau der menschlichen Gesellschaft.

(1933 a, S. 23)

Es ist möglich, daß der Fortschritt der Naturwissenschaften, auf den Freud in seinen Bemerkungen gegenüber Marie Bonaparte Bezug genommen hatte, eine der Motivationsfaktoren dafür war, daß Freud in die *Neue Folge* das umstrittene Kapitel »Traum und Okkultismus« aufnahm, in dem er im wesentlichen das gleiche Material vorlegte wie in den beiden früher besprochenen Aufsätzen über dieses Thema (siehe 12. Kapitel). In diesem Kapitel jedoch äußerte Freud mit noch festerer Überzeugung seinen Glauben an telepathische Erscheinungen. Seiner Einstellung als Forscher hatte er in dem Brief vom 8. Mai an Arnold Zweig beredten Ausdruck gegeben, wo er ausrief: »Oh, das Leben könnte sehr interessant sein, wenn man nur mehr davon wüßte und verstünde ...« Freud wollte noch immer wissen, verstehen, entdekken; und solange dazu die Möglichkeit bestand, behauptete sich sein Lebenswille.[3]

3 Ein mit Freuds Hypothesen eng verknüpftes Untersuchungsgebiet ist die Frage, ob Träume durch außersinnliche Wahrnehmung beeinflußt werden können. Man hat in jüngerer Zeit Versuche unternommen, eine objektive Methode zum Beweis oder zur Widerlegung solcher Hypothesen auszuarbeiten (siehe z. B. Ullmann, 1965).

22. KAPITEL

Hitlerdeutschland und Austrofaschismus

Der Vollendung der *Neuen Folge der Vorlesungen* folgte Niedergeschlagenheit. Freud kündigte das Erscheinen des Buches am 27. November 1932 in einem deprimierten Brief an Arnold Zweig an:

> Einige Tage später werden Sie mein letztes Werk, vielleicht wirklich das letzte, erhalten, eine Ergänzung zu den Vorlesungen zur Einführung. Ich bin seit einer Grippe mit Otitis im Befinden recht heruntergekommen.

Das Jahr 1933 begann in ähnlicher Stimmung. Am 5. Januar schrieb Freud an Eitingon, nachdem er die Mitteilung erhalten hatte, daß dessen Vater nach einer Operation gestorben war:

> Mit Ihrem Vater ist es mir merkwürdig gegangen damals, als Sie von einer Störung während der Operationsheilung berichteten, verlor ich das Zutrauen, und da bereitete sich die Erwartung vor, die sich später, als Sie seine Herstellung mitteilten, in dem Ausdruck Luft machte, es sei doch wenigstens Zeit gewonnen. Wenn Sie sich an diese Stelle in meinem Brief erinnern können! Nun, es war zu wenig Zeit gewonnen worden. Mir schwebte vor, daß wir doch alle zum Tod verurteilt sind, die Alten unter uns mit besonders kurzer – Bewährungsfrist. [1]

Während der ersten Monate dieses Jahres war Freuds Gesundheitszustand nicht allzu schlecht. Selbst die Prothese machte ihm gelegentlich weniger Beschwerden, obwohl ständige Korrekturen notwendig waren. Jeder verdächtige Fleck in Freuds Mund mußte sorgfältig beobachtet werden, aber bis zum 16. Mai war wenigstens kein chirurgischer Eingriff nötig, und bei diesem handelte es sich um einen kleineren Eingriff. Freud war jedoch während dieser Zeit 23 mal bei Pichler zur Untersuchung.

Der Januar 1933 brachte Hitler in Deutschland an die Macht, und damit begannen die Jahre eines immer stärker werdenden Terrors. Freud bekam die Auswirkungen der ersten Welle zu spüren. Seine Söhne mußten mit ihren Familien Deutschland verlassen. Es wurde bald offenkundig, daß die Psychoanalytische Vereinigung und das Ausbildungsinstitut gezwungen sein würden, ihre Arbeiten einzustellen. Alle jüdischen Analytiker mußten fliehen. Freuds Kinder würden nun eine neue Existenz finden müssen und die Analytiker einen Ort, wohin sie emigrieren konnten. Freud machte sich große Sorgen um das Schicksal von Arnold Zweig, der aus verschiedenen Gründen für einige Zeit nach Deutschland zurückgekehrt war, nachdem er seine Familie in Sicherheit gebracht hatte.

Der Eindruck Hitlers auf die Österreicher war überwältigend. Viele von uns waren überzeugt, daß Österreich nicht in der Lage sein würde, der Ausbreitung des Nazismus zu widerstehen. Von diesem Zeitpunkt an versuchte ich, Freud davon zu überzeugen, daß früher oder später er und wir alle daran denken müßten, Wien zu verlassen. Freud erhielt viele Einladungen, sich anderswo niederzulassen, zuerst von Marie Bonaparte, dann unter anderem von Pfister und Binswanger. Alle diese Einladungen lehnte er mit Dank ab.

Aus schwer durchschaubaren Gründen weigerte sich Freud ziemlich lange, die unausweichliche Zunahme des Terrors vorauszusehen, die schließlich zum Zweiten Weltkrieg und zu den Vernichtungslagern führte.

Dieses Sichweigern spiegelte sich in einer Reihe von Briefen an Marie Bonaparte. Am 16. März 1933 schrieb er an sie:

> Glücklich, wer wie Sie jetzt so versunken in seine Arbeit ist, daß er von allen Abscheulichkeiten ringsherum keine Notiz zu nehmen braucht. In unseren Kreisen ist die Zaghaftigkeit groß. Man befürchtet, daß die nationalistischen Ausschreitungen in Deutschland auf unser kleines Land übergreifen. Man hat mir sogar schon zur Flucht nach der Schweiz oder Frankreich geraten. Das ist Unsinn, ich glaube nicht an die Gefahr hier, und wenn sie doch kommen sollte, bin ich fest entschlossen, sie hier zu erwarten. Wenn sie mich totschlagen, gut; es ist eine Todesart wie eine andere. Aber wahrscheinlich ist das billige Prahlerei. (Jones, Bd. 2, S. 210 f.)

Der letzte Satz zeigt die unmittelbare Einsicht, deren Freud fähig war, wenn er sich dabei ertappte, daß er etwas gesagt hatte, was vielleicht nicht stimmte. Seine Einstellung entsprang möglicherweise einer Kombination von Trotz und einem gewissen Horror vor der Emigration. Obwohl er schließlich doch emigrierte, wartete er bis zum letzten Augenblick, als es schon fast zu spät war.

Der nächste Brief vom 26. März 1933 war merkwürdig optimistisch. Freud dankte Marie Bonaparte für ihre Einladung nach

St. Cloud, lehnte es aber ab, davon Gebrauch zu machen. Er glaubte, daß der Terror in Deutschland unter dem Druck der feindlichen Reaktionen aus Frankreich und den Vereinigten Staaten nachlassen würden. Freud sagte jedoch voraus, daß die kleinen, aber empfindlichen Schikanen weitergehen würden und daß die systematische Unterdrückung der Juden, die sie aus allen Positionen vertreiben würde, erst begonnen hätte. Die Verfolgung der Juden und die Unterdrückung der geistigen Freiheit waren nach seiner Meinung die einzigen Teile des Hitlerprogramms, die sich durchführen ließen. Alles übrige sei Schwachheit und Utopismus.

Der letzte Brief in dieser Reihe vom 8. April 1933 klingt für Freud geradezu unglaublich. Freud meinte, daß die Nazibewegung sich vielleicht auf Österreich ausdehnen werde, aber ohne die Exzesse der deutschen Bewegung, da die Österreicher nicht ganz so brutal wie die Deutschen seien (er vergaß, daß Hitler Österreicher war!). Er erinnerte Marie Bonaparte daran, daß die in den Verträgen von Versailles und St. Germain (mit Deutschland bzw. mit Österreich) niedergelegten Minderheitengesetze den Anschluß Österreichs an Deutschland verboten.

Es hat den Anschein, daß Freud, der die Macht des Aggressionstriebs beim Individuum aufgedeckt hatte, nicht glaubte, daß diese Kraft in einer ganzen Nation entfesselt werden konnte. Wir müssen uns daran erinnern, daß Freud auch lange Zeit brauchte, bis er die wachsende Feindseligkeit von Mitarbeitern wie Jung und Rank erkannte. Er war dieser Erkenntnis durch den Abwehrmechanismus der Leugnung ausgewichen, der auch in diesem Fall wirksam war.

Freud teilte die allgemeine Ungläubigkeit der westlichen Welt bezüglich der absoluten Rücksichtslosigkeit der nationalsozialistischen Pläne. An Arnold Zweig schrieb er am 21. März 1933 einen traurigen Brief:

> Die schweren Zeiten machen mich verzagt ... Um mich selbst brauche ich ja keine Sorgen zu haben. Wie mein pessimistischer und zehn Jahre jüngerer Bruder unlängst sagte, unser Alter ist unser bestes Aktivum. [2]

Freuds 77. Geburtstag fand ihn nicht nur in deprimierter Stimmung, sondern er litt auch an einem plötzlichen Anfall einer Vestibulariskrise, die kurz bevor ich ihn besuchte begonnen hatte. In einem Brief an Marie Bonaparte vom 9. Mai 1933 schilderte Freud diesen Tag und seine Stimmung:

Meine liebe Marie,

Gern wäre ich mit Ihnen in Corsika gewesen, hätte mich miterfreut an der Schönheit der Landschaft und der Wärme des Empfanges ...

Mein Geburtstag war anstrengend, überreich an Blumen Briefen und Telegrammen; von Geschenken hatte ich die Meisten abgehalten, Sie allerdings nicht. Ihr Kamel prangt bereits neben anderen Chinoiseries[1] ... hier im Zimmer ... Am Vormittag dieses Tages hatte ich einen Anfall von Schwindel, der mich fast umwarf, ohne Trübung des Bewustseins. Dr. Schur, der zufällig gleich darauf kam, machte nichts daraus. Die Diagnose behauptete der Schwindel sei vestibulär und Folge von Nikotin. Ich bin seither auf drei Zigarren eingeschränkt, fühle mich aber wirklich nicht wohl seither ob es nun Abstinenz oder etwas anderes ist ...

Sind Ihre beide Kinder noch in Dänemark? Leider ist Dänemark nicht mehr der einzige Staat in dem etwas faul ist. [3]

Damals erwartete meine Frau unser erstes Kind, dessen Ankunft schon ein paar Tage überfällig war. Freud fühlte sich an jenem Tag sicherlich elend, als ich ankam, aber er begrüßte mich mit der Frage: Noch nichts? Nachdem ich ihn untersucht hatte und ihn über die Ursache des Anfalls beruhigen konnte, drängte er mich, sofort zu gehen, mit den Worten: Gehen Sie jetzt; Sie gehören jetzt zu Ihrer Frau. Dann schaute er mich an, ohne mich doch wirklich richtig anzusehen, und bemerkte in sehr nachdenklichem Ton, während er meine Hand festhielt: So gehen Sie von einem alten Mann, der noch nicht sterben will, zu einem Kind, das noch nicht auf die Welt kommen will.

Ich war damals gerührt von diesem einfachen, ergreifenden Satz, der die Einheit von Leben und Tod zum Ausdruck brachte. Als ich viele Jahre später einen unveröffentlichten Brief an Fließ las (siehe 6. Kapitel), in dem Freud davon sprach, wie er zuerst die schwangere Tochter eines alten Freundes und dann Fließ' im Sterben liegende Mutter besuchte und bemerkte »Geburt und Grab etc.« (ein Zitat aus Goethes *Faust*), da erkannte ich die Kontinuität in Freuds Denken und das, was er die Unsterblichkeit des Unbewußten nannte. Darum habe ich diese Zeilen als Motto mei-

1 Freud hatte sich in jüngster Zeit besonders für alte chinesische Kunst interessiert. Das Kamel blieb eines seiner besonders hochgeschätzten Besitztümer.

nes Buches gewählt. Während der letzten Tage seines Lebens bewies Freud die gleiche unheimliche Kontinuität.

Dem oben zitierten Brief an Marie Bonaparte fügte Freud ein Postskriptum an: »Schur ist, seit dem ich an diesem Brief schreibe, Vater geworden.«

Diese kleine Episode – seine Bemerkungen bei der Begrüßung und beim Abschied, der Brief an Marie Bonaparte und das Postskriptum – zeigen Freuds unvermindertes Interesse für das Leben der Menschen, die ihm nahe standen, und im besonderen sein Interesse für Kinder, trotz des Briefes an Binswanger von 1926. Sie zeigt seine Fähigkeit, das Interesse für andere den eigenen Bedürfnissen voranzustellen, eine absolut aufrichtige Einstellung, die nichts von einer Höflichkeitsgeste an sich hatte.

Ähnliche Empfindungen fanden in einem Brief an Jones Ausdruck, dessen Frau zur gleichen Zeit wie die meine ein Kind geboren hatte:

> Bei aller uns vertrauten Unsicherheit des Lebens darf man die Eltern um die Freude und die Hoffnungen beneiden, die sich bald an das neue Menschenkind knüpfen werden, während man beim alten Menschen froh sein muß, wenn dem unvermeidlichen Bedürfnis nach endlicher Ruhe halbwegs die Waage gehalten wird durch den Wunsch, die Liebe und Freundschaft der Seinigen noch eine Weile länger zu genießen. Ich glaube, ich habe entdeckt, daß die Sehnsucht nach der endgültigen Ruhe nichts elementar Primäres[2] ist, sondern der Ausdruck des Bedürfnisses, das Gefühl, der Unzulänglichkeit loszuwerden, das den Alten besonders bei all den kleinen Aufgaben des Lebens überfällt. (Jones, Bd. 3, S. 215 f.)

Am 11. Mai 1933, zwei Tage, nachdem er den Geburtstagsbrief an Marie Bonaparte geschrieben hatte, berichteten die Zeitungen über die große Bücherverbrennung in Berlin, bei der die Bücher aller jüdischen und vieler nichtjüdischer, aber antinationalsozialistischer Autoren verbrannt worden waren. Goebbels hatte die Zeremonie mit einer Rede beendet, während der Verbrennung der Bücher jedes Autors oder jeder Gruppe von Autoren eine Erklärung eines speziellen Sprechers (alles Studenten und SA-Männer) voranging. Die Ankündigung, die der Verbrennung von Freuds

2 Das steht nicht im Einklang mit der Theorie des Todestriebs. In diesem Brief spricht Freud als Analytiker, der seine Gefühle äußert. Er braucht seine Idee des Todestriebs nicht, um sie zu erklären.

Büchern voranging, lautete: Gegen die seelenzerstörende Überschätzung des Sexuallebens – und für den Adel der menschlichen Seele – übergebe ich den Flammen die Schriften eines gewissen Sigmund Freud! Eine Wiener Zeitung brachte einen Bericht über das Ereignis, und Marie Bonaparte bewahrte ein Exemplar auf.
Eine ähnliche Zeremonie hatte in Frankfurt stattgefunden, wo nur drei Jahre vorher Freud den Goethe-Preis empfangen hatte. In einem Kommentar zu dem Zeitungsbericht hieß es: Goethe berichtet in »Dichtung und Wahrheit« über die erste Bücherverbrennung, die er als Knabe mitansah. Noch in seinem Alter konnte er sich bei der Erinnerung daran eines Schauderns nicht erwehren. Er hätte sich nicht träumen lassen, daß eine solche Barbarei sich ein Jahrhundert nach seinem Tode wiederholen würde.
Freud war somit gezwungen, allmählich daran zu glauben, daß das Land Goethes und Kants auf dem Weg in den Abgrund war.
Am 6. Juni 1933 schrieb Freud an Marie Bonaparte:

> Ich denke nicht daran etwas Neues zu schreiben. Keine Stimmung, kein Stoff, kein Publicum, zu viel gemeine Sorgen. Die politische Lage haben Sie selbst erschöpfend beschrieben. Mir scheint es, nicht im Krieg haben Lüge und Phrase so uneingeschränkt geherrscht. Die Welt wird ein großes Zuchthaus, die ärgste Zelle ist Deutschland ...
>
> Selbst nicht mehr recht lebenskräftig erscheint mir diese Welt als zum nahen Untergang bestimmt. Ich denke gerne daran, daß Sie noch wie auf einer Insel der Seeligen wohnen. [4]

Die medizinischen Aspekte des übrigen Jahres sind in meinen Notizen wie folgt zusammengefaßt:
Am 16. Mai eine weitere kleine Elektrokoagulation. Der folgende Sommer war nicht gut. Es war heiß, er ertrug die Hitze nicht allzu gut, hatte gelegentlich leichte Herzengebeschwerden; die Krustenbildung war lästig; er hatte viel Schmerzen.
Am 5. September führte Pichler eine kleinere Elektrokoagulation aus. Unmittelbar nach der Rückkehr in seine Sommerwohnung, die nur wenige Minuten zu Fuß von meinem Haus entfernt war, fiel Freud in einen leichten Schockzustand mit Tachykardie und leichten präkordialen Schmerzen. Es sah wie eine Koronarinsuffizienz aus, die wahrscheinlich auf etwas Adrenalin in der Lokalanästhesie zurückzuführen war. Eine Koronarthrombose konnte jedoch zunächst nicht ausgeschlossen werden.
Freud erholte sich schnell von dem Schock. Am Abend waren

Blutdruck und Puls normal. Nach einigen Tagen stellte sich etwas erhöhte Temperatur und eine leichte Lungenstauung ein. Da Laboratoriumstests und Elektrokardiogramme nicht auf eine Koronarthrombose deuteten, bestand ich nicht auf einer längeren Bettruhe.[3] Pichler war wie ich der Meinung, daß wir künftig auf die Verwendung von Adrenalin verzichten sollten, daß eine Lokalanästhesie, die schon jetzt wegen des ausgedehnten Narbengewebes nicht sehr wirkungsvoll war, von jetzt an noch weniger wirksam sein würde. Wir beschlossen deshalb, einerseits noch genauer als bisher nach verdächtigen Stellen zu suchen, andrerseits mit einem künftigen Eingriff so lange wie möglich zu warten.

Während dieser Zeit hatte Freud wiederholt, wenn auch widerstrebend, über seine früheren Herzbeschwerden gesprochen. Er erwähnte die Ähnlichkeit der damaligen Symptome mit den jetzt auftretenden, sprach von Herzjagen[4], leichten Schmerzen, Überempfindlichkeit gegen Nikotin. Über Fließ sagte er kein Wort. Er fragte mich, wie er in späteren Jahren so aktiv hätte sein und sich eines so gut funktionierenden Herzens hätte erfreuen können, wenn er in seinen 40er Jahren irgendwelche krankhafte Symptome gehabt hätte. Er verglich ferner seine gegenwärtigen Beschwerden mit dem Herzengeschmerz, den er 1926 gehabt hatte.

Während dieser letzten Episode und noch einige Wochen danach enthielt Freud sich des Rauchens. Herz, Blutdruck, Kreislauf blieben normal. Er hatte einen besseren Monat, soweit es seinen Mund betraf, litt aber sehr unter der erzwungenen Abstinenz. Als er wieder zu arbeiten begann, nahm er schließlich auch das Rauchen wieder auf.

Im November hatte er neben seiner üblichen Herbsterkältung eine ausgedehnte Entzündung der Mundhöhle und der Nebenhöhlen mit heftigen Schmerzen im Kiefergelenk und mit Schwierigkeiten beim Essen, Reden und Rauchen. Kurzwellenbestrahlungen brachten eine gewisse Erleichterung.

Einige Briefe reflektieren seine Stimmung. Am 18. August 1933 schrieb er an Arnold Zweig:

> Was bei mir vorgeht? Ich füge mich der Natur, die mich altern läßt, in Eile jetzt, in den letzten drei Monaten mehr, als in den

3 Damals wurden Koronarthrombosen mit sechswöchiger völliger Bettruhe behandelt.

4 Es war das gleiche Symptom, das er in seinen Briefen an Fließ während seiner frühen Herzbeschwerden als *delirium cordis* beschrieben hatte.

letzten drei Jahren. Alles herum ist trüb und zum Ersticken dumpf. Die Wut speichert sich auf und zehrt am Gehäuse. Wenn man etwas Befreiendes tun könnte! . . .

Die Frauen des Hauses halten besser aus, sie sind ja das beständigere Element, der Mann ist, biologisch mit Recht, hinfälliger. [5]

Nach allem, was ich weiß, hatte Freud diesen Gedanken noch nie vorher ausgedrückt. Daß er es bei dieser Gelegenheit tat, läßt sich vielleicht dadurch erklären, daß er den Brief am Geburtstag seiner Mutter schrieb, drei Jahre nach ihrem Tod.

Am 25. Oktober 1933 schrieb er wieder an Arnold Zweig:

Ich bin wieder arbeitsfähig, kann aber noch keine Treppen steigen, habe also Hausarrest.[5] Ich meine, diesmal habe ich mir ein Anrecht auf einen plötzlichen Herztod erworben, keine üble Chance. Es war eine Herzthrombose[6]; allerdings lebe ich noch, da ich nicht rauche, werde ich kaum je etwas schreiben – außer Briefe. Es erinnert an jenen Chasen: Leben wird er, singen wird er nicht.[7]

An Marie Bonaparte schrieb er am 7. Dezember 1933:

Heute fällt ein anderer [Geburtstag], Martins. Keine Kinder

5 Freud wohnte im zweiten Stock, und das Haus hatte keinen Aufzug.

6 Freud hatte fälschlicherweise angenommen, die erstere Diagnose sei die richtige. Dachte er dabei an die Zeit seiner Herzbeschwerden in den Jahren 1893 bis 1896?

7 Wir wissen, daß Freud gern einen Witz benützte, vor allem einen jüdischen Witz, um eine Situation anschaulich zu machen. Auch in seiner Behandlung wandte er diese Methode an. Der letzte Satz dieses Briefes spielt auf die köstliche Geschichte von zwei armen Juden an, die kurz vor den Hohen Feiertagen dringend Geld brauchen. Bei der Debatte über die verschiedenen Möglichkeiten, zu Geld zu kommen, bringt einer von ihnen die Idee auf, seinen Freund einer Gemeinde als Kantor zu empfehlen. Als sein Freund einwendet, er habe keinerlei Übung im Singen, beschwichtigt ihn der andere mit den Worten: Überlaß das alles mir! Du trittst vor und beim ersten Gebet fällst du plötzlich in Ohnmacht. Der Freund ist einverstanden. Die Gemeinde glaubt, als sie die Ohnmacht sieht, der Mann sei gestorben. Als ihn jedoch sein Freund schüttelt, öffnet der Kantor die Augen, gibt aber keinen Laut von sich. Worauf der andere der Gemeinde feierlich verkündet: Er wird am Leben bleiben, aber singen wird er nicht können.
Freud pflegte darauf hinzuweisen, wenn ein Patient die humoristische Seite einer Situation erkennen, einen Witz vertragen oder über sich selber lachen könne, dann sei das ein Zeichen für eine Verlagerung in Richtung auf die Vorherrschaft des Ich. Daß Freud diesen Brief mit einem Scherz beenden konnte, zeigt, daß er, zumindest diesmal, in der Lage war, seine depressive Stimmung zu überwinden, allem zum Trotz, was ihm das Leben schwer machte.

mehr und selbst ist man bereits überzählig, außerhalb des Lebensstromes! ...

Meine Existenz ist wieder um ein Stück eingeschränkt worden. Daß ich nicht ausgehe, ist grade jetzt kein Verlust. Es ist bitter kalt und unfreundlich draußen. Ob ich etwas schreibe? Nein, ich glaube auch nicht, daß ich noch werde. Ich rauche eine kleine, entnervte Zigarre im Tag.[8]

Von Bullitt keine direkten Nachrichten.[9] Unser Buch wird das Licht der Welt nicht erblicken. [6]

Im Januar 1934 sahen mehrere Stellen etwas verdächtig aus. Angesichts des vorangegangenen Vorfalls und auch wegen des recht entzündlichen Charakters der Veränderungen zögerten wir vor einem neuen chirurgischen Eingriff. Während Rigaud von der Radiumbehandlung bei einer Neubildung abgeraten hatte, beschlossen wir, kleine Bestrahlungsmengen als Behandlung gegen die Entzündung anzuwenden. Es war auch eine kleine Warze auf der Oberlippe vorhanden, auf die geachtet werden mußte. Nach einigen Versuchen mit Röntgenstrahlen (die Behandlung führte Dr. Eisler durch) erfolgte eine Radiumbehandlung durch Dr. Fuhs, den Radiumspezialisten des Allgemeinen Krankenhauses. Es traten einige unangenehme Reaktionen auf – Migräne, Nasenbluten und auch eine gewisse lokale Reaktion. Gelegentlich waren diese Reaktionen von leichten Herzschmerzen begleitet. Pichler war bezüglich des Zusammenhangs zwischen dieser Reaktion und der Radiumbehandlung skeptisch. Ich glaubte jedoch Freud, der das Gefühl hatte, daß ein Zusammenhang bestehe, und schlug ihm vor, Dr. W. Schloß zu konsultieren, einen Radiumexperten, der am Institut Curie in Paris ausgebildet worden war. Dr. Schloß erklärte, es bestehe die Möglichkeit, daß das Metall in der Prothese eine sekundäre Strahlung und deshalb eine stärkere Reaktion als die erwartete hervorgerufen hatte. Das Radium wurde nun mit einer speziell konstruierten Prothese angewendet. Das brachte eine definitive Erleichterung und weniger Reaktionen. Gegen alle Erwartung reagierten sogar kleine warzenähnliche

8 Kurz nach der Äußerung des pessimistischen Gedankens, daß er nie wieder ein Buch schreiben werde, erwähnte Freud seine Nikotinabstinenz. Das ist ein weiteres Beispiel dafür, wie sehr Freud für seine schöpferische Arbeit von der stimulierenden Wirkung des Tabaks abhängig war.

9 Das bezieht sich auf ihre gemeinsame Biographie von Woodrow Wilson; siehe 26. Kapitel.

Veränderungen und papillomartige Gebilde günstig. Wir konnten nun ein ganzes Jahr lang einen operativen Eingriff vermeiden. Aus der temporären Radiumprothese wurde eine neue Prothese entwickelt, da die alte Kazanijanprothese nicht mehr funktionierte. Während dieser Zeit war auch Freuds Allgemeinzustand besser. Er erhielt in regelmäßigen Abständen Injektionen eines männlichen Hormons, hauptsächlich wegen dessen aufbauender Wirkung (die damals verfügbaren Androgenextrakte besaßen schon einige Wirksamkeit, wenn sie auch noch nicht so standardisiert waren wie heute). Wie es auch um die pharmakologische Wirkung der Injektionen bestellt gewesen sein mag, Freud reagierte jedenfalls recht gut auf sie.

Es sollte das einzige Jahr ohne einen chirurgischen Eingriff sein. Zwei Ereignisse jenes Jahres machten es schwierig, sich Illusionen über die Zukunft Österreichs hinzugeben. Am 14. Februar 1934 brach ein, in der Hauptsache auf Wien beschränkter, Bürgerkrieg aus, nachdem die Sozialdemokratische Partei sich zu einem letzten Widerstandsversuch gegen den schrittweisen Übergang zu einer faschistischen Regierung entschlossen hatte. Die Kämpfe waren sehr blutig, aber die Erhebung wurde niedergeschlagen, und von da an wurde Östereich von einer mehr oder weniger faschistischen Regierung beherrscht.

Wieder wurde Freud bedrängt, das Land zu verlassen, und zum ersten Mal gab er zu, daß es vielleicht notwendig sein werde. Schon das allein war ein Beweis für eine Zunahme seiner Lebensenergien. Er gab diesem Wandel in drei Briefen Ausdruck, die er innerhalb einer Woche schrieb:

An Marie Bonaparte am 19. Februar 1934:

> Nochmals herzlichen Dank für Ihre wiederholte Einladung. Es ist natürlich unschätzbar zu wissen, daß es einen schönen Ort giebt, an dem man gern aufgenommen sein würde, bis man ein neues Heim gefunden hat ...
>
> Die Zukunft ist nicht vorauszusehen ... Wenn die Nazis hierher kommen und mit ihnen eine Rechtlosigkeit wie in Deutschland, dann muß man natürlich fort. [7]

Am folgenden Tag schrieb er an seinen Sohn Ernst, der bereits in England lebte:

> Die Zukunft ist ungewiß, entweder ein österreichischer Fascismus oder das Hakenkreuz. Im letzteren Falle müssen wir weg. (B* 273)

Sein Brief vom 25. Februar 1934 an Arnold Zweig ist in vieler Hinsicht der aufschlußreichste:

Lieber Meister Arnold

Arbeiten Sie nur emsig an der ›Erziehung vor Verdun‹[10], stecken Sie alles hinein, was an Spottlust, Grausamkeit und Überlegenheitsgefühl diese letzten Zeiten in Ihnen aufgeweckt haben, denn erstens brenne ich darauf, das Buch zu lesen – am liebsten im Schatten eines Gartens, Wolf und Jofi im Rasen daneben –, und ich kann doch nicht wissen, wieviel Zeit ich habe, und zweitens, weil nach meiner Empfindung die Menschen, die Leser werden sollen, ihr Interesse von der Kriegsvergangenheit bereits abziehen, um sich ganz auf die unerhört überraschenden Vorgänge der nächsten Zukunft einzustellen. Damit Sie also nicht zu spät kommen.

Unser Stückchen Bürgerkrieg war gar nicht schön. Ohne Paß konnte man nicht auf die Straße, die Elektrizität versagte über einen Tag, die Vorstellung, daß das Wasser ausbleiben könnte, war sehr unbehaglich. Jetzt ist alles ruhig, die Ruhe der Spannung meint man, wie wenn man im Hotelzimmer darauf wartet, wann der zweite Stiefel gegen die Wand geworfen wird. So kann es nicht bleiben, etwas muß geschehen. Ob die Nazis kommen oder unser heimgebackener Faschismus fertig wird, oder ob der Otto v. Habsburg naht, wie man jetzt vermutet. Mir schwebt eine undeutlich erinnerte Erzählung vor: »The Lady and the Tiger«, nach der ein armer Gefangener im Zirkus wartet, ob die Bestie auf ihn losgelassen wird oder ob die Dame eintritt, die ihn durch ihre Wahl zum Gatten straffrei macht. Die Pointe ist, daß die Geschichte zu Ende ist, ohne daß man erfahren hat, wen die Türe einläßt, ob die Lady oder den Tiger. Das kann nur bedeuten, daß es für den Gefangenen ziemlich gleichgültig und darum nicht mitteilenswert ist.

Sie erwarten richtig, daß wir in Ergebung hier ausharren wollen. Wohin sollte ich auch in meiner Abhängigkeit und körperlicher Hilflosigkeit? Und die Fremde ist überall so ungastlich. Nur, wenn wirlich ein Hitlerscher Statthalter in Wien regiert, muß ich wohl fortziehen, gleichgültig wohin. Meine Einstellung zu den Parteien, die Streit miteinander führen, [Austrofaschismus und Nazismus] kann ich nur durch ein Plagiat an

10 Der zweite große Roman von A. Zweig über ein Thema des Ersten Weltkriegs. Der erste war *Der Streit um den Sergeanten Grischa.*

Shakespeare's Mercutio beschreiben: A plague on both your houses (Romeo and Juliet).

Daß die Nazis im Besitz Ihrer schönen Bibliothek sind, hat uns allen sehr weh getan. Nun hat meine Tochter Anna folgende Idee: Ob Sie nicht ein dringendes und unaufschiebbares Bedürfnis verspüren, wenigstens und zwar sofort für alles andere eine Gesamtausgabe meiner Schriften zu besitzen, die Sie ja so hoch zu schätzen scheinen? Wenn Sie sich zu diesem Wunsch bekennen, wann und wohin Ihnen der Verlag diese 11 Bände schicken darf?

Dieser Brief bedarf kaum einer Erläuterung. Hier ist Freud wieder wie in seinen besten Zeiten – derselbe Freud, der nach Heineles Tod erklärte, er werde nie mehr imstande sein, neue Bindungen einzugehen! Der Wille, zu leben, zu kämpfen und zu lieben ist so stark wie nur je. Und doch im Hintergrund immer der Gedanke: wieviel Zeit habe ich noch?

Die nachfolgenden zwei Briefe an Arnold Zweig sind in diesem Zusammenhang gleichfalls interessant. Zweig hatte Freud das Manuskript seines Buches *Bilanz* übersandt. Freud hatte darin ein paar Irrtümer entdeckt, auf die er in einem Brief vom 3. April 1934 hinwies:

Lieber Meister Arnold

die alte Geschichte erzählt, als die 10 000 unter Xenophon nach langer Wanderung durch Kleinasien endlich die Küste erreichten und des Meeres ansichtig wurden, brachen sie erschüttert in den Ruf aus: *Thalassa, Thalassa.*[11] Xenophon, der dabei stand, bemerkte: Man kann auch *Thalatta* sagen.

Freud erzählte diese Geschichte scherzhaft, um darzutun, wie mit Hilfe einer semantischen Korrektur eine hochgradig emotionale Reaktion gedämpft werden kann. Er benützte die Geschichte als Einleitung zu der Korrektur einiger Irrtümer, die Zweig in seinem Manuskript unterlaufen waren:

Bitte korrigieren Sie auf S. 232 Ihrer Bilanz das Unterbewußte in Unbewußtes und auf S. 234 Ferency in Ferenczi.

Herzlichst

Ihr Freud

PS. Oh, auch *Edward Jones* in *Ernest J.*

11 Sowohl *Thalassa* als auch *Thalatta* bedeuten das Meer, aber die Worte repräsentieren zwei verschiedene Dialekte. Hier wie in dem Postskriptum sind die Worte in den Originalbriefen in griechischen Buchstaben geschrieben.

Nachtrag zum Brief von gestern. 4. 4. 1934

Sofort nach Absendung kam mir in den Sinn, daß ich darin einen Fehler begangen, nämlich *Thalassa* mit einem zweiten *l* geschrieben hatte. Nach allen Anzeichen mußte es eine Fehlleistung gegen besseres Wissen sein. Sehr bald verstand ich auch ihr Motiv. Ich hatte mich über die kleinen Unrichtigkeiten in Ihrem Aufsatz geärgert, immer sehr empfindlich in kleinen Dingen. (Ferency, Edward Jones, Unterbewußt)! Anstatt Ihnen das direkt zu sagen, zitierte ich die Anekdote von Xenophon. Aber die Liebe mengte sich ein und sagte: Wahrscheinlich sind Sie an diesen kleinen Verstößen unschuldig, Sie haben es ja nicht so leicht wie andere mit Korrekturen.[12] Das *Unter*bewußte mag die Folge eines Verhörens der Sekretärin sein, und überhaupt kritisiere ich Sie nicht gern. Sie sollen also eine Genugtuung haben, und die beste ist, selbst ein Stück kleiner Unwissenheit zu leisten, das Ihnen auffallen kann und das Sie mir vorhalten werden. So entstand das *Thallatta,*[13] und dies ist seine Erklärung! Nebstbei, ich war immer stolz auf den reichlichen Niederschlag des Griechischen in meinem Gedächtnis. (Sophokles Chorgesänge, Stellen aus Homer.)

Herzlich Ihr Freud

Dieser Brief hat viele bedeutsame Aspekte, ich greife jedoch hier nur einige heraus, die sein Erinnerungsvermögen, die Spannweite seiner Interessen und seine meisterhafte Ausdruckskraft bezeugen. Freud beschuldigte sich selbst eines symptomatischen Aktes, einer Freudschen Fehlleistung, die er in Wirklichkeit gar nicht begangen hatte. Aber diese Beschuldigung enthielt in sich einen symptomatischen Akt anderer Art, ein Vergessen anstatt eines Verschreibens. Tatsächlich enthält der zweite Brief gleichfalls ein Versehen, das Freud nicht bemerkte: er schreibt *Thallatta* anstatt *Thallassa.* Freuds Deutung der Zweig und ihm selber unterlaufenen Fehler zeigt großen Takt und das Bemühen, Zweigs Gefühle nicht durch schroffe Kritik zu verletzen. Vielleicht hatte Freud auch seine Erinnerung an antike Zitate geprüft und schämte sich ein wenig, daß er sich damit gebrüstet hatte. Die witzige Verwendung des Xenophonzitates, seine aufmerksame Lektüre eines umfangrei-

12 Zweig litt an einer schweren Sehschwäche und konnte nur unter großen Schwierigkeiten lesen.

13 Freud hatte in seinem ersten Brief *Thalassa* gar nicht mit zwei *l* geschrieben, schrieb aber jetzt statt *Thallassa Thallatta!*

chen Manuskriptes, das ihm Zweig übersandt hatte (und das nicht seine Billigung fand, weil es seiner Meinung nach übertriebenes Lob für ihn selbst enthielt), all das widerlegt die Annahme, er habe wegen seines eigenen Leidens und wegen des unheilvollen Zustandes der Welt nicht mehr den Willen besessen, den Kampf fortzusetzen.

23. Kapitel

»Der Mann Moses und die monotheistische Religion«

Weder damals noch zu irgendeinem anderen Zeitpunkt seines Lebens zog sich Freud in den Elfenbeinturm analytischer Arbeit oder schriftstellerischer Beschäftigung mit antiker Geschichte zurück. Er besaß vielmehr die großartige Fähigkeit, sein vitales Interesse für Tagesereignisse auf jenen Teil seiner Ichinteressen zu beschränken, die sein schöpferisches und berufliches Leben nicht beeinträchtigten. Verschiedene Briefe aus dieser Zeit zeigen, daß der depressive Zustand des Jahres 1933 im Schwinden war, sie lassen jedoch zugleich erkennen, was zu seinem Wohlbefinden noch fehlte. Am 2. Mai 1934, nach dem Umzug in seine Sommerwohnung, schrieb Freud an Marie Bonaparte[1]:

> Meine liebe Marie,
>
> Wir sind jetzt umgezogen und eingeordnet XIX. Straßergasse 47, und ich kann daran gehen, meine Briefschulden abzutragen. An Sie zuerst. Es ist märchenhaft schön hier, ich möchte unbekannter Weise die Konkurrenz mit Ihrem St. Cloud [einem Besitz Marie Bonapartes bei Paris] aufnehmen ... [Freud äußert dann ein gewisses Grausen vor seinem bevorstehenden Geburtstag, seinem 78., wobei er den Schwindelanfall erwähnt, den er an seinem 77. Geburtstag hatte. Er fährt fort:]
>
> Ich schreibe nichts, dazu gehört doch ein gewisses Maß von körperlichem Behagen, das ich nicht mehr aufbringe und auch eine freundlichere Einstellung zur Umwelt, als man sie jetzt haben kann. Es hilft wenig, daß man genau weiß, wie gleichgültig für das Weltgeschehen das eigene Befinden ist, man bleibt der Sklave seiner Empfindungen und das einzige was man leisten kann ist sein Mißvergnügen für sich zu behalten. [1]

Trotz dieser Empfindungen und der Bemerkung, er sei nicht in der Verfassung, an irgendetwas arbeiten zu können, hatte Freud jedoch das Thema für sein nächstes und letztes größeres Werk gefunden, das ihn in den kommenden Jahren beschäftigen sollte. Die

1 Sogar die Handschrift dieses Briefes unterschied sich von der in vorangehenden Briefen.

stürmischen Ereignisse jenes Sommers 1934 bewirkten lediglich, daß er den Beginn der Niederschrift hinausschob.

Diese Ereignisse waren der Röhmputsch vom Juni 1934, der falsche Hoffnungen auf einen schnellen Sturz des Hitlerregimes weckte (Freud und Zweig wechselten erregte Briefe über diese Aussicht) und dem im Juli der nationalsozialistische Aufstand in Wien folgte, der mit der Ermordung von Bundeskanzler Dollfuß und einem vorübergehenden Sieg der österreichischen Regierung endete. Das ließ die Hoffnung aufkommen, Österreich werde vielleicht doch imstande sein, ein gewisses Maß von Unabhängigkeit zu bewahren.

In den verbleibenden Sommerwochen des Jahres 1934 skizzierte Freud, nach einer umfangreichen Lektüre über das Thema, einen Gesamtentwurf von *Der Mann Moses und die monotheistische Religion.* Daß er sich mit dem Hauptthema der Arbeit schon seit einiger Zeit beschäftigt haben mußte, geht aus einer Bemerkung im Brief vom 18. August 1933 an Arnold Zweig hervor. Freud spricht dort von unserem großen Meister Moses und sagt: »Vielleicht war er wirklich ein Ägypter«. Die ersten zwei der drei Aufsätze, aus denen das Buch besteht, wurden zuerst 1937 in *Imago* veröffentlicht, unter dem Titel »Moses ein Ägypter«.

Hier ist nicht der Ort, die Stichhaltigkeit der in dieser *tour de force* entwickelten Theorien zu erörtern; es fehlt mir dafür auch die Kompetenz.[2] Aber der Ausbruch von Vitalität und Kreativität, die zu der Niederschrift von *Der Mann Moses* führte, erhielt ihrerseits wieder durch diese Tätigkeit Nahrung, so daß Freud in seinen letzten Lebensjahren in der Lage war, eine ganze Anzahl wichtiger Aufsätze über Theorie und Praxis der Psychoanalyse zu schreiben.

In einem langen Brief an Arnold Zweig vom 30. September 1934 (B* 413 ff.) skizzierte Freud das Buch und erörterte die Gründe für sein Zögern, es zu publizieren, das Gefühl, daß die Theorie nicht genug belegt sei, und Befürchtungen über die Reaktion des katholischen Regimes in Österreich, das jetzt das letzte Bollwerk gegen eine Machtübernahme durch die Nazis war.

2 Ich bin im Besitz des Manuskriptes eines deutschen Theologen, der in einem deutschen Konzentrationslager umkam, eines Dr. Cohen. Von anderen, hauptsächlich biblischen Quellen ausgehend, gelangte er zu nicht nur ähnlichen, sondern sogar zu noch weitergehenden Schlüssen als Freud. Ich hoffe, daß dieses Werk in naher Zukunft veröffentlicht wird.

Freuds Stimmung während seiner Arbeit an dem Buch spiegelt sich in Briefen wie dem folgenden an Arnold Zweig, den er am 16. Dezember 1934 schrieb:

Mit dem Moses lassen Sie mich in Ruhe.[3] Daß dieser wahrscheinlich letzte Versuch, etwas zu schaffen, gescheitert ist, deprimiert mich genug. Nicht daß ich davon losgekommen wäre. Der Mann, und was ich aus ihm machen wollte, verfolgt mich unablässig. Aber es geht nicht, die äußeren Gefahren und die inneren Bedenken erlauben keinen anderen Ausgang des Versuchs. Ich glaube, mein Gedächtnis für rezente Vorgänge ist nicht mehr verläßlich. Daß ich Ihnen in einem früheren Brief genug darüber geschrieben habe, daß Moses ein Ägypter ist, ist nicht das Wesentliche, obwohl der Ausgangspunkt dafür. Es ist auch nicht die innere Schwierigkeit, denn es ist so gut wie gesichert. Sondern die Tatsache, daß ich genötigt war, ein erschreckend großartiges Bild auf einen tönernen Fuß zu stellen, so daß jeder Narr es umstürzen kann.

Ich gehe durch gesundheitlich schlechte Zeiten. Man gibt mir Radium ins Maul, und ich reagiere auf das Teufelszeug mit den greulichsten Beschwerden. Oft denkt man, le jeu ne vaut pas la chandelle. Man fühlt sich schlecht, Vorsätze helfen wenig gegen die unmittelbare, unzweideutige Empfindung.

Nichts kann Freuds Fähigkeit zu Selbstbeobachtung und Einsicht besser verdeutlichen als seine Worte an Arnold Zweig vom 13. Februar 1935, geschrieben in ziemlich trüber Stimmung. Freud hatte von Zweig das Manuskript eines Gedichts erhalten und eine begeisterte Schilderung des Frühlingsanfangs in Palästina. Freud antwortete:

Die Frühlingsschilderung machte mich traurig, neidisch. *Es steckt noch soviel Genußfähigkeit in mir,* also Unzufriedenheit mit der notgedrungenen Resignation. Es ist grimmiger Winter in Wien, ich bin seit Monaten nicht ausgegangen.[4] Ich finde mich auch schwer in die Rolle des für die Menschheit leidenden Heros, die Ihre Freundschaft mir offeriert. Meine Stimmung ist schlecht, mir gefällt sehr wenig, meine Selbstkritik hat sich sehr verschärft. *Senile Depression* würde ich an einem anderen dia-

3 Zweig, der von der Idee des *Moses* fasziniert war, lieferte Freud fortlaufend historisches Material.

4 Während dieser Monate besuchte Pichler mit mir zusammen Freud in der Berggasse.

gnostizieren. Ich sehe eine Wolke von Unheil die Welt überziehen, selbst meine kleine eigene Welt. (Kursiv des Verfassers)

Zu dieser Zeit bemerkte ich, nach einer Pause von eineinhalb Jahren, die Entstehung einer Läsion, die verdächtiger aussah als alle vorher aufgetretenen. Pichler führte am 23. März 1935 eine umfangreiche Elektrokoagulation durch, unter Lokalanästhesie (die diesmal, weil ich darauf bestand, keine Beimischung von Adrenalin enthielt). Erdheims Befund war dieses Mal noch bedenklicher: Wuchernde Leukoplakie, wahrscheinlich noch in präkanzerösem Zustand. Deshalb wurde am 30. April eine weitere Elektrokoagulation durchgeführt. Sie hatte heftige lokale Schmerzen und große Schwierigkeiten bei der Einführung der Prothese zur Folge. An seinem 79. Geburtstag war Freud überhaupt nicht imstande, sie einzusetzen. Anna Freud und ich versuchten ihm zu helfen, und er versuchte es immer wieder, bis er völlig erschöpft war. Schließlich brachten wir ihn in Pichlers Sprechzimmer. Eine neue Prothese mußte noch am gleichen Tag begonnen werden. Dies war einer der wenigen Anlässe, wo Freud etwas verzweifelt war. Er gewann seine Beherrschung jedoch bald wieder, und in Pichlers Sprechzimmer war er wieder gefaßt, geduldig und höflich wie immer.

Die Anfertigung und Anpassung der neuen Prothese dauerte mehr als zwei Monate. Ferner waren zwischen dem 30. April und dem 9. Juli 26 Konsultationen Pichlers notwendig. Wir hatten es jetzt mit einer neuen Reihe pathologischer Gewebebildung zu tun: Bildung einer Kruste, die zu einer Hyperkeratosis und schließlich zu kleinen, warzenähnlichen Papillomen führte, die, wie die nächste Operation zeigte, genau so heimtückisch waren wie jene, die sich aus Leukoplakien entwickelten.

Am 19. August 1935 operierte Pichler ein weiteres Mal. Erdheim beschrieb in einem detaillierten Bericht ein Papillom, das eindeutig in die tieferen Schichten weiterwuchs, und die Exzisionslinie lag gerade unterhalb der tiefsten Ebene des Vordringens. Erdheims Bericht kam zu dem Schluß, es bestehe kein Verdacht auf ein malignes Tiefenwachstum, auch keine Spur abnormer Zellbildung des Epitheliums, so daß die Diagnose Papillom unbestimmt sei. Sicher bestehe kein Ca, doch müßten solche Papillome als Vorläufer von Ca gewertet werden, wenn sie nicht operativ entfernt würden.[5]

5 Das war der einzige chirurgische Eingriff, bei dem ich nicht dabei war. Ich war im Urlaub, und ein älterer Kollege und Freund, Dr. Popper, vertrat mich.

Alle diese Berichte wurden Freud regelmäßig gezeigt. Sicher ist, daß alle in Freuds Umgebung, ich und sogar Pichler eingeschlossen, von dem Druck dieser ständigen Drohung und unaufhörlichen Alarmbereitschaft stärker mitgenommen waren als Freud, der völlig damit beschäftigt war, Beweise für seine Hypothesen über Moses zusammenzutragen, wie seine weitere intensive Korrespondenz mit Arnold Zweig zeigt.

Der Frühling war in diesem Jahr ziemlich kalt, und Freud hatte Tagträume, ihn in Palästina auf dem Carmelberg zu verbringen, wo Arnold Zweig lebte. Am 14. März 1935 schrieb er an diesen: »*Wenn* ich nach Haifa komme, bringe ich den *Moses* gewiß mit für Sie.«[6]

In einem Brief vom 2. Mai 1935, vier Tage vor seinem 79. Geburtstag, bezeichnete er die Idee, den Frühling mit Zweig zusammen zu genießen, als eine bloße Phantasie.

Die wachsende politische Krise in Europa, die durch die Machtlosigkeit des Völkerbundes in der Abessinienkrise unterstrichen wurde, verstärkte noch Freuds allgemeinen Pessimismus bezüglich der Zukunftsaussichten Österreichs. In dem oben zitierten Brief an Arnold Zweig vom 18. August 1933 hatte Freud von seiner aufgespeicherten Wut gesprochen und von seiner Unfähigkeit, etwas Befreiendes zu tun. Diese Empfindung steigerte sich noch durch die Berichte, die *Das Tagebuch* veröffentlichte, eine Wochenzeitschrift, die von Leopold Schwarzschild herausgegeben wurde, der nach Frankreich geflohen war (bevor er schließlich nach New York emigrierte). Freud und ich hatten beide diese Zeitschrift abonniert, die detaillierte und genaue Berichte über Deutschland brachte, darunter die erste authentische Beschreibung der Konzentrationslager (die damals noch keine Vernichtungslager waren). Schwarzschild wollte die Westmächte vor Deutschlands fieberhafter Aufrüstung, der Schaffung der Luftwaffe etc. warnen.

Das hatte Freud vor Augen, als er am 6. Juni 1935 an Thomas Mann schrieb, dessen Stimme noch gehört und beachtet wurde:

> Im Namen von Ungezählten Ihrer Zeitgenossen darf ich unserer Zuversicht Ausdruck geben, Sie würden nie etwas tun oder sagen – die Worte des Dichters sind ja Taten – was feig und

6 Das Wort »wenn« hatte Freud unterstrichen. Er wollte damit noch besser die subtile Ironie zum Ausdruck bringen: Ich kann ebensowenig hoffen, Sie in Haifa zu besuchen, wie den *Moses* zu vollenden.

niedrig ist. Sie werden auch in Zeiten und Lagen, die das Urteil verwirren, den rechten Weg gehen und ihn anderen weisen.

(B* 419)

Im Jahre 1935 beendete Arnold Zweig schließlich sein Buch *Erziehung vor Verdun*, das Freud begierig erwartete. Er erhielt es im September und schrieb an Zweig:

23. 9. 1935

Lieber Meister Arnold

Meister indeed! ... Es ist wie eine langersehnte Befreiung. Endlich die Wahrheit, die grimmige, endgültige Wahrheit, die man doch nicht entbehren kann. Man versteht das Deutschland von heute nicht, wenn man um »Verdun« (und wofür es steht) nichts weiß ... Aber in der Charakteristik der zahlreichen Personen erweist sich Ihre geradezu unwahrscheinliche Meisterschaft. Eine Person wie den Leutnant Kroysink hinstellen, wie macht man das? Mit welchen Mitteln zaubert man eine Schwester Klara in's Leben? Wie kommen Sie zu der immerhin liebenswürdigen Zeichnung des vogelgesichtigen Kronprinzen? Es wäre interessant, Ihnen einmal die »Tagesreste« abzufragen, die in diese Dichtung eingegangen. Aber Wien darf nicht deutsch werden, ehe Sie mich besuchen. Mit den herzlichsten Grüßen und dem Ausdruck bereitwilligster Bewunderung

Ihr alter Freud

Dieser Brief ist ein Beweis von Freuds unverminderter Begeisterung für literarisches Schaffen, für sein Verlangen nach Wahrheit und seine nie endende Neugier über die Ursprünge der künstlerischen Kreativität, die er auch mit den Mitteln der Analyse zu erforschen hoffte.[7]

Nach Erhalt von Zweigs bewegtem Dank für seinen Brief schrieb Freud ihm wieder am 14. Oktober:

Lieber Meister Arnold,

Es ist doch schön, daß man einem starken Mann mit einigen Worten eine so große Freude bereiten kann, und dabei handelt es sich gar nicht um ein freundliches Geschenk, sondern um den Versuch zur Abtragung einer Schuld. Außer mir, meine Tochter und meinem Sohn gibt es noch eine Person in meiner nächsten Nähe, die Ihr Werk genießt, und ich möchte sagen unter

7 Arnold Zweig hatte während seiner häufigen Besuche lange analytische Gespräche mit Freud.

ihm stöhnt. Es ist mein Leibarzt, Dr. Max Schur, ein sehr tüchtiger Doktor, so tief empört über die Vorgänge in Deutschland, daß er keine deutschen Medikamente verschreibt.[8] Ich muß ihm immer wieder von Ihnen erzählen . . .[9]

Freud kommentierte dann Englands Nachgeben gegenüber Mussolini in der Abessinienkrise. Er sah voraus, daß Hitler der sich freuende Dritte sein würde und daß Österreich – einschließlich der österreichischen Juden – dafür würde zahlen müssen. Der Brief schloß:

In wenigen Tagen ziehen wir wieder in die Stadtwohnung. Es war eine herrliche Herbstzeit, mein Befinden eher besser. Krieg oder Kriegsspannung kann alle unsere analytische Arbeit in Wien ersticken. [2]

Gegen Ende 1935 wurde Freud aufgefordert, einen Beitrag für eine Festschrift zu Romain Rollands 70. Geburtstag am 29. Januar 1936 zu schreiben. Ein Brief an Arnold Zweig gibt einen wichtigen Hinweis auf die Gründe für die Wahl seines Themas: »Eine Erinnerungsstörung auf der Akropolis«. Zweifellos war auch einfach Sehnsucht nach der Vergangenheit im Spiele: Wie jung war ich damals und wie wunderbar war es, nach Athen zu reisen! Was für fesselnde Schilderungen Griechenlands habe ich von Marie Bonaparte bekommen, etc. Aber sicher gab es noch andere Determinanten. Am 20. Januar 1936 schrieb Freud an Zweig:

Ich bin sehr geplagt worden, etwas Geschriebenes zum 70. Geburtstag Romain Rolland's beizutragen, und habe endlich nachgegeben. Ich brachte eine kleine Analyse eines »Entfremdungsgefühles« zustande, das mich 1904 auf der Akropolis von

8 Zusammen mit dem Leiter meiner Abteilung (Dr. Julius Bauer, jetzt in Los Angeles) hatte ich einen Boykott deutscher Medikamente organisiert. Wir hatten eine Liste von hauptsächlich schweizerischen, österreichischen und französischen Erzeugnissen aufgestellt, die den gewöhnlich verwendeten deutschen Medikamenten gleichwertig waren. Aus diesem Grund waren wir bei der Nazizelle in unserer Klinik *Personae non gratae*. Wir standen sicherlich auf einer schwarzen Liste und waren für ein Konzentrationslager bestimmt. Was uns wahrscheinlich gerettet hat, war der Umstand, daß Bauer der Arzt eines Verwandten von Göring war, und ich wurde möglicherweise auch durch die gleichen Leute gerettet, die dann Freud gehen ließen. Darüber später mehr.

9 Ich traf Arnold Zweig 1938 in London, wo er mich konsultierte. Im Sommer 1963 trat ich wieder mit ihm in briefliche Verbindung; unser Briefwechsel führte dann 1968 zu der Veröffentlichung der Korrespondenz zwischen Freud und ihm. Zweig erlaubte mir freundlicherweise, seine Briefe zu verwenden, wofür ich ihm großen Dank schulde. Er starb wenige Wochen nach ihrer Veröffentlichung.

Athen überfiel, etwas recht Intimes, was kaum mit R. R. zu tun hat (außer, daß er genau so alt ist wie mein Bruder, mit dem ich damals nach Athen gereist war). Aber kombinieren Sie die beiden Sprichwörter vom Schelm, der mehr gibt, und vom schönen Mädchen, das nicht mehr gibt, als sie haben, und Sie kennen meinen Fall.

Der Brief an Zweig liefert eine Verbindung zwischen dem Rolland-Aufsatz und Freuds zwanghafter Beschäftigung mit dem Datum seines Todes während seiner Athenreise im Jahre 1904, die er in einem Brief an Jung im Jahre 1909 geschildert hatte. An einem bestimmten Punkt beginnt der Brief an Zweig freien Assoziationen zu ähneln; Freud fing ein Wort an, strich es aus und fuhr mit der Bemerkung fort, diese Analyse sei »etwas recht Intimes« und habe wenig mit Romain Rolland zu tun, außer der Tatsache, daß dieser und Freuds Bruder Alexander gleichaltrig seien. Das bedeutete, daß beide jüngere Brüder waren, wie auch Jung (geboren 1875), Fließ (der mit 70 Jahren starb) und natürlich Freuds Bruder Julius. Außerdem näherte sich Freud seinem 80. Geburtstag, und seine Beunruhigung über diesen sehr bedenklichen Termin sollte sich bald zeigen.

Der letzte Satz des oben zitierten Briefes ist in irritierender Weise unklar. Der »Schelm« begeht offensichtlich irgendeine Art von Betrug. Das »schöne Mädchen« läßt einen im Zweifel. Gab sie wirklich alles, was sie hatte? Was wollte Freud damit sagen? Wollte er nur sagen, daß dieser Aufsatz alles war, was er im Augenblick produzieren konnte, oder waren das Spiel mit Worten und die wenigen Andeutungen in dem Brief ein bewußter oder unbewußter Hinweis darauf, daß er nicht alles, was er über den Vorgang auf der Akropolis wußte, enthüllt hatte und daher in dem Aufsatz scheinbar mehr verriet als er in Wirklichkeit tat?

In seinem nächsten Brief an Zweig vom 21. Februar 1936 schrieb Freud:

Sie bei mir in Wien-Grinzing[10] zu haben, wird ein hoher Genuß werden. – Wir werden alles Elend und alle Kritik vergessen und über Moses phantasieren. Es muß nicht gerade die Zeit um meinen Geburtstag sein, jede andere ist vielleicht besser. Wie ich mich den Strapazen entziehen werde, die man mir zumuten wird, weiß ich noch nicht, aber gewiß werde ich nicht

10 Die Vorstadt, in der Freuds Sommerwohnung lag.

mittun. Und welch ein Unsinn, die Mißhandlungen eines langen Lebens durch Feiern zu einem bedenklichen Termin gutmachen zu wollen! Nein, wir bleiben lieber Feinde.[11]

Offensichtlich rührten sich alte Geiter wieder, als das neue Jahr näher kam. Die Zahlen und ihre Magie kehrten zurück: 80 = 40 × 2, und 40 war Fließ' kritisches Alter. Was war der Grund dafür, daß die verdrängte, aber nicht ausgelöschte Vergangenheit wieder an die Oberfläche kam? In dem Mosesbuch, an dem er damals arbeitete, sagte Freud:

> Die Erinnerungsspur des früh Erlebten ist... erhalten geblieben, nur in einem besonderen psychologischen Zustand. Das Vergessene ist nicht ausgelöscht, sondern nur »verdrängt«, seine Erinnerungsspuren sind in aller Frische vorhanden, aber durch »Gegenbesetzungen« isoliert... Es kann... sein, daß gewisse Anteile des Verdrängten sich dem Prozeß entzogen haben, der Erinnerung zugänglich bleiben, gelegentlich im Bewußtsein auftauchen...
>
> Dies Verdrängte behält seinen Auftrieb, sein Streben, zum Bewußtsein vorzudringen. Es erreicht sein Ziel... wenn die am Verdrängten haftenden Triebanteile eine besondere Verstärkung erfahren... wenn im rezenten Erleben zu irgend einer Zeit Eindrücke, Erlebnisse auftreten, die dem Verdrängten so ähnlich sind, daß sie es zu erwecken vermögen. Dann verstärkt sich das Rezente durch die latente Energie des Verdrängten und das Verdrängte kommt hinter dem Rezenten mit seiner Hilfe zur Wirkung. In keinem dieser ... Fälle kommt das bisher Verdrängte glatt, unverändert zum Bewußtsein, sondern immer muß es sich Entstellungen gefallen lassen, die den Einfluß des nicht ganz überwundenen Widerstandes aus der Gegenbesetzung bezeugen oder den modifizierenden Einfluß des rezenten Erlebnisses oder beides. (1939, S. 201 ff.)

Wir werden bald sehen, wie nachdrücklich sich Freud gegen die Feiern wehrte, die zu seinem 80. Geburtstag weit im voraus geplant wurden, obwohl er doch realistischerweise nicht einmal sicher sein konnte, diesen Tag überhaupt zu erleben.

Im Jahre 1935 waren wieder häufigere operative Eingriffe notwendig gewesen, und Freud kannte den Inhalt der ärztlichen Gut-

11 Freud bezog sich hier auf die Glückwünschenden aus offiziellen und wissenschaftlichen Kreisen, die ihn in den ersten Jahrzehnten seiner Entdeckungen mit Verachtung und Verleumdungen begegnet waren.

achten. Außerdem näherte er sich allmählich dem Alter, in dem sein Vater und sein älterer Bruder Emanuel gestorben waren – 81½[12] –, das er seit langem als kritisches Datum betrachtete und auf das er wieder in einem Brief an Arnold Zweig vom 17. Juni 1936 Bezug nahm (siehe 24. Kapitel). War vielleicht eine besondere Verstärkung des Verdrängten erfolgt? Konnte die Niederschrift des Mosesbuches dazu beigetragen haben?

Nach der Vollendung von *Totem und Tabu*, das den Mord und die Verspeisung des Vaters durch die Urhorde behandelte, hatte Freud einen über das Übliche hinausgehenden starken Stimmungsabfall erlebt. In dem Akropolis-Aufsatz war Freuds abschließende Deutung mit dem Schuldgefühl darüber verknüpft, es so weit gebracht und den Vater übertroffen zu haben. Es wurde sogar ein Vergleich mit Napoleons Krönung angestellt. Ich habe dieser Deutung den Begriff des »Schuldgefühls des Überlebenden« zugefügt, wie es sich gegenüber Fließ und Freuds Bruder Julius äußerte, d. h. den Ödipuskomplex durch den Kainkomplex ergänzt.

Nun kamen die Essays über *Moses*, die nicht die Ermordung eines anonymen, urtümlichen Vaters einer Urhorde behandelten, sondern den Mord an Moses, den Freud »Den Großen Mann« nannte, den Mord an dem Manne, der »die Juden geschaffen«, der Unsterblichkeit ganz abgesagt und »magische Mißbräuche« abgeschafft hatte, der für den Primat des Verstandes stand, für die Herrschaft des Ich über die rohen Triebe, wie Freud es formulierte: ». . . einen Triumph der Geistigkeit über die Sinnlichkeit, streng genommen einen Triebverzicht mit seinen psychologisch notwendigen Folgen (1939, S. 220).«

War vielleicht auch Freuds altes Schuldgefühl durch die Legende

12 Freud sprach wiederholt davon, daß sein Vater mit 81 1/2 Jahren gestorben sei. Das stimmte, wenn dieser, wie er behauptete, am 1. April 1815 zur Welt gekommen wäre. Der Familienkalender gibt jedoch als Geburtstag den 18. Dezember 1815 an, ein Datum, das auch Jones angibt (Bd. 1, S. 18).

In einem unveröffentlichten Brief an Fließ vom 1. August 1898 schrieb Freud, sein Vater habe immer behauptet, er sei am 1. April 1815 geboren, am gleichen Tag wie Bismarck. Freud glaubte, dieses Datum habe sich durch den Übergang zum Gregorianischen Kalender ergeben. Aber zwischen dem 1. April und dem 18. Dezember besteht eine große Diskrepanz (der Gregorianische Kalender und der Mondkalender treffen alle 19 Jahre zusammen und die Unterschiede sind nie größer als einige wenige Wochen). Wie es sich auch verhalten haben mag, das Datum des 1. April wurde offensichtlich willkürlich gewählt. Das hinderte Freud jedoch nicht daran, 81 1/2 als sein nächstes kritisches Alter zu betrachten.

vom Streit Josephs mit seinen Brüdern verstärkt worden, den er in *Der Mann Moses und die monotheistische Religion* erwähnte?

> Man könnte meinen, sie [d. h. andere Nationen, wie etwa die Griechen] reagierten, als ob auch sie an den Vorzug glaubten, den das Volk Israel für sich in Anspruch nahm. Wenn man der erklärte Liebling des Vaters ist [und in Freuds Fall, auch der der Mutter], braucht man sich über die Eifersucht der Geschwister nicht zu verwundern, und wozu diese Eifersucht führen kann, zeigt sehr schön die jüdische Sage von Josef und seinen Brüdern. (1939, S. 213)

Nach Freuds Meinung lag den Schicksalen der Mosesüberlieferung das Problem des Schuldgefühls über die Erbsünde zugrunde, die unnennbare, vergessene, verdrängte Tatsache des Vatermords. Die Annahme des Gedankens dieser Erbsünde stieß auf größeren Widerstand als das Faktum, das den Gegenstand des Monotheismus bildete, nämlich das Faktum der Existenz des Urvaters.

Der Begriff der Erbsünde stammt vom Apostel Paulus. Freud sagt darüber: »Mit der Erbsünde war der Tod in die Welt gekommen. In Wirklichkeit war dies todeswürdige Verbrechen der Mord an dem später vergötterten Urvater gewesen (1939, S. 192).«

Paulus konnte, laut Freud, die tatsächliche Tötung Gottvaters mit der wahnhaften Behauptung leugnen, wir seien von aller Schuld befreit, da einer von uns sein Leben geopfert hat, um uns zu erlösen. Während das christliche Dogma die Erbsünde der angeborenen Sündhaftigkeit der Menschen zuschreibt, die die Sünde des Fleisches einschließt, stellte Freud fest, daß ein Verbrechen, das durch das Opfer am Kreuz gesühnt werden mußte, nur Mord gewesen sein konnte.

Das Schuldgefühl über den vermuteten Mord an Moses, das zu einer Schwächung seiner Lehren in den nächsten Generationen führte, schwelte nach Freuds Meinung unter den Juden wie ein dumpfes Unbehagen weiter.

> Da erhoben sich aus der Mitte des Volkes in einer nicht mehr abreißenden Reihe Männer, nicht durch ihre Herkunft mit Moses verbunden, aber von der großen und mächtigen Tradition erfaßt, die allmählich im Dunkeln angewachsen war, und diese Männer, die Propheten, waren es, die unermüdlich die alte mosaische Lehre verkündeten ... die Lehren, mit denen sie den alten Glauben wiederherstellten, wurden zum bleibenden Inhalt der jüdischen Religion. Es ist Ehre genug für das jüdische Volk,

daß es eine solche Tradition erhalten und Männer hervorbringen konnte, die ihr eine Stimme liehen, auch wenn die Anregungen dazu von außen, von einem großen fremden Mann, gekommen waren. (1939, S. 152-153)

Und es ist der Beweis einer besonderen psychischen Eignung in dem ... jüdischen Volk, wenn es so viele Personen hervorbringen konnte, die bereit waren, die Beschwerden der Moses-Religion auf sich zu nehmen, für den Lohn des Auserwähltseins. (1939, S. 219)

Das arme jüdische Volk, das mit gewohnter Hartnäckigkeit den Mord am Vater [Moses] zu verleugnen, fortfuhr, hat im Laufe der Zeiten schwer dafür gebüßt. Es wurde ihm immer wieder vorgehalten: Ihr habt unseren Gott getötet. Und dieser Vorwurf hat recht, wenn man ihn richtig übersetzt. Er lautet dann auf die Geschichte der Religionen bezogen: Ihr wollt nicht zugeben, daß ihr Gott (das Urbild Gottes, den Urvater, und seine späteren Reinkarnationen) gemordet habt. Ein Zusatz sollte aussagen: Wir haben freilich dasselbe getan, aber wir haben es zugestanden und wir sind seither entsühnt. (1939, S. 196)

Im Rahmen der Moses-Religion war für den direkten Ausdruck des mörderischen Vaterhasses kein Raum; nur eine mächtige Reaktion auf ihn konnte zum Vorschein kommen, das Schuldbewußtsein wegen dieser Feindseligkeit, das schlechte Gewissen, man habe sich gegen Gott versündigt und höre nicht auf zu sündigen. Dieses Schuldbewußtsein ... hatte noch eine andere ... Motivierung. Es ging dem Volke schlecht, die auf Gottes Gunst gesetzten Hoffnungen wollten sich nicht erfüllen, es war nicht leicht, an der ... Illusion festzuhalten, daß man Gottes auserwähltes Volk sei ... So bot das Schuldgefühl ob der eigenen Sündhaftigkeit eine willkommene Entschuldigung Gottes. Man verdiente nichts Besseres, als von ihm bestraft zu werden, weil man seine Gebote nicht hielt, und im Bedürfnis, dieses Schuldgefühl zu befriedigen, mußte man diese Gebote immer strenger ... und kleinlicher werden lassen ... legte man sich immer neue Triebverzichte auf und erreichte dabei wenigstens in Lehre und Vorschrift ethische Höhen, die den anderen alten Völkern unzugänglich geblieben waren. In dieser Höherentwicklung erblicken viele Juden den zweiten Hauptcharakter und die zweite große Leistung ihrer Religion. Aus unseren Erörterungen soll hervorgehen, wie sie mit der ersteren, der Idee des einzigen Gottes, zusammenhängt. Diese Ethik kann aber ihren Ursprung aus dem Schuldbewußtsein wegen der unterdrückten Gottesfeindschaft nicht verleugnen. Sie hat den... Charakter zwangsneurotischer Reaktionsbildungen; man errät auch, daß sie den geheimen Absichten der Bestrafung dient.

(1939, S. 243 ff.)

Beachtenswert ist, in welcher Weise die neue Religion sich mit der alten Ambivalenz im Vaterverhältnis auseinandersetzte. Ihr Hauptinhalt war ... die Versöhnung mit Gottvater, die Sühne des an ihm begangenen Verbrechens, aber ... der Sohn, der die Sühne auf sich genommen, [wurde] selbst Gott ... neben dem Vater und eigentlich an Stelle des Vaters. Aus einer Vaterreligion hervorgegangen, wurde das Christentum eine Sohnesreligion. Dem Verhängnis, den Vater beseitigen zu müssen, ist es nicht entgangen.

Nur ein Teil des jüdischen Volkes nahm die neue Lehre an. Jene, die sich dessen weigerten heißen noch heute Juden. Sie sind durch diese Scheidung noch schärfer von den anderen abgesondert als vorher. Sie mußten von der neuen Religionsgemeinschaft ... den Vorwurf hören, daß sie Gott gemordet haben. Unverkürzt würde dieser Vorwurf lauten:

Sie wollen es nicht wahr haben, daß sie Gott gemordet haben, während wir es zugeben und von dieser Schuld gereinigt worden sind. Man sieht dann leicht ein, wieviel Wahrheit hinter diesem Vorwurf steckt ... Sie haben damit gewissermaßen eine tragische Schuld auf sich geladen; man hat sie dafür schwer büßen lassen. (1939, S. 245 ff.)

So ist *Der Mann Moses* erfüllt von dem alten Motiv: »Alle Schuld rächt sich auf Erden« (siehe 6. Kapitel).

Aber die Juden hatten auch eine Entschädigung, weil

Moses den Juden das Hochgefühl vermittelt hatte, ein auserwähltes Volk zu sein; durch die Entmaterialisierung Gottes kam ... ein wertvolles Stück zu dem geheimen Schatz des Volkes hinzu. Die Juden behielten die Richtung auf geistige Interessen bei, das politische Unglück der Nation lehrte sie, den einzigen Besitz, der ihnen geblieben war, ihr Schrifttum, seinem Werte nach einzuschätzen. Unmittelbar nach der Zerstörung des Tempels in Jerusalem durch Titus erbat sich Rabbi *Jochanan ben Sakkai* die Erlaubnis, die erste Thoraschule in

Jahne zu eröffnen. Fortan war es die Heilige Schrift und die geistige Bemühung um sie, die das versprengte Volk zusammenhielt ...

Der Vorrang, der durch etwa 2000 Jahre im Leben des jüdischen Volkes geistigen Bestrebungen eingeräumt war, hat natürlich seine Wirkung getan; er half, die Roheit und die Neigung zur Gewalttat einzudämmen, die sich einzustellen pflegen, wo die Entwicklung der Muskelkraft Volksideal ist. Die Harmonie in der Ausbildung geistiger und körperlicher Tätigkeit, wie das griechische Volk sie erreichte, blieb den Juden versagt. Im Zwiespalt trafen sie wenigstens die Entscheidung für das Höherwertige. (1939, S. 222 ff.)

Die Annahme erscheint gerechtfertigt, daß die zeitweilige Wiederkehr des Verdrängten, die zum Wiederaufleben eines alten Konfliktes führte und Freud dazu brachte, seinen Aufsatz »Eine Erinnerungsstörung auf der Akropolis« zu schreiben, auch sein Bewußtsein eines herannahenden kritischen Datums und sogar eine gewisse Angst davor reaktivierte. All das hing in gewissem Umfang mit dem *Moses* zusammen. Und umgekehrt war die ganze Konzeption dieses Buches, noch über seinen wissenschaftlichen Aspekt hinaus, ein wesentlicher Teil von Freuds nie endender Suche nach Antworten auf die Grundfragen von Leben und Tod.

Moses war für Freud sein ganzes Leben hindurch eine der Gestalten, mit denen er sich in starkem Maße identifizierte. Bei jeder Romreise verbrachte er ganze Stunden in gebannter Betrachtung von Michelangelos Mosesstatue in der Kirche San Pietro in Vincoli, wie er in seinem Aufsatz »Der Moses des Michelangelo« (1914 b) geschildert hat, der zuerst anonym in *Imago* erschienen ist:

Wie oft bin ich die steile Treppe vom unschönen Corso Cavour hinaufgestiegen zu dem einsamen Platz, auf dem die verlassene Kirche steht, habe immer versucht, dem verächtlich zürnenden Blick des Heros standzuhalten, und manchmal habe ich mich dann behutsam aus dem Halbdunkel des Innenraumes geschlichen, als gehörte ich selbst zu dem Gesindel, auf das sein Auge gerichtet ist, das keine Überzeugung festhalten kann, das nicht warten und nicht vertrauen will und jubelt, wenn es die Illusion des Götzenbildes wieder bekommen hat. (1914 b, S. 175)

In seiner Studie über dieses Kunstwerk, über das er später

schrieb[13], »Ich habe zu dieser Arbeit eine Beziehung wie etwa zu einem Kind der Liebe« (Jones, Bd. 2, S. 432), versuchte Freud, die biblische Gestalt des Moses neu zu deuten und kam zu folgendem Schluß:

> Aber Michelangelo hat an das Grabmal des Papstes einen anderen Moses hingesetzt, welcher dem historischen oder traditionellen Moses überlegen ist. Er hat das Motiv der zerbrochenen Gesetzestafeln umgearbeitet, er läßt sie nicht durch den Zorn Moses' zerbrechen, sondern diesen Zorn durch die Drohung, daß sie zerbrechen könnten, beschwichtigen oder wenigstens auf dem Wege zur Handlung hemmen. Damit hat er etwas Neues, Übermenschliches in die Figur des Moses gelegt, und die gewaltige Körpermasse und kraftstrotzende Muskulatur der Gestalt wird nun zum leiblichen Ausdrucksmittel für die höchste psychische Leistung, die einem Menschen möglich ist, für das Niederringen der eigenen Leidenschaften zugunsten und im Auftrag einer Bestimmung, der man sich geweiht hat.
>
> (1914 b, S. 198)

Wir wissen, daß Freud im Alter von sieben Jahren das Alte Testament zu lesen begann. Wir wissen aus der Fließ-Korrespondenz, daß während des ganzen ersten Jahrzehnts ihrer Freundschaft, vor allem während der Zeit von Freuds Herzbeschwerden, die Frage: Werde ich lange genug leben, um das Gelobte Land zu sehen?, in den Gedanken Freuds eine zentrale Rolle spielte. Das Wesen dieses Gelobten Landes (wie von vielen Dingen, die uns von ferne winken) war schwer faßbar; es wechselte den Namen, wenn man ihm näher kam, war einmal die Lösung zum Rätsel des Traumes, einmal der Schlüssel zu den Ursachen der Neurose, und so fort.

Später war Freud wie der Prophet in der Wüste, der für künftige Generationen spricht. Im *Moses* finden wir viele leicht erkennbare Parallelen zu Freuds Leben und Werk. Um nur einige Stellen anzuführen:

> Wir bekennen uns ... zu dem Glauben, daß die Idee eines einzigen Gottes sowie die Verwerfung des magisch wirkenden Zeremoniells und die Betonung der ethischen Forderung in

13 In einem Brief an Edoardo Weiss, geschrieben am 12. April 1933 aus Anlaß der Veröffentlichung des Aufsatzes in einer italienischen Übersetzung. Siehe jetzt auch: *Sigmund Freud – Edoardo Weiss, Briefe zur psychoanalytischen Praxis*, Frankfurt 1973.

seinem Namen tatsächlich mosaische Lehren waren, die zunächst kein Gehör fanden, aber nach dem Ablauf einer langen Zwischenzeit ... sich endlich für die Dauer durchsetzten. Wie soll man sich eine solche verspätete Wirkung erklären und wo begegnet man ähnlichen Phänomenen?

Der nächste Einfall sagt, sie seien nicht selten ... zu finden und kommen wahrscheinlich auf mannigfache Weise zustande, mehr oder weniger leicht verständlich. Greifen wir z. B. das Schicksal einer neuen wissenschaftlichen Theorie wie der *Darwinschen* Evolutionslehre heraus. Sie findet zunächst erbitterte Ablehnung, wird durch Jahrzehnte heftig umstritten, aber es braucht nicht länger als eine Generation, bis sie als großer Fortschritt zur Wahrheit anerkannt wird. *Darwin* selbst erreicht noch die Ehre eines Grabes oder Kenotaphs in *Westminster* ... Die neue Wahrheit hat affektive Widerstände wachgerufen ... der Kampf der Meinungen nimmt eine gewisse Zeit in Anspruch, von Anfang an gibt es Anhänger und Gegner, die Anzahl wie die Gewichtigkeit der ersteren nimmt immer zu, bis sie am Ende die Oberhand haben; während der ganzen Zeit des Kampfes ist niemals vergessen worden, um was es sich handelt. Wir verwundern uns kaum, daß der ganze Ablauf eine längere Zeit gebraucht hat. (1939, S. 170)

Mehr als zwanzig Jahre vorher hatte Freud die Parallele zwischen der von Darwin eingeleiteten biologischen Revolution und der von ihm selbst eingeleiteten psychologischen Revolution gezogen. Eine weitere Parallele läßt sich in den früher zitierten Stellen finden, in denen Freud darauf hinwies, der Triumph der Geistigkeit über die Sinnlichkeit, der Vorrang geistiger Leistungen und die Überwindung von Brutalität und Gewalt seien durch die Lehren des Großen Mannes bewirkt worden, dessen Größe durch geistige Qualitäten, durch psychische und intellektuelle Gaben bestimmt wurde.

Wenn Freud sich mit Auflehnung bei seinen Schülern konfrontiert sah, insbesondere von seiten Ranks, der so auf Freuds Krankheit reagierte, wies Freud in Gesprächen und Briefen häufig auf die Parallele hin, die zwischen den Söhnen der Urhorde und einigen seiner eigenen Anhänger bestand, die auf den Tod des Urvaters warteten.

Das Gelobte Land, das Freud jetzt erblicken wollte, war der fertige *Moses,* und diesmal stand ihm nicht nur ein Wettlauf mit der Zeit (Alter und Krebs) bevor, sondern auch der Kampf gegen unkontrollierbare äußere Kräfte und innere Widerstände. Das meiste davon finden wir in Freuds Briefen besprochen: und jetzt war es, wie wir sahen, in der Hauptsache Arnold Zweig, dem Freud seine Pläne, Hoffnungen, Phantasien, Zweifel und Enttäuschungen anvertraute. Ich habe bereits Freuds Brief an Zweig vom 8. Mai 1932 herausgegriffen, in dem sein brennender Durst nach mehr Wissen sichtbar wird, in diesem Fall über Palästina, das »Religionen, heiligen Wohnsitz« geschaffen hatte, »Versuche, die äußere Scheinwelt durch die innere Wunschwelt zu bewältigen« – und in dem er auch seine eigenen undefinierbaren Bindungen an diesen Teil der Vergangenheit seiner Vorfahren hervorgehoben hatte. Dies dürfte einer der ersten Hinweise auf eine intensive Beschäftigung mit dem Mosesthema sein.

In diesem Brief von 1932 hatte Freud betont, daß er – im Gegensatz zu Zweig – sich nie als Deutscher, sondern als Jude betrachtet hatte, obwohl er nie religiös war. Er war auch ein entschiedener Gegner aller nationalistischen und chauvinistischen Tendenzen. Zweig war hin- und hergerissen zwischen dem Wunsch, in Deutschland zu bleiben, und dem Wunsch, der offenkundigen Gefahr zu entgehen. Als Schriftsteller war er durch die Sprache, in der er schrieb, noch stärker an sein Vaterland gebunden. Zweig war von Zeit zu Zeit in Analyse gewesen, und Freud, der ihm wiederholt geraten hatte, Deutschland zu verlassen, hatte darauf hingewiesen (in einem Brief vom 18. August 1933), daß einige von Zweigs Konflikten in seiner ambivalenten Einstellung zu seinem Judentum Ausdruck fanden. Das führte zu einer Bemerkung, die den ersten Hinweis auf die Richtung gab, in der Freuds Denken sich jetzt bewegte. Er fuhr fort: »Man wehrt sich in jeder Form gegen die Kastration, hier mag sich noch ein Stückchen Opposition gegen das eigene Judentum schlau verbergen. Unser großer Meister Moses war doch ein starker Antisemit und macht kein Geheimnis daraus. *Vielleicht war er wirklich ein Ägypter.*« [3]

Als Freud vom Antisemitismus des Moses sprach, dachte er offensichtlich an den Zorn, den Moses gegen die Juden entfesselte, die sich der Anbetung des Goldenen Kalbes zugewandt hatten, während Moses auf dem Berg Sinai die Zehn Gebote empfing. Wie wir in der oben zitierten Passage sahen, war es diese Szene, die den Kern von Freuds Essay über den Moses des Michelangelo bildete. Der Große Mann, der seiner Zeit weit voraus ist, wurde zu einem der Hauptthemen von Freuds Buch und seinem eigenen Leben.

Es liegt auf der Hand, daß die Machtübernahme durch die Nazis in Deutschland und die Drohung einer ähnlichen Situation in Österreich zu Freuds Interesse für die Moseslegende mit beitrug; im Gegensatz zu Jones glaube ich jedoch, daß das nur einer der bestimmenden Faktoren war. Das Mosesbuch war eine logische Fortsetzung von *Totem und Tabu, Die Zukunft einer Illusion* und *Das Unbehagen in der Kultur*, und zugleich ein Teil von Freuds *endgültiger* Konfrontation mit der Erbsünde, sein letzter Schritt zur vollkommenen Gelassenheit und der Hinnahme des Friedens im Faustschen Sinne.

Der Aufsatz »Eine Erinnerungsstörung auf der Akropolis« war eine weitere Episode in diesem langen Ringen.

Aus einem Brief an Arnold Zweig vom 30. September 1934 erfahren wir, daß Freud damals den ersten Entwurf seines Buches beendete und erwog, ihm den Titel zu geben[14]: *»Der Mann Moses: Ein historischer Roman* (mit mehr Recht als Ihr Nietzsche-Roman)«. Er äußerte Zweifel an der Stichhaltigkeit einer historischen Folgerungen und gab der Befürchtung Ausdruck, die Veröffentlichung des letzten und wesentlichsten Teils des Buches könne die Lage der Psychoanalyse in Österreich gefährden. Diese Befürchtung äußerte er erneut in einer einleitenden Bemerkung zu Teil III des *Moses*, zu einem Zeitpunkt, als er nicht sicher wußte, ob es möglich sein würde, diesen Teil zu veröffentlichen (die ersten beiden Teile waren schon 1937 erschienen). Freud hatte den zweiten Essay mit der folgenden Feststellung abgeschlossen:

> Worin die eigentliche Natur einer Tradition besteht und worauf ihre besondere Macht beruht, wie unmöglich es ist, den persönlichen Einfluß einzelner großer Männer auf die Weltgeschichte zu leugnen, welchen Frevel an der großartigen Mannigfaltigkeit des Menschenlebens man begeht, wenn man nur Motive aus materiellen Bedürfnissen anerkennen will, aus welchen Quellen manche, besonders die religiösen, Ideen die Kraft schöpfen, mit der sie Menschen wie Völker unterjochen – all dies am Spezialfall der jüdischen Geschichte zu studieren, wäre eine verlockende Aufgabe. Eine solche Fortsetzung meiner Ar-

14 Siehe meine Einleitung.

beit würde den Anschluß finden an Ausführungen, die ich vor 25 Jahren in »Totem und Tabu« niedergelegt habe. Aber ich traue mir nicht mehr die Kraft zu, dies zu leisten.

(1939, S. 154-155)

In der Einleitung zu Teil III heißt es:

Mit der Verwegenheit dessen, der nichts oder wenig zu verlieren hat, gehe ich daran, einen gut begründeten Vorsatz zum zweiten Mal zu brechen und den beiden Abhandlungen über Moses in »Imago« (Bd. XXIII, Heft 1 und 3) das zurückgehaltene Endstück nachzuschicken. Ich schloß mit der Versicherung, ich wisse, daß meine Kräfte dazu nicht ausreichen würden, meinte natürlich die Abschwächung der schöpferischen Fähigkeiten, die mit dem hohen Alter einhergeht ...

(Fußnote: Ich teile nicht die Ansicht meines Altersgenossen, Bernard *Shaw*, daß die Menschen erst dann etwas Rechtes leisten würden, wenn sie 300 Jahre alt werden könnten. Mit der Verlängerung der Lebensdauer wäre nichts erreicht, es müßte denn vieles andere an den Lebensbedingungen vom Grunde aus geändert werden.) ...

Wir leben hier in einem katholischen Land unter dem Schutz dieser Kirche, unsicher, wie lange er vorhalten wird. Solange er aber besteht, haben wir natürlich Bedenken, etwas zu tun, was die Feindschaft der Kirche erwecken muß. Es ist nicht Feigheit, sondern Vorsicht; der neue Feind, dem zu Dienst zu sein wir uns hüten wollen, ist gefährlicher als der alte, mit dem uns zu vertragen wir bereits gelernt haben. Die psychoanalytische Forschung, die wir pflegen, ist ohnedies der Gegenstand mißtrauischer Aufmerksamkeit von seiten des Katholizismus. Wir werden nicht behaupten, es sei so mit Unrecht. Wenn unsere Arbeit uns zu einem Ergebnis führt, das die Religion auf eine Menschheitsneurose reduziert und ihre großartige Macht in der gleichen Weise aufklärt wie den neurotischen Zwang bei den einzelnen unserer Patienten, so sind wir sicher, den stärksten Unwillen der bei uns herrschenden Mächte auf uns zu ziehen. Nicht, daß wir etwas zu sagen hätten, was neu wäre, was wir nicht schon vor einem Vierteljahrhundert deutlich genug gesagt haben, aber das ist seither vergessen worden, und es kann nicht wirkungslos bleiben, wenn wir es heute wiederholen und an einem für alle Religionsstiftungen maßgebenden Beispiel erläutern. Es würde wahrscheinlich dazu führen, daß uns die Betätigung in der Psychoanalyse verboten wird. Jene gewalttätigen Methoden der Unterdrückung sind der Kirche ja keineswegs fremd, sie empfindet es vielmehr als Einbruch in ihre Vorrechte, wenn auch andere sich ihrer bedienen. Die Psychoanalyse aber, die im Laufe meines langen Lebens überallhin gekommen ist, hat noch immer kein Heim, das wertvoller für sie wäre als eben die Stadt, wo sie geboren und herangewachsen ist.

Ich glaube es nicht nur, ich weiß es, daß ich mich durch dies andere Hindernis, durch die äußere Gefahr, abhalten lassen werde, den letzten Teil meiner Studie über Moses zu veröffentlichen.

In dem Brief an Zweig sprach sich Freud deutlicher aus. Seine Befürchtungen konzentrierten sich auf die Person eines gewissen Pater Schmidt, der großen Einfluß auf den hohen Klerus Österreichs und anscheinend auch auf den Papst hatte. Schmidt interessierte sich für Anthropologie und war ein scharfer Gegner Freudscher Gedanken in Werken wie *Totem und Tabu.*

Es wäre müßig, Spekulationen darüber anzustellen, ob Freuds Befürchtungen begründet waren. Man gewinnt jedoch den Eindruck, daß sie vielleicht eine äußere Bekräftigung von Freuds inneren Zweifeln darstellten (siehe Brief an Arnold Zweig vom 16. Dezember 1934).

In seinem Brief an Zweig vom 13. Februar 1935 hatte Freud einfach gesagt:

Meinem eigenen Moses ist nicht zu helfen. Wenn Sie einmal wieder nach Wien kommen, dürfen Sie gern dies zur Ruhe gelegte Manuskript lesen, um mein Urteil zu bestätigen.

Aber am 2. Mai 1935 hatte Freud an Zweig geschrieben:

Der »Moses« gibt meine Phantasie nicht frei. Ich stelle mir vor, wenn Sie nach Wien kommen, werde ich ihn Ihnen selbst vorlesen, trotz der Unreinheit meiner Sprache.

Zweig, Eitingon und andere lieferten Freud fortlaufend Informationsmaterial für sein Buch. Gegen Ende 1935 berichtete ihm Zweig, eine verläßliche Quelle habe anscheinend von einem gewissen Professor Smith vom Rockefellermuseum in Luxor die Mitteilung erhalten, daß bei einer kürzlichen Ausgrabung eine Tontafel mit den Namen der Schüler des Tempels von Re-Aton in Heliopolis gefunden worden sei, darunter auch die Namen von Moses und Aaron. Freud bewies sein kritisches Urteil und sein Wissen in dem Brief an Arnold Zweig vom 20. Januar 1936, in dem er über seinen Aufsatz zur Festschrift für Romain Rolland berichtete:

Lieber Meister Arnold

Eben Ihre Auskunft erhalten, freue mich, daß Sie der Sache so viel Interesse schenken. Es ist also so, daß die Behauptungen Ihres »Dichters« nicht völlig aus der Luft gegriffen sind, sondern an einigen Stellen die feste Erde berühren. Es gibt Luxor, es gibt Rockefeller-Subventionen und sogar einen Prof. Smith. Aber ein Punkt, der mir erst später eingefallen ist und alle Erwartungen entwertet hat, ist folgender. Wenn ein solches Verzeichnis der Schüler des Sonnen-Tempels von On (?) in Amarna gefunden wurde, so kann es unmöglich auf einem Tontäfelchen in Keilschrift stehen. Es müßte ein Papyrus mit Hieroglyphen sein. Der Keilschrift bediente man sich nur zur Korrespondenz mit dem Ausland. Also wenig Hoffnung, meinen Moses durch diesen Anruf aus dem Schlaf zu wecken, der seine Bestimmung ist.

Hier sehen wir, wie Freud seiner Enttäuschung, in die sich die Genugtuung des gründlichen Forschers mischte, den man nicht hinters Licht führen kann, mit freundlicher, sanfter Ironie Ausdruck verleiht.

Diese Briefe geben die Stimmungsschwankungen wieder, denen Freud während jener Jahre unterlag, als das Mosesbuch zu einem untrennbaren Teil seines Lebens und seiner Kämpfe geworden war, sich mit all seinen Interessen, mit seiner Gesundheit und mit seinen menschlichen Beziehungen verband.

Noch ein weiterer Aspekt des Mosesbuches muß hier erörtert werden: Nie hatte Freud mit größerer Überzeugung und stärkerem Nachdruck auf der Vererbung erworbener Eigenschaften in Gestalt der »ererbten Tradition« bestanden, auf dem »Fortbestand solcher Erinnerungsspuren in der archaischen Erbschaft«, auf der Behauptung, »die Menschen haben immer gewußt, daß sie einmal einen Urvater besessen und erschlagen haben« (1939, S. 208).

Freud wußte sehr wohl, daß er sich durch die gegenwärtige Einstellung der Biologie, die von der Vererbung erworbener Eigenschaften nichts hören will, in einer schwierigen Position befand. Freuds Argumentationsweise war ungewöhnlich. Er sagte:

Wenn wir den Fortbestand solcher Erinnerungsspuren in der archaischen Erbschaft annehmen, haben wir die Kluft zwischen Individual- und Massenpsychologie überbrückt, können die Völker behandeln wie den einzelnen Neurotiker. Zugegeben, daß wir für die Erinnerungsspuren in der archaischen Erbschaft derzeit keinen stärkeren Beweis haben als jene Resterscheinungen der analytischen Arbeit, die eine Ableitung aus der Phylogenese erfordern, so erscheint uns dieser Beweis doch stark genug, um einen solchen Sachverhalt zu postulieren. Wenn es anders ist, kommen wir weder in der Analyse noch in der Massenpsychologie auf dem eingeschlagenen Weg einen Schritt weiter. Es ist eine unvermeidliche Kühnheit.

Wir tun damit auch noch etwas anderes. Wir verringern die Kluft, die frühere Zeiten menschlicher Überhebung allzuweit zwischen Mensch und Tier aufgerissen haben. Wenn die sogenannten Instinkte der Tiere, die ihnen gestatten, sich von Anfang an in der neuen Lebenssituation so zu benehmen, als wäre sie eine alte, längst vertraute, wenn dies Instinktleben der Tiere überhaupt eine Erklärung zuläßt, so kann es nur die sein, daß sie die Erfahrungen ihrer Art in die neue eigene Existenz mitbringen, also Erinnerungen an das von ihren Voreltern Erlebte in sich bewahrt haben. Beim Menschentier wäre es im Grunde auch nicht anders. Den Instinkten der Tiere entspricht seine eigene archaische Erbschaft, sei es auch von anderem Umfang und Inhalt. (1939, S. 207 ff.)

Mit anderen Worten: er behauptete, seine Hypothese sei stichhaltig, weil sie eine Brücke zwischen der Individualpsychologie und der Gruppenpsychologie herstelle und eine Erklärung für die Entstehung des Monotheismus liefere.

Warum beachtete Freud seine eigene Argumentation nicht, als er sagte:

Die nächste und sicherste Antwort lautet, sie besteht in bestimmten Dispositionen, wie sie allen Lebewesen eigen sind. Also in der Fähigkeit und Neigung, bestimmte Entwicklungsrichtungen einzuschlagen und auf gewisse Erregungen, Eindrücke und Reize in einer besonderen Weise zu reagieren. Da die Erfahrung zeigt, daß sich bei den Einzelwesen der Menschenart in dieser Hinsicht Differenzen ergeben, so schließt die archaische Erbschaft diese Differenzen ein, sie stellen dar, was man als das *konstitutionelle* Moment im Einzelnen anerkennt. Da nun alle Menschen wenigstens in ihrer Frühzeit ungefähr das Nämliche erleben, reagieren sie darauf auch in gleichartiger Weise, und es konnte der Zweifel entstehen, ob

> man nicht diese Reaktionen mitsamt ihren individuellen Differenzen der archaischen Erbschaft zurechnen soll. Der Zweifel ist abzuweisen; durch die Tatsache dieser Gleichartigkeit wird unsere Kenntnis von der archaischen Erbschaft nicht bereichert. (1939, S. 205)

In seiner eigenen klinischen Erfahrung hatte Freud immer wieder gesehen, daß so gut wie ausnahmslos alle Menschen im Laufe ihrer Entwicklung jener Situation begegnen, die typische ödipale Konflikte erzeugt. Außerdem wußte Freud, nachdem er einmal die Bedeutung der Aggression und die unvermeidbaren Ambivalenzkonflikte entdeckt hatte, daß jedes Kind gelegentlich Mordimpulse nicht nur dem Vater, sondern auch der Mutter und Geschwistern gegenüber hat; daß Schuldgefühle nicht nur aus Taten, sondern auch aus Gedanken erwachsen, da auf der Ebene der psychischen Realität ein Gedanke einer Tat gleich sein kann. Freud selber erhob – und verwarf – zwei mögliche Einwendungen gegen diese Behauptungen:

> Erstens, unter welchen Bedingungen tritt eine solche Erinnerung in die archaische Erbschaft ein; zweitens, unter welchen Umständen kann sie aktiv werden, d. h. aus ihrem unbewußten Zustand im Es zum Bewußtsein, wenn auch verändert und entstellt, vordringen? Die Antwort auf die erste Frage ist leicht zu formulieren: Wenn das Ereignis wichtig genug war oder sich oft genug wiederholt hat oder beides. Für den Fall der Vatertötung sind beide Bedingungen erfüllt. Zur zweiten Frage ist zu bemerken: Es mögen eine ganze Anzahl von Einflüssen in Betracht kommen, die nicht alle bekannt zu sein brauchen, auch ist ein spontaner Ablauf denkbar in Analogie zum Vorgang bei manchen Neurosen. Sicherlich ist aber von entscheidender Bedeutung die Erweckung der vergessenen Erinnerungsspur durch eine rezente reale Wiederholung des Ereignisses. Eine solche Wiederholung war der Mord an Moses; später der vermeintliche Justizmord an Christus, so daß diese Begebenheiten in den Vordergrund der Verursachung rücken. Es ist, als ob die Genese des Monotheismus diese Vorfälle nicht hätte entbehren können. (1939, S. 208 f.)

Wieder könnten wir fragen, warum Freud diese zusätzliche Erklärung des archaischen Erbes brauchte? Mord, einschließlich Vatermord, war sicherlich in den meisten Kulturen zur Zeit des Moses verbreitet und wurde bereits als sündhaft angesehen. Die

Kreuzigung Christi wurde sofort in die mündliche und schriftliche Überlieferung aufgenommen. Es ist richtig, daß die Ermordung des Moses, wenn sie sich ereignet haben sollte, möglicherweise verdrängt wurde, aber Freud selbst hatte viele überzeugende Beispiele für die Langlebigkeit von Überlieferungen beigebracht, die sich über Generationen hinweg erstreckten und ausgeschmückt wurden. Die Hypothese der Existenz einer solchen verdrängten und wiederbelebten Erinnerung hatte nicht notwendigerweise die Annahme eines archaischen Erbes zur Folge. Und doch hielt Freud hartnäckig an dieser Annahme fest. Jones war nicht der einzige, der versuchte, ihn von ihrer Unrichtigkeit zu überzeugen. Einer der Herausgeber der *Imago* zumindest, Ernst Kris, versuchte, Freud von der Aufstellung einer solchen Behauptung abzuhalten, hatte aber keinen Erfolg.[15]

Auch Freuds Vergleich dieser archaischen Erbschaft mit den Instinkten der Tiere hält der Nachprüfung nicht stand. Was die Anhänger des Instinktbegriffs instinktive Verhaltensregeln nennen, sind artentypische Reaktionen auf bestimmte Reize, und die Tendenz dazu wird durch den genetischen Code übermittelt (siehe Schur, 1966 b; Schur und Ritvo, 1970 a). Wir können jedoch das Gedächtnis des genetischen Codes, der solche Dinge wie die Aufrechterhaltung eines optimalen ph-Spiegels im Blut und in den Geweben sicherstellt, nicht mit der Erinnerung an historische Ereignisse gleichsetzen.

Wir werden hier an die Argumentationsweise erinnert, die für *Jenseits des Lustprinzips* charakteristisch war. Es besteht ein bedeutsamer Unterschied zwischen dem klardenkenden Freud, der sofort den Beweis der Echtheit einer Inschrift auf einer Tontafel widerlegen konnte, und dem Freud, der Äußerungen wie die folgende von sich gab: ». . . trage ich keine Bedenken auszusprechen, die Menschen haben es . . . immer gewußt, daß sie einmal einen Urvater besessen und erschlagen haben« (1939, S. 208).

Wir müssen vermuten, daß in diesem Buch, wie in *Jenseits des Lustprinzips*, einige Formulierungen Freuds inneren Konflikten entsprangen, auf deren Vorhandensein er während der ganzen Zeit, in der er das Mosesbuch schrieb, immer wieder Bezug nahm. Wir können hier nur Spekulationen darüber anstellen, warum er gerade diese Formulierungen wählte, und Freuds Beispiel folgend fragen: *cui bono*, welche psychische Instanz profitiert davon? Die

15 Persönliche Mitteilung.

Antwort dürfte folgende sein: Wenn die Schuldgefühle des Menschen über den Vatermord die Reaktion auf ein archaisches Erbe sind, das in ferne Urzeiten zurückreicht, als der Vatermord noch häufiger war, dann würde das bedeuten, daß zwischen den Gefühlen und der Tat eine große Distanz besteht. Wir könnten dann sagen: Die Tat wurde von jenen längst dahingegangenen Ahnen begangen. Wir selber wiederholen nur in abgemilderter Form Phantasien. Das wäre eine andere Methode, mit der Erbsünde fertigzuwerden, als jene, die Freud dem Apostel Paulus zuschrieb. Es wäre ein weiterer Aspekt von Freuds Kampf, mit seiner eigenen Erbsünde fertigzuwerden.[16]

In seiner letzten Arbeit, dem posthum veröffentlichten *Abriß der Psychoanalyse* (1940), ging Freud mit der Verwendung des Konzepts einer archaischen Erbschaft vorsichtiger zu Werke. Nur in einer Fußnote zu seinen Darlegungen über den Kastrationskomplex kam Freud darauf zurück; er sagt dort:

> Daß an der außerordentlichen Schreckwirkung der Drohung eine phylogenetische Erinnerungsspur mitschuldig ist an die Vorzeit der prähistorischen Familie, da der eifersüchtige Vater den Sohn wirklich des Genitales beraubte, wenn er ihm als Rivale beim Weib lästig wurde, ist nicht auszuschließen.
>
> (1940, S. 117[1])

Meine Ausführungen über Freuds Dilemma bezüglich der archaischen Erbschaft wurden niedergeschrieben, bevor ich von der Publikation Sajners erfuhr (siehe 1. Kapitel). Ich habe sie unverändert gelassen, weil in diesen Stellen des Mosesbuches die Intensität von Freuds innerem Konflikt deutlicher zu Tage tritt als in allen früheren Darlegungen über diese und ähnliche Vorstellungen. Ich habe in diesem Buch meine Annahme vorgetragen, daß Freuds hartnäckiges Festhalten an den Hypothesen der Vererbung erworbener Eigenschaften, der Urphantasien, wie er sie

16 Eine interessante Spekulation über Freuds Festhalten an der Vererbung erworbener Eigenschaften hat J. D. Benjamin (1961) vorgetragen. Freud war stets von der Rolle von Erfahrungsfaktoren bei der normalen und der abnormen Entwicklung beeindruckt. Auf der einen Seite stellte er Formulierungen und Annahmen über die Universalität bestimmter angeborener Gegebenheiten auf, während er auf der anderen Seite bis zu einem gewissen Grad die Rolle hochspezifischer Erfahrung vom ontogenetischen in den phylogenetischen Bereich verschob. Wenn das Angeborene *auch* der Niederschlag der historischen Erfahrung war, dann wurde die Unterscheidung zwischen Angeborenem und Erfahrenem weniger entscheidend.

in den *Vorlesungen zur Einführung in die Psychoanalyse* (1916 bis 1917) und in »Aus der Geschichte einer infantilen Neurose« (1918) nannte, und der archaischen Erbschaft – daß diese Hypothesen sämtlich in seiner eigenen prähistorischen Zeit wurzelten: seinen ersten drei Jahren in Freiberg, wo er in einer Wohnung lebte, die aus einem einzigen Raum bestand, und in der er und zwei seiner Geschwister zur Welt kamen. Da er nicht in der Lage war, diese Ereignisse vollständig zu rekonstruieren, mußte er eine möglichst große Distanz schaffen. Er tat das aber mit einer solchen Erfindungsgabe, daß man bedauert, ihm auf diesem Phantasieflug nicht folgen zu können.

Wenn ich auf solche Fehler in Freuds Gedankengängen hinweise, so will ich selbstverständlich damit nicht sein Genie in Frage stellen. Es ist nicht unmöglich, daß er eines Tages mit seiner Meinung über die Weitergabe erworbener Eigenschaften, die natürlich Mutationen nicht einschließen, Recht behalten wird. Seit 1951 hat sich der Genetiker Roger I. Williams mit den individuellen Unterschieden zwischen Tieren mit sehr ähnlichem genetischem Hintergrund beschäftigt. Die moderne Genetik behauptet, daß ererbte Züge in DNS gebunden sind und daß diese Struktur nur innerhalb des Zellkernes existiert.

Neuere Forschungen, insbesondere von Williams und Storres (1968), lassen vermuten, daß die Erbmasse außer durch DNS noch durch andere zytoplastische Komponenten beeinflußt wird. Dies würde für Tiere mit hochdifferenzierten Zellen gelten und darauf hindeuten, daß die genetische Weitergabe in komplizierten lebenden Strukturen sich *möglicherweise* von dem gegenwärtig angenommenen Modell unterscheidet, das auf der Basis einer einzelligen lebendigen Struktur entwickelt wurde. Welche eventuellen Auswirkungen solche Entdeckungen auf die Weitergabe erworbener Eigenschaften haben können, ist für den Augenblick eine offene Frage.

Eine andere Forschungsrichtung in der Genetik beschäftigt sich mit neutralen Mutationen und dem genetischen Drift. Es scheint, daß solche genetischen Veränderungen, wie sie sich auf der molekularen Ebene verschiedener Proteïne manifestieren, häufiger sind als bisher angenommen wurde. Über die Verursachung solcher Veränderungen und ihre Folgen ist wenig bekannt (King und Jakes, 1969). Aber solche vererbbaren Eigenschaften könnten spezifische Erinnerungen, wie Kastration oder die Ermordung des Urvaters, nicht einschließen.

24. Kapitel

Freuds achtzigster Geburtstag

Um Weihnachten 1935 beobachtete ich eine warzenartige Wucherung, die sehr schnell gewachsen war und mir große Sorgen machte. Sie wurde am 16. Januar 1936 extensiv koaguliert. In seinem Brief an Arnold Zweig vom 20. Januar 1936 bemerkte Freud:

> Als Folge einer kürzlichen »kleinen« Operation im Mund kann ich jetzt weder kauen noch ordentlich sprechen. Ich kann abwarten, bis es besser wird.

Meine eigenen Notizen und die Pichlers zeigen, wie viel in diesem einfachen Satz zusammengefaßt war. Mehrere Wochen lang hatte Freud Schmerzen und konnte die untere Prothese nicht drinnen behalten. Die folgende Notiz Pichlers ist sehr aufschlußreich, sowohl was Freuds Leiden angeht, als auch bezüglich der Einstellung dieses *homo surgicus*, der freundlich und sanft, aber von einer unerschütterlichen Gründlichkeit war, ohne die er all das von ihm Geleistete nie zuwege gebracht hätte.

> 24. Januar: Patient fühlte sich 1-2 Tage relativ wohl, wie immer nach einem Eingriff. Dann setzte eine stärkere Kieferklemme ein, die jetzt nachgelassen hat. Leider hatte er die untere Prothese herausgenommen und kann sie jetzt nicht wieder einsetzen. Ein Versuch nach längerem Strecken gelang beinahe. Nahm deshalb die Prothese mit, um sie zurechtzufeilen. Die Wunde ist mit Sekret bedeckt; sie ist tatsächlich größer als erwartet, was durchgreifende Koagulation annehmen läßt. Entfernte ein nekrotisches Gewebestück. Erinnerung: Unter allen Umständen muß die untere Prothese eingesetzt werden, sobald das überhaupt möglich ist; sonst muß Patient sofort in die Ordination kommen.

Im Februar 1936 bemerkten wir eine Leukoplakie, über die Pichler am 20. Februar schrieb: »Sie macht doch einen unangenehmen Eindruck und sollte gelegentlich entfernt werden.« Aber es waren auch Krustenbildungen und keratotische Veränderungen vorhanden, die Pichler zuerst mit Salben und Kauterisation mit Trichloressigsäure behandelte, bevor er am 10. März die Leukoplakie operierte. Pichlers Eintragung über diese Operation schloß:

»Sie war wahrscheinlich ausreichend, um die gesamte Schleimhaut zu entfernen. Die Abgrenzung ist jedoch nicht ganz scharf und es ist möglich, daß am Rand etwas stehen geblieben ist.« Nach dieser Operation hofften wir inbrünstig auf einige ruhige Wochen, insbesondere für die Zeit um Freuds 80. Geburtstag. Er hatte seit dem vorangehenden Eingriff einige Herzbeschwerden gehabt, die schließlich aufhörten, nachdem er mehrere Wochen lang nicht rauchte.

Freud wußte natürlich, daß für seinen 80. Geburtstag Vorbereitungen im Gange waren. Jones, damals Präsident der Internationalen Psychoanalytischen Vereinigung, hatte eine Festschrift vorgeschlagen, die man ein Jahr im voraus hätte planen müssen. Freud bekam davon Wind und protestierte energisch. Die Korrespondenz zwischen Freud und Jones (Bd. 3, S. 239 ff.) ist sehr aufschlußreich für Freuds Einstellung gegenüber solchen Festveranstaltungen. Sie zeigt außerdem, daß er nicht ein Jahr vorher schon an dieses bedenkliche Datum erinnert werden wollte.

Zuerst schlug Freud als Kompromiß ein Album mit den Bildern aller Mitglieder der Internationalen Psychoanalytischen Vereinigung vor, verwarf dann aber auch diesen Gedanken. Er entschied die Frage, zumindest soweit es die Vereinigung betraf, in dem folgenden Brief an Jones vom 21. Juli 1935:

> Begraben wir also das Gedenkbuch oder den Sammelband und dergleichen! Ich wende mich zu meinem eigenen Vorschlag des Albums und gestehe, daß er mir jetzt ebensowenig gefällt, ja gründlich mißfällt. Die beiden Einwendungen, daß er auch viel Mühe schaffen würde und keine Garantie bringt, daß ich das Datum erlebe, beiseite; ich nehme jetzt Anstoß an einer ästhetischen Ungeheuerlichkeit, etwa 400 Bilder von meist häßlichen Leuten, und von denen ich gut die Hälfte überhaupt nicht kenne, während eine beträchtliche Anzahl von mir nichts wissen will. Nein, die Zeiten sind nicht geeignet für eine Feier, weder ›intra Iliacos muros nec extra‹. Das einzig Zulässige scheint mir der Verzicht auf eine gemeinsame Aktion. Wer meint, daß er gratulieren muß, der soll es tun, und wer es nicht tut, wird meine Rache nicht zu fürchten haben.
>
> Und noch ein Argument. Was ist der geheime Sinn dieser Feiern von großen runden Lebenszahlen? Doch ein Stückchen Triumph über die Vergänglichkeit, die uns zu verschlingen bereit ist, wie wir nie vergessen. Dann freut man sich mit einer

Art von Gemeingefühl, daß man doch nicht aus so hinfälligem Stoff gemacht ist, daß einer von uns 60, 70 oder sogar 80 Jahre die feindlichen Einwirkungen des Lebens siegreich bestanden hat. Das kann man verstehen und zulassen, aber die Feierlichkeit hat offenbar nur einen Sinn, wenn der Überlebende trotz aller Wunden und Narben als ein ganzer Kerl mittun kann; sie verliert diesen Sinn, wenn er ein Invalide ist, mit dem sich nicht Staat machen läßt. Und da dies letztere mein Fall ist und ich mein Schicksal für mich ertrage, möchte ich, daß mein 80. Geburtstag als meine Privatsache behandelt werde – von meinen Freunden. (Jones, Bd. 3, S. 240)

Freud wußte jedoch, daß er andere Feiern aus diesem Anlaß nicht verhindern konnte, und er empfand das ganze als eine lästige Drohung, wie er es in einem Brief an Marie Bonaparte vom 11. März 1936 ausdrückte, den er nur einen Tag nach dem recht umfangreichen Eingriff vom 10. März schrieb. In diesem Brief versicherte er Marie Bonaparte, daß er sich wohl fühle und gut arbeite.

Es folgten Wochen heftiger Schmerzen und Depressionen, gewiß nicht die Stimmung für eine bevorstehende Feier. Die einzige Sache, der er mit freudiger Erwartung entgegensah, war die Eröffnung des neuen Gebäudes, welches das Psychoanalytische Institut und den Verlag aufnehmen sollte.

Ein besonders charakteristischer Brief aus dieser Zeit ist der, den er am 26. März 1936 an Marie Bonaparte schrieb. Freud beging ein bemerkenswertes Versehen, wie er es nannte, indem er bei der Adressierung des Umschlags einen Fehler machte, den er merkte und korrigierte[1], und im Brieftext ein Wort ausstreichen mußte. Auf ihre Frage, ob sie zur Geburtstagsfeier nach Wien kommen solle, erwiderte er:

Ob Sie auch zum 6. Mai hieher kommen sollen? Es würde mich gewiß sehr freuen; aber es wäre nur ein Akt der Pietät. Wir hätten nichts davon. Ich vermute, es werden viele kommen, Eitingon, Jones, Laforgue, Landauer unter Anderen. Jeder wird etwas von mir erwarten und ich werde nicht leistungsfähig sein. Mein Allgemeinbefinden hat in letzter Zeit deutlich einen Schritt nach abwärts gemacht. Gestern hatte ich eine

1 Die Adresse auf dem Briefumschlag lautete: Paris XVI, 6 rue Adolphe-Yvon, was Freud in »rue Yvon-Adolphe« korrigierte. Weil Freud in seinem Brief auf diesen Irrtum Bezug nahm, bewahrte Marie Bonaparte den Umschlag auf.

schwere Migraine, ganz ungewöhnlich bei mir[2], und ich mach noch heute allerlei verworrenes Zeug wie Sie an Brief und Adresse gemerkt haben werden. Ich bin reizbarer und empfindlicher gegen schlechte Nachrichten als sonst. Minna hat sich gestern an beiden Augen wegen Glaukom operieren lassen, sie hatte es bis zu letzt verheimlicht. Wir hoffen es geht gut aus.

Aus Leipzig kommt die Nachricht, daß die Staatspolizei einen großen Teil des psa. Bücherlagers bei Volkmar konfisciert hat, beinahe eine Katastrophe für den armen Verlag. [1]

So sah das Vorspiel zu der Feier aus. Das ständig gefährdete Gleichgewicht zwischen der Fähigkeit, sich an allem zu freuen, und dem Wunsch nach Frieden.

Schon früh begannen Glückwünsche einzutreffen; einer der ersten kam von Albert Einstein, den Freud am 3. Mai 1936 sofort beantwortete (siehe B* 421).

Ich suchte ihn früh, am Morgen seines Geburtstages auf. Es war ein schöner Frühlingstag, das Haus war voll von Blumen, Orchideen und Gardenien, die er besonders liebte, und von Briefen und Telegrammen aus aller Welt. Eine Schriftrolle mit einer von Thomas Mann und Stefan Zweig verfaßten Glückwunschadresse war eingetroffen, die Liste der Unterzeichner las sich wie ein *Who's Who* der literarischen und wissenschaftlichen Welt. Thomas Mann hatte ferner ein handgeschriebenes Manuskript der Rede gesandt, die er zu Ehren Freuds am 8. Mai halten sollte. Freud öffnete es begierig, aber wir entdeckten, daß Manns Handschrift unleserlich war. Wir versuchten, die ersten paar Sätze zu entziffern, mußten es aber aufgeben.

Nach all seinen Protesten genoß Freud die ganze Sache. Er war in großer Form, charmant und liebenswürdig. Wir versuchten natürlich, die Zahl der Besucher auf ein Minimum zu beschränken und darauf zu achten, daß niemand zu lange blieb.

Zum ersten Mal mußte Freud sich gedruckter Danksagungskarten bedienen, um die Flut der Geburtstagsglückwünsche zu beantworten. Auf sehr vielen fügte er jedoch ein paar persönliche Worte hinzu. Meine Frau und ich hatten unseren kleinen Jungen – damals drei Jahre alt – mitgebracht, der Freud, zugleich im

2 Freud vergaß für den Augenblick, was für eine wichtige Rolle seine Migränekopfschmerzen während der Fließ-Periode gespielt hatten.

Namen seiner sechs Monate alten Schwester, ein paar Blumen überreichte. Freud schickte jedem der beiden Kinder eine Danksagungskarte, mit einem handschriftlichen Zusatz, in dem er schrieb, er sei »gerührt durch Artigkeit in so frühem Alter«.

An einige Leute schickte Freud zuerst eine Danksagungskarte und dann einen Brief. Einer der schönsten dieser Briefe war an eine frühere Patientin gerichtet, die zu der führenden literarischen Avantgarde Amerikas gehörte. Sie publizierte unter dem Namen H. D. (Hilda Doolittle).[3] Freuds Brief an sie war die Antwort auf ihre Geburtstagswünsche und ein schönes Bukett weißer Gardenien.

Liebe H. D. 24. Mai 1936

All Ihre weißen Gardenien sind gut angekommen und schmükken seit gestern das Zimmer.

Ich hatte geglaubt, daß ich unempfindlich geworden war für Lob und Tadel. Aber als ich Ihre liebenswürdigen Zeilen las und merkte, wie sehr ich mich über sie freute, dachte ich zunächst, ich hätte mich über meine Standhaftigkeit getäuscht. Aber dann schloß ich, daß es nicht so war. Was Sie mir gaben, war nicht Lob, sondern Zuneigung und ich brauche mich meiner Genugtuung nicht zu schämen.

Das Leben in meinem Alter ist nicht leicht, aber der Frühling ist schön und ebenso die Liebe.

Herzlichst

Ihr Freud

(Englisch im Original)

Zwei Ansprachen zu Ehren Freuds wurden vom *Akademischen Verein für medizinische Psychologie* veranstaltet, einer Organisation, die von einer Gruppe intelligenter junger Ärzte, hauptsächlich Psychiater, gebildet wurde. Die erste Ansprache hielt Freuds alter Freund Ludwig Binswanger, das Hauptereignis war jedoch Thomas Manns Rede. Sie war mehr als nur eine Ansprache zur Ehrung eines einzelnen Mannes. Damals war die Atmosphäre

3 Im Jahre 1956 schrieb sie aus Anlaß des 100. Geburtstages Freuds ein sehr poetisches und bewegendes Buch mit dem Titel *Tribute to Freud*, in das sie mehrere Briefe Freuds an sie aufnahm. Nach der Veröffentlichung des Buches führte ich mit ihr einen Briefwechsel, in dem sie liebenswürdigerweise die freien Assoziationen fortsetzte, die Stil und Inhalt ihres Buches ausmachten. Wir planten ein Zusammentreffen (sie verbrachte ihre letzten Lebensjahre in der Schweiz), das aber durch ihren vorzeitigen Tod vereitelt wurde.

in Wien mit fast unerträglicher Spannung geladen: täglich gab es Demonstrationen, Bombenexplosionen. Das allgemeine Gesprächsthema war: Wann geschieht es? Wann und wohin sollen wir emigrieren? Auf meinem Weg zum Vortragssaal war ich einem Trupp marschierender Braunhemden begegnet. Thomas Manns Ansprache war also nicht nur eine Huldigung an Freud allein, sondern an die Macht des Geistes überhaupt, an die Rechte des Individuums, an die wissenschaftliche Weltanschauung, eine unüberhörbare Herausforderung an die Kräfte des Unverstands und des Bösen. Mann, der als Vorlesender oder Redner gewöhnlich recht distanziert und unbeteiligt wirkte, zeigte sich in Inhalt und Vortrag seiner Rede dem Anlaß gewachsen. Es war für alle Anwesenden ein ergreifendes Erlebnis und gab uns das in jenen Tagen seltene Gefühl, daß noch nicht alles verloren war.

Ich bedauerte es, daß Freud die Rede nicht hören konnte. Bei dem anschließenden Empfang ging ich zu Mann hin und erklärte ihm, warum Freud nicht anwesend sein konnte. Ich fragte, ob er bereit wäre, die Rede Freud persönlich vorzulesen. Er sagte gerne zu.

Diese Begegnung, die am 14. Juni 1936 in Freuds Sommerwohnung stattfand, war für mich ein unvergeßliches Erlebnis. Da ich das Zusammentreffen zustande gebracht hatte, wurden meine Frau und ich eingeladen, zusammen mit Freuds Familie und Frau Mann daran teilzunehmen.

Mann las mit offensichtlicher Bewegung die Rede vor, die er inzwischen an mehreren Orten gehalten hatte, alle natürlich außerhalb Deutschlands. Freud, der sonst lobende Äußerungen über sich nicht gerne anhörte, war diesmal tief beeindruckt. (Er äußerte sich darüber kurz danach gegenüber Arnold Zweig und Marie Bonaparte.) Für ihn war es eine Bilanz seines Lebenswerks, eine Genugtuung für die Jahre der Verleumdung und des Mißverstehens, die er erduldet hatte, und eine Bestätigung, daß es gelohnt hatte, so lange zu leben.

Beim Tee und nachher führten Freud und Mann ein langes, faszinierendes Gespräch, hauptsächlich über Joseph und Moses (Mann schrieb damals seine *Joseph*-Tetralogie, und Freud war natürlich mit seinem *Moses* beschäftigt). Freud und Mann waren in ihrem Aussehen, ihrem Verhalten und selbst in ihrer Kleidung extreme Gegensätze. Freud, der Jude, der sich die guten Seiten der Wiener Kultur und Zivilisation zu eigen gemacht hatte, und Mann, der typische Norddeutsche, in mancherlei Hinsicht so steif wie der Kragen, den er trug, – und doch sprachen beide die gleiche Sprache. Für Freud war es keine Überraschung, daß diese Rechtfertigung von einem literarischen Autor gekommen war. Nach dem Zusammensein sprach er über Mann, wobei er nicht zum ersten Mal äußerte, Dichter wüßten intuitiv so vieles, was er selber in harter Arbeit habe lernen müssen.[4]

Freud gab sich nicht der Illusion hin, daß die Psychoanalyse damals schon allgemeine Anerkennung erlangt hätte. Er wußte, wie seine Briefe zeigen, sehr wohl, daß die Universität Wien und der Unterrichtsminister nur widerwillig seinen 80. Geburtstag gewürdigt hatten. An Arnold Zweig schrieb er am 31. Mai 1936:

> Der Unterrichtsminister hat förmlich höflich gratuliert, und dann wurde den Zeitungen bei Strafe der Konfiskation verboten, diesen Akt der Teilnahme im Inland bekannt zu machen. Auch zahlreiche Artikel in in- und ausländischen Journalen haben Ablehnung und Haß deutlich genug ausgedrückt. So könnte man mit Befriedigung feststellen, daß die Aufrichtigkeit noch nicht ganz aus der Welt geschwunden ist.
>
> Für mich bedeutete das Datum natürlich keine Epoche; ich bin derselbe wie vorher. (B* 423)

In einem anderen Brief an Arnold Zweig vom 17. Juni 1936 äußerte Freud seine Befriedigung darüber, daß Zweig den Gedanken aufgegeben hatte, eine Biographie über ihn zu schreiben, und lehnte auch den Vorschlag ab, eine Autobiographie zu verfassen, wobei er hinzufügte: »Meines bevorzugten Schicksals als Neuerer bin ich wohl bewußt.«

Dann fuhr er fort:

> Thomas Mann, der seinen Vortrag über mich fünf- oder sechsmal an verschiedenen Orten gehalten hat, war so liebenswürdig, ihn Sonntag, 14. d. M., nur für mich persönlich in meinem Zimmer hier in Grinzing zu wiederholen. Es war für mich und die Meinigen, die anwesend waren, eine große Freude ...
>
> Ich verstehe, höre es aber ungern aus prinzipiellen Gründen, daß sich Ihre Reise nach Europa verschiebt. Vater und Bruder

4 Freud äußerte sich in ähnlicher Weise über Arthur Schnitzler, Richard Beer-Hoffmann, Stefan Zweig und insbesondere über Arnold Zweig, als wir später in London über diese Männer sprachen. Das war einer der Gründe dafür, daß Stefan Zweig, der damals in London lebte, gebeten wurde, bei Freuds Begräbnis zu sprechen.

Emanuel sind *nur* 81 1/2 Jahre alt geworden. (Kursiv des Verfassers)

Das war die erste Erwähnung eines neuen kritischen Alters, seit Freud in einem Brief an Abraham von 1915 davon gesprochen hatte (»Mein Vater ist 81 geworden, mein ältester Bruder ebenso alt, trübe Aussichten!« Siehe 3. Kapitel). Ich habe bereits davon gesprochen, daß Freud nicht genau wußte, wann sein Vater geboren war (siehe 23. Kapitel). Ferner ist das Wort »nur« bedeutungsvoll, wie auch die Tatsache, daß sein Bruder nicht eines natürlichen Todes starb, sondern bei einem Eisenbahnunglück umkam.

Interessant ist, daß Freud nicht mehr von solchen Terminen als einer zwanghaften abergläubischen Idee oder als Ausdruck eines teilweise unbewußten Konfliktes sprach. Es ging nicht mehr um ein Schuldgefühl darüber, länger als Vater oder Bruder zu leben. Vielmehr handelte es sich jetzt um einen Kampf zwischen dem Wunsch, zu leben, und dem Wunsch, sich nicht zu überleben, wie Freud es Jahrzehnte vorher in einem Brief an Fließ im Zusammenhang mit dem Tod des Chirurgen Billroth ausgedrückt hatte (siehe 2. Kapitel). Solche Gedanken äußerte er in einem Brief an Stefan Zweig vom 18. Mai 1936:

> Die schöne Adresse, die Sie in Gemeinschaft mit Thomas Mann verfaßt haben, und Manns Vortrag in Wien waren die zwei Erlebnisse, die mich mit der Tatsache versöhnen konnten, so alt geworden zu sein. Denn, obwohl ich ungewöhnlich glücklich in meinem Hause gewesen bin, mit Frau und Kindern ... so kann ich mich mit der Armseligkeit und Hilflosigkeit des Altseins doch nicht befreunden und sehe dem Übergang ins Nichtsein mit einer Art von Sehnsucht entgegen. Meinen Lieben kann ich den Schmerz der Trennung doch nicht ersparen.
>
> (B* 422)

Die gleichen Gedanken wiederholte er später sogar noch nachdrücklicher. Es ist deshalb verständlich, daß Freud mit völliger Fassung auf die Wendung reagierte, die seine Krankheit kurz nach diesem Brief an Stefan Zweig nahm.

25. Kapitel

Wieder Krebs

Es war ein schöner Frühling gewesen und Freud genoß den prächtigen Garten. Ein paar Wochen lang war sein Zustand recht erträglich. Dann, Anfang Juli 1936, beobachtete ich die ziemlich schnelle Entstehung einer bös aussehenden Veränderung in der Nähe der Stelle des Eingriffs vom März. Wir zogen Pichler zu, auch er war beunruhigt. Er operierte am folgenden Tag (14. Juli). Am 16. Juli bekamen wir den Bericht von Erdheim, daß es sich diesmal eindeutig um eine bösartige Veränderung handelte. Pichler und Erdheim studierten stundenlang alle Aufnahmen der entnommenen Probe. Da an einer Stelle das maligne Gewebe sich bis dicht an den Rand erstreckte, entschloß sich Pichler zu einer nochmaligen Operation; wir stellten uns darauf ein, dabei wenn nötig Vollnarkose anzuwenden. Die Operation fand am 18. Juli statt. Pichler hatte gehofft, mit einer Elektrokoagulation auszukommen. Er begann deshalb die Operation unter lokaler und regionaler Leitungsanästhesie, mußte aber mehrmals abbrechen, weil Freud unerträgliche Schmerzen hatte. Schließlich wurde Lachgas zur Vollnarkose angewandt. Pichler mußte ein weiteres Stück des darunterliegenden Knochens entfernen und das umgebende Gewebe extensiv koagulieren.

Freud wurde erst zwei Tage nach dem Eingriff nach Hause gebracht. Die Schmerzen waren nicht so heftig, wie wir befürchtet hatten, aber Freud war sehr schwach und mitgenommen. Pichlers Eintragungen lauteten:

> 20. Juli 1936: Besuch in Grinzing. Keine Schmerzen, aber schlechte Stimmung. Beschwerden beim Sprechen. Mehrere Schwächeanfälle. Muß noch zwei Tage im Bett bleiben.
>
> 27. Juli: Patient klagt über Schwierigkeiten beim Rauchen und Sprechen, die behoben werden.

Freud hatte dann zwei verhältnismäßig ruhige Monate. Während Pichlers Urlaub kümmerte sich sein Assistent Dr. Berg um Freuds Mund. Dr. Berg war ein einfacher, beleibter, fröhlicher Mann mit ungewöhnlich zarten und geschickten Händen, der eine Wunde säubern oder nekrotisches Material beseitigen konnte, ohne Schmerzen zu bereiten.

Ich hielt selbstverständlich mein Versprechen und sagte Freud die Wahrheit: daß diesmal, 13 Jahre nach dem ersten bösartigen Tumor, die Diagnose wieder auf Krebs lautete. Freud nahm die Mitteilung ohne sichtbare Gefühlsregung auf. Trotzdem reagierte er mit nicht geringerem Pessimismus als Pichler und ich. Diesmal war wieder eine Radikaloperation nötig. Wir konnten also sicher sein, daß *diese* Wucherung entfernt worden war. Das Erschreckende war, daß jetzt jede neue Veränderung die Tendenz zu raschem Wachstum haben und bösartig sein würde. Unsere Wachsamkeit mußte noch verschärft werden.

Das Wiederauftreten des Krebses bedeutete für Freud, daß er eine weitere Illusion aufgeben mußte. Im Jahre 1926 hatte er noch an Binswanger schreiben können, er teile dessen Schicksal, weil das Neoplasma nicht wiedergekommen war (siehe 13. Kapitel). Jetzt war diese Hoffnung dahin. Und damit war auch die Hoffnung verschwunden, *Ananke* werde ihm durch einen plötzlichen Herztod ein langsames, qualvolles Ende ersparen.

Die politische Lage in Österreich verschlimmerte sich ständig, während die Beschwichtigungspolitik der Westmächte immer deutlicher erkennbar wurde.

Und doch war Freud in jenem Sommer nicht depressiv. Sein Interesse am *Moses* hielt an, während er sich von der Krebsoperation erholte. Marie Bonaparte schickte ihm weiter faszinierende Berichte über ihren Besuch Südamerikas, einschließlich einer Reise den Amazonas hinauf. All das stimmte ihn etwas wehmütig, aber er war auch amüsiert und froh, daß sie noch auf einer windstillen Insel lebte und voll jugendlicher Neugier sein konnte. Er zeigte mir einige ihrer Schilderungen und bemerkte, in gewissem Sinne folge sie der Reise der »Beagle« nach.

Am 27. Oktober hatte Freud heftiges Nasenbluten, das eine 24-stündige Packung der Nase notwendig machte. Wie gewöhnlich hatte er eine heftige Wintererkältung. Im November und Dezember sind in Wien Regen und Schneeregen an der Tagesordnung, und ein Besuch bei Pichler am 25. November war Freuds einziger Ausgang. Außerdem war das Mosesbuch in gewisse Schwierigkeiten geraten. Der folgende Briefwechsel mit Marie Bonaparte ist für Freuds Stimmung sehr aufschlußreich. Freud schrieb am 1. Dezember 1936:

> Ich habe die letzten paar Tage unter der Ausbreitung meines chronischen Katarrh in Luftröhre und Bronchien gelitten.

Nichts eigentlich Arges, aber bei jedem Kranksein drängen sich neue Anzeichen des Altersverfalls vor. Man kann das als unvermeidlich nur zur Kenntnis nehmen und darf keinen Zoll von Mitgefühl dafür einfordern. 81 1/2 war die Lebensgrenze die Vater und Bruder erreicht haben; mir fehlt dahin noch ein Jahr...

P.S. Wenn Sie allmächtig sind lassen Sie sich eine der Korxi im Museum schenken, für mich! [1]

Marie Bonaparte beantwortete seinen Brief am 4. Dezember etwas beunruhigt, schalt Freud ein wenig aus, weil er abergläubisch sei, und führte sogar analytische Beispiele der Identifikation mit dem Vater an. Sie fügte hinzu:

Warum sollten Sie nicht länger leben? Und produktiv bleiben? Sie tragen auch das Erbe Ihrer Mutter, bei der das der Fall war.[1]

Freud antwortete am 6. Dezember:

Und wenn Sie in Ihrer Jugend von vierundfünfzig Jahren es nicht vermeiden können, so oft an den Tod zu denken, verwundern Sie sich, wenn ich mit achtzigeinhalb Jahren grüble, ob ich das Alter von Vater und Bruder erleben werde, oder darüber hinausreichen werde in das der Mutter, gepeinigt vom Konflikt zwischen dem Wunsch nach Ruhe und der Angst vor neuen Leiden, die die Fortsetzung des Lebens bringt, und dem antizipierten Schmerz der Trennung von allem, woran man noch hängt? (B* 427)

Marie Bonaparte notierte für sich selbst am Fuß des Briefes:

M.: Wie schön alles ist, was Sie sagen, aber wie traurig!

Fr.: Warum traurig? So ist das Leben. Es ist gerade die ewige Vergänglichkeit, die das Leben so schön macht.[2]

Fünf Tage später hatte Freud eine weitere Operation. Es war nach der ersten Stunde dieser Operation, daß Freud durch seinen Protest »Ich kann nicht mehr weiter« Pichler so überraschte (siehe 18. Kapitel). Da das Adrenalin weggelassen worden war, war die Lokalanästhesie nicht voll wirksam geworden und hatte nicht lange genug angehalten, weil der Eingriff längere Zeit in Anspruch nahm. Aber das war einer der wenigen Fälle, wo Freud

1 Freuds Mutter starb im Alter von 95 Jahren.

2 Freud hatte ähnliche Gedanken in seinem Aufsatz von 1916 »Vergänglichkeit« geäußert (siehe 11. Kapitel).

an die Grenze seiner Widerstandskraft stieß. Nur ein Mann ohne Nerven konnte unter solchen Umständen weitermachen, wie Pichler das tat. Seine Notiz über den Vorfall lautet:

12. Dezember 1936: ... Patient hat anfangs gar keine Schmerzen, zum Schluß sagt er aber, er kann nicht mehr weiter, obwohl man nicht einsieht, warum. (Jones, Bd. 3, S. 565)

Das war übrigens die letzte Gewebeprobe, die von Erdheim untersucht wurde, der wenig später starb.

Der Operation folgten zwei schlimme Wochen. Freud konnte nicht essen, rauchen oder den Mund aufmachen. Kurzwellenbestrahlungen daheim mit einem tragbaren Apparat (damals eine große Neuheit) brachten eine gewisse Erleichterung. Aber am 21. Dezember 1936 schrieb Freud an Marie Bonaparte, in Beantwortung eines Briefes von ihr mit der Deutung eines Zusammenhangs aus ihrer Analyse:

Glänzend! Es muß genau so gewesen sein, wie Sie es verstanden. Mein Verständnis war durch meine Beschäftigung mit dem Krebs gelähmt. (Aus dem Englischen übersetzt, weil das Original nicht zugänglich war.)

Gegen Ende 1936 erhielt Freud von Marie Bonaparte eine Nachricht, die völlig unerwartet und tief beunruhigend war. Der Briefwechsel zwischen ihnen zeigt Freuds Diskretion, seine Empfindlichkeit gegen Übergriffe in sein Privatleben, sowie eine Kombination von persönlicher Bescheidenheit und Einsicht in die wahrscheinliche historische Entwicklung der Psychoanalyse.

Marie Bonaparte schrieb am 30. Dezember 1936:

Heute besuchte mich ein Herr Stahl aus Berlin. Er hat von Fließ' Witwe Ihre Briefe und Manuskripte aus Fließ' Nachlaß erworben. Zuerst wollte die Witwe das Ganze in der Preußischen Staatsbibliothek deponieren, aber da Ihre Werke in Deutschland verbrannt wurden, hat sie den Gedanken fallengelassen und die fraglichen Manuskripte diesem Herrn Stahl verkauft, einem Schriftsteller und Kunsthändler, der persönlich einen sehr guten Eindruck macht. Er hat anscheinend aus Amerika Angebote für diese Sammlung ihrer Handschriften erhalten, sich aber, bevor er diese wertvollen Dokumente nach Amerika gehen läßt, an mich gewandt, und ich habe beschlossen, sie ihm alle abzukaufen. Er setzte sogar den Preis herab, damit alles in Europa und in meiner Hand bleiben kann – 12 000 Francs insgesamt für 250 Briefe von Ihnen (einige von

Breuer) und zahlreiche sehr lange theoretische Entwürfe in Ihrer Handschrift.

Freuds Antwort vom 3. Januar 1937 war eine Übung in Selbstbeherrschung. Er schrieb zuerst einen langen Absatz mit Ausführungen über Marie Bonapartes Gesundheitszustand und berichtete dann über seine eigene Gesundheit und die Nachwirkungen der letzten Operation, wobei er bemerkte, um das alles erträglich zu finden, müsse man sich ständig daran erinnern, daß man wirklich kein Recht habe, noch länger zu leben. Erst dann wandte er sich dem Thema der Briefe zu.

Die Angelegenheit der Korrespondenz mit Fließ hat mich erschüttert. Nach seinem Tode verlangte die Witwe seine Briefe an mich zurück. Ich sagte bedingungslos zu, konnte sie aber nicht auffinden. Ob ich sie vernichtet oder bloß kunstvoll versteckt, weiß ich noch heute nicht ... Unsere Korrespondenz war die intimste, die Sie sich denken können. Es wäre höchst peinlich gewesen, wenn sie in fremde Hände gefallen wäre. Es ist darum ein außerordentlicher Liebesdienst, daß Sie sie an sich gebracht und allen Gefahren entrückt haben. Nur tut es mir leid um Ihre Ausgabe. Darf ich Ihnen anbieten, mich mit der Hälfte des Betrags zu beteiligen? Ich hätte die Briefe doch selbst erwerben müssen, wenn sich der Mann an mich direkt gewendet hätte. Ich möchte nichts davon zur Kenntnis der sogenannten Nachwelt kommen lassen.

(Jones, Bd. 3, S. 253; Schur, 1965, S. 12-13)

Marie Bonaparte sagte mir bei unserer letzten Begegnung in St. Tropez im Sommer 1961, wie außerordentlich schwer es ihr gefallen sei, gegen die Wünsche ihres geliebten Lehrer-Vaters zu handeln, sie sei aber absolut entschlossen gewesen, dieses Material der Nachwelt zu erhalten. Wie Recht sie hatte!

Dementsprechend schrieb sie Freud am 7. Januar und legte ihren (und unseren) Fall in der glänzendsten und aufrichtigsten Weise dar.

Herr Stahl hat mir soeben den ersten Teil der Fließ-Papiere übergeben: in Ihren Briefen verstreute wissenschaftliche Aufsätze, die er gesondert gesammelt hat. Das Übrige, die Briefe selbst – es sind ungefähr 200 bis 250 – sind noch in Deutschland, er wird jemand beauftragen, sie in ein paar Wochen nach Paris zu bringen.

Die Briefe und Manuskripte sind mir nur unter der Bedingung

angeboten worden, daß ich sie weder direkt noch indirekt an die Familie Freud verkaufe, aus Angst, dieses Material, das für die Geschichte der Psychoanalyse so wichtig ist, könnte vernichtet werden. Das wäre für mich kein entscheidender Grund, die Sache nicht mit Ihnen zu erörtern. Aber es wird Sie nicht überraschen, da Sie meine Gedanken und Gefühle darüber kennen, daß ich *persönlich* eine ungeheure Abneigung gegen jede Vernichtung von Briefen und Manuskripten von Ihnen habe. Vielleicht sind Sie selbst ... Ihrer ganzen Größe nicht gewahr. Sie gehören zur Geschichte des menschlichen Denkens wie, sagen wir, Plato oder Goethe. Was für ein Verlust wäre es für uns, ihre arme Nachwelt, gewesen, wenn Goethes Gespräche mit Eckermann vernichtet worden wären oder die *Dialoge* von Plato.

In Ihren Briefen könnte nichts sein ... wenn ich Sie überhaupt kenne, das Ihrer Größe Abbruch tun könnte. Und Sie haben selbst ... einen schönen Aufsatz geschrieben, der sich dagegen wendet, große Männer, die großen Vaterfiguren der Menschheit, um jeden Preis zu idealisieren. Ferner würde, wenn meine Voraussage richtig ist, etwas von der Geschichte der Psychoanalyse, dieser einzigartigen Wissenschaft, die Ihre Schöpfung und sogar noch wichtiger ist als selbst Platos Ideenlehre, verlorengehen, wenn wegen einiger weniger in diesen Briefen enthaltener persönlicher Bemerkungen das gesamte Material vernichtet würde.

Mein Gedanke war folgender: die Briefe zu erwerben und damit zu verhindern, daß sie von einem Xbeliebigen veröffentlicht werden, und sie für Jahre aufzubewahren, z. B. in irgendeiner staatlichen Bibliothek – etwa Genf, wo man von den Gefahren von Kriegen und Revolutionen weniger zu befürchten hat – mit der Auflage, daß sie nach Ihrem Tod 80 oder 100 Jahre lang nicht eingesehen werden dürfen. Wer, selbst aus Ihrer Familie, könnte dann durch das, was sie enthalten, verletzt werden?

Ferner weiß ich nicht, was sie enthalten. Ich werde keinen Ihrer Briefe lesen, wenn Sie das wünschen. Einen einzigen, der zu einem der Aufsätze gehört, habe ich heute durchgesehen; es war nichts Kompromittierendes darin.

Erinnern Sie sich nach so vielen Jahren wirklich noch an ihren Inhalt? Sie haben sogar vergessen, ob Sie die Briefe von Fließ vernichtet oder versteckt haben – der Bruch Ihrer Freundschaft muß dermaßen schmerzhaft gewesen sein.

... Außerdem habe ich die Briefe noch nicht. Ich werde sie erst in ein paar Wochen erhalten.

Wenn Sie möchten, kann ich auf meiner Reise nach Griechenland Anfang März ein oder zwei Tage in Wien Station machen, um die Sache mit Ihnen zu besprechen.

Ich ... verehre Sie und habe Ihnen deshalb in dieser Weise geschrieben.

Freud antwortete am 10. Januar 1937. Zuerst sprach er über seine geliebte Chowhündin Jofi, die wegen Ovarialzysten operiert werden mußte. Dann fuhr er fort:

Daß meine Briefe an Fließ noch nicht bei Ihnen, sondern in Berlin sind, ist eine Enttäuschung ... Ihre Auffassungen und Vergleiche, die Sie anstellen, kann ich nicht leicht annehmen. Ich sage mir nur, daß in 80 oder 100 Jahren das Interesse für den Inhalt der Korrespondenz wesentlich geringer sein wird als heute.

Es ist mir natürlich recht, wenn auch Sie die Briefe nicht lesen, aber Sie sollen nicht glauben, daß sie nichts als schwere Indiskretionen enthalten; bei der so intimen Natur unseres Verkehrs verbreiten sich diese Briefe natürlich über alles Mögliche, Sachliches wie Persönliches, und das Sachliche, das alle Ahnungen und Irrwege der keimenden Analyse betrifft, ist in diesem Falle auch recht persönlich. (Schur, 1965, S. 15 f.)

An den Erwähnungen intimer Vorgänge und Beziehungen fehlt es auch nicht und manches wie die Vorwürfe, mit denen die Freundschaft zusammenbrach, ist in der Erinnerung besonders peinlich. [2]

Darum wäre es mir so erwünscht, den Stoff in Ihren Händen zu wissen. (Schur, 1965, S. 15 f.)

Mit diesem Brief akzeptierte Freud stillschweigend das ganze Vorhaben, die Fließ-Korrespondenz zu erhalten.

Während der ersten drei Monate des Jahres 1937 hatte Freud weniger Schmerzen im Mund, jedoch einen anhaltenden Katarrh und Anfang Februar erhebliche anginöse Beschwerden.

Am 5. Februar 1937 starb Lou Andreas-Salomé im Alter von 76 Jahren. Freud hatte sie wegen ihrer seltenen Kombination von Verstand und schöpferischer Phantasie sehr bewundert. Die Nachricht von ihrem Tod traf ihn sehr; er erhielt die Mitteilung durch einen Brief von Lou Andreas-Salomés Freund Ernst Pfeiffer, der auch ihr literarischer Testamentsvollstrecker war und später den Briefwechsel zwischen ihr und Freud herausgab. In einem Brief an Arnold Zweig sprach Freud darüber, wie gern er Lou Andreas-Salomé als Freundin gehabt hatte, wobei er bemerkte, sie sei gleich alt wie seine Frau gewesen.

Mit jedem Todesfall im Kreis seiner Freunde und Bekannten verstärkte sich bei Freud das Gefühl, er sei sozusagen versehentlich noch nicht an die Reihe gekommen. Er schrieb einen Nachruf für Lou Andreas-Salomé für die *Internationale Zeitschrift für Psychoanalyse* und war noch etwas deprimierter Stimmung, als er am 2. April an Arnold Zweig schrieb, der ihm mitgeteilt hatte, er habe vor, Palästina für immer zu verlassen:

> Ich darf also darauf rechnen, daß ich Sie im Spätsommer oder Herbst wiedersehe. Mein hereditärer Lebensanspruch läuft, wie Ihnen schon bekannt, im November ab. [D. h. im Alter von 81 1/2 Jahren] Ich möchte gern Garantien bis dahin annehmen, aber länger möchte ich wirklich nicht verzögern, denn alles herum wird immer dunkler, drohender und das Bewußtsein der eigenen Hilflosigkeit immer aufdringlicher. Auf Ihren späteren Aufenthalt in Europa möchte ich mich also nicht vertrösten lassen. Also nicht aufschieben ...
>
> Und die Angst, durch das Altern wichtige Stücke der noch intakten Persönlichkeit einzubüßen, ist ein den Wunsch beschleunigender Faktor.

Der letzte Satz macht wiederum deutlich, daß es jetzt nicht der alte Aberglaube, die Todesangst, war, sondern der alte Wunsch, »im Geschirr zu sterben«. Es war wahrscheinlich kein Zufall, daß der Rest des Briefes unter anderem einer Erörterung verschiedener Shakespearedramen, insbesondere von *Macbeth*, gewidmet war.[3]

Freud konnte mit gutem Grund von seiner noch intakten Persön-

3 Freud hielt hartnäckig an dem Glauben fest, Shakespeare sei nicht der Verfasser der ihm zugeschriebenen Theaterstücke gewesen, diese seien vielmehr von einem anderen geschrieben worden, wahrscheinlich von dem Earl of Oxford. Es gelang ihm nie, Jones davon zu überzeugen, und als er sein Glück bei Arnold Zweig versuchte, war er etwas ärgerlich darüber, daß auch dieser die Hypothese ablehnte. Freud brachte in demselben Brief folgende seltsame Argumentation vor: »Daß Shakespeare alles aus zweiter Hand nimmt, – die Neurose Hamlet's, den Wahnsinn Lear's, den Trotz Macbeth's und die Natur seiner Lady, die Eifersucht Othellos usw. das ist mir eine unvollziehbare Vorstellung.«

lichkeit sprechen. In den ersten Monaten des Jahres 1937 hatte er einen Aufsatz mit dem Titel »Die endliche und die unendliche Analyse« geschrieben, der ein äußerst wichtiger Beitrag zu Theorie und Praxis der Psychoanalyse war.

Im April dieses Jahres bemerkte ich an der Stelle des letzten Eingriffes eine kleine, eigentümliche, stielförmige Wucherung, die schnell größer wurde und sehr verdächtig aussah. Pichler operierte am 19. April, wieder unter Vollnarkose (intravenöse Anwendung von Evipan, einem Äquivalent von Pentothalnatrium). Die Operation war gründlich, und die Untersuchung ergab kein Anzeichen einer Malignität. Aber wieder folgten einige Wochen des Leidens und ein weiterer von Schmerzen beeinträchtigter Geburtstag.

Das erklärt zwei kurze[4], recht traurige Briefe, die Freud am selben Tag schrieb, dem 16. Mai 1937. In dem Brief an Marie Bonaparte bedankte sich Freud für die beiden schönen Vasen, die sie ihm geschickt, die besten dieser Art, die er je besessen hatte; eine davon befestigte er über dem Analysestuhl in seiner Sommerwohnung.

Dann fuhr er fort:

> Ein wunderbarer Frühling ist hier über uns gekommen. Der Garten war noch nie so schön. Leider wird mir der Genuß durch die andauernden Schmerzen gestört ... Es sind schon 3 1/2 Wochen seit dem Eingriff. Ich schreibe darum auch nicht mehr. [3]

An Arnold Zweig schrieb er:

> Es ist schön geworden im Garten, endlich. Man kann dem nicht entgehen, daß man der Worte im Frühlingslied gedenkt:
>
> »Die Welt wird schöner mit jedem Tag,
> man weiß nicht, was noch werden mag.«
>
> Aber dann meldet sich der Widerspruch. Man weiß, es wird nicht mehr viel werden.

Freud hat die ganze Strophe desselben Gedichtes in einem Brief an Marie Bonaparte vom 27. April 1926 zitiert (siehe 16. Kapitel). Jetzt in dem Brief an Zweig ließ er den Schluß der Strophe weg.

Aber am 27. Mai sandte er Marie Bonaparte eine seiner klarsten

4 Es kam sehr selten vor, daß Freud an Marie Bonaparte oder an Arnold Zweig einen Brief schrieb, der nur eine Seite lang war.

Formulierungen über die Spielarten des Aggressionstriebs, seine Beziehung zur Sublimierung und seine Verdrängung. Im Juni erschien »Die endliche und die unendliche Analyse«; am 13. August teilte er Marie Bonaparte mit, daß der zweite Teil des Mosesbuches fertig sei. Freud hatte dann einen seiner besten Sommer, der nur unterbrochen war durch zwei Ohrenentzündungen infolge der direkten Ausbreitung einer Infektion aus der Nachbarschaft der Eustachischen Röhre, deren Rachenöffnung sich dicht neben dem Feld des letzten Eingriffs befand.

Er verbrachte den Sommer mit der Arbeit am letzten Teil des *Moses* und der Behandlung von Patienten, relativ ungestört durch die zunehmende politische Unruhe.

Der Brief an Marie Bonaparte hatte, wie viele seiner anderen Briefe, ein besonderes, wenngleich vielleicht nicht voll bewußtes, Ziel. Er diente ihm als Ventil für die Äußerung gewisser pessimistischer, oder richtiger, realistischer Gedanken und ermöglichte es ihm damit, sich wieder der Arbeit, dem Erfreuen und der geistigen Tätigkeit zuzuwenden. Nach der Nachricht von der Vollendung des 2. Teils vom *Moses* (der, wie immer nach einer schöpferischen Anstrengung, eine Zeit der Niedergedrücktheit folgte) fuhr Freud fort:

> Unsterblichkeit bedeutet dem Schriftsteller offenbar, von vielen Anonymen geliebt werden. Nun ich weiß, ich werde Ihren Tod nicht beweinen. Denn Sie werden mich lange überleben und ich hoffe, Sie werden sich über meinen rasch trösten und mich in Ihrer freundlichen Erinnerung fortleben lassen, die einzige Art begrenzter Unsterblichkeit, die ich anerkenne.
>
> Im Moment, da man nach Sinn und Wert des Lebens fragt, ist man krank, denn beides gibt es ja in objektiver Weise nicht; man hat nur eingestanden, daß man einen Vorrat von unbefriedigter Libido hat, und irgend etwas anderes muß damit vorgefallen sein, eine Art Gärung, die zur Trauer und Depression führt. Großartig sind diese meine Aufklärungen gewiß nicht. Vielleicht weil ich selbst zu pessimistisch bin. Mir geht ein ›advertisement‹ im Kopf herum, das ich für das kühnste und gelungenste Stück amerikanischer Reklame halte:
>
> »Why live, if you can be buried for ten Dollars?« Lün[5] hat sich nach einem Bad zu mir geflüchtet. Wenn ich sie recht verstehe,

5 Eine andere Chowhündin Freuds.

läßt sie für den Gruß herzlich danken. Weiß Topsy, daß sie übersetzt[6] wird?

Schreiben Sie bald wieder! (B* 429)

Während des Herbstes 1937 blieb Freuds Allgemeinzustand gut, abgesehen von seiner üblichen Novembererkältung. In einer Notiz vom 26. November bemerkte Pichler: »Diesen Monat werden es 14 Jahre seit der Operation.« Um diese Zeit (1. Dezember) beschädigte Freud zum ersten und einzigen Mal seine Prothese, indem er sie fallen ließ. Dieses Versehen war ihm peinlich, und ich bemerkte, ich hätte mich oft gewundert, daß das nicht früher passiert war.

Inzwischen konnte Freud die ständige Verschlechterung der politischen Lage in Wien nicht mehr unbeachtet lassen. Wir alle in seiner Umgebung, alle Mitglieder der Psychoanalytischen Vereinigung und die meisten unserer Patienten, lebten in einem Zustand der Unsicherheit und düsterer Ahnungen. In einigen Briefen nahm Freud auf diese Situation Bezug. Am 17. November 1937[7] schrieb er an Arnold Zweig:

Die nächste Zukunft sieht trübe aus auch für meine Psychoanalyse. Jedenfalls in den Wochen oder Monaten, die ich noch zu leben habe, werde ich nichts Erfreuliches erleben.

Ganz gegen meine Absicht bin ich ins Klagen gekommen. Ich meine, ich wollte mich Ihnen menschlich annähern, wollte nicht als der Fels im Meere gefeiert werden, gegen den die Brandung vergeblich anstürmt. Aber wenn mein Trotz auch stumm bleibt, er bleibt doch Trotz und – impavidum ferient ruinae.

(B* 431)

Am 20. Dezember 1937 schrieb Freud wieder an Arnold Zweig. Die ersten eineinhalb Seiten widmete er Zweigs Problemen, gab seiner Befriedigung darüber Ausdruck, daß Zweigs Augen sich gebessert hatten, würdigte und beurteilte dessen letztes Buch etc. Danach fuhr er fort:

In Ihrem Interesse kann ich es kaum bedauern, daß Sie nicht Wien zur neuen Heimat gewählt haben. Die Regierung hier ist eine andere, aber das Volk ist dasselbe, in der Anbetung des

6 Marie Bonapartes Buch *Topsy*, ins Deutsche übersetzt von Sigmund und Anna Freud, erschien 1939 im Verlag Allert de Lange, Amsterdam, unter dem Titel »Topsy, der goldhaarige Chow«.

7 Trägt in den *Briefen* irrtümlicherweise das Datum »17. Oktober«.

Antisemitismus durchaus einig mit den Brüdern im Reich. Die Kehle wird uns immer enger zugeschnürt, wenn wir auch nicht erwürgt werden.

Das Jahr 1938 begann nicht gut. Freud hatte heftige Schmerzen, konnte den Mund nicht aufmachen, und es entstand eine wunde Stelle, die sich schnell höchst verdächtig veränderte. Ich sah sie zuerst bei einem Besuch am Neujahrstag. Obwohl sie wie eine Druckstelle aussah, alarmierte ich Pichler, der nach einigen Tagen der Beobachtung überzeugt war, daß es sich wieder um eine Malignität handelte. Aufgrund dieser Annahme operierte er unter Vollnarkose, wobei er auf besondere technische Schwierigkeiten stieß. Die Stelle befand sich so weit innerhalb der Mund-Nasen-Höhle, daß der Zugang äußerst schwierig war. Pichler mußte sich einen besonders langen Griff für die Koagulationsnadel beschaffen. Auch nach einer sehr gründlichen Koagulation war Pichler nicht völlig davon überzeugt, daß er radikal genug vorgegangen war. Außerdem war der Tumor in hartes Narbengewebe eingebettet, das die Exzision besonders schwierig machte. Die Wucherungen rückten allmählich in gefährliche Nähe der Basis der Augenhöhle.

Freud bat Pichler, ein altes Atherom unter dem linken Kiefer zu entfernen, weil es in letzter Zeit größer geworden war und ihn bei der Bartpflege störte, und weil es häßlich aussah.

Freud kehrte nach zwei Tagen wieder heim, und unmittelbar danach erhielten wir den Befund: erneut kanzeröses Gewebe, eineinhalb Jahre nach der letzten Malignität. Diesmal zögerte Pichler, Freud die Wahrheit zu sagen, weil kein weiterer Eingriff nötig war; ich fühlte mich jedoch an mein Versprechen gebunden und gab den Bericht weiter. Freud nahm die Nachricht, wie schon 1936, ohne jede erkennbare Gefühlsregung auf.

Freud verbrachte viele Wochen in elendem Zustand, bevor das nekrotische Gewebe sich ablöste. Wir brachten jeden Tag lange Zeit damit zu, die Wunde zur Säuberung auszuspülen. Freud unterwarf sich all dem mit seiner üblichen Freundlichkeit und Geduld.

Mehrere Wochen lang war Pichler im Zweifel, ob eine weitere extensive Elektrokoagulation notwendig sein würde. Es stellte sich dann heraus, daß nur noch eine kleine Exzision einer warzenartigen Leukoplakie am 19. Februar nötig war.

Wir wußten jetzt, daß Freud nicht mehr viel Zeit vor sich hatte, und er selbst wußte es auch. Er verbrachte noch einige elende Wochen, in denen sich um uns alle das Gewitter immer mehr zusammenzog. Und doch war Freud fähig, am 27. Januar 1938 einen witzigen köstlichen Brief an Marie Bonaparte zu schreiben, fünf Tage nach der Operation und drei Tage, nachdem er erfahren hatte, daß es sich wieder um Krebs gehandelt hatte (siehe Schur, 1965).

Marie Bonaparte hatte ihm geschrieben, als sie von der Operation erfuhr, berichtete über die Fortschritte ihres Aufsatzes »L'inconscient et le temps« (*Revue Française de Psychanalyse* 11, 1939), erzählte von ihren eigenen Herzbeschwerden und schloß mit dem folgenden Absatz:

> Soviel von mir. Ich will aber bald von *Ihnen* hören und erfahren, daß wir noch lange Unterhaltungen auf dieser Erde haben können, bevor wir ins Jenseits in die Elysischen Gefilde gehen werden.

Freud antwortete:

> Ihr lieber Brief von heute hat mich in eine Stimmung versetzt die sofortigen Ausdruck verlangt. Ich stelle mir also vor wie ich Sie in den Elysaeischen Feldern begrüße nachdem ich Ihre Ankunft erfahren habe: nun schön, daß Sie endlich da sind. Sie haben mich so lange warten lassen! Und Ihre letzte große Arbeit über die Zeit habe ich gar nicht mehr lesen können. Ich bin schon sehr neugierig darauf, was Sie gefunden haben, denn wie Sie sich denken können, ist die Gelegenheit zu Erfahrungen über diesen merkwürdigen Charakter unserer geistigen Tätigkeit hierorts besonders ungünstig. Sie werden mir überhaupt viel von der Analyse erzählen müssen ...
>
> Sie werden mir wahrscheinlich sagen, daß ich gut aussehe. Ich hoffe Ihnen das Kompliment bald zurückgeben zu können, denn der Aufenthalt hier wirkt günstig auf die Erscheinung. Vielleicht bemerken Sie aber auch, daß ich mich verschönt habe. Ich war doch entstellt durch eine Talggeschwulst, ein Atherom, das Sie vielleicht aus Diskretion nie erwähnt haben. Diese Verzierung habe ich nun bei der letzten Operation – die vorletzte meine ich natürlich – abtragen lassen. Aber genug von mir. Seien Sie nochmals herzlich willkommen.
>
> Ihrem seligen
> Freud

(Schur, 1965, S. 18-19)

26. KAPITEL

Der Einmarsch der Nazis – Exodus

Im Februar zitierte Hitler Schuschnigg, den österreichischen Bundeskanzler, nach Berchtesgaden und stellte ihn buchstäblich vor ein Ultimatum. Niemand konnte im Zweifel sein, daß das Ende Österreichs nur noch eine Sache von Wochen war. Ich persönlich war so überzeugt davon, daß ich wenige Tage später ein Einreisevisum nach den Vereinigten Staaten beantragte. Ich beschwor Freud wiederholt, das Land zu verlassen. Einmal versprach er, es sich zu überlegen, lehnte es dann aber wieder ab. Am 11. März marschierten die Deutschen ein.

Ich machte gerade Nachmittagsvisite in meiner Klinik, als mich die Nachricht von Schuschniggs Rücktritt erreichte. Ich rief daheim an und fuhr dann in die Berggasse. Die Straßen waren voll von aufmarschierenden SA-Männern. Einige Freunde hatten sich in Freuds Wohnung versammelt und versuchten, Freud zur Abreise zu überreden. Am folgenden Tag gab er nach, aber da war es bereits zu spät, und wir mußten eine offizielle Genehmigung abwarten.

Die Ereignisse der nächsten Wochen, bevor Freud am 4. Juni ausreisen konnte, hat Jones (Bd. 3, S. 258 ff.) eindrücklich geschildert. Auf die Gefahr hin, bereits vorliegendes Material, auch aus anderen Quellen, noch einmal zu bringen, will ich einige Einzelheiten hinzufügen.

Es ist schwer, unsere geistige Verfassung während dieser Zeit zu beschreiben. Über die Greueltaten und die Konzentrations- und Vernichtungslager ist viel geschrieben worden. Weniger ist jedoch über den Zustand bekannt, wenn man sich plötzlich außerhalb des Schutzes der Gesetze befindet. Vor einem Klopfen an der Tür keine Angst zu haben, wäre unnormal gewesen. Freunde und Verwandte verschwanden. Die Gestapo war inzwischen da und hatte ihr Hauptquartier eingerichtet, und die ersten Nachrichten über Folterungen begannen zu zirkulieren.

Freuds Wohnung wurde mehrmals von SA-Banden heimgesucht, die hauptsächlich auf Beute aus waren. Schwerwiegender war die Durchsuchung durch Leute der Gestapo. Dinge wie eine signierte Photographie von Einstein – einem der »Hauptfeinde des Vaterlandes« –, Einsteins Briefe an Freud, Freuds Mitgliedschaft in der Loge B'nai Brith, die man den Freimaurern zurechnete, stellten damals schwerwiegendes Belastungsmaterial dar.

Sicher ist, daß längere Zeit hindurch die Zukunft sehr ungewiß war und daß Freud und seine Familie, die noch dagebliebenen Analytiker, sowie meine Familie und ich, alle in ernster Gefahr waren. Inmitten all dessen blieb Freud ruhig, voller Würde und völlig selbstbeherrscht.

Es liefen damals natürlich viele Gerüchte im Ausland um, aber das folgende scheint den Tatsachen zu entsprechen. Innerhalb der Nazihierarchie gab es offenbar mehrere verschiedene Fraktionen, die unterschiedlicher Meinung darüber waren, was mit uns geschehen solle. Die Himmler-Goebbels-Fraktion, die an die lähmende Wirkung des Terrors glaubte, wollte die ganze Gruppe ins Gefängnis werfen. Göring, unter dem Einfluß seines Psychiater-Vetters, war für Mäßigung. Das deutsche Außenministerium war immer noch besorgt darüber, welcher Aufschrei sich wahrscheinlich in der gesamten westlichen Welt erheben würde, falls dem 82jährigen Meister etwas geschehen sollte. Diese Haltung, die schließlich die Oberhand behielt, wurde maßgeblich durch Intervention von vielen Seiten beeinflußt. Im Herbst 1964 gab mir der verstorbene Botschafter William C. Bullitt die folgende Darstellung: Er war bezüglich der Fähigkeit Österreichs, dem Druck des Nazismus zu widerstehen, äußerst skeptisch gewesen. Als er noch Botschafter der Vereinigten Staaten in Moskau war, hatte er dafür gesorgt, daß ein Mr. Wiley zum Generalkonsul in Wien ernannt wurde, mit dem Sonderauftrag, auf Freud und seine Familie aufzupassen und innerhalb der Grenzen des diplomatisch Möglichen seine schützende Hand über sie zu halten. Nach der Besetzung Österreichs rief Bullitt sofort Wiley an und verlangte von ihm, daß er sich für Freud einsetze. Dann rief er den deutschen Botschafter in Paris an, den Grafen Welczeck, einen Aristokraten des alten diplomatischen Dienstes, dem er auf das Nachdrücklichste auseinandersetzte, welche Folgen irgendwelche Schikanen gegenüber Freud in den Vereinigten Staaten haben würde. Er bestand auch darauf, daß Welczeck diese Informationen sofort an Berlin weitergab. Schließlich telefonierte er mit Washington und bat Präsident Roosevelt, seine Intervention in vollem Umfange zu unterstützen.[1]

1 Bei meinem Zusammensein mit Mr. Bullitt kam auch das Wilsonbuch zur

Marie Bonaparte und Jones begaben sich sofort nach Wien, und ihre bloße Anwesenheit übte gleichfalls eine gewisse Wirkung aus.

Mr. Wiley tat alles, was in seinen Kräften stand. Noch am selben Abend stattete er Freud einen Besuch ab, und später wurden dann die folgenden Vorkehrungen getroffen. Die Analytikerin Mrs. Dorothy Burlingham wohnte im selben Haus wie Freud. Ein Haustelephon verband die beiden Wohnungen. Sobald sich irgend etwas ereignete (Durchsuchung, Plünderung etc.), rief sie die amerikanische Botschaft an, und innerhalb weniger Minuten kam dann »zufällig« ein Botschaftsbeamter vorbei.

Pichler, obwohl altes Mitglied der »Großdeutschen Partei« (die seit dem Ersten Weltkrieg für den »Anschluß« Österreichs an

Sprache. Ich wußte von der Existenz eines solchen Manuskripts, weil Freud mir angedeutet hatte, daß er sich für dieses Werk interessiere. In seinem Brief vom 7. Dezember 1933 an Marie Bonaparte hatte er auch seiner Enttäuschung darüber Ausdruck gegeben, daß sich die Fertigstellung des Buches hinauszog. Jones hatte bei seinem Aufenthalt in New York im Jahr 1956 Gelegenheit, das Manuskript zu sehen (Bd. 3, S. 182).

Mr. Bullitt fragte mich nach meiner Meinung über die Veröffentlichung des Buches. Meine Antwort lautete, mein Anliegen sei in erster Linie die Erhaltung des Manuskriptes, und zwar sowohl in meiner Eigenschaft als Mitglied des Vorstands des Sigmund-Freud-Archivs, das an der Erhaltung allen für das Verständnis Freuds einschlägigen Materials lebhaft interessiert ist (Manuskripte, Briefe, Auskünfte von Personen, die Freud kannten etc.) als auch deshalb, weil ich mit der Abfassung einer biographischen Studie Freuds beschäftigt sei. Ich betonte diesen Punkt, weil Mr. Bullitt mir mitteilte, daß nur ein einziges Exemplar des Manuskripts existiere. Ich sagte ihm auch, daß ich annehme, er besitze wahrscheinlich umfangreiche Notizen über seine vielen Gespräche mit Freud über Wilson und außerdem auch viele Briefe. Mr. Bullitt teilte mir jedoch mit, alle diese Notizen und Briefe seien durch die Nachlässigkeit eines Dieners verbrannt worden, als er während des Krieges Paris in Eile verlassen mußte.

Ich machte deshalb den Vorschlag, Mr. Bullitt solle eine Abschrift des Manuskripts an Ernst Freud schicken, der für die Sigmund-Freud-Copyrights zuständig sei. Ich sagte Mr. Bullitt außerdem, ich sei überzeugt, daß Anna Freud bereit sein werde, ihm bei der endgültigen Formulierung der psychoanalytischen Aspekte des Buches behilflich zu sein. Ich schlug vor, mit einer Veröffentlichung auf jeden Fall einen Universitätsverlag zu betrauen. Auf Mr. Bullitts Bitte um einen genaueren Vorschlag antwortete ich, die Rütgers University Press wäre sicherlich eine ausgezeichnete Wahl. Mr. Bullitt schickte dann wirklich eine Abschrift an Ernst und Anna Freud, hielt es aber leider nicht für richtig, irgendwelche Hilfe von seiten Anna Freuds anzunehmen. Nach der Lektüre des Manuskriptes hatte Anna Freud den Eindruck, daß nur die Einleitung unverkennbar Freuds Stil und Denkweise zeigte. Ich teilte diese Meinung, und andere taten es auch (siehe Erikson, 1967, und R. S. Stewart, 1967).

Deutschland eingetreten war), war völlig frei von jeder nazistischen Einstellung und hätte sich nicht besser verhalten können, als er es tat. Er kam wiederholt zu Freud in die Wohnung, sobald er erfuhr, daß es Ungelegenheiten gab, und machte hinter den Kulissen all seinen Einfluß geltend. O. Pötzl, der Nachfolger von Wagner-Jauregg als Direktor der Psychiatrischen Universitätsklinik, tat das gleiche.

Es gab jedoch gefährlichere Entwicklungen. Die Ereignisse hatten sich so überstürzt, daß offenbar eine Abschrift von Freuds Testament, aus dem hervorging, daß er Geld im Ausland hatte – ein schreckliches Verbrechen –, im Verlag geblieben war. Freuds ältester Sohn Martin versuchte, die Testamentsabschrift zusammen mit einigen anderen Dokumenten zu vernichten, wurde dabei erwischt und stundenlang unter Bedrohung mit der Waffe festgehalten. Er hatte Grund zu dem Verdacht, daß der nationalsozialistische Kommissar des Verlags von der Sache Wind bekommen hatte.

Eines Tages wurde Anna Freud zur Gestapo beordert, von wo viele, ja die meisten, nie mehr zurückkamen, weil man sie in einem Konzentrationslager verschwinden ließ. Martin erwartete jeden Augenblick die gleiche Aufforderung. Beide kamen in meine Wohnung und informierten mich über die Lage. Auf ihr Verlangen – sie befürchteten, nicht ohne Grund, daß man sie foltern werde – händigte ich ihnen eine genügende Menge Veronal aus und versprach, daß ich mich so lange als irgend möglich um Freud kümmern werde (das ist das einzige, was wir Freud nie mitteilten). Das war der schlimmste Tag. Ich ging in die Berggasse und blieb bei Freud. Die Stunden zogen sich endlos hin. Es war das einzige Mal, daß ich Freud tief bekümmert sah. Er ging im Zimmer auf und ab und rauchte ununterbrochen. Endlich, spät abends, kam Anna Freud zurück. Freud, der selten seine Zuneigung offen zur Schau trug, zeigte an diesem Abend seine Gefühle ziemlich unverhüllt. Diese Gefahr war vorüber. Martin wurde nicht zur Gestapo zitiert. Ich habe Anna nie danach gefragt, was bei der Gestapo damals wirklich geschah.[2]

2 Nach Angabe von Jones intervenierte Mr. Wiley auch in diesem Fall; und anscheinend gab es auch eine Intervention von seiten Mussolinis. Dr. Edoardo Weiss, ein italienischer Analytiker, der mit dem Duce bekannt war, gibt an, daß der italienische Botschafter in Wien angewiesen wurde, zugunsten Freuds zu intervenieren (siehe Jones, Bd. 3, S. 261 ff.).

Erst später fanden wir heraus, daß unsere Angst zumindest teilweise unbegründet gewesen war. Der Parteikommissar Sauerwald wußte von dem belastenden Testament, hatte aber das Geheimnis nicht preisgegeben.[3]

3 Obwohl das Folgende nicht zu dem im Titel dieser Studie angegebenen Thema gehört, ist es hier doch vielleicht angebracht, über die Episode Sauerwald zu berichten, weil sie möglicherweise eine wichtige Rolle für das Schicksal Freuds gespielt hat.
Nach dem »Anschluß« erhielt jedes Unternehmen seinen nationalsozialistischen Kommissar. Häufig war das ein früherer Angestellter oder jemand, der sich in dem betreffenden Geschäfts- oder Industriezweig gut auskannte. Daß Sauerwald, der in Chemie promoviert hatte, Kommissar des Psychoanalytischen Verlages wurde, war eine merkwürdige Schicksalswendung. Zu Anfang beschimpfte er Dr. Hartmann und Dr. Sterba, daß sie sich als Nichtjuden mit diesen »jüdischen Schweinereien« eingelassen hätten. Aber ganz allmählich begannen sich die Dinge zu wandeln. Erstens langweilte er sich bei seiner Aufgabe und begann deshalb, Freuds Werke zu lesen, anfangs weil er neugierig war, dann weil es ihn interessierte und beeindruckte. Zweitens beeindruckte ihn Freud als Persönlichkeit noch stärker. Das hatte zur Folge, daß er außerordentlich hilfsbereit wurde und seinen ganzen Einfluß bei den Nazis geltend machte, um die Auswanderung Freuds, seiner Familie und der Gruppe der Freud unmittelbar Nahestehenden zu erleichtern. Er arbeitete ständig mit Freuds nationalsozialistischem Rechtsanwalt Dr. Indra zusammen (der nur dem Namen nach Nazi war). Wir erfuhren schließlich, daß Sauerwald tatsächlich den Beweis für Freuds Guthaben im Ausland gefunden, ihn aber unter beträchtlichem Risiko für seine eigene Sicherheit versteckt hatte. Als einmal die Gestapoleute sich Freud gegenüber respektlos benommen hatten, entschuldigte er sich bei Anna mit den Worten: Was kann man da schon erwarten? Diese Preußen wissen nicht, wer Freud ist. (Die alte Abneigung zwischen Preußen und Österreich war nie ganz verschwunden.) Später überwachte er persönlich die Verpackung von Freuds Habseligkeiten, einschließlich seiner Bücher und seiner Kunstsammlung, und nach Freuds Abreise kümmerte er sich um Freuds betagte Schwestern und besuchte sie häufig (erst nachdem er zur Wehrmacht eingezogen wurde, wurden sie in verschiedene Vernichtungslager abtransportiert).
Im Jahr 1939 erschien Dr. Sauerwald eines Tages in London, keiner von uns wußte warum; vielleicht kam er in irgendeinem Regierungs- oder Spionageauftrag. Er besuchte Alexander Freud (Freuds jüngeren Bruder), um herauszufinden, wie es Freud ginge. Alexander fragte ihn geradeheraus nach dem Grund für seine Haltung, die in Gegensatz zum üblichen Verhalten eines Nazis stand. Sauerwald erzählte ihm folgende erstaunliche Geschichte: Die Wiener Polizei hatte ihn als Sprengstoffexperten beschäftigt. Er stellte aber zugleich auch Sprengstoffe für die nationalsozialistische Untergrundbewegung in Österreich her. Nach jeder Explosion bekam er die von ihm selber hergestellten Sprengmittel zur Untersuchung. Durch seine schnellen und zutreffenden Analysen hatte er sich so einen glänzenden Ruf verschafft.
Als Alexander Freud ihn fragte, wie er seine nazistische Weltanschauung mit seiner Hilfsbereitschaft gegenüber Freud und seiner Familie vereinbaren könne,

Erst vor kurzem hat mir Anna Freud folgende Geschichte erzählt und mich ermächtigt, sie zu veröffentlichen. Als die Lage am schlimmsten war und eine Flucht aussichtslos erschien, fragte Anna ihren Vater: Wäre es nicht besser, wenn wir uns alle das Leben nähmen? Darauf erwiderte Freud mit seiner charakteristischen Mischung von Ironie und Empörung: Warum? Weil sie gerne möchten, daß wir das tun? So stark waren sein Mut und sein Trotz. Und das war der Mann, von dem man im Jahre 1923 gefürchtet hatte, er könne Selbstmord begehen, wenn man ihm sagte, daß er Krebs habe. Als Freud noch in Wien war, zu einem Zeitpunkt, als die Chancen der Emigranten sich gebessert hatten, schrieb er an seinen Sohn Ernst am 12. Mai, wenige Tage nach seinem 82. Geburtstag, der diesmal wirklich nicht gefeiert werden konnte:

> Zwei Aussichten erhalten sich in diesen trüben Zeiten, Euch alle beisammen zu sehen und – to die in freedom.

Dieser Brief enthielt auch eine historische Perspektive, wie der nächste Satz zeigt:

> Ich vergleiche mich manchmal mit dem alten Jakob, den seine

gab er als Erklärung eine Rationalisierung, die für viele »gute« Nazis typisch war: Der Führer, der natürlich alles am besten weiß, hat erkannt, daß das Vaterland in Gefahr ist. Die Juden können wegen ihrer internationalistischen Neigungen und ihrer Tendenz zu individualistischem Verhalten keinen zuverlässigen Teil der Bevölkerung bilden. Deshalb müssen sie eliminiert werden. Das ist vielleicht bedauerlich, aber der Zweck heiligt die Mittel. Das bedeutet jedoch nicht, daß es einem einzelnen nicht erlaubt ist, in besonderen Fällen persönliche Härten zu erleichtern.

Jones berichtet, Sauerwald habe unter einem Professor Herzig, einem alten Freund Freuds, Chemie studiert, und auf Freud die Hochachtung übertragen, die er für seinen alten Lehrer empfand. Das hätte für sich allein den Wandel in Sauerwalds Verhalten und seine wachsende Hilfsbereitschaft nicht erklärt. Ich habe immer angenommen, daß er einer jener Nazis aus Überzeugung war, bei denen sich allmählich Schuldgefühle entwickelten und die versuchten, mit ihrem Gewissen dadurch ins reine zu kommen, daß sie sich anständig verhielten, wenn es die Umstände gestatteten. Das wäre dann ein zweiter Faktor gewesen, neben dem großen Eindruck, den Freud selbst gemacht hatte.

Im Krieg wurde Sauerwald verwundet, bekam Tuberkulose und wurde nach Kriegsende von der österreichischen Regierung als Kriegsverbrecher angeklagt. Marie Bonaparte und Anna Freud stellten ihm Zeugnisse aus, die seine Hilfe bescheinigten; das trug mit dazu bei, daß er freigesprochen wurde.

Das war einer jener sonderbaren Zwischenfälle, wo vielleicht das Schicksal Freud gerettet hat, und mit ihm die Menschen seiner Umgebung, einschließlich meiner selbst und meiner Familie.

Kinder auch im hohen Alter nach Ägypten mitgenommen haben ... Hoffentlich folgt nicht darauf wie dereinst ein Auszug aus Ägypten. Es ist Zeit, daß Ahasver irgendwo zur Ruhe kommt. (B* 435)[4]

Wir könnten noch auf ein weiteres Vorbild für Freud hinweisen, das gleichfalls auf diese Situation anwendbar war. In dem *Mosesbuch* bemerkte Freud: »Unmittelbar nach der Zerstörung des Tempels in Jerusalem durch Titus erbat sich Rabbi Jochanan ben Sakkai die Erlaubnis, die erste Thoraschule in Jabne zu eröffnen« (1931, S. 223). Zu Freuds Wunsch, in Freiheit zu leben und zu sterben, kam noch die Hoffnung, in London ein neues Zentrum für Psychoanalyse zu errichten.

Eine letzte Motivation zur Auswanderung schließlich, die Freud später (1939) erwähnte, war der Wunsch, den dritten Teil des *Moses* zu beenden und zu veröffentlichen, was in Österreich auf unzählige Hindernisse gestoßen wäre.

In all diesen Wochen verließ Freud selbstverständlich seine Wohnung nicht, da er auf den Straßen Wiens nicht sicher gewesen wäre. Er behandelte die noch verbliebenen Patienten weiter, arbeitete an Teil III des *Moses* und bereitete sich auf die Emigration vor, indem er Stöße von Briefen und Manuskripten aussonderte. Freuds physisches Befinden, einschließlich des Zustandes seines Mundes, war nicht schlecht. Es traten keine neuen Veränderungen auf, und nur die Krustenbildungen waren lästig und bedurften ständiger Aufmerksamkeit. Wir bemühten uns, seinen Tagesablauf so wenig wie möglich zu stören. Pichler kam, sooft er konnte. Zwischen dem 19. Februar 1938, dem Datum des letzten chirurgischen Eingriffs, und dem 2. Juni trug er keine Notizen ein. Am 2. Juni notierte er: »Letzte Untersuchung vor der Abreise nach England.« Die Untersuchung ließ keine verdächtigen

4 Freuds Vater hieß Jakob, und die Gestalt des Josef hatte Freud schon immer fasziniert. Mit Thomas Mann hatte er das Thema im Zusammenhang mit dessen Josef-Tetralogie ausführlich diskutiert. Josef war nicht nur der Traumdeuter. Die Bibel sagt uns, daß er der erstgeborene Sohn von Jakob und Rahel war. Rahel, Leahs jüngere Schwester, war es, die Jakob wirklich liebte, für die er ihrem Vater sieben Jahre dienen wollte. Rahel konnte keine Kinder gebären, bis Gott sich an sie erinnerte ... und ihren Schoß öffnete (Genesis 30). Josef blieb Jakobs Lieblingssohn, der von all seinen Brüdern beneidet wurde.

Wir wissen, daß Freud mit »dem Buch« aufwuchs. Die Übereinstimmung mit der biblischen Geschichte, daß er der erstgeborene Sohn der jungen Frau seines Vaters war, forderte eine Identifizierung geradezu heraus, besonders nachdem Sigmund selber der Traumdeuter geworden war.

Stellen erkennen. Diese Verbesserung in Freuds Zustand half uns, ihn davon zu überzeugen, daß die Emigration der Mühe wert war.

Das letzte Kapitel in Wien war die Lösegeldgeschichte. Die Nazis verlangten von jedem Emigranten, der über eine bestimmte Geldsumme verfügte, 20 Prozent seines Besitzes als Reichsfluchtsteuer. Sie legten jedoch als Stichtag für die Bemessung den 1. Januar 1938 fest, während sie in der Zwischenzeit den Besitz ihrer Opfer größtenteils konfisziert hatten. Da Freuds Bankguthaben, der Verlag etc. konfisziert worden waren, verfügte er nicht mehr über das Bargeld, die Steuer zu bezahlen. Selbstverständlich konnte niemand zugeben, daß er Geld im Ausland hatte. So bezahlte Marie Bonaparte die Steuer für ihn, und Freud bestand darauf, dieses Geld zurückzuzahlen, sobald er in Paris war.

Wir alle mußten die gleiche alptraumhafte Prozedur durchlaufen und von Dienststelle zu Dienststelle eilen, um die nötigen Papiere zu bekommen. Glücklicherweise waren Freuds Anwalt und Sauerwald uns allen dabei behilflich.

Es war beschlossen worden, daß ich zusammen mit meiner Familie Freud nach England begleiten und sein Leibarzt bleiben solle.[5] Es war Ernest Jones, der dies möglich machte, indem er die notwendigen Genehmigungen beschaffte, und ich habe nicht vergessen, wie tief ich in seiner Schuld stehe. Wir machten detaillierte Pläne für die Reise. Freud und seine Familie waren etwas besorgt; schließlich hatte er Wien seit acht Jahren nicht mehr ver-

5 Freud stellte zur Vorlage beim britischen Konsulat in Wien für die notwendigen britischen Visa die folgende Liste auf.

Prof. Dr. Freud	Wien IX, Berggasse 19	
1. Prof. Sigm. Freud	82 J.	
2. Seine Frau Martha	77 J.	
3. Schwester der Frau: Minna Bernays	73 J.	
4. Tochter Anna	42 J.	
5. Sohn Dr. Martin	48 J.	
6. Dessen Frau Esti	41 J.	
7. Dessen Sohn Walter	16 J.	
8. Dessen Tochter Sophie	13 J.	
9. Enkel Ernst Halberstadt	24 J.	
10. Verheiratete Tochter Mathilde	50 J.	
11. Deren Mann R. Hollitscher	62 J.	
12. Leibarzt seit 9 1/2 Jahren Dr. Max Schur	41 J.	mit
13. Frau und zwei kleinen Kindern		
14. langjährige Hausgehilfin Paula Fichtl	36 J.	

lassen. Ich war in dieser Hinsicht optimistisch und davon überzeugt, daß sich keine ungünstigen Reaktionen bei ihm einstellen würden. Es war übrigens erstaunlich, wie gut nicht nur Freud, sondern viele sehr alte Menschen damals weite Reisen, häufig unter primitivsten Bedingungen, ertrugen.

Kurz nachdem wir unsere Genehmigungen erhalten hatten, die das Abreisedatum festlegten, erkrankte ich an einer schweren phlegmonösen Blinddarmentzündung. Ich war verzweifelt, versuchte einige Stunden zu warten, mußte aber schließlich doch operiert werden, – vom medizinischen Standpunkt aus etwas zu spät, ganz gewiß aber zu spät für unseren Fahrplan. Ich telephonierte mit Anna Freud, die sehr besorgt war. Ich sah sie vor der Operation, und wir besprachen die Möglichkeit, daß ich nicht in der Lage wäre, mit ihnen zu reisen. Am fünften Tag nach der Operation versuchte ich aufzustehen, brach aber zusammen. Anna Freud kam noch einmal und sagte mir, daß sie abreisen müßten; es war zu riskant, zu warten. Wir beschlossen, daß Dr. Josefine Stroß, die jetzt Kinderärztin an der Hampstead Child-Therapy Clinic ist, sie an meiner Stelle begleiten und mich vertreten sollte, bis ich nachkommen konnte.

Freud reiste am 4. Juni 1938 ab, und alles ging gut. Ich wußte, daß er unmöglich länger hatte warten können, aber trotzdem fühlte ich mich einsam und verlassen, wie nie zuvor. Ich hatte inzwischen einen Abszeß in der Operationswunde bekommen, der operiert werden mußte; danach wurde ich, sobald das medizinisch auch nur einigermaßen vertretbar war, in einem Krankenwagen zum Zug gefahren. Im Krankenhaus hatte es einige unheildrohende Nachforschungen durch die Gestapo gegeben[6], und der

6 Schon wochenlang vorher hatte ich alle drei Tage dem nächstgelegenen Polizeiposten über meinen Verbleib berichten müssen. Die Gestapo kannte das Datum unserer geplanten Abreise, und wir hatten versäumt, die Polizei von meiner Notaufnahme ins Krankenhaus zu verständigen. Zwei oder drei Tage nach Freuds Abreise sprach ein Gestapobeamter beim Krankenhaus vor, um herauszufinden, ob ich dort war, ob meine Erkrankung echt war und wann ich das Land zu verlassen beabsichtigte. Meine Frau und ich machten einige schlimme Augenblicke durch, als die Schwester (eine sehr freundliche Nonne, die mich kannte) ins Zimmer stürzte und damit herausplatzte, daß die Gestapo Nachforschungen anstellte. Am 8. Juni wurde meine Frau noch einmal zu einer Behörde des Finanzamts zitiert, um einige neu hinzugefügte Details unserer Unbedenklichkeitserklärung zu klären, jenem teuflischen Formular, welches bestätigte, daß man kein verdächtiger Bürger war. Der Steuerstatus des Betreffenden war ein wesentlicher Teil dieser Bestätigung.

großartige Empfang, den man Freud in Frankreich und England bereitet hatte, die Publizität, die seine Ankunft in der dortigen Presse fand, hätten jede weitere Verzögerung für mich gefährlich gemacht. Wir reisten am 10. Juni ab, wahrscheinlich im allerletzten Moment.

Der »arische« Chirurg, der mich operierte, hatte mir die nötigen Bescheinigungen ausgestellt, um die Grenzpolizei von einer Durchsuchung meines Verbandes nach verstecktem Geld oder Schmuck abzuhalten. Glücklicherweise verlief die Reise ohne Zwischenfälle. An einem jener zauberhaften Frühlingstage, wo die Berghänge am Fuße der Alpen in der leuchtenden Abendsonne aufglühen, fuhr der Zug durch Salzburg nach Deutschland hinein. Die Grenzkontrolle war höflich.

Ich werde nie unsere überwältigende Erleichterung vergessen, als wir die ersten französischen Grenzbeamten sahen und der Zug über die Rheinbrücke rollte. Wir waren frei und in Sicherheit. Marie Bonaparte erwartete uns am Bahnhof und brachte uns zu ihrer Wohnung; wir blieben dort, bis meine Genesung soweit fortgeschritten war, daß wir nach England weiterreisen konnten. Erholung bedeutete in diesem Fall natürlich mehr als nur die Ausheilung meiner Wunde. Was für ein unglaublicher Kontrast war es, der Welt von Wahnsinnigen entronnen zu sein, die die Macht hatten, über unser Sein oder Nichtsein zu entscheiden, und in dem schönen Haus Marie Bonapartes liebevoll umsorgt und geachtet zu werden. Selbst meine kleinen Kinder (fünf und zweieinhalb Jahre alt) spürten den Unterschied.

27. Kapitel

Das letzte Kapitel

Freud hatte sich inzwischen in London niedergelassen. Der Brief, den er an Marie Bonaparte schrieb, nachdem er dort angekommen war, verdient in vollem Umfang wiedergegeben zu werden, weil er zeigt, wieviel Leben noch in ihm war:

8. Juni 1938

Meine liebe Marie,

Der erste Brief geschrieben auf dem von Ihren Terrakotten eingerahmten Schreibtisch in einem Zimmer, dessen Gartenaussicht Ihnen gewiß gefallen wird, sollte von rechtswegen Ihnen gehören, denn der eine Tag in Ihrem Haus in Paris hat uns Würde und Stimmung wiedergegeben; nachdem wir 12 Stunden lang in Liebe eingehüllt wurden, sind wir stolz und reich[1] unter dem Schutz der Athene[2] abgereist! Aber es hat vielleicht nicht viel Sinn Ihnen zu danken oder Ihnen zu erzählen, was Sie schon wissen. Sie werden Neues erfahren wollen.

Neues ist hier genug, das meiste schön, einiges sehr schön. Der Empfang in Victoria Station und dann von den Zeitungen dieser ersten zwei Tage war liebenswürdig, ja enthusiastisch. Wir schwimmen in Blumen. Interessant die Zuschriften: nur 3 Autographensammler, 1 Malerin die mich porträtieren will wenn ich ausgeruht bin, auch nur 1 rührende Konsultation einer Tochter, für ihre als unheilbar verurteilte Mutter, ferner eine Annonce eines großzügigen Delikatessengeschäftes. Sonst die Begrüßungen durch die meisten Mitglieder der englischen Gruppe, einige gelehrte und andere jüdische Gesellschaften, als pièce de résistance ein weitläufiges Telegramm auf vier Blättern aus Cleve-

1 Marie Bonaparte hatte Freud das Geld gegeben, das sie für ihn in Besitz gehabt hatte. Er bestand dann darauf, das Lösegeld zurückzuerstatten, das sie vorgestreckt hatte.

2 Nach Freuds Ankunft in Paris übergab sie ihm eines seiner Lieblingsstücke, eine kleine, antike griechische Statue der Athene, die sie für ihn herausgeschmuggelt hatte, mit dem folgenden Billett:

Die Athene –
Ruhe! Vernunft!
Grüßt die Ausreisenden
aus der tollen Hölle!

land, Ohio, gezeichnet von »citizens of all faiths and professions«, höchst respektvolle Einladung unter allen Versprechungen, unser Heim bei ihnen aufzuschlagen. (Wir werden antworten müssen, daß wir leider schon ausgepackt haben!)

Endlich, und das ist das für England besondere, reichliche Zuschriften von fremden Leuten, die nur sagen wollen wie sehr sie sich freuen daß wir in England angekommen, daß wir jetzt in Sicherheit und Frieden sind. Wirklich, als ob unsere Sache auch ihre Sache wäre.

Mein Herz war, wie in Paris, auch diese Tage nicht leistungslustig, unsere kleine Ärztin hat brav gewacht und es scheint sich rasch zu bessern . . .

Ihre Zigarren sind sicherlich unschädlich, wenn auch nicht sehr schmackhaft. Ich habe hier noch nichts Ähnliches gefunden.[3]

So könnte ich noch Stunden lang schreiben, ohne den Stoff zu erschöpfen. Aber genug, mit herzlichstem Gruß

Ihr Freud [1]

Dieser Brief zeigt deutlich Freuds gehobene Stimmung nach der gelungenen Flucht und dem begeisterten Empfang in London. Natürlich gab es auch viele Sorgen. So hatte seine Schwägerin, die Wien vor ihm verlassen hatte, jetzt eine Lungenentzündung, und er hatte sie noch nicht gesehen. Außerdem waren die Nachrichten über den zunehmenden Terror in Österreich sehr deprimierend.

Dem Brief an Marie Bonaparte war ein Brief an Eitingon in Jerusalem vorausgegangen. Nach einer Schilderung der Reise nach London hatte Freud geschrieben:

Es wird kaum Zufall sein, daß ich bisher so sachlich geblieben bin. Die Affektlage dieser Tage ist schwer zu fassen, kaum zu beschreiben. Das Triumphgefühl der Befreiung vermengt sich zu stark mit der Trauer, denn man hat das Gefängnis, aus dem man entlassen wurde, immer noch sehr geliebt . . . die frohen Erwartungen eines neuen Lebens werden durch die Unsicherheit gehemmt, wie lange ein müdes Herz noch Arbeit wird leisten wollen, unter dem Eindruck der Krankheit im Stock über mir – ich habe sie [Minna] noch nicht sehen dürfen – wechselt der Herzschmerz ab mit deutlicher Depression. Aber alle Kinder, die echten sowohl wie die angenommenen, benehmen sich reizend. Math zeigt sich hier so tüchtig wie Anna in Wien,

3 Freud mochte nikotinarme Zigarren nicht. Er fand dann bald schmackhafte.

Ernst ist wirklich wie man ihn genannt hat, a tower of strength, Lux und die Kinder seiner würdig, die Männer Martin und Robert tragen den Kopf wieder hoch. Soll ich der einzige sein, der nicht mitgeht, der die Seinigen enttäuscht? Und meine Frau ist gesund und siegreich geblieben. [B* 439]

Dies war vielleicht das einzige Mal, daß Freud zugab, wie sehr er, trotz allem, Wien geliebt hatte.

Nach Freuds Ankunft in London begannen viele Schriftsteller, Wissenschaftler und Künstler wieder einmal über Freuds mögliche Kandidatur für einen Nobelpreis zu spekulieren. Arnold Zweig schrieb Freud darüber, und Freuds Antwort vom 28. Juni 1938 begann: »Lassen Sie sich doch von der Nobel-Chimäre nicht meschugge machen.« Er wies darauf hin, daß unter den gegebenen Umständen keines der offiziellen Mitglieder des Nobelpreiskomitees es wagen würde, durch die Verleihung des Preises an ihn das nationalsozialistische Deutschland herauszufordern[4], und fuhr dann fort:

Es geht uns sehr gut, ginge uns sehr gut, wenn nicht die angreifenden Nachrichten aus Wien, die unausgesetzten Anforderungen zu helfen, durch die man nur immer an die eigene Ohnmacht gemahnt wird, jedes Gefühl von Behagen ersticken würden ...

Ich schreibe hier mit Lust am dritten Teil des Moses. Eben vor einer halben Stunde hat mir die Post einen Brief eines jungen jüdischen Amerikaners gebracht, in dem ich gebeten werde, den armen, unglücklichen Volksgenossen nicht den einzigen Trost zu rauben, der ihnen im Elend geblieben ist. Der Brief war nett und wohlmeinend, aber welche Überschätzung! Soll man

4 Freud schätzte vielleicht den Mut der Mitglieder des Nobelpreiskomitees nicht richtig ein. Im Jahre 1935 war der Nobelpreis an Carl von Ossietzky verliehen worden, dem bekannten deutschen Pazifisten und Herausgeber der »Weltbühne«, der seit 1933 in einem deutschen Konzentrationslager interniert war. Diese Preisverleihung löste ein Wutgeheul der Nazipresse aus.

Freud war mehrmals für den Nobelpreis in Medizin vorgeschlagen worden. Er hatte jedoch unter den medizinischen Nobelpreisträgern nur zwei warme Befürworter: den Pharmakologen Otto Loewi und den Otologen Barany, dazu das lauwarme Einverständnis von Wagner-Jauregg, Direktor der Abteilung für Psychiatrie in der Wiener medizinischen Fakultät. Die Welt der akademischen Medizin in Europa hatte, mit sehr wenigen Ausnahmen, die Psychoanalyse nicht akzeptiert. Und obgleich Freud den Goethepreis für einen Essay durchaus literarischen Charakters erhalten hatte, war es schwierig, ihn für den Literaturnobelpreis in Betracht zu ziehen.

wirklich glauben, daß meine trockene Abhandlung auch nur einem ... den Glauben stören wird?

Ich habe mehrere interessante Besucher gehabt ... Das Erfreulichste war der Besuch zweier Sekretäre der R. S. [Royal Society], die das heilige Buch der Society zu mir brachten, damit ich meine Unterschrift hineinsetze, da ein neuerliches Leiden ... mich am Ausgehen verhindert. Ein facsimile des Buches haben sie bei mir gelassen, und wenn Sie bei mir wären, könnte ich Ihnen die signatures von J. Newton to Charles Darwin zeigen. Gute Gesellschaft!

Mit herzlichen Grüßen für Sie mit Frau und Kindern

Ihr Sigm. Freud

P. S. Ich muß mich an eine neue Unterschrift gewöhnen, da, so hat man mich belehrt, seinen Familiennamen allein zeichnet hier nur ein Lord. Im ganzen ein absonderliches Land.

Freud gefiel es offensichtlich in seiner Wahlheimat. Seit seiner Jugend hatte er in England die Wiege der Demokratie und der Gedankenfreiheit gesehen. Mitglied der Royal Society zu sein, in der Gesellschaft von Newton und Darwin, machte ihm offenkundig Freude.

Freud liebte das in der Nähe des Regents-Parks gelegene Haus, das er vorübergehend bewohnte. Er arbeitete nicht nur am dritten Teil des *Moses*, sondern hatte auch mit der Niederschrift eines Essays begonnen, der posthum unter dem Titel *Abriß der Psychoanalyse* erschien (1940). Wie er es schon früher oft getan hatte, spielte er die Bedeutung dieses Werks herunter, so zum Beispiel in einem Brief an Marie Bonaparte. Die Niederschrift ging langsam voran, und Freud hat das Werk nie vollendet, aber es erwies sich später als eine außerordentlich klare und profunde Formulierung der auf den neuesten Stand gebrachten psychoanalytischen Theorie.

Als ich am 15. Juni 1938 in London ankam, erfuhr ich, daß Freud während seiner Reise leichtere Herzbeschwerden gehabt hatte, die dann noch den ganzen Juni hindurch anhielten. Eine kurze Zeit lang hatte er auch eine Blasenreizung gehabt (das war das »neuerliche Leiden«, von dem in seinem Brief an Arnold Zweig vom 28. Juni die Rede war).

Die schwere Verantwortung, die jetzt ganz auf meinen Schultern lag, machte mir sehr zu schaffen. Pichler hatte Freud an einen Kieferchirurgen, einen Dr. Exner, verwiesen, den er für einen ausgezeichneten Chirurgen und Techniker hielt. Er deutete jedoch vorsichtig und taktvoll an, daß Exner vielleicht die Erfahrungen mit einer so komplizierten oralen Pathologie fehlten. Nur Anna Freud und ich wußten, wie heimtückisch der Anfang einer jeden neuen krankhaften Veränderung war. Ich war mir auch in vollem Umfang der Tatsache bewußt, daß die Tendenz der letzten beiden Jahre in Richtung eindeutiger Malignität ging, im Gegensatz zu dem Vorherrschen präkanzeröser Veränderungen in den vorangegangenen Jahren. Außerdem hatten sich die letzten Wucherungen ganz oben in der Mundhöhle befunden und waren schwierig zu erreichen gewesen. Es war fast keine normale Haut mehr da, und Freud war inzwischen 82. Die Möglichkeiten weiterer chirurgischer Eingriffe waren begrenzt.

Wir versuchten, wieder den üblichen Tagesablauf herzustellen. Es war genau wie in der Berggasse, nur viel hübscher und bequemer. Das Innenministerium hatte mir freundlicherweise die Erlaubnis erteilt, offiziell als Freuds Arzt tätig zu werden, noch bevor ich die vorgeschriebenen Prüfungen abgelegt hatte. Ich sah Freud fast täglich. Ende Juli bemerkte ich eine verdächtige Schwellung. Während diese von einer lokalen Knochenhautentzündung herrührte, sah ich Anfang August, wie sich innerhalb weniger Tage zwei Wucherungen entwickelten. Die erste war eine kleinere vor der Stelle der letzten Operation; sie war warzenartig und ähnelte einer Leukoplakie. Exner konnte sich nicht vorstellen, daß eine solche Veränderung bedeutsam sein konnte, und ich mußte sehr insistieren. Mit einer Mischung von Unglauben und Ärger hörte er den Äußerungen eines Ausländers zu, der noch dazu Internist war. Wir vermißten Pichler sehr. Ich schrieb ihm mehrere dringliche Briefe und fragte an, ob er, wenn nötig, bereit wäre, nach London zu kommen. Pichler erklärte sich sofort bereit.

Während der ganzen ersten Augustwochen war es nicht möglich, eine Entscheidung herbeizuführen. Exner war weiterhin skeptisch und verlangte Röntgenaufnahmen der Knochen, die, wie zu erwarten, negativ waren.

Selbst Freud war etwas ärgerlich über mich geworden, wie ich erst viel später erfahren sollte, als ich im Jahre 1964 seine Korrespondenz mit Marie Bonaparte las. In einem dieser Briefe [2] warf er mir vor, ein Schwarzseher zu sein, eigenmächtig mit Pichler Kontakt aufgenommen zu haben etc. Gleichzeitig räumte er ein, daß er wahrscheinlich nicht um eine neue Operation herumkommen werde, insbesondere da Marie Bonaparte ihm am 18. August 1938 geschrieben hatte, daß Professor Rigaud vom Institut Curie in Paris ebenfalls die Elektrokoagulation jeder auch nur im geringsten verdächtigen krankhaften Veränderung empfahl.

Während dieser ganzen Zeit arbeitete und schrieb Freud, beendete den dritten Teil des *Moses* und arbeitete am *Abriß* weiter.

In einem verhältnismäßig kurzen Brief an Marie Bonaparte vom 22. August 1938 diskutierte Freud ihren Aufsatz »L'inconscient et le temps« und deutete die Möglichkeit einer metapsychologischen Betrachtungsweise und der Erfassung der Begriffe Zeit, Raum und Kausalität in ihrer Beziehung zum Ichapparat der Wahrnehmung und des Bewußtseins an.[5]

Leider sollten diese Wochen auch das Ende von Freuds schöpferischer Tätigkeit darstellen. Ende August begann sich hinter der Stelle der letzten Operation ein großes Feld zu zeigen, das um so bedrohlicher war, weil man es noch schwerer erreichen konnte. Ich wußte, daß das der Beginn eines Papilloms war. Jetzt beschlossen Anna und ich, Pichler zu bitten, nach London zu kommen. Inzwischen hatte auch Freud sein Widerstreben überwunden, wie aus einem Brief an Marie Bonaparte vom 4. September hervorgeht. Nachdem er mich zuvor als Schwarzseher kritisiert hatte, schrieb er ihr jetzt mit seiner nie versagenden, beispielhaften Fairness, daß nunmehr alle drei, das heißt, Exner, ein englischer Radiumspezialist und ich selbst, auf einer Operation bestünden und daß er widerstrebend seine Zustimmung gebe.

Es war Anfang September 1938. Die tschechoslowakische Krise, die wenige Wochen später im Münchner Abkommen gipfelte, näherte sich ihrem Höhepunkt. In vielerlei Hinsicht war es ein Wettlauf mit der Zeit.

Pichler kam am 7. September in London an. Auch ihm machte die Stelle hinter dem letzten Operationsfeld noch mehr Sorgen als die

5 Eine Stelle in einem Brief an Marie Bonaparte vom 12. November 1938 über das Thema dieses Aufsatzes zeigt, wie wenig Freud zu wilden Spekulationen, Eitelkeit oder Mangel an Selbstprüfung neigte, wie einige behauptet haben:

> Die Ausführungen über »Zeit und Raum« haben Sie besser gemacht, als sie mir gelungen wären. Zwar, was die Zeit betrifft, hatte ich Ihnen meine Ideen nicht vollständig mitgeteilt. Auch keinem anderen. Eine gewisse Scheu vor meiner subjektiven Neigung, in der wissenschaftlichen Forschung der Phantasie zuviel einzuräumen, hat mich immer abgehalten. Wenn Sie noch neugierig sind, werde ich's Ihnen bei Ihrem nächsten Besuch erzählen. [B* 447]

davorliegende, obwohl es sich bei letzterem um die größere der beiden Wucherungen handelte. Er unterstrich die Dringlichkeit der Operation, nicht nur wegen der Art der krankhaften Veränderung, sondern auch wegen ihrer Lage. Jede weitere Vergrößerung der hinteren Wucherung würde sie noch weniger zugänglich machen. Er wies darauf hin, daß er schon jetzt gezwungen wäre, einen großen äußeren Schnitt durch Backe und Lippen vorzunehmen, und fragte mich, ob ich glaubte, daß Freuds Herz die Belastung aushalten würde. Ich äußerte meine Überzeugung, daß unter diesem Gesichtspunkt keine Bedenken gegen die Operation bestünden, aber wir überließen die letzte Entscheidung Freud, der seine Einwilligung gab. Pichler operierte in der London Clinic. Seine Notizen zeigen, was für ein ausgedehnter Eingriff notwendig war.

> *8. September.* Operation in der London Clinic, Devonshire Place. Einleitung [der Narkose] durch Evipan [intravenöse Injektion] und Fortsetzung mit N_2O_2 [Stickstoffoxydul] durch einen in die Nase eingeführten Tubus. Es wird die Lippe gespalten und der Schnitt neben der Nase fortgesetzt, so daß ein guter Zugang entsteht, dann Exzision der Wangengeschwulst mit der Diathermienadel und schließlich auch des veränderten Gewebes hinten über dem vorderen Rand des Ramus ascendens. Es werden jetzt vom harten Gewebe große Stücke exzidiert. Sie sehen unter dem Mikroskop nicht aus wie Ca [gefrorene Schnitte wurden während der Operation untersucht], sondern wie narbiges Gewebe. Sie werden, wenn auch nicht überall, bis in den weichen gesunden Muskel hinein entfernt, und es wird schließlich der vordere fixierte Rand des Ramus ascendens freigelegt und im Umkreis von 1½ cm verkocht. Nachdem man den Eindruck gewonnen hat, daß alles wegoperiert ist, wird die Prothese eingelegt und die Wundhöhle mit Orthoform ausgeblasen und mit 5%-Jodoformgaze tamponiert.
>
> *8. September, Nachmittag.* Patient hat schon etwas gelesen und fühlt sich recht wohl.
>
> *9. September.* Visite morgens. [Patient] schlief gut. Alles in bester Ordnung. Flog deshalb 11 Uhr vormittags nach Hause zurück.

Ein solcher Eingriff war möglich, weil damals die Narkosetechnik in den Vereinigten Staaten und in England weiter fortgeschritten war als auf dem Kontinent. Freud vertrug die Narkose und den großen Eingriff außerordentlich gut. Pichler reiste am 9. September ab, weil Freud sich ohne Komplikationen zu erholen schien. Diesmal zeigte der Befund nur präkanzeröse Veränderungen, was Exner zu der Bemerkung veranlaßte, vielleicht sei die Operation letzten Endes doch überflüssig gewesen. Diese Bemerkung ließ mich die Last meiner Verantwortung noch drückender empfinden. Pichler fehlte mir, und ich hielt die Korrespondenz mit ihm so lange wie möglich aufrecht.

Anna Freud schickte am Abend der Operation einen Bericht an Marie Bonaparte. Ihr letzter Satz drückte die Gefühle von uns allen aus: »Wir verbrachten ein paar sehr unangenehme Tage, bis wir wußten, daß es wirklich gemacht werden mußte, daß wir Pichler wollten, daß er so schnell kommen konnte. Ich bin sehr froh, daß es bereits heute ist und nicht mehr gestern.«

Freud kehrte nach wenigen Tagen heim und begann sich zu erholen, wenn auch langsam. Die Stelle, wo der Knochen koaguliert worden war, war teilweise nekrotisch, heilte nur langsam und war sehr schmerzhaft.

Am 27. September 1938 zog Freud in seine endgültige Wohnung Maresfield Gardens Nr. 20 ein. In der Zwischenzeit waren seine Möbel und seine Sammlung aus Wien eingetroffen. Anna und Paula Fichtl hatten alles so eingerichtet, daß alle seine Lieblingskunstgegenstände in dem neuen Zimmer am gleichen Platz waren wie in seiner alten Umgebung. Nur das Zimmer selbst war größer und sonniger, mit direktem Ausgang zum Garten. Freud ist in diesem Raum auch gestorben, der so gut wie unverändert blieb und jeden Besucher etwas von seinem berühmten Bewohner erahnen läßt.

Freuds Genesung machte Fortschritte, aber er war sehr müde. Nur gelegentlich verriet seine Stimmung mehr als nur Erschöpfung. Die beste Schilderung seines Zustandes findet man in dem Brief an Lou Andreas-Salomé, der dreizehn Jahre vorher, am 10. März 1925, geschrieben wurde (siehe 15. Kapitel).

Dieser Zustand hielt nicht lange an. Die Veränderungen zeigten sich hauptsächlich in seiner Einstellung zu den äußeren Ereignissen dieser Wochen, nicht in seinen persönlichen Beziehungen. Seine Briefe zeigten immer noch eine nicht eingeschränkte Gefühlsskala.

Es war die Zeit der Münchner Krise, als in London alle Menschen (Chamberlain und seine Berater wahrscheinlich ausgenommen) das Gefühl hatten, der Krieg könne jeden Augenblick ausbrechen. Dann kam das Münchner Abkommen und mit ihm ein Gefühl der Erleichterung, das bei allen, die erkannten, was geschehen war, von tiefer Niedergeschlagenheit begleitet war.

Freud las regelmäßig die Zeitungen; seine Kommentare waren klug und trafen den Kern der Sache, aber die Resonanz fehlte. Solche sehr subtilen Veränderungen waren natürlich nur für Menschen erkennbar, die ihn gut kannten.

Der erste Brief von Maresfield Gardens aus war an Marie Bonaparte gerichtet; er trägt das Datum des 4. Oktober 1938. Der Brief enthält mehrere Fehler, ein Zeichen von Freuds Erschöpfung.

> Es kann nicht lange sein, denn ich [*kann* fehlt im Original] kaum schreiben, nicht besser als sprechen oder rauchen. Diese Operation war [im Original ein Buchstabe ausgestrichen] die schwerste seit 1923 ... Ich bin abscheulich müde und schwach in Bewegungen, habe zwar gestern mit 3 Patienten begonnen, aber es geht nicht leicht. [3]

Arnold Zweig kam Freud besuchen und blieb mehrere Wochen.[6] Freud freute sich, ihn zu sehen, aber Zweig hatte ihm so viel über sein Leben und seine Arbeit zu erzählen – beide Männer wußten genau, daß dies wahrscheinlich das letzte Mal war, daß sie einander sahen –, daß Freud manchmal völlig erschöpft war, obwohl er nie klagte.

Der Oktober und November verliefen ohne besondere Vorkommnisse. Freud bekam nicht einmal seine übliche Novembererkältung. Es war nur eine schmerzhafte Zone mit einer Knochennekrose von der letzten Operation vorhanden; man nahm an, daß sich hier einige Splitter herausarbeiten würden. Sonst war die Oberfläche glatt, mit geringerer Krustenbildung.

Die deutsche Ausgabe von *Der Mann Moses und die monotheistische Religion* war im August 1938 in Holland erschienen, und Freud war mehr als begierig, die Veröffentlichung einer englischen Ausgabe zu sehen, an deren Übersetzung Mrs. Jones unter Mithilfe ihres Mannes arbeitete. Der folgende Brief an Jones vom 1. November dieses Jahres ist in diesem Zusammenhang von Interesse:

6 Bei dieser Gelegenheit lernte ich ihn zum ersten Mal persönlich kennen und hatte lange Gespräche mit ihm.

Dear Jones,
Ich habe es gestern lebhaft bedauert, daß Ihre Erkältung Sie genötigt hat, sich von mir fern zu halten, und ich war dann sehr bestürzt zu hören, Sie würden die Übersetzung meines Moses nicht vor Februar oder März zu Ende bringen können. Ich weiß, Ihre Zeit ist sehr wertvoll, Ihre Gewissenhaftigkeit sehr groß und Sie haben noch allerlei Anderes, was mindestens ebenso wichtig ist, zu thun. Aber ich denke daran, daß Sie sich freiwillig diese neue Belastung auferlegt haben, ohne daß ich Sie dazu aufgefordert. Ich erblickte allerdings in Ihrem Unternehmen eine besondere Liebenswürdigkeit für mich und eine Auszeichnung für das Buch.
Der Aufschub, den Sie mir in Aussicht stellen, ist mir in mehr als einer Hinsicht unangenehm. Vor allem bedeuten einige Monate für mich mehr als für einen anderen, wenn ich den begreiflichen Wunsch festhalte, das Buch noch selbst fertig zu sehen.
[4]

Dieser Brief verrät gerade durch seinen formellen Charakter Freuds Enttäuschung, ja seine Verärgerung gegenüber Jones. Aber er zeigt auch, daß Freud sein lebhaftes Interesse daran bewahrt hatte, die Veröffentlichung des Buches in England noch zu erleben. Äußerungen dieser Art waren nun nicht mehr Ausdruck seiner alten Präokkupation mit möglichen Todesdaten, sondern zeigten vielmehr Freuds realistische Einschätzung seiner Lebenserwartung.

Im November hatte Zweig einen schweren Autounfall, kurz nach seiner Rückkehr nach Palästina. Er war mehrere Tage lang bewußtlos, und Freud war sehr erleichtert, als ihm Eitingon ein Telegramm mit der Mitteilung schickte, daß Zweig außer Gefahr war.

Der Herbst war in diesem Jahr in London ungewöhnlich schön und mild. Freud genoß den wundervollen Garten, zu dem er von seinem Arbeitszimmer aus unmittelbaren Zugang hatte. Er konnte jetzt vier Patienten täglich behandeln und auch Besucher empfangen. Er las immer noch viel.

In der ersten Dezemberwoche bemerkte ich in der Zone des nekrotischen Knochens, die ich ständig mißtrauisch überwachte, eine eindeutige, sehr empfindliche Schwellung, die wie eine Entzündung aussah. Die Sekretion wurde übelriechend, und Freud hatte starke Schmerzen. All das geschah nur wenige Jahre vor der

Entdeckung der Antibiotika, und der Gedanke ist außerordentlich niederdrückend, daß so viel Leiden hätte verhindert werden können, wenn die Entdeckung ein wenig früher erfolgt wäre. Wir hofften, daß ein nekrotischer Knochensplitter herauskommen würde, und warteten ungeduldig darauf.

Am 13. Dezember 1938 schrieb Freud an Arnold Zweig, der sich inzwischen von seinem Unfall mehr oder weniger erholt hatte:

> Lieber Meister Arnold
>
> Eitingon hat zwar brav über Sie berichtet, aber es ist doch etwas anderes, Ihre Schrift wieder zu sehen ... Und warum muß man so an die Unsicherheit unseres Lebens gemahnt werden, von der man ohnedies überzeugt ist. Ich war auch sehr in Sorge um Ihren Sohn, der den Wagen führte ... Froh zu hören, daß er nicht einmal eine Zufallsschuld hat. Der Teufel vergesse nicht, wenn er sich unter den Engländern umschaut, auch diesen besoffenen Offizier zu holen.
>
> Bei uns nicht viel Neues. Es wäre recht behaglich, wenn nicht das und wenn nicht jenes und noch viel anderes ... [Punkte im Original]
>
> Ich warte noch immer auf einen zweiten Knochen, der sich wie der erste von mir lösen soll [Ein winziger Splitter war ein paar Wochen vorher herausgekommen].

Am 19. Dezember schrieb Freud einen Brief an Eitingon; ihn 25 Jahre später zu lesen, war für mich ein schmerzliches Erlebnis:

> Ich habe Ihnen noch nicht für Ihre gewissenhafte Berichterstattung über unseren Arnold Zweig gedankt. Seither habe ich auch einen ersten Brief von ihm erhalten, recht unleserlich, aber doch erfreulich. Wenigstens hier ein Stück gute Nachricht ... ich warte auf einen mir versprochenen Knochen wie ein hungriger Hund, nur daß es ein eigener sein soll. Ich arbeite jetzt 4 Stunden täglich. [5]

Selbst unter solchen Umständen begann Freud einen Brief nicht mit der Erwähnung eigener Probleme. Und als er dann doch von seinen quälenden Erwartungen sprach, brachte er es immer noch fertig, mit Galgenhumor in einer quälenden, möglicherweise sogar tragischen Situation einen bitteren Scherz zu machen.

Um Weihnachten war der Schmerz stärker lokalisierbar, und ich konnte jetzt einen Knochensplitter, der im Begriff war herauszukommen, deutlich sehen und fühlen. Am 28. Dezember konnte ich einen größeren abgesonderten Knochensplitter entfernen. Das brachte sofort beträchtliche Erleichterung und war Anlaß zu neuen Hoffnungen. Ich werde nicht so leicht Freuds Reaktion der Dankbarkeit vergessen, die keiner Worte bedurfte, sondern sich in seinem Gesichtsausdruck und einem besonders warmen Händedruck äußerte. Ich berichtete Pichler sofort über die Situation, und das Jahr ging in einer etwas hoffnungsvolleren Stimmung zu Ende.

Am Tag zuvor, dem 27. Dezember, muß Freud sich ein wenig besser gefühlt haben, er hatte zwei bemerkenswerte Briefe geschrieben. Der eine war an Marie Bonaparte gerichtet, die sich damals auf einer Ägyptenreise befand:

Meine liebe Marie,

Ihr Brief mit den schönen Bildern aus dem Museum kommt während wir noch überlegen, ob wir auf [Ihr] liebes Weihnachts Telegramm nach Athen oder nach Egypten antworten sollen. Jetzt wird es sich also in einen Neujahrs-Wunsch nach dem letzteren verwandeln. Ich antworte Ihnen aber noch umgehend nach Athen.

Ja, wir haben gefroren und der ewig grüne englische Rasen ist dick mit weißem Schnee bedeckt. Herrliche Winterlandschaft vor meinem Fenster in dem Garten. Man getraut sich nicht zu denken wie London aussehen wird, wenn all das zu Wasser wird.

Weihnacht war ruhig bis auf die gewohnten Nachrichten von Tod und Selbstmord in Wien. Mein Knochen fühlt sich noch wohl bei mir, ich nicht mit ihm. Schur ist sehr brav, kann aber nicht helfen.

Die erste Korrektur des deutschen Moses habe ich gestern fertig gestellt. Meine englischen Übersetzer sind in Mürren.

Der Sinai verdient Ihr Interesse nicht. Sie wissen, der Berg Jahves war nicht auf der Halbinsel, sondern im westlichen Arabien und eine Gesetzgebung am Sinai hat es überhaupt nicht gegeben. Siehe meinen Moses, der mir abwechselnd imponiert und sehr mißfällt.

Jerusalem zu versäumen wäre schade. Sie wissen, Sie sehen auf dieser Reise *auch für mich*, den Reise-gelähmten. [6]

Am selben Tag schrieb er noch einen weiteren, besonders eindrucksvollen Brief an Rachel Berdach (Bardi):

Sehr geehrte Frau (oder Fräulein)

Ihr geheimnisvoll-schönes Buch [*Der Kaiser, die Weisen und der Tod*] hat mir in einem Maße gefallen, das mich meines Urteils unsicher macht. Ist es die ergreifende Verklärung jüdischen Leidens, ist es die Überraschung, daß man am Hofe des genialen und gewalttätigen Staufers [Friedrich II.] soviel von den Weisheiten der Psychoanalyse begriffen hat, die mich sagen lassen, daß ich schon lange nichts so Gehaltvolles und poetisch Gelungenes gelesen habe!

Und dabei die Zaghaftigkeit Ihres Briefes! Kann es denn sein, daß Ihre Bescheidenheit Sie den eignen Wert ganz verkennen läßt? Wer sind Sie? Woher haben Sie all das genommen, was Ihr Buch ausdrückt? Nach dem Vorrang, den Sie dem Problem des Todes einräumen, sollte man erraten, daß Sie sehr jung sind.[7]

Wollen Sie mir nicht einmal einen Besuch schenken? Ich hätte Zeit an Vormittagen

Ihr sehr ergebener
Freud
(B* 448 f.)

Erst 1964, nachdem ich den ersten Entwurf dieses Buches beendet hatte, las ich selbst Rachel Berdachs bemerkenswertes Buch und konnte dann verstehen, was es für Freud in diesem Zeitpunkt seines Lebens bedeutet haben mußte und warum er in dieser Weise darauf reagierte.

Die Wirkung eines von außen kommenden Reizes hängt von der Konstellation der Faktoren in unserem inneren Leben ab. Die Wirkung wird verstärkt, wenn der plötzliche äußere Reiz in einen inneren Konflikt hinüberspielt. In den letzten Tagen des Jahres 1938 war das Gleichgewicht zwischen Freuds Wunsch, den Kampf fortzusetzen, und seinem Wunsch, aufzugeben, sehr labil. Es gab wenig begründete Hoffnung auf eine Zeit des Wohlbefindens, selbst von begrenzter Dauer, auf eine echte Ausdehnung des Lebens statt einer bloßen Verlängerung des Lebens-im-Tod. Ein neues Jahr näherte sich, von dem Freud wußte, daß es wahrscheinlich sein letztes sein würde.

Das war der Zeitpunkt, zu dem Freud Rachel Berdachs Buch las, in dem in einzigartiger Weise Form und Inhalt miteinander im Einklang stehen. Als ich dieses Werk zuerst las, nachdem ich von

7 Das war ein Irrtum, Rachel Berdach war damals 60 Jahre alt. Sie hatte jedoch das Buch schon konzipiert, als sie noch sehr jung war: Freuds Vermutung war also durchaus zutreffend.

seiner Existenz aus Freuds Brief an die Verfasserin vom 27. Dezember 1938 erfahren hatte, schrieb ich den tiefen Eindruck, den es auf mich machte, dem Umstand zu, daß ich Freuds geistige und physische Verfassung zu der Zeit, als er selber es las, kannte und miterlitt. Ich habe jedoch das Buch seither mehrere Male wiedergelesen, und es hat mich jedesmal von neuem tief bewegt und mit Bewunderung erfüllt, obwohl es natürlich für mich schwierig ist, von dem erwähnten Zusammenhang ganz abzusehen.

Das Buch führt uns ins 13. Jahrhundert zurück, in die Zeit der letzten Kreuzzüge und der beginnenden Renaissance, als der Gegensatz zwischen den Päpsten und den deutschen Herrschern des Heiligen Römischen Reiches sich verschärfte. Die beiden Hauptgestalten sind Kaiser Friedrich II. und der Rabbi Jacob Charif Ben Aron. Wenn auch die Regierungszeit Friedrich II. vor der eigentlichen Renaissance lag, war er doch in vieler Hinsicht ein echter Renaissancemensch, der politische Klugheit und Macht mit Kultur und Wissensdurst verband. Er baute nicht nur Paläste und Kathedralen, sondern versuchte auch, ein neues Zentrum zur Förderung von Wissenschaft und Kunst zu schaffen. Er sammelte neu aufgefundene antike Kunst, Bücher in allen Sprachen, vor allem in arabisch, hebräisch, griechisch etc. Er brachte die weisen Männer verschiedener Kulturen zusammen – Araber, Juden, Griechen –, damit sie Naturwissenschaft, Medizin, Astronomie und Astrologie studieren und ihre Meinung darüber austauschen konnten. Er verbrachte selbst viel Zeit mit ihnen und zögerte nicht, den Ideenaustausch zwischen diesen Ketzern und hohen Würdenträgern der katholischen Kirche am Hof anzuregen und zu fördern.

Aus ihren Gesprächen tritt allmählich der Rabbi Ben Aron als die führende Gestalt hervor. Das Buch beginnt mit seinem Begräbnis und endet mit seinem Tod. Und gerade der Tod, sein Geheimnis, die Angst, die er hervorruft, die Art und Weise, wie ihn die verschiedenen weisen Männer deuten – Gläubige, Zweifler, Ketzer, Junge und Alte –, das ist das Hauptthema der schönen Parabeln, Allegorien und Erzählungen von Leiden, Schwäche und Größe des Menschen, die die Unterhaltungen im Kaiserpalast bereichern.

Einige der eindrucksvollsten Stellen beschreiben in dichterischer Sprache das Thema, mit dem Freud sich in »Zeitgemäßes über Krieg und Tod« auseinandergesetzt hatte: den Eindruck der Realität des Todes.

Im Laufe einer Disputation zwischen einem Bischof und einem arabischen Arzt erklärt der Letztere, warum ihn die Legende von Christi wunderbarer Wiedererweckung des Lazarus abstoße: ins Leben zurückgekehrt, mußte Lazarus ein zweites Mal dem Tod entgegensehen, etwas unvorstellbar Schreckliches. Was wir nur vermuten können, erlebte Lazarus wirklich und war von nun an verdammt, mit diesem Wissen zu leben.[8]

Als Friedrich exkommuniziert wurde, weil er nach seinem Kreuzzug mit den Mohammedanern einen Waffenstillstand geschlossen hatte, fragte dieser »Ketzer« seinen väterlichen Freund, einen fest im Glauben stehenden Erzbischof, ob er ihm die Sterbesakramente erteilen werde, wenn seine Stunde schlage, auch wenn der Bann noch nicht aufgehoben sein sollte. Der Geistliche versicherte ihm, daß er ihn nicht im Stich lassen, sondern mit dem nötigen Beistand für seine Reise versehen werde. Das Versprechen wurde gehalten.

Dachte Freud bei dieser Bitte Friedrichs an seinen Appell an mich, ihm zu helfen, wenn seine Zeit gekommen war?

Friedrichs Gast Ben Aron hatte einen jungen Schüler, einen Dichter und eifrigen Gläubigen, der sein einziger Gefährte war, nachdem er den Hof des Kaisers verlassen hatte, um in die Stadt zurückzukehren, wo seine Frau und sein kleiner Sohn gestorben waren. Der Rabbi liebte diesen jungen Mann wie einen Sohn, und es traf ihn tief, als dieser starb und Aufzeichnungen hinterließ, die einige entscheidende Fragen enthielten, über die er nachgedacht hatte. Spüren es die Tiere, wenn sie dem Tod nahe sind? Ist der Mensch allein mit dem Wissen vom Tod inmitten des Lebens geschlagen? Warum ist dem Menschen nicht Ahnungslosigkeit gewährt worden?

Das Buch endet mit der Schilderung von Ben Arons Tod. Eines Nachts wacht er auf, und eine unheimliche Stille umgibt ihn. Er läuft durch die Stadt und das umliegende froststarre Land und entdeckt, daß alles, was lebte, gestorben ist. Nur ihn allein hat der

8 Dieses Problem hat sich heute aus dem Bereich der religiösen und philosophischen Debatte ins Reich der Wirklichkeit verlagert, und zwar durch die fortgeschrittene Praxis, medizinisch tote Menschen wieder ins Leben zurückzurufen. Neue Experimente, Sterbende, die an unheilbaren Krankheiten leiden, einzufrieren, um die Entdeckung von wirksamen Heilungsmethoden abzuwarten, und sie dann auferstehen zu lassen, werden die Beschäftigung mit dieser Frage dringlich machen. Es ist bereits eine internationale cryologische Gesellschaft zur Förderung solcher Experimente gegründet worden.

Todesengel zurückgelassen. Er stirbt, unfähig, den letzten verzweifelten Ruf auszustoßen, der Engel solle ihn wie die andern mitnehmen.

Der besondere Reiz dieses Buches liegt in seiner ästhetischen Qualität, die verhindert, daß das Todesthema morbid oder nihilistisch wirkt. Vielleicht schildert das Buch die Größe wahrer Demut.

Der Eindruck, den dieses Werk auf Freud in jenem Zeitpunkt seines Lebens gemacht haben muß, wird nur teilweise in seinem Brief an die Verfasserin sichtbar, in dem er hauptsächlich seiner Freude an ihrem »geheimnisvoll-schönen Buch« und seinem Erstaunen über ihre tiefe Einsicht Ausdruck gab. Weshalb jedoch seine Annahme, Rachel Berdach müsse jung sein? Glaubte er, daß nur junge Menschen wagen würden, so viel über Tod und Sterben zu wissen und zu schreiben?[9]

Freud war fähig, den Reichtum und die Schönheit dieses Buches zu genießen, aber wahrscheinlich beschwor er auch die Gedanken wieder herauf, die er in »Zeitgemäßes über Krieg und Tod« und in »Vergänglichkeit« geäußert hatte (11. Kapitel), seine metapsychologischen Erklärungen der Todesangst in seinen Werken der zwanziger Jahre und schließlich seinen Brief an Marie Bonaparte vom 6. Dezember 1936 (24. Kapitel). Das gilt besonders für die Episoden des Buches, die ich oben etwas ausführlicher beschrieben habe.

Leider hielt die Besserung seines Befindens nicht lange an. Mitte Januar 1939 tauchte eine neue Schwellung dicht bei der Zone der Knochennekrose und noch weiter oben und hinten in der Mundhöhle auf. Zuerst sah es aus wie eine weitere Knochennekrose, aber schon bald nahm die Veränderung ein Aussehen an, das mir verdächtig erschien. Exner hielt meine Angst für übertrieben, aber

9 In seiner Einleitung zur englischen Übersetzung von »Der Kaiser, die Weisen und der Tod« teilte Dr. Theodor Reik (mit Erlaubnis der Verfasserin) mit, daß er Rachel Berdach vor der Veröffentlichung ihres Buches psychoanalytisch behandelte. Sie hatte das Buch schon viele Jahre vorher Wort für Wort konzipiert, konnte sich jedoch nicht dazu entschließen, es zu veröffentlichen. Die Veröffentlichung erfolgte erst 1938, als sie ihre Analyse beendet hatte. Dr. Reik teilt ferner mit, daß sie früh in ihrem Leben einen ihr sehr teuren Menschen verlor; dieses Erlebnis erklärt einerseits ihre Beschäftigung mit dem Problem des Todes und hinderte sie andererseits daran, niederzuschreiben, was sie seit so vielen Jahren mit sich herumtrug.
Rachel Berdach traf Anfang 1939 mit Freud zusammen, nachdem sie seinen Brief bekommen hatte. Bedauerlicherweise ist kein Bericht über diese Begegnungen erhalten geblieben.

für mich sah es nicht wie eine Leukoplakie oder ein Papillom aus. Ich hielt es für Epithelialkrebs und wußte, daß bei dieser Lage ein weiterer chirurgischer Eingriff unmöglich sein würde. So blieb zum ersten Mal nichts andres übrig als ständige Beobachtung. Freud wußte, daß wir einen gewissen Verdacht hatten. Gegen Anfang Februar war ich von meiner Diagnose überzeugt, aber da Exner darauf beharrte, es handle sich um eine entzündliche Veränderung, bat ich um Zuziehung eines anderen Arztes. Am 10. Februar wurde Freud von dem bekannten Chirurgen Trotter, Mitglied der Royal Society of Medicine, untersucht, einem Schwager von Jones. Es war eigentlich nicht überraschend, aber doch etwas irritierend, daß selbst Trotter, dessen überlegenes Wissen und Erfahrung mich natürlich beeindruckten, anfangs Schwierigkeiten hatte, zu einem Urteil über die krankhafte Veränderung zu kommen. Das wäre wahrscheinlich jedem so ergangen, der nicht wie ich unter der Anleitung eines Mannes vom Format Pichlers zehn Jahre lang krankhafte Veränderungen aller Art beobachtet hatte. Trotter gab schließlich zu, die Veränderung könne verdächtig sein, sprach sich aber dafür aus, sie zunächst weiter zu beobachten. Am 11. Februar schickte ich einen Hilferuf an Pichler, teilte ihm mit, daß wegen der Lage der kranken Stelle eine Operation nicht möglich wäre, und bat ihn um seine Meinung und um seine Notizen über die Strahlenmenge, die Freud bisher erhalten hatte. Pichler riet mit Nachdruck zur Elektrokoagulation an Stelle einer Radiumbehandlung, selbst wenn sie nicht radikal sein konnte.

Im Laufe der nächsten Woche wurde die Veränderung so typisch, daß ich keinerlei Zweifel mehr hatte. Die nächste Konsultation mit Trotter und Exner war noch enttäuschender. Trotter war etwas ungehalten, und ich befand mich als Internist und Ausländer wirklich in einer sehr schwierigen Lage. Ich drängte aber trotzdem auf eine Entscheidung und verabredete schließlich auf Vorschlag von Marie Bonaparte, die seit einigen Wochen in London war, eine Konsultation mit Dr. Lacassagne, dem Nachfolger Rigauds am Institut Curie in Paris. Lacassagne untersuchte Freud in London am 26. Februar; er machte auf uns alle einen guten Eindruck. Er bezeichnete die Veränderung als höchst verdächtig und wünschte eine Probeexzision, Röntgenaufnahmen der Knochenstruktur und das Gutachten von einem Chirurgen über die Möglichkeit einer weiteren Operation, da er Zweifel hatte, ob von einer Radiumtherapie eine längere Remission zu erwarten wäre. Er sagte, er würde im Falle einer positiven Biopsie und der Ablehnung einer Operation durch den Chirurgen und/oder Freud eine Radiumbehandlung empfehlen, schlug aber als ersten Schritt intensive Röntgenstrahlen vor, und zwar mit der Erklärung, daß das Radium direkt auf die kranke Stelle aufgebracht werden müßte und eher eine schwere Nekrose hervorrufen könnte als eine Röntgenbestrahlung, die auf die kranke Stelle zentriert, aber auf verschiedene Hautfelder angesetzt werden könnte, was die Gefahr einer Gewebenekrose verringerte. Er war gegen eine vorhergehende Elektrokoagulation, weil die zusätzliche Gewebeschädigung die Gefahr erhöhe, daß durch die Bestrahlung eine Nekrose ausgelöst würde. Er warnte mich, ich dürfte kein dauerhaftes Ergebnis erwarten; er hoffte aber auf eine Remission und empfahl die lokale Anwendung von Radium nur als ergänzende Behandlung für etwaige Reste der Veränderung, die auf die Röntgenbehandlung nicht ansprachen.

Die Probeexzision wurde am 28. Februar 1939 vorgenommen. Sie war positiv: ein typischer Epithelialkrebs. Die Röntgenaufnahmen zeigten keine Erkrankung des Knochens. Die Veränderung befand sich, wie schon erwähnt, nicht weit von der Basis der Augenhöhle, so daß eine Operation nicht durchführbar erschien. Trotzdem berieten wir uns noch einmal mit Dr. Trotter und dem HNO-Chirurgen Dr. Harmer. Die einstimmige Entscheidung war, daß eine Operation zu riskant und in jedem Fall wahrscheinlich nutzlos wäre. Ich bezweifle auch, daß Freud diesmal seine Zustimmung zu einem größeren Eingriff gegeben hätte. Der englische Radiologe Dr. Finzi begann sofort mit der Röntgentherapie. Die täglichen Sitzungen in Finzis Praxis waren eine schwere Belastung für Freud. Es stellten sich unangenehme Reaktionen ein – Erschöpfung, leichter Schwindel, Kopfschmerz, und schließlich begann er seinen Bart zu verlieren und blutete aus dem Mund. Es war schwer, die Ursache dieser Blutung zu entdecken, aber sie trat fast täglich auf, war lästig und schwächte Freud, der ziemlich besorgt darüber war. Er zitierte aus Faust: »Blut ist ein ganz besonderer Saft.« Einmal, als ich ihn während einer solchen Blutung sah, entdeckte ich eine winzige Teleangiektasie der Oberlippe. Diese war sehr leicht zu beseitigen, und Freud, der für gewöhnlich nicht dazu neigte, seine Gefühle zu zeigen, äußerte seine Dankbarkeit so überschwenglich, daß es mich verlegen machte. Das war wahrscheinlich ein Zeichen, welche Sorge ihm der wiederholte Blutverlust machte.

Einige Briefe können Freuds Reaktionen auf diese Geschehnisse illustrieren. In einem Brief an Arnold Zweig vom 20. Februar 1939 schrieb er, nach einleitenden Bemerkungen darüber, daß Zweig bald Palästina verlassen würde:

> ... muß ich meine derzeitige Abneigung überwinden und Ihnen doch schriftlich Nachricht geben. Leider über mein eigenes Befinden, das interessant zu werden droht. Ich leide seit der Operation im September an Schmerzen im Kiefer, die sich langsam, aber stetig verstärken, so daß ich ohne Wärmflasche und größere Dosen Aspirin meine Tagesaufgaben und meine Nächte nicht bewältigen kann. Einmal hat sich schon ein größeres Knochenstück abgestoßen, man erwartete die Wiederholung dieses Vorganges zur Erledigung des Zwischenfalls, aber bisher vergebens. Nun kennt man sich nicht aus, weiß nicht, ob es eine im Grund harmlose Verzögerung oder ein Fortschritt des unheimlichen Prozesses ist, gegen den wir seit 16 Jahren kämpfen ... Prinzessin Marie, die die letzten Wochen bei uns verbrachte, hat sich mit der Pariser Autorität für Radium ins Einvernehmen gesetzt ... Er ist bereit, nach London zu kommen ... stellt aber die Bedingung, daß die Diagnose über jeden Zweifel festgestellt ist ... so würde ich mit Anna und Dr. Schur nach Paris wandern, zum Aufenthalt im Spital, das mit dem Radium-Institut verbunden ist, für etwa 4 Wochen. Vorläufig weiß ich aber gar nichts und kann mir sehr gut vorstellen, daß das Ganze den Anfang vom Ende bedeutet, das ja stets auf uns lauert. Unterdes habe ich diese lähmenden Schmerzen.

Nicht nur der Schmerz war lähmend, sondern auch die Ungewißheit. Bis die Diagnose offiziell bestätigt war, teilte ich Freud nur unseren Verdacht mit.

Der Brief schloß mit der beruhigenden Bemerkung, er sei überzeugt, daß Zweigs Unfall keine Nachwirkungen hinterlassen werde, und mit einigen Anmerkungen zu dem Roman, an dem Zweig gerade arbeitete.

Als Freud dann am 5. März 1939 an Eitingon schrieb, kannte er bereits das Resultat der Biopsie und sprach über sie.

> Ich habe Ihnen längere Zeit nicht geschrieben, nicht nur weil mir das Schreiben wie die meisten anderen Tätigkeiten zu sauer wurden, sondern auch weil die Situation zu unklar war. Jetzt

sind wir ungefähr orientiert. Eine Probeexzision hat ergeben, daß es sich wirklich um einen Versuch des Carcinoms handelt, sich wieder an meine Stelle zu setzen. Man schwankte lange zwischen verschiedenen Möglichkeiten der Verteidigung ... nun haben wir uns alle auf Röntgenbestrahlung von außen geeinigt, von der sich die Beteiligten – ob ich mich einschließen soll, weiß ich nicht, Gutes erwarten. Morgen soll der hiesige Röntgenologe, ein Dr. Finzi kommen, dem man meinen Fall übergeben will. Hoffentlich lehnt er nicht ebenso ab wie andere Fachmänner. Ich bin natürlich sehr zufrieden damit, daß die Operation und die Reise nach Paris verworfen worden sind. Röntgen ist doch weit schonender, gibt eine Art von Lebenssicherung für mehrere Wochen und gestattet wahrscheinlich eine Fortsetzung der analytischen Tätigkeit während dieser Zeit ... Mein Leibarzt Schur benimmt sich sehr aufopfernd. Es tut mir leid, daß ich Ihnen nichts anderes schreiben soll, aber das haben Sie ja von mir wissen wollen. Sonst noch, daß der deutsche Moses in den nächsten Tagen erwartet wird. Ich grüße Sie und Mira herzlich.

Ihr Freud

P. S. Martin Bubers fromme Redensarten werden der Traumdeutung wenig schaden. Der Moses ist weit vulnerabler und ich bin auf den jüdischen Ansturm gegen ihn vorbereitet. [7]

Der letzte Brief Freuds an Arnold Zweig (er schrieb so viele letzte in jenen Tagen), am selben Tag geschrieben wie der an Eitingon, ist aus vielerlei Gründen bemerkenswert. Freud riet Zweig, der sich an das Leben in Palästina nicht gewöhnen konnte, lieber in die Vereinigten Staaten zu gehen als nach England. Dann bemerkte er:

Was Sie für »trostreiche Aufklärungen« in meinem ›Unbehagen‹[10] entdeckt haben wollen, kann ich nicht leicht erraten. Dieses Buch ist mir heute sehr fremd geworden. Ich warte nur noch auf den Moses, der noch im März erscheinen soll, und dann brauche ich mich ja bis zur nächsten Wiedergeburt für kein Buch von mir mehr zu interessieren.

Ich hatte unangenehme Wochen, nicht nur Kranksein und Schmerzen, sondern auch völlige Unentschiedenheit über die nächsten Maßnahmen. Operation und Radiumbehandlung (Pa-

10 *Das Unbehagen in der Kultur* (1930b).

ris) wurden endlich verworfen, man hat sich für Röntgenbestrahlung von außen entschlossen, die von morgen an eingerichtet werden soll. (Es ist kein Zweifel mehr, daß es sich um einen neuen Vorstoß meines lieben alten Carcinoms handelt, mit dem ich seit jetzt 16 Jahren die Existenz teile.) Wer damals der Stärkere sein würde, konnte man natürlich nicht vorher sagen.

Freuds Metapher über sein »Neoplasma« in dem Brief an Fließ vom 19. Februar 1899 (siehe 5. Kapitel) erscheint unheimlich im Lichte dieser so viele Jahre später geschriebenen Briefe an Eitingon und Arnold Zweig.

Die Behandlung mit Röntgenstrahlen hatte anfangs überraschend Erfolg. Die Schmerzen ließen schnell nach. Am 20. März 1939 schrieb Freud an Marie Bonaparte:

> Ich muß nochmals meinem Bedauern Ausdruck geben, daß ich mich Ihnen so wenig widmen konnte, als Sie bei uns lebten.[11] Vielleicht geht es nächstes Mal besser – wenn kein Krieg kommt[12] – denn meine Schmerzen scheinen weiter auszubleiben. Dr. Harmer, der eben hier war, findet einen deutlichen Einfluß der Behandlung auf das Aussehen der kranken Stellen. [8]

Der ganze Brief klang etwas hoffnungsvoll, und das drückte sich auch in Freuds Handschrift aus und in der Tatsache, daß er den Brief nicht mit einer Erörterung seiner eigenen Gesundheit begann, was er ungern tat.

Das *Mosesbuch* traf ein. Seit ich als Freuds Arzt tätig war, hatte er mir immer ein Autorenexemplar seiner Veröffentlichungen geschenkt. Ich hatte nie um eine Widmung gebeten und auch nie eine erhalten. Diesmal zögerte Freud einen Augenblick, nachdem er mir ein Exemplar des *Moses* gegeben hatte, und sagte dann: Geben Sie es mir noch einmal für einen Augenblick. Er nahm das Buch und schrieb auf das Vorsatzblatt: »Seinem Doktor – Verf. März 1939.« Er gab mir das Buch zurück; in seinem Gesicht spiegelten sich tiefes Nachdenken und Resignation. Es bedurfte keiner Worte, um auszudrücken, was er meinte: Dies ist mein letztes Buch, und Sie sollen die Widmung als Erinnerung

11 Während der Wochen der Unentschiedenheit lebte Marie Bonaparte in London in Freuds Haus.

12 Das war die Woche, als die Deutschen die ganze Tschechoslowakei besetzten und damit Chamberlains vergeblicher Hoffnung auf Frieden für unsere Zeit ein Ende setzten.

haben. Er wußte, daß ich verstand. Viel später sagte mir Anna, daß er bei ihrem Exemplar das gleiche getan hatte.
Die Besserung ging weiter, und Anfang April sah die ganze Zone viel besser aus. Zusätzlich wurden einige kleine Dosen Radium lokal angewendet. Wir begannen zu hoffen, daß der Erfolg vielleicht doch einige Zeit anhalten würde.
Ich stand nun vor einer äußerst schwierigen und schmerzlichen Entscheidung. Nach dem Münchner Abkommen hatte ich beschlossen, nur so lange in England zu bleiben, wie Freud noch am Leben war, und dann in die Vereinigten Staaten auszuwandern. Wie schon erwähnt, hatte ich früher, noch von Wien aus, ein Einreisevisum beantragt, es aber verfallen lassen, als ich die Genehmigung erhielt, nach England zu gehen. Nach der Krise von München beantragte ich erneut ein amerikanisches Visum, und mein Antrag wurde unter der ursprünglichen Quotennummer bearbeitet. Am Heiligen Abend 1938 wurde ich vom amerikanischen Konsulat in London benachrichtigt, daß ich jetzt für die Erteilung eines Einwanderungsvisums an der Reihe war. Aufgrund der komplizierten amerikanischen Vorschriften mußte ich dieses Visum nehmen, sonst hätte ich meine Quotennummer verloren, und das hätte ein endloses Hinausschieben meiner Auswanderung bedeutet. Mein Geburtsort gehörte zum damaligen Polen, und die polnische Einwanderungsquote war jetzt auf Jahre hinaus besetzt. Ich konnte aber Freud in dem Zustand, in dem er sich zu Beginn des Jahres 1939 befand, nicht verlassen und beantragte eine Verlängerung meines Visums. Ich erhielt eine letztmalige Verlängerung bis Ende April, gerade als Freuds Zustand sich unter dem Einfluß der Röntgenbestrahlungen zu bessern begann. Als sich sein Zustand erheblich gebessert hatte, beschloß ich, meine Familie in die Vereinigten Staaten zu bringen, meine vorläufigen Einbürgerungspapiere zu beantragen, die Prüfungen des New York State Board für die Zulassung als Arzt abzulegen und dann so früh wie irgend möglich wieder nach London zurückzukehren.
Freud half mir bei allen notwendigen Formalitäten. Er schrieb Empfehlungsbriefe für mich an das amerikanische Konsulat und an Freunde in den Vereinigten Staaten mit der Bitte, dort zur Beschleunigung der Dinge beizutragen. Trotzdem wußte ich, daß er meinen Entschluß nicht ganz billigte, nicht nur, weil er seit seiner Reise im Jahre 1909 ein gewisses Vorurteil gegen die Vereinigten Staaten hatte (soweit er zu Vorurteilen fähig war), son-

dern auch, weil er an mich gewöhnt und in gewissem Sinne von mir abhängig war und wahrscheinlich das Gefühl hatte, ich lasse ihn im Stich oder, schlimmer noch, ich gebe ihn auf.

In meinem Bericht an Jones über diese Zeit, den dieser für die letzten Kapitel seiner Biographie verwertete, bemerkte ich in diesem Zusammenhang: Ich weiß, daß es nicht bloß eine Projizierung meiner eigenen Schuldgefühle war. Freuds Briefe aus dieser Zeit, die nachher zitiert werden, beweisen, daß ich recht hatte.

Als ich dann tatsächlich abreiste, war Freud milder und versöhnlicher und gab mir seinen Segen.

Ich hatte Dr. B. Samet, einen Freund und früheren Mitarbeiter des mit Freud befreundeten Kardiologen Braun, angeleitet, mich soweit als möglich während meiner Abwesenheit zu vertreten.

Wir fuhren am 21. April 1939 nach New York ab. Ein Brief Freuds an Marie Bonaparte vom 28. April zeigt unter anderem seine Reaktion auf meine Abreise:

> Ich habe Ihnen lange nicht geschrieben, während Sie im blauen Meer gebadet haben. Ich nehme an Sie wissen warum, erkennen es auch an meiner Schrift. (Nicht einmal die Feder ist dieselbe, sie hat mich verlassen wie der Leibarzt und andere externe Organe). Es geht mir nicht gut, mein Leiden und die Folgen der Behandlung teilen sich in die Verursachung in einem mir unbekannten Verhältnis. Man hat versucht mich in eine Atmosphäre von Optimismus zu ziehen: Das Carcinom ist in Schrumpfung, die Reaktionserscheinungen sind vorübergehend. Ich glaube nicht daran und mag es nicht, betrogen zu werden … Etwas Interkurrentes, was den grausamen Prozeß kurz abschneidet, wäre sehr erwünscht.
>
> Soll ich mich noch darauf freuen, Sie bald im Mai wiederzusehen? [9]

Selbst in diesem traurigen Brief dachte Freud daran, Marie Bonapartes Aufmerksamkeit auf einen geflüchteten ungarischen Schriftsteller zu lenken, der um ihre Hilfe gebeten hatte, und auf den Gesundheitszustand ihrer Tochter, der Prinzessin Eugénie, einzugehen.

Freud hatte immer darauf vertraut, daß ich ihm die volle Wahrheit sagte, setzte jedoch nicht dasselbe Vertrauen in die anderen Ärzte, die ihn behandelten. Meine Schuldgefühle darüber, ihn verlassen zu haben, wurden nicht geringer, als ich viele Jahre später diesen Brief las.

Sobald ich in New York war, setzte ich alles in Bewegung, um meinen Aufenthalt abzukürzen. Ich hatte die Hoffnung, mit Hilfe von Dr. Ruth Mack-Brunswick und ihrem Vater, dem Bundesrichter Julian Mack, der die Behörden über meine besondere Lage unterrichtet hatte, meine vorläufigen Einbürgerungspapiere in viel kürzerer Zeit als üblich zu bekommen. Ich erhielt regelmäßig Berichte von Anna und Dr. Samet, die im Mai noch immer ermutigend waren. Ein Brief Freuds an Marie Bonaparte vom 18. Mai 1939 bestätigt, daß er sich besser fühlte. Man teilte mir mit, daß er den Frühling, die Blumen und den Garten genoß. Im Juni begannen dann die Berichte entmutigender zu werden: Schmerzen, heftige Reaktionen auf die Bestrahlung und möglicherweise Knochennekrose im Jochbein. Um den 15. Juni erhielt ich meine vorläufigen Einbürgerungspapiere. Am 16. Juni schrieb Freud an Marie Bonaparte, die in der Zwischenzeit in London gewesen war:

> Meine liebe Marie,
>
> Vorgestern abends war ich daran, Ihnen einen langen Trostbrief zu schreiben zum Tode unseren alten Tattous[13] und dann Sie darauf vorzubereiten, daß ich bei Ihrem nächsten Hiersein eifrig lauschen würde, was Sie von neuen Arbeiten erzählen, bereit hie und da ein Wort hinzuwerfen wo ich glaube, daß ich etwas dazu ergänzen kann. Die zwei folgenden Nächte haben meine Erwartungen wieder grausam zerstört. Das Radium hat wieder etwas aufzufressen begonnen, unter Schmerzen und Vergiftungserscheinungen, und meine Welt ist wieder was sie früher war, eine kleine Insel Schmerz schwimmend auf einem Ozean von Indifferenz.
>
> Finzi fährt fort seine Zufriedenheit zu beteuern. Auf meine letzte Klage hatte er die Antwort: am Ende werden Sie auch zufrieden sein. So verlockt er mich halb gegen meinen Willen, weiter zu hoffen und unterdies weiter zu leiden ...

Hätte es einen tragischeren Ausdruck von Freuds Konflikt, der ja der Konflikt von uns allen ist, geben können als diesen letzten Satz? Freud variierte hier die letzte Strophe von Goethes Gedicht »Der Fischer«: »Halb zog sie ihn, halb sank er hin / Und ward nicht mehr gesehen«. Er brachte damit zum Ausdruck, daß er das gleiche Ende finden werde wie die Opfer der Wassernixe.

Freud setzte dann den Brief mit einigen klugen Deutungen, Ma-

13 Einer von Marie Bonapartes Chows.

rie Bonaparte betreffend, fort. Der Schluß hat einen positiven Klang:

Vom deutschen Moses sollen schon 1800 Exemplare verkauft sein. Herzlichst und mit warmen Wetterwünschen, solange Sie am Meer sind

Ihr Freud [10]

Das war der letzte Brief, den Freud an Marie Bonaparte schrieb.

Ich erhielt meine New York State Boards in der letzten Juniwoche und fuhr mit dem nächsten Schiff nach England zurück; am 8. Juli 1939 traf ich in London ein. Ich fand, daß Freud viel schlechter aussah. Er hatte abgenommen und war etwas apathisch, zumindest im Vergleich zu seiner gewöhnlichen geistigen Lebhaftigkeit. Die Haut über seinem rechten Backenknochen war leicht verfärbt. Durch die Röntgenbestrahlungen hatte er auf der rechten Seite seinen Bart größtenteils verloren. In der Gegend der letzten Läsion befand sich faules nekrotisches Gewebe. Ich hatte auch den Eindruck, daß sich hinter und ein wenig oberhalb der alten Wucherung, in Richtung der Augenhöhle, ein neuer karzinomöser Tumor gebildet hatte. Der Knochen war äußerst weich, und es war ein übler Geruch vorhanden.[14]

Wieder machte die Gedankenverbindung zwischen Freud und mir Worte überflüssig. Er wußte, was ich dachte; ich wußte, was er

14 Und doch hatte nur wenige Tage vorher Dr. Finzi an Dr. Lacassagne den folgenden erstaunlichen Bericht geschickt, den ich unter Marie Bonapartes Briefen fand.

107 Harley Street –W. 1
5. Juli 1939

Lieber Lacassagne,

Prinzessin Hélène sagte mir, sie hätten gerne ein Wort darüber, welche Fortschritte Professor Freud macht. Die Wucherung hat sich seit der Behandlung erheblich gebessert und es ist jetzt eine große Höhle da, wo vorher alles voll Wucherungen war. Unglücklicherweise ist noch eine beträchtliche Sepsis vorhanden, die ihm viel Schmerzen verursacht, und diese Schmerzen machen ihn sehr müde. Er weigert sich, sich von uns irgendwelche schmerzstillende Mittel geben zu lassen außer Aspirin, und das hat zur Folge, daß er schlechte Nächte hat und sehr schwach wird. Wahrscheinlich ist noch ein kleiner Rest Wucherung hoch oben vorn da, aber ich kann das noch nicht ganz sicher sagen. Was er wirklich braucht, ist eine psychologische Behandlung, die es ihm möglich macht, mit einem anderen Medikament einen ähnlichen Pakt zu schließen wie den, den er mit Aspirin hat, aber ich wage ihm das nicht vorzuschlagen.

Mit freundlichen Empfehlungen
Ihr sehr ergebener
Dr. Finzi.

wußte. Er glaubte nicht daran, daß es sich nur um eine Knochennekrose handelte, und ich konnte ihm nicht widersprechen. Wir konzentrierten uns auf Mundhygiene, richtige Ernährung, Stärkungsmittel und die Linderung seiner Schmerzen. Letzteres wurde immer schwieriger, da Freud Barbiturate und Opiate haßte. Morphium war für ihn ein letztes Mittel, wenn er endgültig aufgeben mußte. So mußten wir unsere Zuflucht wieder zu Orthoform nehmen, das den Oberflächenschmerz des Geschwürs, aber nicht den der Knochennekrose linderte. Sein gewöhnlich gesunder, stärkender Schlaf begann ihn jetzt zu verlassen. Anna tat – neben ihrem normalen Tagwerk, das Patientenbehandlung, Ausbildung und die Organisation der Auswanderung der gesamten Gruppe auf dem Festland umfaßte – mehr oder weniger 24 Stunden Dienst; mehrmals in der Nacht mußte sie Orthoform applizieren. Gelegentlich nahm Freud ein Aspirin oder Pyramidon. Den ganzen Juli hindurch fuhr er fort, ein paar Patienten zu behandeln, zu lesen und so weit als möglich seinen üblichen Tagesablauf einzuhalten. Er versuchte auch mit verzweifelter Energie, zu essen.

Irgendwann gegen Ende Juli hatte Freud einen nächtlichen Anfall von linkem Herzkammerversagen mit Herzasthma. In dieser Notsituation konnte ich ihm sofort helfen, und von da an verzieh er mir meine Reise in die Vereinigten Staaten. Während in den ersten Wochen nach meiner Rückkehr etwas von der alten Vertrautheit fehlte, war jetzt die frühere Beziehung wiederhergestellt. Ich war sehr erleichtert, zum Teil wegen meiner eignen Empfindungen, hauptsächlich aber, weil ich wußte, daß das während des letzten, schwersten Abschnitts, der nun begann, für ihn sehr wichtig sein würde.

Wir mußten nun dazu übergehen, Medikamente für das Herz zu geben, und die Medikamente verbesserten seinen bereits schlechten Appetit nicht gerade.

Im Laufe des August ging alles schnell bergab. Unzweifelhaft handelte es sich um eine ausgedehnte neue Krebserkrankung mit Geschwürbildung. Die Verfärbung der Wange wurde immer ausgeprägter und zeigte die Entwicklung einer Hautnekrose an. Der Geruch wurde mehr und mehr unerträglich und konnte durch keinerlei Maßnahme der Mundhygiene unter Kontrolle gebracht werden. Es war offensichtlich, daß er von der Nekrose des Knochens kam. Ich muß noch einmal darauf hinweisen, daß es damals keine Antibiotika gab, die eine Eindämmung dieses Zustandes hätten erleichtern können.

Freuds Erschöpfung nahm zu, er wurde täglich schwächer. Er mußte nun den für ihn schmerzlichen Entschluß fassen, keine Patienten mehr zu empfangen. Er war noch imstande, Anna ein Resümee der Fälle zu geben, das seine alte Meisterschaft verriet, aber es gab Augenblicke, wo einfach die Erschöpfung seinen Geist stumpf machte. Er versuchte immer noch, zu essen, ruhte aber den größten Teil des Tages. Sein Arbeitszimmer war nun auch sein Krankenzimmer; von seinem Bett aus konnte er den Garten mit den geliebten Blumen sehen. Der Chow jedoch, an dem Freud so hing, konnte den Geruch nicht ertragen und nicht dazu gebracht werden, in seine Nähe zu kommen. Wenn der Hund ins Zimmer gelassen wurde, verkroch er sich in der entferntesten Ecke. Freud wußte, was das bedeutete, und schaute seinen Liebling traurig an.

Marie Bonaparte besuchte ihn zwischen dem 31. Juli und dem 6. August zum letzten Mal. Es war ein trauriger, stiller Abschied. Freud bemerkte später zu mir, was für ein Glück er gehabt habe, so viele wertvolle Freunde zu finden.

Ende August kam ein weiterer Abschied, diesmal von seiner Enkelin Eva, der Tochter Olivers, über deren Besuch in London (sie lebte damals in Frankreich) Freud sich sehr freute. Diesem reizenden Mädchen gegenüber, das damals fünfzehn war, zeigte er eine ganz besondere Zärtlichkeit; Eva kam gegen Kriegsende, 1944, ums Leben.

Die Krankheit nahm weiter ihren unaufhaltsamen Lauf. Die Haut über dem Backenknochen wurde gangränös; es entstand schließlich ein Loch und eine offene Verbindung zwischen der Mundhöhle und außen. Das brachte vorübergehend ein leichtes Nachlassen der Schmerzen, oder vielmehr, der ganze Bereich wurde für die Orthoformanwendungen zugänglicher, aber der Geruch wurde noch schlimmer. Über Freuds Bett mußte ein Moskitonetz gespannt werden, weil der Geruch die Fliegen anlockte.

Inzwischen hatte der Krieg begonnen. Man hatte erwartet, daß mit dem Beginn der Feindseligkeiten auch Luftangriffe einsetzen würden. Um für jede Eventualität bereit zu stehen, war ich um den 1. September in Freuds Haus gezogen, während meine Frau und meine Kinder sich an einen sicheren Ort auf dem Land begaben. Freud las die Zeitungen und war sich völlig dessen bewußt, welch schwerwiegende Ereignisse im Gange waren. Aber er war schon weit weg. Die Distanziertheit, die ich schon früher im Zusammenhang mit der Krise von München geschildert habe, war jetzt noch viel ausgeprägter. Nach einer Rundfunksendung, in der wieder der alte Gedanke zur Sprache kam, dies sei ein Krieg, der allen Kriegen ein Ende setzen würde, fragte ich ihn: »Können Sie glauben, daß dies nun der letzte Krieg ist?« Er erwiderte trocken: »*Mein* letzter Krieg« (Jones, Bd. 3, S. 289).

Während der ersten Fliegeralarme wurde Freuds Bett in den sicheren Teil des Hauses geschafft. Er verfolgte mit einem gewissen Interesse die Maßnahmen, die man unternahm, um seine Kunstsammlung und seine Manuskripte in Sicherheit zu bringen. Er hielt sich immer noch an einen bestimmten Tagesablauf, und bis zu dem Tag vor seinem Tod vergaß er nie, seine Taschenuhr und eine Schreibtischuhr aufzuziehen, die einmal in der Woche aufgezogen werden mußte. Dieses winzige Detail war in gewisser Weise typisch für seine Selbstdisziplin. Seine nie versagende Freundlichkeit änderte sich in keiner Weise. In dieser ganzen Zeit war ich nicht ein einziges Mal Zeuge einer ungeduldigen oder ärgerlichen Reaktion gegenüber irgendjemandem in seiner Umgebung. Immer noch erkundigte er sich danach, wie meine Kinder auf die Evakuation reagierten, und schlug mir Lesestoff aus seiner Bibliothek vor, wobei er unter anderem Werke von Albert Schweitzer empfahl, vor dem er große Hochachtung hatte.

Es wurde immer schwieriger, ihm genügend Nahrung zuzuführen. Er hatte große Schmerzen, und die Nächte waren schlimm. Er konnte kaum noch sein Bett verlassen und wurde allmählich kachektisch. Anna und ich lösten uns bei der Verabreichung von Orthoform ab, aber er erhielt immer noch keine eigentlichen Sedativa. Es war qualvoll, sein Leiden nicht lindern zu können, aber ich wußte, daß ich warten mußte, bis er mich dazu auffordern würde.

Die letzte Phase begann, als es ihm schwer wurde, zu lesen. Freud las nicht aufs Geratewohl, sondern sorgfältig ausgewählte Bücher aus seiner Bibliothek. Das letzte Buch, das er las, war Balzacs *Chagrinleder.* Als er damit fertig war, sagte er beiläufig zu mir: Das war das richtige Buch für mich; es handelt von Einschrumpfen und Verhungern.

Das Chagrinleder wurde im Geist der Romantik geschrieben, unter dem Einfluß von Goethes *Werther* und *Faust,* von Hoffmanns *Phantastischen Erzählungen* und von Byron. Balzacs Held Raphael schließt wie Goethes Faust einen Pakt mit dem Teufel. Raphael erhält die wunderwirkende, aber unglückbringende Haut eines wilden Esels. Alle seine Wünsche werden erfüllt, aber mit jedem erfüllten Wunsch schrumpft die Haut und damit sein Leben. Raphael kann seine Wünsche nicht *beherrschen* und versucht vergeblich, ihnen nicht nachzugeben. Er kann seine Todesangst nicht meistern und stirbt in hoffnungsloser Panik.

Faust andererseits stirbt erst, nachdem er, wenigstens in einer Vision, sein letztes Ziel erreicht hat, der Wut des Meeres, der Zuider Zee, Land abzugewinnen.

Da ich damals weder *Das Chagrinleder* noch Freuds Briefe gelesen hatte, wußte ich nicht, wie bedeutungsvoll diese Äußerung war und warum er sie mir gegenüber getan hatte. Das Thema der schrumpfenden Haut erinnert an Freuds Worte über seinen sterbenden Vater, die er im Jahre 1896 schrieb: ». . . er . . . schrumpft stetig ein bis zu . . . einem großen Termin.« Das Unbewußte ist unsterblich, hatte Freud gesagt. Es bewahrt alle seine Erinnerungen. Wie unheimlich, daß er gerade dieses Buch las, bevor er das *finis* unter seine eigene Geschichte setzte.

Auch Freud hatte alle ihm mögliche Arbeit der Wiedergewinnung geleistet. Im Gegensatz zu Raphael hatte er alle seine Ängste überwunden, soweit das menschenmöglich ist. Aber er war so verzweifelt müde, daß er nur noch einen Wunsch hatte, der in einem der schönsten Gedichte Goethes am besten ausgedrückt ist:

Der du von dem Himmel bist,
Alles Leid und Schmerzen stillest,
Den, der doppelt elend ist,
Doppelt mit Erquickung füllest.
Ach, ich bin des Treibens müde,
Was soll all der Schmerz und Lust?
Süßer Friede,
Komm, ach komm in meine Brust.

Am folgenden Tag, dem 21. September, ergriff Freud, als ich an seinem Bett saß, meine Hand und sagte zu mir: Lieber Schur, Sie erinnern sich wohl an unser erstes Gespräch. Sie haben mir damals versprochen, mich nicht im Stich zu lassen, wenn es soweit ist. Das ist jetzt nur noch Quälerei und hat keinen Sinn mehr.

Ich sagte ihm, ich hätte mein Versprechen nicht vergessen. Er seufzte erleichtert auf, hielt meine Hand noch einen Augenblick fest und sagte: Ich danke Ihnen. Nach einem Augenblick des Zögerns fügte er hinzu: Sagen Sie es Anna. All das sagte er ohne eine

Spur von Gefühlsüberschwang oder Selbstmitleid und in vollem Bewußtsein der Realität.

Ich teilte Anna unsere Unterhaltung mit, wie Freud es gewollt hatte. Als er von neuem schreckliche Schmerzen hatte, gab ich ihm eine Injektion von zwei Zentigramm Morphium. Er spürte schon bald Erleichterung und fiel in friedlichen Schlaf. Der Ausdruck von Schmerz und Leiden war gewichen. Nach ungefähr zwölf Stunden wiederholte ich die Dosis. Freud war offensichtlich so am Ende seiner Kräfte, daß er in ein Koma fiel und nicht mehr aufwachte. Er starb um 3 Uhr morgens am 23. September 1939.

In »Zeitgemäßes über Krieg und Tod« hatte Freud gesagt:

> Dem Verstorbenen selbst bringen wir ein besonderes Verhalten entgegen, fast wie eine Bewunderung für einen, der etwas sehr Schwieriges zustande gebracht hat.

Anhang
Unveröffentlichte Briefe

1. Kapitel

1) 25. April 1885 (Brief an Martha Bernays)

Samstag 25. April 1885

Mein geliebtes Marthchen

Lustgarten, mein Arzt, hat einen Modus ausfindig gemacht, wie ich Dir schreiben kann. Dieser Brief samt Couvert wird für einige Stunden in einen Trockenkasten von 120° C gelegt werden, in dem er all seiner gefährlichen Eigenschaften verlustig gehen soll. Nicht war, die Art Censur wird uns nicht schaden?

....

Ich habe wol die echten Blattern, aber nicht die rechten, weißt Du, nicht wie Du Dir's nach der Jugenderinnerung vorstellen wolltest. Ich habe keine einzige Pustel, vielleicht fünf charakteristische »Wimmerl« – es giebt kein deutsches Wort dafür – und ein Dutzend kleinerer Knötchen; von Entstellung, Narben, Fieber u. dgl. ist gar keine Rede. Ich war auch nie zu Bette. Aber ich bin doch krank, zu Zeiten außerordentlich schwach, das Essen schmeckt mir gar nicht u. ich kann nur am Vormittag was lesen. Der Nachmittag wird mir qualvoll, weil ich matt, arbeitsunfähig u. ruhelos bin, abends stellt sich's wieder her. Meine Bedienerin ist sehr brav, aufmerksam u. intelligent; u. ich bin im Ganzen doch noch recht froh, erstens daß meine vorgängige Erschöpfung keine psychologische, sondern die Folge einer Krankheit war, u. zweitens daß die böse Krankheit, mit der ich mich als Arzt doch auseinandersetzen muß, mich so gütig behandelt hat.

....

2. Kapitel

1) 18. Oktober 1893 (Brief an Wilhelm Fließ)

Ich hätte viel über Nase und Sexual. (2 Themata) zu schreiben. Daß Du wenig von der Art siehst, zeugt doch von einer vorherigen Auslese des Materials. Ich habe jetzt keinen großen Andrang und doch die schönsten Fälle, bin auch ein Stück weiter. Eine Beobachtung von

Flimmermigraine bei Onanisten werde ich Dir nächstens mitteilen, leider *ohne* Nasenbefund...
Mit meinem Herzbefinden denke ich Dir keineswegs durchzugehen. Es ist jetzt viel besser, nicht durch mein Verdienst, denn ich rauche arg in Folge der Aufregungen der letzten Zeiten, die reich daran waren. Ich glaube, es wird nächstens arg wiederkommen. Im Rauchen werde ich einer Vorschrift von Dir peinlich folgen, ich habe es schon einmal getan als Du Dich (Bahnhof – Wartenzeit) darüber äußertest. Es fehlte mir freilich sehr. Ein arg [ausgestrichen], akuter Schnupfen hat die Sache nicht verschlimmert.

2) 17. November 1893 (Auszug aus B 15)

Deinem Rauchverbot folge ich nicht; *hältst Du es denn für ein großes Glück sehr lange Jahre elend zu leben?* Ich bin aber von den betreffenden Sensationen sehr wenig belästigt.

3) 19. April 1894 (Auszug aus B 17)

Deine Bemerkung über Tagebuch werde ich mir merken. Du hast Recht. Frau Dr. Fr. hat mir auch nicht besonders gefallen. Vielleicht tue ich ihr unrecht wenn ich sie als Fleischspeise »Gans« und als Gemüse »Z'widerwurzen« klassificiere. Daß ihr die Analyse unangenehm war, glaube ich gerne, damit hat sie nur den Gedanken der Abwehr bestätigt, sie ist mir auch das dritte Mal ausgekniffen...
Den vielen Neuigkeiten, die Du ankündigst entspricht wol endlich fast ungestörtes Wolbefinden bei Dir. Über die Ätiologie Deines zweiten Kopfschmerzes habe ich nachgedacht. Ich glaube nicht recht daran. Willst Du Dich nicht lieber an die Siebbeinzellen halten?
Fratzen und Frau sind wol, letztere ist nicht die Vertraute meiner Sterbedelirien. Wol für alle Fälle überflüssig.

4) 25. April 1894 (Brief an Wilhelm Fließ)

Mein lieber Freund
Du hast so liebenswürdig geschrieben, daß ich Dich nicht warten lassen kann, bis ich etwas zu sagen habe; sondern aus der Alltäglichkeit heraus Nachricht geben muß.
Ich halte Dich für sicherlich competenter für Differentialdiagnose in diesen heiklen Dingen als wen anderen und habe mich also in der Auf-

fassung meiner Affektion wieder irre machen lassen. Breuer z.B. hat die nicht toxische Herzaffektion ruhig gelten lassen. Eine Dilatation soll ich nicht haben, gespaltene Töne, Arrythmie udgl. dauern fort trotz Abstinenz. Die Libido ist längst überwunden. 1 Gramm Digitalis in 2 Tagen hat die subjectiven Beschwerden sehr herabgesetzt und soll auch die Arrythmie beeinflußt haben, die ich zwar immer spüre so oft ich für meinen Puls eine Resonanz finde. Meine Verstimmung, Mattigkeit, Arbeitsunfähigkeit und das bischen Dyspnoe sind eher ärger geworden.

Dies der »Status idem«. Daß ich diese schöne Welt nicht verlasse, ohne Dich zum persönlichen Abschied hierherzucitiren steht mir schon seit Beginn meines Krankheitsgefühles fest. Ich glaube auch nicht, daß ich demnächst in die Lage kommen werde von dieser Deiner Erlaubniß Gebrauch zu machen, aber die Quälerei und das nutzlose Verstreichen der Gegenwart gehen mir mehr zu Leide als was etwa an der Prognose unbefriedigend ist.

In wenigen Tagen schicke ich Dir ein paar Seiten Rohmaterial, eine rasch aufgezeichnete Analyse, in der man bis auf den Grund der Neurose gehen kann. Zu der Zusammenstellung für Dich konnte ich mich noch immer nicht haben, ärgere mich sehr darüber. Das war doch sonst anders. Die sociale und wissenschaftliche Windstille macht mir allerlei Sorgen. Wenn ich in der alltäglichen Arbeit bin, geht es mir am Besten.

Ich hoffe Du bist wenigstens wol. Ich glaube eine Stunde lang habe [ich] mich in diesen Tagen doch über meine Krankheit gefreut. Das muß gewesen sein, als ich Deinen Brief bekam.

Ich grüße Dich und Deine liebe Ida herzlich und die Meinigen stimmen ein.

Dein
Dr. Sigm. Freud

5) 6. Mai 1894 (Brief an Wilhelm Fließ)

Den Leitfaden der Neurosen konnte ich noch nicht fertig machen. Es geht mir besser, zeitweise selbst viel besser, aber noch kein halber Tag war frei von Beschwerden und Stimmung und Leistungsfähigkeit sind recht darnieder. Ich halte es doch nicht für Nikotin, habe zuf[ällig] in letzter Woche *viel ähnliches* in [der] Praxis gesehen, glaube es ist rheumatische Myocarditis und man wird es nicht recht los. Rheumatische Muskelschwielen an anderen Körperstellen habe ich in letzten Jahren wiederholt gehabt.

Im Sommer möchte ich ein wenig zur Anatomie zurückkehren, es ist doch das einzig Befriedigende.

6) 21. Mai 1894 (Auszug aus B 18)

Liebster Freund,
Liebster, im Ernst, denn ich finde es rührend daß Du Dich so eingehend mit meinen Zuständen zu einer Zeit beschäftigst, da Du entweder sehr beschäftigt oder nicht sehr wol oder vielleicht beides bist. Es war eine Lücke in Deinen Briefen, die mir bereits unheimlich vorkam ... Dann kam Dein Brief mit der sorgfältigen Widerlegung aller meiner internistisch-dilettantischen Phantasien, aber ohne ein Wort über Dein Befinden. Ich habe lange schon gemerket, daß Du Leiden besser und würdiger erträgst als ich, der in der Stimmung ewig flakkernde.
Ich verspreche Dir einen ausführlichen Krankenbericht nächstens; es geht mir besser, aber weit von gut, wenigstens arbeite ich wieder. Heute will ich mir eine gute Stunde machen und nur Wissenschaft mit Dir plaudern. Es ist eben keine besondere Gunst des Schicksals, daß ich ungefähr 5 Stunden im Jahr für Gedankenaustausch mit Dir habe, wo ich den Anderen kaum entbehren kann und Du der einzig Andere, der *Alter,* bist
Morgen schicke ich die Henne mit den fünf Küchlein nach Reichenau und in der traurigen Einsamkeit nachher ... werde ich öfter den Vorsatz ausführen, Dir wenigstens zu schreiben ...
M.D. war doch eine Perle? Sie kommt nicht in die Sammlung mit Breuer, weil das zweite Stockwerk, das des sexuellen Momentes, dort nicht enthüllt werden soll. Die Krankengeschichte, die ich jetzt schreibe – eine Heilung – gehört zu meinen schwersten Arbeiten. Du wirst sie vor Breuer bekommen, wenn Du sie rasch zurücksenden willst.
Unter den trüben Gedanken der letzten Monate kam der, die sexuelle These nicht mehr erweisen zu können, an zweiter Stelle, gleich nach Weib und Kindern. Man möchte doch nicht gleich und nicht ganz sterben.

7) 22. Juni 1894 (Auszug aus B 19)

Die letzte Krankengeschichte schicke ich Dir heute, am Stil wirst Du merken, daß ich krank war. Zwischen die 4. und 5. Seite fällt das Geständniss meiner lange verheimlichten Beschwerden. Die Sache selbst ist wol sehr lehrreich, war für mich entscheidend.

Der Sommer soll mir willkommen sein, wenn er bringt, wonach ich mich seit Jahren sehne, ein paar Tage mit Dir ohne arge Störung... Das Leben kommt mir meistens so unsicher vor, daß ich geneigter bin, lange verhaltene Wünsche nicht mehr aufzuschieben. Andere Reisen werden daneben zurücktreten müssen, denn dies Jahr war ein combiniert schlechtes, hat außer der Krankheit auch materiellen Ausfall gebracht. Auf ein paar Tage könnte ich natürlich doch kommen; auf das Steigen habe ich »mit schwerem Herzen« – wie sinnreich der Sprachgebrauch ist – verzichtet. Wenn Du mir's also richten kannst, daß ich nicht sehr weit zu reisen habe und dann mit Dir (dabei denke ich immer Deine Frau mit...) wirklich allein bin, dann sehen wir uns heuer Dank meiner Unlust zu weiterem Aufschub.

Nun folgt meine Krankengeschichte in ungeschminkter Wahrheit mit allen Details, auf die ein elender Patient Werth legt und die es wahrscheinlich nicht verdienen.

Vom Tage Deines Verbots an habe ich 7 Wochen nicht geraucht. Es ging mir, wie erwartet zuerst unerlaubt schlecht, Herzbeschwerden mit Verstimmung und dabei das gräuliche Elend der Abstinenz. Letztere ging nach etwa 3 Wochen vorüber, erstere ermäßigten sich nach etwa 6 Wochen, aber ich blieb complet arbeitsunfähig, ein geschlagener Mann. Nach 7 Wochen begann ich – gegen mein Versprechen an Dich – wieder zu rauchen und dabei hat folgendes mitgewirkt.

1) Gleichzeitig sah ich Kranke mit fast identischen Zuständen in denselben Jahren, die entweder nicht geraucht hatten (2 Frauen) oder das Rauchen aufgegeben hatten. Breuer dem ich wiederholt sagte, ich halte die Affektion nicht für Intoxicatio nicot. gab es endlich zu, verwies auch auf die Frauen und so wurde mir das Motiv entzogen, das Du so treffend in einem früheren Brief bezeichnet hast: Man kann dem nur entsagen, wenn man die feste Überzeugung hat, es sei die Ursache des Leidens.

2) Von den ersten Cigarren an war ich arbeitsfähig und Herr meiner Stimmung, früher war die Existenz unerträglich. Auch habe ich nicht bemerkt, daß die Beschwerden sich nach 1 Cigarre gesteigert hätten.

Ich rauche jetzt mäßig, bin langsam bis zu 3 *pro die* gestiegen, es geht mir sehr viel besser als früher, eigentlich progressiv besser, nicht gut natürlich. Ich will den Zustand schildern.

Etwas Arrythmie scheint immer zu sein, aber Steigerungen zu einem

Delirium cordis mit Beklemmungsgefühl kommen nur in Anfällen, die jetzt keine Stunde dauern, fast regelmäßig nach dem Mittagessen. Die mäßige Dyspnoe beim Stiegensteigen ist weg, der linke Arm ist seit Wochen schmerzfrei, die Brustwand noch recht empfindlich, Stufe [nicht klar lesbar]. Druckgefühl, Brennen fehlen keinen Tag. Objektiv soll nichts nachweisbar sein, ich weiß es ja nicht. Schlaf und alle andere Funktionen ungestört, Stimmung beherrsche ich sehr gut, fühle mich allerdings gealtert, schwerfällig, nicht gesund. Digit[alis] hat mir ausgezeichnet gethan ...
Was mich quält ist die Unsicherheit, wie die Geschichte zu nehmen ist. Mir wäre es [ein Wort ausgestrichen] peinlich, Hypochondr[ische] Beurtheilung zu verrathen, ich habe aber keine Anhaltspunkte es zu entscheiden. Mit meiner Behandlung hier bin ich sehr unzufrieden. Breuer ist voll scheinbarer Widersprüche. Wenn ich sage, es geht mir besser, kommt die Antwort: Sie wissen gar nicht, *wie* gern ich das höre. Das sollte auf eine ernste Affektion schließen lassen. Frage ich ein andermal, was es eigentlich ist, so kommt die Antwort: Nichts, jedenfalls etwas was vorüber ist. Übrigens kümmert er sich um mich gar nicht, sieht mich 2 Wochen lang nicht, ich weiß nicht, ist das Politik oder wirkliche Gleichgiltigkeit oder vollberechtigt. Im Ganzen bemerke ich, daß ich behandelt werde wie ein Kranker mit Ausweichen und Beschwindeln, anstatt daß man mich zur Ruhe brächte, indem man mir alles sagt, was über dergleichen zu sagen ist, das heißt, was man weiß.
Es wäre mir die größte Erleichterung, könnte ich Deine Auffassung getheilt haben oder noch theilen, selbst eine neue Abgewöhnung würde mir jetzt minder schwer fallen, aber es kommt mir als *sacrifizio d'intelletto* vor, ich bin zum ersten Mal in irgend etwas anderer Meinung als Du. Bei Breuer habe ich's leichter, der sagt gar keine Meinung.
Das Beispiel von *Kundt* hat mich weniger geschreckt, wer mir die 13 Jahre bis 51 Jahre garantieren könnte, der würde mir die Cigarre nicht verleidet haben. Meine Compromißansicht, für die ich keine wissenschaftliche Begründung habe, ist die, daß ich noch 4–5–8 Jahre an wechselnden Beschwerden mit guten und schlechten Zeiten leiden und dann zwischen 40 u. 50 an einer Herzruptur schön plötzlich verenden werde; wenn es nicht zu nahe an 40 ist, ist es gar nicht so schlecht.
Du wirst mich nur unendlich verpflichten, wenn Du mich definitiv aufklärst, ich glaube nämlich im Geheimen, daß Du sehr genau weißt, was es ist und das Rauchverbot, das ja relative Berechtigung hat, nur in

gewohnter Strenge und wegen der erziehlichen und beruhigenden Verwerthbarkeit, so absolut erlassen hast.
Also jetzt genug, es ist sehr traurig sich soviel mit sich abgeben zu müssen, wenn man über soviel Interessanteres schreiben könnte.
Zwischen Deinen Zeilen lese ich, daß Du mit Deinen Kopfschmerzen nicht sehr zufrieden bist und ärgere mich über unsere Unwissenheit. Von den Arbeiten schreibst Du nichts, offenbar hat es den Anschein, als zeigte ich für sie kein Interesse, ich bitte Dich nur anzunehmen, daß ich bloß kein Urtheil über die doch thatsächlich begründeten Dinge habe.

8) 14. Juli 1894 (Brief an Wilhelm Fließ)

Liebster Freund,
Nektar und Ambrosia ist mir Dein Lob, da mir sicher bekannt ist, wie schwer Du es vergibst, nein richtiger, wie ernst Du es empfindest, wenn Du es vergibst. Seither habe ich, mit Abstinenz beschäftigt, wenig geleistet; eine andere Darstellung der Angstneurose, die ich aber Breuer gegeben. Fräulein Elisabeth v. R. hat sich inzwischen verlobt.
Mein Zustand, ich fühle mich jetzt verpflichtet, nicht den Verdacht zu erwecken, als wollte ich zurückhalten, [ist] folgender. Von Deinem Brief am Donnerstag vor 14 Tagen Abstinenz, die 8 Tage gehalten hat, am nächsten Donnerstag, in einem unbeschreiblich öden Moment eine Cigarre, dann wieder 8 Tage Abstinenz, nächsten Donnerstag wieder eine, seither wieder Ruhe. Kurz es bildet sich eine Institution, eine Cigarre in der Woche zur Erinnerungsfeier Deines Briefes, der mich des Tabakgenusses von Neuem beraubt. Praktisch dürfte sich das von der Abstinenz nicht erheblich unterscheiden ...
Befinden unverändert. Ende voriger Woche mußte ich [mich] wieder zu Digitalis entschließen. Der Puls war wieder deliriös ... Unter Digitalis geht es dann gut, aber nicht behaglich. Soll ich Digitalis oft nehmen oder selten? Ich verspreche zu folgen ...
Dein Kopfschmerz verursacht mir ohnmächtige Kränkung ...

Herzlichen Gruß ...
Sigm. Freud

9) Undatiert (Brief an Wilhelm Fließ)

Lieber Wilhelm,
Ich verstehe ja viel zu wenig davon um Deine so sichere Entgegnung beurtheilen zu können, aber das indicium sagt mir, daß ich physiologische Gründe genug habc, Deinen Anordnungen nachzukommen und so beginne ich heute eine zweite Abstinenzperiode, die hoffentlich andauern wird, bis wir uns im August wiedersehen.

Herzl. Gruß
Dein S.

10) 18. August 1894 (Auszug aus B 20)

Ich werde von jetzt ab nur Gutes prophezeien und Recht damit behalten wie mit der letzten bösen Vorhersage.

11) 23. August 1894 (Brief an Wilhelm Fließ)

Am Donnerstag nach unserer Trennung hatte ich notgedrungen einen 4stündigen Marsch von Weißenbach nach Ischl, Nacht, Einsamkeit, strömender Regen, Eile – ich habe es sehr gut vertragen.

12) 12. Februar 1929 (Arents collection, New York Public Library, Astor, Lenox and Tilden Foundations)

Ich begann mit 24 Jahren zu rauchen, zuerst Cigaretten, bald aber ausschließlich Cigarren, rauche auch noch heute ($72^1/_2$ J.) und schränke mich in diesem Genuß sehr ungern ein. Zwischen 30 und 40 Jahren mußte ich das Rauchen durch $1^1/_2$ Jahre aufgeben wegen Herzstörungen die vielleicht Nikotinwirkung, wahrscheinlich aber Folge einer Influenza waren. Seither bin ich meiner Gewohnheit oder meinem Laster treu geblieben und meine, daß ich der Cigarre eine große Steigerung meiner Arbeitsfähigkeit und eine Erleichterung meiner Selbstbeherrschung zu danken habe. Vorbild war mir mein Vater, der ein starker Raucher war und bis in sein 81stes Lebensjahr blieb.

Sigm. Freud

1) 7. Februar 1894 (Auszug aus B 16)

Über Deinen Kopfschmerz bin ich ruhiger, seitdem ich eine Äußerung von Scheffer in Bremen erhalten habe, die volle Genesung verspricht. Ich war so unverschämt, mich direkt an ihn zu wenden.

2) 23. August 1894 (Brief an Wilhelm Fließ)

Liebster Freund,
Du hast starke Kopfschmerzen und rechnest mit einer Nachoperation; das klinge mir trüb und verdrießlich, wenn ich nicht so ganz Deine Hoffnung theilen würde, daß Du auf dem eingeschlagenen Weg frei von *Deinen* Kopfschmerzen wirst. Nur versprich mir gleich Eines, den Faktor nicht zu vergessen, der unmittelbar vor dem Knoten »Kopfschmerz« steht und der rein nervöser Natur ist. Mit andern und mal auch klareren Worten, daß Du mir versprichst, diesmal Monate über die Narben vergehen zu lassen, ehe Du an die Arbeit in Berlin gehst.
Wir schreiben oder reden noch darüber.

3) 29. August 1894 (Auszug aus B 21)

Liebster Freund,
Das ist doch nicht mehr schön, gehst Du mir denn ganz im Eiter auf? Wieder und wieder operieren; zum Teufel, nur werd einmal fertig, da hat die alte Frau, der Deine Kopfschmerzen vor Jahren nicht gefallen haben, und die mir jenen merkwürdigen Brief geschrieben hat eigentlich sehr im Rechte. Aber was soll ich dazu? Ich wollt' ich wäre ein »Doktor«, wie die Leute sagen, ein Arzt und Heilkünstler, um dergleichen zu verstehen und Dich in solchen Lagen keiner fremden Hand überlassen zu müssen. Leider bin ich es nicht, Du weißt es. Ich muß mich auf Dich verlassen, hierin wie in allem Übrigen, ich muß hoffen, daß Du auch *Dich* zu behandeln verstehst und auch bei *Dir* denselben Erfolg haben kannst, wie bei andern (mich eingeschlossen).
Daß dabei unser Wiedersehen entzwei geht, ist auch nicht schön. Eine zeitweilige Hoffnung hinterläßt mir einen unerfüllten Anspruch.

4) 11. April 1895 (nicht in den *Anfängen* enthalten; teilweise veröffentlicht in Schur, 1966 a, S. 63 f. Nur der unveröffentlichte Teil des Briefes wird hier wiedergegeben.)

Die Wissenschaft geht halbwegs, d.h. nichts Neues, kein Einfall und keine Beobachtung. Mit der Psychologie habe ich mich gründlich überarbeitet und lasse sie jetzt stehen. Nur das Buch mit Breuer geht vorwärts, wird in etwa 3 Wochen fertig vorliegen.
So war von Dir noch gar nicht die Rede. Ich entnehme, daß Du gerade begonnen hast, Dich wieder zu fühlen. Halt jetzt einmal recht lange aus! Dein Kopf ist doch gut. *Das* wäre erreicht! das darf ich jetzt doch glauben?

5) 20. April 1895 (nicht in den *Anfängen* enthalten; teilweise veröffentlicht in Schur, 1966 a, S. 63 f. Nur der unveröffentlichte Teil des Briefes wird hier wiedergegeben.)

In Betreff meines Leidens möchte ich, daß Du Recht behieltest, daß der Anteil der Nase ein großer, der des Cor ein kleiner sein möge. Nur ein sehr strenger Richter wird mir verübeln, daß ich bei dem Puls und der Insufficienz oft das Gegenteil glaube. Deinen Vorschlag *jetzt* nach Berlin zu kommen, kann ich nicht annehmen, ich bin nicht in den Verhältnissen, mir Fl. 1000–1500 für eigene Gesundheit, oder auch nur die Hälfte davon zu gestatten, und nicht demoralisiert genug, auf Deine Andeutung den Verlust zu ersparen einzugehen. Ich denke ich muß es auch nicht. Wenn das Empyem die Hauptsache ist, so entfällt der Gesichtspunkt der Gefahr und die Beschwerden durch einige Monate fortgesetzt, werden mich nicht umbringen. Wenn aber eine Herzaffektion das Wesen ausmacht, dann kannst Du mir ja nur Beschwerden beseitigen und ich sehe der Gefahr dann warnungslos entgegen, was ich nicht mag.
Heute kann ich schreiben, weil ich bessere Hoffnung habe; ich habe mir aus einem elenden Anfall mit einer Cocainpinselung herausgeholfen. Nicht verbürgen kann ich, daß ich nicht über 1–2 Tage für eine Ätzung oder Galvanisierung komme, aber auch das gienge momentan nicht. Am Liebsten wäre mir, Du giengest darauf ein über das Thema Herz nichts mehr wissen zu wollen.
Ich freue mich jetzt Anspruch zu haben, wieder viel und von Dir zu hören . . .

Herzlichst,
Dein Sigm.

6) 26. April 1895 (Brief an Wilhelm Fließ)

Es ist mir komischerweise nicht unerfreulich ergangen. Den letzten grauslichen Anfall habe ich durch Cocain merklich zu Ende gemacht, seither ist es gut und es kommt massenhafter Eiter. Ich habe offenbar noch L[inks] ein Keilbeinempyem, mit dem ich natürlich sehr glücklich bin. Auch ihr, meinem und Deinem Quälgeist, scheint es jetzt gut zu gehen ...

7) 27. April 1895 (Auszug aus B 23)

(1) Ich befinde mich wol, (2) entleere reichlichen Eiter, (3) ich befinde mich *sehr* wol. Ich will also gar keine Herzaffektion mehr haben, nur die »Behandlung« durch das Nicotin. Wirklich ich habe viel ausgestanden und ich kann doch nicht jetzt abkommen, bei der harmloseren Diagnose viel eher nicht als bei der schwereren. Aber ich komme und lasse mir von Dir helfen.

8) 25. Mai 1895 (Auszug aus B 24)

Nun zu meinem Nasenleiden. Ich habe überaus reichlich geeitert und dabei gieng es mir glänzend. Jetzt ist die Eiterung fast versiegt und es geht mir noch immer sehr gut ...

9) 22. Juni 1895 (Brief an Wilhelm Fließ)

Heil, teurer Wilhelm! Möge Deine liebe, gute und starke Frau, bei der bisher Hoffnung und Erfüllung immer zusammentrafen auch als Mutter der Liebling des Schicksals werden ...
Ich komme also Anfangs September. Wie ich es anfangen werde, Dich dann wieder zu entbehren, weiß ich nicht. Es geht mir mit dem Rauchen arg genug ...
Deine Entdeckung dann in Ehren, Du wärst der stärkste Mann, hältest die Zügel der Sexualität in der Hand, welche die Menschen regiert, könntest alles machen und alles verhüten. Darum glaube ich die zweite frohe Botschaft noch nicht, die erste glaube ich, es ist auch leichter ...

10) 24. Juli 1895 (Brief an Wilhelm Fließ)

Daimonie warum schreibst Du nicht? Wie geht es Dir? Kümmerst Du Dich gar nicht mehr, was ich treibe? Was macht die Nase, die Menstruation, der Wehenschmerz, die Neurosen, die liebe Frau und das keimende Kleine? Heuer bin ich nun krank und muß zu Dir kommen; was soll denn werden, wenn wir zufällig ein Jahr lang beide gesund sind? Sind wir nur Unglücksfreunde? Oder wollen wir auch die Erlebnisse ruhiger Zeiten mit einander theilen?
Wohin geht Ihr jetzt im August? Wir leben auf dem Himmel sehr zufrieden.

Herzlichste Grüße,
Dein
Sigm.

11) 8. Oktober 1895 (Auszug aus B 29)

Liebster Wilhelm,
Eine Nachricht von Dir war mir bereits Bedürfniß, denn ich hatte bereits den selben irrenden Schluß gezogen, daß Dein Schweigen – Kopfschmerz bedeutet. Es wurde mir wieder behaglicher, als ich – nach langer Zeit – wieder ein Stück wissenschaftliches Materials von Dir in Händen hielt. Ich habe erst nur hineingeblickt und fürchte an dem Respekt vor so viel ehrlichen und feinsinnigen Material wird meine theoretische Phantasie zu Schande werden ...
Wie es mir herzwärts ergangen? Nicht besonders, aber nicht so arg wie in den ersten 14 Tagen. Meine Aufmerksamkeit war diesmal gar nicht dabei ...

12) 29. November 1895 (Auszug aus B 36)

Teurer Wilhelm,
Mir geht es ganz überraschend wol *wie seit Beginn der Geschichte nicht.* Ich habe auch keinen Eiter, sondern sehr viel schleimiges Sekret. Habe übrigens nie am Erfolg Deiner *kleinen* Eingriffe gezweifelt, mir also das Wolbefinden verdient [Kursiv des Verfassers].

1) 13. Februar 1896 (Auszug aus B 41)

Mein Befinden verdient nicht Gegenstand der Nachfrage zu sein. Die linksseitige Eiterung hat in letzter Woche recrudescirt, Migrainen ziemlich häufig, die nothwendige Abstinenz thut mir kaum sehr wol. Ich bin rasch grau geworden.

2) 1. März 1896 (Auszug aus B 42)

Daß man Alles was man im Leben genossen hat, so theuer bezahlen muß, ist entschieden keine schöne Einrichtung. Wird es uns Beiden *auch* so ergehen?

3) 16. März 1896 (Auszug aus B 43)

Theurer Wilhelm,
Die Depression über Deinen Kopfschmerz-Kalender habe ich eigentlich noch nicht überwunden. Ich kann mich etwa darüber freuen, daß Ostern weit weg von dem Termin fällt den Du als den kritischsten unterstrichen hast. Sonst ersehe ich ja leider, daß jeder dritte Tag für Dich Kopfweh bringt. Aber wie die Kaiser einen unbezweifelten Einfluß auf das Wetter nehmen, so habe ich Deine Kopfschmerzen durch meine Gegenwart günstig stimmen können und hoffe darum auf schönes Wetter für unsere Zusammenkunft.

4) 16. April 1896 (Brief an Wilhelm Fließ)

Liebster Wilhelm,
... den Kopf voll von Terminen und Summationsahnungen, stolz auf manche Anerkennung und mit einem frechen Gefühl von Selbständigkeit bin ich zu gutem Wolbefinden zurückgekehrt und bin seither sehr faul gewesen, weil sich das zur intensiven Arbeit nöthige Mittelelend nicht einstellen will. Nur einige wenige aus der täglichen Arbeit aufsteigende Ahnungen über das Zwischenreich habe ich zu verzeichnen wie im Allgemeinen die Verstärkung des Eindrucks, daß *alles* so ist, wie ich es vermuthe und daß sich also alles klären wird. Darunter eine ganz überraschende Aufklärung über die Blutungen bei der Emma, mit denen Du Deine Freude haben wirst. Ich habe die Ge-

schichte schon errathen, warte aber mit der Mittheilung bis die Patientin selbst nachgekommen ist.
Deiner Aufforderung gemäß habe ich die allseitige Isolirung in Angriff genommen und finde sie eine leichte Entbehrung. Von früher steht allerdings noch aus, daß ich Dienstag einen Vortrag im psychiatrischen Verein zu halten habe ...
Von mir notire ich Migraine, Nasensekretion und Anfälle von Todesangst wie heute, woran aber Tilgner's Herztod mehr Schuld tragen mag, als der Termin. Die Tabakmäßigkeit hast Du mir sehr gefördert, wie ich überhaupt seit unserer Entrevue gefestigt und zusammengepaßt bin. Es that mir sehr wol und sehr noth. Wahrscheinlich überrasche ich Dich nächstens einmal mit einem psychologischen Fetzen, jetzt bin ich höchst schreibfaul. Jede Spur Alkohol macht mich übrigens ganz dumm.

5) 26. April, fortgesetzt am 28. April 1896 (Brief an Wilhelm Fließ)

Ein Vortrag über Ätiologie der Hysterie im Psychiatrischen Verein fand bei den Eseln eine eisige Aufnahme und von Krafft-Ebing die seltsame Beurteilung: Es klingt wie ein wissenschaftliches Märchen. Und dies, nachdem man ihnen die Lösung eines mehrtausendjährigen Problems, ein caput Nili aufgezeigt hat!

6) 30. Juni 1896 (Auszug aus B 48)

Mein Theurer Wilhelm,
Du hast mich gelehrt, daß hinter allem Volkswahnwitz ein Stück Wahrheit lauert und ich kann Dir ein Beispiel dafür liefern. Gewisse Dinge soll man nicht einmal im Scherz sagen sonst werden sie zu Ernst. So schrieb ich Dir unlängst, es sei eigentlich kein Bedürfnis nach einem Congress und heute habe ich Dir von einem ernsten Hindernis zu berichten, daß [ein Fehler: es muß *das* heißen] sich dem nächsten – oder wenigstens der Zeitbestimmung für ihn – entgegenstellt.

7) 15. Juli 1896 (Brief an Wilhelm Fließ)

Mein Theurer Wilhelm,
Eben Deinen Brief erhalten und mich sehr gefreut, was ich alles von Dir hören werde. Schade nur, daß ich nicht sicher weiß wann. Es liegt

nämlich so: der Alte hat Blasen und Mastdarmlähmung, läßt in der Ernährung nach und ist dabei geistig überfrisch und euphorisch. Ich glaube wirklich, daß es seine letzte Zeit ist, kenne aber nicht seinen Termin und getraue mich nicht weg, am wenigstens über 2 Tage und auf einen Genuß, dem ich ganz nachhängen möchte. Dich in Berlin treffen, einige Stunden den neuen Zauber von Dir hören und dann plötzlich auf eine Nachricht Tag und Nacht zurückreisen [zu] müssen, die doch dazu ein bloßer Schreckschuß gewesen sein kann – dem möchte ich gerne ausweichen und dieser Furcht opfere ich das brennende Bedürfnis wieder einmal ganz zu leben mit dem Kopf und dem Herzen zugleich, *Zoon Politikon* zu sein und zu alledem noch Dich zu sehen...

Der Zustand des Alten deprimiert mich übrigens nicht. Ich gönne ihm die wolverdiente Ruhe, wie er sie selbst wünscht. Er war ein interessanter Mensch, innerlich sehr glücklich; er leidet jetzt sehr wenig, löscht mit Anstand und Würde aus. Ein langes Krankenlager wünsche ich ihm nicht, auch meiner ledigen Schwester nicht, die ihn pflegt und dabei leidet.

8) 29. September 1896 (Brief an Wilhelm Fließ)

Theurer Wilhelm!

Ich hoffe Dich mit Weib und Sohn wieder auf's behaglichste in die schönen Räume von der Hstr.* eingefügt und emsig an der Beobachtung und Berechnung neuer Perioden à 28 und 23 ... Ich schreibe Dir erst heute, weil eine Influenza mit Fieber, Eiter und Herzbeschwerden mein Wolbefinden plötzlich gebrochen hat, so daß mir erst heute wieder etwas von möglicher Gesundheit ahnt. Ich möchte so gerne bis zur berühmten Altersgrenze circa: 51 aushalten, und ein Tag war dabei, der mir's nicht wahrscheinlich machte. Die Infektion erhaschte mich am letzten kritischen Termin 24/9, so daß ich am 25 heiser und luftlos war, gleichzeitig legte sich Martin mit einer Angina. Jetzt aber athme ich wieder auf...

Die Frau meines Freundes R. habe ich in Cur genommen und wieder gesehen, wie in der Hysterie Alles klappt und stimmt, daß es eine helle Freude ist...

Mein Vater liegt wol auf dem letzten Bett, er ist zeitweise verworren

* Heydtstraße, Fließ' neue Adresse in Berlin.

und schrumpft stetig ein bis zu einer Pneumonie und einem großen Termin.
Mit allerherzlichstem Gruß

Dein
Sigm.

9) 9. Oktober 1896 (Brief an Wilhelm Fließ)

Mein Befinden hat sich nicht mehr recht gehoben, gerade die Herzbeschwerden spielen nicht die große Rolle, ich habe keinen Anlaß Dich um sofortige Behandlung zu bitten...
Der Zustand meines Alten wird meine Theilnahme wahrscheinlich auf das mindeste beschränken.
Du weißt ich lache nicht über Phantasien wie die der historischen Perioden und zwar weil ich keinen Grund dazu sehe, an diesen Einfällen ist etwas, es ist die symbolische Vorahnung unbekannter Realitäten, mit denen sie etwas gemeinsam haben. Da dann nicht einmal die Organe dieselben sind, kann man sich der Anerkennung himmlischer Einflüsse nicht mehr entziehen. Ich beuge mich vor Dir als Ehren-Astrolog...
Ich bin mit meinen Curen jetzt sehr zufrieden; noch 1–2 Jahre und ich kann die Sache in Formeln fassen, die jedem mitzutheilen sind. In vielen trüben Stunden hält mich diese Aussicht und die Befriedigung über das bereits Gewonnene hoch aufrecht.

10) 26. Oktober 1896 (Auszug aus B 49)

Daß Dein Geburtstag auf den 24. Oktober fällt, habe ich erst heute erfahren.

11) 2. November 1896 (Auszug aus B 50)

Mit Herz und Nase bin ich wieder zufrieden.

12) 22. November 1896 (Brief an Wilhelm Fließ)

Liebster Wilhelm,
Als Erstem aus der neuen Behausung schreibe ich Dir...
Die Arbeiten in der Hysterie gehen gut vorwärts, ich stehe wegen 4 neuer Curen in Unterhandlungen, die ein Resultat in keinem Fall er-

geben dürften; es ist aber doch reichlicher zu thun. Stimmung und Lebensfreudigkeit geht mir ganz ab, dafür notire ich fleißig die Gelegenheiten, wann ich mich mit den Zuständen nach meinem Tod beschäftigen muß. Wieder ein Thema, das man nicht zu ausgiebig behandeln darf, wenn man seinen Freund und einzigen Correspondenten liebt...
Martha hat wieder Glänzendes geleistet, so daß ich keine Ordination zu versäumen brauchte. Jetzt geht die Unordnung oben an. Die zweite Generation ist sehr zufriedenstellend...

13) 4. Dezember 1896 (Auszug aus B 51)

Meine böse Zeit typisch abgelaufen...und [ich] interessire mich gar nicht für das Leben nach dem Tode.

14) 8. Februar 1897 (Auszug aus B 58)

Daß ich der »Niemand« in Wien bin, der Deine Reihen glaubt, weißt Du wol.

15) 29. März 1897 (Brief an Wilhelm Fließ)

Mein Theurer,
... Herzlichen Dank für Deinen Vortrag, er enthüllt eine unglaubliche Macht der Gedankencondensation, und führt in 20 Minuten durch's Weltall... Ich lechze nach den Tagen von Prag...

16) 2. Mai 1897 (Auszug aus B 61)

Karte und Telegramm unterdeß erhalten und bedauert daß der Congress Dir nicht gebracht was es mir hat, Vergnügen und Auffrischung. Ich bin seither in continuirlicher Euphorie und arbeite wie ein Jüngling.

17) 18. Juni 1897 (Brief an Wilhelm Fließ)

Ich sehne mich sehr nach dem Ende der Saison... Allmählich wird man die Frage in Angriff nehmen dürfen, wann wir uns im Sommer sehen können. Ich brauche einen neuen Impuls von Dir, nach einer Weile geht er mir aus. Nürnberg hat mich für 2 Monate in Gang gebracht.

18) 3. Oktober 1897 (Auszug aus B 70)

Doch danke ich Dir jedesmal für jedes kleine Stückchen, das Du so uneigennützig zu mir gelangen läßt, z.B., die Bemerkung über den Zusammenhang von Infektion und Conception bei Mutter und Tochter sind mir höchst bedeutsam erschienen, weil diese ja nur durch eine Bedingung im ewigen Leben des Keimplasmas, nicht durch eine solche im Einzelleben erklärt werden können. Weil sie also von der absoluten Zeit, nicht von der Lebenszeit abhängen müssen. Es ist mir dann eingefallen, daß dies doch nicht notwendig ist, wenn die Infektion bei der Mutter durch eine Zeiterfüllung von der Formel a. 28 + b. 23 gegeben ist und die Conception bei der Tochter durch einen ähnlichen Ausdruck, so muß auch die Differenz beider wieder eine ähnliche Formel ergeben, ohne daß zwischen Infektion hier und Conception dort eine besondere Beziehung zu bestehen brauchte. Ob dies ein Unsinn ist, kann ich nicht übersehen. Ich müßte dazu Deine »zeitliche Disposition» schon kennen.

19) 31. Oktober 1897 (Auszug aus B 73)

Ich bin so froh wieder Nachricht von Dir zu haben (die Dritte seit Berlin), daß ich alle Vergeltungsideen verscheucht habe. Und daß etwas Ganzes bei Dir zusammenkommt und biologische Typen sich herausstellen wie Deine Parallele zwischen Geburt und Erwachsenenerkrankung scheint mir entzückend und ein Versprechen für viel mehr in nächster Zukunft zu enthalten.

20) 3. Dezember 1897 (Auszug aus B 77)

Gestern abends war Deine liebe Frau . . . bei uns und hat uns die kurze Illusion eines erfreulichen Zusammenlebens gebracht und mit ihrem Verschwinden wieder mitgenommen. Solche Unterbrechungen der Einsamkeit wirken wolthätig, indem sie mahnen wie schwer der Verzicht eigentlich fällt, und wie unrecht man thut, sich an ihn zu gewöhnen.

21) 12. Dezember 1897 (Auszug aus B 78)

So wie Du schreibt nur, wer sich im Besitze der Wahrheit weiß. Ich bin also furchtbar neugierig auf Breslau und werde mit allen Ohren horchen. Selber bringe ich nichts mit, ich bin auch durch eine öde und nebelige Zeit gegangen und leide jetzt selbst empfindlich unter [Nasen] Eiterungen und Verstopfungen, bin kaum jemals frisch. Wenn es sich nicht bessert, werde ich Dich bitten mir in Breslau eine Ätzung zu machen.

... Es wird eine Erquickung für mich sein, harmlos und ernsthaft mit Dir zu plaudern, nachdem ich wieder Monate lang die meschuggensten Sachen unausgeleert in meinem Kopf beherbergt habe und sonst keinen vernünftigen Menschen spreche. Wieder ein Schluck Punsch mit Lethe.

22) 29. Dezember 1897 (Auszug aus B 80)

Zurück und wieder eingespannt, mit dem köstlichen Nachgeschmack unserer Breslauer Tage. Bi-Bi tönt es mir in den Ohren; es geht mir noch zu gut um ernstlich zu arbeiten.

... Mit meinem Femininen ein Wort zu reden habe ich noch nicht Zeit gefunden.

Meine Nase ist brav und läßt sich bedanken.

23) 4. Januar 1898 (Auszug aus B 81)

Ich schicke Dir heute No. 2 der Δϱεκκοlogischen Berichte, einer sehr interessanten von mir für einen einzigen Leser herausgegebenen Zeitschrift. Die zurückgebliebene No. 1 enthält wüste Träume, die Dich kaum interessieren dürften, zu meiner noch ganz im Dunkel tappenden Selbstanalyse. Um Rücksendung wird gebeten wegen späterer Einsicht, doch keineswegs in nächster Zeit. Wie immer war die nächste Woche nach unserer Aussprache für mich eine sehr fruchtbare. Dann folgten einige öde Tage mit lausiger Stimmung und in die Beine dislocirten Kopf- (Oder Herz-) Schmerzen. Seit heute morgen volle Aufhellung ...

Auf meiner Seite im Tunnel ist es recht dunkel. Dir scheinen auch bei dieser Arbeit die Sonne und die Sterne.

24) 16. Januar 1898 (Auszug aus B 82)

Es thut mir leid, daß unsere Zustände diesmal nicht parallel geblieben sind. Ich war wol und fidel. Hoffentlich jetzt schon auch Du.

Anbei die 3te Nr. der Δϱ ...

25) 22. Januar 1898 (Brief an Wilhelm Fließ)

Diese Unart meiner Organisation, mich plötzlich aller meiner geistigen Hilfsquellen zu berauben, ist mir das schwerst Erträgliche im Leben.

26) 30. Januar 1898 (Brief an Wilhelm Fließ)

Die Symmetriebahnen und die Zahlenverhältnisse der Geburtsrelationen machen natürlich großen Eindruck. Wenn das aus seiner Vereinzelung zum Gebäude zusammengesetzt ist, wird es viel Staunen der Wanderer erregen. Der Güter Höchstes, kommt mir manchmal vor, ist entweder die Stimmung oder die geistige Klarheit.

27) 9. Februar 1898 (Auszug aus B 83)

Im übrigen bin ich ohne jeden Grund glänzend aufgelegt und habe mein Tagesinteresse gefunden. Ich bin tief im Traumbuch.

28) 14. April 1898 (Auszug aus B 88)

Beiliegend ein Brief, der folgende Geschichte hat: In der letzten Nummer der *Wiener Klinischen Rundschau* war eine Kritik Deines Buches zu lesen von einem gewissen »Ry.«, ein Muster jener Art von Unverschämtheit, die der absoluten Ignoranz eigen ist. Ich habe Paschkis einen unsanften Brief mit der Bitte um Aufklärung geschrieben. Hier die loyale aber sterile Antwort. Ich will nichts weiter thun ohne Dich gefragt zu haben. Was gedenkst Du thun zu lassen? Es gäbe mehrere Wege Genugtuung zu schaffen.

29) 27. April 1898 (Brief an Wilhelm Fließ)

Ich war so ungeschickt warten zu wollen, bis die Sache mit Paschkis erledigt ist. Sie ist es jetzt dadurch, daß ich meine Beziehungen zur *Klinischen Rundschau* gelöst und meinen Namen von der Liste der Mitwirker auf ihrem Titel zurückgezogen habe. Es war Absicht, daß ich Dir die grausliche Kritik nicht geschickt habe. Ich glaube wir können die Geschichte jetzt fallen lassen.

30) 1. Mai 1898 (Auszug aus B 89)

Das mit den zwei Zeigern der Lebensuhr kling wieder so vertraut und selbstverständlich, daß es eine unerhörte Neuigkeit und wunderschöne Wahrheit sein dürfte. Der Mai ist gekommen, also Ende Mai werde ich's hören. Ich bin wie verschmachtet, irgend ein Quell in mir trocknet ein und alles Empfinden wird so dürr. Ich will nicht zuviel beschreiben; es sähe sonst dem Klagen zu sehr gleich. Du wirst mir sagen, ob es das Alter, ob nur eine der vielen periodischen Schwankungen ist.
Es macht mir den Eindruck, als ob Du das Geschlecht Deines nächsten Kindes bestimmt hättest, so, daß diesmal Paulinchen eine Wahrheit werden könnte.

31) 18. Mai 1898 (Brief an Wilhelm Fließ)

Ich bin so unendlich froh, daß Du mir einen Anderen schenkst... Ganz ohne Publikum kann ich nicht schreiben, kann mir aber ganz gut gefallen lassen, daß ich es nur für Dich schreibe.

32) 30. Juli 1898 (Brief an Wilhelm Fließ)

Laß Dich nicht abhalten mir von den Ellipsen zu schreiben, wiewol ich eben ein so unvernünftiges Stück der meinigen passiere. Denn jeder soll geben was er hat, ohne Rücksicht auf den Anderen. Ich mache es auch so; die Zwanglosigkeit in der man sich fühlt, macht den Hauptreiz des Briefschreibens aus.
Ich möchte Dir so gerne geben, was *Du nicht* hast: den freien Kopf; aber Du weißt, das geht nicht. Das Unfertige in Deinen Funden stört mich gar nicht; Du weißt ich denke nicht nach, reagiere, genieße, staune und mache mir Erwartungen. Tragzeiten sind bald um, das ist wol Dein Trost bei Ida's Befinden. Ferien leider auch.

5. Kapitel

1) 9. Oktober 1898 (Brief an Wilhelm Fließ)

Das Behagen das aus Deinen Briefen hervorleuchtet thut wol und theilt sich mit. Merk auf, wie bald Paulinchen sich als die Reincarnation Deiner Schwester Dir enthüllen wird.

2) 23. Oktober 1898 (Auszug aus B 99)

Meine Schwester Rosa hat am 18. October ein Mädchen geboren, beide sind wol.

3) 30. Oktober 1898 (Brief an Wilhelm Fließ)

Nachdem ich meinen letzten Glückwunschbrief abgeschickt, machte ich mir Vorwürfe, darin von der traditionellen Formulierung, die Alles, was Leiden oder Krankheit bedeuted, bis auf die letzte Spur getilgt haben will, abgewiechen zu sein. Ich wollte rationell scheinen, und dem was doch nicht zu vermeiden ist, einen Platz und eine Funktion zum Guten einräumen. Es war ein Unsinn, denn das Wünschen wird durch keine solche Correctur vernünftig. Über Deine erste Andeutung, daß Du Dich neuen experimentellen Qualen aussetzen willst, las ich unaufmerksam hinweg und so war ich sehr überrascht, so bald nachher die Nachricht von der Operation zu hören...

4) 5. Dezember 1898 (Auszug aus B 100)

Infolge Deines Krankseins habe ich, wie Du gemerkt, auch auf den Gedankenverkehr mit Dir verzichtet, in den soviel hineingegangen ist; ein neues Stück Resignation. Gelegentlich sehnte ich mich nach einem kräftigen und süßen Tropfen Traubensaft – wenn es doch »Punsch mit Lethe« nicht sein kann – aber ich schämte mich mir ein neues Laster zuzulegen.

5) 20. Dezember 1898 (Brief an Wilhelm Fließ)

Selten sind mir 3 getrennte Monate so lang erschienen wie diese letzten.

6) 3. Januar 1899 (Auszug aus B 101)

Ich bin doch der erste, der Nachricht von sich giebt. Nach dem Untergang des Meteors giebt es einen Lichtschein, der den trüben Himmel auf lange hinaus erhellt. Er ist für mich noch nicht verlöscht. In der Helligkeit habe ich dann auch plötzlich einiges erblickt...

7) 6. Februar 1899 (Auszug aus B 104)

Der arme S. erinnert mich in Deiner Darstellung an einen der ärgerlichsten Punkte unserer modernen Medizin.

8) 19. Februar 1899 (Auszug aus B 105)

Also es geht Dir ebenso, brauche ich mich nicht zu schämen. Auch Du beginnst Briefe am 11., die Du erst am 16. fortsetzen kannst, und am 16. kannst Du von nichts Anderem schreiben als von der einen ungeheuerlich großen, für die Kräfte des armen Menschen allzuschweren Arbeit, der jede Regung des Denkens gehört und die allmählich alle anderen Fähigkeiten und Empfänglichkeiten aufsaugt, eine Art von Neoplasmagewebe, das sich in's menschliche infiltriert und es dann ersetzt. Beinahe habe ich's noch besser – oder schlechter. Arbeit und Erwerbsthätigkeit fallen bei mir zusammen, ich bin ganz Carcinom geworden. Das Neugebilde trinkt in seinen letzten Entwicklungsstadien gerne Wein; heute soll ich in's Theater; es ist aber lächerlich, gleichsam also wollte man auf's Carcinom transplantieren. Da haftet nichts, und meine Lebensdauer ist von nun an die des Neoplasmas.

9) 25. Mai 1899 (Brief an Wilhelm Fließ)

Montag früh bin ich mit Schwager H. auf die Rax wie in alten Zeiten, $3^1/_2$ Stunden hinauf, $2^1/_2$ zurück. Allein die Rax ist viel höher geworden, seit ich sie zuletzt bestiegen, mindestens 500 Meter. Mein Herz hat es vortrefflich ertragen.

10) 27. Juni 1899 (Auszug aus B 109)

Schönen Dank für den unverdient reichhaltigen Brief. Ich bescheide mich zu warten, die sonstige Klage über die unaufhebbare Entfernung habe ich mir resigniert abgewöhnt. Ich hoffe Dein Weg wird Dich noch weiter führen und noch tiefer und als neuer Kepler wirst Du uns die ehernen Regale des biologischen Getriebes enthüllen.

11) 4. Oktober 1899 (Brief an Wilhelm Fließ)

Die schmerzliche Empfindung des von sich Gebens, was einem allein zu eigen war, schilderst Du treffend. Die war es wol auch, die mir das

Werk so verleidet hat. Seitdem gefällt es mir, gewiß nicht gut, aber weit besser. Ich mußte es noch peinlicher verspüren, da es nicht Gedanken- sondern Gefühlseigentum war, was sich loslöste. Zur Hysterie ist es nun weit. In Zeiten wie diesen regt sich in mir keine Arbeitslust ...

Leben und Krankheit sind wieder eingezogen. Das erste Opfer – Ernst – ist aber wieder erholt. Die anderen sind noch wol.

Meine Stimmung hält sich noch tapfer, das Datum des nächsten Zusammenbruchs theile ich Dir dann für Deine Berechnungen mit. Es sind das wirklich primäre periodische Schwankungen, denn 2 Wochen Unthätigkeit und $^1/_5$ Erwerb – $^1/_4$ reichten als äußere Aetiologie schon hin.

6. Kapitel

1) 9. November 1899 (Brief an Wilhelm Fließ)

Ich habe mich immer anders benommen; seit Wochen jammere ich Dir vor, wo ich Anlaß dazu habe, auf die Gefahr hin Dich abzustoßen, in der Erwartung, daß es Dich nicht abstoßen wird, wenn ich Dir auch gewiß lieber Gutes und Hoffnungsvolles mittheilen möchte.

2) 29. Dezember 1899 (an Fließ adressiertes Gedicht)

Heil

Dem wackeren Sohn, der auf des Vaters Geheiß
Zum richtigen Zeitpunkt erschienen.
Ihm Gehilfe zu sein und Mitarbeiter der heiligen Ordnung.
Heil aber auch dem Vater, der kürzlich vorher tief in
  der Rechnung gefunden
Die Macht zu dämmen des Frauengeschlechts
Und sein Theil Gesetzesfolgschaft zu tragen;
Nicht mehr bezeugt durch den heimlichen Schein
  wie die Mutter
Ruft die höheren Mächte er auch für sein Anrecht,
  den Schluß, den Glauben und Zweifel;
Also steht kraftgerüstet, dem Aufwand des Irrtums gewachsen,
Am Ausgang der Vater von unendlich gereifter Entwicklung.
Stimmen möge die Rechnung, als Arbeitserbe vom Vater

Sich übertragen dem Sohn und durch die Jahrhunderte Scheidung
Knüpfen zur Einheit im Geist, was im Wechsel des Lebens zerfällt.

3) 1. Februar 1900 (Brief an Wilhelm Fließ; unveröffentlicht außer einem Absatz in Jones, Bd. 1, S. 404)

Theurer Wilhelm,
Die Ahnung von etwas Unheimlichem hat also Recht behalten. Ich finde es arg, daß das Intervall so kurz ist. Vielleicht gehören aber die beiden Anfälle zusammen und nachher geht es dauernd gut. Es ist sehr schmerzlich; ich weiß auch nichts mehr darüber.
Martin hat sich am 14.* Jänner zwischen 2–3 Uhr nachmittags mit akutem Krankheitsbeginn gelegt. Er ist der einzige Fall geblieben, ist wieder wol. Die Beobachtungsreihe bricht diesmal jäh ab. Auf ein anderes Mal.
Wenn wir in einer Stadt lebten – die müßte aber Berlin sein, nicht Wien – wäre manches anders geworden und ich glaube, ich wäre gar nicht in die Verlegenheit gekommen oder bald aus ihr heraus. Darum habe ich ja unsere Trennung so oft bedauert. Leider ändert das nichts. Vielleicht, daß für mich und für meine Cur harte Zeiten kommen. Im Ganzen habe ich ja schon oft bemerkt, daß Du mich sehr zu überschätzen pflegst. Die Motivirung dieses Irrtums nimmt den Vorwurf wieder weg. Ich bin nämlich gar kein Mann der Wissenschaft, kein Beobachter, kein Experimentator, kein Denker. Ich bin nichts als ein Conquistadorentemperament, ein Abenteurer, wenn Du es übersetzen willst, mit der Neugierde, der Kühnheit und der Zähigkeit eines solchen. Solche Leute pflegt man nur zu schätzen, wenn sie Erfolg gehabt, wirklich etwas entdeckt haben, sonst aber sie bei Seite zu werfen. Und das ist nicht so ganz ungerecht. Gegenwärtig bin ich aber vom Glück verlassen, ich finde nichts Rechtes mehr.
Eine liebenswürdige und feinsinnige, etwas verschwommene, Kritik des Traumbuches findet sich in No. 17 der »Nation« von J. J. *David*, einem persönlich Bekannten. Löwenfeld habe ich zugesagt, einen kurzen Auszug aus dem Buch als Heft der neuen »Grenzfragen des Nerven- und Seelenlebens« zum Sommer fertig zu machen.

* Freud fügte über der Zahl 14 ein: »$5 \times 28^2 - 10 \times 23$.«

Ich finde die Wissenschaft immer schwieriger. Am Abend möchte ich gerne etwas, was aufheitert, erfrischt und wegräumt, bin aber immer allein.
Das Hohenzollermuster ist lustig. Natürlich steigen in dem Ignoranten allerlei, auf einen idealen Congress sich bescheidende Fragen auf. Warum schiebt die Gesetzmäßigkeit die *Differenz* vor? Ich hoffe, auch an Deiner Arbeit hätte ich ganz anders Antheil genommen, wenn ich in Berlin lebte. So entfremden wir uns einander von unserem Eigensten her.
Ich habe mir jetzt den Nietzsche beigelegt, in dem ich die Worte für vieles, was in mir stumm bleibt, zu finden hoffe, aber ihn noch nicht aufgeschlagen. Vorläufig zu träge.
Denk'* daran, daß ich mir bei dem Ausbleiben Deiner Briefe regelmäßig die düsternsten Erwartungen gestalte und schreib' bald

Deinem
Sigm.

4) 11. März 1900 (Auszug aus B 130)

Mit der Zunahme meiner Unfreiheit und Deiner Gebundenheit, bei dem unerquicklichen Stoff, der sich mir jedesmal in die Feder drängt, bei der Aussicht, von Dir und den Deinigen noch weiter abgedrängt zu werden durch die bevorstehende Verbreuerung, es wäre ganz sinnlos, wollte man den Einfluß solcher Momente und den der Frauen überhaupt auch auf unsere Beziehungen läugnen. – Kurz unter all diesen Erwägungen nahm ich mir vor meine Ansprüche an Dich einzuschränken. Daher dann mein längeres Schweigen, das ich als Warten auf eine Antwort hinstellen konnte.

5) 23. März 1900 (Auszug aus B 131)

Im Sommer oder Herbst, nicht später, werde ich Dich sehen, sprechen, und Dir dann auch alle Rätsel des Grafen Oerindur aufklären. Du wirst Dich überzeugen es ist blos compliciert . . . Dann wollen wir auch das pro und contra der Nasentherapie erörtern, am liebsten gleich am Object.

* Das »Du« ist ausgestrichen.

6) 28. April 1900 (Brief an Wilhelm Fließ)

Ja siehst Du ein, daß sich Rom nicht forcieren läßt? Ich habe oft so eine fatalistische Überzeugung, die meiner Trägheit dann sehr wohl dient.

7) 23. Oktober 1900 (Brief an Wilhelm Fließ)

Theurer Wilhelm,
Nur einen herzlichen Glückwunsch, einen freundschaftlichen Händedruck über die Entfernung Berlin–Wien. Keine Gabe wie im Vorjahr, wo ich Dich mit dem Erstling des Traumbuches begrüßen konnte. Möge Alles, und mögen Alle bei Dir gedeihen und Euch für den nothwendigen Niedergang älterer Formationen entschädigen. Auch die Arbeit als organisch wachsendes Gebilde, sei in diesem Wunsch eingeschlossen....

Herzlichst
Dein Sigm.

8) 25. November 1900 (Brief an Wilhelm Fließ)

Meine Ahnung, daß Dein langes Schweigen etwas Böses bedeutet, war also richtig. Ich bin dies von früheren Zeiten her gewöhnt, wo es zu bedeuten pflegte, daß es Dir selbst *sehr* schlecht geht. Das also zum Glück nicht mehr!
Ich selbst hätte nicht so lange mit der Anfrage gewartet, wenn ich mir nicht zu Beginn der heurigen Briefverkehrsaison versprochen hätte, das viele Jammern gegen Dich durchaus zu vermeiden. Du siehst, wie bald man dann außer Kenntnis von einander gerät; schreibst Du doch selbst: »ich habe nicht geantwortet, weil ich nichts zu berichten hatte, wenigstens nichts Erfreuliches.« Wenn man darauf warten müßte! Also vielleicht ein Mittleres, nur wenig jammern und doch öfter schreiben.
Deine Nachricht hat mich sehr geschmerzt. Das erlischt also nicht, sondern tritt periodisch vor und zurück und setzt wahrscheinlich in jeder Phase des Vordringens ein neues Stück an. Ich glaube, es ist immer so bei Paranoia, es giebt dabei keine andere Art der Heilung als Zurücktreten mit Festhaltung der Verdrängung. Dabei ist die periodische Natur noch ein Segen...
In der Arbeit ruht es nicht gerade, geht wahrscheinlich unterirdischer

Weise ordentlich vorwärts; es ist aber gewiß keine Zeit der Ernte, der bewußten Bewältigung. Überraschende Funde werden wohl überhaupt nicht mehr kommen. Die Gesichtspunkte sind wahrscheinlich alle schon beisammen, fehlt nur noch die Ordnung und die Einzelausführung. Eine Aussicht die Zeitdauer der Behandlungen wesentlich zu verkürzen, sehe ich nicht, der Umkreis der Indikation wird sich kaum erweitern lassen.
Ganz unbestimmt, wann ich zur Darstellung kommen werde, wenn überhaupt. Diesmal darf kein Irrtum, keine Vorläufigkeit mehr dabei sein, also Horazens Regel: *nonum prematur in annum.* Überdies wer interessiert sich dafür? Wer fragt darnach? *Cui bono* soll ich die Arbeit unternehmen? Ich bescheide mich bereits zu leben wie ein Fremdsprachiger oder wie Humboldts Papagei! Der Letzte seines Stammes – oder der Erste und vielleicht Einzige zu sein, das sind sehr ähnliche Situationen.
... Laß mehr von Dir hören und sei herzlich gegrüßt von Deinem

Sigm.

9) 1. Januar 1901 (Brief an Wilhelm Fließ)

Mein Theurer,
Ich werfe die Psychopathologie des Alltagslebens bei Seite um Dir unmittelbar zu antworten, nachdem Dein Brief endlich das beängstigende Schweigen gebrochen hat. Ich konnte mich nicht entschließen Dich nochmals um Nachricht zu drängen, wenn Du so deutlich zeigtest daß Schreiben Dir lästig war und kein Bedürfnis nach Mittheilung Dich bewegte. Ich habe mir auch die richtige Erklärung für das sonst unerklärliche Phänomen gegeben und meine tiefe Vereinsamung darum verhältnismäßig ruhig ertragen. Ich konnte mir denken, wie Dich die Erkrankung Deiner Mutter ergreifen mußte. Selbst gegen alle Logik, denn ich weiß, Du hast lange nichts an ihr verloren, aber gerade darum um so stärker.
Ich bin jetzt ganz zufrieden, daß ich Weihnachten nicht nach Berlin gekommen bin ...
Die Anwesenheit Deiner Frau und die wenigen Viertelstunden Gespräch mit ihr kann ich doch nicht leicht vergessen. Um so trauriger, daß ich die Hoffnung sie wiederzusehen mit einem »Leider« begründen muß. Ich frage Dich nun, sollen wir mit unserem Briefverkehr auf eine Zeit warten, die keinem von uns beiden etwas Schweres bringt? Und heißt das nicht zu anspruchsvoll und zu wenig freundschaftlich sein? ...

10) 9. Juni 1901 (nicht veröffentlicht in der Fließschen Korrespondenz; siehe Schur, 1966 a, S. 71 f.)

11) 4. Juli 1901 (unveröffentlichter Auszug aus B 144)

Von den traurigen Veränderungen in Kaltenleutgeben bin ich natürlich gut unterrichtet. Wir werden in nächster Woche hinausfahren und dort auch Königstein besuchen, dessen Tochter dort ihr erstes Kind erwartet. »Geburt und Tod« u. s. w.
Deine Mutter quäll* sich wol schrecklich. Die Darstellung, warum der eine plötzlich in voller Kraft abstirbt, der andere sich bis ins Letzte zersetzt, stelle ich mir nach Deinen Andeutungen sehr interessant vor. Merkwürdigerweise sind wir mit beiden Verlaufsarten unzufrieden.

12) 7. August 1901 (Auszug aus B 145)

So auch an dem Urtheil über Breuer. Ich verachte ihn längst nicht mehr, ich habe seine Stärke gefühlt. Ist er bei euch tot, so wirkt er noch posthum. Was thut Deine Frau anders, als im dunklen [ausgestrichen] Zwang die Anregung ausarbeiten, die Breuer ihr damals in die Seele gelegt, als er ihr Glück dazu wünschte, daß ich nicht in Berlin lebe und ihre Ehe nicht stören kann?
Bei Breuer hast Du auch gewiß ganz recht mit *dem* Bruder. Ich theile aber Deine Verachtung der Männerfreundschaft nicht, wahrscheinlich weil ich in hohem Grade Partei bin. Mir hat, wie Du ja weißt, nie das Weib im Leben den Kameraden, den Freund ersetzt. Wäre Breuer's männliche Neigung nicht so verschroben, so widerspruchsvoll ist**, wie alles Seelische an ihm, er gäbe ein schönes Beispiel, zu welchen Leistungen sich die androphile Strömung beim Manne sublimieren läßt.

* Dies ist eine Verschreibung. Freud meinte »quält«.
** Dies ist ein Fehler: das Wort »ist« ist überflüssig.

1) 16. April 1909 (Brief an Carl G. Jung, teilweise veröffentlicht in Jung, 1961, S. 361 ff.)

Lieber Freund,
Von Venedig aus, wohin ich einen Osterflug gerichtet hatte, in der vergeblichen Erwartung, mir vorzeitig etwas Frühlingsgefühl und Erholung zu schaffen, schrieb ich Ihrer Frau eine Karte, weil ich meinte, Sie seien schon auf dem Rad in Oberitalien.
Es ist bemerkenswert, daß an demselben Abend, an dem ich Sie förmlich als ältesten Sohn adoptierte, Sie zum Nachfolger und Kronprinzen – *in partibus infidelium* – salbte, daß gleichzeitig Sie mich der Vaterwürde entkleideten, welche Entkleidung Ihnen ebenso gefallen zu haben scheint, wie mir im Gegenteil die Einkleidung Ihrer Person. Nun fürchte ich bei Ihnen wieder in den Vater zurückzufallen, wenn ich von meiner Relation zu dem Klopfgeisterspuk spreche; muß es aber thun, weil es doch anders ist, als Sie sonst glauben könnten. Ich leugne also nicht, daß Ihre Mitteilungen und Ihr Experiment mir starken Eindruck gemacht haben. Ich nahm mir vor nach Ihrem Weggang zu beobachten und gebe hier die Resultate. In meinem ersten Zimmer krachte es unausgesetzt, dort wo die zwei schweren ägyptischen Stelen auf den Eichenbrettern des Bücherkastens aufruhen, das ist also zu durchsichtig. Im zweiten dort wo wir es hörten, kracht es sehr selten. Anfangs wollte ich es als Beweis gelten lassen, wenn das während Ihrer Anwesenheit so häufige Geräusch sich nach Ihrem Weggang nie wieder hören ließe – aber es hat sich seither wiederholt gezeigt, doch nie im Zusammenhang mit meinen Gedanken und nie, wenn ich mich mit Ihnen oder diesem Ihrem speziellen Problem beschäftigte. (Auch jetzt nicht, füge ich als Herausforderung hinzu.) Die Beobachtung wurde aber alsbald durch anderes entwertet. Meine Gläubigkeit oder wenigstens gläubige Bereitwilligkeit schwand mit dem Zauber Ihres persönlichen Hierseins dahin; es ist mir wieder aus irgend welchen inneren Motiven ganz unwahrscheinlich, daß irgend etwas der Art vorkommen sollte; das entgeisterte Mobiliar steht vor mir wie vor dem Dichter nach dem Scheiden der Götter Griechenlands die entgötterte Natur.
Ich setze also wieder die hörnerne Vater-Brille auf und warne den lieben Sohn kühlen Kopf zu behalten und lieber etwas nicht verstehen zu wollen als dem Verständnis so große Opfer zu bringen, schüttle auch über die Psychosynthese das weise Haupt und denke: Ja so sind sie,

die Jungen, eine rechte Freude macht ihnen doch nur das, wo sie uns nicht mitzunehmen brauchen, wohin wir mit unserem kurzen Atem und müden Beinen nicht nachkommen können.
Dann werde ich mit dem Rechte meiner Jahre geschwätzig und erzähle von einem anderen Ding zwischen Himmel und Erde, das man nicht verstehen kann. Vor einigen Jahren entdeckte ich bei mir die Überzeugung, daß ich zwischen 61 und 62 sterben würde, was mir damals noch als lange Frist vorkam. (Heute sind es nur noch 8 Jahre.) Ich ging dann mit meinem Bruder nach Griechenland und nun war es direkt unheimlich, wie die Zahl 61 oder 60 in Verbindung mit 1 und 2 bei allen Gelegenheiten von Benennung an allen gezählten Gegenständen insbesondere Transportmitteln wiederkehrte, was ich gewissenhaft notierte. Gedrückter Stimmung hoffte ich im Hotel zu Athen, als man uns Zimmer im ersten Stock anwies, aufzuatmen; da konnte Nr. 61 nicht in Betracht kommen. Wohl, aber ich bekam wenigstens Nr. 31 (mit fatalistischer Licenz doch die Hälfte von 61-62), und diese klügere und behendere Zahl erwies sich in der Verfolgung noch ausdauernder als die erste. Von der Rückreise an bis in ganz rezente Zeiten blieb mir die 31 in deren Nähe sich gerne eine 2 befand, treu. Da ich auch Regionen in meinem System habe, in denen ich nur wißbegierig und gar nicht abergläubisch bin, habe ich seither die Analyse dieser Überzeugung versucht, hier ist sie. Sie entstand im Jahre 1899. Damals trafen zwei Ereignisse zusammen. Erstens schrieb ich die Traumdeutung (die ja mit 1900 *vor*datiert erschienen ist), zweitens erhielt ich eine neue Telephonnummer, die ich auch noch heute führe: 14362. Ein Gemeinsames zwischen diesen beiden Thatsachen läßt sich leicht herstellen im Jahre 1899, als ich die Traumdeutung schrieb, war ich 43 Jahre alt. Was lag also näher, als daß die anderen Ziffern mein Lebensende bedeuten sollten, also 61 oder 62. – Plötzlich kommt Methode in den Wahnwitz. Der Aberglaube, daß ich zwischen 61 und 62 sterben werden, stellt sich als aequivalent der Überzeugung heraus, daß ich mit der Traumdeutung mein Lebenswerk vollendet habe, nichts mehr zu machen brauche und ruhig sterben kann. Sie werden zugeben, nach dieser Erfahrung klingt es nicht mehr so unsinnig. Übrigens steckt geheimer Einfluß von W. Fließ darin; im Jahre seines Angriffs brach auch der Aberglaube los. Sie werden die spezifisch jüdische Natur in meiner Mystik wiederum bestätigt finden. Sonst bin ich geneigt nur zu sagen, daß Abenteuer wie das mit der Zahl 61 durch zwei Momente Aufklärung finden, erstens durch die vom Unbewußten enorm gesteigerte Aufmerksamkeit, die Helena in jedem Weibe sieht, und zweitens durch das unleugbar vorhandene »Entgegenkommen des

Zufalls« das für die Wahnbildung dieselbe Rolle spielt, wie das Somatische Entgegenkommen beim hysterischen Symptom, das sprachliche beim Wortwitz.
Ich werde also im Stande sein, von Ihren Complexspuk-Forschungen wie von einem holden Wahn, den man selbst nicht teilt, mit Interesse weiters zu vernehmen. Mit herzlichen Grüßen

für Sie, Frau und Kinder Ihr

Freud

9. Kapitel

1) 6. Oktober 1910 (Absatz aus einem Brief an Sandor Ferenczi)

Gewiß schrieb ich aber noch nicht, daß ich den Schreber einmal durchgearbeitet, den Kern unserer Paranoiaannahmen bestätigt gefunden und allerlei Anlaß zu ernsthaften Deutungen habe.

2) 17. Februar 1911 (Brief an Carl G. Jung)

Lieber Freund,
Ich sehe, Sie glauben mir nicht und halten mich für einen Periodiker, der durch den Ablauf seiner Zeit plötzlich die Welt rosig zu sehen genötigt ist. So muß ich Ihnen denn weitere Einzelheiten geben. Bei Tag war ein Gasgeruch nicht zu verspüren weil bei geschlossenem Hahn die Ausströmung nicht stattfand. Wenn ich aber am Abend von 10–1^{h} bei der Schreibtischlampe saß, strömte das Gas aus der Lockerung zwischen dem metallenen Gasrohr und dem Kautschukansatz, der zum übersponnenen Lampenrohr führt. An dieser Stelle schoß bei der Untersuchung eine Flamme empor. Ich roch nichts, weil ich in Zigarrenrauch eingehüllt da saß während sich das Gas langsam in die Atmosphäre mengte. Ich bin noch heute sehr stolz darauf, daß ich die sonderbaren Kopfschmerzen, die gerade bei der Arbeit am Abend kamen oder sich verstärkten, und die lästige Schwerbesinnlichkeit bei Tag, so daß ich mich beständig fragen mußte, wer hat denn das gesagt, wann ist das vorgefallen etc., nicht auf Neurose bezog. Dagegen gestehe ich, mich auf arteriotische Zustände resigniert zu haben. Nun ist der ganze Spuk spurlos geschwunden. Die Kopfschmerzen zogen innerhalb 3 Tagen nach dem Austausch des Ansatzstückes langsam ab.

3) 26. November 1912 (Brief an Sandor Ferenczi)

Jung verabschiedete sich um 5 Uhr mit den Worten: Sie werden mich ganz bei der Sache finden. Wir blieben bis zu den Abschiedszeiten beisammen. Leider hatte ich keinen guten Tag. Von der Woche und einer schlaflosen Nacht im Waggon müde bekam ich bei Tisch einen ähnlichen Angstanfall wie damals im Essighaus in Bremen, wollte aufstehen und wurde für einen Moment ohnmächtig. Ich erhob mich aber selbst und hatte noch einige Zeit Übligkeiten, abends löste es sich mit Kopfschmerz und Gähnen ... Die Nacht nach Wien schlief ich vortrefflich und kam ganz wohl hier an.

4) 28. November 1912 (Auszug aus einem Brief von Sandor Ferenczi an Freud)

Ich weiß nicht wie ich dazu kam, Tatsache ist aber, daß ich dieser Tage daran dachte, ob sich Ihr Bremer Unwohlsein in München nicht wiederholen wird. (Damals deuteten wir es als Reaktion auf Jung's Apostasie vom Antialkoholismus.)

5) 9. Dezember 1912 (Brief an Sandor Ferenczi)

Ich bin wieder sehr arbeitsfähig, habe den Schwindelanfall in München gut analytisch erledigt und selbst die lang verhinderte dritte Übereinstimmung begonnen. Alle diese Anfälle weisen auf Bedeutung frühzeitig erlebter Todesfälle hin. (Bei mir ein Bruder sehr jung gestorben, als ich wenig über 1 Jahr war.) Die Kriegsstimmung beherrscht unser tägliches Leben, meine Praxis sie noch nicht berührt, aber es kann mir passieren, gleichzeitig 3 Söhne im Feld zu haben.

11. Kapitel

1) 21. Januar 1920 (Auszug aus einem Brief an Max Eitingon)

T. F. ist gestern gestorben, friedlich von seinem unheilbaren Leiden erlöst. Für unsere Sache ein schwerer Verlust, für mich ein scharfer Schmerz, den ich aber im Laufe der letzten Monate assimilieren konnte. Er hat seine Hoffnungslosigkeit mit heldenhafter Klarheit ertragen, der Analyse keine Schande gemacht.

Als er Ihren Brief bekam, in dem Sie ihn als Mitglied des Komités begrüßten, weinte er und sagte: Ich weiß, der wird mein Nachfolger. Dabei deutete er auf den Komitéring, den er von mir erhalten hatte. Er hatte mit gewohntem Scharfsinn richtig geraten, ich hatte Ihnen diesen Ring bestimmt, der einen besonders interessanten Stein hat, und bemühte mich darum um keinen anderen für Sie. Einige Zeit später legte er wirklich den Ring ab und gab den Auftrag, ihn mir nach seinem Tode zurückzustellen.

2) 23. Januar 1921 (Auszug aus einem Brief an Max Eitingon)

»... sonst kann ich vom Urteil nicht abgehen, daß es ein Leckerbissen ist, freilich Caviar für's Volk, das Werk eines Rabelais ebenbürtigen Kopfes.«
[Der Ausdruck »Caviar für's Volk« stammt aus einer deutschen Übersetzung von Shakespeares *Hamlet*. Im englischen Original heißt es: »caviar to the general«.]

12. Kapitel

1) 18. Juli 1920 (Brief an Max Eitingon)

Das »Jenseits« ist endlich fertig geworden. Sie werden bestätigen können, daß es halbfertig war, als Sophie lebte und blühte.

2) 27. Mai 1920 (Brief an Max Eitingon)

Ich korrigiere und vervollständige jetzt das »Jenseits«, das des Lustprinzips nämlich, und befinde mich wieder in einer leistungsfähigen Phase. *Fractus si illabatur orbis impavidum, ferient ruinae*. Alles nur Stimmung, so lange sie anhält.

3) 27. März 1921 (Brief an Max Eitingon)

Für das »Jenseits« bin ich genug gestraft worden, es ist sehr populär, bringt mir Mengen von Zuschriften und Lobsprüchen ein, ich muß da etwas sehr Dummes gemacht haben.

4) 29. März 1921 (Brief an Max Eitingon)

Bei der Schwierigkeit organischer Selbstbeurteilung weiß ich natürlich doch nicht, ob ich die Freunde vom Comité auffordern soll, sich jetzt schon an den Gedanken der Arbeitsfortsetzung ohne meinen Anteil zu gewöhnen. Jetzt schon oder ein wenig später, das ist ja die ganze Frage.

13. Kapitel

1) 3. Juli 1899 (Auszug aus B 110)

Unheimlich, wenn die Mütter wackeln, die einzigen, die noch zwischen uns und der Ablösung stehen.

2) 26. September 1923 (Brief an Max Eitingon)

Ich kann heute Ihr Bedürfnis Neues von mir zu erfahren befriedigen. Es ist beschlossen worden, daß ich eine zweite Operation zu bestehen habe, eine partielle Oberkieferresektion, da das liebe Neugebilde dort aufgetaucht ist. Die Operation wird Prof. Pichler machen, der größte Könner in diesen Dingen, der auch die Prothese für nachher anfertigt. Er verspricht, daß ich in etwa 4–5 Wochen gut werde essen und sprechen können, so daß ich den Beginn meiner Behandlungen vorläufig auf den 1. November verschoben habe.

15. Kapitel

1) 22. März 1924 (Brief an Max Eitingon; teilweise veröffentlicht in Jones, Bd. 3, S. 126)

Ich kann mich nicht wie sonst auf Ihr Herkommen freuen, denn ich sehe voraus, daß es Ihnen Enttäuschungen bringen wird. Auch Sie gehören ja zu denen, die nichts davon wissen wollen, daß ich nicht mehr derselbe bin. Ich bin aber in Wirklichkeit müde und ruhebedürftig, schlage kaum die 6 Stunden Analyse heraus, halte alles Weitere von mir fern. Das Richtige wäre, Arbeit und Verpflichtungen aufzugeben und in einem stillen Winkel auf das natürliche Ende zu warten ... Ich bin auch beständig durch irgend etwas gequält ... Es stellt sich so einfach vor, ein Stück Kiefer durch eine Prothese ersetzen und alles ist in Ordnung. Aber die Prothese selbst ist nie ganz in Ordnung, die Versuche zu ihrer Verbesserung auch noch nicht abgeschlossen. Meine rechte untere Gesichtshälfte (Nase und Ohrläppchen besonders) ist schwer hypaesthetisch, das rechte Ohr ist durch Verzerrung und Verschluß der Tuba außer Funktion, ich höre auf dieser Seite nichts als ein beständiges Rauschen und bin sehr gestört, wenn in einer kleinen Gesellschaft mehrere Personen anzuhören sind. Meine Sprache ist verständlich geworden, reicht für's Gewöhnliche aus, soll auch noch weiter gebessert werden. Kauen und Schlucken kann ich natürlich, aber mein Essen verträgt keine Zuschauer. Ich schreibe Ihnen das alles, erstens damit Sie es wissen, und zweitens um Ihnen zu ersparen, hier nach meinem Befinden zu fragen.

2) 2. August 1924 (Brief an Max Eitingon)

Kommen Sie nur und mit Frau, wenn sie Lust dazu hat. Ich habe es hier sehr behaglich, bin ausgeruht und nicht mehr so menschenscheu. Aber erwarten Sie nicht, mich »beschwerdefrei« zu finden. Ist das überhaupt möglich in meiner Situation? Noch immer ist mir Essen, Trinken und Sprechen eine mit bewußter Anstrengung zu lösende Aufgabe. Der Mißempfindungen sind so viele, sie wechseln Örtlichkeit und Qualität so ausgiebig, daß genug Raum bleibt für dumpfe Befürchtungen hinter ihnen und sie nehmen mich so in Anspruch, daß mir nur ein Bruchteil von Interesse übrig bleibt für die Eindrücke des Tages. Am besten, wenn Sie mich also niemals fragen, wie es mir geht. Von einer entscheidenden Änderung, die in einigen Wochen nicht wahrscheinlich ist, würde ich selbst nicht schweigen.

3) 1. April 1925 (Brief an Max Eitingon)

Ich habe ermüdende Zeiten hinter mir, unausgesetzte Arbeit zur Verbesserung meiner Prothese (wieviel lieber verschreib ich mich: Hypothese), das »entsprechende Sanierungselend«, die Aufzehrung aller frei beweglichen Energie durch Organbesetzung, wie sie von den unglaublich reichhaltigen Paraestesien gefordert wird. Heute sind wir so weit; daß die groben Beschwerden beseitigt sind, die feineren reichen dann noch hin, mich mißmutig zu machen. Von drei zärtlichen Frauenzimmern umringt und beobachtet, habe ich nicht viel Freiheit zu jammern und gute Gelegenheit, mich in der notwendigen Selbstbeherrschung zu üben. Aber man wird müde dabei.

16. Kapitel

1) 28. März 1926 (Brief an Max Eitingon)

Ich sehe nun, da ich einmal angefangen habe, vom Intimsten zu schreiben, muß ich auch fortsetzen und weiter berichten, daß der Aufenthalt in meiner »Riviera« mir sehr wohl gethan hat, was Aussehen, Körpergewicht und subjektives Befinden betrifft. Die Herzsensationen sind nicht ganz vergangen, aber doch geringfügig geworden, ich kann längere Zeit ohne Schmerzen gehen und neige jetzt dazu, den Zustand als einen episodischen zu betrachten, wie mein schlauer Internist – Braun – mir vorredet. Damit treten nach bekanntem allgemein menschlichem Vorbild auch die »Sorgen« in den Hintergrund.

2) 27. April 1926 (Brief an Marie Bonaparte)

Ich muß meine Morgenfahrten in den Wiener Frühling fortsetzen und finde es wirklich schön. Wie schade, daß man alt und krank werden mußte, um diese Entdeckung zu machen. Wie gut daß Sie in Ihrem Garten nicht so lange zu warten brauchten!
Kennen Sie übrigens das kleine Frühlingsgedicht von unserem Uhland? Es giebt wie kein anderes die Frühlingsstimmung wieder. Ich habe es nicht ganz sicher und vollständig im Gedächtnis, aber ich will was ich erinnere, daraus citieren:

Die Welt wird schöner mit jedem Tag.
Man weiß nicht was noch werden mag.
Das Blühen will nicht enden,
Es blüht das fernste, tiefste Tal.
Nun, liebes Herz, vergiß der Qual,
Nun muß sich alles, alles wenden.

Ich bin noch immer sehr tugendhaft.

Sehr herzlich
Ihr
Freud

1) 16. Februar 1927 (Brief an Max Eitingon)

... zweitens will ich Ihnen dafür danken, daß Sie mir wiederum die gute Zigarre geschickt haben, schon 150 Stück seit der ersten Probe. Ich habe seit langen Jahren nichts so Angenehmes und Bekömmliches zum Rauchen gehabt und da es nicht meine Absicht ist, für den kurzen Lebensrest auf diese Genußquelle zu verzichten, bitte ich Sie auch künftighin die Gelegenheit für weitere Sendungen wahrzunehmen.
... Meine neue Prothese verzögert sich immer mehr, ich habe ja auch keine Sicherheit, daß sie viel besser werden wird, und einstweilen lebe ich sehr unbequem.

2) 14. April 1927 (Brief an Max Eitingon)

Ich danke Ihnen sehr für die neue Zigarrensendung, die Ernst hoffentlich jedesmal begleicht. Natürlich verlangt man, daß ich weniger rauchen soll. Meine neue Prothese, in manchen Stücken besser, ist in anderen doch eine Enttäuschung.

3) 6. Juni 1927 (Brief an Max Eitingon)

Auch Sie unter den Schwärmern! Jenes »fast« dankt seinen Ursprung einer noch immer nicht aufgegebenen Illusion, daß es Pichler gelingen wird, den letzten Anstoß zu beseitigen und daß ich dann wieder mit Menschen verkehren kann, ohne an die Stelle am Kiefer mehr zu denken als an den Menschen. Aber die letzte Stelle ist immer nur die vorletzte und unterdeß kommt Neues hinzu, so jetzt eine Periostitis, mit der ein Zahn ankündigt, daß er nicht mehr Lust hat, an der Last mitzutragen, und so geht diese den Weg aller anderen Illusionen.

4) 5. August 1927 (Brief an Marie Bonaparte)

Es war eine sehr garstige Nachricht, daß die Kleine ein Rezidiv durchzumachen hat. Hoffentlich überwindet sie Alles. Mein altes Vorurteil, daß Krankheit überflüssig ist – die Notwendigkeit des Todes sehe ich ein – verstärkt sich immer wieder.
Es ist das alte Problem, das in Dostojewski's »Großinquisitor« in grandioser Weise aufgeworfen wird ob die Menschenkinder etwas von ihrer

Freiheit haben können und ob nicht ein überlegener Absolutismus das heilsamste für sie ist – Problem ja, aber wo die Lösung? Wo findet sich die Garantie für die Überlegenheit?

5) 1. Juli 1928 (Brief an Ernest Jones)

Ich habe unter Pichlers Bemühungen mir eine bessere Prothese zu schaffen im letzten Jahr sehr gelitten und der Effekt ist sehr wenig befriedigend. So habe ich denn endlich dem Andrängen von vielen Seiten nachgegeben, mich an einen anderen zu wenden. Es ist mir nicht leicht geworden, denn im Grunde ist es doch ein Abfall von einem Menschen, dem ich bereits 4 Jahre Lebensverlängerung verdanke. Aber es ging nicht mehr weiter. Prof. Schroeder in Berlin hat vorige Woche seinen Assistenten hergeschickt, mich zu begutachten, und mir dann versprechen lassen, daß er mir in ungefähr 4 Wochen etwas besseres machen wird. Es wurde verabredet, daß ich im September zu ihm nach Berlin komme.

6) 11. März 1928 (Brief an Ernest Jones)

Meine schmerzliche Teilnahme geht über das eigene Erleben. Ich erkenne, mir wurde der Trank in zwei Portionen vorgesetzt, den Sie auf einmal leeren mußten. Sophie war zwar eine liebe Tochter, aber kein Kind. Erst als drei Jahre später, Juni 1923, der kleine Heinele starb, wurde ich auf die Dauer lebenssatt. Ganz merkwürdig ist eine Übereinstimmung zwischen ihm und Ihrer Kleinen. Er war auch von überlegener Intelligenz und unsäglicher seelischer Anmut und er sprach wiederholt davon, daß er bald sterben werde! Woher wissen es diese Kinder?
Sie und Ihre liebe Frau sind natürlich jung genug, um die Fühlung mit dem Leben wieder zu gewinnen.

7) 3. Mai 1928 (Teil eines Briefs an Ernest Jones)

Sie rühren daran, daß ich in wenigen Tagen 72 Jahre alt sein werde ... Sie wissen, daß ich mir's ausgemacht habe, bis zum 75sten solle kein Geburtstag von mir gehalten werden und können leicht verstehen, welche Erwartung sich dahinter verbirgt. Nichtsdestoweniger darf ich vermuten, daß der Verlag mir zu diesem Tag den XI. Band meiner Gesammelten Schriften überreichen wird. Und das lasse ich mir noch gefallen.

»Jung« und »Alt« scheinen mir jetzt die größten Gegensätze, deren das menschliche Seelenleben fähig ist, und ein Verstehen zwischen den Repräsentanten beider ausgeschlossen ... Sollte ich diese Erde noch länger zieren dürfen, so erwartete ich mit Bestimmtheit zu erfahren, daß Sie Beide den grausamen Schlag wie junge Menschen überwunden haben.

18. Kapitel

1) 10. Januar 1930 (Brief an Max Schur)

Lieber Herr Doktor,
Ich bin in Verlegenheit wie ich auf die mir zugeschickte Jahresrechnung reagieren soll. Wenn ich dieselbe der Ärztekammer vorlege, werden Sie wahrscheinlich wegen standeswidriger Geringschätzung ärztlicher Leistungen zur Rechenschaft gezogen werden. Ich fühle daß Sie sich dem Kontrakt entzogen haben, der unseren formellen Beziehungen zu Grunde liegt, möchte diese Rechnung nicht bezahlen und lege Ihnen nahe mir eine angemessenere zu schicken.

In herzlicher Ergebenheit
Ihr Freud

2) 1. Mai 1930 (Brief an Max Eitingon)

Es ist richtig, daß Herz- und Darmzustände mich genötigt haben, das Sanatorium aufzusuchen, d. h., dem Arzt nachzugeben, der es durchaus verlangte. Hier habe ich eine rasche und ordentliche Erholung erreicht, nicht durch irgend welchen therapeutischen Zauber, sondern durch irgend einen Akt schmerzhafter Autotomie. Es sind jetzt 6 Tage, daß ich nicht eine Zigarre mehr geraucht habe, und es ist unleugbar, daß ich diesem Verzicht mein Wohlbefinden verdanke. *Aber es ist traurig.*

3) 9. September 1930 (Brief an Max Schur)

Mein Befinden ist im ganzen befriedigend, vom Herzen keine Äußerung. ... Auf der Schuldseite: eine Zigarre täglich, seit gestern zwei.

4) 1. Juni 1931 (Brief an Max Eitingon)

Ihre Frage nach den Zigarren entlockt mir das Geständnis, daß ich wieder rauche. Mit Rücksicht auf mein Alter und das Maß von Unbehaglichkeiten, das ich täglich zu ertragen habe, erschien mir die Abstinenz und die etwa an sie geknüpfte Chance nicht gerechtfertigt.

5) 13. Juli 1931 (Brief an Max Eitingon)

Ich danke Ihnen sehr für Ihre Vorräte. Im Ärger über nicht weichendes Mißbehagen sündige ich wieder mehr und war schon recht knapp.

6) 25. Juli 1931 (Brief an Max Eitingon)

Die Reisesperre wird gewiß auch meine Versorgung mit Rauchzeug erschweren. Da ich den Grundsatz angenommen habe, daß man sich nach 75 nichts versagen soll, sind meine Vorräte in rascher Schrumpfung.

20. Kapitel

1) 12. April 1931 (Brief an Max Eitingon)

Seit der letzten Operation und der letzten Katarrhinfektion hat sich eine nachhaltige Verschlechterung in den Verhältnissen um die Prothese und eine deutliche Niveaufallung meines Allgemeinbefindens hergestellt, die mir Gedanken an irgendwelche Feierlichkeiten noch verhaßter machen. Ich schließe, um Ihnen weiter Proben meiner Stimmung zu ersparen.

2) 16. April 1931 (Brief an Max Eitingon)

Ich bin mit mir gegenwärtig nicht zufrieden. Angesichts einer neuen Unsicherheit und Drohung habe ich meine überlegene Indifferenz eingebüßt, werde sie aber bald wieder haben, gewiß sobald die Lage geklärt sein wird. Ich habe seit diesem Herbst wie Sie wissen, zwei kleinere Operationen im Mundgebiet gehabt. Die erste, weil ein Teil der alten Narbe verdächtig schien, die histologische Untersuchung wies angeblich die volle Unschuld nach. Bald nachher zeigte sich am Rand der neuen Narbe eine polypartige Erhebung, auf deren sofortiger Entfernung Pichler (7. Febr.) bestand. Die Veränderungen durch den Heilungsprozeß nach diesem Eingriff sind bis heute nicht überwunden, aber ich habe seither keinen erträglichen Tag mehr gehabt. Nun hat sich wenige Tage nach dieser zweiten Operation die Schleimhaut zu einer mächtigen Falte aufgeworfen, die dem Chirurgen wiederum mißfällt. Seine Rede ist, das ist gewiß nicht bösartig, aber es kann so werden, und warum soll man nicht das noch harmlose Vorstadium entfernen. Meine beiden Leibärzte und ich selbst antworten, weil man keine Sicherheit hat, daß sich solche Faltenbildungen oder Wucherungen auch nach der neuen Operation, vielleicht grade darum bilden werden, während es sicher ist, daß ein monatelang anhaltendes Elend die Folge sein wird. Es ist aber schwer, gegen eine Autorität wie Pichler zu streiten. Wir sind auf die Auskunft verfallen, eine Radiumbehandlung als Alternative in Betracht zu ziehen, und da in Wien niemand ist, dem man darin genug Erfahrung zutraut, ist Dr. Schur auf die Idee gekommen, Prof. Rigaud in Paris, der als der beste Kenner dieser Dinge gilt, zu einem Gutachten einzuladen. Die Verhandlungen mit ihm, der augenblicklich in Locarno ist, gehen über die Prinzessin, die mit ihm befreundet ist. Nun wird erwartet, daß er zusagen und bald hier eintreffen wird. Er soll entscheiden, ob diese Papillären Erhebungen pathogene Bedeutung haben, ob und in welcher Weise sie mit Radium behandelt werden sollen und was man dabei an Gefahren riskiert. Vielleicht wird aus alledem nichts und ich muß mich wieder dem Messer unterwerfen. Auf alle Fälle können Sie es verstehen, wenn ich in den nächsten Wochen weder in der Stimmung noch in der Verfassung sein werde, mich an Feierlichkeiten zu beteiligen.

3) 21. April 1931 (Brief an Max Eitingon)

Der Franzose (Rigaud) will nichts von mir wissen. Wenn es sich nicht um unzweifelhaft malignes Gewebe handelt, soll man Radium nicht anwenden. Nachdem wir noch eine Besprechung mit dem Röntgenologen Holzknecht gehabt haben, muß ich mich Pichler ohne Einschränkung unterwerfen. Die Operation wird Donnerstag oder Freitag stattfinden. Ich bin jetzt ganz auf ihn eingerichtet. Von den Zigarren will ich noch mitteilen, daß die kleinen – Perle – sich recht bewährt haben. Mein Vorrat ist nicht mehr groß. Wenn der Berchtesgadener die Soberanos nicht liefern kann, so bin ich bereit, die einmal als Ersatz angebotene recht gute Reina Cabana anzunehmen.

4) 10 Mai 1931 (Brief an Marie Bonaparte)

Geben Sie sich heute mit einem kurzen Dankbrief zufrieden. Ich bin noch recht unter der Höhe, und habe diesmal gewiß einen großen Schritt aus dem Kreis des Lebens heraus getan ...
Ich habe mich sehr mit ihr gefreut, fühle mich auch sonst ungefähr wie ein Urgroßvater und kann sogar noch weiter ... ein Bedauern hervorrufen, daß man mir keines der schönen Gefäße ins Grabgewölbe mitgeben wird.

5) 18. September 1931 (Brief an Marie Bonaparte)

Mein Freund Dr. Oskar Rie ist gestern gestorben. Vor 45 Jahren, als ich jung verheiratet (1886) die Ordination für nervenkranke Kinder eröffnete kam er zu mir erst Doctorand als Assistent, wurde dann der Arzt unserer Kinder und unser Freund mit dem wir durch $1^1/_2$ Menschenleben Alles teilten. Eine seiner Töchter, Marianne [Kris] ist wie Sie wissen Analytikerin geworden, die andere hat einen Analytiker [Dr. Hermann] Nunberg geheiratet, dadurch wurde die Beziehung wo möglich noch inniger. Es ist ein unabwendbares Schicksal, seine alten Freunde sterben zu sehen. Genug wenn man nicht dazu verurteilt wird die Jugend zu überleben.
Pichler arbeitet täglich an meinen drei Prothesen, hat sie soweit gebessert, daß ich schon mit allen rauchen, mit zweien sprechen kann. Ganz befriedigend ist noch keine. Es ist mit ihnen wie mit der Jagd nach dem Glück; man meint man hat es schon erhascht oder* und immer wieder ist es weg.

6) 27. Oktober 1931 (Brief an Max Eitingon)

Pichler arbeitet immer noch an meinen Prothesen und wird mir hoffentlich etwas Erträgliches machen können. In der Reihe der kleineren und größeren Beschwerden meines Alters gibt es – bald sagte ich: natürlich – keine Pause. Ihre Sendungen habe ich dankend erhalten, habe noch Raum für mehr. »I won't be plucked of my feathers« hat in einer zum Verzicht auffordernden Lage Lord Bacon gesagt.

* Ein seltenes Beispiel für ein ausgestrichenes Wort, und ausgerechnet an dieser Stelle!

7) 15. November 1931 (Brief an Max Eitingon)

Wenn ich von mir selbst reden soll, ich habe mehr gehabt als eine einfache Magenverstimmung, es war eine arge Magendarmrebellion – unbekannt woher – in deren Verlauf ein mehrstündiger Kolonkrampf mich sogar zwang, eine Analysenstunde plötzlich abzubrechen, was mir bisher nur einmal im Leben zur Not geworden war. Voll hergestellt bin ich auch heute nicht, aber ich bin so vorbereitet darauf, wenn es nicht das ist, wäre es etwas anderes.
Von internen Beschwerden bin ich jetzt einmal frei und die der Prothese sind auf das gewöhnliche Maß eingeschränkt. Die merkwürdige Veränderung des Lebensgefühls, die unabhängig von Wohlsein und Kranksein nebenher geht, kann man nur andächtig zur Kenntnis nehmen.

8) 29. November 1931 (Brief an Marie Bonaparte)

Ich habe durch Ruth gehört, daß die Krankheit eingebrochen ist und da ich solange keinen Brief von Ihnen erhalten habe, bitte ich Sie um baldige Benachrichtigung, hoffentlich des Inhalts, daß alles wieder gut ist.
Dieser Monat war eine elende Zeit, ich war unausgesetzt krank, mit der Prothese oder an anderen Dingen, und draußen hatten wir den Schreck, mit der lebensgefährdenden Melaena neonatorum der Kleinen von Marianne Kris, das Kind ist aber durch Bluttransfusion gerettet worden...

9) 14. Dezember 1931 (Brief an Max Eitingon)

Ich rauche wieder herzhafter und sehe mit Bangen beide letzten Berchtesgadener Kistchen der Erschöpfung nahe. Und während Ihrer Abwesenheit?

22. Kapitel

1) 5. Januar 1933 (Brief an Max Eitingon)

Mit Ihren Vater ist es mir merkwürdig gegangen damals, als Sie von einer Störung während der Operationsheilung berichteten, verlor ich das Zutrauen, und da bereitete sich die Erwartung vor, die sich später, als

Sie seine Herstellung mitteilten, in dem Ausdruck Luft machte, es sei doch wenigstens Zeit gewonnen. Wenn Sie sich an diese Stelle in meinem Brief erinnern können! Nun, es war zu wenig Zeit gewonnen worden. Mir schwebte vor, daß wir doch alle zum Tod verurteilt sind, die Alten unter uns mit besonders kurzer – Bewährungsfrist.

2) 21. März 1933 (Brief an Arnold Zweig)

Die schweren Zeiten machen mich verzagt... Um mich selbst brauche ich ja keine Sorgen zu haben. Wie mein pessimistischer und zehn Jahre jüngerer Bruder unlängst sagte, unser Alter ist unser bestes Aktivum.

3) 9. Mai 1933 (Brief an Marie Bonaparte)

Meine liebe Marie,
Gern wäre ich mit Ihnen in Corsika gewesen, hätte mich miterfreut an der Schönheit der Landschaft und der Wärme des Empfanges...
Mein Geburtstag war anstrengend, überreich an Blumen Briefen und Telegrammen; von Geschenken hatte ich die Meisten abgehalten, Sie allerdings nicht. Ihr Kamel prangt bereits neben anderen Chinoiseries ... hier im Zimmer... Am Vormittag dieses Tages hatte ich einen Anfall von Schwindel, der mich fast umwarf, ohne Trübung des Bewußtseins. Dr. Schur, der zufällig gleich darauf kam, machte nichts daraus. Die Diagnose behauptete der Schwindel sei vestibulär und Folge von Nikotin. Ich bin seither auf drei Zigarren eingeschränkt, fühle mich aber wirklich nicht wohl seither ob es nun Abstinenz oder etwas anderes ist...
Sind Ihre beiden Kinder noch in Dänemark? Leider ist Dänemark nicht mehr der einzige Staat in dem etwas faul ist.

4) 6. Juni 1933 (Brief an Marie Bonaparte)

Ich denke nicht daran etwas Neues zu schreiben. Keine Stimmung, kein Stoff, kein Publicum, zu viel gemeine Sorgen. Die politische Lage haben Sie selbst erschöpfend beschrieben. Mir scheint es, nicht im Krieg haben Lüge und Phrase so uneingeschränkt geherrscht. Die Welt wird ein großes Zuchthaus, die ärgste Zelle ist Deutschland...
Selbst nicht mehr recht lebenskräftig erscheint mir diese Welt als zum nahen Untergang bestimmt. Ich denke gerne daran, daß Sie noch wie auf einer Insel der Seeligen wohnen.

5) 18. August 1933 (Brief an Arnold Zweig)

Was bei mir vorgeht? Ich füge mich der Natur, die mich altern läßt, in Eile jetzt, in den letzten drei Monaten mehr, als in den letzten drei Jahren. Alles herum ist trüb und zum Ersticken dumpf. Die Wut speichert sich auf und zehrt am Gehäuse. Wenn man etwas Befreiendes tun könnte! ...
Die Frauen des Hauses halten besser aus, sie sind ja das beständigere Element, der Mann ist, biologisch mit Recht, hinfälliger.

6) 7. Dezember 1933 (Brief an Marie Bonaparte)

Heute fällt ein anderer [Geburtstag], Martins. Keine Kinder mehr und selbst ist man bereits überzählig, außerhalb des Lebensstromes! ...
Meine Existenz ist wieder um ein Stück eingeschränkt worden. Daß ich nicht ausgehe, ist gerade jetzt kein Verlust. Es ist bitter kalt und unfreundlich draußen. Ob ich etwas schreibe? Nein, ich glaube auch nicht, daß ich noch werde. Ich rauche eine kleine, entnervte Zigarre im Tag.
Von Bullitt keine direkten Nachrichten. Unser Buch wird das Licht der Welt nicht erblicken.

7) 19. Februar 1934 (Brief an Marie Bonaparte)

Nochmals herzlichen Dank für Ihre wiederholte Einladung. Es ist natürlich unschätzbar zu wissen, daß es einen schönen Ort giebt, an dem man gern aufgenommen sein würde, bis man ein neues Heim gefunden hat ...
Die Zukunft ist nicht vorauszusehen ... Wenn die Nazis hieher kommen und mit ihnen eine Rechtlosigkeit wie in Deutschland, dann muß man natürlich fort.

23. Kapitel

1) 2. Mai 1934 (Brief an Marie Bonaparte)

Meine liebe Marie,
Wir sind jetzt umgezogen und eingeordnet XIX. Strassergasse 47, und ich kann daran gehen meine Briefschulden abzutragen. An Sie zuerst. Es ist märchenhaft schön hier, ich möchte unbekannter Weise die Konkurrenz mit Ihrem St. Cloud aufnehmen ...

Ich schreibe nichts, dazu gehört doch ein gewisses Maß an körperlichem Behagen, das ich nicht mehr aufbringe und auch eine freundlichere Einstellung zur Umwelt, als man sie jetzt haben kann. Es hilft wenig, daß man genau weiß, wie gleichgiltig für das Weltgeschehen das eigene Befinden ist, man bleibt der Sklave seiner Empfindungen und das einzige was man leisten kann ist sein Mißvergnügen für sich zu behalten.

2) 14. Oktober 1935 (Brief an Arnold Zweig)

Lieber Meister Arnold,
Es ist doch schön, daß man einem starken Mann mit einigen Worten eine so große Freude bereiten kann, und dabei handelt es sich gar nicht um ein freundliches Geschenk, sondern um den Versuch zur Abtragung einer Schuld. Außer mir, meine Tochter und meinem Sohn gibt es noch eine Person in meiner nächsten Nähe, die Ihr Werk genießt, und ich möchte sagen unter ihm stöhnt. Es ist mein Leibarzt, Dr. Max Schur, ein sehr tüchtiger Doktor, so tief empört über die Vorgänge in Deutschland, daß er keine deutschen Medikamente verschreibt. Ich muß ihm immer wieder von Ihnen erzählen ...
In wenigen Tagen ziehen wir wieder in die Stadtwohnung. Es war eine herrliche Herbstzeit, mein Befinden eher besser. Krieg oder Kriegsspannung kann alle unsere analytische Arbeit in Wien ersticken.

3) 18. August 1933 (Brief an Arnold Zweig)

Man wehrt sich in jeder Form gegen die Kastration, hier mag sich noch ein Stückchen Opposition gegen das eigene Judentum schlau verbergen. Unser großer Meister Moses war doch ein starker Antisemit und macht kein Geheimnis daraus. Vielleicht war er wirklich ein Ägypter.

24. Kapitel

1) 26. März 1936 (Brief an Marie Bonaparte)

Ob Sie auch zum 6. Mai hieher kommen sollen? Es würde mich gewiß sehr freuen; aber es wäre nur ein Akt der Pietät. Wir hätten nichts davon. Ich vermute, es werden viele kommen, Eitingon, Jones, Laforgue, Landauer unter Anderen. Jeder wird etwas von mir erwarten und

ich werde nicht leistungsfähig sein. Mein Allgemeinbefinden hat in letzter Zeit deutlich einen Schritt nach abwärts gemacht. Gestern hatte ich eine schwere Migraine, ganz ungewöhnlich bei mir, und ich mach noch heute allerlei verworrenes Zeug wie Sie an Brief und Addresse gemerkt haben werden. Ich bin reizbarer und empfindlicher gegen schlechte Nachrichten als sonst. Minna hat sich gestern an beiden Augen wegen Glaukom operieren lassen, sie hatte es bis zu letzt verheimlicht. Wir hoffen es geht gut aus.
Aus Leipzig kommt die Nachricht, daß die Staatspolizei einen großen Teil des psa. Bücherlagers bei Volkmar konfisciert hat, beinahe eine Katastrophe für den armen Verlag...

25. Kapitel

1) 1. Dezember 1936 (Brief an Marie Bonaparte)

Ich habe die letzten paar Tage unter der Ausbreitung meines chronischen Katarrh in Luftröhre und Bronchien gelitten. Nichts eigentlich Arges, aber bei jedem Kranksein drängen sich neue Anzeichen des Altersverfalls vor. Man kann das als unvermeidlich nur zur Kenntnis nehmen und darf keinen Zoll von Mitgefühl dafür einfordern. 81 $^1/_2$ war die Lebensgrenze die Vater und Bruder erreicht haben; mir fehlt dahin noch ein Jahr...

P. S. Wenn Sie allmächtig sind lassen Sie sich eine der Korxi im Museum schenken, für mich!

2) 1. Januar 1937 (Teil eines Briefs an Marie Bonaparte)

An den Erwähnungen intimer Vorgänge und Beziehungen fehlt es auch nicht und manches wie die Vorwürfe mit denen die Freundschaft zusammenbrach ist in der Erinnerung besonders peinlich.

3) 16. Mai 1937 (Brief an Marie Bonaparte)

Ein wunderbarer Frühling ist hier über uns gekommen. Der Garten war noch nie so schön. Leider wird mir der Genuß durch die andauernden Schmerzen gestört... Es sind schon 3$^1/_2$ Wochen seit dem Eingriff. Ich schreibe darum auch nicht mehr.

27. Kapitel

1) 8. Juni 1938 (Brief an Marie Bonaparte)

Meine liebe Marie,
Der erste Brief geschrieben auf dem von Ihren Terrakotten eingerahmten Schreibtisch in einem Zimmer dessen Gartenaussicht Ihnen gewiß gefallen wird, sollte von rechtswegen Ihnen gehören denn der eine Tag in Ihrem Haus in Paris hat uns Würde und Stimmung wiedergegeben; nachdem wir 12 Stunden lang in Liebe eingehüllt wurden, sind wir stolz und reich unter dem Schutz der Athene abgereist! Aber es hat vielleicht nicht viel Sinn Ihnen zu danken oder Ihnen zu erzählen, was Sie schon wissen. Sie werden Neues erfahren wollen.
Neues ist hier genug, das meiste schön, einiges sehr schön. Der Empfang in Victoria Station und dann von den Zeitungen dieser ersten zwei Tage war liebenswürdig, ja enthusiastisch. Wir schwimmen in Blumen. Interessant die Zuschriften: nur 3 Autographensammler, 1 Malerin die mich porträtieren will wenn ich ausgeruht bin, auch nur 1 rührende Konsultation einer Tochter, für ihre als unheilbar verurteilte Mutter, ferner eine Annonce eines großzügigen Delikatessengeschäftes. Sonst die Begrüßungen durch die meisten Mitglieder der englischen Gruppe, einige gelehrte und andere jüdische Gesellschaften, als pièce de résistance ein weitläufiges Telegramm auf vier Blättern aus Cleveland, Ohio, gezeichnet von »citizens of all faiths and professions«, höchst respektvolle Einladung unter allen Versprechungen, unser Heim bei ihnen aufzuschlagen. (Wir werden antworten müssen, daß wir leider schon ausgepackt haben!)
Endlich, und das ist das für England besondere, reichliche Zuschriften von fremden Leuten, die nur sagen wollen wie sehr sie sich freuen daß wir in England angekommen, daß wir jetzt in Sicherheit und Frieden sind. Wirklich, als ob unsere Sache auch ihre Sache wäre.
Mein Herz war, wie in Paris, auch diese Tage, nicht leistungslustig, unsere kleine Ärztin hat brav gewacht und es scheint sich rasch zu bessern...
Ihre Zigarren sind sicherlich unschädlich, wenn auch nicht sehr schmackhaft. Ich habe hier noch nichts Ähnliches gefunden.
So könnte ich noch Stunden lang schreiben, ohne den Stoff zu erschöpfen. Aber genug, mit herzlichstem Gruß

Ihr Freud

2) 20. August 1938 (Brief an Marie Bonaparte)

Meine liebe Marie
Es tut mir leid so frühzeitig Alarm geschlagen zu haben. Schur hatte die Schuld der eigentlich eigenmächtig Pichler geschrieben, sein Herkommen angeregt hatte. Er antwortete natürlich er sei für die Entfernung der betreffenden Stelle. Unterdeß ist wieder abgeblasen worden. Die Stelle scheint zurückzugehen alle hier befragten Ärzte halten sie für unverdächtig (Dr. Exner, Pichler's ehemaliger Assistent u. der von ihm empfohlene Vertreter ein Dr. Gottwald Schwarz aus Wien, ein hochangesehener Röntgenolog). Es ist beschlossen worden derweil nichts zu tun, abzuwarten. Schur ist auch mit einem Mal durchaus optimistisch. Er gesteht zu, daß Pichler wiederholt das Wolbefinden des Patienten der Vorsicht geopfert hat...

3) 4. Oktober 1938 (Brief an Marie Bonaparte)

Er kann nicht lange sein, denn ich [kann, fehlt im Original] kaum schreiben, nicht besser als sprechen oder rauchen. Diese Operation war [Buchstabe im Original gestrichen] die schwerste seit 1923 ... Ich bin abscheulich müde und schwach in Bewegungen, habe zwar gestern mit 3 Patienten begonnen aber es geht nicht leicht.

4) 1. November 1938 (Brief an Ernest Jones)

Dear Jones,
Ich habe es gestern lebhaft bedauert, daß Ihre Erkältung Sie genötigt hat, sich von mir fern zu halten, und ich war dann sehr bestürzt zu hören, Sie würden die Übersetzung meines Moses nicht vor Februar oder März zu Ende bringen können. Ich weiß, Ihre Zeit ist sehr wertvoll, Ihre Gewissenhaftigkeit sehr groß und Sie haben noch allerlei Anderes, was mindestens ebenso wichtig ist, zu thun. Aber ich denke daran, daß Sie sich freiwillig diese neue Belastung auferlegt haben, ohne daß ich Sie dazu aufgefordert. Ich erblickte allerdings in Ihrem Unternehmen eine besondere Liebenswürdigkeit für mich und eine Auszeichnung für das Buch.
Der Aufschub, den Sie mir in Aussicht stellen, ist mir in mehr als einer Hinsicht unangenehm. Vor allem bedeuten einige Monate für mich mehr als für einen anderen, wenn ich den begreiflichen Wunsch festhalte, das Buch noch selbst fertig zu sehen.

5) 19. Dezember 1938 (Brief an Max Eitingon)

Ich habe Ihnen noch nicht für Ihre gewissenhafte Berichterstattung über unseren Arnold Zweig gedankt. Seither habe ich auch einen ersten Brief von ihm erhalten, recht unleserlich, aber doch erfreulich. Wenigstens hier ein Stück gute Nachricht ... ich warte auf einen mir versprochenen Knochen wie ein hungriger Hund, nur daß es ein eigener sein soll. Ich arbeite jetzt 4 Stunden täglich.

6) 27. Dezember 1938 (Brief an Marie Bonaparte)

Meine liebe Marie,
Ihr Brief mit den schönen Bildern aus dem Museum kommt während wir noch überlegen, ob wir auf [Ihr] liebes Weihnachts Telegramm nach Athen oder nach Egypten antworten sollen. Jetzt wird es sich also in einen Neujahrs-Wunsch nach dem letzteren verwandeln. Ich antworte Ihnen aber noch umgehend nach Athen.
Ja, wir haben gefroren und der ewig grüne englische Rasen ist dick mit weißem Schnee bedeckt. Herrliche Winterlandschaft vor meinem Fenster in dem Garten. Man getraut sich nicht zu denken wie London aussehen wird, wenn all das zu Wasser wird.
Weihnacht war ruhig bis auf die gewohnten Nachrichten von Tod und Selbstmord in Wien. Mein Knochen fühlt sich noch wohl bei mir, ich nicht mit ihm. Schur ist sehr brav, kann aber nicht helfen.
Die erste Korrektur des deutschen Moses habe ich gestern fertig gestellt. Meine englischen Übersetzer sind in Mürren.
Der Sinai verdient Ihr Interesse nicht. Sie wissen, der Berg Jahves war nicht auf der Halbinsel, sondern im westlichen Arabien und eine Gesetzgebung am Sinai hat es überhaupt nicht gegeben. Siehe meinen Moses, der mir abwechselnd imponiert und sehr mißfällt.
Jerusalem zu versäumen wäre schade. Sie wissen, Sie sehen auf dieser Reise *auch für mich*, den Reise-gelähmten.

7) 5. März 1939 (Brief an Max Eitingon)

Ich habe Ihnen längere Zeit nicht geschrieben, nicht nur weil mir das Schreiben wie die meisten anderen Tätigkeiten zu sauer wurden, sondern auch weil die Situation unklar war. Jetzt sind wir ungefähr orientiert. Eine Probeexzision hat ergeben, daß es sich wirklich um einen Versuch des Carcinoms handelt, sich wieder an meine Stelle zu setzen. Man schwankte lange zwischen verschiedenen Möglichkeiten der Verteidigung ... nun haben wir uns alle auf Röntgenbestrahlung von außen geeinigt, von der sich die Beteiligten – ob ich mich einschließen soll, weiß ich nicht, Gutes erwarten. Morgen soll der hiesige Röntgenologe, ein Dr. Finzi kommen, dem man meinen Fall übergeben will. Hoffentlich lehnt er nicht ebenso ab wie andere Fachmänner. Ich bin natürlich sehr zufrieden damit, daß die Operation und die Reise nach Paris verworfen worden sind. Röntgen ist doch weit schonender, gibt eine Art von Lebenssicherung für mehrere Wochen und gestattet wahrscheinlich eine Fortsetzung der analytischen Tätigkeit während dieser Zeit ... Mein Leibarzt Schur benimmt sich sehr aufopfernd. Es tut mir leid, daß ich Ihnen nichts anderes schreiben soll, aber das haben Sie ja von mir wissen wollen. Sonst noch, daß der deutsche Moses in den nächsten Tagen erwartet wird. Ich grüße Sie und Mira herzlich.

Ihr Freud

P. S. Martin Bubers fromme Redensarten werden der Traumdeutung wenig schaden. Der Moses ist weit vulnerabler und ich bin auf den jüdischen Ansturm gegen ihn vorbereitet.

8) 20. März 1939 (Brief an Marie Bonaparte)

Ich muß nochmals meinem Bedauern Ausdruck geben, daß ich mich Ihnen so wenig widmen konnte, als Sie bei uns lebten. Vielleicht geht es nächstes Mal besser – wenn kein Krieg kommt – denn meine Schmerzen scheinen weiter auszubleiben. Dr. Harmer, der eben hier war, findet einen deutlichen Einfluß der Behandlung auf das Aussehen der kranken Stellen.

9) 28. April 1939 (Brief an Marie Bonaparte)

Ich habe Ihnen lange nicht geschrieben, während Sie im blauen Meer gebadet haben. Ich nehme an Sie wissen warum, erkennen es auch an

meiner Schrift. (Nicht einmal die Feder ist dieselbe, sie hat mich verlassen wie der Leibarzt und andere externe Organe). Es geht mir nicht gut, mein Leiden und die Folgen der Behandlung teilen sich in die Verursachung in einem mir unbekannten Verhältnis. Man hat versucht mich in eine Atmosphäre von Optimismus zu ziehen: Das Carcinom ist in Schrumpfung, die Reaktionserscheinungen sind vorübergehend. Ich glaube nicht daran und mag es nicht betrogen zu werden ...
Etwas Interkurrentes, was den grausamen Prozeß kurz abschneidet wäre sehr erwünscht.
Soll ich mich noch darauf freuen, Sie bald im Mai wiederzusehen?

10) 15. Juni 1939 (Brief an Marie Bonaparte)

Meine liebe Marie,
Vorgestern abends war ich daran, Ihnen einen langen Trostbrief zu schreiben zum Tode unseres alten Tattous und dann Sie darauf vorzubereiten, daß ich bei Ihrem nächsten Hiersein eifrig lauschen würde, was Sie von neuen Arbeiten erzählen, bereit hie und da ein Wort hinzuwerfen wo ich glaube, daß ich etwas dazu ergänzen kann. Die zwei folgenden Nächte haben meine Erwartungen wieder grausam zerstört. Das Radium hat wieder etwas aufzufressen begonnen, unter Schmerzen und Vergiftungserscheinungen, und meine Welt ist wieder was sie früher war, eine kleine Insel Schmerz schwimmend auf einem Ozean von Indifferenz.
Finzi fährt fort seine Zufriedenheit zu betheuern. Auf meine letzte Klage hatte er die Antwort: am Ende werden Sie auch zufrieden sein. So verlockt er mich halb gegen meinen Willen, weiter zu hoffen und unterdeß weiter zu leiden ...
Vom deutschen Moses sollen schon 1800 Exemplare verkauft sein.
Herzlichst und mit warmen Wetterwünschen, solange Sie am Meer sind

Ihr Freud

Bibliographie

Abraham, K. siehe Freud und Abraham.

Andreas-Salomé, L. (1958 [1912–13]) *In der Schule bei Freud.* Zürich: Niehans.

– siehe Freud und Andreas-Salomé.

Bakan, D. (1958) *Sigmund Freud and the Jewish Mystical Tradition.* New York: Van Nostrand.

Balzac, H. de (1831) *La Peau de Chagrin.* Paris: Gallimard, 1966.

Benjamin, J. D. (1961) »The Innate and the Experiential«, in: *Lectures in Experimental Psychiatry,* ed. H. W. Brosin. Pittsburgh: University of Pittsburgh Press, S. 19–42.

Berdach, R. (1936) *Der Kaiser, die Weisen und der Tod.* Wien: Saturn Verlag.

Bernfeld, S. (1946) »An Unknown Autobiographical Fragment by Freud«, in: *American Imago,* 4, S. 3–19.

– (1949) »Freud's Scientific Beginnings«, in: *American Imago,* 6, S. 163 –196.

–, und Bernfeld, S. C. (1944) »Freud's Early Childhood«, in *Bulletin of the Menninger Clinic,* 8, S. 107–115.

Binion, R. (1968) *Frau Lou.* Princeton: Princeton University Press.

Binswanger, L. (1956) *Erinnerungen an Sigmund Freud.* Bern: Francke.

Bonaparte, M. (1934) *Edgar Allan Poe.* Eine psychoanalytische Studie. Wien: Internationaler Psychoanalytischer Verlag, Band 1–3.

– (1939) »Linconscient et le temps«, in: *Revue française de psychanalyse,* 11, S. 61–63.

– *(Alle Briefe, die nicht im Anhang oder im von E. L. Freud (1960) herausgegebenen Briefwechsel enthalten sind, wurden aus dem Englischen übersetzt.)*

Breuer, J., und Freud, S. (1893–95) *Studien über Hysterie.* Leipzig und Wien: Deuticke 1922.

Brome, V. (1968) *Freud and His Early Circle.* New York: Vincent Morrow; *S. Freud und sein Kreis.* München: List, 1969.

Chertok, L. (1968) »La découverte du transfert. Essai d'interprétation épistémologique«, in: *Revue française de psychanalyse,* 32 ,S. 503–530; »The Discovery of the Transference«, in: *International Journal of Psychoanalysis;* 49, S. 560–576.

Deutsch, F. (1956) »Reflections on Freud's One Hundredth Birthday«, in: *Psychosomatic Medicine,* 18, S. 279–283.

Deutsch, H. (1933) »Psychologie der manisch-depressiven Zustände insbesondere der chronischen Hypomanie«, in: *Internationale Zeitschrift für Psychoanalyse*, 19, S. 358–371.
D(oolittle), H. (1956) *Tribute to Freud.* New York: Pantheon.

Eissler, K. R. (1959) »The Function of Details in the Interpretation of Works of Literature«, in: *Psychoanalytic Quarterly*, 28, S. 1–20.
– (1963) *Goethe*, 2 Bde. Detroit: Wayne University Press.
– (1964) »Mankind at Its Best«, in: *Journal of the American Psychoanalytic Association*, 12, S. 187–222.
Ekstein, R. (1949) »A Biographical Comment on Freud's Dual-Instinct Theory«, in: *American Imago*, 6, S. 213.
Erikson, E. H. (1967) [Rezension von] Freud, S., und Bullitt, W. C., »Thomas Woodrow Wilson«, in: *International Journal of Psychoanalysis*, 48, S. 462–468.

Fließ, W. (1897) *Beziehungen zwischen Nase und weiblichen Geschlechtsorganen.* Leipzig und Wien: Deuticke.
– (1906) *In eigener Sache: Gegen Otto Weininger und Hermann Swoboda.* Berlin: E. Goldschmidt.
Freud, E. L. siehe Freud, S. *Briefe.*
Freud, S. (1888–89) Übers. v. H. Bernheim, *Die Suggestion und ihre Heilwirkung* (1887) Leipzig und Wien: Deuticke.
– (1891) *Zur Auffassung der Aphasien.* Leipzig und Wien: Deuticke.
– (1892) Übers. v. H. Bernheim, *Neue Studien über Hypnotismus, Suggestion und Psychotherapie* (1891). Leipzig und Wien: Deuticke.
– (1895) »Entwurf einer Psychologie«, in: *Aus den Anfängen der Psychoanalyse.* London: Imago Publishing Company 1950, S. 378–466.
– (1899) »Über Deckerinnerungen«. *Gesammelte Werke.* 1. Frankfurt a. M.: S. Fischer.
– (1900) *Die Traumdeutung. G. W.* 2/3.
– (1901 a) »Über den Traum«. *G. W.* 2/3.
– (1901 b) *Zur Psychopathologie des Alltagslebens. G. W.* 4.
– (1905 a [1901]) »Bruchstück einer Hysterieanalyse«. *G. W.* 5.
– (1905 b) *Drei Abhandlungen zur Sexualtheorie. G. W.* 5.
– (1905 c) *Der Witz und seine Beziehung zum Unbewußten. G. W.* 6.
– (1907 a [1906]) »Der Wahn und die Träume in W. Jensens ›Gradiva‹«. *G. W.* 7.
– (1907 b) »Zwangshandlungen und Religionsübungen«. *G. W.* 7.
– (1907 c) »Beitrag zur Rundfrage ›Vom Lesen und von guten Büchern‹ «, in: *Jahrbuch deutscher Bibliophilen und Literaturfreunde.* 1931, S. 16–17. Zürich und Leipzig; abgedruckt in: *Jones, Vom Leben und Werk von S. Freud*, Bd. 3, S. 489–490.

– (1908 [1907]) »Der Dichter und das Phantasieren«. *G. W.* 7.
– (1909 a) »Analyse der Phobie eines fünfjährigen Knaben«. *G. W.* 7.
– (1909 b) »Bemerkungen über einen Fall von Zwangsneurose«. *G. W.* 7.
– (1910) »Eine Kindheitserinnerung des Leonardo da Vinci«. *G. W.* 8.
– (1911 a) »Groß ist die Diana der Epheser«. *G. W.* 8.
– (1911 b) »Formulierungen über die zwei Prinzipien des psychischen Geschehens«. *G. W.* 8.
– (1911 c) »Psychoanalytische Bemerkungen über einen autobiographisch beschriebenen Fall von Paranoia« (Dementia paranoides). *G. W.* 8.
– (1913 a) »Das Motiv der Kästchenwahl«. *G. W.* 10.
– (1913 b [1912–1913]) *Totem und Tabu. G. W.* 9.
– (1914 a) »Zur Geschichte der psychoanalytischen Bewegung«. *G. W.* 10.
– (1914 b) »Der Moses des Michelangelo«. *G. W.* 10.
– (1915 a) »Triebe und Triebschicksale«. *G. W.* 10.
– (1915 b) »Die Verdrängung«. *G. W.* 10.
– (1915 c) »Das Unbewußte«. *G. W.* 10.
– (1915 d) »Zeitgemäßes über Krieg und Tod«. *G. W.* 10.
– (1916 a [1915]) »Vergänglichkeit«. *G. W.* 10.
– (1916 b) »Einige Charaktertypen aus der psychoanalytischen Arbeit«. *G. W.* 10.
– (1916–1917 [1915–1917]) *Vorlesungen zur Einführung in die Psychoanalyse. G. W.* 11.
– (1917 a [1915]) »Trauer und Melancholie«. *G. W.* 10.
– (1917 b) »Eine Schwierigkeit der Psychoanalyse«. *G. W.* 12.
– (1917 c) »Eine Kindheitserinnerung aus ›Dichtung und Wahrheit‹«. *G. W.* 12.
– (1918 [1914]) »Aus der Geschichte einer infantilen Neurose«. *G. W.* 12.
– (1919) *Das Unheimliche. G. W.* 12.
– (1920) *Jenseits des Lustprinzips. G. W.* 13.
– (1921) *Massenpsychologie und Ich-Analyse. G. W.* 13.
– (1922) »Traum und Telepathie«. *G. W.* 13.
– (1923) *Das Ich und das Es. G. W.* 13.
– (1924 a) »Das ökonomische Problem des Masochismus«. *G. W.* 13.
– (1924 b) »Der Untergang des Ödipuskomplexes«. *G. W.* 13.
– (1925 a [1924]) »Notiz über den Wunderblock«. *G. W.* 14.
– (1925 b [1924]) »Selbstdarstellung«. *G. W.* 14.
– (1926 a [1925]) *Hemmung, Symptom und Angst. G. W.* 14.
– (1926 b) *Zur Frage der Laienanalyse. G. W.* 14.
– (1927 a) *Die Zukunft einer Illusion. G. W.* 14.
– (1927 b) »Nachtrag zur Arbeit über den Moses des Michelangelo«. *G. W.* 14.
– (1930 a) »Ansprache im Frankfurter Goethehaus«. *G. W.* 14.

– (1930 b [1929]) *Das Unbehagen in der Kultur. G. W.* 14.
– (1933 a [1932]) »Warum Krieg?«. *G. W.* 16.
– (1933 b [1932]) *Neue Folge der Vorlesungen zur Einführung in die Psychoanalyse. G. W.* 15.
– (1936) »Eine Erinnerungsstörung auf der Akropolis«. *G. W.* 16.
– (1937 a) »Die endliche und die unendliche Analyse«. *G. W.* 16.
– (1937 b) »Nachruf für Lou Andreas-Salomé«. *G. W.* 16.
– (1939 [1934–1938]) *Der Mann Moses und die monotheistische Religion. G. W.* 16.
– (1940 [1938]) *Abriß der Psychoanalyse. G. W.* 17.
– (1941 [1921]) »Psychoanalyse und Telepathie«. *G. W.* 17.
– (1950 [1887–1902]) *Aus den Anfängen der Psychoanalyse.* London: Imago Publishing Company 1950.
– (1960) *Briefe: 1873–1939.* Hrsg. E. L. Freud. Frankfurt a. M.: S. Fischer.
–, und Abraham, K. (1965) *Briefe, 1907–1926.* Frankfurt a. M.: S. Fischer.
–, und Andreas-Salomé, L. (1966) *Briefwechsel.* Frankfurt a. M.: S. Fischer.
–, und Bullitt, W. C. (1967) *Thomas Woodrow Wilson: A Psychological Study.* Boston: Houghton-Mifflin.
–, und Pfister, O. (1963) *Briefe 1909–1939.* Frankfurt a. M.: S. Fischer.
–, und Rie, O. (1891) »Cerebrale Kinderlähmung und Poliomyelitis infantilis«, in: *Wiener klinische Wochenschrift,* 41, S. 193–196; 244–246, 292–294. Ebenso: »Klinische Studien über die halbseitige Cerebrallähmung der Kinder«, in: *Beiträge zur Kinderheilkunde,* H. 3 (Hrsg. v. M. Kassowitz).
–, und Weiss, E. (1973) *Briefe zur psychoanalytischen Praxis.* Frankfurt a. M.: S. Fischer.
–, und Zweig, A. (1968) *Briefwechsel.* Frankfurt a. M.: S. Fischer.
Friedman, L. J. (1966) »From *Gradiva* to Death Instinct«, in: *Psychoanalytic Forum,* 1, S. 46–53.

Gardner, M. (1966) »Mathematical Games: Freud's Friend Wilhelm Fließ and His Theory of Male and Female Life Cycles«, in: *Scientific American,* 215 (1), S. 108–113; 215 (2), S. 99.
Gicklhorn, R. (1969) »The Freiberg Period of the Freud Family«, in: *Journal for History of Medicine and Allied Science,* 24, S. 37–43.
Goethe, J. W. v. *Faust,* in: *Gedenkausgabe der Werke und Briefe,* hrsg. v. E. Beutler. Zürich: Artemis. Bd. 5. 1950.
– »Urworte, Orphisch«, in: *Gedenkausgabe der Werke und Briefe.* Bd. 1: Gedichte. Zürich: Artemis, 1950.
Greenson, R. R. (1967) *The Technique and Practice of Psychoanalysis,*

Bd. 1. New York: International Universities Press; *Technik und Praxis der Psychoanalyse*, Bd. 1. Stuttgart: Klett, 1973.
Grossman, C. M., und Grossman, S. (1965) *The Wild Analyst*. London: Barrie & Rockliff.

Hartmann, H. (1939) *Ego Psychology and the Problem of Adaptation*. New York: International Universities Press 1958; *Ich-Psychologie und Anpassungsproblem*. Stuttgart: Klett, 1960.

Jones, E. (1953–1957) *The Life and Work of Sigmund Freud*, 3 Bde. New York: Basic Books; *Das Leben und Werk von S. Freud*. Bern und Stuttgart: Huber, 1960–62.
Jung, C. G. (1962) *Erinnerungen, Träume, Gedanken*. Hrsg. v. A. Jaffé. Zürich und Stuttgart: Rascher, 1962.

King, J. L., und Jakes, T. H. (1969) »Non-Darwinian Evolution«, in: *Science*, 164, S. 788–798.
Kris, E. (1950) Einleitung und Fußnoten zu: *Aus den Anfängen der Psychoanalyse*. London: Imago Publishing Company, 1950.
– (1952) *Psychoanalytic Explorations in Art*. New York: International Universities Press.

Lehmann, H. (1966) »A Conversation between Freud and Rilke«, in: *Psychoanalytic Quarterly*, 35, S. 423–427.
Lewin, B. D. (1932) »Analysis and Structure of a Transient Hypomania«, in: *Psychoanalytic Quarterly*, 1, S. 43–58.
– (1950) *The Psychoanalysis of Elation*. New York: Norton.
Lorenz, K. (1963) *Das sogenannte Böse*. Zur Naturgeschichte der Aggression. Wien: Borotha-Schoeler, 1964.

Nunberg, H., und Federn, E., Hrsg. (1962–1967) *Minutes of the Vienna Psychoanalytic Society*, 2 Bde. New York: International Universities Press.

Peto, A. (1969) »Terrifying Eyes«, in: *The Psychoanalytic Study of the Child*, 24, S. 197–212.
Pfenning, A. R. (1906) *Wilhelm Fließ und seine Nachentdecker: Otto Weininger und H. Swoboda*. Berlin: Selbstverlag.
Pfister, O., siehe Freud und Pfister.
Pollock, G. H. (1968) »The Possible Significance of Childhood Object Loss in the Josef Breuer–Berta Pappenheim (Anna O.)–Sigmund Freud Relationship«, in: *Journal of the American Psychoanalytic Association*, 16, S. 711–739.

Putnam, J. J. (1915) *Human Motives.* Boston: Little, Brown.

Rank, O. (1914) »Der Doppelgänger«, in: *Imago,* 3, S. 97–164.

Ritvo, L. B. (1965) »Darwin as the Source of Freud's Neo-Lamarckianism«, in: *Journal of the American Psychoanalytic Association,* 13, S. 499–517; »Freuds neo-Lamarckistische Darwin-Interpretation«, in: *Psyche,* 27, S. 460–474, 1973.

Rosen, V. H. (1969) »Sign Phenomena and Their Relationship to Unconscious Meaning«, in: *International Journal of Psychoanalysis,* 50, S. 197–207.

Sachs, H. (1944) *Freud: Master and Friend.* Cambridge: Harvard University Press; *Freud: Meister und Freund.* London: Imago Publishing Company 1950.

Sajner, J. (1968) »Sigmund Freuds Beziehungen zu seinem Geburtsort Freiberg (Pribor) und zu Mähren«, in: *Clio. Medica,* 3, S. 167–180.

Schur, H. (1966) »An Observation and Comments on the Development of Memory«, in: *The Psychoanalytic Study of the Child,* 21, S. 468–479.

Schur, M. (1949) »Letter to the Editor«, in: *Bulletin of the American Psychoanalytic Association,* 5, S. 74.

– (1953) »The Ego in Anxiety«, in: *Drives, Affects, Behavior,* Bd. 1, Hrsg. R. M. Loewenstein. New York: International Universities Press, S. 67–103.

– (1955) »Comments on the Metapsychology of Somatization«, in: *The Psychoanalytic Study of the Child,* 10, S. 119–164.

– (1965) »Editor's Introduction, in: *Drives Affects, Behavior,* Bd. 2, Hrsg. M. Schur. New York: International Universities Press, S. 9–20.

– (1966 a) Some Additional »Day Residues« of the »Specimen Dream of Psychoanalysis«, in: *Psychoanalysis – A General Psychology,* Hrsg. R. M. Loewenstein, L. M. Newman, M. Schur und A. J. Solnit. New York: International Universities Press, S. 45–85.

– (1966 b) *The Id and the Regulatory Principles of Mental Functioning.* New York: International Universities Press; *Das Es und die Regulationsprinzipien des psychischen Geschehens.* Frankfurt a. M.: S. Fischer, 1973.

– (1968) »Discussion of: V. Rosen, Sign Phenomena and Their Relationship to Unconscious Meaning«, in: *New York Psychoanalytic Society,* 29. Oktober.

– (1969) »The background of Freud's ›disturbance‹ on the Acropolis«, in: *Imago,* 26, S. 303–323.

–, und Ritvo, L. B. (1970 a) »The Concept of Development and Evolution in Psychoanalysis«, in: *Development and Evolution of Behavior,*

Bd. 1. Hrsg. L. Aronson, D. Lehrman u. a. San Francisco: W. H. Freeman.
–, – (1970 b) »A Principle of Evolutionary Biology for Psychoanalysis: Schneirla's Evolutionary and Developmental Theory of Biphasic Processes Underlying Approach and Withdrawal and Freud's Unpleasure and Pleasure Principles«, in: *Journal of the American Psychoanalytic Association*, 18, S. 422–439.

Shakespeare, W., *Dramatische Werke*, Bd. 6 *(Macbeth)*. Übers. v. Schlegel und Tieck. Leipzig und Wien: Bibliographisches Institut, 1897.

Steward, R. S. (1967) [Rezension von] Freud, S. & Bullitt, W. C. *Thomas Woodrow Wilson*, in: *New York Times Book Review*, 29. Januar.

Stewart, W. (1967) *Psychoanalysis: The First Ten Years 1888–1898*. New York: Macmillan.

Stone, L. (1961) *The Psychoanalytic Situation*. New York: International Universities Press; *Die psychoanalytische Situation*. Frankfurt a. M.: S. Fischer, 1973.

Travell, J., und Bigelow, N. H. (1947) »Role of Somatic Trigger Areas in the Patterns of Hysteria«, in: *Psychosomatik Medicine*, 9, S. 353–363.

Ullman, M. (1965) »An Experimental Approach to Dreams and Telepathy«, in: *Archives of General Psychiatry*, 14, S. 605–613.

Weininger, O. (1902), *Geschlecht und Charakter*. Wien und Leipzig: Braumüller.

Weiss, E. siehe Freud und Weiss.

Williams, R., und Storrs, E. E. (1968) »A Study of Monozygous Quadruplet Armadillos in Relation to Mammalian Inheritance«, in: *Proceedings of the National Academy of Sciences*, 60, S. 910.

Wittels, F. (1924) *Sigmund Freud*. Der Mann. Die Lehre. Die Schule. Leipzig und Wien: Tal.

Zweig, A. (1934) *Bilanz der deutschen Judenheit: Ein Versuch*. Amsterdam: Querido Verlag.

– (1936) »Apollon bewältigt Dionysos«, in: *Das Neue Tagebuch*, 18, S. 425–428, Paris.

Zweig, S. (1931) *Die Heilung durch den Geist: Franz Anton Mesmer, Mary Baker Eddy, Sigmund Freud*. Leipzig: Insel.

– siehe Freud und Zweig.

Sachregister

Namenregister

Inhalt

Von Sigmund Freud
erschienen im Suhrkamp Verlag

Briefe. Ausgewählt und mit einem Vorwort versehen von Margarete Mitscherlich-Nielsen. 1972. 216 S. *Bibliothek Suhrkamp* Band 307

Der Mann Moses. 1964. 175 S. *Bibliothek Suhrkamp* Band 131

Eine Kindheitserinnerung des Leonardo da Vinci. 1976. 110 S. *Bibliothek Suhrkamp* Band 514

Sigmund Freud – Sein Leben in Bildern und Texten
Herausgegeben von Ernst Freud, Lucie Freud und Ilse Grubrich-Simitis. Mit einer biographischen Skizze von K. R. Eissler. Gestaltet von Willy Fleckhaus. 1976. 352 S. *Ln.*

Der Stachel Freud
Eine Kontroverse zwischen Otto Fenichel, Erich Fromm und Herbert Marcuse. Mit Nachträgen von Alfred Lorenzer und Alfred Schmidt. Herausgegeben von Bernhard Görlich. 1979. 372 S. *edition suhrkamp* Band 961

st 694 H. P. Lovecraft
Stadt ohne Namen
Horrorgeschichten
Deutsch von Charlotte Gräfin von Klinckowstroem
Mit einem Nachwort von Dirk W. Mosig
Deutsch von Michael Walter
Phantastische Bibliothek Band 52
302 Seiten
»Was da aus den Schächten der Phantasie, aus den schwarzen Abgründen des Grauens auftaucht, wird mit exaktem, peniblem Realismus festgehalten, wie in der surrealistischen Malerei, die ihre Visionen mt naturalistischer Genauigkeit einfängt.« *Kölnische Rundschau*

st 695 Siegfried Wollseiffen
König Laurin
Eine Erzählung
138 Seiten
Frankfurt/Main. Ein heimatlos gewordener Linker sucht Geborgenheit in der Normalwelt von Schleiflack und Bürowitz, bei einer Frau; wird Vater und trifft auf eine Generation, die ihre Kinder wie Standarten vor sich herträgt. Anziehend/abstoßend – so läßt Wollseiffen den Leser an dieser Radikalisierung ganz gewöhnlichen Lebens teilhaben.

st 696 Günter Eich
Ein Lesebuch
Ausgewählt von Günter Eich

Nachwort von Susanne Müller-Hanpft
328 Seiten
»Dieses Buch fordert seinen Leser heraus, Günter Eich wiederzulesen und dabei vielleicht einen ›neuen Eich‹ zu entdecken.« *Norddeutscher Rundfunk*

st 697 Charlotte Beradt
Das Dritte Reich des Traums
Mit einem Nachwort von Reinhart Koselleck
134 Seiten
»Hier kommt noch einmal eine Generation der Beteiligten zu Wort, auf eine Weise, wie sie nicht eindringlicher gedacht werden kann. In behutsamer, nüchterner Interpretation führt die Herausgeberin in das soziale und politische Umfeld der Traumberichte ein, die sie uns, mit dem vielschichtigen Wissen einer Zeitgenossin, aufschlüsseln hilft.« *Reinhart Koselleck*

st 700 Max Frisch
Montauk
Eine Erzählung
224 Seiten
»...diese Erzählung übertrifft in mancherlei Hinsicht alles, was wir bisher von Frisch kannten. Es ist sein intimstes und zartestes, sein bescheidenstes und vielleicht eben deshalb sein originellstes Buch.
Marcel Reich-Ranicki, FAZ

st 701 Elsa Morante
Lüge und Zauberei
Roman
Aus dem Italienischen übersetzt von Hanneliese Hinderberger
Mit einem Nachwort von Dominique Fernandez
Aus dem Französischen übersetzt von Julia Kirchner
928 Seiten
Der Schauplatz: eine Kleinstadt in Süditalien, wo die Armut der Bevölkerung das Prestige eines drohnenhaften Adels ins Unermeßliche steigert und die Vorstellung, den Abstand der Geburt zu überwinden, mythisches Ausmaß hat. *Lüge und Zauberei* ist als ein Buch tief aus dem Wesen Süditaliens auch ein Buch über das Wesen dieses noch archaischen Landes.

st 702 Marcel Proust
Im Schatten junger Mädchenblüte
Auf der Suche nach der verlorenen Zeit
Zweiter Teil
Deutsch von Eva Rechel-Mertens
2 Bde., zus. 694 Seiten
»Wenn ich durch eine Geste oder eine Phrase an Proust erinnert werde, durch ein logisch nicht mehr zu erklärendes Signal, durch eine Analogie vielleicht, habe ich das Gefühl, als ob ich mich im Besitze eines Zaubergerätes befände, das mich dem anderen gegenüber überlegen macht und ihn gewissermaßen ausliefert. Ich durchschaue ihn leichter, ich weiß mehr von ihm als er von mir. Proust-Leser sind im Vorteil.« *Martin Walser*

st 703 Leo Szilard
Die Stimme der Delphine
Science-fiction-Erzählungen
Aus dem Amerikanischen von Horst Dölvers
Mit einem Vorwort von C. F. v. Weizsäcker
Phantastische Bibliothek Band 53
116 Seiten
»Dies ist ein Buch, das in oft sehr erheiternder, geistreicher Form über einige der ernstesten Probleme unserer Zukunft redet. ... Das Thema dieses Buches ist die Weltpolitik im Atomzeitalter. Im Versuch, die Fragen, um die es geht, seiner Umwelt begreiflich zu machen, hat Szilard zum Mittel der phantastischen, mit Humor gewürzten Zukunftskonstruktion gegriffen.« *C. F. v. Weizsäcker*

st 704 Jochen Link
Das goldene Zeitalter
Erzählung
184 Seiten
Zwischen Schreibtisch und Kneipe im Sumpf einer mittleren Universitätsstadt – bewegter Stillstand. Über Max und Max' Freunden hängt die Sehnsucht nach dem goldenen Zeitalter. Um nichts anderes als das goldene Zeitalter der Jugend geht es in Links Erzählung – in seinem Mangel, in der Ungewißheit, im hilflosen Lachen, in der verpaßten Nähe.

st 705 Josef Winkler
Menschenkind
Roman
194 Seiten
»Ich bin dabei, meine Kindheit, die sich zwischen zuckenden, blutigen Hahnenköpfen, trottenden Pferden, tänzelnden Kalbstricken bewegte, zu ermorden. Ich werde das Kind, das ich war, umbringen, damit einmal, wenn auch erst auf dem Totenbett, meine Kinderseele zur Ruhe kommt.«

st 706 Hans Recht
Verbrecher zahlen sich aus
Roman
208 Seiten
»Bis hin zu seinem Höhepunkt ist dies ein amüsanter Roman, der geläufige Versatzstücke des Krimis – von halbseidenem Glanz und rauher Folklore der Halb- und Unterwelt über Verfolgungsjagden und Renommiersex bis zur raffinierten Intrige – genüßlich aufbläst und ausmalt.«
Heinrich Vormweg

st 707 Stanisław Lem
Die vollkommene Leere
Autorisierte Übersetzung aus dem Polnischen von Klaus Staemmler
»Die neue Kosmogonie« übersetzte I. Zimmermann-Göllheim
262 Seiten
Diese Sammlung von Analysen, von kritischen Besprechungen nicht existierender Bücher ist nicht nur ein witziger Einfall und ein Vergnügen für Denkende, sondern wie gewöhnlich bei Lem eine Warnung vor dem Vertrauen auf Entdeckungen im Bereich literarischer Form, die so oft als genial, wegweisend, einzig und allein nachahmenswert angepriesen werden.

st 709 Rolando Hinojosa
Klail City und Umgebung
Roman
Aus dem Spanischen übertragen und
mit einem Nachwort versehen von Yolanda Julia Broyles
168 Seiten

Klail City und Umgebung ist ein Mikrokosmos, der repräsentativ ist für die Gesamtheit von etwa zwölf Millionen Chicanos, die nicht nur in Belken County, dem in Texas gelegenen Schauplatz des Romans, leben, sondern verteilt sind über den ganzen Südwesten der USA. Es sind nicht nur die ärmsten Bewohner des reichsten Landes der Erde, sie haben auch die schlechteste Ausbildung, die niedrigste Lebenserwartung und sind von der Teilhabe an der politischen Macht ausgeschlossen.

st 710, st 711, st 712
Hermann Broch
Briefe
Dokumente und Kommentare zu Leben und Werk
Kommentierte Werkausgabe
Herausgegeben von Paul Michael Lützeler
Bd. 13/1 1913–1938, 510 Seiten
Bd. 13/2 1938–1945, 478 Seiten
Bd. 13/3 1945–1951, 656 Seiten
»Die Herausgabe der Briefe Hermann Brochs gehört zu den notwendigsten Verlagsunternehmen, denn der Dichter des ganz außerordentlichen Werkes ›Der Tod des Vergil‹ gehört in den obersten Rang der Autoren unserer Zeit. Wer die Briefe Hermann Brochs gelesen hat, ist ein besserer Mensch geworden.« *Thilo Koch*

st 713 POLARIS 5
Ein Science-fiction-Almanach
Herausgegeben von Franz Rottensteiner
Phantastische Bibliothek Band 54
284 Seiten
»Insgesamt aber scheint POLARIS im passenden Augenblick erschienen zu sein, denn ohne systematische Kritik könnten die Möglichkeiten der Science-fiction verspielt werden. Und das wäre bedauerlich.« *Süddeutsche Zeitung*

st 714 Komm schwarzer Panther lach noch mal
Verständigungstexte über Drogen und Abhängigkeit
Herausgegeben von Rudolf Müller-Schwefe
und Eva Schott
246 Seiten
In diesem Band versuchen sich die Beteiligten zu verstän-

digen, indem sie ihre subjektive Erfahrung mitteilen und im Schreiben ein Ausdrucksmittel entdecken, das eine neuartige Auseinandersetzung mit Drogen und Sucht erlaubt.

st 715 Ödön von Horváth
Der jüngste Tag
Schauspiel in sieben Bildern
Notizen von Traugott Krischke
96 Seiten
Der Bahnhofsvorsteher Hudetz hat den Tod von achtzehn Menschen verschuldet. Ein Meineid rettet ihn. Gepeinigt von Gewissenskonflikten sucht er sich der irdischen Gerechtigkeit und Sühne zu entziehen. Er fühlt sich »nämlich eigentlich unschuldig«. Er meint: »Wenn es einen lieben Gott gibt, der wird mich schon verstehen –«.

st 716 Gespräche mit Marx und Engels
Herausgegeben von Hans Magnus Enzensberger
766 Seiten
Wer mit Marx und Engels zusammengestoßen ist, der sah sich meist zu extremen Äußerungen herausgefordert. Bewunderung und Solidarität, aber auch Gift und Galle in ungewöhnlichen Dosen sprechen aus diesen alten Aufzeichnungen. Ein Injurien- und Elogenregister am Ende des Bandes stellt Äußerungen von Marx und Engels über die Gewährsleute zusammen, die in diesem Buch vertreten sind.

st 717 Wladimir Tendrjakow
Mondfinsternis
Roman
Aus dem Russischen von Wolfgang Kasack
314 Seiten
Der Roman *Mondfinsternis* ist die Geschichte einer Liebe und einer Ehe, des Scheiterns von beidem. Es ist die Geschichte von Maja und Pavel, die mit dem Erlebnis einer Mondfinsternis beginnt und mit einer Mondfinsternis endet, wenn alles seinen Lauf und sein Ende gefunden hat.

st 718 Werner Koch
Jenseits des Sees
232 Seiten

Jenseits des Sees führt die Geschichte des Mannes fort, der den Versuch unternommen hatte, ein utopisches Leben so zu führen, als sei es die alltäglichste Realität.
»Im Gegensatz zu vielen vergleichbaren Zeitgenossen hat Koch etwas Wesentliches entdeckt: daß es nicht das Leben gibt, das einzige, wahre Leben, und es folglich müßig ist, danach zu suchen. Es gibt nur eine ureigenste, individuelle Lebenspraxis.« *Frankfurter Allgemeine Zeitung*

st 719 Dolf Sternberger
Über den Tod
272 Seiten
»Die Schriften, die in diesem Band gesammelt erscheinen, sind literarisch von verschiedener Art. Von der akademischen Dissertation, die gerade vor fünfzig Jahren entstanden ist, über die drei Essays bis zu den ›Petites Perceptions‹, die dem höheren Lebensalter zugehören, sind sie jedoch durch die Einheit des Gegenstandes verbunden. Es ist ein Gegenstand, den wir nicht verstehen können.«

st 721 Stephan Stolze
Innenansicht
Eine bürgerliche Kindheit 1938–1945
Mit einem Vorwort von Sebastian Haffner
192 Seiten
Was Stolze aus seiner Jugendzeit während des Dritten Reiches erzählt, ist nichts Großes, nichts Außerordentliches; es sind die Wellen der geschichtlichen Ereignisse in einer mitteldeutschen Kleinstadt, die er notiert: das Verhalten der Eltern, wenn »Sicherungsverwahrte« im Garten arbeiten; das Geplauder des SS-Mannes am Teetisch; was geschieht und nicht geschieht, als er den Jungbannführer zu grüßen versäumt oder als im Lebensmittelladen eine Jüdin mit ansteht.

st 722 Ulrich Plenzdorf
Legende vom Glück ohne Ende
366 Seiten
»Eine unwahrscheinliche, ja sogar unglaubliche Geschichte. Und dabei eine ganz einfache Geschichte, mit stark ausgeprägten realistischen Zügen, die das Unwahrscheinliche als möglich erscheinen lassen und selbst das Unglaubliche glaubhaft machen.« *Deutschlandfunk*

st 724 Oscar Walter Cisek
Der Strom ohne Ende
Roman
388 Seiten
Cisek führt uns an die vielgeteilte Donau vor ihrer Mündung im Schwarzen Meer und macht die Natur einer noch nicht vom Menschen besiegten Landschaft zum Gegenstand einer durch und durch epischen Dichtung. Selbst die düstersten Leidenschaften bleiben eingebettet in das Wirken der Elemente, in den Kreislauf der Jahreszeiten.

st 725 Weniamin Kawerin
Das doppelte Porträt
Roman
Aus dem Russischen übersetzt und
mit einem Nachwort versehen von Wolfgang Kasack
240 Seiten
Das doppelte Porträt ist die Geschichte von zwei Wissenschaftlern im Jahre 1954, dem Nutznießer und dem Leidtragenden der Stalinzeit. »Was hier erzählt wird, mutet den Leser wie Gegenwart an. Wer sich um Verständnis der heutigen Sowjetunion bemüht, wird in diesem Buch einen Schlüssel finden, nicht den einzigen, aber einen wichtigen.« *Hessischer Rundfunk*

st 726 György Konrád/Iván Szelényi
Die Intelligenz auf dem Weg zur Klassenmacht
Übersetzt von Hans-Henning Paetzke
408 Seiten
Die Ungarn Konrád und Szelényi haben die zunehmende Bedeutung der Intelligenzschicht – oder -klasse – im »realen Sozialismus« zum Gegenstand einer detaillierten und empirisch fundierten Untersuchung gewählt. Schon immer war die Intelligenz eine Schicht, die aufgrund des bei ihr monopolisierten gesellschaftlichen Wissens im Bündnis mit anderen Macht ausübte.

st 729 Stanisław Lem
Mondnacht
Hör- und Fernsehspiele
Aus dem Polnischen übersetzt von Klaus Staemmler, Charlotte Eckert, Jutta Janke und I. Zimmermann-Göllheim

Phantastische Bibliothek Band 57
272 Seiten
»Lem hat die Gattung der Science-fiction neu abgesteckt und ihr literarische Hochflächen erobert, die auf dem Niveau des philosophischen Traktats liegen, zugleich aber spannend sind wie ein gelungener Kriminalroman.«

Frankfurter Rundschau

st 730 Herbert W. Franke
Schule für Übermenschen
Phantastische Bibliothek Band 58
160 Seiten
Wo liegen die physischen und psychischen Grenzen des Menschen? Sind seine evolutionären Kapazitäten erschöpft oder ist er einer Anpassung an jene besonderen Aufgaben fähig, die die lebensfremden Räume der Tiefsee und des Weltraums mit sich bringen? Das »Institute of Advanced Education« schult die Elite von morgen. Zu den Mitteln gehört körperlicher Drill ebenso wie ein erbarmungsloses Überlebenstraining.

st 731 Joseph Sheridan Le Fanu
Der besessene Baronet
und andere Geistergeschichten
Deutsch von Friedrich Polakovics
Mit einem Nachwort von Jörg Krichbaum
Phantastische Bibliothek Band 59
304 Seiten
Le Fanus Geistergeschichten zeichnen sich durch die Schärfe der psychologischen Beobachtung und den in ihnen zutage tretenden Konflikt zwischen Traum und Wirklichkeit aus.

st 732 Philip K. Dick
LSD-Astronauten
Deutsch von Anneliese Strauss
Phantastische Bibliothek Band 60
272 Seiten
»Ein wenig ist die Lust zur Lektüre von Science-fiction verwandt mit der Lust zur Lektüre von Horrorgeschichten. Offenbar besteht eine Bereitschaft, das, was an Angstphantasie die säkularisierte Menschheit bedrängt, in der

Form der Lektüre sich vorsagen zu lassen, sich einreden zu lassen. Mit therapeutischem Effekt?«

Helmut Heißenbüttel

st 733 Herbert Ehrenberg
Anke Fuchs
Sozialstaat und Freiheit
Von der Zukunft des Sozialstaats
468 Seiten

»Herbert Ehrenberg und Anke Fuchs gelingt es, manche Frage zu beantworten, manche Unstimmigkeit zu widerlegen, Klischees in Zweifel zu ziehen, die Richtung künftiger Reformen darzustellen und das Erfordernis einer eigenständigen Sozialpolitik zu begründen. ... Noch lange wird man mit Gewinn nach diesem Buch greifen können, um etwas über die einschlägigen Teilbereiche der Sozialpolitik nachzulesen.« *Deutschlandfunk*

st 759 Gerlind Reinshagen
Sonntagskinder. Theaterstück und Drehbuch
(zusammen mit Michael Verhoeven)
Mit zahlreichen Abbildungen
216 Seiten

Die halbwüchsige Elsie erleidet das unfaßbare Ereignis des Zweiten Weltkriegs aus dem begrenzten Blickwinkel ihrer Kindheit. In dem bürgerlichen Mittelstandsmilieu einer Apothekerfamilie lügen sich die Honoratioren der mittelgroßen mitteldeutschen Stadt an der Nazizeit vorbei.

st 782 Die besten Bücher
der »Bestenliste« des SWF-Literaturmagazins
empfohlen von Mitgliedern der Jury
Herausgegeben von Jürgen Lodemann
176 Seiten

Die besten Bücher: erstmalig ernstzunehmender Wegweiser durch den Herbstbücherwald des Jahres 1981. Siebenundzwanzig Literaturkritiker stellen die besten Bücher dieses Herbstes vor, und sie begründen ihre Wahl. Im Anhang: Sämtliche Listen seit 1975, die bisherigen Jury-Mitglieder, eine Dokumentation zur Entstehung und Methode der Bestenliste sowie der ›Preis des SWF-Literaturmagazins‹.

Alphabetisches Gesamtverzeichnis der suhrkamp taschenbücher